REPLANTEANDO LA ACCIÓN SOCIAL POR LA MÚSICA

Replanteando la acción social por la música

La búsqueda de la convivencia y de la ciudadanía en la Red de Escuelas de Música de Medellín

Geoffrey Baker

Traducción por Claudia García

https://www.openbookpublishers.com

© 2022 Geoffrey Baker. Traducción en español 2022 © Claudia García

Este trabajo se encuentra protegido por una licencia Creative Commons Atribución/ Reconocimiento-NoComercial-SinDerivados 4.0 Internacional.

El reconocimiento de la autoría debe incluir la siguiente información:

Geoffrey Baker. *Replanteando la Acción Social por la Música: La búsqueda de la convivencia y la ciudadanía en la Red de Escuelas de Música de Medellín*. Cambridge, UK: Open Book Publishers, 2022. https://doi.org/10.11647/OBP.0263

Para obtener información detallada y actualizada sobre este tipo de licencia, visite https://doi.org/10.11647/OBP.0263#copyright

Más información sobre las licencias Creative Commons se encuentra disponible en https://creativecommons.org/licenses/by-nc-nd/4.0/legalcode.es

Todos los enlaces externos se encontraban activos en el momento de la publicación. Si en el texto se indica lo contrario, estos se habrán recogido en el Archivo Wayback Machine, a consultar en https://archive.org/web

El material digital actualizado y los recursos asociados con este volumen se encuentran disponibles en https://doi.org/10.11647/OBP.0263#resources

Se ha identificado y contactado a los titulares de los derechos reservados en la medida de lo posible por lo que cualquier omisión o error se corregirá si se notifica a la editorial.

ISBN Cubierta blanda: 9781800642423
ISBN Cubierta dura: 9781800642430
ISBN Digital (PDF): 9781800642447
ISBN Digital ebook (epub): 9781800642454
ISBN Digital ebook (mobi): 9781800642461
ISBN Digital (XML): 9781800642478
DOI: 10.11647/OBP.0263

Imagen de la portada: Medellín, Colombia. Foto de Kobby Mendez en Unsplash https://unsplash.com/photos/emtQBNCrU3Q. Diseño de portada de Anna Gatti.

Los sistemas educativos dominantes se basan en tres principios—o supuestos—, que son exactamente opuestos a cómo se vive realmente la vida humana. […] En primer lugar, promueven la estandarización y una visión estrecha de la inteligencia, cuando los talentos humanos son diversos y personales. En segundo lugar, promueven la conformidad cuando el progreso y los logros culturales dependen del cultivo de la imaginación y la creatividad. En tercer lugar, son lineales y rígidos cuando el curso de cada vida humana, incluida la suya, es orgánico y en gran medida imprevisible. A medida que el ritmo del cambio sigue acelerándose, construir nuevas formas de educación sobre estos principios alternativos no es un capricho romántico: es esencial para la realización personal y para la sostenibilidad del mundo que estamos creando.

Sir Ken Robinson

—Pero una cosa es creer en la música como un oficio, y otra prometer que salvaremos a un país o a la humanidad con ella—contestó Sánchez.

Pablo Montoya, *La escuela de música*

Para Miranda

Tabla de contenido

Lista de acrónimos	xi
Agradecimientos	xv
Introducción	xix
Parte 1	1
1. Creación, Redirección y Reforma de La Red	3
2. La Red Reacciona: Tensiones, Debates y Resistencia	67
3. La Red a través de un Lente Social	125
4. La Nueva Imagen de Medellín para el Mundo	185
Parte 2	243
5. Cambio	245
6. Desafíos	301
7. Posibilidades de Transformación	341
Epílogo	375
Bibliografía	405
Lista de figuras	437
Índice	439

Lista de acrónimos

ABP	Aprendizaje Basado en Proyectos
ACI	Agencia de Cooperación e Inversión
ASPM	Acción Social Por la Música
BID	Banco Interamericano de Desarrollo
CLCS	Conservatory Lab Charter School
IES	Inspirado en El Sistema
ISME	International Society for Music Education (Sociedad Internacional de Educación Musical)
MVLM	Medellín Vive La Música
NEOJIBA	Núcleos Estaduais de Orquestras Juvenis e Infantis da Bahia
OG	Orquestra Geração
SIG	Special Interest Group (Grupo de Interés Especial)
SIMM	Social Impact of Making Music (Impacto Social de Hacer Música)
TED	Technology, Entertainment, Design (Tecnología, Entretenimiento, Diseño)
YOLA	Youth Orchestra Los Angeles (Orquesta Juvenil Los Ángeles)

Geoffrey Baker es catedrático de música en la Royal Holloway, Universidad de Londres, y director de investigación en la organización musical benéfica Agrigento. Es autor de tres libros y de numerosos ensayos y documentales sobre la música en América Latina. Para conocer su blog y para más información, visite https://geoffbakermusic.co.uk.

Agradecimientos

Un libro como este, basado en el trabajo de campo, es una construcción colectiva. Se basa en gran medida en conversaciones y entrevistas, en leer y escuchar las ideas de otros, y en observar a otros en su trabajo, por lo que los empleados y estudiantes de La Red de Escuelas de Música de Medellín son realmente cocreadores de esta obra. A todos ellos les agradezco enormemente su calidez, apertura y paciencia. Agradezco especialmente a todos los que aceptaron ser entrevistados o que conversaron conmigo con mayor profundidad. La lista sería demasiado larga para nombrarlos a todos, pero en el proceso de escribir este libro he vuelto a escuchar todas las entrevistas y releído todas las notas de campo, por lo que nada ni nadie ha sido olvidado. Aunque es inevitable que mi punto de vista no refleje el de todos los integrantes de una organización tan grande y contradiga las opiniones de algunos, he aprendido de cada encuentro, conversación y observación y aplaudo a todos los que han participado en la búsqueda de la convivencia y de la ciudadanía a través de la educación musical en La Red.

Estoy en deuda con los directores generales que me abrieron las puertas de La Red y las mantuvieron abiertas en diferentes momentos a lo largo de ocho años: Marta Eugenia Arango, Ana Cecilia Restrepo, Juan Fernando Giraldo y Vania Abello. También tuve la suerte de recibir el apoyo de Mábel Herrera de la Secretaría de Cultura Ciudadana. Agradezco enormemente a Aníbal Parra y Luis Fernando Franco, quienes fueron piezas vitales del rompecabezas y dejaron una huella significativa en este libro. Su apoyo profesional y personal fue inestimable.

Varias personas expertas en Acción Social por la Música, o en campos estrechamente relacionados, aceptaron leer y comentar mi borrador del manuscrito. Mi más sincero agradecimiento a ellos por haber emprendido una tarea tan importante. Por orden alfabético: Dra. Christine D'Alexander, Universidad del Norte de Illinois, copresidenta del SIG de Educación Musical para el Cambio Social de la ISME, artista formadora y directora de programa en YOLA (2011–2017); Dra. Anna Bull, Universidad de Portsmouth, autora de *Class, Control, and Classical Music* (Oxford University Press, 2019); Dra. Louise Godwin, músico, investigadora y gestora de artes, previamente con un programa inspirado en El Sistema en Australia; Dra. Graça Mota, del Politécnico de Oporto, ex presidenta del SIG de El Sistema de la ISME; Dra. Ludim Pedroza, de la Universidad Estatal de Texas, autora venezolana de artículos académicos sobre El Sistema; Dra. Andrea Rodríguez, investigadora y Profesional Nacional Psicosocial del programa colombiano Batuta; y el profesor John Sloboda, OBE, FBA, de la Guildhall School of Music & Drama, presidente de SIMM (Social Impact of Making Music). Además, Ana Cecelia Restrepo (exdirectora general de la Red), que leyó y reaccionó a los Capítulos 1 y 2. Estoy muy agradecido a todos estos lectores por su tiempo, esfuerzo y comentarios. No obstante, cualquier error, malentendido o fallo es de mi entera responsabilidad.

Hay muchos otros —músicos, académicos y educadores de todo el mundo— que han desempeñado un papel menos directo pero no menos importante en mi investigación durante la última década: compartiendo sus ideas y experiencias; invitándome a compartir mis propias perspectivas en una variedad de espacios académicos y no académicos; y, sobre todo, ofreciéndome apoyo moral, dándome el sustento vital para continuar con el fascinante pero no siempre popular trabajo de pensar críticamente sobre la Acción Social por la Música. No puedo nombrar a todos, pero ellos saben quiénes son y yo reconozco y recuerdo con gratitud sus aportaciones. Sin embargo, me gustaría hacer una mención especial a Lukas Pairon, John Sloboda y muchos otros en el SIMM (tanto miembros de la junta directiva como participantes en los eventos) por crear un espacio inestimable para el pensamiento crítico sobre el impacto social de hacer música en los últimos años. También debo reconocer a los numerosos músicos venezolanos que me han apoyado, ya sea en privado o en público, como Gabriela Montero, Gustavo Medina y Luigi Mazzocchi. Soy consciente tanto del valor como del potencial costo de ese apoyo.

Una nota especial de agradecimiento a Louise Godwin por las muchas y motivadoras conversaciones sobre la música y la acción social, por llamar continuamente mi atención sobre ideas importantes y por aguantar un año de "una vez que el libro esté terminado…"; a Natalia

Puerta, que hizo algunas conexiones importantes en Medellín; y a D., cuya ayuda directa durante el trabajo de campo fue inestimable y cuya ayuda indirecta para este libro ha sido inconmensurable.

Agradezco el apoyo del Arts and Humanities Research Council, cuya beca Leadership Fellowship (referencia de subvención AH/P011683/1) permitió el trabajo de campo; de la Royal Holloway University of London, que me ayudó durante todo el proceso y me proporcionó un permiso de investigación para poder redactar el manuscrito del libro; y de Agrigento, cuyos administradores fueron pacientes y comprensivos durante las etapas finales de la escritura y la publicación, permitiéndome terminar el proyecto con calma. El Music & Letters Trust y Royal Holloway contribuyeron generosamente a los costos de publicación, y La Red facilitó amablemente algunas de las fotos.

Mi agradecimiento a todos en Open Book Publishers, en particular a Alessandra Tosi, Lucy Barnes, Anna Gatti y Luca Baffa. Estoy encantado de tener la oportunidad de publicar este libro en acceso abierto para que pueda estar disponible de forma gratuita para los lectores de América Latina y de todo el mundo.

Agradecimientos para la Traducción

Estoy muy agradecido a Agrigento por su apoyo financiero para esta edición, a Claudia García por llevar a cabo la traducción, a Luz Marina Monroy y Almudena Jiménez por revisar el texto, y a Open Book Publishers por su continuo apoyo.

Fig. 1. Archivo de La Red de Escuelas de Música. CC BY.

Introducción

> La educación musical es mucho más ambigua desde el punto de vista moral de lo que podría pensarse.
> Richard Matthews, "Beyond Toleration—Facing the Others"

> Todo lo que hago en La Red es porque amo este programa…es por eso que siempre estoy tan inquieto
> Director de escuela de música

> En menos de tres años Medellín verá algo que difícilmente alguien se podría imaginar: cerca de dos mil niños y jóvenes de los barrios populares serán los integrantes de una gran banda. Pero sinfónica. […] Las flautas, saxofones, violines, trompetas, clarinetes, violonchelos, trombones, barítonos, redoblantes, bombos y platillos, empuñados por los jóvenes, cantarán al unísono para decirle a Medellín que una nueva era de la música ha empezado en la ciudad, que su vocación musical dormida ha despertado y que los instrumentos pudieron unir lo que las armas desunieron.

Así comienza un artículo de 1997 titulado "Escuelas de música: más civilidad y cultura" ("Escuelas de Música" 1997, 6). ¿Logró la educación musical "unir lo que las armas desunieron" y traer civilidad y paz a Medellín, la ciudad más peligrosa en la Tierra?

Desde los años 70 hasta comienzos de los 90, la segunda ciudad principal de Colombia fue el hogar del Cartel de Medellín de Pablo Escobar, y se ubicó en la mitad de un conflicto nacional que se había estado cultivando por décadas. Ganó notoriedad mundial como la capital mundial del asesinato. En la década de los 90, con el objetivo de revertir la suerte de la ciudad, los gobiernos municipales y regionales desarrollaron varios planes estratégicos de desarrollo que llevaron a algunas políticas urbanas llamativas, la más conocida implementada por los alcaldes Sergio Fajardo (2004–07) y Alonso Salazar (2008–11), denominada como "urbanismo social". Muchas de las características icónicas de la ciudad datan de este periodo. Parques biblioteca diseñados por arquitectos destacados fueron construidos en algunos de los vecindarios más desfavorecidos de la ciudad, y teleféricos aparecieron para llevar a la gente por las empinadas laderas que conducían hasta ellos. Otra solución novedosa de transporte, una escalera eléctrica al aire libre, puso a la Comuna 13, devastada por la violencia, en el mapa turístico.

Junto con proyectos arquitectónicos y de infraestructura tan llamativos, los gobiernos sucesivos invirtieron en educación y cultura, los cuales eran vistos como pilares centrales de la transformación urbana ("Medellín" s.f.). El año 1997 vio la apertura de las primeras seis escuelas de La Red de Escuelas de Música de Medellín, tras la firma de dos acuerdos municipales el año anterior. Un tercer acuerdo en 1998 estableció ensambles juveniles para la ciudad, siendo más notable una orquesta sinfónica juvenil. La Red creció rápidamente y llegó a abarcar veintisiete escuelas de música, enfocándose principalmente en la música clásica, financiada por el gobierno de la ciudad y atendiendo a cerca de cinco mil estudiantes. La mayoría de las escuelas estaban ubicadas en barrios populares, como se les conoce a los sectores de ingresos bajos y medios. La Red fue presentada como una respuesta al agudo problema del violento crimen al que estos barrios se enfrentaban; se definió a sí mismo como un programa social cuyo objetivo era el de promover la convivencia.

Durante este intensivo periodo de desarrollo urbano, la tasa de homicidios en Medellín cayó dramáticamente —de 381 por cada 100,000 habitantes en 1991 a 20 en 2015. La ciudad también fue galardonada con muchos premios internacionales, tales como la Ciudad más Innovadora del Mundo, la Ciudad más Inteligente del Mundo, y el premio Lee Kuan Yew World City. Medellín se convirtió en una referencia mundial de renovación urbana. Periodistas y responsables políticos de todo el mundo empezaron a hablar del "Milagro de Medellín".

La Red también ganó elogios internacionales. Desde el año 2000, sus ensambles comenzaron una serie de giras internacionales, la segunda de las cuales culminó en un concierto para el Papa en el Vaticano. Directores y talleristas internacionales visitaron el programa regularmente para trabajar con los estudiantes. La Red disfrutó un impulso de visibilidad unos años después, cuando el boom internacional de El Sistema de Venezuela, con su eslogan "Acción Social Por la Música" (ASPM), trajo consigo un interés global en las orquestas juveniles latinoamericanas. La Red se conoció ampliamente como otra historia exitosa de ASPM y como parte integral del Milagro de Medellín.

En 2012 realicé mi primera visita a Medellín. Me encontré con personajes de la escena cultural de la ciudad y exploré diferentes barrios. Estaba impresionado por la amabilidad y dinamismo de aquellos que conocí, cuyos proyectos incluían no solo La Red, sino que también iban desde una escuela de hip-hop, un sello discográfico y una compañía de producción, a un proyecto de "cultura libre".

Me encontraba justo en medio de escribir un libro sobre El Sistema (Baker 2014). Este programa había ganado reconocimiento global, suscitando etiquetas cómo "el milagro musical venezolano". Sin embargo, a lo largo de varios años de investigación, yo había descubierto brechas significativas entre su imagen pública y las realidades internas, y una disyuntiva notable con el pensamiento contemporáneo sobre la educación musical y el desarrollo social. Estaba fascinado con Medellín después de mi breve visita a la ciudad, pero también vi cómo La Red y otros programas culturales abordaban algunas de mis preocupaciones sobre el paradigma venezolano. Medellín y La Red fueron incluidos en la parte final del libro, donde discutí avances y alternativas al modelo venezolano.

Este libro inicia en ese punto. Es un proyecto "pos-El Sistema" —no solo en términos de mi propia trayectoria, sino porque también se enfoca en un programa que ha intentado ir más allá del modelo venezolano, y se basa en investigaciones realizadas durante un período en el cual la fortuna de El Sistema ha decaído significativamente. La prolongada crisis política y económica de Venezuela ha llevado a un éxodo de estudiantes, intérpretes, profesores y directores; las giras internacionales han cesado; y las debilidades del programa han sido resaltadas por recientes y abundantes investigaciones (p. ej. Logan 2015a; Pedroza 2015; Scripp 2016a, 2016b; Fink 2016; Logan 2016; Baker y Frega 2016; Baker y Frega 2018; Baker, Bull, y Taylor 2018; Baker 2018). No obstante, al igual que con otros "pos-", esto no significa que el término original está enterrado y olvidado. Por el contrario, la sombra de El Sistema se sigue cerniendo tanto sobre este libro como sobre el campo de la ASPM. A pesar de todas sus recientes aflicciones, continúa siendo el modelo dominante y el punto de referencia principal para la ASPM a nivel internacional. Ha sido copiado en docenas de países alrededor del mundo, y muchos de los asuntos en el campo más amplio se remontan a Venezuela. Cualquier conversación seria sobre la ASPM necesita incluir El Sistema.

Si bien este libro fue pensado como una secuela del anterior, resultó estar más estrechamente conectado de lo que inicialmente había imaginado. Aprendí que El Sistema no solo fue una inspiración, sino también una influencia formativa directa en La Red: sus fundadores trabajaron en estrecha colaboración y profesores del programa venezolano viajaron regularmente a Medellín durante los primeros años. La Red fue profundamente moldeada por El Sistema, dando a este último un rol más prominente en este libro de lo que originalmente había anticipado.

Formulé un proyecto de investigación centrado en tres cuestiones. En primer lugar, quería seguir pensando en el desarrollo social a través de la educación musical. Mi investigación en Venezuela había revelado un programa con serias fallas, pero ¿los problemas eran específicos de esa institución o eran inherentes al modelo? ¿Podría la ASPM funcionar mejor en otro lugar? Había visto a Medellín como un rayo de esperanza después de todos los problemas que descubrí en Venezuela, pero ¿mis impresiones iniciales se mantendrían después de una inspección más cercana?

En segundo lugar, quería dedicar más atención a la ASPM como educación ciudadana. Previamente había argumentado que, a pesar de la frecuente vinculación de El Sistema con este término, el programa generalmente produjo sujetos leales y entrenados para obedecer la autoridad, más que ciudadanos educados para participar en procesos democráticos (Baker 2016a). Como La Red está manejada por la Secretaría de Cultura Ciudadana de Medellín, y destaca valores ciudadanos en su visión oficial, explorar en mayor profundidad las posibilidades de la ASPM en cuanto a educación ciudadana parecía un enfoque lógico a adoptar en mi nueva investigación.

En tercer lugar, me preguntaba qué papel había jugado la educación musical en el proceso de renovación urbana de Medellín. El urbanismo social incluyó una inversión significativa en educación y cultura, y los relatos periodísticos y populares de una ciudad transformada a menudo destacaron proyectos artísticos. ¿Qué podría revelar una investigación sobre el rol de La Red en el Milagro de Medellín y sobre la efectividad de la ASPM? ¿Qué podrían decirnos los debates críticos sobre el urbanismo social acerca de la educación musical con orientación social?

Acción Social por la Música (ASPM)

Defino la ASPM como un campo centrado en Latinoamérica, donde están ubicados sus ejemplos más grandes y más conocidos, aunque mantenga fuertes lazos ideológicos y culturales con Europa y tenga un alcance global, ya que El Sistema ha servido de inspiración en todo el mundo. La ASPM consta de programas de educación musical con una serie de características. Estos identifican la acción social (o un término relacionado, tal como inclusión social) como un objetivo principal. Ubican grandes ensambles en el centro del aprendizaje —a menudo, pero no siempre, la orquesta sinfónica. Originalmente la música clásica tenía un lugar de honor, y si bien ha existido alguna diversificación en términos del repertorio, en muchos casos aún lo ocupa. Usualmente, la ASPM es más intensiva que la mayoría de programas musicales extracurriculares (los estudiantes de nivel intermedio y avanzado de El Sistema a menudo asisten diariamente durante varias horas o más), y la participación es gratuita (o raras veces, de bajo costo). En Latinoamérica, generalmente estos programas son de tamaño intermedio o grande, llegando a miles de participantes en lugar de los millones que podrían (en teoría) estar expuestos a la música en el colegio, o a las docenas o cientos en programas musicales comunitarios; pero los programas de la ASPM en el Norte global son frecuentemente más pequeños.

Los orígenes de la etiqueta ASPM son inciertos, pero al parecer data de mediados de los 90. Fue popularizada por El Sistema, pero es posible que haya sido tomada de un programa brasilero más pequeño con el mismo nombre (Baker 2014). También está asociada con financiación por parte del Banco Interamericano de Desarrollo (BID): esta etiqueta adorna la sede del programa en Caracas, la cual fue construida con un préstamo del BID. El término no fue ampliamente usado en Medellín, pero es el apropiado para un programa que fue moldeado por El Sistema, que fue creado en el tiempo cuando surgió la etiqueta, y que prioriza un objetivo social. También La Red, al igual que El Sistema, fue financiada por el BID en su primera fase.

Musical y pedagógicamente hablando, la ASPM debe una lealtad considerable a prácticas y filosofías más antiguas de la educación musical con orígenes europeos (incluyendo aquellas que se remontan a la Conquista española), y muestra paralelos con el método Suzuki. Por lo tanto, se encuentra en algún lugar entre la educación musical colectiva convencional y los nuevos ámbitos tales como la música comunitaria y la educación musical para el cambio social. Sus prácticas se acercan más a la primera, mientras que sus objetivos o pretensiones son similares a las últimas.

Cómo tal, la ASPM se puede abordar desde diversos puntos de vista. Ya que su modelo es similar al de las orquestas y bandas juveniles de todo el mundo, las investigaciones sobre educación musical pueden arrojar una luz considerable sobre sus fortalezas y limitaciones. Adopté este enfoque en mi libro anterior, y como muchos de los temas son ampliamente los mismos en el campo de la ASPM, no repetiré aquí esos argumentos o la literatura en la cual están basados. La investigación sobre justicia social en la educación musical, la cual ha tenido un crecimiento considerable en los últimos años, parecería otro punto de vista lógico. Sin embargo, la ASPM ocupa una posición ambigua y liminal con respecto a esta área de investigación, así como con su práctica. En términos de objetivos sociales, aparentemente hay puntos de contacto, no obstante, la ASPM también incorpora muchas de las prácticas y aspiraciones convencionales que este campo critica, sobre todo el enfoque en grandes ensambles y la interpretación de música clásica, por lo que está lejos de ser un modelo favorecido en la investigación de justicia social en la educación musical. El *Oxford Handbook of Social Justice in Music Education* (Benedict *et al.* 2015) dedica solo uno de sus cuarenta y dos capítulos a El Sistema, y la perspectiva en él es ambivalente (Shieh 2015). Hay referencias ocasionales en otros capítulos al enfoque y las prácticas que ejemplifica, pero son sorprendentemente críticas (p. ej. McCarthy 2015; Kelly-McHale y Abril 2015; Matthews 2015). Gaztambide-Fernández y Rose (2015) critican directamente el modelo venezolano, y su análisis deja al descubierto lo lejos que se encuentra del pensamiento contemporáneo sobre justicia social en la educación musical. Esta disyunción también es evidente en la terminología: El Sistema no se refiere a la justicia social sino más bien a la acción social y la inclusión social, las cuales son ideológicamente distintas.

Tanto la coincidencia como las tensiones pueden aclararse si se consideran los dobles objetivos del *Oxford Handbook*. La contraportada en su cubierta dice:

> La educación musical históricamente ha tenido una relación tensa con la justicia social. Por un lado, los educadores interesados en las prácticas musicales se han preocupado durante mucho tiempo con ideas de participación abierta y la capacidad potencialmente transformativa que fomenta la interacción musical. Por otro lado, lo han hecho generalmente al mismo tiempo que promocionan y privilegian un conjunto particular de prácticas musicales, tradiciones y formas de conocimiento musical, las cuales han alienado e incluso excluido a muchos niños de oportunidades de educación musical.

El libro examina ambos lados de la ecuación: hace eco a la ASPM explorando "justicia social en acción", pero mientras que la ASPM históricamente se ha enfocado en el resultado final (acción social *a través* de la música), este manual se preocupa de igual manera con los medios (justicia social *en* la música), por lo tanto, también explora "los ciclos de injusticia que pueden ser perpetuados por la pedagogía musical". (De hecho, una implicación central del libro es que no puede haber justicia social *a través* de la educación musical sin justicia social *en* la educación musical). Este doble objetivo no solo diferencia justicia social en la educación musical de la ASPM, sino que también resalta a la última como un modelo ambiguo: simultáneamente una ruta potencial a la justicia y un lugar de injusticia. El Sistema y sus prácticas, presentadas en ambas secciones del libro, son evocados tanto como un ejemplo de justicia social en acción como un objeto de crítica. El solo capítulo de Shieh, aunque aparece en la sección "justicia social en la práctica", plantea preguntas críticas sobre las credenciales de la justicia social de El Sistema, llegando incluso a describir la concepción de pobreza del programa como "grotesca" (2015, 574). Así que mientras se podría ver el título del libro y lógicamente concluir que la ASPM cae ya sea dentro o fuera de este campo de estudio, ninguna afirmación es completamente cierta: cruza ambos lados del límite, en cierto modo incómodamente.

De manera similar, ha habido esfuerzos de unir la ASPM con el campo de la música comunitaria, pero el *Oxford Handbook of Community Music* (Bartleet y Higgins 2018a) rara vez menciona a El Sistema, y muchos de los valores que encarna y defiende la música comunitaria son directamente contrarios al programa venezolano. Mientras que El Sistema fue fundado por el político y economista conservador José Antonio Abreu —un ministro de estado que fue la mano derecha de varios presidentes—, Bartleet y Higgins (2018b) ubican las raíces de la música comunitaria en la era de la contracultura del Reino Unido de los años 60 y 70, y Price (2018, x) escribe sobre la "ética punk" del campo en la década de los 80. Mientras que Abreu se asociaba con los arquitectos del neoliberalismo en Venezuela, la música comunitaria surgió de la escena de las artes comunitarias de tendencia socialista. Boeskov (2019, 114) califica la música comunitaria como no jerárquica, antiautoritaria, y que "opera desde afuera o en las márgenes de una cultura establecida, autorizada, legítima y dominante" —una descripción que difícilmente podría estar más lejos de El Sistema, el cual llegó a operar desde el Despacho del Presidente. Si la música comunitaria defiende la democracia cultural, la ASPM encarna la noción opuesta: la democratización de la cultura. La ASPM parece menos un hermano de la música comunitaria que su alter ego neoliberal.[1]

La imagen que emerge del campo de investigación es por tanto algo paradójica. El Sistema es probablemente el ejemplo más conocido de educación musical con orientación social entre el público general, y es el más ampliamente reportado en los medios, siendo presentado con frecuencia como una historia milagrosa; aun así, juega tan solo un rol menor en los textos fundamentales en el campo académico y los análisis de su enfoque son a menudo poco halagadores. Las evaluaciones más positivas de educación musical con orientación social en dichas fuentes están generalmente enfocadas en las prácticas y los valores (verticales, no formales, o creativas) que son notablemente diferentes a la ASPM.

La ASPM ha generado su propio subcampo de investigación, marchando en paralelo (y a veces felizmente ignorando) a los campos citados anteriormente. La naturaleza problemática de este subcampo es evidente ante una reseña bibliográfica (Creech *et al.* 2016) que es a la vez un valioso recurso y un potencial campo minado: la investigación

---

1   No obstante, véase Krönig (2019) para una visión distinta de la música comunitaria.

profesional y revisada por pares es mezclada con disertaciones de estudiantes y defensas no académicas sin ningún tipo de control de calidad, lo que lo convierte en un excelente punto de partida para futuras investigaciones en manos responsables, pero que ha permitido a otros presentar una visión distorsionada del campo académico. No obstante, hay dos grandes puntos que pueden ser derivados de esta reseña así como de una inspección de publicaciones más recientes: en primer lugar, los escritos sobre la ASPM son extremadamente diversos, algunos podrían decir polarizados, asumiendo posiciones que van desde la ferviente defensa hasta la crítica mordaz; y en segundo lugar, existe una creciente cantidad de estudios revisados por pares en la parte crítica del espectro (adicional a las fuentes anteriores, ver p. ej. Allan *et al.* 2010; Baker 2015a; Bull 2016; Dobson 2016; Rosabal-Coto 2016; Kuuse, Lindgren, y Skåreus 2016; Baker 2016b; Baker 2016c; Hopkins, Provenzano, y Spencer 2017; Rimmer 2018; Rimmer 2020). La ASPM a menudo ha sido presentada al mundo como un éxito asombroso, digno de emulación extensiva; pero desde la perspectiva de la investigación, las cosas se ven considerablemente más complicadas.

Ambigüedad y Ambivalencia

Hay una corriente importante de investigación que se enfoca en el potencial positivo de la música, ejemplificado en el artículo de referencia "The power of music" (el poder de la música) de Susan Hallam (2010). Yo me alineo con una corriente diferente, una centrada en la ambivalencia de la música y la ambigüedad de sus efectos. No se trata de cuestionar el valor de lo anterior, sino de sugerir que solo cuenta una parte de la historia y que no hay nada intrínsecamente benéfico en la música. Las palabras "ambiguo" y "ambivalente" señalan características, sentimientos e interpretaciones contradictorias. Cuando se aplica a la música, evocan aspectos opuestos, efectos contrastantes y visiones contrarias.

Belfiore y Bennett (2008) demuestran que, durante la mayor parte de la historia de la civilización occidental, la música y las artes han estado sujetas a interpretaciones contradictorias; hay tanto tradiciones positivas como negativas que se remontan a casi 2500 años atrás. La tradición negativa, comenzando con Platón, vio las artes como una fuente de corrupción y distracción, además de considerarla poseedora de potenciales efectos dañinos en los individuos y en la sociedad. Belfiore (2012) sustenta que históricamente esta perspectiva ha llevado un peso significativo y que la postura positiva surgió principalmente como una reacción en contra de la influencia y popularidad de la visión negativa. Por ejemplo, el intento de Aristóteles para salvar las artes miméticas fue una respuesta a la condena de Platón. Sin embargo, cómo señalan Belfiore y Bennett, la tradición negativa ha sido casi completamente reemplazada por la positiva desde la década de los 80, a medida que se ha afianzado la necesidad de defender el subsidio para las artes en términos de beneficios sociales y económicos. Invocar la tradición negativa hoy es casi una herejía. Sin embargo, durante la mayor parte de los últimos 2500 años, los seres humanos no han considerado las artes necesariamente como una fuerza social positiva.

Existe una creciente literatura académica que se enfoca en esta ambigüedad presente en la música, incluso en el "trabajo músicosocial" (Ansdell 2014, 193) como la ASPM. Hesmondhalgh (2013) centra la ambivalencia hasta el punto que su libro *Why Music Matters* (Por qué importa la música) es señalado por Bull (2019, xviii) como un "manifiesto para una sociología musical más ambivalente". La investigación de Bull sobre clase y control en la educación de la música clásica es otro ejemplo de este género. Dentro de la música comunitaria, la tesis de doctorado de Boeskov (2019) está subtitulada "explorando prácticas musicales ambiguas en un campamento de refugiados palestino", mientras que Kertz-Welzel (2016, 116) señala: "la ambigüedad de la música comunitaria es un problema bien conocido". Matthews (2015, 238) inicia su ensayo sobre justicia social en la educación musical con la afirmación: "La educación musical es mucho más ambigua moralmente de lo que podría pensarse". Boia y Boal-Palheiros (2017), en su estudio sobre la Orquestra Geração, un programa portugués inspirado en El Sistema, resaltan la ambivalencia, la complejidad y la contradicción.

Si existe un conjunto de trabajos que abordan este tema directamente, hay muchos más que arrojan luz indirecta sobre ello revelando procesos y efectos contradictorios e ilustrando la complejidad de la práctica y la investigación en campos como la ASPM (p. ej. Sarazin 2017; Rimmer 2018; Fairbanks 2019), la música comunitaria (p. ej. Krönig 2019; Ansdell *et al.* 2020), la educación musical (p. ej. Bradley 2009; Bull 2019), las artes participativas (p. ej. Thompson 2009; Daykin *et al.* 2020), y la planeación y política cultural (p. ej. Belfiore 2002, 2009; Belfiore y Bennett 2010; Lees y Melhuish 2015; Stevenson 2017).[2] Como argumenta Bowman (2009a, 11): "La música y la educación musical no son bienes incondicionales. Pueden tanto dañar como sanar... los resultados previstos en un nivel pueden ser indeseados en otro". En otra parte, escribe (2009b, 125–26): "El poder participativo e interpretativo de la música tiene un lado potencialmente oscuro y uno progresivo".

Gaztambide-Fernández (2013, 214) sostiene que "las afirmaciones sobre el poder de las artes para inspirar, liberar o transformar, tienden a oscurecer tanto las complejidades como las posibilidades que acechan dentro de las experiencias con las artes en la educación". Las prácticas culturales

> están constituidas a través de esa complejidad: el ballet es hermoso no a pesar de, sino porque muchos jóvenes bailarines pasan hambre para parecer estar a la altura; la orquesta suena magnífica no a pesar de, sino por los regímenes militaristas que dictan como muchos músicos son entrenados; necesitamos aceptar tal complejidad y fomentar una comprensión de las artes en la educación a través de un lenguaje más robusto que no requiera que todas las experiencias valiosas que involucren creatividad simbólica sean definidas a priori como buenas y predecibles.

Si el *boom* de El Sistema ha visto la música clásica proclamada como una herramienta de inclusión social, Gioia (2018) explora sus usos excluyentes como medida disuasoria dirigida a grupos sociales estigmatizados, o

> una cerca de sonido, protegiendo las áreas privilegiadas de la gente del común. [...] Entonces nuestra metáfora sobre el poder de la música debe cambiar de cura milagrosa a castigo, de fuerza unificadora a fuerza separadora, ya que su propósito se sale del ennoblecimiento estético o espiritual hacia la reubicación económica. Mozart ha cambiado su carrera como médico para el alma, para convertirse en un agente de desalojo para los pobres.

---

2   Un número especial de *Music and Arts in Action* sobre la contradicción, la ambivalencia y la complejidad en El Sistema y las orquestas juveniles también se encuentra en preparación al momento de escribir este libro.

De la misma manera, Cheng (2019, 47) señala que la música clásica es usada en espacios públicos para repeler "a las personas sin hogar, los posibles delincuentes, jóvenes negros y morenos, y otra gente que presuntamente no está planeando nada bueno" —irónicamente, el mismo grupo social que la ASPM supone rescatar, de acuerdo a su narrativa oficial.

La ideología del "poder de la música" ha sido criticada desde diversos ángulos. Clarke (2018) recalca el carácter relacional de la música, el cual arroja dudas sobre la conveniencia de hablar de la música como si fuera una cosa que posee poder y subraya que sus efectos nunca deben ser tomados por sentado. En su crítica de la "retórica de los efectos", Gaztambide-Fernández (2013) sostiene que "las artes no hacen nada"; sino más bien, que las formas artísticas son algo que la gente hace. Cobo Dorado (2015) y Henley (2018) sugieren que en el campo de la educación musical es la pedagogía y no la música la que potencialmente (aunque no necesariamente) genera un efecto social deseable. Odendaal *et al.* (2019) sostienen que los hallazgos de los estudios neurocientíficos sobre el impacto de la música son a menudo exagerados en su "traducción" para los medios y las redes sociales, mientras que Sala y Gobet (2020) refutan rotundamente el argumento dominante sobre los efectos cognitivos de la educación musical.

Otros campos académicos proporcionan más razones para no asumir la eficacia de la intervención social. La ambivalencia sobre las teorías, prácticas y efectos del desarrollo ha sido lugar común durante mucho tiempo entre los académicos (p. ej. Ferguson 1994; Escobar 1995). Easterly (2006) critica el utopismo en el desarrollo, mientras que Cornwall y Eade (2010) muestran un escepticismo saludable hacia las "palabras de moda y eufemismos" usados en el campo. El importante libro sobre el desarrollo y la teoría de la complejidad de Ramalingam (2013), *Aid on the Edge of Chaos*, es un ejemplo valioso, particularmente porque gran parte de la creación musical también existe en el "borde del caos" y podría considerarse como un sistema adaptativo complejo. Como tal, podría tener efectos variados y producir consecuencias no deseadas, lo cual provoca que sea muy difícil predecir o probar sus efectos sociales. Como lo sostiene Ramalingam, los proyectos y las "mejores prácticas" pueden funcionar en algunos momentos y lugares, pero no en otros. Soluciones "obvias" pueden resultar siendo contraproducentes en la práctica. La pregunta sobre si las ayudas extranjeras realmente funcionan ha resultado ser incontestable, pero en algunos casos estas han incluso empeorado las cosas para los pobres y los más vulnerables. Ramalingam lo describe "no como un sistema de bienestar global sino como una lotería global de códigos postales con pocos ganadores que son cuidadosamente seleccionados y muchos, muchos más perdedores" (8). Su insistencia en la complejidad sirve como una advertencia sobre la excesiva simplificación de los efectos sociales de la música.

Los estudios sobre arte público y política cultural también revelan escepticismos y debates plenos sobre el potencial de las intervenciones artísticas —incluso las mejor intencionadas—, de tener impactos mixtos o rotundamente negativos y consecuencias problemáticas no deseadas. Ha existido un gran debate sobre el "lavado de arte" —proyectos que podrían tener elementos loables, pero los cuales son concebidos como cubierta de otros objetivos (usualmente económicos) y pueden contribuir a dinámicas problemáticas tales como la gentrificación. Algunos argumentan que la cultura se ha convertido en un área favorecida para ofrecer soluciones de paños de agua tibia a los dañinos efectos sociales y económicos de políticas neoliberales (p. ej. Logan 2016).

De especial relevancia para la ASPM, los estudios sobre programas extracurriculares revelan una imagen igualmente ambigua. Podría asumirse que tales programas tienen un impacto positivo en los jóvenes, pero muchos estudios no han encontrado efectos, o incluso han encontrado efectos negativos (p. ej. Gottfredson *et al*. 2010; Taheri y Welsh 2015; Bernatzky y Cid 2018). La planificación cultural urbana genera un lenguaje agradable y una creencia generalizada en su valor, pero la evidencia de su eficacia es diversa y rara vez logra las ambiciones establecidas (Stevenson 2017). En resumen, muchos expertos en una variedad de campos adyacentes a la ASPM no dan nada por sentado y abordan con cierto escepticismo las presunciones comunes sobre el impacto de intervenciones sociales y artísticas.

Un acercamiento ambivalente a la música puede derivarse de una cantidad de fuentes, incluyendo la academia y las experiencias personales. En mi caso, viene principalmente de mi propia investigación histórica y etnográfica. Pasé muchos años estudiando a músicos latinoamericanos (antiguos y actuales) como personajes liminales, envueltos en complejas negociaciones alrededor del poder (Baker

2008; 2011). También realicé dos años de trabajo de campo en torno a la ASPM, además de una década de investigación a distancia, la cual me ha dado la gran oportunidad de presenciar la complejidad de la ASPM de primera mano. En Medellín muchas personas expresaron una mezcla de afecto y preocupación por La Red. Fui testigo de momentos de júbilo y de discusiones, de lágrimas de emoción y de lágrimas de tristeza. En El Sistema, y en la primera generación de estudiantes de La Red (que fueron supervisados por venezolanos), me encontré repetidamente con una relación de amor y odio con la educación musical: como lo expone Cheng (2019), algunos amaron la música hasta que les dolió. La intensidad de estos programas dio lugar a experiencias intensas para los participantes en una edad formativa e impresionable. Sin embargo, junto a las experiencias de socialización y disfrute también hubo otras de horas excesivamente largas, directores autoritarios y profesores toscos. Para algunos, la ASPM fue mágica y abusiva al mismo tiempo. Como lo escribe Gaztambide-Fernández, la alegría y el sufrimiento se unieron en una relación mutuamente constituida.

Sin embargo, no se necesita hacer trabajo de campo o analizar archivos o tomos académicos para cuestionar la narrativa positiva sobre la música. Existe mucha evidencia a la mano. Si bien hay un conjunto impresionante de investigación sobre los efectos beneficiosos de la música en la salud y el bienestar, la profesión musical también está asociada con una alta incidencia en problemas de salud mental y física.[3] La precariedad, los bajos salarios y la sobrecarga laboral son habituales en las profesiones de las artes escénicas.[4] La música clásica es a menudo el foco de exaltadas afirmaciones sobre sus poderes ennoblecedores, y la ASPM descansa sobre la narrativa de la educación de la música clásica como una ruta hacia la salvación personal, sin embargo, estas historias omiten las acusaciones generalizadas de acoso y abuso sexual endémicos en escuelas y conservatorios de música (p. ej. Pace 2015; Krafeld 2017; Newey 2020), o las revelaciones sobre fechorías cometidas por algunos de los personajes más ilustres del campo. Teraud (2018) señala que "la música clásica siempre ha permitido un mal comportamiento", mientras

---

3   Sobre la profesión musical y la mala salud física y mental, ver "HMUK" (2017) y Lebrecht (2017); sobre la profesión orquestal y las lesiones relacionadas con la interpretación, ver "Los músicos salen" (2019).
4   Sobre salarios bajos y precariedad, véase "ArtsPay" (2019); Loar (2019).

que el artículo sobre "sexo, mentiras y directores" de Lebrecht (2018) examina "el sórdido punto débil de la dirección, donde el sexo es considerado una ventaja del trabajo". Como lo implican estos artículos, esta contradicción no es nueva: el reverendo Haweis ensalzó los efectos edificantes de la buena música en su enormemente popular libro de 1871 *Music and Morals*; también tuvo una hija ilegítima con una de sus feligreses (Bull 2019). Como lo preguntó Geir Johansen en la conferencia SIMM en Londres de 2017, de manera solo semiirónica: si la música es tan transformadora, ¿cómo es que los músicos no son mejores personas?

Simplificación Excesiva

Sí el reconocimiento de la ambigüedad de la música ha llevado a una ambivalencia considerable por parte de muchos académicos, no ocurre lo mismo en el sector musical, o al menos no de cara al público. Como lo mencionan Belfiore y Bennett (2008, 192–93), "comprender las afirmaciones del poder de las artes implica comprometerse con algunos temas intelectuales muy complejos. Sin embargo, los pronunciamientos públicos sobre el valor o el impacto de las artes rara vez reflejan esta complejidad y tienden a recurrir a un uso un tanto ritualista de la 'retórica de la transformación'". El estudio de Cheng (2019) ofrece una explicación: la "mística musical", como la llama él, la cual tiene un poder duradero, incluso sobre aquellos que deberían saberlo mejor. Deberíamos estar cansados de las correlaciones entre el amor por la música clásica y la personalidad ética, sugiere él, pero la regularidad con la que debe sacarse la carta de triunfo de los nazis amantes de la música clásica subraya la omnipresencia y la persistencia de la fantasía de la música como una fuerza noble. Cheng sostiene que este no es un simple problema de conocimiento o ignorancia: por el contrario, la mística musical es tentadora —como un canto de sirena.

La ASPM ilustra el argumento de Belfiore y Bennett. Es un campo repleto de retórica de transformación. Esto refleja indudablemente la "mística musical" de Cheng, pero también tiene raíces más convenientes. Si bien El Sistema se fundó en 1975, se apoderó del concepto de la ASPM a mediados de los 90 por su utilidad como palanca de financiación; fue la clave de la expansión de El Sistema. Como lo menciona Spruce (2017, 721), "los discursos no son siempre lo que parecen —evidentes y neutrales—, sino que funcionan como el medio por el cual grupos hegemónicos mantienen su influencia y sus intereses". La difusión internacional de El Sistema refleja estos orígenes, al menos parcialmente. Si bien ha atraído a idealistas, también se ha convertido —en algunas manos—, en un negocio, un salvavidas profesional, o una estrategia de marketing. Se ha utilizado para promover organizaciones de música clásica y algunos músicos han ganado un buen dinero con ello. Fairbanks (2019, 13), exdirector de un programa de Sistema[5] en los Estados Unidos, ha escrito sobre sus crecientes dudas sobre "si los programas de Sistema realmente tratan de empoderar a jóvenes marginados, o si estos se describen mejor como empresas de emprendimiento musical, con el término 'justicia social' explotado como una forma de obtener vastas cantidades de financiación".[6] Una agencia de artistas dirigida por un exempleado de El Sistema asegura: "HAREMOS UN IMPACTO SOCIAL EN CADA LUGAR DONDE INTERVENGAN NUESTROS ARTISTAS".[7] Dicha afirmación es absurda desde la perspectiva de la investigación sobre el impacto social de las artes, pero tiene sentido desde el punto de vista de distinguir su producto en un mercado saturado. La retórica de la transformación es una divisa, y entre más fuerte y simple sea su mensaje, mayor es su valor.

Hay otras presiones e incentivos que llevan a alejarse de preguntas complejas y que se encaminan hacia una simplificación excesiva. En el Reino Unido, al menos los profesionales del arte —como los académicos—, se rigen cada vez más por una agenda de impacto social cuando se trata de obtener fondos, lo que difícilmente favorece la modestia. Muchos de nosotros estamos obligados a participar en un juego que recompense las afirmaciones excesivas sobre el impacto, y muchos de nosotros necesitamos un discurso de ventas simplificado para explicar a otros el valor de lo que hacemos.

Luego está la "industria de las ideas" (Drezner 2017), en la que los intelectuales públicos han sido desplazados por "líderes de pensamiento"

---

5   En general, el uso de "El Sistema" se refiere al programa de Venezuela y "Sistema" a programas inspirados en El Sistema (IES) en otros países.
6   Spruce (2017, 720) también plantea preocupaciones sobre que el término justicia social "es utilizado por grupos y organizaciones como un medio para justificar y promover sus enfoques sobre la educación musical y para obtener la aprobación política y, en consecuencia, el acceso privilegiado a la financiación".
7   Quatre Klammer, "About Us", https://www.quatreklammer.com/aboutus.

con un deseo evangélico de hacer proselitismo de sus puntos de vista y de cambiar el mundo. Las simples "grandes ideas" son el producto más valioso en este "mercado de ideas", mientras que la crítica y la complejidad —los cimientos de la investigación académica—, son una divisa menor. Lo que vende a menudo son las ideas que *parecen* verdad porque son coherentes con la manera en que la gente espera que sea el mundo —simple, predecible y lineal. La ASPM se basa en la idea de que la orquesta es, en palabras de Gustavo Dudamel, "un modelo de una sociedad global ideal" (Lee 2012). En realidad, el mundo de la orquesta profesional no es una cama de rosas. Si la creación musical colectiva fuera tan poderosa y benéfica como a veces se afirma, uno esperaría que los músicos de orquesta fueran algunas de las personas más felices y saludables del mundo, pero existe un conjunto de investigaciones académicas y evidencia anecdótica que sugiere lo contrario (ver Baker 2014; Dickenson 2019). Sin embargo, la orquesta juvenil como un modelo de armonía social e inclusión es una de esas "grandes ideas" que se *sienten* bien, y fue consolidada por el corazón de la industria de las ideas: TED (Tecnología, Entretenimiento, Diseño). A Abreu le fue otorgado el premio TED en 2009; su charla sobre El Sistema fue vista por más de un millón de espectadores; y utilizó su premio para promover El Sistema en los Estados Unidos, financiando el programa Abreu Fellows en el Conservatorio de Nueva Inglaterra.[8]

Celebridades, periodistas, y documentalistas también han llevado la ASPM a un público amplio y ávido. El Sistema ha sido promovido por músicos de la talla de Simon Rattle, Plácido Domingo y Claudio Abbado, y ha sido elogiado en películas de amplia difusión como *Tocar y Luchar* (2006) y *El Sistema: Music to Change Life* (2009). Pero estas partes están usualmente más interesadas en historias dramáticas de salvación y redención a través del poder de la música, que en profundizar sobre realidades más complejas. La "retórica de la transformación" simplificada proporciona un texto más atractivo para libros, artículos, películas, folletos de discos y notas al programa que los desafíos prácticos y filosóficos de la música y el cambio social que muchos investigadores bien conocen.

---

8   José Antonio Abreu, "The El Sistema music revolution", TED 2009, https://www.ted.com/talks/jose_antonio_abreu_the_el_sistema_music_revolution.

Sin embargo, la investigación no es inmune a tales tendencias. Bartleet y Higgins (2018, 11) aluden a "nociones demasiado sentimentalistas de la música comunitaria en la literatura [así como] en campañas de promoción pública más amplias para la participación musical". Algunas evaluaciones cuantitativas de la ASPM se han enfocado en proyecciones futuras de impacto social basadas en modelos simplistas del comportamiento humano y en cálculos financieros optimistas (Logan 2015b; Scruggs 2015), o han usado metodologías cuestionables para analizar los logros existentes (Baker, Bull, y Taylor 2018), y la mayoría evitan hacer algo más que una fugaz referencia a la creciente literatura crítica sobre la ASPM; parecen estar diseñadas más para asegurar la financiación que para identificar problemas críticos. Mientras tanto, la investigación cualitativa puede fácilmente extraviarse si el investigador no está lo suficientemente experimentado, falla en formular buenas preguntas o en buscar en los lugares correctos, o si no está en sintonía con la ambigüedad de la música. Una fortaleza particular del estudio de Cheng es su reconocimiento a "la batalla entre el tonto y el escéptico que baila dentro de cada uno de nosotros" (2019, 39) —académicos como él incluido. Él admite, "sin vergüenza ni culpa, mi susceptibilidad a la mística musical. Puedo verbalizar [...] por qué esta mística puede ser problemática e incluso peligrosa. Pero difícilmente significa que mi cuerpo y mi mente sean ahora impenetrables por líneas de pensamientos peligrosos" (232). Algunas investigaciones sobre la ASPM corroboran esas palabras.

Historias excesivamente simplificadas y exageradas sobre la ASPM llegan a nosotros de todas partes. La promoción, el marketing, las grandes ideas, las narrativas de los medios, el apoyo de celebridades y las evaluaciones de programas tienen su valor y su lugar en el mundo, pero ninguno de ellos es un simple espejo de las realidades de la ASPM. Algunos relatos están diseñados para maximizar la atención de los lectores y espectadores, mientras que otros tienen como objetivo promocionar un programa, un sector o un arte. La mayoría de las narrativas más conocidas de la ASPM tienen sus orígenes en el esfuerzo de movilizar el apoyo de patrocinadores, políticos, instituciones, el público y los mismos participantes. Proyectan "aspiraciones, justificaciones, y afirmaciones que ayudan a generar interés y visibilidad externos, particularmente entre los posibles patrocinadores que se encuentran a cierta distancia del proyecto" (Howell 2017, 240).

Crítica

La investigación crítica es importante para contrarrestar esta tendencia hacia la simplificación excesiva y la exageración, y para revelar la ambigüedad y la complejidad de la música. Este paso es necesario para la ASPM por dos razones: obtener una perspectiva más realista y comprender cómo opera realmente la ASPM (en vez de lo que aspira a hacer) mejorará el *conocimiento sobre* el campo; y resaltar su complejidad podría provocar más discusiones, debates y experimentación mejorando así la *práctica dentro* del campo. La investigación crítica nos permite comprender el pasado y el presente de la ASPM en mayor profundidad para buscar un mejor futuro.

Jorgensen (2001) compara a un filósofo de la educación musical con un inspector de construcción que evalúa la edificación. En otras palabras, el escrutinio crítico —aunque no siempre pueda ser bien recibido o valorado por los constructores—, es una tarea necesaria; además, puede ser generativa e incluso emancipadora. Reconocer los problemas es un primer paso esencial hacia la búsqueda de soluciones en la educación musical (Bates 2018), mientras que la crítica puede soportar "el proyecto más amplio de alinear paradigmas del activismo cultural con su potencial utópico" (Ndaliko 2016, 12). El proyecto de investigación del Reino Unido, FailSpace, se enfoca en el potencial productivo de estudiar el fracaso en el sector cultural, argumentando que la honestidad es importante para mejorar, y que "aprender del fracaso debería ser una parte integral al proceso de hacer e implementar proyectos y políticas culturales".[9] (También señala que esa honestidad sobre el fracaso "no es siempre bienvenida en los procesos formales de evaluación, que tienden a centrarse en hechos y cifras de celebración sobre el éxito de un proyecto y ocultan o ignoran los resultados negativos o los problemas".) Puede haber buenas razones para enfocarse en lo positivo (elevar el perfil de la educación musical, asegurar la financiación, mejorar la autoestima), pero representaciones idealistas, sentimentalistas, o trilladas (Kertz-Welzel 2016) de la ASPM que exageran los beneficios, suprimen las ambigüedades, y minimizan los problemas, elevan la probabilidad de una educación moldeada por creencias ilusorias más que por pensamientos rigurosos sobre la educación musical con una orientación

---

9 FailSpace, "About", https://failspaceproject.co.uk/about/.

social. En ese sentido, las perspectivas utópicas pueden realmente ser contraproducentes, oscureciendo en lugar de iluminando los complejos problemas que plantea la ASPM y, por lo tanto, ralentizando la reforma necesaria. La historia de El Sistema ilustra el efecto deletéreo de la adulación excesiva y del destierro de la crítica.

El valor de la crítica ha sido comprendido más ampliamente en la música comunitaria que en la ASPM. Bartleet y Higgins (2018b, 7), por ejemplo, "reconocen la necesidad de una reflexión más profunda y más crítica sobre los procesos subyacentes y las suposiciones sobre las iniciativas de la música comunitaria", afirmando que "es inadecuado simplemente decir que 'algo milagroso pasa' en la música comunitaria". Dave Camlin concuerda: "es importante que todos los que trabajamos en el sector cultural tengamos la capacidad de analizar nuestras prácticas de manera realmente crítica" (Camlin *et al.* 2020, 166).

Gillian Howell, la académica y músico comunitaria, ha enfatizado que, dentro del campo de la música y de la construcción de la paz, el orden de buenas intenciones suele ser una ilusión que da paso en la práctica a disyuntivas y complejidades inesperadas.[10] Por ejemplo, ella examina (junto a Solveig Korum) un proyecto noruego a largo plazo para la paz y la reconciliación en Sri Lanka en donde una gran inversión en música produjo un rendimiento decepcionante, ya que las intenciones idealistas y la retórica optimista estaban respaldadas por ideas vagas y poco críticas sobre el inherente poder de la música para transformar la sociedad, en vez de una teoría del cambio detallada, articulada y demostrada (Korum y Howell 2020). Las brechas entre los relatos oficiales del sector cultural y lo que realmente sucede es también un foco central de FailSpace, el cual enfatiza el valor de reconocer tales brechas para fomentar el mejoramiento. Representaciones públicas de la ASPM, sin embargo, están indebidamente moldeadas por la narrativa ilusoria de orden y tienden a evadir las disyuntivas. Las brechas no están ocultas: tome el ejemplo de Jonathan Govias, quien ha documentado en gran detalle en su blog bastante leído, su camino desde gurú en el campo inspirado en El Sistema, a súper crítico ("de apóstol a apóstata", como él mismo lo expresa).[11] O el violinista venezolano

---

10 Discurso inaugural, 4 ° SIMM-posium sobre el impacto social de hacer música, Bogotá, 26 de julio de 2019.
11 Jonathan Andrew Govias, https://jonathangovias.com/.

Luigi Mazzocchi, cuya trayectoria algo similar y su crítica minuciosa sobre El Sistema, su alma mater, fue documentada por el investigador en educación musical Lawrence Scripp (2016a, 2016b). Sin embargo, la deserción pública de personajes tan prominentes no ha logrado cambiar la narrativa dominante de la ASPM en Norteamérica. La ambigüedad, la ambivalencia y la complejidad se han extendido ampliamente en este sector, pero rara vez se toleran en el discurso público.

De hecho, una postura ambivalente a menudo provoca problemas en el campo de la ASPM, donde prevalece el sentido de la misión. En los estudios de desarrollo, en los cuales existe una tradición de pensamiento crítico más antigua y amplia, la ambivalencia es una posición más común. La afirmación de Ndaliko (2016, 10) de que "debajo del idealismo utópico de la caridad como un acto desinteresado de servicio, hacer el bien es de hecho una industria […] en extrema necesidad de escrutinio", llamaría la atención de pocos en el campo del desarrollo o de la ayuda y asistencia económica. Sin embargo, las artes a menudo forman una excepción, así como Ndaliko continúa argumentando:

> el atractivo humanista y universalista del arte y de la creatividad, permite que organizaciones e individuos racionales respalden […] proyectos cuyos equivalentes serían ridículos si fueran propuestos en los campos de la economía, la gobernanza, o la medicina. Pero como se trata de creatividad en vez de asuntos más cuantificables, los denunciantes se unen a los animadores para celebrar el "arte" como un conjunto de prácticas y productos inherentemente positivos. (15)

Ndaliko señala que es particularmente difícil reconocer el valor del pensamiento crítico sobre la cultura en contextos desafiantes porque el arte "a menudo se convierte en un oasis moral que cambia el enfoque del escrutinio crítico de las condiciones de su producción, a una celebración sentimental de su mera existencia" (12). Pero si realmente creemos que la música es un motor potencial para el cambio social y que merece ser tomada en serio como tal, entonces debemos estar dispuestos a aplicar "el mismo nivel de rigor al estudio de las actividades culturales que se aplica habitualmente a las cuestiones de economía, gobierno, desarrollo y ayuda estructural" (15). Como lo han demostrado décadas de investigación acerca del desarrollo, no es suficiente que el corazón de uno esté en el lugar correcto.

Esto no solo significa evaluar políticas para determinar su efectividad; también significa una crítica más amplia y profunda. No es suficiente saber si un programa logra ciertos objetivos; también es necesario cuestionar la validez de esos objetivos y considerar las preguntas culturales, políticas, filosóficas, y éticas que se generan (ver Belfiore y Bennett 2010; Baker, Bull, y Taylor 2018). Como argumentan Bartleet y Higgins (2018, 7), necesitamos "un acercamiento mucho más matizado [que] se enfoque en *comprender* los cambios que suceden en vez de simplemente *probarlos*; lo último puede suceder muy a menudo en la investigación realizada para defender o en la investigación evaluativa que se realiza para responder a las exigencias de los organismos de financiación".

La urgencia de pensamiento crítico en el campo de la ASPM, es en parte una reflexión del afán con el que ha sido evadido por El Sistema. El programa emblemático de la ASPM siempre se ha enfocado en la acción y ha tenido poco tiempo para la reflexión, la autocrítica o el debate. Los lemas de su fundador —"para el descanso el descanso eterno"; "doble tanda hoy"—, ilustran su carácter determinado. Los visitantes extranjeros que llegaron a Venezuela y que intentaron sondear más profundamente el programa, se encontraron con la evasión (Agrech 2018) o un muro de concreto. Como lo señala Marco Frei (2011), "cualquiera que formula preguntas críticas a El Sistema en Venezuela no hará amigos. Si le pregunta al director creativo y fundador Abreu que hable sobre los problemas de El Sistema, se ve irritado. '¿Problemas?' pregunta él con una mirada inquisitiva a través de sus lentes gruesos. 'Nosotros crecemos, crecemos, crecemos'".

Autocrítica, Cambio y Conflicto

Después de mi viaje de reconocimiento a Medellín en 2016, La Red atravesó un cambio de dirección. Cuando llegué en 2017 y comencé mi trabajo de campo, el programa tenía un nuevo director general, y había un estado ligeramente tenso de transición y anticipación. En nuestra primera reunión, los líderes del programa articularon una autocrítica alrededor de la historia de La Red y una visión de cambio. Inmediatamente quedó claro que se estaban realizando movimientos interesantes. Crucialmente, a medida que se desarrollaba mi investigación, descubrí que algunas de las opiniones más críticas de La Red venían de personajes a nivel directivo (antiguos y actuales). Estos personajes no temían reflexionar de manera crítica y extensa durante reuniones e informes escritos sobre las deficiencias del programa. En algunos aspectos, la gestión de La Red estaba más cerca a la ambivalencia de los académicos de la música, que al optimismo implacable tan común en la cara pública del campo de la ASPM.

Por un lado, esto significaba que mi perspectiva crítica sobre la ASPM encontró su hogar natural. En cuanto inicié mi investigación, encajé en una institución en la cual el análisis y la ambivalencia eran relativamente normales. Por otro lado, pronto me interesó menos la crítica que la autocrítica. Mi propia perspectiva crítica, que había sido tan necesaria cuando me enfrenté a la autoadulación de El Sistema, podía quedar en segundo plano cuando los empleados y estudiantes de La Red ofrecieron tantas opiniones incisivas propias.

Boeskov (2019, 9) identifica su investigación como "parte de un floreciente movimiento autocrítico dentro del campo de la música comunitaria", y sugiere que "una de sus tareas centrales es contribuir a mover el campo más allá de los puntos de vista simplistas y románticos de los poderes transformadores de la música, para hacer frente a los resultados complejos, contradictorios y ambiguos de la creación musical participativa". Cuando tal movimiento de autocrítica está articulado de forma impresa, se hace más visible. Pero cuando no, como en el caso de La Red, entonces permanece en el desconocimiento para el mundo y no se registra en discusiones públicas o incluso en investigaciones académicas. Mi rol es aquí principalmente el de sacar a la luz las autocríticas de La Red y, por lo tanto, el de contribuir a un movimiento autocrítico dentro del campo más amplio de la ASPM.

La ASPM como un catalizador potencial del cambio social, es un tema mayor en este libro, pero aún más central es el cambio *dentro de* la ASPM. La continuidad es un sello distintivo de El Sistema, el cual fue liderado por José Antonio Abreu durante sus primeros cuarenta y tres años manteniendo una notable consistencia en la práctica durante ese tiempo. En contraste, La Red ha tenido cinco transiciones de liderazgo durante veinte años, con los consiguientes cambios en la práctica y la filosofía, lo que lo convierte en un excelente estudio de caso de los múltiples enfoques que pueden ser cubiertos por la etiqueta la ASPM.

Sus cambios dejan mucho que explorar: su naturaleza, sus causas, sus efectos y las respuestas que estos provocaron. Estos cambios alejaron a La Red de El Sistema, invitando a una perspectiva relacional: ¿Cómo se diferencia del modelo venezolano? ¿Qué podemos aprender de este proceso?

El cambio es un tema importante pero poco investigado dentro de la ASPM. Los estudios sobre la ASPM han tendido a ser sincrónicos y, por lo tanto, a presentar los programas de la ASPM como relativamente estáticos y consistentes. La evolución a lo largo del tiempo no ha sido analizada en profundidad. El presente libro toma un enfoque diacrónico y hace hincapié en las transformaciones y sus efectos.

En mi libro anterior sostenía que El Sistema estaba plagado de problemas y necesitaba un replanteamiento urgente. Varios años después, ha habido señales de movimiento desde algunos rincones en el campo de la ASPM. El cambio de las discusiones sobre adopción versus adaptación al uso generalizado de la etiqueta "Inspirado en El Sistema" (ESI), demuestra (aunque sutilmente) un cierto distanciamiento de las prácticas venezolanas. Anecdóticamente, los enfoques dentro de este campo parecen haberse diversificado; si algunos programas aún veneran el modelo venezolano, otros parecen, al día de hoy, tomar prestado poco más allá que su nombre. El Sistema fue creado en 1975, inspirado por siglos anteriores, desde el punto de vista tanto práctico como ideológico. Se convirtió en una moda internacional en 2007, pero el pensamiento educativo había cambiado significativamente durante ese lapso y su enfoque ha sido muy cuestionado desde entonces. Era solo cuestión de tiempo para que la ASPM se comprometiera con ideas más contemporáneas.

Sin embargo, la alineación explícita de tantos programas con El Sistema ha limitado el espacio para un debate completo, abierto y crítico sobre las fallas en el modelo venezolano que exigen el cambio. Muchos han estado dispuestos a discutir cómo El Sistema puede ser adaptado a otros contextos nacionales; pero pocos se han atrevido a sugerir públicamente que El Sistema necesita ser transformado porque tiene fallas y porque no está alineado con las ideas actuales de educación musical y cambio social. Las alianzas institucionales y las sensibilidades políticas significan que la discusión pública sobre el cambio, cuando ocurre, generalmente toma la forma de ofrecer una solución sin nombrar el problema.

Este campo muestra entonces una mezcla paradójica de cambio y timidez al respecto; algunos programas simultáneamente elogian El Sistema como un suceso milagroso y, con menos fanfarria, alteran su fórmula. Para que la transformación positiva de la ASPM fluya sin impedimentos, hay una necesidad urgente de más información, análisis y debate abierto sobre dónde, cómo, y por qué ha cambiado hasta la fecha; cuáles han sido los logros, desafíos y fracasos de estos procesos; y cómo podría cambiar más en el futuro.

Este libro se basa en la idea de que hay cambios sucediendo en algunos sectores de la ASPM, pero la información es limitada; los procesos de reforma no han sido suficientemente documentados, analizados y discutidos en público. Su contribución es en primer lugar, la de examinar un caso de estudio específico sobre el cambio en detalle (en la Parte 1), y en segundo lugar, la de considerar la cuestión del cambio en la ASPM de manera más amplia (en la Parte 2). No estoy sugiriendo que La Red sea el ejemplo más avanzado de la ASPM; los procesos de reforma han ido más allá en algunos lugares, aunque apenas han iniciado en otros. Por lo tanto, trato a La Red no como un programa único, ni como un modelo simplemente a seguir (o a evitar), sino que como un caso de estudio que ilumina el pasado y el presente del campo de la ASPM y que apunta a posibles direcciones en el futuro. Creo que su trayectoria ofrece lecciones para otros —positivas, negativas, y todo lo demás en la mitad. En otras palabras, expongo La Red no como un ejemplo de la manera "correcta" de hacer la ASPM, sino como un ejemplo de *replantear* la ASPM, de una búsqueda constante de renovación—, y hay mucho que podemos aprender al observar este proceso, sin importar los resultados. Este libro está concebido para servir como catalizador para pensar y hablar públicamente sobre el cambio, y así para contribuir al crecimiento en la ASPM. Los cambios en el campo, por grandes o pequeños que sean, deben hacerse más visibles, audibles y comprensibles. En la actualidad, el discurso público gira mucho menos en torno a novedades, y más en torno al triunfo y supuesto éxito del antiguo modelo, y esto no ayuda al proceso ni al ritmo del cambio.

La Red merece atención como un ejemplo de una organización de la ASPM que ha repensado y renovado sus prácticas repetidamente para ofrecer mayor prioridad a su objetivo social y adaptarse a un contexto cambiante. También es un ejemplo de un programa de "mediana edad" en Latinoamérica: más joven que el venerable El Sistema, pero con más antigüedad que sus ramificaciones en el Norte global. Ha estado funcionando durante suficiente tiempo para haber enfrentado el problema del cambio, y puede ser instructivo para programas más recientes Inspirados en El Sistema (IES) en todo el mundo, para aprender en detalle sobre un ejemplo más antiguo del desarrollo de la ASPM fuera de Venezuela. Durante mi estadía en Medellín, La Red buscó una línea suficientemente distinta que podría ser considerada una alternativa a El Sistema, o al menos una alternativa en proceso. Los problemas y limitaciones del modelo venezolano son ya bien conocidos en el campo de la investigación por lo que este libro, aunque aporta a esta literatura crítica, está más enfocado en sus avances y transformaciones. Terminé mi libro anterior mirando más allá de los problemas de El Sistema para considerar lecciones más amplias y posibles soluciones, y esa búsqueda reposa en el corazón de este libro.

Cuando estaba en las últimas etapas de la escritura, apareció la COVID-19, seguido poco después por el resurgimiento del movimiento Black Lives Matter. Dado que mi trabajo de campo estaba completado y el libro ya estaba esbozado, decidí no dispersar referencias sobre estos grandes acontecimientos en el texto, sino volver a ellos en el epílogo, que actualiza el libro a finales de 2020. No obstante, el 2020 movió el cambio hacia la cima de la agenda en muchas áreas de la vida humana, incluyendo la educación musical y la ASPM, y así añadió un nuevo grado de urgencia a lo que está descrito y analizado en estas páginas. Creo que menos personas necesitarán ser convencidas de la necesidad de una discusión seria sobre el cambio hoy, que cuando me senté a escribir en 2019.

La autocrítica y el cambio, dos temas principales en este libro, están ligados. Los cambios en el personal de La Red desde 2005 han llevado a críticas internas, a cambios (o intentos de cambios) en el programa, y a críticas a los (intentos de) cambios. Este proceso cíclico ha llevado, de manera tal vez inevitable, a fricciones internas y conflictos. De hecho, fue solo cuestión de días después de mi llegada a Medellín para iniciar mi trabajo de campo, antes de que las primeras nubes comenzaran a invadir mi imagen soleada del programa. En el momento que regresé, dos años después, para un seguimiento posterior al trabajo de campo, La Red estaba en modo de crisis. Durante este periodo, el proceso de reflexión crítica y cambio que estaba pasando el programa provocó crecientes tensiones, debates y disputas, y mi enfoque en estos procedimientos me llevaron a también explorar sus complejos efectos.

Al igual que el cambio, la crítica interna y el conflicto no han sido un foco de investigación académica de la ASPM. Hay estudios esclarecedores de exempleados de programas IES que han pasado a escribir de manera crítica sobre sus experiencias después de sus salidas (p. ej. Dobson 2016; Godwin 2020). Fairbanks (2019), el exdirector de un programa IES, ofrece un relato en profundidad de su trayectoria, desde el entusiasmo y la defensa hasta las importantes dudas sobre su propio trabajo y el campo en general.

Sin embargo, las críticas abiertas y autocríticas de empleados actuales, y las tensiones y debates que provocan dentro de un programa, son terra incógnita en los estudios sobre la ASPM. Aun así, pueden ser muy reveladoras. Un examen minucioso de estas dinámicas dentro de la Red hace que se rompa la visión un tanto monolítica y romántica de los programas de la ASPM como armoniosa y unificada. La Red se revela a sí misma como un campo multifacético e internamente diferenciado, en el que coexisten, pero donde también compiten filosofías y prácticas contrastantes, y como un conjunto de grupos diferentes y a veces opuestos (dirección general, directores de escuela, directores de ensambles, profesores, estudiantes, padres de familia, administradores, investigadores), que articulan puntos de vista diferentes y a veces opuestos. La imagen que emerge es más compleja que la narrativa estándar de la ASPM e ilumina algunas de las opciones disponibles para dichos programas y las posibles consecuencias de estas elecciones.

Representando a La Red

Los debates y tensiones fueron de considerable importancia para los actores del programa y deberían ser de considerable importancia para cualquier persona interesada en comprender la ASPM en mayor profundidad. Como lo expone Ndaliko (2016, 19), tomarse en serio el trabajo del desarrollo cultural significa estar dispuesto "a preservar algunas de las conversaciones y negociaciones más incómodas que suceden detrás de escena de los comunicados de prensa pulidos y páginas web que compiten por apoyo". Sin embargo, esos debates incómodos no definen a La Red ni representan todo el programa. Ofrezco una visión realista sobre la ASPM que contrasta con la toma idealista de la publicidad institucional, la defensa y la industria de la música, pero no intento transmitirlo todo. Mi enfoque no son las actividades rutinarias musicales o los placeres cotidianos de La Red, sino las reuniones y las conversaciones en los corredores y las pausas para el café. Hay mucho más que podría ser estudiado y escrito, pero esa debe ser una tarea para otros.

El resultado es un análisis crítico de asuntos significativos, basado en el trabajo de campo, en lugar de una etnografía descriptiva estándar. Tampoco es una evaluación; más bien, se enfoca en un proceso de *auto*evaluación de largo plazo. La pregunta movilizadora no es "¿es La Red algo bueno?" sino la que ha preocupado a muchos de mis interlocutores: "¿Cómo podría funcionar mejor?". Mi intención principal es la de compartir las experiencias de La Red con otros alrededor del mundo y arrojar luz sobre preguntas centrales en la investigación y la práctica de la ASPM. Sin embargo, durante mi trabajo de campo, varios exempleados y empleados actuales expresaron interés en mis perspectivas sobre La Red. Estaban profundamente interesados en saber cómo percibía el programa un extranjero con experiencia en el estudio de la música y de la ASPM en otro lugar. Personajes de altos cargos respondieron positivamente a mi invitación a leer un borrador de este texto, dando la bienvenida a una perspectiva crítica externa. Como consecuencia, además de transmitir al mundo exterior algunas visiones internas de La Red, también ofrezco una perspectiva externa de La Red para consideración del programa en sí y del sector cultural en Medellín de manera más amplia, ubicando los temas clave de La Red en un contexto de campos y estudios académicos que no eran bien conocidos dentro del programa.

Como muchos de mis interlocutores, podía ver que no todo era color de rosa dentro de La Red, y creo que la discusión crítica es necesaria; pero, al igual que ellos, siento un apego emocional con el programa y le deseo éxito. Investigar de manera adecuada la ASPM requiere cierta dosis de escepticismo, pero no soy un escéptico en mis interacciones diarias con La Red, sino más bien un amigo crítico. Un director de escuela me dijo: "Todo lo que hago en La Red es porque amo este programa... es por eso que siempre estoy tan inquieto". Él era una de las voces más críticas en las reuniones, pero cómo lo explicaba en nuestra entrevista, él criticaba porque le importaba profundamente el programa. Puedo identificarme con su mezcla de apego y crítica, y su deseo de edificar La Red, no de destruirla.

La Red estaba llena de placeres y sociabilidad; el personal del programa realizaba un trabajo importante y a veces desafiante; y hubo muchos momentos en los que me conmoví y me inspiré con los resultados. Si dichos puntos pasan a un segundo plano en este libro, es por dos razones principales. En primer lugar, la formación ofrecida por La Red es bastante convencional para la educación musical, por lo tanto, sus aspectos positivos no necesitan ser explicados a nadie con un conocimiento superficial de este campo. Estos aspectos positivos son ampliamente discutidos en la esfera pública; los problemas y debates, lo son mucho menos. En segundo lugar, creo que un análisis de los temas que preocupaban a los empleados y participantes de La Red es, en última instancia, más productiva (aunque menos cómoda) para el campo que la celebración que ha dominado el discurso público. Me inspira la caracterización de Ang (2011, 790) del "conocimiento inteligente" como "destinado a ser altamente selectivo" si ha de conducir a la acción constructiva. Mi creencia fundamental es que un debate sobre los problemas de la ASPM es más fructífero que una visión Panglosiana.

Bartleet y Higgins (2018, 8) sostienen que el malestar y las tensiones en la música comunitaria "son muy posiblemente una señal de salud y crecimiento". Mucho de lo que analizo en este libro podría ser visto como *dolores de crecimiento*, con todas las contradicciones que encierra este término. Si estoy interesado en los dolores —malestares y tensiones—, es porque estoy interesado en el crecimiento.

Algunos escritores sobre la ASPM han abogado por un acercamiento balanceado, neutral u objetivo. En lugar de hacer tales afirmaciones (las cuales han sido cuestionadas sin cesar por los académicos), yo tomo inspiración de corrientes tales como las ciencias sociales emancipadoras (Erik Olin Wright, citado en Wright 2019) y la educación musical decolonial (Shifres y Rosabal-Coto 2018), en la cual los investigadores no temen a tomar una postura —de hecho, lo consideran positivo. Como lo sustenta Terry Eagleton (2004), "los intelectuales toman partido", porque "en todos los conflictos políticos más urgentes que enfrentamos, alguien tendrá que ganar y alguien tendrá que perder". También suscribo la opinión del musicólogo Björn Heile (2020, 176):

> Dudo que alguna vez estemos libres de valores, neutrales y objetivos. Aún más importante, no he tenido la más mínima intención o inclinación a serlo, y la propia idea me parece que malinterpreta la naturaleza de la investigación y la función pública de la musicología. Entré en esta profesión por pasión a la música; renunciar a eso equivaldría a traicionar lo que creo. [...] También creo que los mejores estudios y críticas se deben, en última instancia, a la pasión por el tema —usualmente el amor, aunque a veces el desdén.

El subtítulo del libro de Griffiths (1998) sobre investigación educativa para la justicia social es indicativo: "Tomar una postura". Ella ofrece una visión de la investigación educativa orientada a la acción que "no es necesariamente una investigación *sobre* la educación o sus procesos. Más bien, es la investigación que tiene un *efecto en* la educación" (67). De acuerdo a esto, la investigación educativa para la justicia social no está equilibrada o es neutral, sino que es ética y políticamente comprometida y es clara sobre lo que pretende lograr: mejorar las prácticas en la educación. Este enfoque es bastante común entre los investigadores en campos como la música comunitaria y justicia social en la educación musical, quienes frecuentemente "toman una postura".

Por lo tanto, acoger la ambigüedad, la ambivalencia y la complejidad no debería ser confundido con neutralidad o con indecisión. Más bien, puede sugerir un enfoque más disruptivo, proyectado hacia maneras dominantes pero defectuosas de pensar y actuar. Ramalingam (2013) proporciona un buen ejemplo: la complejidad es su tema central, pero es mordaz con las formas convencionales de los organismos de ayuda y de asistencia económica.

En resumen, este libro pretende ser una contribución a los debates que presencié y en los que participé entre 2017 y 2019, en los que además tomo partido. Me preocupan la inmovilidad y el estancamiento en la ASPM ortodoxa; creo en el cambio educativo progresivo; y admiré a aquellos personajes en La Red que estaban dispuestos a hacer las preguntas difíciles y trastocar las formas establecidas de pensar y actuar. Me animó ver movimientos en torno a algunos problemas profundamente arraigados en la ASPM, y aunque, siendo alguien que ha enseñado música o estudios musicales en instituciones educativas durante gran parte de mi vida adulta, podía simpatizar con aquellos que estaban inquietos con el proceso, por lo general apoyé los cambios que se propusieron e intentaron. Este libro es sobre el cambio en la ASPM y es un libro comprometido con dicho cambio.

Por lo tanto, lo que sigue es una perspectiva sobre la ASPM. Está construida a partir de las perspectivas de muchos otros —músicos e investigadores en Medellín y el resto del mundo—, pero un punto central de este libro es que las opiniones variaron considerablemente incluso en un solo programa en un momento particular en el tiempo. Así que no estoy sugiriendo que esta sea la única forma de ver el tema, y tampoco espero que atraiga a todos. Sin embargo, espero que esta perspectiva hable a los lectores interesados en el pensamiento crítico sobre la ASPM y el cambio positivo en el campo.

Investigando La Red

Estuve un año realizando trabajo de campo en Medellín (2017-2018), con un viaje de reconocimiento de dos semanas en 2016 y dos semanas de seguimiento en 2019. Durante varios meses, fui asistido por mi esposa, D.[12] Siendo una hablante nativa de español, que fue formada y que enseñó en un programa latinoamericano de la ASPM, D. es un miembro de esta cultura. Esto le permitió hacer una conexión instantánea con el personal y con los estudiantes de La Red. Su participación enriqueció enormemente la investigación, proporcionando una perspectiva distintiva que permitió la triangulación con la mía, y con frecuencia posibilitó la observación en dos lugares a la misma vez. Durante este tiempo, me enfoqué en los procesos de toma de decisiones y en las respuestas entre líderes y personajes importantes mientras que D. pasaba más tiempo con los estudiantes y profesores. La voz de los estudiantes es citada con menos frecuencia en este libro, debido a que se concentra en un proceso de cambio liderado por adultos, pero formaban una parte importante de nuestras observaciones y conversaciones.

El trabajo de campo etnográfico y prolongado es un método apropiado para explorar las complejidades y tensiones de la ASPM en la vida real, más allá de visiones idealistas y declaraciones de misión. El trabajo de campo puede servir como una verificación de la realidad, revelando lentamente la práctica detrás de la teoría, con todo y sus

---

12 La decisión de permanecer en el anonimato es de ella.

lunares. Anderson (2011) y Mosse (2004) argumentan la importancia de la etnografía para probar supuestos y afirmaciones que se dan por sentados en contextos educativos y de desarrollo, respectivamente. La maestra budista estadounidense Charlotte Joko Beck (1995, 175) escribe sobre lo que ella llama "tonterías Zen," o una tendencia a "arrojar muchos conceptos sofisticados". Ella dice: "No es que las afirmaciones sean falsas. [...] Pero si nos detenemos ahí, habremos convertido nuestra práctica en un ejercicio de conceptos, y habremos perdido la conciencia de lo que está pasando". La etnografía crítica, también, podría ser pensada como un intento de ir más allá de un ejercicio de conceptos y creencias, más allá de "palabras de moda y eufemismos" (Cornwall y Eade 2010), y ser conscientes de lo que está pasando realmente. Se necesita la atención crítica y constante para así no caer en las "tonterías de la música" —repitiendo eslóganes y afirmaciones atractivas que pasan por alto las complejidades de lo que está sucediendo frente a nuestros ojos.

También se requiere atención constante porque los programas de la ASPM y sus contextos cambian con el tiempo. En consecuencia, sus efectos también pueden cambiar. Como lo señala Ramalingam (2013), el hecho de que una acción particular sea efectiva en un lugar y en un momento, no es garantía de que funcionará después o en otro lugar. Lo que funcionó en la ASPM en 1975, puede no funcionar en la década de 2020; lo que funcionó en Venezuela puede no funcionar en el Reino Unido; de hecho, lo que funcionó en una de las escuelas de La Red, puede no funcionar en otra.

A primera vista, la ASPM puede presentar un aspecto completamente optimista, y en una breve conversación con un extraño, empleados y estudiantes se enfocarán generalmente en los aspectos positivos. Los discursos idealistas están profundamente arraigados en el campo. Los estudiantes crecen rodeados por concepciones particulares sobre la música —literalmente, como en el caso de La Red, como había carteles anunciando la visión oficial del programa en las paredes de cada escuela. Cuando las dos partes no se conocen, las entrevistas y conversaciones formales pueden, por lo tanto, simplemente revelar hasta qué punto se han absorbido los discursos dominantes. Pero en el trabajo de campo a largo plazo, a medida que se construye la confianza y el investigador comienza a comprender los temas clave y a investigar más en profundidad, los interlocutores a menudo comienzan a revelar otros lados de la historia y opiniones contradictorias. Muchos eventualmente muestran una mezcla de entusiasmo y reserva que es bastante normal dentro de las grandes instituciones. La ambigüedad y la ambivalencia emergen, por tanto, de la construcción de relaciones y conversaciones con el tiempo.

El trabajo de campo también revela complejidad y desorden. Muchas grandes ideas son lanzadas parcialmente y no se realizan en absoluto. Algunos proyectos son éxitos artísticos, pero fracasos sociales y viceversa. Para el consumo externo, gran parte de estos detalles se desvanecen a medida que se transmite una visión limpia y optimista. Pero si el etnógrafo hace su trabajo correctamente, llegará a ver otros lados de la historia.

Sin embargo, la etnografía tiene sus limitaciones, las cuales son particularmente evidentes cuando se aplica a un proyecto voluntario, ya que conlleva un gran riesgo de sesgo de sobrevivencia. Para comenzar, aquellos que se unen a un programa como La Red o El Sistema, son una población autoseleccionada, y dado que muchos estudiantes abandonan en el primer par de años y hay una tasa de deserción constante después de esto, concentrarse en las observaciones y entrevistas con participantes actuales, particularmente los más competentes y elocuentes, significa considerar solo un grupo reducido que es adecuado y está bien adaptado al programa. Aquellos que son menos entusiastas normalmente se van y sus voces desaparecen. Una mayor visibilidad del éxito que de los fracasos puede llevar a un optimismo excesivo de parte del investigador —algo evidente cuando se comparan algunos escritos basados en entrevistas u observaciones sobre El Sistema con los efectos sociales casi imperceptibles identificados por los estudios cuantitativos (p. ej. Alemán *et al.* 2017; Ilari *et al.* 2018). Sin atención, la investigación cualitativa sobre la ASPM puede terminar pareciéndose a un ensayo clínico que evalúa la efectividad de un medicamento contra el cáncer al entrevistar a los pacientes que aún están vivos cinco años después del tratamiento. Como es de esperar, parece que siempre funciona.

Es importante tomar en serio las opiniones del personal y de los participantes actuales, y al mismo tiempo recordar que solo representan a los sobrevivientes. Por lo tanto, el trabajo de campo debe combinarse con otros métodos si no se quiere presentar una visión demasiado restringida de un programa o exagerar su potencial como motor de desarrollo social. Si la etnografía generalmente se enfoca en aquellos que sobreviven, las organizaciones que quieren mejorar deben enfocarse en aquellos que no lo hacen. Los investigadores deben tener en cuenta que el juego de la ASPM tiene tanto perdedores como ganadores, y muchos ni siquiera tienen la oportunidad de jugar; la investigación que se centra en las experiencias positivas de los ganadores difícilmente podría describirse como equilibrada o neutral, y puede ofrecer poco a los otros dos grupos.

Adopté diferentes estrategias. Bell y Raffe (1991) sostienen que la investigación educativa sobre un proyecto en específico también debería ser comparativa e histórica, considerando su relación con propuestas similares en el presente y en el pasado. (Esta es otra área en la cual los estudios etnográficos de la ASPM a veces han sido débiles.) Seguí esta ruta, recurriendo a mis previas investigaciones sobre El Sistema y la historia de la música en América Latina. Otra estrategia fue simplemente la de ser consciente y estar interesado en el problema. Recordar que faltaban voces hizo que fuera más fácil escucharlas. Todo el personal y los estudiantes actuales sabían que los participantes desertaban, y a menudo sabían el porqué. No era necesaria mucha investigación para ver que La Red no era un programa para todos, generando preguntas sobre el discurso central de inclusión social de la ASPM.

También pasé mucho tiempo en reuniones. Largas reuniones —hasta de ocho horas. Reuniones de gestión, reuniones de personal, reuniones de escuela, reuniones del equipo social. Los académicos suelen considerar la licencia de investigación como una gran oportunidad para escapar de tales actividades, pero yo me sentí muy afortunado de tener permiso para asistir a estas, y me proporcionaron un espacio invaluable para entender las dinámicas internas del programa. Mi investigación giraba en torno al cambio, así que aproveché la oportunidad para observar la generación de nuevas ideas y las discusiones sobre viejos problemas en tiempo real, en lugar de tener que depender de interpretaciones filtradas para mi consumo en entrevistas. En las reuniones, algunos de los "fantasmas de La Red" —personajes y temas del pasado—, emergieron de las sombras. Una estrategia final fue leer una serie de documentos internos, que me fueron proporcionados por trabajadores de altos cargos (del pasado y del presente). Estas fuentes escritas me ofrecieron un enfoque más claro de los asuntos principales que habían ocupado a La Red durante muchos años; permitieron que se escucharan voces ausentes y añadieron otra dimensión a mis observaciones.

La apertura de los líderes de La Red fue un hallazgo de investigación por derecho propio. Estaba de alguna manera asombrado de encontrar que directores generales (antiguos y actuales) no solo hablaban abiertamente conmigo sobre los problemas y sobre la necesidad de cambio, sino que también me dieron acceso a muchas actividades y materiales. No soy tan ingenuo para pensar que lo escuché o vi todo, pero el contraste con la opacidad de los niveles más altos de El Sistema fue sorprendente y señaló una diferencia fundamental de ética entre los programas.

Gracias a la apertura de La Red, pasé mucho tiempo de mi año de trabajo de campo entre bastidores, presenciando las fricciones y discusiones francas bajo de la superficie de posiciones oficiales y de las declaraciones públicas. A menudo asistí a la reunión semanal del equipo de gestión, y pasé mucho tiempo con el equipo social, algunas veces acompañándolos en visitas a las escuelas y los ensambles. A medida que progresaba mi trabajo de campo, aumentó el elemento de participación y colaboración y no solo observación. En las reuniones, a veces se pedía mi opinión o era incluido en discusiones colectivas, y realicé comentarios y sugerencias cuando parecía apropiado; muchas conversaciones privadas tenían un elemento de intercambio en lugar de ser tan solo un simple flujo de información unidireccional. Siendo yo un profesor de música extranjero con amplia experiencia en investigación, era de interés para algunos en el personal, y a menudo me compartían ideas o solicitaban mis opiniones. Este diálogo continuo llevó a que La Red me ofreciera un cargo de consultoría en 2018 (un cargo que desafortunadamente no podía asumir debido a razones contractuales). También desempolvé mi clarinete y me uní a algunos talleres para profesores y estudiantes, y participé en un seminario de desarrollo profesional ofrecido para el personal. En resumen, me convertí en un observador participante.

Entrevisté a los cuatro primeros directores generales de La Red, en algunos casos más de una vez, e interactué extensivamente con el quinto, quien estaba a cargo durante mi trabajo de campo. También tuve una conversación con la sexta directora, la cual fue realizada en 2020, poco antes de finalizar este libro. Realicé una gran cantidad de entrevistas con directivos, personal y estudiantes, pero también presencié y participé en muchas discusiones mientras compartía con el personal durante el almuerzo y en los descansos para tomar café entre reuniones, y tuve muchas conversaciones informales y privadas. La mayoría de las entrevistas se realizaron en condiciones de anonimato, y extenderé el anonimato o seudonimización a todos los actores, como es práctica estándar en los estudios académicos de educación, a menos que la identificación del tema sea inevitable para que la narrativa tenga sentido (por ejemplo, en el caso de los directores generales), su punto de vista sea relativamente poco controvertido, o su punto de vista o acción ya se haya hecho público. Las citas con referencias derivan de informes internos; las citas sin referencias provienen de mis propias entrevistas y observaciones.

Estructura del Libro

La Parte 1 está organizada en términos de cuatro amplias perspectivas críticas sobre La Red. El primer capítulo ofrece una breve historia del programa a través del lente de la autocrítica y el cambio, seguida de una descripción más detallada de los acontecimientos que tuvieron lugar durante mi trabajo de campo. Aquí, la perspectiva dominante es la de la gestión de La Red, y el foco está en sus evaluaciones del programa y las modificaciones que implementaron como resultado. En el segundo capítulo, estos acontecimientos se ven principalmente a través de los ojos de los profesores de música y los estudiantes avanzados de La Red. El Capítulo 2 captura sus respuestas críticas a los cambios descritos en el Capítulo 1 y las tensiones y debates más destacados en el programa. Explora una dinámica prominente de La Red durante gran parte de su historia: la resistencia. El capítulo 3 se centra en los debates que no fueron menos importantes, sino menos visibles o urgentes, y más conceptuales. El énfasis cambia para centrar la perspectiva crítica del equipo social de La Red. Finalmente, el Capítulo 4 es donde exploro cuestiones generales que consideré importantes pero que no se discutieron mucho en La Red, sobre todo, la eficacia de la ASPM y su relación con la renovación urbana.

Dado que el debate abierto ha sido históricamente un concepto ajeno a El Sistema y algunos de sus seguidores más cercanos, las conversaciones críticas más sustanciales sobre la ASPM han tenido lugar *fuera* de los programas: iniciadas por investigadores o comentaristas externos, y respondidas (o no) por representantes, portavoces o defensores de la ASPM.[13] Por lo tanto, las críticas a la ASPM se han centrado en la perspectiva del investigador o del observador, aunque recurren regularmente a las voces de participantes y exparticipantes (como en el caso de mi libro anterior). En el caso de La Red, sin embargo, múltiples cambios de liderazgo han llevado a la yuxtaposición y confrontación de diferentes enfoques, y de ahí a un debate abierto y a veces acalorado *dentro* del programa. En consecuencia, este libro está estructurado de tal manera que prioriza las críticas internas de la dirección general, el personal, los estudiantes y el equipo social. Las preguntas centrales de los primeros tres capítulos fueron planteadas por los actores de La Red. Pongo mis propias preguntas en último lugar porque creo que los aspectos más interesantes de la historia de La Red tienen que ver con su autocuestionamiento. Mis preguntas de investigación iniciales guiaron mi investigación y aparecen de manera prominente en estas páginas, pero opté por estructurar el texto menos en torno a ellas que en torno a las propias preocupaciones de La Red.

En realidad, no obstante, las cosas están menos claras. Por mucho que priorice las opiniones de los demás, mi perspectiva inevitablemente da forma a los dos primeros capítulos y ofrezco mi propio análisis en algunos lugares. Además, trazar una línea clara entre los puntos de vista es imposible. Los debates internos de La Red se superpusieron con mis propias investigaciones y opiniones anteriores. Es especialmente desafiante separar mis puntos de vista de los del equipo social, ya que había muchos paralelismos para empezar, y discutimos temas clave con regularidad a lo largo del año. Como resultado, el Capítulo 3 entrelaza las preocupaciones de mis interlocutores y las mías, reflejando nuestra interacción en Medellín. Por lo tanto, el esquema anterior debe entonces considerarse como una intención y un enfoque amplio más que como un marco estricto, con el objetivo de transmitir un debate crítico polifónico, dentro y alrededor de La Red, que desafía una dicotomía de adentro/defensa versus afuera/crítica.

---

13 Esta afirmación se deriva de las comunicaciones personales de los empleados de los programas IES en varios países, así como de mi investigación en Venezuela. Para ver ejemplos publicados, véase Dobson 2016 y García Bermejo 2020.

El propósito principal de este libro es contribuir a los esfuerzos por comprender los desafíos y las posibilidades de la ASPM. Como tal, es más filosófico que práctico, y está enfocado más en comprender que en arreglar. La contribución práctica de tal investigación es en gran parte indirecta; su objetivo es proporcionar una base conceptual para cambiar la práctica en lugar de ser un conjunto de instrucciones. Nuevamente, me inspira Ramalingam y su llamado para que el sector de la ayuda exterior se enfrente a nuevas formas de pensar en lugar de modificar las prácticas convencionales. Él describe la ayuda exterior como una esfera de actividad altruista que se ha visto comprometida por una mezcla de acción audaz y reflexión limitada —una crítica que es altamente pertinente para la historia de la ASPM. Su visión invierte la ecuación: está marcada por un pensamiento más audaz y una acción más cautelosa. Se centra en hacer las preguntas correctas en lugar de proporcionar las respuestas correctas. Dicho esto, también me inspira la visión de la investigación educativa orientada a la acción articulada por Griffiths y otros. En la segunda parte, intento equilibrar estos dos enfoques. Presto atención tanto a la cautela de las soluciones definitivas o únicas para todos de Ang (2011, 790), como a su objetivo de "proporcionar indicaciones para la acción [...], enmarcando situaciones complejas y temas complicados de una manera que nos facilitará encontrar caminos a través de ellos". En consecuencia, la Parte 2 ofrece un análisis global de la ASPM con miras a futuras reformas o revoluciones —una especie de manifiesto para replantear y rehacer la ASPM. Pero mi objetivo no es decir qué hacer a los educadores musicales, líderes de programa y responsables políticos, sino más bien proporcionarles preguntas y sugerencias que puedan usar para construir sus propias soluciones.

La organización de este libro también se inspira en la interpretación de Ruth Wright (2019, 217) sobre la visión de Erik Olin Wright de la investigación sociológica orientada a la justicia social, o la ciencia social emancipadora, centrada en tres tareas esenciales: "En primer lugar, elaborar un diagnóstico y una crítica sistemática del mundo tal como existe; en segundo lugar, visualizar alternativas viables; y en tercer lugar, comprender los obstáculos, posibilidades y dilemas de transformación". La Parte 1 está dedicada a la primera tarea, mientras que la Parte 2 aborda la segunda y la tercera. El libro termina con un epílogo que considera los cambios más recientes de La Red y las implicaciones de los trastornos de 2020 para la ASPM.

Ha habido una explosión de trabajo musicosocial en todo el mundo en los últimos años y, si bien las actividades han adoptado una multiplicidad de formas, a menudo surgen hilos en común. Como tal, este libro puede atraer a lectores interesados en temas como educación musical para el cambio social/justicia social/inclusión social, la música comunitaria, y la educación y la cultura de la música clásica. También se conecta con campos como la etnomusicología, la sociología de la música y los estudios urbanos, ya que muchos de los temas que surgen están relacionados con debates más amplios sobre la música, la sociedad, la política y la ciudad. Sobre todo, este libro está dirigido a aquellos que quieran pensar más profundamente acerca de la ASPM, desde cualquier perspectiva académica o profesional. Se basa en la creencia de que muchos de los involucrados o interesados en la ASPM pueden encontrar valor en explorar un estudio de caso específico en profundidad, sondear las posibilidades y las limitaciones del campo, y considerar cómo podría evolucionar en el futuro.

PARTE 1

1. Creación, Redirección y Reforma de La Red

Miraflores, 20 de noviembre de 2017

En una mañana soleada de lunes de noviembre, los directores de escuela y profesores de La Red se reunieron en el austero pero funcional salón de la escuela de música de Miraflores. El concreto expuesto es característica de los edificios públicos recientes de Medellín, y llegué a pensar en él como el estilo arquitectónico del urbanismo social. La reunión de hoy fue especial. El equipo social recibió a los asistentes y les explicó que iban a liderar un ejercicio de reflexión crítica sobre el pasado de La Red con el objetivo de construir propuestas para el futuro.

El imaginario histórico de La Red giraba en torno a sus cinco directores generales de los últimos veinte años. Por esto mismo, el personal estaba dividido en cinco grupos según el periodo de liderazgo en el cual se habían unido al programa. Yo acompañé al grupo que representaba la primera fase. Había más de dos docenas de empleados de este periodo, el cual había terminado hace trece años. Los escuché recordar esta época formativa en La Red al igual que recordar sus propias vidas; la mayoría había sido estudiante en ese momento y más adelante se unieron al programa como profesores. Finalmente, se invitó a un representante de cada grupo a ponerse de pie, resumir sus relatos de la época y exponer sus propuestas.

Este ejercicio de línea del tiempo ilustró la importancia de contar la historia en La Red. Su historia era una presencia constante, aunque de fondo: el programa se concebía como un conjunto de cinco periodos, y el equipo y los estudiantes avanzados a menudo se referían, ya fuera de manera nostálgica o crítica, a los anteriores. En las conversaciones, las características del programa fueron regularmente asociadas con los cinco directores generales. El ejercicio del equipo social fue diseñado para traer este tema a la superficie y convertirlo en tema de discusión abierta, con la esperanza de convertir la nostalgia y la crítica privada en un proceso de construcción colectiva.

Este capítulo construye una línea del tiempo similar, aunque con una pequeña diferencia en el énfasis y el propósito. El ejercicio de La Red fue diseñado para sacar a la luz los "fantasmas" del programa, para echar luz sobre el pasado y sobre los sentimientos del personal al respecto, y desde allí pensar hacia el futuro. Mi intención es dar un paso hacia atrás y considerar la historia de La Red a través del lente de los procesos internos de autocrítica y cambio, del cual este ejercicio fue solo un ejemplo. Al igual que el ejercicio de línea del tiempo, este capítulo construye y analiza una historia en diferentes partes, con un objetivo final de fomentar un cambio positivo; pero aquí, el enfoque se limita a la dirección de La Red. No es *la* historia de La Red sino más bien *una* historia; una que narra La Red como una serie de cambios de liderazgo. Hace hincapié en las reflexiones críticas y las transformaciones del programa que ocurrieron en cada etapa, contada desde la perspectiva de los líderes y directivos que las realizaron. Hay muchas otras historias por contar, pero dejaré perspectivas alternas y el equilibrio que aportan para capítulos posteriores.[1]

Después de esbozar el proceso desde 1990 hasta 2017, me enfoco más en detalle al periodo de 2017 a 2019, durante el cual hice mi trabajo de campo. Aquí proporcionaré una descripción más etnográfica de la crítica y el cambio liderados por la dirección. Un nuevo equipo de liderazgo fue asignado entre mi viaje de reconocimiento inicial en 2016 y el comienzo de mi trabajo de campo en 2017, y por consiguiente mi trabajo de campo coincidió con uno de los periodos de reflexión y transformación más intensos en la historia de La Red, lo que reforzó mi intención inicial de centrarme en estas cuestiones.

---

[1] Este capítulo es unilateral en el sentido de que solo presenta a las gestiones siguientes mirando hacia el pasado y criticando lo que hubo antes. Los antiguos directores generales no siempre tuvieron una visión benévola de lo que vino después de ellos, pero explorar esas críticas "inversas" está fuera del alcance de este estudio. El primer director general queda en desventaja en este sentido, ya que sus cuatro sucesores han hecho balance de su mandato sin que él tenga derecho a la réplica. Por ello, debo subrayar que tuvo muchos admiradores devotos entre la primera generación de estudiantes de La Red.

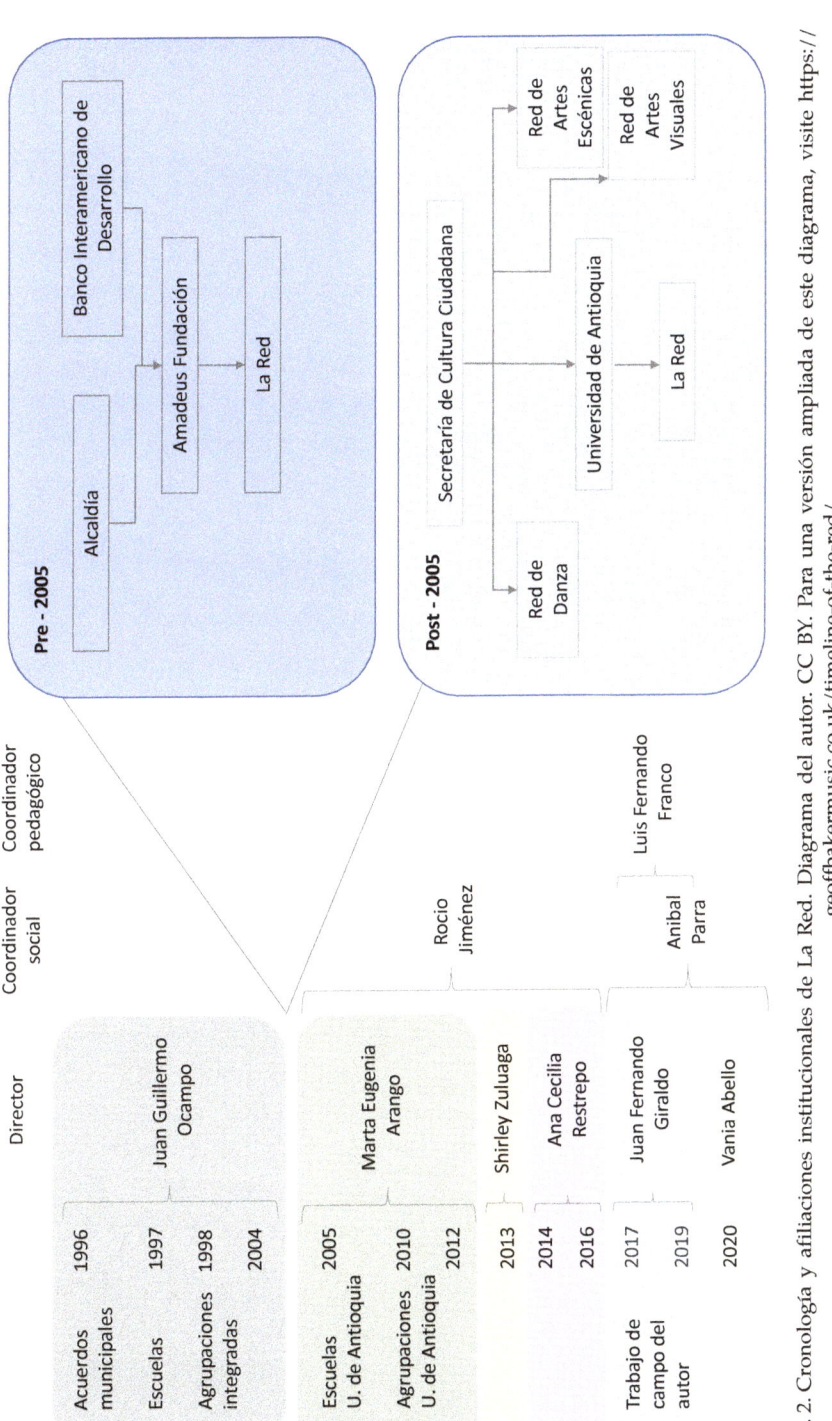

Fig. 2. Cronología y afiliaciones institucionales de La Red. Diagrama del autor. CC BY. Para una versión ampliada de este diagrama, visite https://geoffbakermusic.co.uk/timeline-of-the-red/

La Red en Resumen

La Red que llegué a conocer tenía mucho en común con La Red del inicio. Estaba dividida en trece escuelas de cuerdas frotadas y trece de vientos sinfónicos. Una adición más reciente fue la Escuela de Músicas Colombianas en Pedregal, la cual se enfoca en instrumentos de cuerda tradicionales. Cada escuela tenía sus propias agrupaciones, especialmente orquestas de cámara y bandas sinfónicas de diferentes niveles. Desde 1998, La Red también contaba con "agrupaciones integradas" que unían estudiantes de todo el programa. La joya de la corona era la Orquesta Sinfónica Juvenil, pero la cantidad de agrupaciones había aumentado constantemente hasta incluir dos orquestas de formación (inicial e intermedia), tres coros, dos ensambles de músicas populares, dos agrupaciones de tango y una banda sinfónica. El número de estudiantes también había aumentado constantemente a lo largo del tiempo hasta llegar a unos cinco mil, con un rango de edad de entre siete y veinticinco años. Muchos de los participantes de mayor edad también estudiaban en la universidad, en algunos casos realizando una carrera de música.

Los estudiantes podían recibir clases en la mañana o en la tarde, dependiendo del horario de su institución educativa. Aunque el programa inició con un enfoque un poco informal, eventualmente desarrolló un currículo bastante detallado con diferentes ciclos y niveles. Los estudiantes podían aprender su instrumento de manera individual o en pequeños grupos, y en el segundo ciclo también tomaban clases como teoría, coro y expresión corporal (ejercicios de movimientos derivados de la danza y del teatro). También hacían parte de los ensambles de las escuelas. Estos grupos usualmente ensayaban iniciando la noche, mientras que las agrupaciones integradas se reunían los sábados. El programa estaba comprometido con presentaciones y conciertos regulares; tanto los ensambles de las escuelas como las agrupaciones integradas se presentaban en teatros, parques y plazas alrededor de la ciudad.

Dos de las escuelas estaban ubicadas en barrios de estratos altos, y el resto en barrios de estrato medio y bajo. Algunas estaban localizadas en áreas de mayor violencia y en algunos momentos durante mi trabajo de campo algunas de ellas tuvieron que cerrar brevemente o sufrieron porque algunos estudiantes no pudieron asistir a la escuela para las clases. Otras habían sido reubicadas de estas áreas en el transcurso de

Fig. 3. Expresión corporal. Foto del autor (2018). CC BY.

la historia de La Red y ahora estaban ubicadas en zonas más tranquilas (aunque no eran zonas muy pudientes).

El aspecto físico de La Red había cambiado a lo largo del tiempo ya que muchas escuelas operaban en instalaciones arrendadas y algunas se habían mudado al menos una vez. En algunos casos se habían cambiado a un lugar bastante lejos de su lugar original. Algunas escuelas eventualmente fueron ubicadas en parques bibliotecas u otras construcciones nuevas, por lo que disponían de unas instalaciones envidiables. Otras continuaban funcionando en espacios arrendados, incluso casas, y sufrían problemas como falta de espacio, insonorización o ventilación. Durante mi trabajo de campo La Red no tenía oficinas centrales, lo que significaba que los directivos y las reuniones eran itinerantes y a menudo realizadas en salones comunes de clase —un signo de un programa con pocos delirios de grandeza.

Creando La Red: Juan Guillermo Ocampo

Según el fundador de La Red, Juan Guillermo Ocampo, la prehistoria del programa inició en 1988, cuando él creó una empresa llamada Amadeus Fundación para servir al sector de la música clásica de la ciudad, vendiendo partituras, libros, instrumentos y cuerdas. Esta fue una respuesta a "las deficiencias culturales de la ciudad, especialmente en el ámbito musical". Ocampo también comenzó ofreciendo clases de apreciación musical en algunos barrios populares de la ciudad, apoyándose con músicos y videos. Era la primera vez que la música clásica llegaba a estos barrios, dijo él, y a pesar de las preconcepciones negativas sobre el género, hubo un interés considerable. En 1990, organizó un concierto, Feliz Navidad Antioquia, involucrando a cientos de músicos como parte de un intento de generar una tregua entre las bandas rivales en los barrios de Aranjuez y Castilla. (Antioquia es el departamento del cual Medellín es la capital.) Ocampo recordó que un líder de una de las bandas le dijo: "Quiero que el primer sonido que mis hijos escuchen sea el de un violín y no de una ametralladora". Esta fue también la época cuando surgió el eslogan "un niño que empuña un instrumento, nunca empuñará un arma", y fue cuando Ocampo decidió que los niños en esos barrios deberían tener sus propias escuelas ofreciendo educación musical de forma gratuita. Le llamó la atención el contraste entre el estado moribundo de la música clásica en el centro de la ciudad y estos eventos de los barrios, donde había tanta receptividad a la música. Sintió la necesidad de invertir la dinámica habitual: en vez de esperar que el público vaya a la orquesta, llevar la orquesta al público.

Sin embargo, las carencias de Medellín solo empeoraron cuando la principal orquesta profesional de la ciudad, la Sinfónica de Antioquia, cerró en 1991. En ese momento la ciudad a duras penas tenía una escena musical clásica: producía pocos músicos, había poca financiación y la audiencia era reducida. Prácticamente no había mercado, lo que significaba una lucha para Amadeus, la empresa de Ocampo. Sin embargo, para Ocampo la muerte de la orquesta simplemente resaltaba la necesidad de una revolución: llevar la música clásica a la gente. En 1993, compró un proyector especial en una feria de música en Alemania, al igual que una pantalla y un sistema de altavoces, y estableció "El momento de la música", un evento gratuito al aire libre todos los viernes en un parque, donde proyectaba un video de música clásica y lo explicaba al público.[2] Las familias iban y comían un picnic mientras veían el show. Para Ocampo, la popularidad de este evento desaprobaba la idea común de que la música clásica no era atractiva para el público de Medellín.

---

2   Amadeus Fundación (amadeusfund), "El momento de la música", Instagram, 7 de marzo de 2019, https://www.instagram.com/p/Butjimih6TH/.

La Red surgió de estas diferentes vertientes: los esfuerzos de apreciación musical de Ocampo, su interés y trabajo en los barrios, y el vacío cultural que quedó después del colapso de la Sinfónica de Antioquia. Él quería ofrecer a los niños de los barrios más pobres la oportunidad no solo de escuchar música, sino que también de hacerla. Su objetivo era social, dijo él: no le interesaba producir músicos profesionales. La Red trataba de transformar vidas y valores; la música era la herramienta para esta labor. Creía que la educación musical debería ser exigente y tener altas aspiraciones artísticas, ya que esta era la clave para seducir a los jóvenes a un amor por la música que abriera la posibilidad de transformación. Le interesaba cambiar sus concepciones sobre qué era posible para ellos en la vida y quería que se jugaran la vida por la música, en un gran concierto, y no por una banda criminal.

Ocampo afirmó que no conocía El Sistema cuando soñó La Red. De hecho, el artículo de 1997 con el que inicia este libro no hace mención a esto, citando en cambio un acuerdo con una organización y un director de orquesta de Madrid. Sin embargo, Ocampo tuvo contacto con José Antonio Abreu cerca del tiempo en el que iniciaba La Red, y luego viajó a Venezuela y se encontró con el fundador de El Sistema en repetidas ocasiones. Recordó que pensó en ese entonces, ¿por qué reinventar la rueda? Abreu accedió a ayudar y durante la primera fase de La Red, profesores de El Sistema liderados por Rubén Cova —a quién Ocampo describió como su "hermano del alma"—, viajaban regularmente a Medellín para ofrecer seminarios (talleres intensivos) para los estudiantes colombianos, utilizando incluso el mismo repertorio que en Venezuela. Cova estuvo presente en el primer ensayo de la orquesta sinfónica de La Red, y Ocampo aparece en una foto del 2000 con su brazo alrededor de Abreu.[3] En la práctica, entonces, La Red y El Sistema estuvieron unidos a la cadera casi desde el comienzo.

La primera fase de La Red fue de construcción y crecimiento rápido. En 1996 se realizó la firma de los primeros acuerdos municipales, en 1997 la apertura de las seis primeras escuelas, en 1998 la firma del siguiente acuerdo municipal que estableció los coros y las orquestas, y en el 2000 la primera gira internacional (a Ecuador). En este punto, otras

---

3 Amadeus Fundación (amadeusfund), Instagram, 8 de marzo de 2019, https://www.instagram.com/p/BuwLYwsBc-_/ (primer ensayo); https://www.instagram.com/p/BuwzPAxBovO/ (Ocampo y Abreu).

catorce escuelas ya habían abierto. El programa también se estableció en el corazón de la ceremonia urbana de Medellín, por ejemplo, presentándose en la inauguración del nuevo Museo de Antioquia en el 2000 en presencia de Fernando Botero. El pintor famoso, nativo de Medellín, estaba tan impresionado que hizo una donación significativa de instrumentos a La Red. Para 2004, siete años después de la apertura de las primeras escuelas, el programa había realizado ya cinco giras internacionales y solo faltaba una para el total de veintisiete escuelas.

Este periodo fue recordado por muchos exestudiantes como la época dorada del programa. Construyeron algo nuevo e inesperado de la nada, con altos niveles de disciplina, compromiso y trabajo duro. La experiencia de tocar en grandes escenarios alrededor del mundo era una que nunca hubieran podido imaginar y nunca olvidarían. Este periodo de auge fue posible gracias al carisma de Ocampo y sus habilidades de oratoria (las cuales experimenté de primera mano durante nuestra entrevista de cuatro horas), que le permitieron convencer a las autoridades, los jóvenes músicos y sus familias a creer en su proyecto utópico. Su personalidad magnética solo sirvió para aumentar el considerable interés mediático en esta historia de "pobreza a riqueza musical".[4]

Sin embargo, no todos estaban convencidos por Ocampo. Se describió a sí mismo como un forastero envuelto en una lucha titánica con el establecimiento cultural de la ciudad, que inicialmente lo vio como una amenaza y luego fue tras él y sus recursos. Levantó sospechas y desconfianza en algunos sectores. En 2003, mientras que La Red experimentaba su triunfo más grande en presencia del Papa en el Vaticano, el Banco Interamericano de Desarrollo (BID) abrió una investigación al contrato entre el gobierno de la ciudad y La Red, financiado en un 60% por el banco, después de recibir quejas sobre supuestas irregularidades ("El BID" 2003). Eventualmente el contrato se reanudó, pero el 21 de enero de 2005, el periódico *El Tiempo* publicó un artículo titulado "Preso en E.U. Apóstol de niños músicos paisas" ("Preso" 2005). Después de ser detenido a su llegada al aeropuerto de Miami el 25 de noviembre de 2004, Ocampo fue acusado y condenado de ser miembro de una red de lavado de dinero conocida como La

---

4   Como prueba del interés de los medios de comunicación, véase *El libro* (2015) y la página de Instagram de Amadeus Fundación, amadeusfund, https://www.instagram.com/amadeusfund/.

Organización, la cual habría "lavado" más de diecinueve millones de dólares para el cartel de Cali. Según su hermano, el arresto de Ocampo fue parte de una campaña contra él y su proyecto. Sea cual sea la verdad, Ocampo pasó los siguientes años en la cárcel.

Cambiando de dirección: Marta Eugenia Arango

Así, en 2005 se produjo una gran convulsión en La Red. Después del arresto de Ocampo, el BID retiró su apoyo, y el gobierno municipal asignó la administración y operación de las escuelas de música a la Universidad de Antioquia. La universidad designó una nueva directora general, Marta Eugenia Arango, una socióloga y pedagoga quien había sido jefa de Extensión de la Facultad de Artes y quien dirigió un programa para capacitar y certificar directores de bandas municipales. Sin embargo, el gobierno dejó la gestión de las agrupaciones integradas en manos de Amadeus (las cuales también fueron asumidas por la universidad en 2010). Al año siguiente, Arango elaboró un exhaustivo diagnóstico titulado "Presente y futuro de La Red: Bases para el Redireccionamiento" (Arango 2006). Este reporte fue el resumen de un año de observación y reflexión, y combinó un análisis crítico del programa actual con propuestas para cambios futuros. Este fue el primer ejemplo concreto de un proceso que ha continuado desde entonces.

Del informe de Arango y de nuestras dos entrevistas, se desprenden varios temas importantes. Ella observó el paralelo entre La Red y El Sistema con recelo. Criticó la personalización de ambas organizaciones, en las que el líder usó dineros públicos para financiar una misión personal y tomaba él mismo la mayoría de las decisiones y los aplausos. Se decía que en las escuelas de música había más fotos de Ocampo (algunos incluso hablaban de "altares") que símbolos del gobierno de la ciudad que financiaba el programa. Arango ordenó quitar las fotos, una acción simbólica que habló de su deseo principal: forjar un programa público genuino, *por* y *para* la ciudadanía. En cuanto al sobresaliente rol de las asociaciones de padres en la primera fase, argumentó que no quería que las familias de los estudiantes hicieran pasteles, organizaran rifas, pintaran las escuelas, y en general sustentaran La Red cuando los recursos faltaban, asumiendo así lo que en realidad era una obligación del estado; ella quería que participaran como ciudadanos ejerciendo sus derechos cívicos supervisando La Red, asegurándose que los recursos fueran usados apropiadamente y que los empleados estuvieran haciendo su trabajo. La Red no era "gratuita" sino más bien financiada por sus impuestos, así que era su derecho y responsabilidad supervisarla. Uno de sus objetivos principales era entonces el de cambiar la concepción de los padres y su participación en el programa para hacerlo verdaderamente una iniciativa pública, y su reporte propuso "una acción masiva de educación ciudadana de las familias y vecinos de las escuelas, de manera que se generen procesos de empoderamiento y participación conducentes a una verdadera co-gestión del Programa" (32).

Revelando su formación sociológica, Arango criticó lo que ella percibía como una dinámica vertical y caritativa en La Red, la cual proyectaba una imagen de niños pobres y hambrientos de barrios desesperados que necesitaban limosna. Percibió que la cara pública de La Red mostraba a la ciudad y sus estudiantes de la peor manera posible, instrumentalizando la situación en los barrios para provocar lástima y recaudar fondos. En el análisis de Arango, La Red había generado una tensión: en el papel, el programa se suponía generaba convivencia y empoderamiento ciudadano, pero en la realidad, la construcción de su imagen (coloquialmente llamada "porno de la pobreza" en el sector de la ayuda) desvirtuaba los objetivos sociales de La Red. En cambio, ella destacó la fortaleza y dignidad de los participantes que estaban construyendo algo para compartir con el mundo, y buscó un modelo más horizontal en los acuerdos internacionales del programa. Arango trajo músicos extranjeros para participar en un Congreso Internacional de Bandas (desde 2010) y un festival de música de cámara (desde 2011). Este último, Festicámara, fue liderado por el director estadounidense Scott Yoo, quien colaboró con La Red durante varios años.

Arango observó una falta generalizada de reflexión entre el personal sobre lo que significaba construir convivencia a través de la música. Así que su equipo comenzó a revisar más de cerca el currículo y a preguntarse en cuales momento se estaba fortaleciendo la convivencia. Intentaron que tanto el personal como los estudiantes fueran más conscientes de los procesos sociales existentes en el programa; pero también criticaron la creencia generalizada que la convivencia era una consecuencia automática de hacer música colectivamente y tomaron un paso importante para reforzar el impacto social del programa. La Red había ofrecido anteriormente prácticas a psicólogos en formación, pero Arango los reemplazó con profesionales e introdujo una dimensión psicosocial. De esta manera, la acción social de La Red se dividió en dos ramas: la práctica musical colectiva y el acompañamiento psicosocial.

Entonces, el énfasis pasó de atender cuestiones psicológicas específicas entre participantes individualmente a organizar actividades colectivas como talleres, buscando así construir nociones de convivencia y participación ciudadana entre los estudiantes y el personal. Por ejemplo, el programa comenzó a tratar abiertamente problemas de género y sexualidad, los cuales habían sido dejados de lado durante la primera fase. Los padres también fueron incluidos en estos procesos pedagógicos. La Red comenzó a enseñarles sobre presupuesto participativo, lo que les permitió aplicar a recursos públicos para fortalecer la proyección de La Red en los barrios.

En nuestras entrevistas, Arango se mostró como una creyente del poder de la música, pero consciente de brechas entre la teoría y la práctica, y de la posibilidad de mejorar. No propuso un replanteamiento radical de la relación entre lo musical y lo social de La Red, sino más bien esfuerzos para ser más explícitos sobre los procesos sociales y fortalecerlos mediante el apoyo psicosocial. Sin embargo, el documento que escribió en 2006 revela un punto de vista más ambivalente. Hay una breve pero potente referencia sobre "una gran falencia que presenta el programa [...] la de sobre estimular logros musicales individuales, generando conductas soberbias en los adolescentes, frente a su conocimiento y desempeño" (13). Este punto está elaborado en una sección sobre el componente social del currículo, el cual se centra en el objetivo principal de La Red, promover la convivencia:

> en la cotidianidad del Programa se registra una cierta desviación de este logro y/o propósito social, pues un alto porcentaje de los alumnos avanzados que se desempeñan en la Orquesta Principal y/o el Coro Principal, que además han tenido la oportunidad de proyectarse musicalmente en escenarios nacionales e internacionales, desarrollan actitudes prepotentes frente al conocimiento, con manifestaciones de exclusión frente a los demás compañeros y lo que es más grave aún, irreverentes frente al cuerpo de docentes y el personal administrativo del Programa. (17)

Además, después de ocho años de funcionamiento supervisado por El Sistema, La Red no contaba con actividades o estrategias para reflexionar y abordar estos temas: nada estaba dirigido hacia la construcción de la convivencia, la resolución de conflictos, la reflexión ética, la participación democrática o la valoración de la diferencia. Arango propuso que los diferentes grupos de La Red deberían construir guías para la coexistencia y acuerdos colectivos para lidiar con conflictos internos, y que el programa debería ofrecer charlas y talleres sobre estos temas.

Arango dirigió una crítica más consistente hacia la parte administrativa de La Red. Una consecuencia de la personalización, a sus ojos, era la escasa atención a la planeación o la estrategia; Ocampo simplemente mantuvo todo en su cabeza y les decía a los empleados qué hacer. Ella percibió el programa como caótico y desigual, y su prioridad era traer orden administrativo y construir así una nueva cultura organizacional. Como líder activa, ella visitaba escuelas sin previo aviso para ver si los profesores llegaban a tiempo, y los llamaba si no lo hacían (lo que ocurría con frecuencia). Ella estaba determinada a identificar a los que no predicaban con el ejemplo: aquellos que hablaban de cómo la música inculca valores tales como disciplina y responsabilidad, pero no actuaban en consecuencia. Otros cambios incluyeron la contratación de profesores por medio de la universidad, lo cual significó un aumento significativo en los salarios; la provisión de capacitación apropiada, equipamiento y uniformes para las secretarias de las escuelas; y la mejora de la estrategia de comunicaciones local y nacional del programa.

Desde el punto de vista educativo, Arango señaló que la Red no tenía un modelo pedagógico unificado y documentado, sino que el personal mezclaba elementos de varios métodos, a menudo sin una comprensión clara de cuál utilizaban o por qué. La primera propuesta concreta de su informe era crear un modelo pedagógico para La Red, documentarlo y extenderlo a todas las escuelas en los próximos años. La segunda fue hacer lo mismo con el plan de estudios. En 2007, el programa puso en marcha un Seminario Nacional de Pedagogía y Didáctica de la Música, y en 2010 comenzó una reconstrucción integral del plan de estudios en ciclos y niveles, pasos importantes hacia la formalización del programa.

Desde el punto de vista cultural, Arango inició un proceso de reflexión sobre la razón por la que La Red puso tanto énfasis en la música sinfónica, dado que Colombia es un país de bandas municipales. Señaló la ausencia de cuerdas pulsadas —tan prominentes en la música colombiana—, y una tendencia general a marginar la música popular. No era en absoluto reacia a la música clásica, la cual consideraba una excelente base para la formación musical, pero consideraba que La Red no podía ignorar las tradiciones nacionales. En consecuencia, La Red creó la Banda Sinfónica Juvenil en 2008, bajo la dirección del belga Frank De Vuyst, y el Ensamble de Músicas Populares y la Orquesta de Tango en 2009.[5] A Arango también le sorprendió que La Red se autoproclamara un proyecto sinfónico sin más explicaciones sobre su razón de ser en sus materiales documentales. Su informe reveló que la contribución del formato sinfónico a los objetivos sociales y musicales del programa era poco clara. Planteó la cuestión de si las escuelas de La Red deberían, en el futuro, abrirse a la música y la educación musical en todas sus variantes, convirtiéndose en centros de actividad musical y desarrollo personal, sin distinción de género o formato.

La opinión de Arango sobre su predecesor era ambivalente. Criticó muchos aspectos de la institución que había heredado, pero también reconoció el papel de Ocampo en la creación de un programa importante para la ciudad y el sentido de lealtad que había engendrado en los estudiantes, el personal y las familias. Ella lo veía como similar a Abreu, muy influenciado por el líder venezolano, y que había intentado hacer cosas similares en Medellín. Ella, en cambio, no tenía ninguna relación con El Sistema. Al principio se acercó, pero fue rechazada (posiblemente debido a la estrecha relación de Rubén Cova con Ocampo y Amadeus).

En resumen, la transición de Ocampo a Arango constituyó un cambio importante en la cultura institucional. Ocampo era universalmente reconocido como un líder carismático y motivador cuya evidente pasión por La Red inspiró a otros a creer y abrió el camino para el programa. Arango también era percibida como un personaje fuerte, pero mucho más como una administradora en comparación con el soñador Ocampo. El equipo social resumió este cambio: "Puede decirse que en la primera parte del Programa movía más la pasión y el amor y en la segunda parte lo institucional (organización y sistematización) y lo económico" ("Informe" 2017a, 38).

---

5 Aunque el tango es de origen argentino, tiene una larga y destacada historia en Medellín.

El Giro Social: Rocío Jiménez

Es necesario interrumpir la historia de La Red como una sucesión de directores generales para dar cabida a una persona que fue igual de influyente en la trayectoria del programa. Rocío Jiménez, psicóloga, fue nombrada por Arango en 2006 para hacerse cargo de la parte psicosocial de La Red, y se mantuvo en el cargo durante una década, a lo largo toda la gestión no solo de Arango sino también de sus dos sucesores. Comenzó prestando atención psicológica a los estudiantes de forma individual, pero cuando se le unieron otros miembros del equipo, su enfoque pasó a ser psicosocial, lo que la llevó a trabajar con todos los miembros de La Red a través de talleres y sesiones de formación. En lugar de esperar a que las cosas salieran mal antes de intervenir, la idea ahora era cortar de raíz las dinámicas negativas.

Jiménez conoció La Red en 1997, cuando realizó un trabajo de consultoría en relación con la aplicación de apoyo del programa del BID. Recuerda dos aspectos contrastados de esta experiencia inicial: los encantadores sonidos musicales y los gritos del director de la orquesta. Desde el principio, vio que la moneda tenía dos caras: un gran potencial, pero también una disciplina feroz. Cuando empezó a trabajar para La Red, una década después, le llamó la atención que muchos elementos iban en contra de la propuesta original que ella había visto. No dudaba del potencial positivo de la educación musical, pero también comprendió que un programa de este tipo podía ser bastante problemático. Se propuso cerrar la brecha entre la teoría y la práctica.

Jiménez criticó a La Red como institución y como expresión de la cultura musical clásica. No le gustaba que se convirtiera en una obsesión que consumía a algunos estudiantes y al personal, lo que conducía a dinámicas poco saludables como la dependencia, el estancamiento y el trauma al llegar al límite de edad y verse obligado a abandonar. Afirmó: "¡Existe vida fuera de La Red!". Luchó por despejar los domingos de ensayos, insistiendo en la importancia del ocio y del tiempo en familia. Hubo problemas relacionados con el género, desde la asignación de instrumentos según los estereotipos de género hasta relaciones malsanas entre profesores y estudiantes. La competencia era intensa: La Red debía centrarse en la convivencia y la colaboración, pero Jiménez encontró rivalidades por doquier (entre directores, escuelas, ensambles y estudiantes), así como egoísmo y acoso. No le convencían las afirmaciones sociales de La Red: lo único que les importa a los músicos es que los ensambles suenen bien, dijo, el resto es secundario para ellos. Los estudiantes estrella podían comportarse como quisieran porque los directores de orquesta necesitaban sus servicios.

La dinámica jerárquica de la música clásica, el poder arbitrario de las figuras de autoridad, y la normalidad de los directores de orquesta dominando a los estudiantes, preocupaba a Jiménez. Vio la estructura piramidal de La Red como fuente y medio de reproducción de los descontentos del programa. En respuesta, lideró el proyecto de construir colectivamente un "Manual de Convivencia". Para Jiménez, el manual era clave para dar más voz a los estudiantes y enseñarles a defender sus derechos, incluso contra las infracciones del personal. Su objetivo era crear procedimientos y garantizar que los estudiantes los conocieran; facilitarles la posibilidad de hablar y quejarse; hacer que los directores de escuela y directores de orquesta fueran más responsables; y combatir las actuaciones por capricho. También tenía como objetivo mantener el poder del colectivo sin sacrificar el individuo.

Jiménez describió La Red como el programa político más potente que había visto nunca (en el sentido de construir una subjetividad política entre los participantes). Para ella, su potencial transformador no residía en tocar el violín o sentarse en un ensayo de orquesta, sino en los procesos sociales y políticos que podía generar. Pero esto significaba dar más voz a los estudiantes. Lo que encontró en la práctica fueron estudiantes sin voz, al capricho de los adultos, sacados por el gobierno de la ciudad para proporcionar una atractiva banda sonora a las actividades urbanas. Para ella, La Red era una contradicción: ¿cómo podía servir de lugar de educación en democracia cuando su dinámica era tan autocrática? El Manual de Convivencia, según Jiménez, era la base para hacer realidad el potencial político de La Red. La construcción y uso del manual debía ser el lugar donde los estudiantes aprendieran a asumir y utilizar su voz, un ejemplo de y un catalizador para la ASPM. "Empoderamiento" era la palabra a la que volvía una y otra vez, y debía encontrarse (o no) principalmente en la dinámica organizativa de La Red, más que en sus actividades musicales. Ella sentía que, al centrarse demasiado en sonar bien, La Red había limitado el empoderamiento de los estudiantes y restringido su voz política en la sociedad.

El Diagnóstico del Equipo Social

La necesidad de revisar a fondo el enfoque de la misión social de La Red se hace aún más evidente en los informes de diagnóstico interno elaborados por el equipo de Jiménez.[6] El primero es de 2008, un año después de la constitución del equipo, y constituye su apertura ("Informe" 2008). A partir de entrevistas grupales con todas las áreas de La Red, este documento pone al descubierto las complejidades y tensiones del programa, complementando la crítica que hizo Arango dos años antes.

Las respuestas de los estudiantes, hechas bajo condiciones de anonimato, revelaron evidencias considerables de problemas sociales dentro de La Red. Ellos reconocieron dinámicas como peleas, chismes, faltas de respeto, bromas ofensivas, estudiantes mayores que dominaban a los más jóvenes, y "mucha rivalidad y envidia entre vientos y cuerdas y entre instrumentos" (6). El equipo social identificó una serie de problemas entre los participantes, como la falta de comunicación, la escasa aceptación de la diferencia, la formación de grupos, la violencia simbólica (sarcasmo, burlas, agresiones, apodos, exclusión), y estigmatización y discriminación por el lugar de residencia o la forma de vestir o hablar de los estudiantes. El informe concluye:

> es común encontrarse con imaginarios y rivalidades que van en contravía del objetivo de la Red de "generar convivencia ciudadana a través de la música", situación que se ilustra con verbalizaciones como "es que los de cuerdas se creen los más, como si fueran de mejor estrato, de otra clase, ellos creen que si tocan verdadera música", "las bandas son como una papayera, un montón de bullosos y alborotados tocando pura música popular", "es que los de Las Playas y El Poblado son intocables, dicen que son muy creídos", "los de Moravia son meros gamines, dan un refrigerio y se tiran encima; los de Miraflores o el 12 de Octubre deben ser medio pillos". (7)

Los estudiantes también criticaron a los directores y profesores de las escuelas, alegando arbitrariedad y falta de claridad en el ejercicio de las normas y exclusión de los procesos de toma de decisiones. Instaron a que "La Red se preocupe por ellos como personas y no sólo como músicos" (7).

---

6   El equipo social ha tenido diferentes nombres a lo largo de su historia, pero a menudo utilizaré "equipo social" en aras de la simplicidad.

Si los estudiantes presentaron un retrato sorprendentemente negativo, los padres fueron abrumadoramente positivos. Hablaron del orgullo que sentían por sus hijos, de su admiración y gratitud hacia el personal, y de la felicidad y los cambios positivos que percibían en sus hijos. Algunos calificaron a La Red de bendición e incluso de milagro. El hecho de que sacaran conclusiones polarmente opuestas a sus propios hijos y al equipo social de La Red plantea cuestiones fascinantes sobre cualquier intento de caracterizar o evaluar un programa de este tipo.

Las opiniones de los profesores se sitúan en un punto intermedio. Expresaron dudas sobre su capacidad para hacer frente a los problemas sociales. El párrafo inicial del informe alude a "las ansiedades, angustias y frustraciones" que experimentaban los profesores y "la impotencia derivada de la recepción de múltiples demandas de solución de problemas socio-familiares, frente a los cuales, se declaran sin elementos para dar respuestas adecuadas" (3). Más adelante, resumiendo las respuestas de los profesores, el informe afirma: "El objetivo es muy bueno y bonito, es un poco ambicioso y utópico. Se podrían aproximar en su cumplimiento, [...] pero se preguntan ¿hasta dónde va la responsabilidad social de la Red?" (14). A estas dudas se suman otras sobre su formación y habilidades: "Se muestran sobrecogidos y sin mayores elementos para trabajar lo relacionado con valores y para aportar al alcance del que consideran un 'ambicioso' objetivo social del programa" (17). En consecuencia, "Algunos expresan su preocupación por las carencias que reconocen en su formación, en temas de psicología que les permitan comprender mejor los fenómenos sociales y afrontar constructivamente las situaciones con los estudiantes" (14). Las respuestas a estas carencias revelan puntos de vista contradictorios. Muchos profesores consideraban que necesitaban formación especializada (por ejemplo, en pedagogía, psicología y resolución de conflictos) para poder abordar los objetivos sociales y los retos de La Red. Sin embargo, también estaba muy extendida la opinión de que cumplir con el objetivo social era tarea de los profesores de expresión corporal, no de los de música, y las respuestas a una pregunta sobre promover actitudes no violentas se resumían como: "Nosotros los músicos estamos formados específicamente en la materia [es decir, la música] pero desde el punto de vista psicológico compete al especializado para tal fin" (15).

La percepción general era que, aunque La Red supuestamente priorizaba los objetivos sociales, sus prácticas se orientaban en realidad hacia resultados musicales, incluso a costa de los sociales. Resumiendo nuevamente las respuestas de los profesores, el informe señala que "encuentran distancia e incoherencia entre la teoría y la práctica" (17), y continúa: "El objetivo del programa se ha desvirtuado, se plantea más importante lo social que lo musical pero no es trabajado de esa manera, ya que se han preocupado más por exigir resultados musicales, lo social ha sido olvidado por las directivas de La Red y se ha convertido en una exigencia puramente musical" (14).

Muchos profesores expresaron su angustia por las evaluaciones conocidas como "muestras pedagógicas" (que calificaron de "antipedagógicas"), ya que creían que el enfoque social se perdía en estos espacios: "Un pelao puede interpretar mal un instrumento, pero socializarse mucho mejor y eso no lo evalúan ni se ve en la muestra" (14). Así, diez de los quince grupos focales afirmaron que se centraban en el aspecto musical en su rutina diaria, ya que era donde el programa esperaba ver resultados. En resumen, los profesores de música no presentaban su trabajo como un bálsamo social milagroso; al contrario, sus respuestas pusieron numerosos signos de interrogación sobre la ASPM.

Esta imagen fue reafirmada por los directores de las escuelas. Ellos también argumentaron que el objetivo social del programa era demasiado ambicioso, y que sus escuelas podían ofrecer opciones, pero no podían ser responsables del comportamiento de los estudiantes. Reconocían que sus competencias eran predominantemente musicales más que sociales y desconfiaban de los objetivos utópicos, que consideraban que iban más allá de sus capacidades y responsabilidades y que eran más un cliché que de un objetivo realista. Sin embargo, hubo un marcado desacuerdo sobre el valor del objetivo oficial del programa: para algunos era la esencia de La Red, mientras que para otros "la inclusión de lo social en el objetivo es la forma de obtener recursos económicos, al igual que cuando se focaliza a la población más vulnerable" (22). Hubo más acuerdo en la disonancia de un programa que supuestamente tenía un énfasis social y, sin embargo, solo evaluaba los resultados musicales, no tenía indicadores sociales más allá del tamaño, y prestaba poca atención a la cuestión de la deserción. Pidieron a la dirección que se tomaran más en serio los procesos sociales en las escuelas —por ejemplo, evaluando también los resultados sociales—, y que les proporcionaran herramientas más relevantes: "Faltan mayores conocimientos sobre conceptos como: disciplina, respeto, exigencia, solidaridad, que hacen parte del objetivo de la Red; profundizar qué implica cada uno de estos conceptos y cómo se generan y fortalecen" (23).

Algunos directores destacaron una contradicción entre la educación conformada por las necesidades del mundo artístico profesional y el objetivo social de La Red. Sugirieron que esa educación generaba competencia, tensión y presión malsanas. Consideraban que sus expectativas de excelencia y la escasa tolerancia a los errores eran un obstáculo para la realización de los objetivos sociales del programa.

Los informes posteriores del equipo social corroboraron esta imagen. Una presentación en PowerPoint de 2010 proporciona una larga lista de problemas en La Red reportados por los estudiantes.[7] En el primer punto de la primera diapositiva se muestran diferentes "Problemas de convivencia" como la falta de respeto, la intolerancia, la arrogancia, la falta de unidad y de trabajo en equipo, los conflictos personales y las peleas físicas, la conformación de grupos exclusivos, las divisiones, el mal ambiente y el mal comportamiento, la competencia y la rivalidad, y la deserción consecuencia de burlas, rumores y malos tratos. Los estudiantes reportaron conflictos entre sus estudios musicales y escolares que los llevó a un bajo rendimiento académico; tensiones con sus familias a causa de La Red; y descontento con la pedagogía del programa y las relaciones entre los estudiantes y el personal.

Un informe posterior ("Informe" 2012) se centró en los ensambles. El equipo social reflexionó sobre la brecha entre los objetivos sociales y las realidades:

> La concepción que ha hecho carrera en La Red, sobre el efecto e impacto inmediato y espontáneo de la formación musical en el desarrollo socio afectivo y en la construcción de vínculos y lazos sociales, generando por sí sola, la formación en valores como el respeto a la diferencia, la solidaridad, la gratitud, la equidad, la tolerancia etc., en el encuentro de la población estudiantil en las escuela y en las AI, produjo en los últimos años, un descuido en la intencionalidad de la consecución de los objetivos de convivencia de la Red. Sin embargo, es evidente, manifiesta

---

7 "Taller sentido de pertenencia: bandas y orquestas."

y reconocida por coordinadores, directores, asistentes y estudiantes, la falta de conocimiento y acercamiento entre estudiantes, la existencia de subgrupos, las actitudes sobradoras y burlescas entre solistas, las rivalidades entre escuelas y agrupaciones de viento y cuerdas y entre instrumentistas y; la distancia, aislamiento y dificultades en los procesos de socialización e integración de los chicos y chicas que ingresan nuevos a escuelas, agrupaciones y también, entre los antiguos, no sólo como consecuencia de las diferencia de edades y géneros sino, por falta de intención en la integración de los aspecto psicosociales y socio-afectivos en el trabajo pedagógico cotidiano de ensayos y clases como espacios propicios para la integración, buscando generar sentido de pertenencia y construcción de tejido social.

El tema de la rivalidad y la competencia —tanto entre ensambles como dentro de ellos—, aparece de forma destacada y repetida. El equipo social organizó un taller para tratar de superar las divisiones entre las secciones de cuerda y de viento en un ensamble.

Un informe posterior volvió a tratar este tema y dio más detalles de un ejemplo que surgió en un taller con las orquestas principales ("Intervención" 2013):

> fue evidente, una especie de subvaloración o visión peyorativa de las violas, lo mismo que con los instrumentos de vientos, señalados [...] como responsables de las equivocaciones y las dificultades en los ensayos, lo que hace que no marchen. Esta emergencia, amerita un análisis más profundo de las jerarquías reales o imaginarias que pueden estar funcionando y siendo reproducidas en las agrupaciones, generando malestar, discriminación y exclusión.

Este informe subrayaba que la creación colectiva de música no producía necesariamente un vínculo social: "Aunque los integrantes de la agrupación ya llevaban más de cinco meses encontrándose hasta tres veces por semana y durante muchas horas en los ensayos, sus interacciones escasamente les permitían distinguirse, no se sabían los nombres". A la luz de estos informes, no es de extrañar que los líderes consideraron que La Red necesitaba un cambio de rumbo.

El Gobierno Municipal Toma las Riendas: Shirley Zuluaga

La sucesora de Arango, Shirley Zuluaga, tuvo el mandato más corto de sus dirigentes, solo estuvo un año en el cargo. Introdujo algunos cambios prácticos significativos, pero fue más notable por lo que representó: un nombramiento por parte del gobierno de la ciudad, lo que significó un mayor control municipal sobre La Red. En 2005 el gobierno se hizo cargo de las escuelas de música de Amadeus y asignó la toma de decisiones y las responsabilidades operativas a la Universidad de Antioquia, la cual eligió a Arango como directora general. Pero tras la elección de Aníbal Gaviria como alcalde en 2012, el gobierno de la ciudad decidió adoptar un enfoque más activo, que incluyó el nombramiento de los líderes de La Red a partir de entonces. Como me dijo una persona con información privilegiada, el nuevo gobierno quería hacer algo más que entregar fondos a la universidad; quería control y reconocimiento. Los cambios de La Red en esta fase y en las siguientes están relacionados con esta conexión más estrecha entre el programa y la Secretaría de Cultura Ciudadana.

Zuluaga había participado en el diseño del Plan de Desarrollo Cultural de Medellín 2011–2020, y su nombramiento reflejó el deseo de la Secretaría de Cultura Ciudadana de alinear La Red con la política cultural de la ciudad. Además, la Secretaría consideraba que el programa estaba excesivamente definido por su operador (la Universidad de Antioquia) y las alianzas externas que había formado. El gobierno quería fortalecer La Red como un programa público de la ciudad de Medellín.

El mandato de Zuluaga, al igual que el de Arango, comenzó con una evaluación crítica del estado actual de La Red. Me baso aquí en entrevistas con Zuluaga y con una alta funcionaria de la Secretaría de Cultura Ciudadana de la época, Sonia Pérez.[8] A partir de aquí, continúo con una personalización de la historia de La Red en torno a la figura de la dirección general, reflejando tanto la forma en que la historia es contada por la mayoría de los actores, como la relativa simplicidad que esta personalización aporta a su relato. Pero las opiniones y acciones de los dirigentes deben entenderse más como una construcción colectiva,

---

8   Seudónimo.

elaborada a través del diálogo tanto "hacia arriba" (con los funcionarios de la Secretaría) como "hacia abajo" (con el equipo directivo de La Red). Después de 2013, la historia trata más sobre el equipo de gestión y menos sobre una figura única y dominante. Por ejemplo, Zuluaga asumió el liderazgo, pero el equipo de Arango se mantuvo en lugar, por lo que el cambio de rumbo no fue abrupto ni absoluto.

Al igual que Arango, Zuluaga hizo hincapié en la noción de lo público y de los participantes como ciudadanos con derechos, pero también con responsabilidades. Ellos recibían una educación musical pagada con dinero público, pero junto con ella venía la responsabilidad de comportarse como ejemplos a seguir en sus comunidades. La Red comenzó a trabajar más en este último aspecto: por ejemplo, los participantes tenían derecho a utilizar el transporte proporcionado por La Red, pero también tenían el deber de hacerlo de forma responsable. La nueva dirección pretendía reforzar la conciencia general de la Red como servicio público y de lo que esto significaba.

La Secretaría de Cultura Ciudadana consideraba el acompañamiento psicosocial como un elemento importante de los programas dirigidos a los jóvenes de los barrios populares, por lo que reforzó esta vertiente de La Red. En el momento de la transición, el equipo se había reducido solo a Jiménez, por lo que se incorporaron dos nuevos miembros. La nueva dirección consideró que todavía había demasiada atención dirigida a los individuos, por lo que renovó el énfasis en el apoyo psicosocial, más que en el psicológico: en el bienestar colectivo, los ejercicios de grupo, la confluencia y la convivencia social, así como en la educación en valores y ciudadanía. En los casos en los que se requería un tratamiento individual, ahora se recurría a vías y servicios profesionales ofrecidos por la alcaldía en lugar de La Red. Por ejemplo, si un estudiante tenía problemas de drogadicción, ya no se consideraba una responsabilidad de La Red el encontrar una solución. Más bien se consideraba que era un trabajo especializado y que consumía mucho tiempo, lo que reducía la capacidad del programa para atender al cuerpo estudiantil y, por tanto, era mejor que lo llevaran a cabo los profesionales pertinentes contratados por el gobierno.

Se introdujeron cambios en las muestras pedagógicas que cada escuela presentaba anualmente a la dirección. Éstas habían adquirido el carácter de exámenes colectivos, pero la nueva dirección decidió hacerlas más educativas y menos sentenciosas. El equipo psicosocial se incorporó al proceso para centrarse más en el componente humano. Como señaló Zuluaga, muchos empleados habían recibido una formación en la que las habilidades sociales no se valoraban tanto como las musicales. La dirección hizo hincapié en que la disciplina que exige la formación musical nunca debía contradecir los aspectos sociales y humanos del programa.

El renovado énfasis en el componente psicosocial fue acompañado de la crítica de que La Red se había convertido cada vez más en un pseudo conservatorio en lugar de un programa de educación ciudadana a través de la música. La dirección insistió en que La Red debía dejar claro que no pretendía ofrecer una educación musical formal, sino un programa comunitario a través de la música; había otras vías para llegar a ser un profesional de la música en Medellín. Por lo tanto, debía conceder más importancia a la parte social. Según la Secretaría de Cultura Ciudadana, los estudiantes se veían a sí mismos como músicos preprofesionales y eran tratados como tal por la universidad, contradiciendo la intención detrás de La Red. Esta crítica se explicó al personal y a los estudiantes avanzados de las agrupaciones principales, y también a colaboradores internacionales como Scott Yoo. Este ajuste de enfoque tuvo una recepción mixta; algunos estaban más interesados en la calidad musical, y Yoo fue uno de los que en ese momento dejó de trabajar con La Red.

Todavía había preocupación por un cierto carácter caritativo de La Red. Pérez, la exfuncionaria de la Secretaría, relacionó este aspecto con los vínculos externos del programa. Creía que cuando los extranjeros venían de lejos, ofreciendo la posibilidad de donar un instrumento o de viajar o estudiar en el extranjero, o simplemente ofreciendo su interés y preocupación, animaba a los participantes a representar su vida y sus circunstancias de forma dramática para captar la atención y generar simpatía. En su opinión, esta dinámica caritativa perpetuaba una relación desigual. Parte del impulso para incorporar La Red de forma más completa al gobierno de la ciudad fue alejarse de la percepción de sus estudiantes como casos tristes que necesitaban ayuda, y acercarla hacia la de ciudadanos que ejercían sus derechos. La Red debía dignificar a los participantes, dijo Pérez, no revictimizarlos.

Varios cambios fueron coherentes con un periodo de mayor escrutinio y control del programa por parte del gobierno. Se prestó más atención a la formación y las cualificaciones de los profesores, y si bien esto generó más oportunidades de desarrollo, también hubo un proceso de "normalización" (insistiendo en que el personal tuviera una cualificación profesional), lo que supuso cambios no deseados (como reducciones salariales) para algunos y la salida de otros. La eficiencia en el uso de los recursos públicos era una prioridad para el nuevo gobierno en ese momento, por lo que Zuluaga reexaminó los principales costos del programa, como el transporte.

Musicalmente hablando, este fue un período de intensificación de la actividad. Zuluaga lanzó una iniciativa llamada "Jueves de nota", en el que los ensambles de La Red visitaban edificios públicos como las bibliotecas un jueves al mes. El objetivo era proporcionar un foco de atención a las escuelas, dar más visibilidad a La Red en la ciudad y establecer conexiones con otras instituciones y programas públicos. Los ensambles también actuaban en los parques de la ciudad los fines de semana y participaban en grandes eventos como festivales. Algunos miembros del personal recordaron este momento como el más activo en la historia de La Red, así como el momento en el que el programa se vinculó más estrechamente a la maquinaria política de la ciudad.

Humanizando La Red: Ana Cecilia Restrepo

Con una formación en danza, la siguiente directora general, Ana Cecilia Restrepo, estaba familiarizada con los asuntos culturales generales en torno a un programa como La Red, si no con los detalles de la formación musical. Fue nombrada por la Secretaría de Cultura Ciudadana en 2014 para sustituir a Zuluaga y continuar el trabajo que esta última había iniciado, por lo que este cambio de liderazgo muestra más continuidades que rupturas. Dado que Zuluaga solo estuvo un año en el cargo, sus reformas estaban aún en una fase relativamente incipiente. El mandato de Restrepo supuso la ampliación de las críticas y reformas que se habían originado en la Secretaría con el cambio de gobierno en 2012. Aquí me baso en las entrevistas con Restrepo y otras tres personas de la dirección del programa. Como en el caso de Zuluaga, las directrices y decisiones se negociaron con la Secretaría y otros directivos, en lugar de reflejar simplemente una visión individual.

La nueva dirección insistió una vez más en que La Red debía cumplir su misión y dar prioridad a lo social. El programa fue financiado por la Secretaría de Cultura Ciudadana como un programa para promover la convivencia y la ciudadanía, por lo que la música debía ser el medio para alcanzar esos fines. Sin embargo, tras la inspiradora retórica, el programa seguía un enfoque convencional de centrarse en la formación musical y preparar a los estudiantes más hábiles y comprometidos para un futuro profesional; los beneficios sociales se asumían en gran medida y se relegaban a un segundo plano.

Como dijo un directivo, Medellín no podía ofrecer una carrera musical para más de una fracción de los que estudiaban en La Red, por lo que tenía mucho más sentido centrarse en el aspecto social. Esa era la parte que todos los participantes iban a utilizar a largo plazo, de ahí que la dirección quisiera tomarlo más en serio. Pero otro directivo señaló que muchos profesores en las artes preferían centrarse en cuestiones artísticas y encontraban la discusión de los asuntos sociales menos interesante, y preferían separar lo social, dejándolo en manos de especialistas para poder dedicarse a enseñar a los niños a hacer arte. La nueva dirección percibió así una brecha entre la teoría (la acción social *por* la música) y la práctica (la tendencia de separar la parte musical y la social en La Red), que estaba decidida a resolver. Sostuvo que la acción social debía ser visible en las actividades musicales y no solo en las clases de expresión corporal, en las consultas psicológicas o en los talleres psicosociales. Ahora el objetivo era infundir lo social en lo musical introduciendo un elemento socioafectivo en el currículo musical y examinando la socialidad del aprendizaje de la música.

La nueva dirección también se mostró crítica con las agrupaciones integradas. Como reunían a estudiantes de toda la ciudad, tenían un potencial social considerable. Sin embargo, solían estar dirigidas por directores más interesados en la calidad musical, y tanto los estudiantes como los profesores los consideraban la cúspide musical del programa, dejando lo social relegado a un segundo plano. Por tanto, en estos ensambles se evidenciaban especialmente las tensiones entre los objetivos musicales y los sociales. Se tenía la sensación de que estos ensambles podrían ser un laboratorio social mucho más interesante si dejaran más tiempo para la integración en lugar de priorizar los resultados musicales, y si fuesen dirigidos por más individuos con amplias habilidades, diversos intereses musicales y comprometidos con los procesos sociales en lugar de producir conciertos pulidos y/o desarrollar su propia carrera de director.

El énfasis en los resultados musicales significó que las agrupaciones históricamente ensayaban todo el fin de semana, pero con Restrepo esto se redujo a un solo día. A la nueva dirección le preocupaba que La Red pudiera perjudicar las relaciones sociales de los estudiantes con los no músicos, especialmente con sus familias. Veían una contradicción entre las afirmaciones sociales del programa y su incitación a que padres e hijos se "lavaran las manos" durante todo el fin de semana. Como dijo el director de una escuela, este fue un punto de inflexión cuando "la gente empezó a pensar que la música no lo era todo, que también había que pensar en la vida familiar".

Como parte de este giro hacia lo social y de los renovados esfuerzos por realizar los objetivos del programa de forma más completa, la dirección se opuso a los eventos y actividades costosas como los conciertos de alto nivel, los directores de orquesta internacionales invitados y las giras al extranjero, argumentando que gastaban mucho dinero y no promovían la acción social. ¿Cómo podría justificarse ese gasto en la cúspide de la pirámide cuando La Red luchaba con problemas de recursos en la base, como la provisión y el mantenimiento de instrumentos y accesorios?

Una vez más, se criticó la confusión que se percibía entre la acción social y la caridad: una tendencia a equiparar "lo social" con "los pobres" y a suponer que los participantes necesitaban que se les diera todo para que participaran. Al igual que con los líderes que se remontan a Arango, se hizo hincapié en La Red como espacio de reivindicación y ejercicio de derechos, en el que se exigía compromiso y corresponsabilidad y los estudiantes se construían como participantes activos y no como receptores pasivos. Uno de los directivos argumentó que la visión de La Red debía ser la de ofrecer una educación musical equitativa en toda la ciudad, en lugar de una narrativa de salvación paternalista.

Durante este periodo, se articuló más claramente una crítica al énfasis clásico de La Red. Aunque el enfoque más obvio era el repertorio, y la respuesta fue un impulso hacia más música colombiana, también hubo una perspectiva crítica sobre el conservadurismo de la educación musical clásica y su resistencia al cambio. El hecho de que se tratara de un cambio conceptual, más que de una preferencia personal por un repertorio u otro, me fue subrayado por Pérez, la funcionaria de cultura de la ciudad, que criticó el ambiente y la dinámica de La Red y cuestionó la idoneidad de la enseñanza de la música clásica para un programa social de este tipo. Consideró que faltaba una chispa de alegría: "En la música, en la búsqueda de perfección, de la destreza técnica, sucede algo muy llamativo dentro del individuo... como esa pérdida de disfrute en la búsqueda de la perfección". Se sorprendió al ver que a los jóvenes músicos se les obligaba a hacer flexiones si cometían un error, pero lo veía como algo congruente con la insistencia de la formación musical clásica en la perfección técnica, que "genera ciertas rigideces que no son las que necesita un proyecto como La Red". Ella no era simplemente anticlásica, sino que reconocía que "lo que hace la música sinfónica es muy bonito, porque lo que hace es que los niños suenen unidos, en una sociedad que lucha por sonar unida: la metáfora es muy poderosa". Lo vio como "la búsqueda de la armonía en una sociedad que aún no la encuentra", pero continuó: "Sin embargo, no puede basarse en la perfección del artista, tiene que basarse en el disfrute".

A un nivel más ideológico, identificó a La Red como "un fenómeno colonial... está perpetuando una dinámica colonial". Identificó el estatus superior de los músicos de orquesta en relación con sus homólogos populares en Medellín como prueba de que "el espíritu colonial sigue siendo fuerte" y de que la ciudad aún tenía mucho que hacer para "asumir nuestra propia identidad". Esta opinión fue compartida por uno de los directivos de La Red: "En este tipo de programas, en esta ciudad, estamos enviando un mensaje muy colonialista, de veneración a una música que no hacemos, de la que no nos apropiamos". La crítica de Pérez también tenía un ángulo práctico. Le preocupaba que La Red creara falsas expectativas: cuanto más se pareciera a un conservatorio, más alentaría a los estudiantes a imaginar la música clásica como su futuro. Sin embargo, este campo era muy limitado en Medellín, que solo tenía dos orquestas profesionales y un público modesto. Había muchas más oportunidades para los músicos de salsa y rock en la ciudad.

Las críticas a la concentración en formatos y repertorios clásicos por parte de la dirección de La Red se aliaron con argumentos más amplios relativos al plan de estudios, la pedagogía y el espíritu general de la educación musical convencional: "Hay elementos en la formación musical que realmente van en contra de los intentos de ser inclusivos, emancipadores, de conceder derechos en lugar de negarlos, y de no incitar a los abusos de poder". La dirección consideró que La Red necesitaba más humanidad y empatía, sobre todo en las agrupaciones integradas; la forma en que muchos de sus profesores fueron formados eliminaba el aspecto humano y se centraba en la técnica, por lo que la educación musical se convirtía únicamente en "tocar, tocar, tocar". La creatividad era otra preocupación. Era prominente en el programa de iniciación musical del primer año, pero una vez que los niños recibían sus instrumentos, disminuyó drásticamente y la atención se centró en la interpretación. La dirección vio que otros programas de artes de la ciudad enseñaban estilos contemporáneos o adoptaban un enfoque de aprendizaje basado en problemas. A pesar de la intención original de crear un programa no formal, La Red parecía rígida, formal y convencional en comparación.

El Giro Colombiano: Juan Fernando Giraldo

El Poblado, Julio 19 de 2019

Cuando los nuevos representantes estudiantiles de La Red llegaron a la escuela de música de El Poblado para su primera reunión, fueron recibidos por un pequeño ensamble que interpretaba música tradicional e improvisada con gaita y tambor de la costa caribe colombiana. Esta "ceremonia" fue interpretada por Juan Fernando Giraldo (director general de La Red), Luis Fernando Franco (coordinador pedagógico), el director de la escuela de Moravia y dos profesores. Para la reunión en sí, se les unieron otras figuras de alto nivel del programa. Los directivos comenzaron con unos breves e informales discursos a los estudiantes. La Red había considerado históricamente que tocar música era participación, dijo Giraldo, pero ahora la dirección quería llevar la participación a otro nivel: además de realizar cambios pedagógicos también querían dar a los estudiantes más protagonismo en la toma de decisiones, de ahí la creación de este comité de representantes. La Red ha estado tradicionalmente centrada en los adultos, dijo, limitándose a impartir conocimientos de los profesores a los estudiantes; pero ahora va a tener más en cuenta las voces, los intereses y las experiencias de los estudiantes.

Un funcionario municipal planteó una pregunta política a los estudiantes: ¿a quién pertenece La Red? ¿Qué significa decir que La

Red es un programa público? Significa que les pertenece a ellos, no al gobierno. Franco habló de su deseo de comprometerse más con las pedagogías abiertas, la neurodiversidad y la creatividad, como parte de un impulso para hacer el programa más profundamente inclusivo e innovador. Los directivos terminaron subrayando que estas nuevas orientaciones no eran simplemente una cuestión de preferencias personales, sino que estaban relacionadas con la política cultural municipal (el Plan de Desarrollo Cultural de la ciudad de 2011–2020) y las corrientes internacionales en la educación musical (el programa había recibido recientemente la visita de su homólogo brasileño, el Projeto Guri, y había enviado representantes a empaparse de la conferencia latinoamericana de educación musical FLADEM).

Tras la reunión, el equipo social dirigió a los estudiantes en una serie de ejercicios de unión de grupos en la escuela, iniciando debates sobre sus posibles roles y responsabilidades. Los estudiantes resumieron sus opiniones en carteles que luego se pegaron en las paredes del salón. La sesión terminó con la representación de actuaciones cómicas sobre sus percepciones de los debates, usando accesorios, pelucas y disfraces.

En esta reunión se resumieron muchas de las nuevas orientaciones de La Red a partir de 2017, cuando Giraldo fue nombrado director general. El ritual musical con el que se inició no fue un mero adorno: en él se articulaba la filosofía cultural de los dirigentes. Por primera vez La Red estaba dirigida por músicos profesionales, y en esta ceremonia no solo describieron el nuevo rumbo de La Red, sino que también lo interpretaron musicalmente.

Nuevas Direcciones en 2017–2018

Giraldo me explicó en mi primer día de trabajo de campo que su prioridad era la identidad y la diversidad. Giraldo y Franco, el coordinador pedagógico, son músicos con un gran interés en la música popular colombiana. Criticaron lo estrecha que era la oferta de La Red en comparación con la amplitud de estilos musicales en la ciudad, y la poca reflexión sobre la identidad local o nacional, tal como lo demuestra la preferencia histórica del programa por la música clásica europea y la orquesta sinfónica. Argumentaron que la heterogeneidad de la población de la ciudad exigía una diversificación musical por parte de La Red, e imaginaban un programa menos vinculado a un plan de estudios y una pedagogía de tipo conservatorio y más a la realidad musical local. Como dijo Giraldo en una entrevista, "ya hemos indagado y reflexionado sobre el violín, una tradición europea, sobre el violonchelo, la flauta, entonces por qué no producir e investigar sobre lo que somos, sobre lo que queremos ser" (Vallejo Ramírez 2017).

Mientras escuchábamos un ensayo juntos en mi primer día, Giraldo criticó al ensamble en voz baja por la falta de *swing* en el repertorio popular; las notas estaban ahí, dijo, pero el tiempo y la sensación no. Su respuesta fue fomentar un mayor enfoque no solo en el repertorio colombiano sino también en los aspectos técnicos y estilísticos de esta música, promoviendo el estudio de la percusión, las cuerdas pulsadas y el clarinete en las tradiciones colombianas. Más conceptualmente, los líderes estaban preocupados por la perpetuación de una mentalidad colonialista y eurocéntrica y de la jerarquización de la cultura que había definido la educación musical en Colombia durante siglos. En consecuencia, abogaron por una relación horizontal entre la música colombiana, otras músicas populares y la tradición sinfónica europea, imaginando una Red intercultural construida sobre el diálogo y el aprendizaje mutuo entre géneros y estilos.

Una segunda crítica se centró en el enfoque histórico de La Red en la interpretación y su relativo descuido de la creación y la reflexión. Los directivos estaban preocupados por la reducción de actividades posterior al programa lúdico de iniciación musical del primer año. Los estudiantes de mayor edad solían tener más confianza en las melodías, mientras que sus conocimientos rítmicos y armónicos solían ser más débiles. La respuesta de la dirección fue crear un laboratorio rítmico-armónico, inicialmente como programa piloto en tres escuelas, para reforzar estos aspectos del plan de estudios. Una de las ventajas de estudiar armonía es que abre una puerta a la creación musical. Muchos estudiantes, e incluso muchos de sus profesores, tenían miedo de tocar animaron escrita frente a ellos. Los directivos creían que era esencial que el programa enfrentara este miedo a la invención espontánea y a la autoexpresión. Giraldo es saxofonista de jazz, mientras que Franco es compositor. No era de extrañar que el fomento de la creatividad fuera uno de los ejes de su visión. Organizaron talleres intensivos de improvisación tanto con los profesores como con los estudiantes, y animaron a los profesores para que incorporaran más actividades creativas en sus clases. Franco también vinculó el nuevo énfasis en la creatividad con el objetivo social de La Red: además de diversificar la vertiente artística, proporcionaba a los estudiantes una habilidad clave para un mundo moderno que cambia rápidamente.

Fig. 4. Archivo de La Red de Escuelas de Música. CC BY.

Cuando el gobierno de la ciudad anunció que financiaría una gira a Estados Unidos en 2018, la dirección decidió no enviar a una de las agrupaciones integradas existentes (como había sucedido en el pasado), sino crear un nuevo ensamble híbrido de instrumentos y músicos de diferentes géneros. Los violonchelos y oboes se alinearon junto al bandoneón, la guitarra eléctrica y las cuerdas andinas. Rechazaron el modelo estándar de las giras de las orquestas juveniles latinoamericanas, que suelen interpretar un repertorio canónico europeo seguido de algunas piezas latinoamericanas más ligeras y estilizadas. La gira de La Red se diseñó como una experiencia pedagógica, centrándose en el proceso de preparación más que en el producto final. Por ejemplo, las normas y protocolos de la gira se elaboraron durante un ejercicio colectivo en el que participaron el equipo social y todo el ensamble, en lugar de ser simplemente transmitidos por los líderes adultos. Los estudiantes tuvieron que pensar en las consecuencias de sus acciones y comportamientos, en lugar de limitarse a recibir órdenes sobre lo que podían o no podían hacer. Todo el repertorio fue compuesto para la gira y los estudiantes desempeñaron un papel importante, participando en talleres creativos durante meses bajo la supervisión de compositores y, en las últimas etapas, del propio Giraldo. Los participantes se dividieron en dos laboratorios, uno centrado en medios alternativos de producción de sonido y el otro en enfoques interculturales de la música. Estos laboratorios incluían muchos ejercicios participativos, pero también la escucha crítica y la realización de grabaciones de campo y de excursiones (a un famoso café de tango, un estudio de grabación de salsa y una emisora de radio). El resultado fue un retrato sonoro de cuarenta y cinco minutos de Medellín, visto a través de los ojos de los estudiantes de La Red, que capturaba la diversidad musical y auditiva de la ciudad.

Fig. 5. Creando la música para la gira por Estados Unidos. Foto del autor (2018). CC BY.

Fig. 6. Creando la música para la gira por Estados Unidos. Foto del autor (2018). CC BY.

1. Creación, Redirección y Reforma de La Red   35

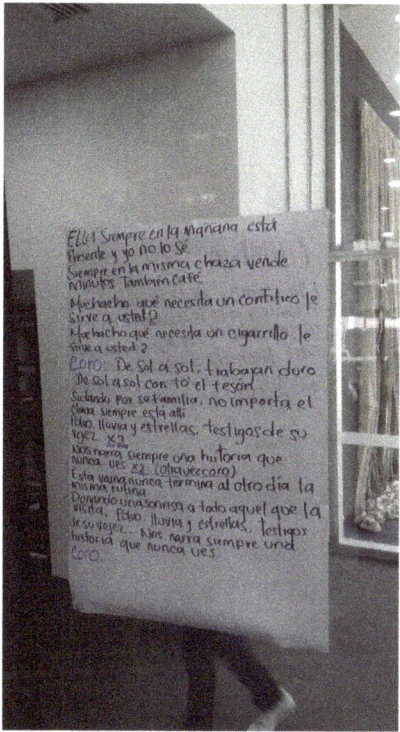

Fig. 7. Letras compuestas por estudiantes para la gira por Estados Unidos. Foto del autor (2018). CC BY.

Fig. 8. Visita al café de tango Salón Málaga. Foto del autor (2018). CC BY.

Fig. 9. Visita al estudio de grabación de salsa y emisora radial Latina Stereo. Foto del autor (2018). CC BY.

En 2018, el equipo social se reconfiguró como equipo territorial, basándose en el diagnóstico de que las escuelas de música eran bastante insulares. Históricamente, las escuelas habían proporcionado espacios para alejarse de la violencia de la ciudad. Muchas tenían poca o ninguna conexión con otros grupos u organizaciones culturales en sus barrios; eran como islas o burbujas en la ciudad. La creación de un equipo territorial se diseñó para ayudarles a conectarse con su entorno y colaborar con otros músicos y actores culturales. Los directivos querían replantear La Red como parte de un ecosistema musical y cultural más amplio en la ciudad, y cambiar el modelo de una escuela de música convencional a un centro cultural interdisciplinar de barrio.

Detrás de este cambio estaba también el deseo de escuchar más a la ciudad en evolución y los paisajes sonoros de sus barrios: música colombiana, tango, salsa, rock, hip-hop, etc. La dirección reimaginó el proceso educativo de La Red como partiendo de un análisis del territorio local, a través de actividades como la cartografía sonora y las excursiones al barrio. "Estamos en la búsqueda de una Red que lea los territorios y sus sonoridades", dijo Giraldo (Vallejo Ramírez 2017). En una reunión, Giraldo describió la ciudad como "un organismo vivo en constante movimiento y transformación al que tenemos que adaptarnos para generar propuestas pertinentes y consistentes [...]. Ya no estamos en 1996 ni en 2005 [...]. Debemos revitalizar y enriquecer nuestro modelo de escuelas de música".

El objetivo era también diversificar y complejizar las formas de conexión con el territorio: no solo realizar conciertos ocasionales *para* la comunidad, sino también aprender *sobre* ella. Al equipo social le preocupaba que los estudiantes a menudo se limitaban a aparecer y tocar en los conciertos sin saber mucho sobre el lugar o el motivo de su presencia. El equipo describió a La Red como incapaz de leer su entorno, como desconectado de la ciudad (p. ej. "Informe" 2017b). El objetivo era ahora investigar, compartir y colaborar en un proceso bidireccional de diálogo e intercambio. Así, las actividades territoriales se planteaban como pedagógicas.

Otra crítica se refería a la falta de espacios de reflexión y de auténtica participación. Los estudiantes actuaban en grandes ensambles, pero históricamente habían tenido un papel limitado en los procesos de reflexión o de toma de decisiones; el *grado* y la *naturaleza* de su participación, por tanto, eran limitados. Los directivos argumentaron repetidamente que, en lugar de *tocar* instrumentos, los estudiantes *eran* instrumentos: habían sido instrumentalizados por el programa y sus figuras de autoridad. Los dirigentes afirmaron que La Red históricamente había estado centrada en los adultos y no en los estudiantes: había girado en torno a proporcionar trabajo a los músicos adultos y se había centrado más en sus necesidades, deseos y conocimientos que en los de los estudiantes.

"Que no solo sea un programa pensado para hacer lo que los adultos creemos: queremos escuchar las voces de nuestros alumnos", dijo Giraldo (Vallejo Ramírez 2017). Por eso, en 2018, La Red instituyó una metodología de aprendizaje basado en proyectos (ABP). La intención era alejarse del modelo de conservatorio en el que los profesores depositan el conocimiento en los estudiantes, y acercarse a la co-creación. Cada escuela y agrupación integrada desarrollaba un proyecto central para el año académico, que debía ser creado de forma participativa por los estudiantes y el personal en conjunto, en lugar de ser decidido solo por el director. Este nuevo enfoque se basaba en la creencia de que la participación plena requiere algo más que tocar música, y que los estudiantes debían desempeñar un papel más importante a la hora de proponer ideas, tomar decisiones y elegir acciones. El objetivo principal era hacer que La Red fuera menos vertical y poner a los jóvenes en el centro del programa, participando en múltiples actividades en lugar de limitarse a tocar sus instrumentos y dejar el resto al personal. La creación del comité de representantes de los estudiantes fue un paso hacia esta dirección. Como dijo Giraldo, aprender a construir colectivamente era una prioridad para Colombia, y por lo tanto debería ser una prioridad para un programa social como La Red.

El ABP era el lugar en el que los hilos de la diversidad, la identidad, la creación, la reflexión, el territorio y la participación podían (potencialmente) unirse y fluir en la práctica. Su adopción fue un intento de conectar más profundamente las actividades artísticas de La Red con el contexto del programa y sus múltiples destinatarios. Fue el medio principal para hacer realidad la visión de la dirección del programa como "escenarios de creación colectiva, participativa e incluyente a partir de la reflexión, la interpretación, la investigación y la creación" ("Propuesta" 2018, 8).

Estas iniciativas representaron la última etapa del cambio que había comenzado en 2005 y que se aceleró en 2013: aflojar los lazos de La Red con el modelo de formación orquestal de El Sistema y alinearla con las prioridades de la Secretaría de Cultura Ciudadana de Medellín y posteriormente con el Plan de Desarrollo Cultural 2011–2020. (Este último se centraba en la ciudadanía cultural democrática y hacía hincapié en los temas ya conocidos de participación, inclusión, diversidad, creatividad y reflexión crítica.) También surgieron del análisis de preguntas clave por parte de la nueva dirección de La Red. Recursos considerables fueron invertidos en este proceso: fue el foco principal del equipo social en 2017, y se contrató a un grupo de consultores en 2018 para que aportaran nuevas perspectivas. No hubo complacencia ni se durmió en los laureles. Por el contrario, se hizo hincapié en identificar los problemas, generar nuevas propuestas y promulgar el cambio. Durante el primer año, la dirección emprendió su diagnóstico, y en el segundo y tercer año emprendieron acciones para abordar los problemas descritos (con distintos grados de éxito, como veremos).

Hubo otros problemas que fueron identificados, pero sobre los que solo se actuó parcialmente durante el período de mi investigación, si es que se actuó, debido a la sobrecarga (el agitado ritmo de trabajo del programa y la gran cantidad de nuevas estrategias que la dirección deseaba aplicar) o a la profundidad y complejidad de los cambios que implicaban. Por ejemplo, Franco expuso el deseo por parte de la dirección de aumentar la inclusividad del programa. Avanzó en uno de los frentes, creando un Laboratorio de Neurodiversidad y atendiendo así a más estudiantes con capacidades diferentes; pero en otros aspectos la inclusividad siguió siendo algo así como una buena intención y un trabajo en progreso. Las pedagogías abiertas no pasaron de ser una aspiración, marginada por cuestiones operativas más urgentes. En la primera presentación de una escuela de música a la que asistí durante mi primera semana en Medellín, Giraldo me susurró con pesar, "mira, aquí casi no hay población negra". Había sensibilidad hacia este tema a nivel de la dirección —los dirigentes eran defensores entusiastas de la música afrocolombiana—, pero la diversidad racial del programa cambió poco. Solo el 2% de los estudiantes se identificaba como no mestizo, mientras que alrededor del 12% de la población de la ciudad era afrocolombiana ("Propuesta" 2018; Álvarez 2016). Algunos de los problemas estaban tan arraigados que se resistían a soluciones rápidas.

Otra crítica que se quedó en gran medida en el nivel conceptual se refería al carácter de La Red como una pirámide (como muchos programas grandes de ASPM).[9] Tenía una amplia base de principiantes (en 2018, el 57% de los estudiantes estaban en los dos primeros años de estudio) y un vértice estrecho de estudiantes avanzados. Esto planteaba algunas preguntas importantes, especialmente para Franco, el coordinador pedagógico. En primer lugar, el vértice era donde la calidad musical se tomaba más en serio y era la parte del programa que era visible para el mundo exterior; por lo tanto, consumía una cantidad desproporcionada de los recursos del programa. La dirección expresó repetidamente su preocupación por el hecho de que el mayor gasto, aparte de los salarios, se destinaba al transporte de las agrupaciones integradas los sábados, actividades en las que solo participaba una minoría de estudiantes. Se preguntaron si era un uso justo o deseable de unos fondos limitados. En cambio, solo ocho de los 150 profesores de La Red trabajaban en el programa de iniciación musical, donde se encontraba el 35% de los estudiantes. Esta desproporcionada asignación de recursos, esfuerzo y atención a las actividades musicales de los estudiantes más avanzados era una característica incongruente de lo que se suponía que era un programa social inclusivo. La dirección quiso corregir este desequilibrio, pero se quedó sin tiempo.

---

9   Para una crítica del modelo piramidal de educación musical en el contexto del Reino Unido, véase Lonie y Sandbrook (2011).

En segundo lugar, la pirámide hablaba de una alta tasa de deserción. En 2018, hubo 1860 estudiantes en el primer año, 1147 en el segundo y 707 en el tercero. Como dijo un directivo, el simple hecho de mirar la pirámide de población dice más sobre los defectos del programa que cualquier cantidad de trabajo de campo. Se identificaron dos asuntos clave, ambos relacionados con la transición del primer al segundo año: un aumento significativo de la intensidad (de un día a la semana a tres o cuatro) y un cambio importante de enfoque, ya que la iniciación musical era sustituida por la iniciación instrumental. El principal reclamo de la ASPM ha sido durante mucho tiempo poner instrumentos de orquesta en manos de los estudiantes desde las primeras etapas del proceso de aprendizaje y hacer que los niños trabajen mucho y rápidamente. Pero para el equipo pedagógico de La Red, el alto índice de deserción indicaba que el cambio a este enfoque después del primer año alejaba a muchos niños, y adicionalmente el aumento de la intensidad horaria fue otro factor que los desalentaba (debido a la posibilidad de que se generara un choque con otras actividades extracurriculares y con las tareas). Consideraban que el cambio del primer al segundo año era demasiado brusco: el aspecto lúdico de las clases de primer año se esfumaba y los niños pasaban a ser enseñados principalmente por maestros de instrumento —profesores formados como intérpretes clásicos—, en un ambiente que el equipo caracterizaba como "serio" y "¡hagan silencio!". La dirección empezó a preguntarse si un programa como La Red necesitaba realmente intérpretes expertos para enseñar a los niños sus primeras notas en un instrumento, y a imaginar la contratación de más pedagogos especializados en los primeros años de aprendizaje y menos instrumentistas. Esto tendría la ventaja añadida de permitir más espacio para actividades creativas en la primera fase del programa y no solo a través de talleres con estudiantes avanzados. Sin embargo, ese cambio habría constituido un desafío a la práctica y la ideología fundacionales de La Red, por lo que se quedó en gran medida sobre el papel durante mi trabajo de campo.

La dirección soñaba con un programa que estuviera menos condicionado por su punto final (las presentaciones de los ensambles grandes) y más por su punto de partida (actividades lúdicas y creativas). Les hubiera gustado que la iniciación musical fuera una auténtica base para un programa más lúdico, en lugar de un breve preludio a algo muy distinto: la formación orquestal o de banda. Algunos miembros del personal coincidieron en que el cambio anterior de introducir a mitad del primer año de aprendizaje instrumental ensambles de iniciación llamados *pre-semilleros*, había sido una evolución negativa, ya que presionaba a los profesores para que impartieran los fundamentos técnicos con demasiada rapidez y reducía los aspectos más relajados y lúdicos del año preparatorio.

La dirección también criticó la caracterización de las escuelas por las necesidades del programa y no por los territorios en los que estaban situadas. Había trece escuelas de cuerda y trece de viento, ubicadas no por los puntos fuertes o los intereses musicales locales, sino por una decisión de La Red, que quería formar a músicos de cuerda y viento en igual número para sus agrupaciones de exhibición. Los dirigentes imaginaron escuelas más autónomas y distintivas, que reflejaran las características socioculturales de cada barrio. Pero también en este caso, este replanteamiento apuntaba a cambios imposiblemente radicales para La Red en aquella época.

Otra conversación crítica involucraba a las comunicaciones. La dirección estaba dispuesta a pasar de un enfoque descendente de las comunicaciones a uno participativo. Reimaginó la cara pública del programa como un espacio educativo en el que los estudiantes aprenderían o mejorarían sus habilidades comunicativas, en lugar de un producto entregado por profesionales. La nueva idea era que las escuelas y las agrupaciones fueran los principales actores, proponiendo y aplicando sus propias estrategias de publicidad con el asesoramiento y el apoyo del equipo de comunicación. En lugar de tener una operación única para todo el programa, la singularidad de cada proyecto de escuela o de agrupación podría reflejarse en sus comunicaciones. Así, el nuevo jefe de comunicaciones en 2018 le dijo a un ensamble: este es su proyecto, y estoy aquí para ayudarlos a desarrollar sus ideas sobre las comunicaciones. Sin embargo, al igual que otras nuevas iniciativas, este plan se vio restringido en la práctica por la limitación de recursos y la excesiva carga de trabajo.

ABP en acción: Escuela de San Javier

La escuela de música de San Javier desarrolló un proyecto llamado GC13, o Gira Comuna 13, que se desarrolló durante dos años. Comuna

13 es la zona donde está ubicada la escuela, y es una zona especialmente asociada a la oscura historia de violencia de Medellín. El proyecto se centró en llevar a los estudiantes de música al territorio circundante y traer el barrio, y en particular algunos de sus músicos emblemáticos, a la escuela de música. Los estudiantes debían conocer e interactuar con otros actores culturales y explorar su relación con los espacios comunitarios. Una pregunta subyacente era cómo la escuela de San Javier podía calar y tener un impacto positivo en el barrio. El director de la escuela, Andrés Felipe Laverde, recalcó a los estudiantes que eran afortunados de estudiar en La Red y que tenían una obligación con su barrio.

Fig. 10. Proyecto GC13, Armonía territorial, San Javier (2018). CC BY.

La versión de 2018 se denominó "Armonía territorial". Los estudiantes de música salieron a visitar y a realizar presentaciones en lugares como la biblioteca local y la estación de bomberos, y se empeñaron en ir a pie para que sus instrumentos, y por lo tanto la escuela, fueran visibles en las calles del barrio. Así, el proyecto incluía excursiones y conciertos, tanto en instituciones locales como en espacios comunitarios. La escuela también representó "*improvisajes*" en espacios públicos. *Improvisaje* es un neologismo que combina *improvisar* con *paisaje*, conectando así sonido y territorio. El primero tuvo lugar en el cementerio local y estuvo dedicado a las víctimas de la guerra urbana en la Comuna 13. Como explicó Laverde, estas acciones musicales improvisadas pretendían reivindicar, resignificar y sanar espacios específicos del barrio: "Esta no es solo la esquina donde mataron a X, también es la esquina donde los jóvenes de la escuela de música tocaron esa maravillosa pieza".

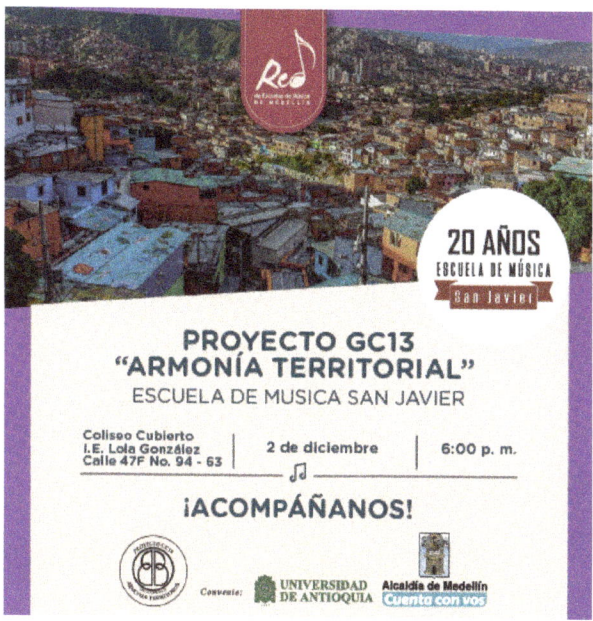

Fig. 11. GC13 Proyecto, Armonía territorial, San Javier (2018). Archivo de La Red de Escuelas de Música. CC BY.

La escuela colaboró con reconocidos raperos (C15, el AKA), grupos de vallenato y mariachi, músicos de rock y pop, y grupos de música y danza tradicionales colombianos. Todos actuaron juntos en un concierto que terminó con una canción escrita por Laverde sobre la unidad latinoamericana y el conocimiento ancestral.[10] Los músicos la interpretaron como una especie de ritual de unión para el público, a quienes se animó a abrazar a sus vecinos. Algunos elementos musicales se improvisaron durante la noche. Los músicos invitados no fueron simplemente llamados para la actuación, sino que también fueron invitados a la escuela de música para un intercambio social y cultural previo: además de ensayar para el concierto hablaron de su música y de sus historias personales, explicaron sus instrumentos y aprendieron sobre los de los estudiantes, y compartieron un refrigerio.

Para 2019, el proyecto se subtituló "Talentodos: Aprendiendo unidos". *Talentodos* es otro neologismo, que combina *talento* con *todos* y encierra la idea de que todo el mundo tiene talento y no solo unos

---

10   Andrés Felipe Laverde, "Abya Yala—Únete Latinoamérica", YouTube, 10 de noviembre de 2017, https://www.youtube.com/watch?v=WoYIFs9pYNs&feature=youtu.be

pocos elegidos. Este año, la escuela se centró en la creatividad de los estudiantes: ellos mismos escribieron las canciones o eligieron la música que les gustaba, y Laverde arregló las piezas para la orquesta. Como resultado, el repertorio del concierto fue enteramente de música popular. Laverde tenía formación clásica y dirigía una orquesta de cámara en la escuela que solo tocaba repertorio clásico, pero el proyecto central estaba dirigido por los intereses y las composiciones de los estudiantes. La creación de un espacio para la escritura de canciones y no solo para la interpretación instrumental, convirtió las actividades de la escuela en algo más que un simple ejercicio musical: la escritura de letras proporcionó a los estudiantes una valiosa oportunidad para expresarse, y los resultados revelaron mucho sobre ellos y sus realidades.

Fig. 12. Proyecto Talentodos, San Javier (2018). CC BY.

Para ser el director de una escuela de música, Laverde mostraba una interesante mezcla de pasión y ambivalencia por la música. Siempre que lo visitaba, me enseñaba la música que estaba arreglando para los estudiantes, me ponía grabaciones de las composiciones de los estudiantes y sacaba vídeos de las últimas presentaciones. Sin embargo, aunque dirigía las orquestas de la escuela, no quería desempeñar un papel convencional —"no soy un director de orquesta", decía, "soy un motivador"—, y desestimaba los ensayos orquestales estándar como "la cosa más aburrida del mundo". Mezclaba sus propios ensayos, cediendo la batuta a los estudiantes, contando historias, haciendo bromas y, a veces, incluso abandonando la música por otra actividad. Creía que el aprendizaje de la técnica y el repertorio era lo menos importante que ocurría en la escuela; para él, era un lugar al que los jóvenes acudían para compartir experiencias y hablar de sus vidas, un lugar donde podían expresarse más que en casa. Le interesaba el vínculo social, no el producto musical. Para él, el objetivo de La Red era curar las heridas sociales, lo que significaba que los estudiantes necesitaban expresar lo que les ocurría en sus vidas.

Laverde realizó un breve documental para presentar el proyecto, y la música de apertura fue una canción de rap de El AKA, "¿Qué es arte?".[11] En un ensayo de la orquesta de cuerda que observé, comentó la canción con los estudiantes. El AKA era un amigo y Laverde le había invitado a venir a la escuela a trabajar con los estudiantes. Laverde mencionó al rapero y las cuestiones que planteaba su estribillo: "¿Qué es arte si no referencia a la lucha? ¿Qué es arte si no sirve a la comuna?", como algo sobre lo que la escuela debía reflexionar y a lo que debía aspirar. Lo presentó como un ejemplo de arte socialmente comprometido. No era inclusión, sino interculturalidad en acción. En el mismo ensayo trabajaron un huayno (género tradicional andino) de Bolivia. Laverde comenzó con una contextualización de cinco minutos sobre el colonialismo, las minas de plata de Potosí y la extracción de recursos desde Bolivia hacia Europa en siglos pasados. Quería que los estudiantes se pusieran en la piel de los mineros de plata y se imaginaran su explotación y su muerte. Este es su lamento, dijo, antes de empezar la pieza. La elección de este huayno no solo tenía que ver con la diversificación del repertorio; se trataba de referenciar la lucha, como decía El AKA, y de que los estudiantes la hicieran suya.

Laverde animó a los estudiantes a adquirir toda la experiencia posible más allá de aprender a tocar un instrumento en la escuela: a explorar otras artes, otras actividades, otros espacios del barrio. ¿Cómo puedes expresarte con la música, preguntó, si no tienes nada que expresar? ¿Cómo puedes tocar obras sobre el amor o la tristeza o la ira si no tienes esas experiencias en tu vida? Quería que los estudiantes salieran a conocer el mundo, no solo tocaran música todo el tiempo.

También se centraba en reforzar los vínculos entre los estudiantes, las familias y la comunidad, y de nuevo, la música era algo secundario —una excusa para unir a la gente y no una actividad que consumiera todo el tiempo y la atención de los estudiantes. Los sábados por la mañana

---

11 El AKA, "¿Qué es arte?" YouTube, 30 de mayo de 2012, https://www.youtube.com/watch?v=bYJSUVzlzR8.

y durante las vacaciones, organizaba jornadas de actividades en la escuela —haciendo manualidades, o aprendiendo sobre cine, literatura o fotografía—, o salía de excursión por el barrio, por ejemplo, visitando huertos urbanos. En 2019, realizaron un documental sobre la historia del barrio, filmando lugares importantes y entrevistando a miembros mayores de la comunidad.

En los proyectos subyacía una crítica a La Red, de la que Laverde había sido estudiante y profesor y ahora era director. "Estamos en un lugar cómodo", dijo; "necesitamos incomodarnos". Sentía que la escuela había estado un poco cerrada a la comunidad en el pasado y que, por lo tanto, era poco conocida; quería abrir sus puertas, romper la idea de La Red como una isla exclusiva para unos pocos privilegiados, y hacer que la escuela ocupara su lugar en el movimiento cultural más amplio del barrio. Todo el mundo quiere viajar al extranjero, dijo, pero ni siquiera conoce bien su propio barrio. Su descontento con las viejas costumbres de La Red se percibe en las notas que tomó para el proyecto: "Desestabilizarnos para generar movimiento o caos, salir de nuestra zona de confort, descubrir relaciones, nuevas formas y esquemas de pensamiento, nuevos procesos, nuevas ideas". Propuso un "plan de estudios crítico, abierto y flexible" y argumentó que "no podemos desarrollar nuestro trabajo de espaldas a la realidad".

ABP: Otros Proyectos

GC13 es solo un ejemplo de las docenas de proyectos que florecieron en toda La Red en 2018–2019, e ilustra cómo las propuestas de la dirección sobre diversidad, identidad, creatividad, territorio y participación se cristalizaron en la práctica. El ABP tenía el potencial de unir todas estas vertientes. San Javier fue una de las escuelas en las que este potencial se materializó más plenamente, pero muchas otras escuelas y agrupaciones lograron avances interesantes. Hubo proyectos centrados en cuestiones ecológicas, en la historia local y en músicos y géneros musicales significativos del barrio. Cuando volví a visitar La Red en 2019, el segundo año de la estrategia de ABP, vi evidencias de nuevas conexiones con la cultura, los espacios y las organizaciones locales. Esto implicaba con frecuencia un elemento de investigación, ya que los estudiantes y el personal mapeaban las comunidades y sus músicas, buscaban personas conocedoras e información escrita, y profundizaban en el pasado y en el presente. Algunas escuelas llevaron a cabo un ejercicio de cartografía social participativa: los estudiantes y sus familias dibujaron mapas del barrio, marcando en ellos lugares de importancia positiva y negativa para ellos. En palabras de una directora de escuela, el proyecto surgió así de la visión y los deseos de la comunidad, tal y como ésta los articulaba, en lugar de lo que ella *imaginaba* que la comunidad necesitaba. Si el enfoque en el territorio dio sus frutos, también lo hizo el de la participación: en toda La Red surgieron comités de estudiantes y encuestas sobre los deseos e intereses de los participantes y sus familias. Varios proyectos incluían elementos de creación artística, como la composición y la improvisación, además de la interpretación.

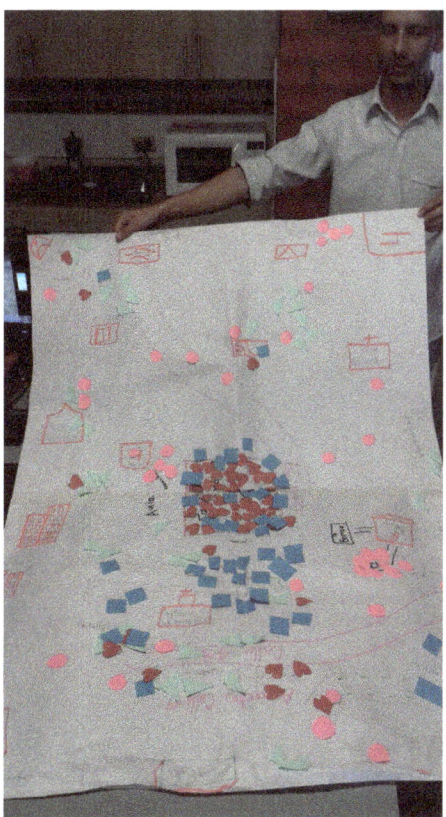

Fig. 13. Ejercicio de cartografía social. Foto del autor (2018). CC BY.

Como consecuencia de estas iniciativas, la música tradicional y popular se hizo más evidente. Algunos sectores de La Red no se limitaron a diversificar el repertorio, sino que abordaron cuestiones de estilo, técnica y pedagogía populares, y se conectaron con importantes músicos populares del barrio, por ejemplo, los que habían contribuido a dar al barrio una identidad musical particular. Tal fue el caso de la escuela Benjamín Herrera, que colaboró con importantes familias de músicos de música tropical del Barrio Antioquia. La escuela 12 de Octubre hizo una encuesta a los estudiantes y a sus familias sobre sus gustos musicales. Los primeros estaban más interesados en el rock y la música urbana, mientras que los segundos preferían la música colombiana y romántica. Colocaron la música clásica en tercer y quinto lugar, respectivamente. El director de la escuela buscó entonces aliados en la comunidad local (como un grupo de rock) que pudieran ayudar a los estudiantes a aprender a tocar su música favorita.

El cambio al ABP dio lugar a algunos procesos productivos de autoevaluación y reflexión, ya que las escuelas hicieron un balance de lo que eran y hacia dónde querían ir. También la escuela Independencias realizó una encuesta, no solo sobre los gustos musicales de los estudiantes, sino también sobre su percepción de los lugares musicales significativos del barrio. La mayoría no nombró ni la música clásica ni su propia escuela de música; el hip-hop fue el género más citado. Al director le llamó la atención que los estudiantes no parecieran reconocer ni su propia actividad musical ni su institución como elementos importantes en la vida musical del barrio. Este ejercicio arrojó luz sobre la tan discutida desconexión entre La Red y sus territorios, revelando una autopercepción del programa y su música como algo periférico para el barrio. La escuela decidió forjar nuevas alianzas y explorar una mayor variedad de géneros.

La escuela de Pedregal se creó con un enfoque en la música colombiana, pero también desarrolló un proyecto dirigido por los estudiantes sobre la equidad de género. La preocupación de las niñas y los niños por las relaciones de género en la escuela y el barrio llevó a los estudiantes y al personal a entablar amplios debates críticos sobre el feminismo y la igualdad de género, y a definir finalmente la equidad de género como su formación ideológica preferida. Esta fue una forma novedosa de abordar la construcción de la paz, que es tan importante para los objetivos de los programas sociales de Medellín, como La Red. Junto a los debates más teóricos, la escuela llevó a cabo acciones prácticas como animar a las chicas a asumir papeles de liderazgo y a tocar instrumentos como la percusión, que se consideran frecuentemente como masculinos, y poner a una estudiante transgénero junto a un joven de una familia cristiana conservadora como compañeros de atril. Este último ejercicio fue un verdadero reto, confesó el director, pero estaba decidido a que la escuela trabajara realmente la convivencia en casos concretos, en lugar de limitarse a repetir buenas palabras.

La escuela del barrio Popular ideó un proyecto en colaboración con el SATMED, el Sistema de Alertas Tempranas de Medellín, un programa gubernamental dedicado a la protección de los derechos de los niños y los adolescentes. El proyecto pretendía identificar y contrarrestar las vulneraciones de derechos (como el abuso sexual y la actividad de las pandillas), nombrándolas y analizándolas mediante conversaciones colectivas y talleres con especialistas. Llevaron su proyecto al más alto nivel, presentándose en la sala del Concejo de Medellín. En un nivel más sencillo, el director de la escuela organizó una reunión con los estudiantes y sus familias y les preguntó por qué estaban en La Red y qué les gustaría de ella. Resultó que querían tocar y escuchar un repertorio más variado, sobre todo estilos más cotidianos como la música que escuchaban en casa y en la radio, y las familias querían ver a sus hijos tocando solos o a dúo y no solo en un gran ensemble. En consecuencia, el director cambió el formato de los conciertos de la escuela.

El proyecto de la escuela de La Milagrosa surgió de un ejercicio de cartografía colectiva, que consistió en identificar los problemas y las preocupaciones de la comunidad en relación con el territorio circundante y debatir después las posibles acciones. La venta de drogas era el principal problema, por lo que la escuela decidió centrarse en la prevención del consumo entre los jóvenes. El proyecto consistía en componer un musical sobre un mamut que se enfrentaba a diversas tentaciones y riesgos pero que acababa llegando a la escuela de música donde encontraba un ambiente y unos valores más positivos. Al año siguiente, la escuela centró su proyecto en un árbol frutal de la zona que antes estaba muy extendido por el barrio, pero que ahora casi había desaparecido. Uno de los hilos conductores fue el ecológico (trabajando con un banco de semillas local y centrándose en la siembra), mientras que otro fue el histórico (los estudiantes entrevistaron a los habitantes de mayor edad y compararon el pasado y el presente del barrio).

Varios proyectos se basaron en una reflexión crítica sobre las realidades sociales y la relación de La Red con ellas. Por ejemplo, la escuela Alfonso López decidió centrarse en la familia y en particular en los vínculos de los estudiantes con sus familias y la comunidad en general. Se reconoció que, a pesar de dos décadas de trabajo, La Red había tenido un efecto bastante limitado en este barrio: no había transformado las familias, ni el barrio, ni el lugar de la cultura en la vida

Fig. 14. Proyecto Escuela Alfonso López, ensayo al aire libre. Foto del autor (2018). CC BY.

Fig. 15. Proyecto Escuela Alfonso López, ensayo al aire libre. Foto del autor (2018). CC BY.

de la comunidad de manera significativa. El proyecto de la escuela no se centró en hacer algo radicalmente nuevo, sino en alinear la práctica de La Red más estrechamente con su teoría. Esto implicaba tanto nombrar los objetivos sociales como forjar estrategias y acciones concretas para realizarlos, en lugar de suponer que los efectos sociales se producirían automáticamente como consecuencia del aprendizaje de la música. Este proyecto ilustra la evolución hacia una acción social más específica que formaba parte de la nueva filosofía de La Red.

Fig. 16. Proyecto Escuela Alfonso López, "Familia es..." Foto del autor (2018). CC BY.

Fig. 17. Proyecto Escuela Alfonso López, "Familia, pilar de mis sueños." Foto del autor (2018). CC BY.

La escuela de Santa Fé se centró en el tema de la libertad —de nuevo, apoyada en una crítica al pasado de La Red. La libertad se exploró a través de la creación (improvisación, composición), la ampliación del repertorio (el rock fue un foco importante) y resaltando personajes importantes que simbolizan la música y la libertad como Nina Simone. También se habló de las diferentes formas que adopta la libertad. En la entrada de la escuela se colocó un cartel enorme con la palabra "libertad" en la parte superior, y los estudiantes y el personal aportaron ideas a lo largo del año en notas adhesivas.

Fig. 18. Proyecto Escuela Santa Fé, "El Rock, un canto de libertad." Foto del autor (2018). CC BY.

En general, el cambio hacia nuevas formas de aprendizaje y trabajo fue más bien un desafío para las agrupaciones integradas, que eran los espacios más dedicados a la interpretación de conciertos de alto nivel. Una excepción fue el Ensamble de Músicas Populares, que ya tenía un enfoque más progresivo antes de los cambios de 2018. En los ensayos a los que asistí, el director creaba momentos de reflexión colectiva e instaba a los estudiantes a escuchar ampliamente e investigar. Criticó la tendencia de algunos músicos a saltarse las partes de escucha e investigación e ir directamente a la partitura. Les instó a ser pensadores además de músicos, declarando que no le interesaban las personas que solo sabían tocar las notas que tenían delante.

El Ensamble REMM (Red de Escuelas de Música de Medellín) surgió de las cenizas del ensamble híbrido que se fue de gira a Estados Unidos en 2018. En su nueva encarnación en 2019, su énfasis fue poner a los estudiantes a cargo del aprendizaje. Se les animó a tomar decisiones y a ocupar roles de liderazgo. El ensamble también se enmarcó como un espacio para adquirir habilidades del siglo XXI.

Algunas de las iniciativas más progresistas tuvieron lugar en nuevos ensambles a los que se dio el título de "laboratorios". Si la introducción del ABP fue un intento de reformar el funcionamiento de las estructuras existentes (escuelas y agrupaciones integradas), los laboratorios crearon nuevos espacios para que ideas más radicales florecieran, para evitar en lugar de enfrentar la inercia que genera toda institución grande y de larga duración. El Laboratorio de Creación Intercultural se basó en una crítica a la idea de inclusión social, que su director describió como un intento de forzar a un grupo social en la visión del mundo de otro. Este laboratorio se sustentaba en la filosofía más sofisticada de la interculturalidad crítica. Se concibió como un espacio para conocerse e interactuar con los demás, y para crear, fantasear y equivocarse, utilizando no solo la música sino también las artes visuales y plásticas, la literatura, la pintura y el teatro. También se pretendía establecer conexiones tanto culturales como prácticas con los contextos locales; por ejemplo, los alumnos avanzados tenían un proyecto llamado "Escuela Expandida" que abría las puertas del laboratorio a diferentes formas de hacer música en el territorio circundante. Por su parte, el Laboratorio de Primera Infancia adoptó una forma interdisciplinar: las clases estaban dirigidas por una dupla de profesores de dos formas de arte diferentes, de modo que a un músico se le unía un bailarín, un actor o un artista visual.

Una Nueva Visión de la ASPM

En 2017–2018 hubo algunos momentos discretos en los que floreció un enfoque diferente sobre la ASPM durante uno o dos días. Se trataba de actividades en las que la dirección estaba estrechamente implicada y el programa se liberaba brevemente de sus antiguas tradiciones gracias a la participación de personal visitante o estudiantes poco habituales. Ofrecieron fascinantes destellos de una ASPM reinventada.

Uno de estos eventos fue el "Laboratorio Afro" de dos días de duración en octubre de 2017. Reunió a músicos de La Red y del centro cultural Moravia con bailarines afrocolombianos del programa hermano de La Red, La Red de Danza, para aprender música y danza de la costa pacífica colombiana. Dos destacados músicos afrocolombianos de la región costera del Chocó se unieron a Giraldo como directores del taller. La mayoría de las familias de los estudiantes de danza eran también originarias del Chocó, y con pocos afrocolombianos en La Red, el evento fue una oportunidad para que los jóvenes músicos aprendieran más sobre su propia ciudad y sus habitantes y culturas tan diversas, así como sobre la música y la danza de la costa pacífica. (Una de las participantes admitió que antes había tenido poca interacción con las expresiones culturales afrodiaspóricas, a pesar de que su escuela estaba ubicada en un centro cultural que también albergaba grupos de capoeira y percusión tradicional.)

Además de las actividades artísticas (que incluían que los músicos aprendieran a bailar y viceversa), el evento estuvo marcado por varios discursos elocuentes y extensos de Giraldo y de los invitados del Chocó, que destacaron por sus críticas al eurocentrismo de la educación musical en Colombia y su insistencia en la importancia de aprender sobre las diversas culturas del país. Uno de los invitados afrocolombianos hizo repetidas referencias al colonialismo, la esclavitud y la dominación, y destacó la historia del país de valorizar el conocimiento europeo, relegando la cultura indígena y africana a un segundo plano. Giraldo proclamó que La Red debería invitar a más maestros músicos locales como éstos, y no solo a directores de orquesta o de banda extranjeros.

Un par de semanas más tarde, Giraldo también dirigió una jornada para el personal administrativo de La Red. Sin embargo, la jornada no se centró en asuntos administrativos sino en la música. El personal pasó el día haciendo juegos musicales, probando instrumentos de percusión, escribiendo canciones en grupo, improvisando y bailando, pero también manteniendo largos y abiertos debates sobre la música. Giraldo puso sus temas clave (diversidad, identidad, interculturalidad) sobre la mesa y animó al personal administrativo a reflexionar sobre la música y su relación con sus vidas personales y emocionales. Muchos hablaron del papel de la música en su infancia, de los géneros con los que crecieron, de los gustos y habilidades de los miembros de su familia y de sus estilos de baile favoritos. Los ejercicios permitieron al personal emerger como individuos con grandes vidas musicales. Casi todos destacaron la música popular, ya sea colombiana, latinoamericana o norteamericana. ¿Por qué entonces, preguntó Giraldo, La Red está tan centrada en la música clásica? Les habló del colonialismo cultural, de la importancia del diálogo horizontal entre las músicas y de desterrar un sentimiento heredado de vergüenza sobre las músicas locales y nacionales que ha sido tan prominente en la historia musical colombiana. También habló de la música como forma de resistencia y liberación.

Estos días fueron oportunidades para que Giraldo pusiera en práctica sus nuevas ideas y explorara lo que realmente le importaba, sin las limitaciones de las tradiciones y expectativas de La Red. El contraste con las actividades habituales del programa era llamativo. Había menos énfasis en la enseñanza instrumental y más en una amplia gama de actividades (escuchar, hablar, crear) y de formas de aprender (lúdicas, corporales). Estos eventos crearon más espacios para la diversión (hubo juegos, bailes y risas durante toda la jornada) pero también para el debate serio sobre la historia y la política culturales. Ambos contaron con la participación de dos formas de arte (música y danza). En resumen, estos días sirvieron a La Red para ofrecer una dieta cultural más variada, equilibrada y agradable. En ellas se vislumbró cómo podría ser la ASPM si rompiera el viejo modelo de formación sinfónica y empezara de nuevo.

La Red en Perspectiva de Comparación

Hubo muchos paralelismos entre La Red y El Sistema en los años cercanos al 2000. Ambos fueron fundados por líderes masculinos, famosos por su carisma, con una extraordinaria capacidad para inspirar a los jóvenes, a sus familias y a los patrocinadores. Compartían un aspecto casi religioso, con un líder como un sumo sacerdote y una cohorte de devotos tan comprometidos y absortos que el programa casi se convertía en su vida. Tanto Abreu como Ocampo eran adorados por sus numerosos seguidores. Después de un día de trabajo de campo, D. me escribió: "Lo de Juan Guillermo [Ocampo] es un tema muy emotivo, es como la sensación que tenía mucha gente que conocía a Abreu. Una especie de idolatría hiperintensa. Todos los que lo conocen [a Ocampo] y hablan de él lloran cuando me cuentan la historia". Pero sus críticos caracterizaban sus programas como cultos a la personalidad. El titular del periódico que anunciaba la caída de Ocampo —"Preso en E.U. apóstol de niños músicos paisas"—, capta la llamativa y paradójica atmósfera de santidad y escándalo que rodeaba a estos líderes.[12] Ambos programas, detrás de las narrativas públicas de color de rosa, mostraban profundas contradicciones que provenían directamente de sus fundadores, personajes complejos que eran idolatrados por algunos y aborrecidos por otros —una tensión captada en la etiqueta de Abreu como "el Ogro Filantrópico" (Rivero 1994). Los seminarios intensivos en Medellín, dirigidos por profesores venezolanos, eran eventos característicos de El Sistema: los jóvenes músicos se encerraban mañana, tarde y noche durante dos semanas al estilo de un campamento de entrenamiento, y salían tocando el mismo repertorio orquestal que en Venezuela. La Red era como un hijo adoptivo de El Sistema.

En la primera fase se fundó el programa y se alcanzó una rápida serie de logros y éxitos. También se construyó una narrativa casi mítica sobre su fundador y el poder de la música. La detención y el encarcelamiento de Ocampo fueron como La Caída, y la naturaleza dramática de esta ruptura condujo a un proceso de escrutinio crítico y cambio organizativo que ha durado hasta hoy.

El año 2005 supuso una ruptura institucional con El Sistema, ya que la cercanía del programa venezolano a Ocampo y Amadeus parece haber impedido la colaboración con la nueva dirección de La Red. Pero también fue el inicio de una separación más gradual a nivel ideológico y práctico, enraizada en sucesivas investigaciones internas que arrojaron luz crítica sobre el modelo y las dinámicas que se habían desarrollado en Medellín bajo la supervisión de El Sistema. El informe de Arango de 2006 expuso claramente, aunque de forma breve, un problema fundamental del modelo ortodoxo de la ASPM: La Red pretendía y decía generar una convivencia pacífica, pero en realidad se descubrió que fomentaba la arrogancia, la exclusión y la falta de respeto en muchos de sus participantes más exitosos. Este hallazgo fue una bomba, y se

---
12 Véase Baker 2014; Araujo 2017; y la entrada de mi blog "Abreu's phantom PhD", https://geoffbakermusic.wordpress.com/el-sistema-el-sistema-blog/abreu-phantom-phd/.

expresó no en un informe externo que podía ser ignorado y archivado tranquilamente, como había sucedido en El Sistema (Baker y Frega 2018), sino en un documento fundacional escrito por la cabeza del programa. Golpeó el corazón de la filosofía ortodoxa de la ASPM de que la acción social positiva resulta automáticamente de la educación musical colectiva.

Los informes del equipo social, por su parte, subrayan el desfase entre la orquesta como metáfora y como realidad. Como señaló Pérez, la funcionaria municipal de cultura, la metáfora es muy potente: "Que los niños suenen unidos, en una sociedad que lucha por sonar unida"; la ASPM es "la búsqueda de la armonía en una sociedad que aún no la encuentra". Sin embargo, el equipo social descubrió que sonar juntos era perfectamente compatible con la discordia social. Las historias de rivalidades y jerarquías entre intérpretes de distintos instrumentos resonarán en la memoria de cualquiera que esté familiarizado con la cultura orquestal, y estas plantean dudas sobre la idoneidad de la orquesta sinfónica como herramienta para la convivencia.[13] Como mínimo, estas historias demostraron que la búsqueda de la convivencia en La Red tenía un largo camino por recorrer.

Los estudiantes y el personal se mostraron ambivalentes con respecto a los objetivos sociales del programa e indicaron la prioridad de los resultados musicales sobre los procesos sociales. Haciendo eco de entrevistas anteriores con miembros de El Sistema (Baker y Frega 2018), los testimonios de todos los grupos de La Red socavaron las afirmaciones —comunes en los círculos de la ASPM—, de que la búsqueda de la excelencia musical es en sí misma una forma eficaz de acción social. En realidad, La Red parecía tener tantos problemas sociales como cualquier otra gran organización. El equipo social propuso una serie de estrategias e intervenciones extramusicales, como las "jornadas de convivencia", para hacer frente a los problemas, lo que ilustra su convicción de que la música por sí sola no resuelve esos problemas; de hecho, a veces los genera. Argumentaban que la excesiva creencia en el poder de la música no solo era errónea, sino que también había llevado a la complacencia, permitiendo que los problemas sociales florecieran.

---

13 El furor que estalló cuando la fagotista Francesca Carpos transmitió la cultura de la orquesta sinfónica profesional a los estudiantes de la Real Academia de Música de Londres ilustró lo compleja y potencialmente controvertida que es en realidad la dinámica de este ensamble (véase Rahim 2019).

Estos retratos realistas de los altibajos de la ASPM, la heterogeneidad de opiniones dentro de un mismo programa y las tensiones entre la teoría y la práctica, ofrecen un fascinante contraste con la narrativa pública dominante de la ASPM.

Estos análisis internos, iniciados en 2006, constituyeron la base de un proceso de autocrítica y reforma continuas que se mantiene hasta hoy. Con el tiempo, La Red se fue alejando de El Sistema. Los repetidos cambios de director y su selección como externos de la organización, dieron lugar a mucho más debate y adaptación en La Red que en el monolítico programa venezolano, que permaneció bajo el pulgar conservador de Abreu durante cuarenta y tres años y fue entregado a su protegido y elegido sucesor. Estos cambios de gestión en La Red permitieron la autoevaluación y la evolución. El Sistema, en cambio, se desarrolló sin trabas como un culto a la personalidad, por lo que las reformas han tendido a ser pequeñas y lentas. El crecimiento, más que el cambio, era la prioridad de Abreu. Incluso después de su muerte, el programa ha insistido en la continuidad de su visión; el espacio para la crítica de su filosofía ha sido inexistente.

El ejercicio de cronología con el que se inició este capítulo es un buen ejemplo de la distancia que se abrió entre los programas. Se animó al personal a reflexionar pública y críticamente sobre el pasado de La Red y a participar en la construcción colectiva del futuro. El equipo social abrió deliberadamente un espacio para múltiples historias, visiones contrastadas y, por tanto, una narrativa polifónica y a veces disonante. En cambio, el enfoque de la historia de El Sistema es ofuscador: después de cuarenta y seis años, no se ha escrito ningún registro oficial y hay fases clave que están envueltas en el misterio. Ha habido mucho que ocultar: por ejemplo, el pasado de Abreu como estrecho aliado de los enemigos políticos de Hugo Chávez, o la transformación en el discurso de El Sistema de programa musical a uno social a mediados de la década de 1990, por no mencionar los interrogantes sobre la historia personal de Abreu. No hay regímenes pasados; la historia del programa se presenta como un todo sin fisuras, una simple historia de la persecución del sueño de un solo hombre. Un evento como la reunión alrededor de la línea de tiempo habría sido inconcebible en la hermética y jerárquica institución de Abreu, cuya filosofía se resumía en que "todos deben estar plenamente afinados para conseguir al unísono" (Borzacchini 2010, 7).

La dirección de La Red argumentó que la Medellín de 2018 no era la de 1996, y que el programa debía cambiar junto con la ciudad. El Sistema, sin embargo, sigue ligado a la visión original de su fundador.

Si Abreu y sus lugartenientes tenían un tono constantemente idealista y propagandístico, tanto interna como externamente, Giraldo era refrescantemente realista y abierto sobre los defectos y desafíos de La Red, y generalmente evitaba las declaraciones utópicas sobre el programa o la música como modelo para la sociedad. Describió la música como "una profesión complicada". El programa tenía aspectos positivos y negativos, dijo; no era ni una panacea ni un desastre. Como dijo a un grupo de estudiantes avanzados, "La Red muestra toda la comedia humana".

El programa venezolano ha hecho hincapié en el tema de la pobreza como reclamo y estrategia de marketing, y su historial en la captación de fondos ilustra que este enfoque ha tenido mucho éxito. En Medellín, sin embargo, el rechazo por el "porno de la pobreza" musical es considerable y manifiesto desde 2005. La Red no ha seguido el camino de seleccionar cuidadosamente a los individuos y las anécdotas dramáticas de los rincones más desfavorecidos de la ciudad con el fin de atraer a los extranjeros y a los patrocinadores, reconociendo que este enfoque estigmatiza en lugar de empoderar.

La Red también ha avanzado hacia un enfoque crítico de la noción de inclusión social, que ha sido la base de El Sistema desde la década de 2000. En Venezuela, esta noción se ha concebido de forma restringida en términos económicos, es decir, abriendo las puertas a quienes tienen pocos recursos económicos. Otros tipos de exclusión, como la basada en la raza o el género, se han pasado por alto. El marco de la inclusión social ha servido para perpetuar el conservadurismo educativo: la presunción subyacente es que la práctica existente funciona, pero simplemente no está suficientemente difundida. El camino hacia la inclusión social, para El Sistema, es ampliar el acceso, no transformar la práctica. Detrás de este discurso se encuentra un programa de alto rendimiento que se basa en jóvenes músicos altamente funcionales, y aunque tiene ramas separadas para niños con discapacidades importantes diagnosticadas, el programa principal —con su entrenamiento musical exigente, intensivo y convencional—, es exclusivo para niños con dificultades de aprendizaje menos pronunciadas o no diagnosticadas, y de hecho para niños que simplemente no encajan fácilmente en ese molde. En La Red, sin embargo, había una creciente conciencia de que el acceso no es lo mismo que la inclusividad: por ejemplo, el número de estudiantes afro y de participantes con discapacidades era bajo en La Red, aunque no hubiera barreras formales para su participación. Muchos miembros del personal se sentían incómodos por no tener la formación o las herramientas necesarias para tratar con niños con discapacidades y diferentes neurodiversidades. Al adoptar el concepto más crítico de interculturalidad e invocar pedagogías abiertas, la dirección criticó la inclusión y al mismo tiempo aspiró a una forma de inclusividad más profunda que el simple acceso a la educación musical estándar.

Las fallas en las afirmaciones de inclusión social de la ASPM ortodoxa son evidentes en las altas tasas de deserción de El Sistema, La Red y otros programas de ASPM, lo que revela que este tipo de educación musical no atrae a muchos niños. En La Red, en 2018, casi el 40% de los estudiantes nuevos desertó en un año; en El Sistema, el 44% de los estudiantes a los que se les ofreció una plaza no llegó a completar dos semestres (Alemán et al. 2017). La Orquestra Geração, un programa portugués inspirado en El Sistema, experimentó una tasa de abandono durante los dos primeros años que osciló entre el 38 y el 49% (Mota y Teixeira Lopes 2017), y la tasa de Sistema Aotearoa fue del 38% (véase Baker, Bull y Taylor 2018). Hay preguntas importantes que hacer sobre los programas que incluyen a los jóvenes a través de la música solo para ver que muchos de ellos se van de nuevo poco después. Pero las narrativas dominantes de la ASPM suelen centrarse en los logros musicales de un pequeño número de estudiantes mayores e ignoran la realidad de que muchos participantes abandonan al año o dos de empezar. Muchos para los que la ASPM no "funciona" simplemente desaparecen de la vista en la publicidad y los relatos de los medios de comunicación. Históricamente, El Sistema ha desviado las preguntas sobre este tema; durante años, incluso los mayores partidarios del programa fueron incapaces de obtener cifras. Booth (2008, 4) señaló que "un número de estudiantes abandona alrededor de los 12 años (los porcentajes no estaban disponibles...)". Borzacchini (2010, 101) hizo una pregunta directa al entonces director ejecutivo Igor Lanz: "¿Cuál es el porcentaje de jóvenes o niños y niñas que abandonan las orquestas?". "No se puede hablar de deserción", respondió Lanz con evasivas. La verdad salió a la luz en una evaluación de 2017 (Alemán *et al.* 2017): el BID podía hablar y hablaba de deserción de estudiantes, en un número considerable. Este tema puede haber sido evitado por El Sistema, pero fue una preocupación primordial para el equipo pedagógico de La Red en 2018.

En el ámbito de la participación se observa una profundización similar de la reflexión. El Sistema consiguió que muchos más jóvenes participaran en la música clásica, pero no consiguió que la música clásica fuera más participativa. La *calidad* de la participación no cambió, aunque sí la *cantidad*; los valores básicos de la música de concierto convencional se mantuvieron en la práctica, aunque el discurso se volviera más participativo a mitad de su historia. Pero en La Red, a partir de Arango, la participación se convirtió en un tema de análisis y reforma. Los sucesivos directores reflexionaron sobre lo que realmente significaba la participación y cómo podía potenciarse. Sus concepciones de la participación variaban, pero todos entendían que no bastaba con tocar en una orquesta.

También es instructivo considerar los paralelos entre el largo proceso interno de autocrítica de La Red y la investigación externa sobre el programa venezolano y sus ramificaciones. Por ejemplo, Arango (2006, 10) escribió que La Red carecía de un modelo pedagógico coherente y consistente, "a pesar de presentarse como propuesta alternativa de formación". Ana Lucía Frega llegó a una conclusión similar tras estudiar El Sistema como consultora del BID en 1997 (Frega y Limongi 2019). También hay similitudes llamativas entre los informes internos de La Red y la evaluación de Eva Estrada (1997) de El Sistema para el BID en el mismo año (véase Baker y Frega 2018). Estrada encontró una desilusión generalizada y una "contradicción entre los valores declarados y las prácticas del sistema" (1997, 6). Los músicos acusaron al programa de "propiciar conductas en los estudiantes [y] actitudes contrarias a aquellos valores" (13). Las diferencias entre la teoría y la práctica eran evidentes. En palabras de un músico, "el mundo musical pudiera ser tanto o peor que lo que se veía en las calles, yo pensaba que un mundo de gente sensible iba a ser una cosa muy atrayente, interesantísima, con grandes expectativas y vi mucha crueldad, mucha ruindad, desidia, ignorancia" (5). Sus orquestas se presentaron como generadoras de dinámicas sociales negativas como la competitividad, el favoritismo, la deshonestidad, la hipocresía y la traición. Un músico declaró: "Lo que pensaba que tenía que ser un músico no es la realidad [...], hay envidia y batalla sangrienta por resaltar". El informe también destaca la estrechez y la mala calidad de la formación, descrita por un músico como "producir músicos como salchichas" (21). Un problema fundamental era que el desarrollo de valores positivos tenía menos importancia para el programa que el "mero hacer para que el repertorio salga. La organización, el estilo pedagógico, la administración del personal, están en función de que la orquesta suene" (23). Puede que El Sistema se haya reformulado como un programa social, pero en realidad todo giraba en torno a la música.

Las similitudes entre la evaluación de Estrada sobre El Sistema y los informes internos de La Red serían insólitas si el programa de Medellín no hubiera funcionado como un satélite del venezolano. Así las cosas, llegan a conclusiones similares porque describen el mismo modelo, ilustrando que lo que surgió en ambos lugares no fueron aberraciones sino rasgos inherentes. Donde difieren significativamente es en su recepción: los informes de Estrada y Frega fueron ignorados por Abreu, mientras que los homólogos de La Red constituyeron una piedra angular de los esfuerzos de reforma.

La evidencia de que La Red generó respuestas y efectos mixtos coincide con la investigación sobre otros programas de ASPM (por ejemplo, Sarazin 2017; Rimmer 2018). Las coincidencias entre los informes internos de La Red y mi libro sobre El Sistema son demasiadas para enumerarlas, pero destaca la presencia de problemas sociales como la competencia, el acoso y la jerarquización, y la frecuente expresión de opiniones críticas por parte de los estudiantes y el personal. De hecho, hubo un cierto elemento de *déjà vu* en mi trabajo de campo en Medellín. En 2014, critiqué la construcción en El Sistema de separaciones prácticas y filosóficas entre los estudiantes y la realidad social que los rodeaba. En 2018, La Red creó un equipo territorial para abordar precisamente esta cuestión. En 2014, tras visitar un proyecto de cartografía urbana basado en problemas en la periferia de Medellín, me pregunté "¿cómo podría un proyecto de educación musical esforzarse por ofrecer una experiencia comparable?" (Baker 2014, 313). Cuatro años después, La Red se embarcó en la ASPM. En 2014, reflexioné sobre lo estrecha que era la concepción de la inclusión social en El Sistema y la importancia de extender la inclusividad al currículo y la pedagogía. En 2018, la dirección de La Red se planteaba algo parecido. Yo también criticaba la estrechez de la educación musical en la ASPM ortodoxa. En 2018, La Red hizo un esfuerzo concertado para ampliar su oferta dentro del programa más allá de las habilidades instrumentales y los conciertos de ensambles. Formulé preguntas sobre el predominio de la música clásica. La Red llevaba años haciéndose preguntas similares. Mi análisis sobre la ausencia de la voz de los estudiantes, el empoderamiento, la participación genuina, la reflexión y la creatividad encontró un claro eco en los esfuerzos de las direcciones sucesivas y equipos sociales de La Red.

Las críticas de la dirección de La Red refuerzan, y son reforzadas por, la literatura académica sobre la ASPM. El proceso de autocrítica y cambio de La Red subraya el punto que ha ido ganando fuerza en el campo de la investigación internacional en los últimos años: detrás de la retórica grandiosa y utópica de la ASPM, la realidad suele ser más complicada. Los resultados de Medellín (y de otros programas) confirman que los problemas clave identificados en los estudios críticos de El Sistema no son específicos de esa institución, sino que son problemas del propio modelo. La comparación con la investigación internacional, por su parte, muestra que el proceso de reforma de La Red no debe considerarse simplemente como los caprichos de una serie de altos directivos de Medellín.

La trayectoria de La Red constituye un importante desafío a la ortodoxia de la ASPM desde adentro. Desde 2014 se han publicado numerosas críticas a la ASPM, pero principalmente desde el mundo académico.[14] Por lo tanto, es muy significativo encontrar perspectivas similares que surgen desde *dentro* de un programa importante. También cabe destacar que estos análisis internos y externos se desarrollaron de forma aislada. Los informes analizados en este capítulo se redactaron antes de que se publicara cualquier investigación crítica sobre la ASPM y, al ser internos, eran desconocidos para los estudiosos de la ASPM. El hecho de que ambas líneas de investigación llegaran de forma independiente a conclusiones similares es muy sugerente. Del mismo modo, las transformaciones de La Red en 2018 hicieron eco de mi libro de 2014 en numerosos aspectos, pero los directivos del programa no

---

14 Aunque véase Dobson (2016), Fairbanks (2019) y Godwin (2020) para los análisis de algunos exempleados.

habían leído mi investigación. Hay profundas implicaciones para el curso futuro del debate sobre la ASPM: será mucho más difícil que las críticas sean ignoradas o desechadas en el futuro, como ha sucedido a menudo hasta la fecha.

La búsqueda de La Red de la diversidad, la identidad, la creatividad, el territorio y la participación muestra paralelismos no solo con la literatura crítica sobre El Sistema, sino también con los estudios internacionales en general. La Red se distanció de El Sistema, pero se acercó a las corrientes críticas y reformistas de la investigación sobre la educación musical y el desarrollo de los jóvenes. Las prioridades e iniciativas recientes de La Red parecen eminentemente familiares desde el punto de vista de volúmenes como *The Oxford Handbook of Social Justice in Music Education* (2015) y *The Oxford Handbook of Community Music* (2018), con su énfasis en temas como la creatividad, la reflexión crítica, la voz de los estudiantes y el aprendizaje basado en el lugar. También los investigadores de la juventud en Medellín han defendido con vehemencia la necesidad de centrar estos enfoques en actividades para los jóvenes (*Jóvenes* 2015). El deseo de los líderes para que La Red trascendiera la formación técnica y se comprometiera más directamente con las realidades sociales y culturales que rodeaban a sus escuelas se refleja en el volumen de Elliott el al. (2016), *Artistic Citizenship*, y en la visión de Hess (2019) de la educación musical para el cambio social. El disgusto por el salvacionismo ha sido articulado por investigadores de la educación musical (Vaugeois 2007; McCarthy 2018) y de la música comunitaria (Howell 2017; Mantie 2018), que han entendido que refuerza la opresión y la desigualdad. Las preocupaciones sobre el eurocentrismo y la colonialidad de La Red encuentran un claro eco en el creciente interés académico por la descolonización en la educación musical, particularmente en América Latina.[15] Hasta donde yo sé, ninguna de estas investigaciones internacionales era conocida dentro de los círculos de La Red, y sin embargo el programa de Medellín parecía estar moviéndose en una dirección comparable.

Observar las críticas y reformas en Medellín a través de la lente de la dirección nos dice mucho tanto de La Red como de su abandonado progenitor, El Sistema. Sin embargo, esta narrativa de crisis, autoexamen,

---

15 Véanse, por ejemplo, los números especiales de la *Revista Internacional de Educación Musical* (5:1, 2017) y *Action, Criticism, and Theory for Music Education* (18:3, 2019).

ruptura del viejo modelo e imaginación de alternativas más progresistas solo cuenta una parte de la historia. La clave está en la repetición que he conservado deliberadamente en este capítulo para transmitir tanto mi propia experiencia de investigación del programa como una característica esencial de su historia. Fue fácil captar la crítica de la nueva dirección cuando llegué en 2017, pero a lo largo de un año de trabajo de campo, al entrevistar a antiguos empleados y leer documentos antiguos, me di cuenta de que los intentos de abordar estas cuestiones no eran nuevos, sino que habían sido recurrentes en la historia de La Red. Desde 2006, los directivos venían insistiendo en que había que tomarse más en serio la parte social; que La Red era un programa público y, por tanto, debía ser más participativa; que debía alejarse de dinámicas de piedad y caridad; que debía procurar una mayor diversidad musical; que los estudiantes debían tener más voz; etc. Que lo siguieran haciendo más de una década después es un claro indicio de que una cosa era la autocrítica y otra el cambio.

Esta reiteración sugiere que se trata de cuestiones muy arraigadas y de verdaderos puntos de fricción. Hubo cierto consenso a nivel de dirección sobre los problemas del modelo ortodoxo, pero fue más fácil identificarlos que resolverlos. La repetición de las críticas implica que estos problemas surgen de este modelo de trabajo musicosocial y, por tanto, son difíciles de eliminar mientras se mantiene. También señala el hecho de que el análisis crítico y los esfuerzos de reforma generaron fricciones operativas, tensiones, contracríticas y resistencias.

2. La Red Reacciona

Tensiones, Debates y Resistencia

> La Red salva niños. Pero come hombres.
>
> Exdirector general

En agosto de 2018, La Red impartió un taller en un evento para empleados municipales, "Mediadores de cultura ciudadana." Javier, miembro del equipo social, dirigió un ejercicio de lluvia de ideas en el que los participantes enumeraron en carteles "las virtudes de un servidor público" y "las virtudes de un ciudadano" y debatieron sus ideas. Después, Fabién, profesor de música, les dirigió en una interpretación de "Happy" de Pharrell Williams. Al final del día, se quedaron para debatir sobre el siguiente día del taller ya que tenían demasiado material y necesitaban recortar algo. Sin embargo, la conversación no tardó en subir de tono. Javier acusó a su colega músico de no escuchar las instrucciones de los organizadores sobre la importancia del aspecto social y de proponer en cambio, actividades musicales comunes. Fabién respondió que Javier no había dicho nada de antemano sobre la realización de un ejercicio conceptual, de lo contrario Fabién habría planificado sus propias contribuciones de otra manera; también se quejó de que ya se había visto obligado a recortar sus actividades musicales porque el ejercicio social se prolongaba demasiado. "Soy músico, me invitaron aquí para hacer música", exclamó Fabién; "¡estoy confundido!".

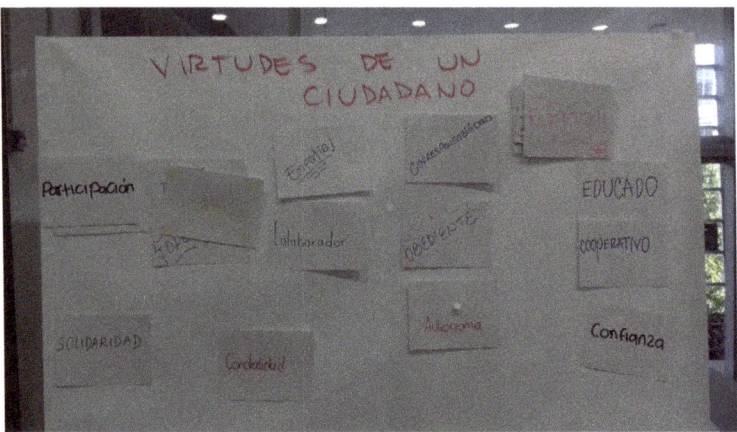

Fig. 19. Virtudes de un ciudadano, Mediadores de Cultura Ciudadana. Foto del autor (2018). CC BY.

"¿Cuándo Perdimos el Encanto?"

En el capítulo anterior se examinaron los esfuerzos de reforma de las sucesivas direcciones de La Red. Aquí, la atención se centra en las respuestas del personal y de los estudiantes. El programa de reforma de 2017–2019, tal y como se ha descrito hasta ahora, podría parecer algo sacado de un libro de texto de educación musical progresista. La realidad fue mucho más compleja. Las críticas de la dirección y las nuevas iniciativas generaron tensiones y se encontraron con reproches y resistencia. De hecho, las relaciones entre la dirección y el personal eran variables y a veces bastante discordantes. Esta tensión se manifestaba como una atmósfera pasiva de desconexión en las grandes reuniones; cuando se presentaban ciertos temas, los teléfonos móviles, las tabletas y los auriculares salían en mayor cantidad. Un evento de una semana de duración para presentar nuevas iniciativas coincidió con la Copa del Mundo de fútbol de 2018, y algunos miembros del personal, aunque estaban obligados a estar presentes, al fondo de la sala miraban llamativamente los partidos en diversos dispositivos. En ciertas ocasiones, también hubo respuestas más activamente críticas, y las quejas fueron frecuentes en conversaciones privadas. A pesar de los sonidos eufónicos que salían de sus aulas, La Red no fue una institución armoniosa durante este periodo. Como dijo Aníbal Parra, líder del equipo social, al personal musical en una reunión: "Tenemos que preguntarnos, ¿cuándo perdimos el encanto?".

La resistencia creció con el tiempo. El 2017 fue un año de observación y espera; el 2018 vio más intranquilidad; y en el 2019 el descontento escaló al punto de una rebelión abierta, que cuajó como una carta formal de queja de los directores de escuela al operador de La Red, la Universidad de Antioquia. Sin embargo, las tensiones no eran un hecho reciente. Los antiguos directores generales reconocieron que los cambios que habían introducido habían producido cierta incomodidad o discordia en algunos momentos, incluidas luchas de poder dentro del equipo directivo y aumentos del reemplazo de personal y estudiantes.

No solo la dirección y el personal se criticaban mutuamente; las tensiones entre la mayoría de los grupos eran visibles en algún momento. Sin embargo, algunas relaciones eran más tensas que otras. El equipo social y el personal musical eran los que estaban más claramente enfrentados. A veces la tensión se manifestaba en el lenguaje corporal o en la falta de compromiso en las reuniones cuando el equipo social hablaba u organizaba actividades, pero también había disputas más abiertas.

Un año de trabajo de campo me permitió observar el chirrido del engranaje institucional a medida que se aplicaban los cambios. En los relatos oficiales, la ASPM aparece como un todo sin fisuras, desde la visión en la cima hasta la práctica en la base. La Red demostró que la realidad es muy distinta: en un programa de múltiples capas, existe la posibilidad de que se produzcan lagunas y tensiones en cada paso. Las nuevas estrategias forjadas por la dirección son mediadas y filtradas por los directores, profesores y administradores, y pueden ser adoptadas o rechazadas por los estudiantes. Es un error asumir que un programa de ASPM es simplemente lo que su líder declara públicamente; los mediadores y los participantes pueden tener otras ideas y hacer algo distinto en la práctica.

No se trata de que La Red sea una institución disfuncional; en cierto modo, sus desacuerdos abiertos apuntan a la conclusión contraria. Una cierta cantidad de fricción interna es normal en las grandes instituciones, especialmente en los momentos de cambio, y la disonancia puede ser en realidad el sonido de una organización saludable. Sin embargo, la dinámica interna de tensión y resistencia de La Red merece ser explorada porque el debate público y académico sobre la ASPM apenas lo ha abordado, creando una imagen ilusoria de armonía y unidad, a pesar de que nos ayuda a comprender mejor el campo. Estos puntos de fricción en La Red iluminan los puntos de tensión en la ASPM más amplia y plantean algunas preguntas importantes para el campo: ¿cómo debe compararse la ASPM con la educación musical convencional? ¿Cómo equilibrar los aspectos musicales y sociales? ¿Cómo mediar entre los deseos contradictorios de los diferentes grupos a la hora de configurar el programa? ¿Están los profesores debidamente formados para este trabajo? ¿Para ellos "funciona" la ASPM?

Si el capítulo anterior se centró en el crecimiento, éste examina los dolores que lo acompañaban. Lo que interesa aquí no son las fricciones o disonancias en sí, sino lo que hay detrás. De ahí que este capítulo se centre en las tensiones que se sustentaban en visiones o ideologías contrapuestas, más que en las diferencias personales. Estos debates nos permiten entender La Red como algo fragmentado más que unificado, impugnado más que consensuado y, por tanto, la ASPM como un complejo conjunto de opciones y retos en lugar de una receta singular y garantizada para el éxito.

El principio de organización es el de los debates de "primer orden". Estos debates ocuparon un lugar destacado en el programa, fueron articulados con regularidad por un amplio abanico de actores y, por tanto, fueron especialmente audibles y visibles. Giraron en torno a lo que se reconocía ampliamente como los principales problemas de La Red.

Lo Musical y lo Social

"Hay un punto débil en el programa, siempre ha sido una tensión fuerte: ¿dónde acaba lo social, y dónde empieza lo musical? ¿Cómo uno acompaña lo otro?", dijo Diego, director de escuela. Uno de los directores generales colocó sus puños juntos, nudillos contra nudillos, para representar la lucha entre lo musical y lo social. Este llamativo gesto encapsuló el debate más feroz y destacado de La Red, basado en el desacuerdo fundamental sobre cómo debe ser la ASPM.

En su primera fase, el programa adoptó la visión de El Sistema, que la educación musical colectiva *es* una acción social. Después de cambiar de operador en 2005, se reconoció que algunos estudiantes sufrían problemas psicológicos, por lo que el programa contrató a Jiménez para que ofreciera consultas psicológicas individuales. Pronto se pasó a centrar la atención en los problemas y las soluciones colectivas, por lo que Jiménez dirigió un equipo que ofrecía talleres psicosociales y capacitación a todo el programa. Bajo el liderazgo de Restrepo, se puso más énfasis en un enfoque socioafectivo, lo que llevó a un mayor esfuerzo por integrar el desarrollo social en el currículo musical, en lugar de equiparar lo social con lo extramusical. Con Giraldo, el equipo social volvió a centrar sus esfuerzos en la investigación, pero un año después el equipo social se transformó en un equipo territorial (como se detalla en el Capítulo 1). Este esbozo en miniatura es suficiente para ilustrar que el enfoque de la acción social de La Red ha cambiado continuamente a lo largo de su historia. Lejos de ser la roca sobre la que se ha construido el programa, el objetivo social ha sido más bien arena movediza, generando gran parte de la inestabilidad y el debate que ha caracterizado a La Red desde 2005.

Volviendo a la primera fase de La Red, el aspecto social del programa —en el relato de Ocampo sobre su filosofía sobre la ASPM—, giraba en torno a palabras clave como "corazón", "amor" y "abrazo". Sara, una alumna de aquella época, recordaba las escuelas de música como "un espacio para otro tipo de afectividad". La filosofía social de La Red nunca se aclaró en aquella época, dijo, pero en la práctica se trataba de estar juntos y cuidarse mutuamente. Ocampo era como un padre para ella, y todos le adoraban. Tenía una capacidad extraordinaria para recordar el nombre de todos y los detalles de su vida. Destacó la emotividad de las interacciones de los estudiantes con Ocampo; les hacía sentir especiales y queridos. Norberto, compañero de la primera generación de estudiantes, coincidió en que el aspecto social de La Red estaba implícito en aquella época. El mero hecho de que un niño fuera a la escuela de música *era* una acción social, porque muchos salían de casa lo menos posible debido a los peligros de la ciudad. Crear espacios de confraternización dentro de los barrios violentos era un acto social.

La transición de Ocampo a Arango en 2005 supuso un cambio brusco en muchos aspectos, entre ellos el paso de un enfoque emocional a otro más racional de la ASPM. El estilo de liderazgo de Ocampo era carismático y apasionado, y despreciaba en cierto modo el análisis intelectual. Por el contrario, Arango era socióloga de formación y funcionaria universitaria, y su primera acción importante fue emprender un examen crítico del programa. La creación del equipo psicosocial evidenció un giro hacia un enfoque más reflexivo. También hubo un cambio en la comprensión de la palabra "social". Para Ocampo, se trataba del corazón y de las emociones. Para Arango, sin embargo, su significado principal era "público". Para ella, la acción social consistía en capacitar a los ciudadanos para que asumieran la responsabilidad de La Red como programa público.

2005 fue un punto de inflexión definitivo. En él se produjo una fragmentación de las concepciones de la ASPM que continuó bajo cada liderazgo sucesivo. Además, surgió una distinción entre los marcos implícitos y explícitos de la acción social. Al principio, se consideraba que la acción social fluía espontáneamente de la educación musical, ayudada por la calidez, el carisma y los discursos inspiradores de Ocampo. Pero en la etapa de Arango, los directivos concebían cada vez más el objetivo social como algo que debía ser nombrado, analizado y perseguido más abiertamente. La acción social no era entonces una consecuencia automática, sino un resultado posible, que requería reforzar algunos elementos existentes y adoptar otros nuevos.

El argumento de "lo social como implícito" quedó en entredicho en cuanto el programa pasó de ser una operación nominalmente pública, pero en realidad privada, dirigida por una figura de la música clásica (haciendo eco a El Sistema), a un programa genuinamente público, abierto al escrutinio externo y con una persona al frente que no era músico. Como se ha comentado en el Capítulo 1, las investigaciones internas revelaron que, aunque la educación musical colectiva era capaz de generar una socialización positiva, también podía producir efectos sociales más cuestionables y no enseñar algunas habilidades sociales importantes. Así pues, la transición de 2005 no solo supuso un cambio en el significado de lo "social", palabra que está en el centro de la misión de La Red, sino que también se cuestionó la eficacia del enfoque original del programa. El resultado fue la creación del equipo psicosocial y la consolidación de la perspectiva "social como explícito". Ahora había dos formas diferentes de entender la ASPM, lo que dio lugar a la mayor tensión del programa.

Perspectivas de Estudiantes Antiguos

Uno podría imaginar que los estudiantes exitosos de la primera fase habrían aceptado el argumento implícito, pero en realidad sus puntos de vista fueron bastante variados. El informe del equipo social de 2008 reveló que muchos miembros del personal dudaban de que la educación musical pudiera alcanzar por sí sola el objetivo social de La Red. Encontré críticas similares y opiniones encontradas en las entrevistas con graduados de la primera fase que habían llegado a ser directores o profesores de La Red. Su trayectoria profesional indicaba su talento, su amor por la música y su compromiso con el programa; por tanto, su ambivalencia no puede atribuirse a un fracaso o a una incompatibilidad.

Daniel recuerda los inicios de La Red como "mágicos", pero el ritmo de trabajo de los primeros años, cuando el programa era "un espejo de El Sistema" supervisado por músicos venezolanos, era intenso. Los largos ensayos eran una oportunidad para escapar de los problemas de la ciudad, pero el ambiente era "muy militar". Los ensayos no tenían hora de finalización. En este sentido, "no era todo tan bonito" —era "una educación basada también en el miedo". Muchos desertaron. "Perdimos mucha vida familiar", señaló; "la escuela prácticamente se convirtió en nuestro hogar". Se mostraba escéptico con sus compañeros, que describían aquella época como la "época dorada" de La Red. Había "un nivel de competencia increíble, que no es muy agradable, que proviene de esa formación". Eran "buenos intérpretes, pero quizás personas muy rígidas y que ven al de al lado como un competidor y no como una persona que está haciendo una tarea colectiva". Creía que el enfoque de La Red forjaba el carácter, pero también hacía a los estudiantes más tiranos. Algunos pasaron a ser profesores de música sin reflexionar sobre sus propias experiencias, dijo, lo que significaba que La Red siguió siendo un poco como *Whiplash* (2014).[1] "La primera fase tuvo su lado oscuro", concluyó, "que fue crear a estas personas. No sé hasta qué punto esa es la sociedad que queremos".

---

1 *Whiplash* (2014) es una película sobre el abuso en la educación musical: "Un joven y prometedor baterista se inscribe en un conservatorio de música exigente donde sus sueños de grandeza son guiados por un instructor que no se detendrá ante nada para hacer realidad el potencial de un estudiante.", https://www.imdb.com/title/tt2582802/.

Estefanía lloró de nostalgia al recordar la primera etapa de La Red. Hoy el nivel musical del programa había bajado, dijo, en parte porque El Sistema ya no enviaba profesores. Pero también habló del "Sistema nazi-venezolano" y describió La Red actual como más equilibrada: ahora "La Red es parte de la vida, en lugar de que la vida sea la orquesta".

Norberto recordaba cómo los venezolanos traían su repertorio y se ponían metas muy altas. Cuando venían, los estudiantes dejaban todo por una o dos semanas de ensayos seguidos, de ocho a diez horas diarias, incluidos los fines de semana. En aquel momento lo consideraba algo normal ya que era lo único que conocía, y aunque todavía guardaba buenos recuerdos, ahora que era director de una escuela de música tenía sentimientos encontrados. Había pasado años rechazando invitaciones sociales para poder ensayar o hacer presentaciones los fines de semana y había sacrificado amistades fuera de La Red para crear una nueva "familia" dentro de ella. También criticaba la tendencia a romantizar el pasado de La Red. Algunos de sus compañeros hablaban del programa como si fuera perfecto en los años de Ocampo, dijo, pero no lo era. El trato del personal a los estudiantes era a veces duro debido a la presión para obtener resultados: gritos, insultos, llamar a los niños "idiotas", humillarlos delante de sus compañeros. Si los niños respondían, algunos profesores "prácticamente sacaban la correa". Caracterizó el enfoque al estilo venezolano como apresurado y exigente, que funcionaba bien para los mejores estudiantes, pero era un "tormento" para los demás; incluso él, uno de los más talentosos, a veces llegaba a pensar que "ya no estamos disfrutando sino sufriendo la música". Una consecuencia de los altos objetivos musicales era que no había tiempo para reflexionar sobre cuestiones sociales; lo que importaba era preparar el repertorio para el próximo concierto.

Raquel señaló esta misma contradicción: La Red hablaba mucho del objetivo social, pero sus actividades clave eran los conciertos y lo único que importaba era sonar bien. La música no te hace bueno o malo, decía; puedes ser una buena persona sin música y una mala persona con música. Algunas personas que estudiaban en La Red acababan teniendo problemas después de salir. La Red era una buena opción para los jóvenes de Medellín, pero "haber estado en el programa no garantiza nada". Estefanía coincidió: "Eso de un violín por un arma nunca ha sido relevante. Porque yo tuve muchos compañeros que así tocaran eran malos. Ese fue un discurso que en una época funcionó muy bien, pero en realidad ese no es el trasfondo como tal".

Diego reflexionó sobre el carisma único de Ocampo. Comparaba los ensayos con estar en la iglesia con un sacerdote, solo que centrados en la música y en los sueños del futuro en lugar de en la doctrina religiosa. Ocampo era un verdadero líder que hacía de todo: conseguía recursos, patrocinadores y giras, pero también hablaba con las familias y conocía a cada estudiante por su nombre. Convencía a la gente con su habilidad retórica; se sentían escuchados y apoyados. "Juan Guillermo llegó a ser casi como un dios": dijera lo que dijera, la gente le apoyaba al 100%, porque se proponía sueños como tocar para el Papa y los hacía realidad. Sin embargo, tenía defectos humanos. No era un gran administrador, y prometía muchas cosas que no se cumplían. A Diego no le sorprendió del todo cómo había terminado la historia de Ocampo con La Red. Pero la gente dejó de ver sus defectos, porque su devoción por él rayaba en el fanatismo. Hubo lágrimas cuando Arango ordenó retirar las fotos de Ocampo de las escuelas, a pesar de que había sido encarcelado por un grave delito. Diego llegó a la conclusión de que Ocampo merecía gratitud por establecer el programa y hacer una contribución positiva a Medellín, pero el fanatismo le preocupaba.

Ocampo tenía un carisma tremendo, coincidió Sara, la única de estos graduados que siguió una carrera no musical. Tenía tal habilidad con las palabras que era difícil no emocionarse con él. Lo había visto como una figura paterna, y hoy, una parte de ella conservaba esa imagen de él. Pero la experiencia y la madurez posteriores —por no hablar del encarcelamiento de Ocampo—, también le habían dado una perspectiva contradictoria: viéndolo ya de adulta, dejando de lado sus apegos emocionales, lo describía como "un encantador de serpientes". Pensando en todo el esfuerzo que habían hecho los niños, en todo lo que habían sacrificado, concluyó: "Era abusivo. Me sentí utilizada —me sentí utilizada para su beneficio".

En estas entrevistas, al igual que en los informes internos, La Red aparece como mucho más ambigua de lo que uno podría imaginar a partir de las historias de los medios de comunicación, que pintaron el programa como una especie de milagro. En particular, un signo de interrogación se cierne sobre el aspecto social. Con sus relatos de un ambiente militarista, a veces opresivo, con poco tiempo para la reflexión social, algunos exestudiantes se preguntaban si la convivencia y la educación en valores —la razón de ser del programa—, se lograron o incluso si se buscaron seriamente. Sus testimonios ponen en duda el argumento de "lo social como implícito".

En el informe de 2008, la mayoría de los grupos expresaron su preocupación por la priorización de lo musical en la práctica. Algunos empleados reconocieron las deficiencias sociales de La Red y pidieron que se tomaran medidas. En consecuencia, Jiménez instó al programa a dar más énfasis y visibilidad a la dimensión social y a unirse alrededor del "propósito de trascender la preparación artística y musical, con una formación humana integral de impacto social en las comunidades en las cuales están insertas las escuelas" ("Informe" 2008, 3). A partir de entonces, el recién formado equipo psicosocial se dedicó a organizar talleres y actividades extramusicales para matizar la cultura disciplinaria, demandante e intensiva que La Red había heredado de El Sistema y buscar el objetivo social con mayor determinación. La perspectiva "lo social como explícito" se había movido a la ascendencia. Las respuestas del personal al equipo fueron en gran parte positivas: apreciaron que "La Red se preocupe por ellos como personas y no solo como músicos" (7) y expresaron su deseo de que el proceso continuara.

El panorama en 2008 muestra, por tanto, cierto consenso sobre las contradicciones de la ASPM y la necesidad de nuevas estrategias. Ciertamente, las opiniones variaban, pero muchos miembros del personal revelaban sentimientos encontrados sobre la parte social y animaban a una mayor implicación de los profesionales sociales. Sin embargo, en el momento de mi trabajo de campo cerca de una década después, la relación entre lo musical y lo social y entre los músicos y el equipo social se había convertido en el principal punto de fricción del programa.

Lo Musical *versus* lo Social

Un día de 2018, Parra, el jefe del equipo social, entró en una reunión de dirección. Se sentó y sin preámbulos declaró: "esto no es un programa social". Por la misma época, un músico de la primera generación se lamentó de que el programa había perdido su enfoque musical y se había convertido en algo completamente social, que era "una pendejada, una cagada". ¿Cómo había llegado La Red a generar interpretaciones tan exasperadas y diametralmente opuestas? ¿Por qué el ideal de la ASPM ha llegado a parecer tan tenso en la práctica, representado en la sospecha mutua y en los tensos encuentros entre el personal musical y el social? ¿Por qué se había complicado tanto la combinación de música y acción social?

Si había cierto acuerdo sobre la naturaleza del problema, había menos consenso sobre qué hacer al respecto y quién debía hacerlo. Los diferentes enfoques (psicosocial, socioafectivo, territorial) que se intentaron para rebalancear lo musical y lo social provocaron críticas y descontento por parte de muchos músicos, que llegaron a ver al equipo social como una fuerza desestabilizadora. El equipo social, por su parte, veía esas respuestas como una resistencia al cambio.

Los informes del equipo social y los testimonios de los músicos apuntan a una tensión fundamental y estructural entre los objetivos de acción social y de excelencia musical en las orquestas y bandas de La Red. Desde su creación, el equipo social cuestionó la prioridad dada a la excelencia musical sobre la acción social y propuso un cambio de equilibrio. Así, la relación entre los empleados sociales y los musicales surgió como una relación en cierto sentido antagónica: el equipo social asumió el papel de aportar una perspectiva crítica a la parte musical. Los músicos llevaban una década trabajando sin que nadie les criticara (al contrario, estaban acostumbrados a los elogios efusivos), por lo que la aguda visión de Jiménez y sus asistentes supuso una especie de brusco despertar. La creación de un equipo social con un papel crítico fue entonces la fuente inicial de división. Como escribió el equipo social una década después: "Lo social es lo que ve las complejidades, lo musical ve todo bien" ("Informe" 2017c, 72). Ahora La Red intentaba perseguir dos objetivos distintos —la excelencia musical y la acción social—, al mismo tiempo a través de dos equipos distintos, y las prioridades y prácticas del personal musical y social no solo eran diferentes, sino que a menudo se contradecían.

La división entre el equipo musical y el social condujo gradualmente a la polarización. En 2008, el equipo social era una novedad. Sin embargo, una década de talleres, sesiones de formación, discusiones y exhortaciones no condujeron a una mayor aceptación del objetivo social, sino más bien a una sensación de cansancio generalizado. En el momento de mi trabajo de campo, una parte importante del personal musical miraba con recelo cualquier actividad social y se resistía a las iniciativas no musicales. Muchos músicos llegaron a ver las actividades explícitamente sociales como un trabajo extra, una distracción o una pérdida del precioso tiempo de ensayo, y al equipo social como una piedra en el zapato. Mientras tanto, el equipo social (y la dirección) consideraba que el programa estaba demasiado centrado todavía en la técnica y la interpretación musicales y demasiado obsesionado con cuestiones como los detalles del plan de estudios de música, lo que reducía su eficacia social.

Algunos músicos reaccionaron contra el perfil y la actividad crecientes del equipo social apoyándose en la visión de "lo social como implícito". Algunos miembros de la primera generación, en particular, empezaron a añorar los días más sencillos de su juventud, cuando todos los esfuerzos se dedicaban a la música y las actividades sociales explícitas se consideraban innecesarias. La Red les había funcionado, y lo que vieron en las fases posteriores fue una creciente intromisión y un descenso de la calidad musical. Nunca necesitamos psicólogos ni gestores territoriales, decía uno, porque Ocampo nos hacía creer en él: esa era la parte social. Según un director de escuela, el discurso social de que los niños tomaran los instrumentos en lugar de las armas era para los políticos que aportaban los fondos; internamente, se trataba de preparar el repertorio, elevar el nivel artístico y trabajar con los músicos invitados. No hacía falta un psicólogo: Ocampo era un gran motivador y su poderosa retórica mantenía el impulso. Toda la parte social es un montón de tonterías, dijo otro director; la mejor forma de atención psicológica es poner un instrumento en manos de un niño y enseñarle a tocar música. Un profesor repetía en nuestra entrevista que él era músico, que esa era su identidad. "Esto es La Red de Música", dijo, "no La Red de Inclusión Social con Música como medio". Lo que se desprende de estos relatos es un sentimiento de nostalgia por la sencillez, por un programa impulsado por la visión de un solo hombre, con un único objetivo: la música.

El debate implícito/explícito se desarrolló en una larga y prolongada disputa sobre la construcción de un nuevo formulario para los informes mensuales de los directores. La dirección creía que el objetivo social de La Red debía ser identificable en actividades específicas, y que esas actividades debían poder describirse en el informe. Los directores de escuela, en cambio, argumentaron que lo social era inherente a todo lo que hacía La Red y que, por lo tanto, no podía vincularse a actividades concretas ni detallarse en un informe. Para los primeros, si lo social era el objetivo central de La Red, había que nombrarlo y narrarlo; para los segundos, si lo social era la esencia de La Red, no podía nombrarse ni narrarse. Este prolongado debate sobre un asunto superficialmente aburrido y administrativo encerraba una dinámica clave en La Red, razón por la cual la dirección organizó repetidas y dolorosas reuniones para discutirlo: no solo la división sobre las concepciones implícitas versus las explícitas de la ASPM, sino también la cuestión de la construcción vertical versus la colectiva. Irónicamente, la dirección insistió en que los directores de escuela debían participar en la creación del formulario, mientras que el personal quería que la dirección les presentara algo listo para usar.

Sin embargo, las actitudes no fueron uniformes, y algunos miembros del personal musical siguieron mostrándose escépticos ante la idea de que la acción social estuviera implícita en la música y se mostraron más abiertos a la idea de reinventarse a sí mismos y a La Red. Una directora criticó la obstinación de sus colegas: "introducir la parte socioafectiva en las actividades de la clase fue muy difícil, la gente puso mucha resistencia porque decían que la música ya ejerce en sí misma una función social. [Decían:] 'El hecho de que yo toque muy bien un instrumento me hace mejor persona, no necesito que me enseñen valores'". Otro director consideraba la educación musical como una fuerza positiva al principio, que alejaba a los niños de entornos problemáticos y les daba otra forma de ver el mundo. Pero a partir de cierto punto, dijo, los que se lo toman más en serio empiezan a ser cada vez más egocéntricos: "Todo gira en torno a mí y a mi instrumento". Afirmó que los músicos que se pasan horas practicando y mirándose al espejo acaban pensando que el mundo gira en torno a ellos. Descubrió que los estudiantes avanzados a veces no estaban dispuestos a devolver algo a La Red. "Somos muy egoístas", dijo, "y no sé qué necesitamos para cambiar esto, porque como programa no deberíamos ser así". Un tercer director comentó: "Si la música es el arte más sublime, el más cercano a Dios, si es algo tan grande, los músicos deberían ser más humildes, pero por el contrario tienen un ego enorme. ¿Cómo se llega a lo divino lleno de orgullo?".

La cuestión de lo musical y lo social se convirtió en un campo de batalla porque la fragmentación de las concepciones de la ASPM tuvo consecuencias tanto prácticas como ideológicas. Hay pistas en el informe de 2008. En general, el personal musical pensaba que el objetivo social era importante, pero algunos consideraban que su responsabilidad era musical y que los aspectos sociales eran cosa de otros, en particular del equipo social y de los profesores de expresión corporal. Este fue el planteamiento inicial de La Red después de 2005: contratar a un psicólogo profesional, lo que mantenía la labor social separada de la formación musical. Pero con el paso del tiempo, la dirección y el equipo social empezaron a cuestionar cada vez más esta división del trabajo, y a medida que el personal social se acercaba a la formación musical, las tensiones aumentaban. Una vez que el equipo psicosocial empezó a organizar actividades en el tiempo de ensayo, las relaciones empezaron a deteriorarse, y empeoraron cuando la dirección introdujo un componente socioafectivo en el plan de estudios musicales. Cuanto más hacía el equipo social para abordar los problemas sociales, más se entrometían en las prácticas musicales establecidas; y aunque el personal musical podía reconocer los problemas subyacentes, había menos entusiasmo por replantear su papel, compartir sus espacios o renunciar al tiempo de ensayo.

Muchos músicos eran partidarios de la división del trabajo, ya que consideraban que otros profesionales eran más adecuados para los aspectos sociales de la ASPM, y se sentían más infelices cuando el equipo social invadía su terreno. El equipo social se creó como un intento de tomarse más en serio el aspecto social de la ASPM, pero para muchos músicos tuvo el efecto contrario, reafirmando una distinción entre el trabajo musical y el social. La encarnación de lo social en un equipo crítico dio lugar a dos imaginarios interrelacionados: lo social como un problema, y lo social como un problema ajeno ("Informe" 2017c).

La reconfiguración del equipo social como equipo territorial en 2018 fue un ejemplo de ello. Tras una cierta confusión inicial sobre lo que implicaba este nuevo papel, poco a poco se fue viendo que había visiones contrapuestas sobre a quién correspondía hacer el trabajo territorial. Para los líderes, la educación musical debía estar más conectada con su comunidad circundante, y el equipo territorial actuaría como catalizador, asesorando a los músicos para que establecieran conexiones más fuertes con sus comunidades. Los líderes trataron de reimaginar el papel del personal musical, añadiendo una dimensión espacial. Sin embargo, muchos directores de escuela y profesores sostenían que ya estaban ocupados en las escuelas; para ellos, las relaciones con la comunidad requerían caminar por las calles —justamente el trabajo de los gestores territoriales, como se conocía ahora al equipo social.

El asunto no era tanto la resistencia al equipo social, sino la diferencia de opiniones sobre el papel que se deseaba desempeñar. Desde su creación, los profesionales sociales buscaban un papel más amplio que simplemente proporcionar consultas psicológicas: uno que se comprometiera con toda la variedad y complejidad de las dinámicas sociales de La Red, que desarrollara la participación y la formación para la ciudadanía, y que generara un diálogo con la ciudad y sus realidades. Buscaban promover la reflexión entre los músicos y fomentar un mayor énfasis en las habilidades sociales dentro de la formación musical. Pero muchos músicos preferían ver el propósito del equipo como el trabajo social en pequeño: arreglar los problemas y así facilitar la vida de los profesores, permitiéndoles centrarse en la música. Midieron a los profesionales sociales utilizando ese criterio, y cuanto más ambiciosos y amplios eran los objetivos del equipo social, más se quedaba corto a los ojos de muchos músicos.

Un obstáculo importante para la reforma fue el hecho de que La Red no había sido diseñada para incluir estrategias sociales explícitas; seguía la línea "social como implícito" de El Sistema. Se construyó como un programa de presentación (centrado en conciertos ante un público), aunque con un discurso participativo (Turino 2008). En la práctica, estaba orientado al aprendizaje de habilidades técnicas y de repertorio. Como escribió el equipo social: "Según el objetivo de La Red, la música es una herramienta, el fin último es el aporte a la construcción de ciudadanía, a la formación integral de seres humanos; en la práctica se evidencia que el fin último es la música, la proyección, la circulación, se lee una incoherencia" ("Informe" 2017b, 7). Así, los esfuerzos por reforzar la parte social aparecían a menudo como un intento de insertar algo en un programa donde no cabía. La agenda de La Red ya estaba llena. ¿Dónde y cuándo debían tener lugar estas actividades sociales? ¿Con qué presupuesto? Muchas de las reuniones del equipo social a las que asistí se dedicaron a pensar en estrategias con las que insertar un componente social en lo que supuestamente ya era un programa social. Los empleados sociales se percibían a sí mismos como tratando de colarse en las pequeñas o inexistentes grietas de un edificio musical; los músicos se sentían apretados por estos esfuerzos y creían que el edificio se debilitaba.

La invisibilidad de lo que se suponía que era el objetivo principal de La Red era un tema frecuente en los informes y las reuniones. El equipo social señalaba el detallado currículo musical pero la ausencia de un equivalente social, y las exhibiciones de La Red de su faceta musical pero nunca de sus procesos sociales. Del mismo modo, lo social no se medía ni se evaluaba. El equipo se sentía marginado en la planificación de las actividades. Criticaba La Red por descuidar el aspecto humano —sobre todo en las agrupaciones integradas—, y por evitar los principales problemas de la vida de los estudiantes, ofreciendo pocas oportunidades para que expresaran sus emociones o reflexionaran sobre sus dilemas. Parra comparó los instrumentos musicales de La Red con un escudo o una barrera entre los estudiantes y esas cuestiones, en lugar de una herramienta para trabajarlas.

El tiempo era otra fuente de tensión entre lo musical y lo social. Desde 2008, al equipo social le preocupaba que La Red dejara a los estudiantes poco tiempo libre para el ocio, la familia o las relaciones no musicales. La filosofía de la ASPM era que el tiempo libre era un problema y un hueco que había que llenar, mientras que para los profesionales psicosociales era una necesidad y había que defenderlo. Libraron y ganaron una batalla para reclamar el domingo como día libre.

Parra se lamentaba regularmente de que no había tiempo para la reflexión social en La Red; el plan de estudios estaba lleno (de música), el ritmo de trabajo de ensayos y presentaciones musicales era excesivo, y las reuniones solían estar ocupadas por asuntos logísticos, técnicos y musicales. Hay que crear tiempo en la rutina diaria, decía, de lo contrario estaremos condenados a una existencia periférica. Pero el carácter tradicional de exhibición de La Red limitaba esos esfuerzos. El programa siempre había ofrecido presentaciones musicales regularmente en toda la ciudad, por lo que los directores se sentían presionados para producir resultados musicales y muchos se resistían a la "distracción" de las actividades no musicales. Un antiguo miembro del equipo social contó que intentaba organizar sesiones en profundidad sobre temas sociales solo para encontrarse con respuestas como "tenemos un gran concierto próximamente, tenemos que ensayar, ¿puedes hacer media hora en el descanso?" Un director de escuela argumentó que la sociedad juzgaba a los músicos únicamente por su capacidad para tocar, por lo que se centró en las habilidades necesarias para producir conciertos decentes a corto plazo. Incluso un director de ensamble que simpatizaba con la necesidad de cambio dijo que se esforzaba por hacer que el proceso de aprendizaje fuera más participativo, pero que no podía hacer mucho con la fecha límite de un gran concierto que se avecinaba; tenía que dar un espectáculo decente cuando el ensamble se presentara en la sala de conciertos de la Universidad de Medellín.

Los intentos de suavizar el enfoque un tanto militarista de La Red también se percibieron como un debilitamiento de su faceta de exhibición al público. En palabras de un director de escuela, el personal musical "cree que lo social les impide hacer su trabajo, lo que se manifiesta en que piensan que el equipo social no les permite ser exigentes". Un profesor confirmó esta opinión: estamos creando una sociedad de inútiles, dijo, porque ahora hay muchas normas en torno a la enseñanza y todo corre el riesgo de ser tachado de acoso o maltrato. Hoy en día no se puede decir nada a los niños; no se les puede decir simplemente que no son buenos en música. Hay que poder exigir a los estudiantes, dijo, de lo contrario solo estamos "educando a vagos".

La resistencia al equipo social tenía otra dimensión práctica. Muchos músicos relacionaron la contratación de más profesionales sociales con la eliminación o reducción de actividades musicales emblemáticas, como los festivales y las giras al extranjero. Algunos se quejaron de que La Red gastara dinero en personal social, que no aportaba ningún valor musical al programa, en lugar de resolver los problemas de equipamiento e instalaciones que se planteaban desde hace tiempo o aumentar los salarios. Como bromeó un miembro del equipo social, cuando eran activos los músicos se quejaban ("¿por qué interfieren?"); y cuando eran pasivos los músicos también se quejaban ("¿qué hacen todo el día? ¿Por qué gastamos dinero en ellos?").

Sin embargo, incluso eliminando al equipo social, hubo algunas tensiones dentro del bando musical sobre la excelencia musical versus la acción social. El intento de La Red de ser a la vez un programa musical y social significaba que trataba la música tanto como un objetivo profesional como un pasatiempo, y encontrar el equilibrio no era sencillo. Como explicó un director de escuela, "hay rivalidades [dentro de la orquesta] entre los que van a los ensayos y los que no; en este momento hay muchos problemas en mi orquesta por esto, porque no es justo que los que siempre van tengan que aguantar a los que no se saben su parte y no van nunca". A veces, La Red se sentía como dos programas diferentes unidos a la fuerza en un matrimonio incómodo. Por la mañana, el equipo musical instaba a la dirección a centrarse en elevar el nivel musical y proyectar los resultados musicales en escenarios destacados; por la tarde, el equipo social abogaba por hacer más hincapié en el objetivo social. La Red no solo era incapaz de satisfacer plenamente estas demandas conflictivas, sino que, al intentar perseguir la excelencia musical y la acción social al mismo tiempo, dejaba a ambas partes algo insatisfechas.

Mediadores de Cultura Ciudadana

En 2013, la Alcaldía de Medellín creó La Red de Prácticas Artísticas y Culturales, que agrupaba a La Red y a tres programas más pequeños de educación artística en danza, teatro y artes visuales. Durante 2017–2018, las cuatro redes fueron invitadas a participar en un programa del gobierno de la ciudad llamado "Mediadores de cultura ciudadana". Este programa reunió a empleados municipales, desde policías de tránsito hasta personal de asistencia administrativa, en talleres de dos días dirigidos por las redes artísticas. Los talleres se repitieron varias veces a lo largo del año con diferentes participantes. Su objetivo era utilizar la educación artística para desarrollar las habilidades sociales de los funcionarios públicos que trabajaban como intermediarios entre el gobierno y la ciudadanía, y así aumentar la confianza de los ciudadanos en los funcionarios municipales y mejorar la cultura ciudadana.

El objetivo del taller de música era, entonces, esencialmente el mismo que el de La Red —la acción social por la música—, aunque con un público muy diferente. Sin embargo, la oferta inicial de La Red fue muy distinta a sus actividades cotidianas. Su taller se centró en la interpretación, pero de instrumentos de percusión y de música colombiana en lugar de música sinfónica. Posteriormente hubo un debate considerable a nivel de dirección y la oferta cambió, alejándose aún más de la norma de la ASPM. Se contrataron nuevos facilitadores para que dejaran de hacer hincapié en la enseñanza de la música y pasaran a imaginar, crear, escuchar y conectar. El último taller al que asistí incluía la creación de paisajes sonoros, ejercicios de relajación/meditación, trabajo con la memoria sónica, conexión entre el ritmo y la vida, y actividades multisensoriales. Curiosamente, aunque los facilitadores eran empleados de La Red (dos directores de escuela, una profesora de expresión corporal y un miembro del equipo social), gran parte de lo que aportaron a Mediadores procedía de su trabajo fuera de La Red (o antes de unirse a ella), en la música tradicional y popular. Aunque el taller tenía elementos de iniciación musical y expresión corporal, uno de los directores comparó su nuevo enfoque con la musicoterapia.

Hay claras reminiscencias del laboratorio afro y de la jornada de convivencia del personal administrativo descrita en el Capítulo 1. En mayor medida, Mediadores sirvió de laboratorio de la ASPM, liberado de las limitaciones del modelo histórico de La Red. De hecho, algunos directivos lo describieron precisamente en estos términos. En este caso, la dirección tenía libertad para saltarse las tradiciones de La Red, seleccionar a facilitadores con habilidades específicas y perseguir la acción social por los medios musicales que consideraran adecuados. Por su propio contraste con las actividades cotidianas de La Red, Mediadores subrayaba hasta qué punto La Red seguía estando moldeada por su historia y no por visiones de gestión más progresistas; la forma del programa era el resultado de una lucha, en la que la tradición seguía imponiéndose a la reforma, en lugar del consenso.

Mediadores fue en sí mismo un lugar de lucha, pero no entre las viejas y las nuevas formas. Ni el punto de partida ni el de llegada se parecían a las operaciones normales de La Red. Más bien, la lucha fue, una vez más, por el equilibrio entre lo musical y lo social. Fue en Mediadores donde se produjo la casi pelea con la que se inició este capítulo. El malentendido entre el músico y el miembro del equipo social dramatizó la lucha en el corazón de La Red. Como Fabién señaló irónicamente después, una vez calmados los ánimos, resultaba irónico que dos empleados de La Red hubieran estado a punto de llegar a los golpes durante un acto al que habían sido invitados para enseñar a los demás a escuchar, tolerar y convivir pacíficamente. Su disputa, al final de una tarde de alegres actividades musicales, ilustró tanto un agujero en la teoría de la ASPM (no es inevitable la transferencia del ámbito musical al social) como la profundidad del problema de lo musical versus lo social. Armonizar estas dos vertientes era mucho más complicado que simplemente tener representantes de ambas partes.

Gran parte del debate entre la junta directiva y con los organizadores tuvo que ver con la adecuación de la oferta musical a los objetivos de Mediadores. En dos de los eventos, un ensamble de La Red se presentó en la asamblea general de apertura previa de los talleres. Fueron conciertos atractivos, pero como señaló un funcionario de cultura de la ciudad, no tenían ninguna relación con Mediadores. No estaba claro qué debían enseñar estas presentaciones musicales al público ni qué relación tenían con el tema de la mediación; más bien, La Red aparecía con su aspecto familiar de ornamento urbano. En cambio, un actor hizo una presentación llamada "Impro para la vida", que no solo entretuvo al público, sino que le proporcionó lecciones de vida específicas y fácilmente memorizables a partir del teatro improvisado. Tras el primer taller, otro funcionario municipal planteó una cuestión similar. Había recibido comentarios positivos de los participantes sobre lo mucho que habían disfrutado el taller de música, pero el objetivo del evento no era que los funcionarios se divirtieran, sino que aprendieran algo útil para su trabajo. Yo había observado ese taller y, en efecto, era claramente un recreo divertido y una buena experiencia de unión, pero no proporcionaba a los participantes ninguna herramienta evidente para su trabajo como intermediarios ciudadanos. En este sentido, como señalaron los funcionarios, La Red había perdido un poco el rumbo.

Esta distinción entre el disfrute y el cumplimiento de los objetivos sociales es muy relevante para los análisis de la ASPM. También es relevante el debate sobre la acción social implícita o explícita. Los talleres empezaron al estilo ortodoxo de la ASPM: involucrando a los participantes en la creación de música relativamente convencional, y realizando después una lectura social de las actividades. Pero el equipo social de La Red y los funcionarios de la ciudad criticaron este enfoque y, a lo largo del año, la dirección se orientó hacia el método más desafiante de diseñar las actividades con resultados sociales específicos en mente. En este caso, el debate central de La Red se desarrolló en miniatura. La participación en estos eventos obligó a La Red a invertir su fórmula habitual del protagonismo de la música y a pensar más como un programa social. De hecho, las numerosas reuniones y conversaciones sobre el papel de La Red en Mediadores desembocaron a menudo en discusiones sobre el cambio del propio programa. Como dijo un directivo, Mediadores era una oportunidad para fortalecer La Red, y propuso llevar el taller por todas las escuelas.

Los programas hermanos de La Red (danza, teatro y artes visuales) también participaron en Mediadores y ofrecieron talleres más innovadores. Esto supuso una presión adicional para que La Red mejorara su juego. La comparación con las otras redes fue doblemente reveladora: mientras compartían actividades regulares con los participantes, La Red tuvo que inventar algo nuevo para parecerse a un programa artístico de orientación social.

El debate musical versus social no desapareció, pero la obligación de montar una serie de eventos bajo la mirada de los funcionarios de la Secretaría de Cultura Ciudadana, lo forzó hacia una resolución dentro del microcosmos de Mediadores. El cambio fue más rápido y más lejos en comparación con La Red entera. Aquí estaba La Red con gran parte de la resistencia eliminada, trabajando con personal cuidadosamente seleccionado y con diferentes estudiantes, planteando la música como un medio y no como un fin, y desarrollándose de forma rápida e innovadora cuando se dejó de lado el peso de la historia y de la tradición. La velocidad y el alcance de la transformación en un año en Mediadores contrastaban con la lentitud y las limitadas reformas de La Red en los doce años anteriores.

Estos breves momentos de florecimiento sugirieron lo diferente que podría ser la ASPM si se rompiera y volviera a empezar desde una perspectiva del siglo XXI. También evocaron una pregunta planteada en el Capítulo 1: si estas actividades eran el camino más claro hacia la acción social, ¿por qué se abandonaban en La Red después de un año de iniciación musical para que los estudiantes pudieran pasar a la formación orquestal o de banda convencional? ¿Por qué La Red no se parecía más a Mediadores?

Formación del Personal

La respuesta a esta pregunta no solo está en la historia de La Red, sino también en la formación de su personal musical. Sus perfiles y trayectorias eran muy variados, por lo que no constituían un grupo homogéneo. Sin embargo, la principal vía de acceso a La Red era a través de los programas profesionales de música de las universidades de la ciudad, especialmente la Universidad de Antioquia, donde los estudiantes recibían una formación convencional al estilo de los conservatorios. Había dos principales programas de grado musical que los estudiantes seguían:

la Licenciatura en música, un programa más amplio con un componente pedagógico, dirigido principalmente a los aspirantes a profesores (pero no específicamente a la ASPM); y el Maestro de instrumento, que se centraba más en la interpretación (principalmente de música clásica). Muchos de los profesores de La Red entraban por esta última vía. Además, los instrumentistas de viento y metal solían tener experiencia en la dirección o en la interpretación de bandas municipales. No existía una formación profesional que preparara a los músicos específicamente para la educación musical de orientación social. Si La Red no se parecía más a Mediadores, era en parte porque muchos de sus empleados no se parecían mucho a los facilitadores de Mediadores.

A juzgar por su fama, uno podría imaginar que la ASPM tiene un plan de estudios y una pedagogía característicos, diseñados por expertos en educación e impartidos por profesores especialmente formados. La realidad suele ser bastante diferente en América Latina. En lugar de crear una pedagogía distintiva y orientada a lo social, El Sistema tomó prestada una mezcla de métodos musicales existentes y transmitió este enfoque a La Red y a otros programas. Abreu era director e intérprete más que pedagogo, y su "método" consistía en ensayos orquestales largos, exigentes y repetitivos. El enfoque de El Sistema sobre la creación de música colectiva se resumía en dos consejos para un director que visitó Caracas para trabajar con una orquesta juvenil local: "apriétalos" (es decir, sé duro con los músicos) y "repítelo" (es decir, repasa el repertorio hasta que lo hagan bien). Su teoría, en cambio, es bastante vaga y se apoya desproporcionadamente en los aforismos de Abreu. De manera un tanto irónica, pues teniendo en cuenta cómo se ha entendido su nombre en todo el mundo, El Sistema no es un sistema pedagógico (Frega y Limongi 2019).

En consecuencia, Abreu mostró poco interés en la formación de los profesores, que era innecesaria para este tipo de enfoque, y a los profesores de El Sistema no se les exige que estén certificados o cualificados. La filosofía del programa es "enseñar como te enseñaron". Para El Sistema, al igual que la educación musical colectiva *es* acción social, un excelente músico de orquesta *es* un excelente instructor de ASPM. Del mismo modo, La Red no proporcionaba formación inicial —a diferencia de la Red de Artes Visuales, que preparaba a sus profesores a tiempo completo durante dos semanas antes de que empezaran a trabajar.

Por lo tanto, los esfuerzos de La Red para incidir en la pedagogía se centraban en el Seminario de Pedagogías y Didácticas, un evento anual de dos a tres días. Mi impresión tras asistir al seminario de 2017 y hablar con los participantes fue que estos seminarios eran muy valorados por el personal, pero eran demasiado cortos para tener un impacto significativo en las prácticas que se habían establecido durante muchos años o décadas. También había un callejón sin salida: cuanto más se apartaba un taller de las normas establecidas, menos probable era que se adoptara en la práctica diaria. Una década de seminarios había generado algunas experiencias y reflexiones interesantes, pero no había sido suficiente para forjar una pedagogía distintiva de orientación social en todo el programa. Esto no quiere decir que el programa careciera de profesores capacitados y comprometidos, sino que no había alcanzado el objetivo articulado en el informe de Arango de 2006 —crear un modelo pedagógico, documentarlo y difundirlo a todas las escuelas—, y, por tanto, las competencias estaban distribuidas de forma desigual.

De ahí que haya poco misterio sobre la tensión central de La Red. El objetivo del programa era social, pero los músicos profesionales de Medellín no estaban capacitados para cumplirlo, y muchos recibían poca formación pedagógica. Mientras el elemento social se tratara como algo implícito, esta contradicción podía permanecer enterrada. Pero a partir de 2005, ni la dirección ni el gobierno de la ciudad estaban dispuestos a dejar que La Red siguiera funcionando simplemente como un programa de música con un discurso social. Con sus intentos de reconducir esta situación, la tensión empezó a hacerse notar.

La disyuntiva entre el objetivo social del programa y la formación de los músicos se pudo observar en la brecha entre las elaboradas descripciones de la pedagogía social y crítica en los documentos oficiales (por ejemplo, "Documento" 2016) y la mínima aparición de dicha pedagogía en la práctica cotidiana. Arango señaló que, en teoría, el programa utilizaba "el Modelo de Práctica Dialógica Comunitaria de Paulo Freire, el cual se reafirma en la teoría pedagógica libertaria de Rebellato y Girardi" (2006, 9). En la práctica, cada director aplicaba su propio método, y "ni los directores, ni los docentes tienen clara conciencia de la aplicación de un método u otro" (11). Además, los elementos que se podían identificar procedían de métodos de educación musical estándar como Suzuki, Orff y Dalcroze. En realidad, pues, los profesores aplicaban las herramientas que habían aprendido a través de su propia formación, y La Red se parecía menos a las teorías radicales de Freire, Rebellato y Girardi que a las experiencias de aprendizaje convencionales de su personal. Once años después, el equipo social dedicó páginas a hacer la misma observación ("Informe" 2017a, 173–79). Esta brecha no era sorprendente; ¿dónde se suponía que los profesores habían aprendido la pedagogía social y crítica?

En las reuniones de alto nivel, la conversación volvía repetidamente a la cuestión de que educar a los estudiantes en habilidades sociales requería reeducar o cambiar la mentalidad de sus profesores, pues de lo contrario las posibilidades de que La Red cumpliera su objetivo social eran limitadas. Al equipo social le llamó especialmente la atención el abismo existente entre la formación de conservatorio y las competencias necesarias en un programa social de gran envergadura, pero también hubo debates recurrentes a nivel de la dirección sobre la conveniencia de que el personal desaprendiera su formación universitaria y volviera a adquirir nuevas competencias para la ASPM. En las reuniones, el objetivo oficial de transformar la vida de los estudiantes a menudo pasaba a un segundo plano frente a las discusiones sobre cómo transformar a sus profesores.

En una reunión de la dirección, un directivo argumentó que el personal de La Red no había interiorizado el aspecto social del programa: para ellos es un trabajo; hacen sus horas contratadas, pero tienen poco sentido de misión social. La Red tenía una labor importante por hacer de concienciación entre sus propios empleados. Otro directivo respondió que algunos directores de escuela de la tradición de las bandas municipales trataban su papel en La Red como el de un director de banda de pueblo. Un tercero argumentó que La Red solo progresaría si empezara a contratar más pedagogos y menos intérpretes.

Las cuatro redes de formación artística de la ciudad se enfrentaban al mismo problema en cierta medida. En la primera reunión de representantes e investigadores de los cuatro programas a la que asistí, la formación de los profesores fue el tema de debate más destacado. Los presentes coincidieron en que los programas de educación artística con orientación social necesitaban profesores con habilidades particulares y no solo con una formación artística convencional. Lamentaron que las universidades locales siguieran en general un paradigma eurocéntrico que dejaba a muchos licenciados en arte sin preparación e ignorantes de los contextos en los que posteriormente iban a trabajar.

Parte del problema era que, en Medellín, como en el mundo de la música clásica en general, la enseñanza se consideraba a veces un premio de consolación para los aspirantes a intérpretes. No se trataba solo de que muchos miembros del personal de La Red no estuvieran formados como profesores, sino que algunos no *quisieran* serlo. Como dijo un profesor, algunos músicos veían La Red solo como un lugar para ganar algo de dinero extra o subsistir mientras esperaban una oportunidad mejor. Bastantes profesores están en La Red porque no tienen otro sitio al que ir, dijo un director de escuela; se irían si tuvieran una oferta mejor, pero ¿qué otra cosa van a hacer en Medellín? Como principal empleador de músicos en la ciudad, con unos 150 profesores, La Red era un destino pragmático obvio, y no había una gran cantidad de alternativas para los de formación clásica. Algunos consideraron que la frecuente contratación de instrumentistas en lugar de pedagogos era una prueba de que La Red se había convertido más en una fuente de trabajo para los músicos que en una fuente de educación para los estudiantes.

Un director de escuela dijo al equipo social: "La mayoría de formadores de la Red ven al Programa como una entrada económica, no lo hacen por vocación, esto impide el desarrollo de la creatividad y el acercamiento a la pedagogía" ("Informe" 2017a, 75). De hecho, algunos de mis entrevistados no veían un encaje especialmente bueno entre ellos y su trabajo y no se imaginaban permaneciendo en La Red a largo plazo. Así pues, las cuestiones de formación y de vocación están detrás de la lentitud de la reforma pedagógica.

Algunos músicos, sin embargo, estaban en sintonía con la necesidad de un cambio entre los profesores. En el informe del equipo social de 2008, varios músicos dudaban de que su formación les hubiera preparado adecuadamente para el trabajo musicosocial. En las entrevistas con el equipo social en 2017, algunos directores de escuela se mostraron notablemente críticos con sus colegas músicos. "Estamos parados en una educación musical antigua, repitiendo cosas de hace siglos, se sigue en lo técnico y ya", dijo uno ("Informe" 2017a, 71). Otro argumentó: "Los músicos no tenemos una función social dentro de la comunidad, somos unos 'arlequines', desde la formación en las universidades nos hacemos unos 'toca notas', no pensamos, somos músicos y eso es lo único que sabemos hacer" (73). Un tercero argumentó que al programa le faltaba alegría: "Esto se asocia con la formación de conservatorio de los/las docentes, a quienes les falta pedagogía y por ello transmiten una formación rígida que no se transforma con el contexto actual de la ciudad y con el nuevo contexto de la educación. Este tipo de educación aburre al estudiantado y aleja su proceso formativo del objetivo del Programa, reduciendo el disfrute" (75).

En mis propias entrevistas surgieron puntos similares. Por ejemplo, Daniel criticó la actitud de muchos maestros de instrumento de La Red. Según él, algunos veían el aprendizaje de nuevos métodos de enseñanza como una pérdida de tiempo y despreciaban especialmente los enfoques más experimentales. Le irritaba que los músicos que carecían de habilidades importantes se resistieran a las oportunidades directas de adquirirlas. Norberto también subrayó la diferencia entre los licenciados y los instrumentistas: estos últimos solían estar más centrados en la técnica y tener menos estudiantes y más deserciones. Veía a algunos de ellos "fuera de contexto" en La Red. Carolina, también directora de escuela, afirmó que muchos profesores no veían realmente La Red como un programa social. Podían ser buenos músicos, pero eso no significaba que tuvieran habilidades relevantes para un proyecto social. Se preguntaba por qué ninguna universidad de Medellín ofrecía una formación adecuada, teniendo en cuenta el tamaño y la importancia de La Red.

También algunos estudiantes avanzados expresaron sus críticas al personal docente. Uno de ellos me dijo que había observado una alta rotación entre los maestros en instrumento: no parecían querer ser profesores y tendían a marcharse en cuanto conseguían una oferta mejor. Otros dos estudiantes afirmaron que había numerosos profesores con escasas aptitudes pedagógicas y entusiasmo por el trabajo. En una reunión con directivos del programa, unos representantes estudiantiles de la orquesta juvenil principal cuestionaron la actitud y el nivel de enseñanza de algunos miembros del personal. Una estudiante preguntó directamente a los directivos: ¿cuándo va a actualizar La Red su pedagogía? La música está cambiando, dijo, pero La Red está anclada en el pasado. Otro estudiante afirmó que algunos profesores utilizaban la noción de La Red como programa social como excusa para impartir una enseñanza musical de segunda categoría. Pero también se abrió una brecha importante. Si la dirección quería alejar a La Red de un modelo de conservatorio, muchos estudiantes avanzados deseaban lo contrario.

Perspectivas de los Estudiantes Actuales

La resistencia a las propuestas de la nueva dirección también provino de algunos de los estudiantes más experimentados del programa. Los que permanecían en La Red al final de la adolescencia y al principio de su mayoría de edad a menudo tenían expectativas y deseos formados por muchos años en el programa y por el sector de la música clásica en general, y un cambio en las prioridades de La Red no era del agrado de todos ellos. Uno de los nuevos objetivos de la dirección, junto con la diversidad, la creatividad y la inclusión, era darles más voz a los estudiantes —y algunos estudiantes avanzados utilizaron su nueva voz para expresar su recelo ante la diversidad, la creatividad y la inclusión.

Los miembros del comité estudiantil de la orquesta juvenil, tras haber pasado años escalando la jerarquía institucional, estaban más interesados en interpretar obras maestras europeas que en tocar repertorio colombiano o componer su propia música, y *querían* que la orquesta fuera exclusiva. Una de ellas describió cómo había llorado en su audición, y luego argumentó que los que quisieran ser parte de la orquesta también deberían pasar por la misma experiencia. A estos estudiantes les preocupaba que el hecho de abrir más las puertas supusiera un descenso del nivel musical. Les interesaban más los retos musicales (tocar grandes obras) y las oportunidades (conciertos de alto nivel, festivales, concursos, giras) que la inclusión social. La dirección de La Red abogaba por un *ethos* más participativo, pero los estudiantes más avanzados querían un énfasis más artístico musical. Hay ecos del hallazgo de Bull (2019) de que los miembros de la Orquesta Juvenil Nacional del Reino Unido no estaban de acuerdo con los esfuerzos para fomentar una mayor igualdad. Habían sido socializados en el *ethos* competitivo del mundo de la música clásica y querían conservar un sistema de recompensas desiguales. Como revela Bull, los jóvenes músicos clásicos pueden ser conservadores y defender el sistema existente de jerarquías y desigualdades. Los que llegan a la cima de un sistema competitivo tienden a estar socializados en sus creencias y es poco probable que se movilicen por una gran reforma —un punto importante cuando se considera la lenta evolución de la ASPM.

También observé una encuesta al comienzo de un ensayo de la banda sinfónica. El director preguntó a los estudiantes: ¿por qué están aquí? Surgieron tres razones principales: conciertos de alto nivel, repertorio desafiante y formación técnica más especializada. En otra ocasión, este director afirmó que cada año preguntaba a los estudiantes qué querían tocar, y ellos siempre nombraban obras canónicas del repertorio internacional de bandas sinfónicas. De nuevo, había un evidente abismo entre los deseos de la dirección (de más creación, experimentación y exploración de la música colombiana) y de los estudiantes (centrados en las habilidades, el repertorio y las oportunidades convencionales). Los estudiantes nunca mencionaron el objetivo social, complicando cualquier intención de mover el programa para tomarlo más en serio.

Los estudiantes avanzados se acercaban al final de un proceso educativo que podía durar hasta dieciocho años. Para la mayoría, la prioridad era recoger los frutos y proyectar los resultados lo más lejos posible; cambiar el proceso tenía menos interés. Cuanto la edad de los estudiantes era mayor, más probable era que estudiaran música en la universidad y aspiraran a ser músicos profesionales. Los más avanzados a menudo soñaban con progresar en un programa orquestal más especializado como la Iberacademy de Medellín (de la que se habla más adelante) o la Filarmónica Joven de Colombia. Las clases de improvisación o los talleres territoriales eran simplemente una distracción para la mayoría de ellos. Añadir la reflexión o la creación se sentía más como un impedimento en lugar de una oportunidad para aquellos que ya habían decidido una carrera clásica. De manera reveladora, un intento de reconfigurar radicalmente las agrupaciones integradas a principios de 2019 fue la única iniciativa nueva bajo el liderazgo de Giraldo que se revirtió rotundamente, debido a la magnitud de la resistencia de los estudiantes.

Las conversaciones con los estudiantes avanzados fueron reveladoras desde la perspectiva de la ASPM y del cambio educativo en general. Estos estudiantes, en general, estaban muy centrados en la música y a menudo no les gustaban las actividades organizadas por el equipo social. La mayoría veía el aspecto social de La Red en términos de disfrute y socialización con sus compañeros, más que en objetivos más grandes como la convivencia o el cambio social, confirmando los hallazgos de Wald (2009; 2011; 2017) en relación con la ASPM en Buenos Aires. Muchos de ellos se mostraron menos interesados en debatir o actuar sobre cuestiones sociales, considerando que la búsqueda explícita del objetivo social de La Red afectaba la calidad musical y era un obstáculo para sus estudios musicales. Tendían a quejarse de que el programa ya se inclinaba demasiado hacia el aspecto social y afirmar que debería proporcionar una formación musical más seria, en algunos casos para ayudarles a entrar en un departamento de música de una universidad. Un estudiante avanzado dijo al equipo social que La Red era "un programa social... desafortunadamente". Cuando le pregunté a otro sobre el aspecto social, respondió inmediatamente: Ojalá se diera más importancia a la parte musical. Quería más presión para que los estudiantes tocaran mejor. Dos de sus amigos definieron lo "social" de la ASPM como "poco exigente".

Dado que los estudiantes mostraban en general un interés limitado por la acción social, a veces estaban en desacuerdo con el equipo social. Javier, un estudiante avanzado, explicó ampliamente su perspectiva:

> tuvimos dos años en los que la parte social nos atacó y parecíamos una orquesta de psicólogos. Íbamos a un ensayo y nos decían: hoy vamos a hacer una actividad psicosocial. Y nosotros decíamos, listo... pero ¿cuándo vamos a tocar? [...] Durante la administración de [el alcalde] Gaviria, siempre fue todo sobre la vida... Taller por la vida, esto por la vida, aquello por la vida... Mucho sobre los valores, y siento que el nivel [musical] bajó mucho durante ese tiempo... mucha psicología y psicosocial y descuidamos la música.

Habló de cómo los estudiantes encontraban las actividades de reflexión aburridas, dejaban de prestar atención y rara vez se sentían movidos a hablar:

> Ahora, cuando alguien habla de lo social, creo que la palabra se ha convertido en algo despectivo. Es como si lo social hubiera impactado tanto en lo musical que hemos llegado a verlo como algo repulsivo. Cuando alguien me dice "social", lo veo como algo que se interpone en el proceso musical. [...] Creo que la retórica de mantener a los niños aquí para que no tomen un arma ya no es relevante, y mantener a los niños aquí pasando el tiempo de forma mediocre sin exigirles no es suficiente.

En las agrupaciones integradas, como la orquesta juvenil, era donde más se manifestaba la contradicción entre lo musical y lo social. Para los directivos y el equipo social, eran las que ofrecían mayores posibilidades de fomentar la convivencia y las experiencias sociales dinámicas, ya que reunían a jóvenes de diferentes barrios y estratos sociales. Pero también eran los grupos de exhibición con mayor exigencia musical, y el personal musical y los estudiantes los consideraban la cúspide artística de La Red y, por tanto, el lugar donde más se debía tomar en serio la parte musical. El equipo social señaló que, en la práctica, estos ensambles no se centraban en su aspecto social, sino en la preparación e interpretación de un repertorio exigente y en la representación del programa ("Informe" 2017a). También señaló a estas agrupaciones como focos de dinámicas negativas como la exigencia excesiva, el acoso, la competencia y la exclusión, como consecuencia del énfasis en los resultados musicales. Para el equipo social, las agrupaciones integradas a veces mostraban lo peor de La Red.

La historia del Ensamble REMM —el nuevo ensamble creado para la gira estadounidense—, es ilustrativa. Adoptó un enfoque innovador, creando toda su propia música a través de dos laboratorios distintivos. En 2018, con un viaje garantizado, la demanda de participación fue muy alta, y un gran número de los mejores intérpretes de La Red hicieron una audición para un número mucho menor de plazas. En 2019, el ensamble anunció su continuidad, pero esta vez sin gira. La aceptación era ahora tan baja que el plan original tuvo que ser abandonado: el gran ensamble independiente de alto rendimiento tuvo que ser reconstituido como un proyecto elemental en una de las escuelas de música. Al parecer, el viaje, más que la innovación pedagógica o musical, había sido el verdadero atractivo. La dirección había imaginado la gira como un catalizador de cambios más amplios, pero los estudiantes tenían otras ideas.

Los viajes al extranjero fueron una fuente importante de motivación durante la primera fase de La Red, según algunos estudiantes convertidos en profesores. Salir de gira era el gran atractivo: no por la música, decía uno, sino porque significaba viajar con amigos, lejos de la escuela y la familia, y conocer nuevos lugares. No renunciaban a todos sus fines de semana solo para dar conciertos para sus padres. "Típico pensamiento adolescente", como dijo. Pero en los últimos años, esa forma de pensar ha dejado de estar en sintonía con la de los dirigentes de La Red, centrados como han estado en la reforma social, territorial y pedagógica en casa.

La Acción Social versus la Formación Preprofesional

Estas conclusiones nos llevan a una paradoja central en la ASPM en Sudamérica. Programas como La Red y El Sistema están estrechamente articulados con la profesión de la música clásica y con sus instituciones;

por tanto, comparten su sistema de valores. Muchos profesores son o han sido músicos clásicos profesionales, o al menos se han formado para esta profesión, y muchos estudiantes mayores aspiran a esta meta. La música clásica es un mundo altamente competitivo y los estudiantes que esperan hacer carrera en ella están por tanto obligados a centrarse en sus estudios musicales; es su nivel musical el que determinará si acceden a la universidad, si aprueban la carrera y si tienen éxito en una audición. En otras palabras, a medida que los estudiantes de la ASPM suben de nivel y se vuelven más avanzados, generalmente se acercan al mundo profesional y a los valores que lo sustentan, y se alejan de la supuesta razón de ser del programa —la acción social. En consecuencia, los "estudiantes estrella" de los programas de ASPM suelen parecerse a los estudiantes de conservatorio convencionales (de hecho, a menudo *son* estudiantes de conservatorio convencionales), y pueden estar entre los menos comprometidos con el objetivo oficial y ser los más críticos con los intentos de cumplirlo plenamente.

La relación de La Red con Iberacademy ilustra esta cuestión. Iberacademy es un programa de formación orquestal de élite con sede en Medellín, pero con tentáculos que se extienden por todo el continente americano y un fuerte enfoque en las giras y la colocación de estudiantes en conservatorios extranjeros. Está financiado por la Fundación Hilti, que también apoya a El Sistema, y ambos programas están estrechamente relacionados. Iberacademy era un objeto de deseo para los estudiantes avanzados de La Red. Algunos se unieron o aspiraban a unirse a Iberacademy; a veces se quedaban también en La Red y a veces se iban, pero sus comparaciones entre los dos programas rara vez favorecían a La Red. Nada de esto es sorprendente: cabría esperar que los estudiantes avanzados, tras muchos años aprendiendo música seriamente, admiraran un programa de alto nivel como Iberacademy; también cabría esperar que fueran los más críticos con La Red, ya que eran los que más invertían en la formación clásica de élite, esa que ahora era cuestionada por la dirección de La Red. Parra fue contundente: La Red no es realmente un programa social, sino una escuela de formación técnica y artística que gira en torno a tocar y hacer giras, por lo que no es de extrañar que los mejores estudiantes quieran marcharse cuando aparece algo como Iberacademy, que ofrece mejores oportunidades para tocar y hacer giras. Sin embargo, el hecho de que los estudiantes avanzados miraran con anhelo un programa clásico de élite como Iberacademy, ilustraba el reto al que se enfrentaba la dirección de La Red para impulsar el programa hacia una mayor diversidad musical y compromiso social.

Ambos programas tomaron como modelo la orquesta sinfónica profesional y operaban dentro del sistema de valores más amplio de la profesión de la música clásica. El Sistema comenzó como una vía de acceso a la profesión orquestal y los dos programas de Medellín también cumplían esa función. Ambos estaban integrados en un contexto local, nacional e internacional en el que la excelencia interpretativa se valora por encima de la excelencia social o pedagógica y la medida de una orquesta está estrechamente ligada al repertorio que interpreta y a su calendario de giras. En consecuencia, los estudiantes con más talento solían dar prioridad a abordar repertorios más difíciles y a interpretarlos en escenarios lejanos. En veinte años de funcionamiento como un gran "programa social" emblemático, La Red no había cambiado esos valores o expectativas; al contrario, los había fomentado. Este enfoque acabó creando una doble tensión: por un lado, con la más llamativa Iberacademy; y por otro, con el menos llamativo objetivo oficial de la acción social en beneficio de la comunidad local.

No es de extrañar, pues, que no hubiera tráfico en la otra dirección. La Red no era un objeto de deseo para los estudiantes de música como lo era Iberacademy. Los estudiantes de mayor edad rara vez desarrollaban una sed significativa de acción social; se preocupaban principalmente por la calidad musical. La mayoría veía La Red como una versión mediocre de Iberacademy, con las alas cortadas por su objetivo social, más que como un programa que ofrecía algo distinto, pero de igual valor.

Este desequilibrio refleja el hecho de que ni El Sistema ni sus dos discípulos de Medellín habían forjado una filosofía y una práctica genuinamente diferenciadas que fueran más allá de un discurso justificativo o publicitario y elevaran la acción social a una preocupación central y a una posición de alto rango. A pesar de su declarado objetivo social, La Red carecía de indicadores o criterios para evaluar la acción social. Un estudiante avanzado era aquel que tenía una habilidad técnica avanzada en un instrumento, no ideas avanzadas sobre cuestiones sociales. La promoción de los estudiantes dependía de "los logros alcanzados en la ejecución instrumental

[...] bajo los criterios de calidad musical y el cumplimiento de cierto número de presentaciones" (Arango 2006, 14). No existía una vía social de promoción, como el desempeño ciudadano o el servicio a la comunidad.

Estos programas no crean modelos de acción social, solo de éxito musical. Los egresados que ascienden a los rangos más altos de la profesión de la música clásica son celebrados con bombos y platillos, pero en dos años de trabajo de campo en Venezuela y Colombia, nunca he visto que estos programas hayan celebrado a un estudiante de música que se haya convertido en un ciudadano ejemplar, un líder social, una figura comunitaria o un catalizador del cambio social.[2] Es más, las figuras en la cima del panteón de la ASPM —particularmente directores como Gustavo Dudamel—, son aquellas que se han establecido en orquestas en el extranjero; simbolizan una ideología de la música como medio de movilidad social individual y de trascender lo local, más que como catalizador del cambio social colectivo dentro y para la comunidad. Aquí vemos otra paradoja en la ASPM ortodoxa: una idealización de lo colectivo (la orquesta), pero una concepción individualizada del éxito (el joven músico que "triunfa" en la profesión).

En resumen, estos programas "sociales" han reproducido históricamente el sistema de valores de la música clásica más que del activismo social o comunitario. No es de extrañar, entonces, que la acción social figurara mínimamente en la comprensión de muchos estudiantes avanzados de lo que era importante, o que hubiera cierta resistencia a las reformas progresistas de la dirección en 2017–2019.

Expectativas de las Familias y los Estudiantes

En el otro extremo de la escala de edad de los estudiantes, hubo un tipo de resistencia más sutil, que también giraba en torno a las expectativas relativas a los aspectos musicales y sociales de la ASPM. Varios miembros del personal señalaron que los niños (o sus padres) no suelen inscribirse

---

2   La visión de Hess (2019) sobre la educación musical para el cambio social ofrece un contraste esclarecedor. Ella construyó su modelo en torno a individuos con o sin éxito en la industria musical, pero con un claro enfoque en el cambio de la sociedad a través de la música.

en La Red por su objetivo social; se inscriben para aprender a tocar un instrumento musical de forma gratuita. El objetivo social justificaba la financiación de La Red y era el centro de su discurso oficial, y hubo un impulso continuo hacia el fortalecimiento de la parte social por parte del gobierno de la ciudad, de los líderes del programa y del equipo social; pero las familias normalmente solo querían clases de música gratuitas y un lugar para mantener a los niños ocupados. En otras palabras, en un contexto en el que la ASPM es la principal opción para las clases de música gratuitas, se abre una brecha entre la visión oficial (un programa social) y la visión pública (una escuela de música gratuita). Lo que esto significaba en términos prácticos, según mis interlocutores, era que los participantes estaban generalmente más interesados en lo que se suponía que era el medio (la música) que el fin (la acción social), y sus expectativas musicales limitaban el alcance de un trabajo social más ambicioso. Como dijo el director de una escuela al equipo social: "Este es un programa musical de interés social, lo que hay que hacer hay que hacerlo desde la música. *Si este fuera un Programa social se iría realmente a impactar las comunidades que están en contextos difíciles*, pero aquí la gente llega porque es un Programa musical, y llega sola, llega a aprender música, lo social es una consecuencia" ("Informe" 2017a, 69; énfasis añadido).

Otra directora de escuela lo dijo claramente: los niños no están realmente interesados en hacer otra cosa que no sea tocar su instrumento. Cuando intentó ampliar la oferta y organizar actividades no musicales, como ver una película, limpiar el parque o pintar un mural, pocos se presentaron. Un tercer director se lamentó de que pocos estudiantes mayores participaran en el proyecto escolar; la mayoría quería tocar un repertorio difícil y conocido y ser la mejor orquesta de escuela en La Red, en lugar de realizar actividades más innovadoras, creativas y participativas con los estudiantes más jóvenes.

Howell (2017, 115–16) revela que esta multiplicidad de motivaciones en el trabajo musicosocial no se limita a la Red:

> Los organizadores pueden hacer hincapié sobre el valor instrumental en sus objetivos establecidos para construir un argumento convincente para los donantes, pero al mismo tiempo seguir comprometidos con la oferta de oportunidades musicales como su razón de ser. A la inversa, los participantes suelen estar motivados para participar por el atractivo

inmediato (intrínseco) de la oferta artística; para ellos, los argumentos en torno al desarrollo social o la curación (por ejemplo) ofrecen poca persuasión inicial.

Por lo tanto, una visión oficial clara no se traduce en un programa unificado en la práctica. Pero, como hemos visto, en La Red no se trataba solo de que los estudiantes se encogieran de hombros ante los objetivos formales, sino que algunos experimentaban esos objetivos como un factor negativo y se resistían activamente a los esfuerzos por realizarlos más plenamente.

Surge así una cuestión importante: ¿cómo equilibrar los objetivos del financiador y de los líderes con los de los participantes? ¿Debe La Red estar dirigida por ideas progresistas sobre la ampliación de los horizontes de los estudiantes y la profundización del impacto en la comunidad? ¿O debería estar moldeada por las expectativas y deseos más convencionales de esos mismos grupos? Un director de escuela explicó esta tensión en 2018:

> Ahora [los estudiantes] tienen que obligatoriamente ser creativos. Nadie les preguntó si querían crear. […] Si tú les preguntas a los muchachos sobre ser creativos muchos te van a decir que [la dirección] está perdida. Ellos quieren tocar como la Joven de Colombia, ellos tienen otros referentes de orquesta. […] Los muchachos dicen: es que eso [es decir, la creatividad] no sirve para nada. Yo [lo que] quiero es tocar más teso para ir a Iberacademy o la Joven de Colombia.

Concluyó: "Nosotros desde La Red estamos tratando de cambiar eso, rescatando nuestra cultura. Pero a los muchachos eso no les cala".

Música Clásica versus Música Popular

Parra se refería regularmente a "el tema del año". Estos fueron los temas que más debate y descontento generaron durante el mandato de Giraldo, más allá de los de siempre como lo musical y lo social. En 2017, según Parra, el tema del año fue la música clásica versus la popular. Fue el momento en que un músico popular asumió la dirección y comenzó a promover una agenda de diversidad e identidad. En realidad, la cuestión de la música clásica versus la popular venía circulando desde el informe de Arango de 2006, pero ahora la reevaluación la lideraba un intérprete activo de la música popular, para quien este asunto era, por tanto, también personal.

Este tema se convirtió en el tema del año porque no todo el personal musical de La Red estaba entusiasmado con el giro popular. Se presentaron varios contraargumentos. Algunos articulaban un argumento histórico (la música clásica siempre había sido el sello de La Red); otros uno técnico (la música clásica era mejor para desarrollar la técnica instrumental); otros uno práctico (había poco material didáctico para la música popular colombiana). Pero también hubo quienes cuestionaron la premisa inicial de que La Red se inclinaba por lo clásico, argumentando que el repertorio colombiano siempre había estado presente. Esta cuestión se difuminó aún más por el tema del repertorio, los formatos y los instrumentos. Cuando una orquesta sinfónica tocaba un arreglo de una pieza popular colombiana, algunos observadores se centraban en el repertorio (colombiano) y otros en el formato (europeo). La falta de consenso sobre la cuestión básica de si La Red era o no un programa de música clásica no hizo sino intensificar el debate sobre lo que podría llegar a ser.

En nuestra entrevista, Ocampo explicó: "Lo que realmente tiene peso en el mundo de la música no es la banda de viento, es la orquesta sinfónica". Argumentó que el repertorio orquestal era rico y exigente, mientras que las bandas eran mucho más limitadas. Aunque su argumento se enmarcaba en términos pragmáticos, hay que recordar que La Red surgió de la empresa de música clásica de Ocampo y de sus actividades de apreciación musical. Por lo tanto, el enfoque clásico parece ser no solo una decisión estratégica, sino también una inclinación personal y profesional.

Sin embargo, para complicar este panorama, La Red se creó originalmente en 1997 como la Red de Bandas y Escuelas de Música de Medellín —sin mencionar a las orquestas. El artículo del periódico de marzo de ese año ("Escuelas de música" 1997) proyectaba un futuro en el que la música clásica aparecía casi como una nota a pie de página:

> Cerca de dos mil niños y jóvenes de los barrios populares serán los integrantes de una gran banda. Pero sinfónica. La ciudad entera podrá escuchar a sus muchachos interpretando [melodías populares como] Antioqueñita, La Ruana, pasillos, cumbias, guabinas y demás aires colombianos, al igual que música clásica, popular, tropical, pasodobles y otras melodías del mundo.

Los comentarios de Ocampo sobre las bandas y las orquestas se hicieron como un paréntesis durante el relato de su relación con Abreu. Afirmó que solo descubrió El Sistema después de que empezara La Red. Cuando hizo su primera visita a Venezuela poco después, pensó: "¿Por qué reinventar la rueda?". Abreu accedió a proporcionar profesores y comenzaron los años de estrecha alianza. Los estudiantes de aquella época recordaban que los venezolanos traían el repertorio de El Sistema. Así, parece que la sorprendente visión ecléctica y marcadamente colombiana de los inicios dio paso rápidamente a algo más cercano al modelo venezolano, que había sido creado por un director de orquesta clásico con un mínimo interés o simpatía por la música popular.[3] Puede que el programa comenzara su funcionamiento en 1997 como La Red de Bandas, pero en 1998 se firmó un nuevo convenio municipal que dio vida a las orquestas y coros juveniles de La Red, y mirando hacia atrás dos décadas después, la preferencia de Ocampo era clara. Esta ambigüedad al principio podría considerarse como la semilla del tema del año 2017.

Detrás de los debates y los argumentos pragmáticos se escondían diferentes posiciones ideológicas respecto a la música clásica y su papel en una sociedad como la de Medellín. Tanto los defensores como los críticos de la música clásica se centraban en cuestiones de diferencia y, menos explícitamente, de superioridad. Para los defensores, la diferencia de la música clásica era una fuerza y una fuente de éxito. Al ser algo ajeno a los barrios populares en los que se inició el programa, la música clásica simbolizaba la distancia y la excepción con respecto al contexto social violento y a las normas sociales destructivas que lo sustentaban. La música clásica, en su propia diferencia, se escuchaba como el sonido de la juventud de Medellín que pasaba una nueva página en la historia de la ciudad. La asociación de la música clásica con la elevación y la distinción la hizo ideal para proyectar una "nueva imagen de Medellín para el mundo", como decía el eslogan publicitario del programa (véase el Capítulo 4).

Como me dijo un director de escuela, le parecía bien que La Red se diversificara un poco, pero no debía perder su carácter esencial de

---

3   Sobre la aversión de Abreu a la música popular, véase la entrada de mi blog "Scam, Voodoo, or The Future of Music? The El Sistema Debate", https://geoffbakermusic.wordpress.com/el-sistema-older-posts/scam-voodoo-or-the-future-of-musicthe-el-sistema-debate-2/.

clásica, seria, académica y formal. La formación clásica permitía a los estudiantes aprender música correctamente desde una perspectiva técnica y unirse en grandes ensambles; pero, además, la música popular era omnipresente, por lo que no generaba la misma respuesta en los estudiantes ni en sus familias. Para la novedad y el crecimiento personal, la gente necesitaba un género diferente a la norma. Además, asociaba la música popular con la bebida y los excesos. Los adultos podían disfrutarla, pero ¿realmente querían que sus hijos la aprendieran? Cuando hay una orquesta sinfónica tocando música europea en un barrio, dijo, eso atrae la atención de la gente; la música popular, la improvisación, la creación, etc., simplemente no tendrían el mismo impacto.

Para los críticos, sin embargo, esta distancia fue percibida de forma más negativa. Consideraban que La Red reproducía viejas dicotomías y jerarquías de lo clásico versus lo popular, lo culto versus lo inculto, "niños buenos" versus "niños malos". Argumentaban que alejar a unos cuantos niños de las realidades violentas de Medellín no servía para atajar esos problemas, para ayudar a los que se quedaban por fuera o para generar actitudes de empatía. Algunos en la dirección y en la Secretaría de Cultura Ciudadana veían la perpetuación de una ideología colonialista que se remonta a la Conquista española, que trataba la música europea como superior a la indígena o la africana y como una herramienta de salvación y civilización. Como escribió el equipo social: "Hay que reconocer nuestra música, solo se toca lo internacional, es como si no tuviéramos una historia, eso pasa hasta en los colegios, primero se enseña historia universal y si hay tiempo, historia de Colombia —somos despectivos con nosotros mismos" ("Informe" 2017a, 73).

Esta cuestión se convirtió en objeto de un animado debate en 2017. Para la nueva dirección, abrirse no solo al repertorio popular, sino también a los instrumentos, técnicas y estilos populares, era una parte inherente para dar al programa una mayor identidad local y nacional, abrazar la diversidad musical de la ciudad y empezar a descolonizar la educación musical. Para algunos especialistas en música popular del programa, hablar de repertorio era una especie de pista falsa; el problema no era que el programa no interpretara música popular, sino que no la interpretara *bien*. El director del Ensamble de Músicas Populares lanzó un reto a los músicos en un ensayo: cuando tocamos música clásica, La Red suena bien; cuando tocamos tango, sonamos bien; pero cuando tocamos cumbia, porro o gaita, sonamos flojos. Esto es cierto incluso para nosotros, el grupo más especializado del programa, por no hablar de las escuelas en las que los directores conocen menos la música colombiana. Podemos tocar el ritmo, dijo, pero el sentimiento no está ahí. Hemos sido tan colonizados musicalmente que sonamos peor cuando tocamos nuestra propia música. ¿Qué vamos a hacer al respecto?

Fig. 20. Archivo de La Red de Escuelas de Música. CC BY.

El equipo social argumentó que el ambiente de los conciertos se transformaba en cuanto el ensamble tocaba una melodía popular, ya que tanto los intérpretes como el público se animaban y participaban inmediatamente, más que con el repertorio clásico ("Informe" 2017a). Un director de escuela expresó una opinión compatible: "Lo peor es que tocamos música para un público que no existe. Tocamos música clásica, y llevamos veinte años tocando eso, pero no hemos desarrollado un público al que realmente le guste la música clásica. Nuestro público son los padres de La Red. No hemos creado un verdadero consumidor de arte o de música [clásica] en la ciudad". Sin embargo, otros miembros del personal musical defendían el enfoque en la música clásica y se mostraban preocupados por un cambio que, a su juicio, podría erosionar la identidad histórica, la calidad musical y los fundamentos pedagógicos del programa.

Las cosas habían evolucionado en el momento de mi regreso en 2019, cuando vi un notable cambio de énfasis hacia la música popular en las escuelas de música y los ensambles. El motor clave, al parecer, no era el debate ideológico ni la exhortación de la dirección, sino el paso al aprendizaje basado en proyectos (ABP) —el "tema del año" en 2018.

Pedagogía

Desde enero de 2018, cuando se puso en marcha el nuevo enfoque, hasta que dejé Medellín en septiembre, hubo tensión y debate abierto sobre el ABP. La dirección entendía el ABP como un enfoque educativo flexible, no prescriptivo y participativo, y por tanto, quería que cada director de escuela o ensamble se apoderara de la idea y la desarrollara con sus propias propuestas individuales, junto con su personal y sus estudiantes. Sin embargo, muchos directores no entendían lo que la dirección buscaba y pedían instrucciones claras y detalladas —algo que, para la dirección, iba en contra del espíritu del ABP. La dirección consideraba que los directores se resistían a las nuevas ideas, mientras que los directores se quejaban de que la dirección era incapaz de explicar el nuevo enfoque.

Sin embargo, cuando volví un año después, y La Red estaba a mitad de camino en el segundo año de la estrategia de ABP, me sorprendió la variedad y la imaginación desplegadas durante una "feria de proyectos" de dos días en la que participaron todas las escuelas y ensambles. Irónicamente, el personal se amotinaba abiertamente contra la dirección por la orientación del programa; sin embargo, se habían hecho grandes avances. Parecía que gran parte de la incomprensión y la resistencia del año anterior en relación con el ABP se había superado a medida que la idea se había hecho más familiar, y ahora este enfoque estaba produciendo algunos resultados impresionantes (como se indicó en el Capítulo 1). Especialmente notable fue el nuevo dominio de la música popular y tradicional. El ABP se alió con el cambio a un enfoque más territorial, lo que significaba que muchos proyectos se centraron en la historia, la cultura, los espacios o la ecología locales. Parecía más fácil explorar e ilustrar estos temas con música que tenía una conexión directa con el barrio que rodeaba la escuela, en lugar de música clásica de tiempos y lugares lejanos.

El escenario de la introducción del ABP fue un debate más amplio —otro que se remonta a 2005—, sobre la educación formal versus la no formal. La Red se describía oficialmente como un programa no formal, pero bajo Arango empezó a adoptar muchas características formales, como niveles y ciclos educativos fijos y un plan de estudios. Para algunos, este cambio puso orden en un programa que había sido algo caótico e improvisado en su primera fase. Para otros, La Red llegó a parecerse a un conservatorio en todo menos en el nombre, en detrimento de su objetivo social oficial. La adopción del ABP estaba relacionada con la percepción de la nueva dirección de que el péndulo había oscilado demasiado en dirección a la formalización. También el equipo social argumentaba que la educación no formal era una fuente de libertad y ofrecía espacios para desarrollar dinámicas sociales positivas como la autoexpresión y la escucha; desconfiaban más del currículo elaborado ("Informe" 2017a). Sin embargo, este cambio causó malestar entre muchos miembros del personal, especialmente entre aquellos que habían invertido tiempo y energía considerables durante años en la construcción del plan de estudios. Los enfoques no formales eran bastante extraños para muchos de los que habían recibido una formación formal.

Este debate se tradujo en discusiones sobre los enfoques lúdicos versus los serios. Franco, en particular, abogaba por una actitud más lúdica y espontánea hacia el aprendizaje de la música, partiendo de la base de la iniciación musical, y percibía muchas de las actividades de La Red como excesivamente rígidas y serias, dictadas desde arriba por las normas de la música clásica profesional. La Red se parece demasiado a la escuela, dijo en una reunión; debería ser un tipo de experiencia diferente. Describió La Red como veintisiete pequeños conservatorios que ofrecían clases convencionales, y soñaba con experiencias más innovadoras, variadas y dinámicas. Con el ABP, entonces, resurgieron antiguos debates sobre si La Red debía parecerse a una escuela de música normal, solo con un grupo social más amplio y un ambiente diferente, o a un programa social, encarnando un enfoque profundamente distinto de la educación musical.

"Estudiantes Felices, Formadores en Desgracia": La ASPM como Trabajo

Si hubo un tema que rivalizaba con el social en cuanto a las pasiones que despertaba, fue el contrato del personal con el gobierno de la ciudad a través de la universidad. Los directores y profesores tenían contratos renovables sin duración determinada, pero que en los últimos años solían ser de nueve a diez meses. Cada Navidad, no tenían ninguna garantía de que fueran a ser contratados de nuevo en el siguiente año, e incluso si lo eran, la fecha de inicio solía ser desconocida. Desde el final de un año hasta el comienzo del siguiente, permanecían sin cobrar y suspendidos en una sensación de incertidumbre sobre si se requerirían sus servicios o cuándo. Esta situación no solo afectaba al personal — hasta que no empezaban sus contratos, no había actividades en las escuelas de música para los estudiantes.

La naturaleza del contrato y la precariedad que producía eran una fuente constante de tensión, y en varias reuniones importantes, al menos un director de escuela se levantó y pronunció un apasionado discurso sobre este tema. Este asunto eclipsaba regularmente el debate sobre nuevas prioridades, como la diversidad, la identidad y la creatividad. Algunos miembros del personal musical se mostraron indignados e incrédulos por el hecho de que, tras más de dos décadas como programa emblemático del gobierno de la ciudad, La Red siguiera sin ofrecer contratos permanentes. Hablaron del efecto no solo sobre ellos mismos y sus familias, sino también sobre la capacidad de La Red para retener a los estudiantes existentes y atraer a otros nuevos. Los retrasos en el inicio del curso académico hacían que los participantes y los que posiblemente iban a inscribirse se fueran a otros programas que ya habían comenzado.

Este tema no podía ser más diferente de lo musical y lo social: uno complejo y conceptual, el otro sencillo y práctico. Al principio, me desconectaba un poco cuando se planteaba este tema en las reuniones; instintivamente lo veía menos interesante que las complejidades filosóficas de la ASPM. Pero con el tiempo llegué a entenderlo como un ejemplo concreto de una cuestión importante y habitual en la ASPM: una brecha entre los (supuestos) beneficios para los estudiantes y las realidades más ambiguas para sus profesores.

El tema de los músicos como trabajadores está en gran medida ausente incluso en los debates académicos sobre la ASPM, por no hablar de las narraciones de los medios de comunicación. Las historias y las imágenes se centran en estudiantes comprometidos y entusiastas; no vemos al personal descontento, mal pagado o con un empleo precario que mantiene las ruedas en movimiento. Belfiore (2021, 15) señala este lado más oscuro de la práctica artística con fines sociales, así como la razón por la que rara vez se discute: "La importancia de mantener buenas relaciones con los financiadores […] perpetúa el silencio en torno a las realidades de las condiciones de trabajo dentro de la práctica musical con fines sociales y va en contra del cambio positivo". Al escribir sobre la ASPM, el enfoque en los beneficiarios ha suprimido generalmente la experiencia de los intermediarios cruciales entre la teoría de la ASPM y su práctica, pasando así por alto lo que era, para muchos miembros del personal musical de La Red, el tema más importante de su vida profesional: el salario y las condiciones de trabajo.

Podemos ver aquí otra de las paradojas centrales de la ASPM en los programas sudamericanos de mayor antigüedad. Para algunos estudiantes con talento musical, ser "rescatados" o "transformados" por la educación musical se traduce en convertirse en instructores para la siguiente generación, mal pagados y con empleos precarios. La música puede proporcionar un nuevo camino en la vida de algunos estudiantes, pero los que son lo suficientemente buenos para convertirse en músicos profesionales, pero no lo suficientemente buenos (o no tienen la suerte o los contactos necesarios) para conseguir un puesto en una orquesta u otro trabajo parecido, a menudo acaban siendo profesores —un destino más ambiguo de lo que permitiría la narrativa efusiva sobre la transformación de vidas. Hay una cierta ironía en un programa social que forma a estudiantes de ingresos bajos y medios durante muchos años para una profesión competitiva, incierta, precaria y modestamente remunerada.

Este tema de la ASPM como trabajo cobró mayor relevancia con la decisión de abrir las escuelas de La Red los sábados por la mañana, además de lunes a viernes. La apertura de los sábados se convirtió en el "tema del año" de 2019. La dirección y la Secretaría de Cultura Ciudadana querían abrir más las escuelas de música a la comunidad circundante. Pero para los directores de las escuelas, fue la gota que colmó el vaso, llevando al personal trabajador más allá de su límite y creando choques con la familia y los compromisos musicales externos. El conflicto resultante fue un recordatorio de que, tras la elevada retórica, la ASPM depende de los trabajadores y de la mano de obra y no de ángeles-músicos ni de milagros.

En un momento de simpatía, un miembro del equipo social reflexionó que el personal de música se resistía a la vertiente social porque lo consideraba un trabajo extra, y ya tenían demasiado en su plato (los profesores a tiempo completo debían dar treinta y dos horas de clase a la semana); por eso querían que el equipo social se encargara de ello. Del mismo modo, esta elevada carga de trabajo también era un impedimento para que los profesores se comprometieran con el ABP, ya que el nuevo enfoque implicaba adaptar su enseñanza a cada escuela y, por lo tanto, potencialmente más tiempo de preparación. El trabajo de la ASPM puede ser codiciado por algunos, sobre todo por los recién egresados de la educación superior y con grandes ideales o desesperados por obtener ingresos, pero como ocurre con muchos trabajos, sus exigencias pueden hacer que el entusiasmo dé paso a la ambivalencia. La Red era un importante proveedor de trabajo para los graduados en música clásica, pero no necesariamente un trabajo de ensueño. El equipo social observó una sensación de monotonía y una pérdida de motivación e interés entre algunos empleados ("Informe" 2017a). Considerar la ASPM como un trabajo no solo hace que su elevada retórica baje a la tierra, sino que también, como sugiere Belfiore, abre la posibilidad de un cambio positivo.

La reunión sobre la línea de tiempo comentada en el Capítulo 1 terminó con las propuestas del personal. Muchas de ellas giraban en torno a su contrato, las condiciones de trabajo, la (in)estabilidad y la motivación —en torno a La Red como trabajo y no como acción social. Una formadora se levantó y describió La Red como "estudiantes felices, familias felices, formadores en desgracia".

El estrés y el agotamiento se detectaban en todos los grupos de adultos de La Red. A pesar de sus ambiciosas pretensiones sociales, o quizás a causa de ellas, la ASPM puede ser un lugar de trabajo difícil, y los empleados no siempre parecen sentir el poder de la música. Uno de los directores generales de La Red comentó, solo medio en broma: "La Red salva niños. Pero come hombres".

Improvisación

Una de las principales y crecientes fuentes de tensión en 2017–2019 fue la dinámica organizativa. El personal docente sostenía que la dirección carecía de capacidad organizativa y era incapaz de comunicar sus propuestas de forma clara y eficaz. La dirección, a su vez, criticaba al personal musical por su falta de voluntad para escuchar y su resistencia al cambio. No es este el lugar para juzgar los aciertos y errores de este argumento en particular, pero vale la pena considerar la noción de que esta comunicación rota no representaba capacidades y actitudes deficientes, sino más bien el hecho de que la dirección y el personal no hablaban el mismo idioma.

El ejemplo más evidente fue la dificultad de algunos miembros del personal docente para entender a Parra, antropólogo de profesión. Sin embargo, la comunicación entre los otros dos líderes y el personal era a veces poco más fluida, a pesar de que todos eran músicos. La mayoría del personal se había formado como músicos clásicos o músicos de bandas municipales, mientras que Giraldo y Franco estaban arraigados en la música tradicional colombiana, el jazz y la composición. La relevancia de esta distinción se hace evidente cuando se considera la palabra que estaba en el centro de las críticas del personal al estilo organizativo de los líderes: improvisación.

Para Giraldo y Franco, "improvisación" era una palabra con connotaciones positivas, y una que sustentaba los cambios musicales que intentaban inculcar en La Red. Crearon clases de improvisación para los profesores, en las que a veces aparecía Giraldo y participaba, y crearon más espacio para las tradiciones musicales improvisatorias. En términos más generales, querían que las escuelas de música se relajaran y que los directores y profesores dejaran de preocuparse tanto por el currículo y los horarios y fueran más flexibles y creativos. Aspiraban a un enfoque más suelto e informal de la creación musical, con más alegría y menos rutina. A Franco le encantaba entrar en una escuela y encontrar pequeños grupos de estudiantes haciendo lo suyo, sin la supervisión de los adultos; le impresionaban menos los grandes ensambles dirigidos por adultos.

Fig. 21. Archivo de La Red de Escuelas de Música. CC BY.

Los líderes también estaban interesados en fomentar una cultura organizativa más consensuada, lo que implicaba mantener los planes parcialmente formados para dejar espacio a los aportes del personal y de los estudiantes, y un enfoque más de prueba y error. Les gustaba apartarse de lo habitual, asumir riesgos y dejar que los resultados fueran inciertos. Veían el salto a lo desconocido como parte del proceso creativo —tanto en lo organizativo como en lo musical. La concepción de Giraldo sobre el papel de la dirección en relación con el ABP era la de un improvisador de jazz: no esperen a que les digamos lo que tienen que hacer, pongan manos a la obra y prueben cosas, y vean lo que funciona y lo que no. No se preocupen por cometer errores; aprendan sobre la marcha. Este es un programa no formal; si hay un lugar para la flexibilidad, la experimentación y el error, es aquí.

Sin embargo, la palabra "improvisación" fue utilizada contra ellos por el personal como una crítica a su enfoque del liderazgo. Para los directores de escuela, en particular, había pocas cosas peores que la improvisación (en un sentido organizativo). Lo que los directivos percibían como consensuado y emergente, a muchos empleados les parecía confuso y desordenado. Los directivos soñaban con una Red diferente; el personal los criticaba por estar alejados de las escuelas y desvinculados de la realidad. Los directores de escuela no querían soltura, riesgos, incertidumbre, prueba y error, saltos a lo desconocido ni discusiones interminables; querían orden e instrucciones claras. Así era como la mayoría se había educado. Además, muchos de ellos se habían incorporado a La Red en los años de Ocampo o Arango, cuando había un líder fuerte que les decía exactamente lo que tenían que hacer. El papel del personal era ejecutar los planes, no estar de acuerdo o en desacuerdo. El estilo de liderazgo de Arango provocó diversas respuestas, pero incluso sus detractores reconocieron que era clara y organizada y que todos sabían exactamente lo que se esperaba de ellos. Muchos empleados la recordaban como un ejemplo de liderazgo eficaz; pocos defendían la improvisación como un ideal.

La improvisación, entonces, estaba en el centro tanto de la nueva propuesta de La Red como del escepticismo del personal hacia ella. Hubo diferencias ideológicas importantes sobre lo musical versus lo social, lo clásico versus lo popular, y lo formal versus lo informal; pero también hubo abundantes debates sobre *cómo* se aplicaron los cambios. La centralidad de la palabra "improvisación" sugiere que bajo el descontento por los problemas de organización y de comunicación había diferencias ideológicas, esta vez sobre orden versus caos, la firmeza versus la fluidez.

Estas diferencias ideológicas tenían su origen en los diferentes tipos de formación musical que habían recibido las distintas partes. De hecho, el tema de la formación podría considerarse la base de todas las tensiones y debates de este capítulo. Los nuevos planteamientos aplicados a partir de 2017 supusieron un reto para muchos graduados en música. La forma en que La Red se había desarrollado a lo largo de los años (en particular, la adopción de un currículo y una pedagogía relativamente formales y convencionales) reflejaba estrechamente cómo se formaba su personal, y los esfuerzos por transformar el programa chocaron no solo con su historia y el tipo de inercia que es habitual en las grandes instituciones, sino también con las limitaciones de esta formación. El enfoque de la nueva dirección en la música popular y tradicional, la creatividad, la improvisación, el aprendizaje no formal, el ABP, la participación y las conexiones territoriales exigían habilidades que iban mucho más allá de las que la mayoría del personal había adquirido en la universidad, aunque había algunas excepciones notables. La improvisación musical no es una práctica que se asocie a la música clásica o a la formación de conservatorio, al menos en Colombia, y por tanto no era algo con lo que la mayoría de la plantilla de La Red se sintiera especialmente cómoda. En 2018, a los directores de escuela se les pidió que asumieran un papel similar al de un gestor territorial, uno que era desconocido para muchos y que exigía un tipo de movilidad que contradecía el viejo modelo estático de esta función. No es de extrañar que la resistencia estuviera ampliamente extendida entre aquellos a los que se les pedía que dieran un giro a su formación y a su experiencia previa, que transformaran su propio papel en direcciones desconocidas y que desarrollaran en los estudiantes habilidades de las que ellos mismos carecían. Gran parte de las fricciones y los debates se debieron a esta brecha entre las expectativas y la formación.

Norberto, el director de escuela, puso el ejemplo de la creatividad. Fue difícil para la mayoría del personal, dijo, porque venían de un sistema —La Red y la universidad—, en el que habían aprendido "como loritos… ¡ejecute y ya!". En términos más generales, reflexionó que los músicos clásicos estaban acostumbrados a que se les dijera lo que tenían que hacer y a no tener que pensar; por eso, cuando llegó la nueva dirección y preguntó al personal qué proponía, muchos "entraron en shock […] Lo que queríamos desde hace tanto tiempo, ahora lo tenemos —y no sabemos qué hacer con ello".

Franco soñaba con escuelas de música más libres, más flexibles y más lúdicas: menos tiempo y espacio divididos en clases y ensayos formales, y más espacios creativos donde los estudiantes se reunieran para probar diferentes instrumentos y para improvisar y componer con otros de diferentes edades y habilidades. Esta imagen de actividades sueltas, creativas y colaborativas fue una que a Norberto y a muchos otros directores de escuela les costaba imaginar, por no hablar de poner en práctica. Muchos carecían de formación en composición, improvisación y otras actividades creativas. Para ellos, la educación musical significaba dar a los niños una base técnica seria y sólida en un instrumento y luego en un ensamble dirigido por un director. El rápido cambio suponía un importante reto práctico e ideológico, y algunos estudiantes y profesores avanzados argumentaban que el salto era simplemente demasiado grande.

Franco había realizado gran parte de su trabajo anterior de educación musical en pueblos. Recordó el entusiasmo y la apertura a las nuevas ideas en esos contextos, donde los participantes eran como esponjas. Se sintió un poco sorprendido al ver que sus propuestas generaban tanta resistencia en La Red. Giraldo, por su parte, tenía experiencia en ensambles de jazz y música popular, con formatos pequeños y enfoques informales. Su experiencia en La Red podría considerarse un choque cultural al toparse con las tradiciones del mundo orquestal y de las bandas municipales. Como dijo un director de escuela, "los profesores y directores no tienen experiencia en investigación, no tienen ni idea de cómo funciona un proyecto, así que ¿cómo puedes pedirles esto? Primero hay que formarlos, y luego tal vez. Hay que convencerlos de por qué hay que hacerlo así". Los líderes, en cambio, procedían de entornos en los que estas actividades eran normales.

Esto no era solo una cuestión de La Red. La mayoría de los objetivos principales de la nueva dirección eran algo ajenos a la cultura de los grandes ensambles en general. Obviamente, este era el caso de la improvisación o las técnicas musicales tradicionales, pero también fue un reto integrar un enfoque más participativo en La Red y cambiar a una dinámica más horizontal y centrada en los estudiantes, porque muchos miembros del personal se habían formado y reproducían el espíritu vertical de las orquestas y bandas, dirigidas por profesores. Esta brecha entre la formación y los objetivos se hizo muy visible con la serie de nuevas iniciativas a partir de 2017, aunque no era algo nuevo. Como se vio en el Capítulo 1, durante la fase de diagnóstico al inicio de la gestión de Arango quedó claro que a gran parte del personal musical el objetivo social de La Red le parecía loable pero también demasiado ambicioso, y dudaba de su capacidad para cumplirlo. Desde los primeros informes internos, las tensiones y los debates se fundamentaron en una brecha entre la formación musical del personal y los objetivos que el programa les marcaba.

Conclusión

Poco después de comenzar mi trabajo de campo en 2017, el equipo social elaboró un informe interno de 210 páginas en el que resumía su investigación durante el primer año de gestión de Giraldo. Con el tiempo, descubrí que muchas de las cuestiones que destacaba se habían planteado en informes en años anteriores. De hecho, La Red llevaba lidiando con casi los mismos temas desde 2006. Los repetidos esfuerzos de reforma y los avances limitados revelaron el campo cultural como un lugar de "lucha vigorosa y dinámica" (Martin 1995, 180–81). La Red aparecía como una organización complicada y controvertida, a pesar de la sencillez y el optimismo de sus representaciones públicas. Esta es una conclusión importante, dado que el objetivo primordial de estos programas suele expresarse como el fomento de la armonía social, y la lucha no aparece en la mayoría de los relatos públicos sobre la ASPM.

Los relatos oficiales de la ASPM suelen presentar la búsqueda de la excelencia musical y la acción social como algo que va de la mano, pero la relación entre las dos mitades de la ecuación de la ASPM resultó ser el mayor dolor de cabeza de La Red. Detrás de la retórica optimista sobre la transformación, lo social aparecía como el principal foco de tensión. Los testimonios de los estudiantes y del personal revelaron que, como Estrada había descubierto en Venezuela en 1997, la búsqueda de la excelencia musical llevaba a descuidar el objetivo social y/o a generar dinámicas sociales negativas (véase Baker y Frega 2018). Sin embargo, un cambio hacia una búsqueda más activa de los objetivos sociales llevó a quejas generalizadas de que la educación musical estaba siendo perturbada y los estándares artísticos se veían comprometidos. Para muchos, La Red era como un juego de suma cero, en el que lo musical y lo social estaban encerrados en una lucha. Los conflictos entre el equipo social y los músicos sirven para dramatizar esta tensión.

Hay muchas formas diferentes y a veces contradictorias de entender y llevar a cabo la ASPM. La historia de La Red muestra múltiples cambios en la estrategia social y una falta de consenso sobre cómo debe funcionar la ASPM. Habiendo tomado inicialmente un modelo de Venezuela, la historia de La Red desde 2005 aparece como una búsqueda a largo plazo, y probablemente una interminable: una sucesión de enfoques en constante transformación. Desde una perspectiva sincrónica, La Red muestra una variación similar. Lo diacrónico y lo sincrónico están conectados: La Red incluía personal contratado durante todas sus diferentes fases y, por lo tanto, esas fases y sus ideologías estaban todas presentes de alguna forma en 2017–2018. Tanto coexistían como competían en el programa, ya que representaban filosofías distintas de la ASPM. Por lo tanto, La Red no puede reducirse a una sola filosofía o enfoque en ningún momento, y mucho menos a lo largo del tiempo.

Detrás de este tema central se encuentra lo ancho del término "social". Hubo grandes variaciones en lo que esta palabra significaba en relación con La Red: una cualidad de interacción personal, un espacio de socialización, un enfoque en las poblaciones desfavorecidas, una pedagogía colectiva, un *ethos* público, la mezcla de clases sociales, la inculcación de disciplina y responsabilidad, etc. Aunque el debate podría parecer inevitable en un programa de esta edad y tamaño, el ambiente apuntaba más a la competencia y la tensión que a la feliz diversidad cuando se trataba de la coexistencia de visiones diferentes. En Medellín, la ASPM parecía menos una mezcla armoniosa entre lo musical y lo social que un juego serio que ambos equipos intentaban ganar.

Aunque los debates a menudo caían en una dinámica binaria, el periodo que observé también presentaba un debate interno a tres bandas en el que entraban en tensión diferentes formas de entender la ASPM. Los dos músicos a la cabeza del programa consideraban que la diversidad, la identidad, la creatividad y la interculturalidad eran el camino a seguir; el equipo social repetía el viejo llamado a tomarse más en serio la parte social; y muchos miembros del personal musical consideraban ambas vías como una distracción de la presentación de grandes ensambles, que era la tarjeta de presentación del programa y su propia especialidad. Este tire y afloje tripartito pudo observarse claramente en relación con las agrupaciones integradas: los coordinadores musicales querían sacudir el enfoque pedagógico; el coordinador social instaba a dar más espacio a la reflexión sobre las cuestiones sociales; mientras que los directores de los ensambles y los estudiantes querían elevar el nivel musical y hacer más conciertos y giras.

Del mismo modo, la dinámica entre la dirección y el personal no puede reducirse únicamente a una dicotomía de crítica versus resistencia. El equipo social entrevistó a todos los directores de escuela en 2017, y al igual que en el primer informe del equipo social nueve años antes, el personal transmitió un panorama complejo ("Informe" 2017a). Algunos señalaron cuestiones como la ausencia de una formación profesional adecuada y la falta de reflexión crítica y de educación ciudadana por parte de sus colegas músicos. Los directores no eran, por lo tanto, un grupo monolítico, ni desconocían los problemas ni se resistían al cambio en sí; las tensiones giraban tanto en torno a la dirección y el ritmo del cambio como a la forma en que debía gestionarse. Para complicar aún más las cosas, los músicos individualmente tenían a veces opiniones contradictorias o veían las dos caras de la moneda. Un director de escuela describió al equipo social en dos términos: "1. Como bálsamo, ataja las injusticias, las exigencias duras contra los formadores-as, secretarias, direcciones y estudiantes. Atajaba lo rígido de los procesos musicales. 2. Intervenciones que no tienen sentido" (148).

Una perspectiva del "vaso medio lleno" podría ser que la disonancia es deseable tanto en las obras musicales como en las sociedades democráticas (Fink 2016), y que su ausencia sería una señal preocupante. Los debates, entonces, sugerirían que La Red es fundamentalmente saludable. Una versión del "vaso medio vacío" podría considerar que La Red perdió su unidad de visión y propósito tras la salida de Ocampo, para no recuperarse nunca del todo. Podría ver una considerable ironía en un programa de convivencia que ha producido tantas tensiones. Sin embargo, es posible que ambas visiones sean válidas al mismo tiempo. Lo que fue vivido negativamente por muchos, como tensiones y desacuerdos, también puede ser analizado como un signo de debate saludable y de ajuste necesario. Volvemos a los dolores de crecimiento.

El proceso de cambio en sí fue ambiguo. Los sucesivos liderazgos creyeron que el cambio era necesario, pero también generó descontento; fue sentido como innecesario y contraproducente por muchos de los afectados. La feria de proyectos de 2019 fue una buena ilustración de esta ambigüedad. Fuera de la sala, en los pasillos y en los puestos de café, el descontento del personal alcanzaba su punto álgido. Los directores habían enviado una carta formal de queja a la universidad, y La Red vivía su mayor crisis en años. Sin embargo, en el interior de la sala, los logros positivos estaban ampliamente expuestos. Parecía que los directores habían asumido el nuevo enfoque del ABP y estaban dando resultados. Yo veía un programa más alineado con las corrientes progresistas de la educación musical.

Surgieron tensiones del enigma de cómo fomentar la participación y el cambio al mismo tiempo. Los directores de escuela tenían muchas oportunidades de expresar sus opiniones en reuniones y entrevistas. Sin embargo, como sus peticiones solían girar en torno al refuerzo de las características musicales convencionales, eran ignoradas muchas veces por la dirección, que tenía una agenda diferente, influida por la Secretaría de Cultura Ciudadana y la política cultural de la ciudad. Cambiar La Red significaba intentar romper con el pasado y, por lo tanto, no actuar según los deseos de los veteranos del programa —socavando el objetivo de la participación y avivando la frustración.

Irónicamente para un programa de música, escuchar resultó ser un tema delicado. Los directores de escuela sentían que tenían espacios para hablar pero que no eran escuchados por la dirección. Pero lo contrario también era cierto, y las grandes reuniones ofrecían a veces ejemplos concretos (formadores con los auriculares puestos, viendo fútbol, jugando al ajedrez, etc.). En una de esas ocasiones, un asesor musical, tras observar el bajo nivel de atención, dijo a los asistentes: "Los músicos no somos buenos escuchando. De hecho, hay pocos que sepan escuchar peor que los músicos. Esta reunión es un ejemplo".

Otra ambigüedad se refiere a la noción de cambio en sí. En la práctica, lo que se llevó a cabo a partir de 2017 no se trató de un cambio de las viejas formas de trabajar sino la superposición de unas nuevas sobre las antiguas. La Red tenía compromisos, expectativas y recursos relativamente fijos. Dado que la ciudad seguía exigiendo conciertos regulares en múltiples lugares, y el personal musical tenía que (y quería) mantener las prácticas existentes, La Red continuaba con su enfoque anterior —la educación musical convencional para preparar a los estudiantes para las presentaciones públicas—, mientras que simultáneamente se desplegó una serie de nuevas iniciativas. Por lo tanto, estas iniciativas se convertían a menudo (y se experimentaban como) responsabilidades adicionales, y para el personal musical que ya trabajaba muchas horas y tenía múltiples obligaciones, la presión sobre su tiempo y capacidad mental era evidente.

El cambio significaba, entonces, más trabajo y también menos dinero para lo que históricamente habían sido las operaciones centrales de La Red. El personal musical estaba descontento por el hecho de que hubiera dinero para nuevos laboratorios, ensambles, directores, consultores y gestores, pero no para la infraestructura y los instrumentos en deterioro o el estancamiento de los salarios. Lo que a algunos les parecía una innovación interesante, a otros les parecía un gasto adicional innecesario que se sumaba a un presupuesto agobiado.

La realidad de La Red era claramente más compleja y conflictiva que la narrativa pública sobre dichos programas. Lo que merece una mayor aclaración es lo que había detrás de este panorama. Dentro del programa, las críticas tendían a centrarse en los fallos personales y profesionales percibidos de determinados grupos e individuos. Sin embargo, como investigador externo, observé tensiones o incompatibilidades ideológicas que no podían reducirse tan fácilmente a cuestiones de bien y mal, ni atribuirse a un grupo o persona en particular.

Desde esta perspectiva, los tipos de problemas sociales identificados dentro del programa no eran culpa de los estudiantes ni de los profesores, sino más bien una consecuencia estructural de un programa establecido de tal manera que generaba dichos problemas y no tenía estrategias para tratarlos. Eran el resultado del modelo. Del mismo modo, las crecientes tensiones durante el mandato de Giraldo no eran solo una cuestión de comunicación y estilo de liderazgo, sino también el resultado de intentar alinear las acciones de La Red con sus objetivos e injertar ideologías y prácticas educativas progresistas en un programa que durante mucho tiempo se había imaginado y organizado de forma bastante convencional. Como dijo simplemente un director de escuela: "[a algunos profesores] no les gusta el cambio ni adoptar nuevas pedagogías. Pero eso viene de la forma en que todos aprendieron. Muchos en La Red son inherentemente conservadores".

Desde esta perspectiva, los conflictos nos hablan de las tensiones entre las tendencias progresistas y conservadoras en la educación musical y entre los elementos centrales de la ASPM, como los objetivos musicales versus los sociales, la música clásica versus la popular, la música como arte versus la música como trabajo y el entrenamiento versus la educación. Los sonidos rechinantes dentro de La Red eran el sonido de una nueva visión que chocaba con un viejo sistema. Esto no era culpa ni de la dirección ni del personal; las perspectivas de ambos tenían sentido en sus propios términos, pero no eran fácilmente compatibles. Más allá de la historia de una parte que presionaba demasiado y la otra que reaccionaba, lo que estaba en el centro de la cuestión era la gran distancia entre las posiciones y las prácticas. Si las ideas progresistas de la dirección no hubieran estado tan alejadas de los orígenes de la ASPM y de las normas de la cultura musical clásica, la dirección podría haberlas transmitido con mayor claridad y el personal podría haberlas captado más fácilmente. Cuando Giraldo dijo en una reunión de personal que la creatividad era tanto el problema de La Red como su solución, un profesor respondió: está bien, puede que tenga razón, pero nosotros tenemos una formación sinfónica, el currículo tiene un enfoque sinfónico y nuestra enseñanza se centra en la técnica, así que está hablando de cambiar el programa por completo. Este intercambio puso de manifiesto la magnitud del reto que suponía alinear La Red a la política cultural de Medellín y la ASPM ortodoxa al pensamiento educativo contemporáneo.

Los debates de primer orden dentro de La Red apuntan a los principales retos y dilemas en el ámbito más amplio de la ASPM. Por ejemplo, la formación del profesorado. El crecimiento exponencial de los programas de ASPM no ha ido ni remotamente acompañado de una transformación en la educación de los músicos profesionales, lo que significa que hay una escasez de personal docente formado adecuadamente, con experiencia en el trabajo social y con gran comprensión de los problemas sociales. Hace tan solo unos años, Kratus (2015) sostuvo que muchos profesores salían de los conservatorios habiendo recibido una formación que se diferenciaba poco de la de los intérpretes del siglo XIX. En consecuencia, no es raro encontrar en la ASPM una brecha entre los objetivos sociales y las competencias y experiencia de parte del personal. Como señala Godwin (2020, 13), el campo internacional de la ASPM se enfrenta a "un número insuficiente de artistas formadores con experiencia musical y habilidades para enseñar a grandes grupos de niños con diversas necesidades de aprendizaje o de comportamiento, y a la ausencia de los materiales y pedagogía necesarias". Este problema se ve agravado por la tendencia de algunos programas a contratar a recién egresados del conservatorio que ni siquiera conocen el contexto local, y mucho menos tienen un conocimiento profundo de sus problemas sociales y de las formas adecuadas de abordarlos, reproduciendo la filosofía de El Sistema de que la formación en interpretación clásica es la preparación perfecta para ese trabajo. La Orquestra Geração portuguesa, inspirada en El Sistema, se jactó de contratar a recién graduados sin experiencia (Mota y Teixeira Lopes 2017). Sin embargo, como señala Schippers (2018, 29), "el conjunto de habilidades que habría preparado brillantemente a los graduados para su papel en una ciudad alemana del siglo XIX puede no ser apropiado para las realidades del siglo XXI". Para volver al punto de Ndaliko de la Introducción, este es un ejemplo de un enfoque que sería ridículo si se propusiera en la mayoría de los otros campos, y hace que sea más difícil tomar semejantes programas en serio como trabajo social.

Algunos temas parecen particulares de la ASPM. Por ejemplo, hay ecos de La Red en el retrato de Veloso (2016) de un estudiante de la Orquesta Geração que aspiraba a ser clarinetista profesional, pero luchó y fracasó con la transición del programa al conservatorio. El riesgo que corre la ASPM al intentar abarcar tanto la formación preprofesional como la acción social es hacer ambas cosas de forma mediocre. Otros problemas se encuentran de forma mucho más generalizada en la educación musical. Por ejemplo, numerosos académicos han identificado una brecha entre la teoría educativa progresista y la práctica conservadora y han señalado con el dedo la formación de los futuros profesores en la educación superior (p. ej. Carabetta 2017; Waldron *et al*. 2017; Wright 2019). Algunas cuestiones, como la educación musical como trabajo, se sitúan en algún lugar entre ambas. En El Sistema, encontré que muchos profesores estaban mal pagados, con pocos beneficios, trabajando en malas condiciones y con poco control sobre sus empleos. He oído quejas similares de algunos profesores de la ASPM en otros países. No cabe duda de que este problema no es exclusivo de la ASPM, pero la retórica idealista del sector pone de manifiesto este problema.

Se necesitan más estudios etnográficos, detallados y críticos de los programas de ASPM para tener una idea más clara del alcance de estos problemas en todo el campo. Puede ser que, por ejemplo, los programas del Norte global que han tomado el nombre de El Sistema, pero que han permanecido mucho más pequeños que sus homólogos sudamericanos, hayan evitado algunos de los problemas. Una cuestión como la rivalidad, por ejemplo, puede ser proporcional al número de estudiantes y ensambles. Los programas más nuevos y menos intensivos que el modelo original de la ASPM, y/o dirigidos a un público más joven, pueden estar considerablemente más distanciados de la profesión musical clásica que El Sistema o La Red.

No obstante, hay muchos indicios que sugieren que los problemas analizados en este capítulo no son únicos ni particularmente graves en La Red. Más bien, los considero un tanto típicos y predecibles, consecuencia del modelo ortodoxo de la ASPM más que de los problemas locales de Medellín. La Red siguió el enfoque de El Sistema bajo la supervisión directa de Venezuela, y los problemas descubiertos a partir de 2005 coinciden estrechamente con los encontrados por los investigadores en Venezuela.

Sin embargo, también hay grandes diferencias entre La Red y El Sistema. La tensión entre lo musical y lo social nunca afloró en El Sistema porque el programa venezolano no perseguía activamente sus objetivos sociales, sino que los trataba como una característica inherente y una consecuencia automática de la formación musical. Añadió el ingrediente social a mediados de los años 90, a mitad de su historia, pero como una construcción discursiva que apenas afectaba a las prácticas educativas. El Sistema (y sus derivaciones más ortodoxas) es esencialmente una lectura social de y un acceso ampliado a la educación musical convencional. Pero en La Red, desde 2005, ha habido intentos consistentes de ir más allá de nombrar lo social para perseguirlo activamente. Este replanteamiento y reorientación de la ASPM introdujo una tensión entre lo musical y lo social que nunca desapareció. Estar a la altura de una misión oficial de acción social y mantener la excelencia musical no es fácil; de hecho, es un problema que ningún programa de la ASPM ha resuelto del todo. Es mucho más fácil hablar de dientes para afuera sobre la acción social e centrarse internamente en la música. La Red tomó un camino más difícil.

Además, El Sistema seguía una línea mucho más estricta que La Red en lo que respecta a las tensiones y los debates: no dejaba espacio para que se expresaran o florecieran, prefiriendo presentar una visión única, unificada y utópica en todo momento. Las tensiones entre lo musical y lo social atraviesan la evaluación de Estrada —la mayoría de sus entrevistados describieron una sorprendente disonancia entre la teoría y la práctica, entre los ideales sociales y las prioridades musicales—, pero El Sistema no permitió que afloraran públicamente y se convirtieran en tema de debate, y dispuso de los medios para construir una poderosa narrativa oficial que pintara el panorama contrario. Es una institución con una fuerte línea de partido. En cambio, La Red ha dejado mucho más espacio para que se desarrollen los debates. Aprecié las reflexiones críticas de los directores generales y la ambivalencia y el realismo que mostraron muchos empleados, tanto en público como en privado. La Red presentaba un contraste refrescantemente honesto y autocrítico con su progenitora.

Una de las consecuencias del enfoque único de El Sistema en la formación e interpretación orquestal y su implacable difusión de su narrativa oficial es que, particularmente en la cúspide de su pirámide, puede parecer muy eficiente. La multiplicidad de visiones y de voces en La Red, y la mayor apertura con la que se expresan, hace que sus problemas sean más evidentes y que se dedique más tiempo a debatir y probar alternativas. De ahí que La Red pueda parecer bastante caótica en comparación, pero la idea de que sus problemas son más profundos o más numerosos es una ilusión. De hecho, las formas en que se ocultan, suprimen y niegan los problemas en El Sistema son elocuentes. Detrás de su imagen pública de continuidad y constancia se esconden el estancamiento educativo, la disfunción organizativa y una alergia al pensamiento crítico. Si hay más evidencias de tensiones en Medellín, es porque el programa ha intentado documentarlas, analizarlas y resolverlas desde 2005 y ha contado con un equipo social dedicado a este proceso. Las luchas de La Red podrían verse no tanto como un signo de fracaso sino como una consecuencia de una mayor honestidad y ambición social. El ambiente en La Red estaba más cargado y era más conflictivo que en El Sistema, pero indicaba que el pensamiento de grupo no dominaba, que los empleados estaban dispuestos a ser críticos y autocríticos, y que las diferencias de opinión podían expresarse públicamente. Está claro que La Red no era perfecta, pero, en su misma fragilidad, parecía un entorno más saludable que el de El Sistema.

En resumen, ahora que hemos visto La Red a través de los ojos de la dirección, el personal y los estudiantes avanzados, la ASPM parece más un rompecabezas educativo que una panacea, una que plantea muchas preguntas. ¿Qué enfoque permitiría a los músicos y a los profesionales sociales perseguir la excelencia musical y el cambio social al mismo tiempo y en armonía? ¿Puede y debe un programa avanzar hacia una mayor inclusividad y una acción social más específica si muchos estudiantes y personal prefieren centrarse en la música y mantenerla exigente y competitiva? ¿Puede lograrse un cambio progresivo mediante un enfoque participativo y colaborativo si las principales partes interesadas se muestran escépticas ante dicho cambio? ¿Hasta qué punto pueden los profesores preparar a los niños para la música y la sociedad del futuro si su educación está arraigada en un modelo de conservatorio decimonónico? ¿La diversificación de la ASPM requiere la diversificación de su personal? En caso afirmativo, ¿dónde se podrían encontrar profesores con una formación más adecuada? La ASPM aparece como un enigma polifacético, lo que explicaría que haya generado tanto debate en La Red.

3. La Red a través de un Lente Social

> Enseñar a la gente que su amor por Schubert les hace mejores personas no les enseña nada más que la autoestima, e inspira actitudes que son todo lo contrario a la humanidad.
>
> Richard Taruskin, "¿Is There a Baby in the Bathwater? (Part II)"

Con la amabilidad y la generosidad características de los paisas, como se conoce a los habitantes de Antioquia y sus alrededores, La Red me abrió sus puertas y llegué a conocer a representantes de todos sus estamentos. Seguí los esfuerzos de reforma de la dirección (descritos en el Capítulo 1), e investigué cómo fueron recibidos esos esfuerzos por los directores, los profesores, los administrativos y los estudiantes (Capítulo 2). Sin embargo, fue en el equipo social donde mis preguntas de investigación sobre la ciudadanía y el desarrollo social encontraron su hogar natural. El equipo social estaba en el centro de los asuntos que más me interesaban: tanto la principal fuente de pensamiento crítico sobre La Red como un punto focal de las críticas por parte del personal musical y de los estudiantes.

Cuando llegué a Medellín, me encontré con dos agradables sorpresas. La primera fue que, con el nombramiento de la nueva dirección a principios de año, el equipo social de La Red había cambiado su enfoque hacia la investigación interna. La segunda fue que, aunque habíamos estudiado de forma independiente diferentes programas, de diferentes países, en diferentes momentos antes de conocernos, los cuatro miembros del equipo social y yo compartíamos muchas preguntas y preocupaciones. Esta convergencia de actividades y perspectivas nos sirvió a todos, aunque por diversas razones. Esperaba desarrollar un ángulo de colaboración en mi investigación, y encontrar un equipo social interno que exploraba cuestiones similares ofrecía la oportunidad perfecta. Además, no conocían mis publicaciones sobre El Sistema, por lo que sus perspectivas sobre la ASPM sirvieron como punto de triangulación sobre las mías. Consideré que su trabajo verificaba, iluminaba y reforzaba mi investigación anterior sobre El Sistema, los estudios críticos sobre la ASPM en general y mi nueva investigación sobre La Red.

El equipo social también estaba interesado en la colaboración y la corroboración, pero por razones diferentes. Me veían como un aliado útil: en primer lugar, porque era un investigador extranjero experimentado; y, en segundo lugar, porque era un músico con un máster en interpretación de un conservatorio europeo y un doctorado en musicología. Como explicaron, lo primero (con razón o sin ella) me proporcionaba un prestigio extra en Colombia, y lo segundo significaba que podía hablar con los músicos de La Red como un igual, algo que los científicos sociales sentían que no podían hacer, y así ayudar a conectar las preocupaciones de las ciencias sociales con el mundo musical.[1]

¿Por qué les importaba esto? El equipo social ocupaba una posición peculiar en La Red: en el centro de su misión y su discurso y, sin embargo, extrañamente marginado en la práctica diaria. Intentaba constantemente hacerse un espacio y justificar su existencia dentro de una comunidad musical escéptica que a menudo los veía como una carga o un obstáculo. El equipo social se esforzó por encontrar un papel en un programa que supuestamente tenía una orientación social, pero en el que pocos miembros del personal querían algo más que el apoyo psicológico a determinados estudiantes con problemas. La experiencia del equipo era a menudo de frustración; sus miembros estaban agotados por las batallas para persuadir al personal de que se comprometiera más con las cuestiones sociales. El equipo social pensó que La Red e incluso el gobierno de la ciudad estarían más dispuestos a escucharlos si yo estaba a bordo. De hecho, como veremos más adelante, el tema de la ciudadanía artística pasó a ocupar un lugar destacado en la agenda como resultado de nuestro interés compartido y colaboración.

---

1   El equipo social documentó este punto, señalando que mi llegada "puede fortalecer la posibilidad de traducir lo social en la música. [...] Importante, que haga parte como co-equipero de esta investigación" ("Informe" 2017b, 64).

Al igual que el equipo social, las cuestiones que se abordan en este capítulo son, al mismo tiempo, fundamentales y algo periféricas para La Red: se encuentran en el centro de lo que hace y pretende hacer la ASPM, pero no eran temas cotidianos de debate como lo eran los temas de los Capítulos 1 y 2. El principio organizador principal aquí es el de los debates de "segundo orden". Se trata de asuntos que surgían ocasionalmente, pero que nunca se debatían en profundidad o públicamente. Cuando se produjeron debates, generalmente fueron limitados: a puerta cerrada en una pequeña reunión, en una conversación privada o en las páginas de un informe interno que pocos leían. Aunque estos debates eran menos urgentes y, por lo tanto, tenían un perfil más bajo que los del capítulo anterior, son igual de importantes para comprender a fondo la ASPM. Quedaron en segundo plano para La Red, pero en primer plano para sus especialistas sociales. Este capítulo amplifica esas cuestiones y les da el protagonismo que el equipo social y yo creemos que merecen.

Aquí, pues, el énfasis se desplaza hacia las voces del equipo social de La Red, aunque no de manera exclusiva. La participación de científicos sociales (especialmente psicólogos y antropólogos) en cargos clave ha sido una característica importante y constante de La Red desde 2005. Los coordinadores sociales han sido figuras de alto rango e influencia, trabajando junto a los directores generales. La primera (Rocío Jiménez) duró una década, el segundo (Aníbal Parra) cuatro años en el momento de escribir este libro; otros miembros del equipo también pasaron años en el programa. Este involucramiento a largo plazo y a tiempo completo contrasta con el contacto más fugaz de la mayoría de los evaluadores externos de los programas de ASPM, y proporcionó al equipo social una imagen mucho más detallada y precisa de los temas centrales que la que aparece en cualquier evaluación publicada de ASPM. También adoptaron un enfoque más crítico que la mayoría de los evaluadores, ya que su función era analizar y mejorar, no justificar la financiación; era una función más interna que externa. Como dijo uno de los miembros, el trabajo del equipo consistía en sacar al personal de su zona de confort y hacerlo avanzar en nuevas direcciones. Aunque la suya era una perspectiva interna, observaban desde una posición de distancia crítica, sin la perspectiva de color de rosa de la ideología de la música clásica. Al situar la investigación en el centro del programa, el equipo social comprendió la importancia de "trascender la mirada ideal de la Red" ("Informe" 2017c, 27).

Trabajé o entrevisté a más de una docena de miembros actuales o antiguos del equipo social, y todos ellos tenían una opinión positiva sobre la educación artística y los objetivos sociales de La Red; sin embargo, la mayoría no compartía algunas ideas clave que prevalecían entre los músicos, como que la educación musical era inherentemente beneficiosa desde el punto de vista social. La mayoría estaba preocupada por algunas de las dinámicas sociales que generaba La Red y consideraba que la formación musical por sí sola no constituía un programa social genuino y eficaz. Al carecer de la socialización de los músicos en las normas de las orquestas o bandas sinfónicas, y con una formación y experiencia directamente relacionadas con el objetivo social de La Red, sentían las brechas entre la teoría y la práctica de forma más aguda que muchos de sus colegas músicos.

Las voces del equipo social se mezclan considerablemente con la mía, ya que lo que empezó como una relación de observador/observado se convirtió enseguida en algo mucho más colaborativo. En la medida de lo posible, intentaré diferenciarlas, pero una cierta mezcla simplemente refleja una conclusión de mi trabajo de campo en Medellín: era poco lo que separaba las críticas internas del equipo social de La Red con mi década de investigación sobre la ASPM.

Ciudadanía

En la primera reunión de los representantes estudiantiles en 2019, descrita en el Capítulo 1, Giraldo preguntó cuál era el propósito fundamental de La Red. "Formar buenos ciudadanos", fue la respuesta. Asintió con aprobación. Efectivamente, el discurso de la ciudadanía se invocaba regularmente en el programa y en torno a él. La Red contaba con el apoyo de la Secretaría de Cultura Ciudadana y afirmaba que su pedagogía se basaba en "valores ciudadanos". En 2006, el objetivo principal del programa fue declarado como "la formación en competencias cívicas y ciudadanas" (Arango 2006, 5). Sin embargo, durante mi trabajo de campo, el debate sobre lo que podría ser un "buen ciudadano" o los "valores ciudadanos" fue escaso. Esto podría deberse a la suposición generalizada de que todo el mundo se refería a lo mismo cuando invocaba estos términos, pero en realidad no era así. La ciudadanía es un concepto notoriamente complejo y polifacético, por lo que no es de extrañar que bajo la superficie lingüística haya disyuntivas conceptuales.

Una destacada campaña ciudadana emprendida por la administración del alcalde Federico Gutiérrez (2016–2019) se basó en el lema "Pórtate bien". Se trataba de intentar "erradicar los principales comportamientos que alteran la convivencia ciudadana, como las riñas, el ruido y la mala disposición de las basuras".[2] Esta campaña fue vista con recelo por algunos de los habitantes más liberales de la ciudad, entre ellos varios de mis interlocutores. En el ámbito cultural, el texto de referencia fue el Plan de Desarrollo Cultural 2011–2020, elaborado bajo la anterior administración de Alonso Salazar. Aquí se encuentra una visión muy diferente de la ciudadanía, que hace hincapié en la democracia, la participación, la inclusión, la diversidad, la creatividad y la reflexión crítica. La cultura se presenta como "fundamentada en una ética política" ("Plan" 2011, 31), y "la ciudadanía debe ser entendida como activa, crítica y propositiva frente a los grandes problemas que desafían al conjunto de la ciudad y como actor determinante de las políticas culturales; pero ello requiere la participación ciudadana y la deliberación pública" (48).

Esta dicotomía a nivel urbano —concepciones conductistas de la ciudadanía frente a concepciones políticas—, se reproducía bastante en La Red. Entrevistas con los directores de las escuelas apuntaban a una comprensión de la formación para la ciudadanía en términos de inculcar valores como la disciplina, el orden, la responsabilidad, la puntualidad y el respeto, y comportamientos como pedir permiso, no interrumpir y decir hola, por favor y gracias. En la historia oficial de La Red, un director afirmó que el programa enseñaba a los estudiantes a ser mejores ciudadanos inculcando cuatro valores: disciplina, respeto, responsabilidad y orden (*El libro* 2015, 20). La centralidad de estos valores ha quedado en evidencia desde la primera evaluación de La Red ("Medición" 2005), en la que los profesores destacaron la disciplina, el ritmo de trabajo, la organización del tiempo, la perseverancia y la concentración como los principales impactos sociales del programa. Esto era coherente con una pedagogía basada en la inculcación de valores ciudadanos, como se declaraba en la misión del programa. Si esta concepción de la ciudadanía hacía eco a lo que Bull (2019) llama la

---

2   https://www.facebook.com/AlcaldiadeMed/posts/1371372192921543/".

"ética de la corrección" de la música clásica, también hay paralelismos con la campaña municipal de "Pórtate bien". El equipo social de Parra, sin embargo, tenía una visión de la ciudadanía mucho más cercana al Plan de Desarrollo Cultural. Esta proximidad se debe, en parte, a una base intelectual compartida y, en parte, a que los científicos sociales enraizaron explícitamente su análisis en el plan oficial de la ciudad para que se percibiera que tenía una base sólida, en lugar de ser una cuestión de capricho intelectual o preferencia personal. El equipo social defendía una concepción de la ciudadanía más política que conductista: se preocupaba por la "subjetivación política de los estudiantes a través de la música", o más bien por su ausencia.

El plan cultural imaginaba la educación artística como formadora de "ciudadanos activos, críticos y propositivos" ("Plan" 2011, 100). Hablaba del "desarrollo de potencialidades y capacidades más que a dar instrucción o información a los ciudadanos y está orientada al desarrollo de conciencia ciudadana capaz de vivir libre y ser autónoma, y por ello no responde a la estandarización de comportamientos; en consecuencia, privilegia pedagogías activas y reflexivas sobre pedagogías instructivas y directivas" (95). El equipo social de 2017 vio un claro abismo entre esta política cultural y las prácticas cotidianas la ASPM (que ejemplificaban precisamente lo que el plan rechazaba), por lo que desarrolló una crítica a la formación para la ciudadanía en La Red. Su informe fue contundente:

> La Red, aunque tenga la misión de formar para la ciudadanía, no lo hace porque no está orientada en el currículo y porque el tipo de formación que ofrece desde un componente sinfónico —cuyas características no permiten la reflexión— no posibilita sujetos críticos, como dice Martha Nussbaum, ni gente que construya en colectivo con el otro. [...] La información que se ha recopilado hasta el momento habla de *formación en valores y no de formación ciudadana, que es más política.* ("Informe" 2017a, 28, énfasis añadido)

Su diagnóstico era que, al centrarse en cuestiones técnicas y estéticas e inculcar un buen comportamiento, el programa no desarrollaba la subjetividad política de los estudiantes ni su capacidad para reflexionar críticamente sobre el mundo a través de la música. El equipo dudaba de que la educación en valores a través de la música fuera suficiente para "formar ciudadanos con capacidad de participar activamente en la vida de su comunidad y de la ciudad" (187), por lo que cuestionaba que La Red constituyera una educación para la ciudadanía.

La crítica del equipo social giraba en torno a la concentración del programa en cuestiones musicales y su relativo descuido de elementos constitutivos clave de la ciudadanía como la reflexión, la voz y el agenciamento: "[La creencia en] La Red como salvadora, y el impacto social a través de conciertos ausenta la necesidad (social) de articular el arte con la estimulación del agenciamiento en los sujetos" (115). Tanto el equipo social como el equipo directivo en general solían caracterizar los eventos de La Red como estudiantes que llegaban, tocaban, tal vez escuchaban a algunos adultos hablar, y luego se marchaban de nuevo. Un informe anterior insistía en la importancia de incluir las voces de los estudiantes en la toma de decisiones, pues de lo contrario el programa perdería legitimidad como ejercicio de participación ciudadana y los estudiantes dejarían de creer en la posibilidad del diálogo y de la resolución de conflictos para la transformación social ("Jornada" 2014). En otras palabras, la ciudadanía debía ser modelada y practicada mediante la participación real en la toma de decisiones; no bastaba con tocar en un ensamble. Pero las soluciones eran esquivas. Tres años después, otro informe señalaba: "A veces los estudiantes se tratan como objeto, como un instrumento, el único interés real pareciera que fuera la música en sí, no quienes la hacen, el interés es 'que suene', no se ha preguntado ¿qué quieren los estudiantes?" ("Informe" 2017c, 72). En una gran reunión de personal por la misma época, un directivo preguntó: ¿Los estudiantes son *participantes* en La Red o *instrumentos* de La Red?

Para el equipo social, el problema principal era el formato sinfónico. Sencillamente, no pudieron encontrar pruebas de una conexión entre la formación en ensambles grandes y la estimulación del pensamiento crítico, la creatividad, el diálogo, el respeto a la diversidad, la capacidad de leer la ciudad, la participación cívica o la formación de "ciudadanos autónomos y libres" (188). Más bien, relacionaron esta formación con "el carácter conservador de La Red" (98). "¿Qué tipo de ciudadano puede formar el formato sinfónico?", se preguntaba el informe. "¿Qué tipo de ciudadano forma La Red?" (31). Su respuesta fue: un sujeto que sigue las normas y no cuestiona. El equipo argumentaba que la educación en valores de La Red podía alejar a algunos jóvenes de las drogas y la violencia, pero que también apuntaba a "la formación del 'Buen ciudadano' caracterizado por un pensamiento conservador poco crítico de su entorno" (98). Su informe sugería que los estudiantes de La Red seguramente "serán ciudadanos que acaten las normas y disposiciones de la autoridad, pero difícilmente las cuestionarán cuando no estén de acuerdo o afecten sus intereses" (195). "¿Hasta qué punto un músico en un formato sinfónico logra ser agente de su propia transformación?" (31), se preguntó el equipo. No en gran medida, concluyeron, ya que este formato exigía obediencia, seguir un guion y callar (ya que el director tenía la última palabra). Un director de escuela reveló los valores sociales inherentes a la cultura orquestal convencional: "Siempre he dicho que la música es social por su propia naturaleza [...]. En la orquesta aprenden a ser disciplinados, responsables, a saber que tienen que obedecer las reglas, a cuidar su instrumento". ¿De dónde saldría entonces una ciudadanía autónoma y críticamente reflexiva? ¿Cómo aprendería un estudiante a convertirse en "agente de su propia transformación"?[3]

Sin embargo, estas críticas no fueron exclusivas del equipo social y de la dirección, sino que también fueron expresadas por algunos miembros del personal musical. Un director de escuela declaró:

> Creo que yo en todos esos aspectos políticos y de formación ciudadana no he hecho nada, tal vez dar ejemplo [...]. El mismo hecho de que en la música los reconocimientos sean para una sola persona (concertino) ya cierra esa posibilidad de equidad y reflexión crítica. [...] A la Red sí le falta formación de sujetos políticos, es algo que no se ha desarrollado, se enseña es a estar siempre en conjunto, en ir para el mismo lado, ¿cuándo se ha visto a un 'pelao' criticando algo? ("Informe" 2017a, 71–72)

Otro director reflexionó: "Me gustaría que La Red nos enseñara a ser más críticos [...] somos como borregos, nos limitamos a seguir, no enseñamos a los chicos a tener sus propias opiniones". Un tercer director decidió centrarse en el desarrollo del pensamiento crítico tras comprobar que "en un ensayo, ante diversas preguntas los/las estudiantes 'se quedan en blanco' porque carecen de una voz propia que exprese lo que piensan sobre el lugar que ocupan en la agrupación, en la escuela y en su entorno; es común encontrar que los/las estudiantes busquen continuamente que les digan qué hacer" ("Informe" 2017d, 47–48).

---

3   Existen claros paralelismos entre la crítica del equipo social a La Red y el argumento de Spruce (2017, 728) de que "[l]a conformidad está en el corazón de los discursos de Sistema. [...] La conformidad se convierte en una condición de participación en la que las voces se escuchan solo cuando articulan discursos aceptados."

El equipo social reconoció la existencia de dinámicas positivas en el programa, como una conexión más estrecha y un mayor grado de calidez humana entre el personal y los estudiantes de lo que es habitual en la enseñanza común. Algunos directores y profesores asumieron una especie de rol de padres. El equipo reconoció la utilidad de valores como la disciplina, el compromiso y la búsqueda de objetivos. Por tanto, las escuelas ofrecían un potencial de socialización positiva. Pero el equipo social creía que La Red tenía que ir más allá, en lugar de limitarse a reforzar las mismas normas y valores defendidos por otras instituciones sociales (como la escuela y la familia), y educar a "seres humanos con conciencia de ciudadanía" (186). Pretendían una educación más completa desde el punto de vista social, en la que los estudiantes pudieran tomar lecciones de la escuela de música y aplicarlas a su comunidad y a la ciudad en general. De este modo, los jóvenes músicos podrían

> avanza[r] en la comprensión del rol como ciudadanos y no solamente cómo estudiantes que cumplen con deberes para alcanzar logros, la pregunta es cómo crear conciencia y estimular el ejercicio de la ciudadanía, la valoración de lo público y el sentido de pertenencia a una ciudad, siendo conscientes del papel que como músicos y artistas tienen en la sociedad de la que hacen parte. (195)

En este caso, había un estrecho paralelismo con mi anterior trabajo sobre El Sistema. Frente a la concisa afirmación de Abreu de que "cuando se forman músicos, se forman mejores ciudadanos", me había preguntado si esto era realmente así. Esta pregunta dio lugar a un capítulo en el volumen *Artistic Citizenship* (Elliott, Silverman y Bowman 2016), en el que reflexioné sobre la falta de voz o participación política de los estudiantes de El Sistema (Baker 2016a). Comparé las realidades de tocar en un gran ensamble convencional con las características de la educación para la ciudadanía, que los antiguos griegos llamaban *paideía* y tenía "el objetivo general de desarrollar la capacidad de todos sus miembros para participar en sus actividades reflexivas y deliberativas, es decir, educar a los ciudadanos como ciudadanos" (Fotopoulos 2005). En la educación para la ciudadanía, se suele hacer hincapié en modelar la democracia, implicar a los estudiantes en la toma de decisiones y promover el pensamiento crítico y creativo. En comparación, El Sistema parecía estar diseñado para producir súbditos leales, entrenados para obedecer a la autoridad, en lugar de buenos ciudadanos, educados para participar en procesos democráticos.

Me basé también en el famoso estudio de Roger Hart (1992) sobre la participación de los niños. Hart sostenía que la participación es el derecho fundamental de la ciudadanía, pero tuvo el cuidado de desglosarla en ocho categorías, que conceptualizó como una escalera. Solo cuando nos acercamos a la cima de su escalera de participación, donde encontramos decisiones iniciadas y compartidas por los niños, la participación se aleja del simbolismo para acercarse a la ciudadanía. Los tres peldaños inferiores de la escalera —manipulación, decoración y simbolismo—, pueden *parecerse* a la participación, pero, según Hart, no lo son y, por tanto, no fomentan la ciudadanía. Argumenté que la mayoría de las actividades de El Sistema entran en la categoría de Hart de simbolismo, que describe "aquellos casos en los que aparentemente se da voz a los niños, pero de hecho tienen poca o ninguna opción sobre el tema o el estilo de comunicarlo, y poca o ninguna oportunidad de formular sus propias opiniones" (9). A medida que el programa se alineaba más abiertamente con el gobierno venezolano en el siglo XXI, mostraba cada vez más signos de decoración y manipulación. El estudio de Hart ofrece buenas razones para ser escépticos con respecto a la afirmación optimista de Abreu de que tocar en una orquesta constituye necesariamente una educación para la ciudadanía.

La ciudadanía está así íntimamente relacionada con la participación y, como explora Brough (2014, 50), numerosos estudiosos han matizado este último término, distinguiendo entre participación "funcional" y "transformadora", "profunda" y "estrecha", "nominal" y "transformadora", "pseudo" y "auténtica", e "intensidades participativas" minimalistas y maximalistas. Muchos autores coinciden en que la participación muchas veces sitúa a quienes participan como beneficiarios en lugar de ciudadanos. Brough afirma que "una cultura participativa debería caracterizarse como tal en función de si los participantes tienen una influencia significativa sobre las decisiones que les afectan a ellos mismos, a sus comunidades de práctica y, en última instancia, a la propia cultura" (202). Ella sostiene que la ampliación del acceso a las tecnologías y a las habilidades no promueve necesariamente una cultura pública más participativa ni refuerza el poder de las voces de los ciudadanos; estos esfuerzos deben estar vinculados a prácticas y espacios comunicativos caracterizados por *la horizontalidad, el diálogo, la apertura* y *la autonomía*. Brough utiliza estas cuatro categorías para analizar hasta qué punto los programas digitales de Medellín promovían una cultura participativa y, por lo tanto, una ciudadanía juvenil, y un proceso similar podría aplicarse a los programas de ASPM que pretenden educar a los ciudadanos y, de hecho, a la etiqueta "creación musical participativa". Su argumento de que la ciudadanía digital requiere mucho más que simplemente dar a la gente acceso a un ordenador y a algunos programas de Microsoft y enseñarles a usarlos es igualmente relevante para la educación musical.

Por lo tanto, debemos escarbar bajo el discurso de la ciudadanía y observar detenidamente los procesos que subyacen. "Los discursos de participación pueden ser fácilmente apropiados para servir a una variedad de agendas ideológicas (y económicas) mientras que las prácticas correspondientes de participación pueden, de hecho, ser mínimas" (319–20). Al centrarse en exhibir a los estudiantes en lugar de confiarles la toma de decisiones, la ASPM ortodoxa es una cultura de presentación más que de participación (Turino 2008) y, por tanto, se asemeja más al simbolismo de Hart que a la educación ciudadana.

Volviendo a La Red, una perspectiva analítica útil la proporciona el artículo de Westheimer y Kahne (2004), "What kind of citizen? The politics of educating for democracy," (¿Qué tipo de ciudadano? La política de educar para la democracia), que plantea precisamente la misma pregunta que el equipo social en su informe de 2017. Los autores identifican tres respuestas o categorías en la educación para la ciudadanía en Estados Unidos: el Ciudadano Personalmente Responsable, el Ciudadano Participativo y el Ciudadano Orientado a la Justicia. Argumentan que cada visión tiene aspectos positivos, pero también es incompleta. De especial relevancia para la ASPM es el Ciudadano Personalmente Responsable —que es respetuoso, obediente, atento, trabajador y con buenos modales. Westheimer y Kahne sostienen que estos son valores importantes, pero

> no son *inherentes* a la democracia. De hecho, los líderes gubernamentales de un régimen totalitario estarían tan encantados como los líderes de una democracia si sus jóvenes ciudadanos aprendieran las lecciones que proponen muchos de los defensores de la ciudadanía personalmente responsable: no consumir drogas; ir a la escuela; ir a trabajar; donar

sangre; ayudar a otros durante una inundación; reciclar; recoger la basura; limpiar un parque; tratar a los ancianos con respeto. Estos son rasgos deseables para las personas que viven en comunidad. Pero no son rasgos que respondan a la ciudadanía democrática. (5–6)

Los autores sugieren que la educación para la ciudadanía democrática debe ir más allá de la educación en valores para abarcar la participación (en el sentido de Hart y Brough) y la justicia social.

En Medellín, la visión del personal musical se alineaba estrechamente con la primera categoría, mientras que la perspectiva del equipo social tenía mucho en común con la segunda y la tercera. Había claros paralelismos entre la crítica del equipo social al enfoque de la ciudadanía de La Red y la crítica de Westheimer y Kahne al Ciudadano Personalmente Responsable. Sin embargo, la concepción de la ciudadanía del equipo social no encajaba precisamente ni con la segunda ni con la tercera categoría. Lo que se acentuó en La Red en 2018 fue el enfoque en el territorio y la relación entre la ciudadanía y la ciudad.

La Red se fundó en una década de extrema violencia en Medellín, y su objetivo era ofrecer entornos protectores a los jóvenes. La Red comenzó como un intento de contener el problema de la violencia aislando a los jóvenes de las influencias negativas. Uno de sus lemas clave llegó a ser "transformando vidas". Veinte años después, en la dirección crecía la preocupación de que este enfoque era anticuado; la ciudad seguía siendo un lugar problemático, pero los niveles de violencia física habían disminuido sustancialmente desde la década de los 90. Los dirigentes consideraban ahora que las escuelas estaban un tanto divorciadas de la ciudad y de sus corrientes culturales, y se preguntaban hasta qué punto La Red fomentaba la reflexión y la acción sobre los problemas que existían fuera de sus muros. El equipo social trató de ampliar la concepción de la ciudadanía en el programa, pasando de corregir a los individuos (transformar vidas) a abordar los problemas de la sociedad urbana (transformar la ciudad).

El equipo concluyó su argumento a favor de un cambio de la educación en valores a la educación para la ciudadanía:

> puede decirse que existe una conciencia y cuidado de transmitir algunos valores mediante la práctica musical, pese a ello falta generar estrategias que permitan el desarrollo de capacidades como la imaginación creativa,

el pensamiento crítico, y la participación activa y deliberativa de los estudiantes no solo en relación al proceso de aprendizaje, sino en relación con el papel y aportes que como músicos pueden hacer en la transformación positiva de su entorno inmediato el barrio, la comunidad y la ciudad. ("Informe" 2017a, 202)

Esta visión se sustenta en el plan cultural de la ciudad, que establece: "El sistema educativo tiene como reto impulsar una educación ciudadana para actuar en la ciudad, lo que implica verla como objeto de análisis y como fuente de aprendizaje" ("Plan" 2011, 96). En un artículo que conecta el trabajo de Westheimer y Kahne con la educación artística, Kuttner (2015) propone que la investigación futura podría tratar de probar e ir más allá de las tres categorías del primero y explorar qué otros tipos de ciudadanía cultural pueden estar fomentando los programas de educación artística. Lo que el equipo social (y en general la dirección y la Secretaría de Cultura) trató de formar, diría yo, fue algo parecido a un Ciudadano Orientado a lo Local —un joven en diálogo con su barrio y comprometido con su transformación.

Nuestro interés compartido en el tema de la ciudadanía nos llevó al equipo social y a mí a mantener conversaciones periódicas sobre este tema, y como resultado el programa incorporó la ciudadanía artística como prioridad estratégica en 2018. La Red también me ofreció un papel formal como su consultor en materia de ciudadanía artística. Lamentablemente, no pude aceptar la oferta por razones contractuales, por lo que La Red contrató a un investigador local. Pero antes de dejar Medellín, hice dos presentaciones en el programa y propuse un modelo para pensar sobre este tema. Presenté una visión de la ciudadanía artística basada en la noción del ciudadano como individuo que desempeña un papel en la creación y el cambio del orden social, y la educación artística como un ámbito importante para desarrollar las capacidades necesarias. Ofrecí un modelo muy sencillo, centrado en cuatro nociones: *reflexión, creación, participación* y *acción*. La reflexión y la creación permiten a los estudiantes desarrollar su agenciamiento y una voz autónoma, mientras que la participación (en el sentido de Hart) y la acción los animan a proyectar esa voz, a dialogar con los demás y a poner su música al servicio de sus comunidades y su ciudad.

Esta propuesta intentaba aunar las investigaciones externas pertinentes con las deliberaciones y prioridades internas de La Red desde

2017. Por un lado, intenté traducir (literal y figuradamente) y condensar ideas que estaban en circulación en otros lugares para que pudieran ser fácilmente accesibles a La Red. Me basé en mi trabajo anterior y en las fuentes ya mencionadas, pero también me inspiré considerablemente en la tesis de Brad Barrett (2018), que se había basado en el volumen *Artistic Citizenship* (y en mi capítulo dentro de él) para construir un modelo para un programa inspirado en El Sistema en el Conservatory Lab Charter School de Boston. También fui influenciado por el trabajo del programa hermano de La Red, La Red de Artes Visuales, que había articulado una visión de la ciudadanía centrada en la transformación del contexto social (*Organismo vivo* 2016; *La ciudad* 2017), en contraste con el "transformando vidas" de La Red; y por el argumento de Hensbroek (2010) de que la ciudadanía cultural requiere la coautoría (aportación creativa) y no solo la visibilidad (ejecución del guion de otro). Por otro lado, no había nada en mi propuesta que no se hubiera discutido o probado ya en algún lugar de La Red. La directora de una escuela, por ejemplo, recalcó a los estudiantes que tenían una responsabilidad con la sociedad y que debían devolver algo a la comunidad a cambio de la educación gratuita que recibían; llevó a cabo acciones como llevar a la orquesta de la escuela a tocar a una residencia de ancianos. Mi objetivo no era la novedad, sino unir los hilos prometedores de La Red con las corrientes internacionales más amplias, presentar las ideas clave de la forma más sencilla y memorable posible, y utilizar mi posición privilegiada para ayudar al equipo social a dar más importancia a la educación para la ciudadanía dentro del programa.

Al igual que el equipo social, fundé esta propuesta en una crítica a la equiparación de la formación para la ciudadanía con la inculcación de un buen comportamiento. El trabajo de estudiosos como Michel Foucault (1991) y James C. Scott (2012) sugiere que inculcar disciplina puede ser en realidad antitético para fomentar la ciudadanía. Los programas de ASPM generalmente se esfuerzan por producir "buenos ciudadanos", pero si van a perseguir el cambio social, necesitan preguntarse: "¿El papel de los educadores implica la obligación de ayudar a los estudiantes a aprender a ser 'malos ciudadanos' —a hacer sus propias declaraciones artísticas políticas o sociales?" (Bradley 2018, 79). Vujanović (2016) defiende la importancia social de los "malos ciudadanos artísticos" —aquellos que son críticos y desobedientes. Para los grupos dominantes, un buen ciudadano suele ser ordenado y obediente, pero desde la perspectiva del cambio social, un buen ciudadano podría ser todo lo contrario (pensemos, por ejemplo, en la desobediencia civil en pos de la justicia social).

En el ámbito de la ASPM, El Sistema busca forjar "buenos" ciudadanos (leales, obedientes), pero algunos participantes en los últimos años también podrían ser considerados como "malos" ciudadanos (desvinculados de los procesos democráticos, apuntalando un régimen político dudoso). Gustavo Dudamel fue criticado en Venezuela por evitar hablar de política y, por tanto, por no ser un buen ciudadano (véase Baker 2016a). ¿Quiénes fueron los buenos ciudadanos, los músicos que actuaron obedientemente como propaganda del gobierno de Venezuela o los que desobedecieron y se levantaron contra el régimen de apartheid de Sudáfrica (Hess 2019)?

"Convertirse en y ser un ciudadano artístico no se produce de forma automática; el arte debe integrarse con otras formas de saber y hacer", sugiere Bowman (2016, 81). Más concretamente, "[l]os estudiantes no pueden y no van a convertirse en ciudadanos plenamente comprometidos a menos que estén preparados para penetrar, desenmascarar y transformar sus mundos positivamente. Esto es lo que implica y exige la ciudadanía de pleno derecho, y la ciudadanía artística", sostienen Silverman y Elliott (2016, 100). La acción es, entonces, crucial para la ciudadanía artística, pero se trata de una concepción de la acción muy diferente a la de la ASPM ortodoxa. En esta última, la educación y la interpretación musicales se consideran *ser* acción social. Pero como admitió un director de una escuela de La Red, "los conciertos son como 'paños de agua tibia' porque llegan a casa y se encuentran con los mismos problemas" ("Informe" 2017a, 78). La ciudadanía artística, sin embargo, implica comprometerse de alguna manera con esos problemas que esperan en casa y no solo proporcionar un espacio para evitarlos. Implica una acción en y sobre la sociedad, que surge de la reflexión crítica y tiene dimensiones éticas, políticas y cívicas, en lugar de disciplinarse. La ciudadanía artística implica poner en práctica las artes. Como escribe Bowman (2016, 65–66), "la noción de ciudadanía artística sugiere una relación necesaria entre el arte y la responsabilidad cívica. [...] Los ciudadanos artísticos son (o al menos aspiran a ser) socialmente comprometidos, socialmente conscientes y socialmente responsables". Esto es algo que el equipo social comprendió perfectamente. Citaron el plan cultural de la ciudad: "La ciudadanía debe ser entendida como activa, crítica y propositiva frente a los grandes problemas que desafían al conjunto de la sociedad" (citado en "Informe" 2017a, 201).

En resumen, mi propuesta representaba un esfuerzo por tomar en serio el tema de la formación para la ciudadanía en el contexto de los programas de ASPM, en los que el discurso de la ciudadanía ha sido bastante prominente pero la reflexión profunda mucho menos. De las entrevistas se desprende que gran parte del personal y de los estudiantes de La Red no habían reflexionado mucho sobre este tema; que el debate profundo y colectivo había estado un tanto ausente fuera del equipo directivo; y que, en consecuencia, el programa carecía de una concepción clara y compartida de la educación para la ciudadanía. Mi esperanza era contribuir a los esfuerzos del equipo social para estimular una mayor reflexión y acción en torno al objetivo de la formación ciudadana, y distinguir este objetivo de otras metas de la ASPM como lo son la acción social o la inclusión. Mi intención es destacar una pregunta importante para un campo con aspiraciones de educación ciudadana: ¿qué *tipo* de ciudadano?

Preguntas sobre Ciudadanía

Como reflejo de la complejidad de este tema, una serie de dudas empezó a asaltarme tras la presentación sobre la ciudadanía artística a La Red. Con el ánimo de promover la reflexión autocrítica, esbozaré aquí tres de ellas.

La ambigüedad de la ciudadanía

El objetivo oficial de La Red, la convivencia, es el término central de la cultura ciudadana, un concepto muy utilizado en Colombia que se asocia a la regulación del comportamiento ciudadano y a la promoción de normas sociales positivas. La Red depende de la Subsecretaría de Arte y Cultura, que forma parte de la Secretaría de Cultura Ciudadana. Institucionalmente, la cultura definida en sentido estrecho (como las artes) forma parte de una estrategia más amplia centrada en la cultura definida en sentido amplio (como las normas y los comportamientos). En otras palabras, a pesar de que los valores que defiende La Red pueden ser positivos para vivir en comunidad, como reconocen Westheimer y Kahne, la confluencia de cultura y ciudadanía aparece aquí como una forma de gobierno. La Red, con su énfasis histórico en la producción de "ciudadanos responsables" (Barnes y Prior 2009), parece una vía para una concepción conductista o disciplinaria de la ciudadanía dentro de una ideología urbana conductista de cultura ciudadana. El programa pretende producir sujetos que estén de acuerdo con la ideología política dominante, y los efectos que se buscan y reclaman son los que se sancionan políticamente. Incluso el intento del equipo social de inyectar más política en el programa supuso la alineación con la política oficial, aunque más progresista (el Plan de Desarrollo Cultural).

La Red ejemplifica una gubernamentalización de la cultura que se remonta al siglo XIX. La cultura fue instrumentalizada para servir como herramienta de control social, con el objetivo de cambiar el comportamiento de los pobres urbanos (Belfiore y Bennett 2008; Mantie 2018). En este periodo florecieron las afirmaciones de que las artes promovían el progreso moral y el orden público, y los intentos de llevar a las clases trabajadoras hacia la "recreación racional" (las actividades culturales de las clases medias y altas).

Existen estrechos vínculos entre La Red y el programa "Cultura Metro" de Medellín, que busca promover el buen comportamiento en el sistema de metro de la ciudad. Como escribe Brand (2013, 10): "El programa 'Cultura Metro' refuerza permanentemente el comportamiento 'correcto' [...], con sus mensajes sobre el 'buen ciudadano' y los valores, actitudes y hábitos cotidianos que espera de los usuarios. El sistema de metro ofrece música clásica y préstamo de libros de autores locales. La cultura que promueve es burguesa y tradicional; una estrategia de 'mejora social'".[4] La alianza de La Red con la Cultura Metro, en forma de oferta de conciertos en las estaciones de metro, ilustra su papel en la propagación de una noción oficial y conductista de buena ciudadanía.

En consecuencia, hubo cierto escepticismo sobre el discurso de la ciudadanía por parte de algunas ramas menos institucionalizadas de la escena cultural de Medellín. Acosta Valencia y Garcés Montoya (2013) señalan que los colectivos juveniles en general veían la ciudadanía como un discurso algo vacío y oficial del Estado y preferían hablar de

---

4 Véase https://www.metrodemedellin.gov.co/cultura-metro.

empoderamiento. En un debate público sobre cultura y ciudadanía, Lukas Perro, del colectivo audiovisual Pasolini, caracterizó la ciudadanía como un discurso civilizador, disciplinador y normativo dirigido desde el centro a la periferia y sustentado en una voluntad de control. A él le interesaban más las voces disruptivas de los márgenes.

Vale la pena comparar La Red, una respuesta musical oficial a la violencia en Medellín, con escenas locales como el hip-hop y el punk, que han ofrecido una visión más crítica y resistente, no solo de la violencia sino también del orden dominante que contribuye a su producción. Wiles (2016, 27) evoca este tipo de dicotomía cuando se pregunta: "¿Cuál es el propósito del arte? ¿Unir a la gente en algún tipo de comunidad, o proporcionar una voz disidente radical que subvierta un *statu quo* irreflexivo?". También lo hace Vujanović (2016, 114–15): "Uno de los potenciales más poderosos del arte [...] es producir un conocimiento afectivo en el que las imágenes y las narrativas de la sociedad real pueden ser discutidas, distorsionadas, pervertidas y confrontadas por imágenes de lo que las artes y la sociedad podrían ser y pueden ser." Por lo tanto, "como actividad pública, el arte es más 'malo' (rebelde, ruidoso, perturbador, provocador de pensamientos, al borde de ser castigado) que 'bueno' (silencioso, obediente, que mantiene el orden público)". Estas perspectivas cuestionan el uso de las artes (y la educación artística) como telonero a las ideologías dominantes.

La ciudadanía es, por tanto, un término ambiguo y controvertido, y a menudo es empleado por los grupos dominantes para promover sus objetivos. Como señala Levinson (2011, 281), "la ciudadanía autoritaria y legitimadora de las élites está muy viva". Este era claramente el caso de El Sistema, que utilizaba el término libremente mientras negaba sistemáticamente a los participantes cualquier voz política. Pero de una manera más sutil en Medellín, la ciudadanía era un discurso que unía una concepción disciplinaria y correctiva de la educación musical con las prioridades políticas de la ciudad. La educación musical centrada en la educación en valores aparece como un vehículo para una concepción de la ciudadanía vertical, oficial y conductista: cultura ciudadana y "pórtate bien". A cambio de la educación musical gratuita, se esperaba que la población destinataria asumiera la posición de sujeto de ciudadanos autodisciplinados que se comportan de forma adecuada (Nuijten 2013). Por lo tanto, la educación musical se ajustaba a la norma en la educación para la ciudadanía en Colombia: legitimar las élites políticas y el orden social dominante, y pasar por alto los problemas fundamentales de la inequidad, la injusticia y la exclusión (Galeano y Zapata 2006).

Sin embargo, la ambigüedad de la ciudadanía también puede ser explotada. Como discurso oficial consagrado, puede utilizarse para introducir una agenda más progresista o incluso radical sin asustar a las instituciones y a los financiadores. Para el equipo social de La Red, invocar la ciudadanía era una forma de abrir un espacio para pensar en la formación de los jóvenes como sujetos políticos autónomos y no solo como robots obedientes. En el programa de artes visuales, la ciudadanía estaba ligada a imaginar a los jóvenes como agentes y creadores de su propia realidad social. Este último programa (que se analiza más adelante) es un ejemplo de cómo utilizar el lenguaje oficial de la ciudadanía para impulsar la educación artística en direcciones más innovadoras y progresistas. Algunas concepciones de la ciudadanía, como la "ciudadanía insurgente" (Holston 1999) o la "ciudadanía subversiva" (Barnes y Prior 2009), parecen prometedoras desde la perspectiva del cambio social.

El discurso de la ciudadanía tiene, por tanto, facetas tanto conservadores como progresistas, y cubre (o encubre) tanto la reproducción social como el cambio social. Dagnino (2007) habla de una "confluencia perversa", ya que el lenguaje de la ciudadanía y la participación puede ocultar posiciones políticas muy diferentes, que van desde la democracia radical hasta el neoliberalismo. Incluso dentro del gobierno de la ciudad de Medellín y sus políticas, la palabra "ciudadanía" no tenía connotaciones consistentes o estables. En parte, esto se debía simplemente a los cambios de alcalde y de gobierno cada cuatro años, pero también refleja la ciudadanía como un campo disputado y ambiguo.

En consecuencia, la ciudadanía es tanto un riesgo como una oportunidad para la ASPM; puede apoyar el estancamiento o el cambio. Puede actuar como una especie de caballo de Troya. Puede abrir un espacio para agendas más progresistas, pero también puede utilizarse para introducir ideologías y prácticas conservadoras en esferas progresistas. No hay nada intrínsecamente progresista en el discurso de la ciudadanía, por lo que hay que examinarlo y manejarlo con cuidado. Existe el riesgo de que la ciudadanía artística se aleje de los debates críticos y se emplee como una nueva etiqueta para las prácticas convencionales. Se trata de una noción que tiene un gran potencial, pero la trayectoria de términos como ciudadanía, participación y creatividad sugiere la importancia de protegerla contra la neutralización o la cooptación a otras agendas (incluidas las neoliberales).

Ciudadanía en América Latina

También tuve dudas ideológicas que me hicieron cuestionar mi propia perspectiva sobre la ciudadanía. Comencé a preguntarme si un enfoque normativo, profundamente arraigado en el pensamiento europeo, era realmente justificable en un contexto latinoamericano. ¿Se apoyaba en o perpetuaba una noción colonialista de los pueblos latinoamericanos como deficientes y necesitados de corrección (Rosabal-Coto 2019)? ¿No era mi propuesta una manifestación de la colonialidad tanto como el modelo de El Sistema que criticaba y buscaba suplantar? ¿No sería más apropiada una versión más basada en las realidades colombianas y no en las normas europeas (Galeano y Zapata 2006)? ¿Por qué le di tanta importancia a la autonomía y a la reflexión crítica, que son mucho menos destacadas en los sistemas de conocimiento indígenas? Por otro lado, me había pasado un año hablando con los directivos de La Red y con científicos sociales y leyendo sus informes; mi propuesta coincidía con su pensamiento y fue bien recibida por ellos. Al fin y al cabo, me habían ofrecido un puesto de asesor en materia de ciudadanía artística. ¿Estaba siendo yo ahora más papista que el Papa?

No tengo respuestas fáciles a estas preguntas críticas. Sigo encontrando un valor considerable en la noción de ciudadanía artística, y sigo creyendo que un programa que abarque la reflexión, la creación, la participación y la acción sería más fuerte que uno que no lo hiciera; sin embargo, las preguntas también son válidas. Tengo la firme sospecha de que este modelo requiere una mayor elaboración en un contexto latinoamericano (y ofrezco algunas indicaciones en la Parte 2). Puede ser simplemente que este tema no se preste a soluciones concluyentes y que, al igual que la ASPM en general, la investigación honesta de la educación para la ciudadanía sea una búsqueda interminable con más preguntas que respuestas. Tal vez tengamos que ser escépticos con todos los modelos, incluido el mío.

¿Acción o activismo?

De la crítica al enfoque normativo surge un interrogante sobre la acción, la última de las cuatro palabras de mi modelo. La elección de esta palabra revela mi duda, porque en *Artistic Citizenship* y otros trabajos recientes sobre este tema (p. ej. Hess 2019), el énfasis está en el *activismo*, que tiene una connotación más política. Aunque apoyo este enfoque en teoría, también soy consciente de que el activismo implica algo diferente en Colombia de lo que implica en gran parte del Norte global. El activismo es potencialmente peligroso en Colombia —el asesinato regular de activistas sociales es un escándalo nacional—, y por eso muchos lo evitan. De ahí que haya razones para ser cautelosos a la hora de enmarcar la ciudadanía artística como algo *necesariamente* centrado en el activismo.

También cabría preguntarse si una presión constante para participar en la acción o el activismo podría ser una carga y/o una limitación para los programas de educación musical, sea cual sea su contexto. En consecuencia, prefiero pensar en la acción como un resultado posible o deseable, más que necesario. También es uno que podría tener lugar más allá del programa de música (ya sea por fuera o después). Al promover la reflexión, la creación y la participación, la educación musical podría dar a los jóvenes herramientas para comprometerse con la acción o el activismo en otras áreas de sus vidas o cuando sean mayores, si así lo deciden. En un contexto como el de Colombia, esto significaría que la ASPM sentaría las bases y fomentaría las capacidades activistas en lugar de poner a los estudiantes en la línea de fuego. Este punto de vista encuentra un eco en la visión de Hess de la educación musical como "establecer las condiciones para el activismo" (156) en lugar de garantizar la acción.

Sin duda hay otras críticas que se podrían hacer, y espero que se hagan. No creo que haya un solo modelo para la ciudadanía artística dentro de la ASPM que hay que seguir. Pero sí creo que sería un camino productivo para el sector enfocar la ciudadanía como un tema para el debate y no solo como un discurso publicitario.

"La Educación Musical es Política"

El tema de la ciudadanía está estrechamente ligado al de la política; de hecho, podría argumentarse que la política es lo que diferencia la educación para la ciudadanía de la acción social. Mullin (2016) sugiere que la ciudadanía artística "profunda" es políticamente reflexiva y comprometida; para el equipo social, la educación para la ciudadanía era inseparable de la subjetivación política. En La Red, la política era, por excelencia, un "debate de segundo orden": atravesaba gran parte de lo que observaba y, sin embargo, rara vez era objeto de discusión directa fuera del equipo social. Este es también el caso en la ASPM en general, por lo que merece la pena sacar este tema a la luz para seguir discutiéndolo. En el caso de La Red, hubo poco debate abierto porque la política es una especie de palabra sucia para mucha gente en Colombia. A menudo se asocia con la politiquería y la corrupción. Algunos confunden ser un sujeto político con la politiquería ("Informe" 2017a). Por lo tanto, en el contexto de la educación artística, la política puede ser un tema delicado. No obstante, los esfuerzos de la nueva dirección a partir de 2017 podrían entenderse como profundamente políticos.

El equipo social abordó el tema de la política de forma directa al instar a La Red a centrarse más en "la subjetivación política de los estudiantes a través de la música". En una presentación a todos los directores en 2018, Parra incluyó una diapositiva titulada: "La educación musical es política". De hecho, constituir y empoderar a los estudiantes y a sus familias como sujetos políticos había sido una preocupación de los dirigentes desde la época de Arango, y había sido el objetivo principal de Jiménez, la antecesora de Parra al frente del equipo social, que había considerado que el valor de la ASPM residía principalmente en los procesos sociopolíticos que podía catalizar. Estos puntos de vista estaban respaldados por el plan cultural de la ciudad, que presentaba la cultura como "fundamentada en una ética política" ("Plan" 2011, 31). Para los sucesivos líderes y equipos sociales, por tanto, La Red era, en el fondo, un proyecto político, y su éxito o fracaso debía evaluarse en términos de nociones políticas como el agenciamiento y la voz.

Giraldo también se comprometió con la política de forma explícita, por ejemplo, durante sus palabras de apertura a los nuevos representantes estudiantiles en 2019. Pero su reinterpretación de La Red y la de Franco a través de los lentes de la diversidad y de la identidad también constituyó una forma de política cultural. Su frecuente evocación de términos como horizontalidad, agenciamiento y diálogo de saberes subrayó que sus nuevas iniciativas estaban impulsadas por consideraciones políticas y no simplemente estéticas. Su promoción de la creación además de la presentación musical tenía que ver con la representación y no solo con la innovación. La adopción del ABP se explicó como una vía para alejarse de las dinámicas autocráticas y acercarse a la construcción participativa, lo que ilustra una preocupación por La Red como encarnación de un ideal político. Pero Giraldo también invocaba el arte como contracultura y como herramienta para cuestionar la sociedad. Estos músicos siguieron caminos algo diferentes a los de los científicos sociales y utilizaron un lenguaje diferente, pero sus diagnósticos y sus objetivos políticos eran bastante similares. A su manera, estaban igualmente preocupados por constituir a los estudiantes como sujetos políticos.

Una vertiente importante de su política cultural fue la adopción de la interculturalidad y su respuesta crítica a las dinámicas colonialistas en la educación musical colombiana. La Red no es un espacio académico, por lo que palabras como "colonial" y "decolonial" no formaban parte del discurso cotidiano, pero estos términos surgieron con suficiente frecuencia en pequeñas reuniones y conversaciones privadas que dejaron claro que informaban el pensamiento de los líderes. Los dirigentes no descartaron la música clásica ni sugirieron que no debería formar parte de La Red, sino que criticaron la mentalidad colonizadora de que lo extranjero es mejor que lo local y centraron sus esfuerzos en reforzar el lado popular y tradicional del programa (históricamente más débil). A partir de 2018, utilizaron cada vez más la escuela de música tradicional, Pedregal, para mostrar el programa en eventos externos. Al defender la música colombiana y abrazar términos como interculturalidad y horizontalidad, dejaron claro que pretendían alejar a La Red de una jerarquización colonialista de la cultura que colocaba la música clásica europea en un pedestal. Giraldo declaró explícitamente que el nuevo énfasis en la diversidad, la identidad y la horizontalidad tenía un "poderoso trasfondo político." Mignolo y Walsh (2018, 57) proporcionan más detalles sobre ese trasfondo, describiendo la interculturalidad como "tanto un proyecto político, epistémico y existencial complementario como un instrumento y una herramienta de la praxis de la decolonialidad", lo que distinguen de "una política de inclusión que, la mayoría de las veces, está ligada a los intereses del orden dominante".

Por el contrario, El Sistema —que ha operado bajo la bandera de la inclusión desde principios de la década del 2000—, siempre ha renegado de la política y se ha presentado como apolítico. Siguiendo el ejemplo de su mentor Abreu, Dudamel se negó rotundamente a hablar de política durante su primera década en el candelero mundial; sus representantes de relaciones públicas dejaron claro a los periodistas que no quería hablar de este tema, y cuando se le presionó, respondió: "El Sistema es demasiado importante para someterlo al discurso y a las batallas políticas cotidianas. Debe mantenerse al margen" (citado en Baker 2016a). La política es otra área en la que La Red se separó de El Sistema en 2005, hasta el punto de ofrecer una visión profundamente distinta de la ASPM.

En realidad, toda la educación musical es política, como declaraba la diapositiva de Parra; lo que varía es el tipo de política y el grado de apertura. Tanto El Sistema como La Red están financiados por el Estado y supervisados directamente por los políticos. El Sistema depende del Despacho del Presidente y cuenta con destacados políticos en su consejo de administración. El director de La Red responde directamente a la Secretaria de Cultura Ciudadana. La relación de estos programas con la política formal ha sido fuente de su éxito, pero también de críticas, tanto desde dentro como desde fuera de la organización, ya que su posición los ha sometido a los dictados políticos.

La afirmación de que El Sistema es apolítico es simplemente un discurso estratégico. Abreu era político antes de crear el programa, se convirtió en ministro del gobierno mientras dirigía El Sistema, y fue ampliamente conocido como un maestro de la politiquería. El programa siempre ha colaborado estrechamente con los gobiernos de Venezuela, y esta relación se hizo aún más estrecha con los presidentes Chávez y Maduro. En los últimos años, El Sistema ha bailado abiertamente al son del gobierno, contradiciendo claramente sus continuas afirmaciones de neutralidad política. Este alineamiento político abierto ha hecho que el programa sea objeto de críticas cada vez más estridentes por parte de los venezolanos en los últimos años (p. ej. Esté 2018; Kozak Rovero 2018), aunque la ficción apolítica sigue teniendo un considerable arraigo en el imaginario público del Norte global.

En el caso de La Red, las críticas han sido más internas y más apagadas, y han venido sobre todo de la primera generación. Algunos miembros del personal musical vieron un largo proceso de politización formal de

La Red, que comenzó con el paso de una empresa privada (Amadeus) al gobierno de la ciudad, y se acentuó con el nombramiento de los directores generales a partir de Zuluaga por parte del alcalde. Zuluaga y sus sucesores se encargaron de alinear La Red más estrechamente con las prioridades de la Secretaría de Cultura Ciudadana y la administración municipal. Estos cambios fueron vistos con recelo por una parte del personal, que recordaba una "época dorada" en la que La Red era más independiente y que resentía la idea de estar a la suerte de los políticos.

Ambos programas son también políticos a un nivel más micro. Como señalan Ansdell *et al.* (2020, 138) acerca de la música comunitaria, "el trabajo íntimo y personal de hacer música con la gente en una variedad de formas y entornos es también necesariamente micropolítico". La estricta limitación del agenciamiento de los estudiantes por parte de El Sistema, hasta el punto de decirles incluso por quién votar en las elecciones, y su enfoque abiertamente autocrático, construido en torno a la disciplina y las figuras masculinas de autoridad, son tan políticos como la preocupación de La Red por el empoderamiento y la subjetivación política.[5] La negación de la política y de la ideología suele ser un signo de una agenda conservadora implícita, y este es el caso de El Sistema, como han atestiguado numerosos estudiosos.[6]

Aunque la política progresista de La Red contrastaba con el conservadurismo de El Sistema, en la práctica la distinción entre ambos programas era algo menos clara. El hecho de que el equipo social siguiera luchando con los mismos problemas una década después de su creación era indicativo: La Red evolucionó como un satélite de El Sistema, y no cambió de la noche a la mañana con la llegada de una nueva dirección. La preocupación primordial de Parra en 2017 por la subjetivación política de los estudiantes revela hasta qué punto las intenciones anteriores de Jiménez, que se remontaban a una década

---

5   Un informe de un periódico venezolano de 2015 denunció que los directores de las escuelas de música recibieron órdenes de altos cargos de El Sistema para llevar a sus empleados a votar por el gobierno en las elecciones nacionales ("Denuncian hostigamiento" 2015). Luigi Mazzocchi también recordó que la dirección de El Sistema había emitido directrices sobre cómo los miembros de la orquesta debían votar (Scripp 2016b).

6   Véase el número especial de *Action, Criticism, and Theory for Music Education* 15:1 (2016). Una de las muchas paradojas de El Sistema es su alineación discursiva y de alto nivel con el gobierno socialista y la perpetuación de las tendencias conservadoras de Abreu en los niveles inferiores de la organización y en su funcionamiento real.

atrás, se habían visto frustradas o posteriormente revertidas. De ahí que el enfoque más político de La Red, centrado en el empoderamiento y la voz, pueda entenderse mejor como una visión de gestión, que se vio constantemente frenada en mayor o menor medida por la arraigada filosofía de la disciplina y la corrección que recorría el corazón del programa (y, de hecho, de la educación musical clásica en general). Así pues, La Red aparece en realidad como un espacio en el que coexisten en tensión diferentes enfoques de la ASPM, más que como un ejemplo puro de un modelo diferente de la ASPM. Sin embargo, por muy parciales que fueran los avances en la práctica, las críticas de la dirección a la ideología eurocéntrica y colonialista y su adopción de objetivos como la horizontalidad y la interculturalidad comenzaron a desestabilizar algunos de los fundamentos políticos más conservadores de la ASPM.

Mirar juntos El Sistema y La Red nos permite cuestionar la noción dominante de que la ASPM es o debería ser independiente de la política, y comprender cómo un enfoque más abiertamente político está vinculado a una agenda más progresista y es, por tanto, más prometedor si el objetivo es el cambio social. La ASPM "apolítica" de El Sistema, por debajo del caparazón retórico, se centra más en el fortalecimiento de los valores existentes que en la generación de otros nuevos, como se verá en el próximo capítulo. El Sistema es una especie de excepción entre los programas musicales de orientación social por su negación de la política; en campos como la música comunitaria o la justicia social en la educación musical, los individuos suelen estar impulsados por creencias políticas y las organizaciones suelen enmarcar su actividad en términos políticos. La política también es más prominente en otras partes del campo de la ASPM latinoamericana.[7]

También es interesante comparar La Red con los programas de ASPM del Norte global. Por supuesto, hay una variación considerable en estos últimos. Sin embargo, la ideología del "poder de la música" está muy extendida en la promoción y el discurso público allí, mientras que estaba totalmente ausente entre la dirección de La Red durante mi trabajo de campo. Nunca escuché a los dirigentes explicar el impacto de la música en términos de efectos cognitivos o psicológicos, o de coeficiente

---

7   Por ejemplo, la política fue un tema central en las presentaciones y debates en el minicongreso sobre orquestas juveniles en América Latina que coorganicé con Ana Lucía Frega en Buenos Aires, Argentina, en noviembre de 2018.

intelectual o resultados de pruebas. En cambio, estaban interesados en animar a los jóvenes a encontrar una voz, a conectar con su herencia cultural y a actuar sobre los problemas de sus barrios. Para Parra, el valor de la música era como un medio para que los estudiantes reflexionaran y expresaran quiénes eran y qué experimentaban. El cambio social surgiría de la creación cultural y de la participación política, no de los cambios invisibles en las cabezas de los estudiantes. No se hablaba de milagros ni de salvación; se consideraba que los beneficios dependían de la postura pedagógica y política del programa y de las formas en que permitía o no a los estudiantes desarrollarse como sujetos sociales y políticos.

Este tipo de cuestiones son dejadas de lado no solo por el modelo dominante de El Sistema, sino también por la cultura evaluativa que prevalece en el Norte global. La Red fue financiada por el gobierno de la ciudad como un programa de convivencia. En este sentido, su objetivo general era tanto político como casi imposible de medir y, de hecho, uno de los pocos retos a los que *no* se enfrentó el programa fue la obligación de demostrar su valor mediante evaluaciones de impacto periódicas (ha habido una sola en su historia). Podría parecer que la falta de evaluación sería una receta para la mala calidad, pero otra perspectiva es que permitió a la dirección del programa centrarse en las cuestiones que realmente le importaban, en lugar de las que podían ser medidas por otros. En el caso de La Red, esto significó que los aspectos culturales y políticos de la ASPM pasaron al centro del debate, y los indicadores medibles, como los efectos cognitivos y el rendimiento académico, quedaron relegados a un segundo plano.

En este sentido, me llamó la atención lo indiferente que parecía el equipo de Giraldo a los estudios que no abordaban cuestiones culturales o políticas. Mostraron poco interés por las evaluaciones cuantitativas o psicológicas, pero no por las razones que a veces se encuentran en otros lugares (una creencia inquebrantable en el valor del programa). Por el contrario, creían claramente que un programa de ASPM que no fomentaba una voz *musical* ni *política* en los estudiantes era deficiente, y ninguna cantidad de estudios sobre otros temas iba a cambiar esta valoración.

En resumen, la política es un tema que hay que abarcar si queremos comprender más profundamente la educación musical, pero a menudo se ha evitado, incluso en muchas investigaciones. Si partimos de la idea de Parra de que "la educación musical es política" y asumimos que no existe una educación musical apolítica, es más probable que comprendamos las fuerzas macro y micropolíticas que estructuran y atraviesan los programas. Todos los programas están implicados en cierta medida en la política nacional, regional o local, y alinearse con las personas e ideologías dominantes no es lo mismo que ser neutral. Cada programa encarna una forma de política cultural a través de su elección de plan de estudios y de pedagogía, y dicha política no es menos real por ser implícita. Todos los programas participan en cierta medida en la constitución de sujetos políticos; la cuestión es: ¿qué *tipo* de sujeto?

La Burbuja

Un director describió su escuela como una especie de oasis: un lugar donde todo el mundo dejaba sus problemas en la puerta y se respiraba una atmósfera diferente. Nora, miembro del equipo social, tenía una opinión diferente. Consideraba que el programa creaba una separación entre la escuela y el barrio, y construía dicotomías de "niños buenos" versus "niños malos", "culto" versus "inculto". Caracterizó la actitud de algunos estudiantes de La Red hacia sus compañeros como "tú, tan simplón, que solo escuchas reggaetón y yo, tan sofisticado, que escucho Beethoven". Según ella, esto no era culpa de los estudiantes o de los profesores, sino que era algo inherente a La Red. Sostuvo que esos binarios podrían haber sido productivos si se hubieran tomado como temas de discusión; en cambio, solo generaban prejuicios. "Esta es la dinámica más peligrosa que produce La Red, porque no debería tratarse de señalar con el dedo a unas personas y poner a otras en un pedestal". En su opinión, esto era lo contrario de lo que el programa debería hacer realmente, que era promover la empatía y actuar en beneficio de los demás. En lugar de calificar a los jóvenes atrapados en el conflicto urbano como "niños malos", y en vez de fomentar un binario de "yo soy músico y tú eres delincuente", La Red debería intentar humanizar y comprender a los demás.

Nora continuó: "Lo que estamos haciendo, o lo que se genera aquí, es que esos jóvenes no tienen una visión crítica de esas realidades y esos barrios, sino que simplemente quieren distanciarse". Si soy un estudiante de música dentro de un contexto violento, dijo, pero me quedo en mi burbuja musical, no estoy haciendo nada para mejorar ese contexto; no estoy haciendo nada para transformar la realidad de otras personas que viven a mi lado. Describió la dinámica como "huir, pero no devolver". Los estudiantes trataban la escuela de música como un refugio, pero había sido mucho más parcial un movimiento contrario o de devolución a la comunidad. "Así que, al final, el impacto que tiene La Red se limita a la escuela de música y no va más allá". ¿Su conclusión? "Si estamos creando esa burbuja, deberíamos estallar esa burbuja".

La explicación de Nora fue especialmente detallada, pero el punto de vista subyacente no era exclusivo de ella. Parra aludía con frecuencia al imaginario histórico de La Red sobre niños buenos y niños malos, los que se salvaron y los que se quedaron atrás. El informe del equipo social de 2017 critica la construcción de un mundo cerrado en sí mismo:

> Otro de los aspectos que se encuentra en las entrevistas y en la recolección de información de campo (visitas a escuelas y reuniones) es el poco acercamiento de las comunidades a las proyecciones del Programa, es decir, el poco impacto alrededor de las personas que no están vinculadas a la REMM, y la resistencia de formadores y direcciones para abrirse a otras posibilidades que amplíen la mirada del quehacer y que le permita al estudiantado recorrer otros espacios. ("Informe" 2017a, 99)

Siguió diciendo que el modelo pedagógico y el enfoque de presentaciones musicales limitaban la comprensión de los estudiantes de las realidades sociales de otros jóvenes de la ciudad. En una reunión con directivos, Parra señaló la contradicción entre el supuesto empleo de pedagogía crítica por parte de La Red, según los documentos oficiales, y lo que describió como "una negación total" de la cuestión de la violencia en muchas escuelas. Se preguntó: ¿La Red está formando sujetos políticos o personas que se refugian en la música y se aíslan de la sociedad?

Lucía, una de las predecesoras de Nora, afirmó que "la burbuja" había sido un tema importante de discusión durante su época. Describió La Red como un programa "elitista" que sacaba a los niños de su entorno cotidiano, les daba nuevos conocimientos y les abría los ojos a otras realidades, pero también abría brechas entre ellos y sus contextos, sus familias y sus comunidades. Esto suponía un riesgo constante de tensión o conflicto con sus vidas cotidianas, con el que La Red nunca se había enfrentado realmente. Haciéndose eco de Nora, afirmó que los estudiantes se distanciaban de la realidad y dejaban de vivir plenamente en sus territorios. Según ella, "levitan" cuando caminan por el barrio (una imagen que evoca lo contrario de "con los pies en la tierra"); creen que están en un plano superior al de sus compañeros.

María, una de las compañeras de Nora, criticó la intensidad original de La Red (muchas horas, siete días a la semana) por perturbar las relaciones y las actividades de los estudiantes con sus familias y amigos. También miró con recelo el discurso generalizado de La Red como una familia: no, dijo, no es una familia, es un programa público y no debe suplantar a la familia. La mayoría de los participantes ya tienen una familia y deberían pasar algún tiempo en casa.

La evidencia de semejantes visiones se remontaba a más de una década. El primer informe del equipo social señalaba que entre las motivaciones de los estudiantes para ingresar en La Red estaba "ser diferentes a los demás (mejores)" ("Informe" 2008, 5), y que "los alumnos de las escuelas se sienten orgullosos y diferentes, incluso dentro del mismo contexto del barrio" (23). La evaluación de 2005 era aún más clara:

> los beneficiarios tienen sentido de pertenencia al grupo de músicos, lo cual miran como algo positivo, atractivo, pero que los hace distintos. Distintos por cuanto tienen un talento que deben poner al servicio de los demás, porque son más sensibles hacia el mundo y las personas que los rodean, porque aprenden tolerancia y reconocimiento y porque son ejemplo para los demás niños de su edad o de su familia. ("Medición" 2005, 13)

También señala: "Los profesores buscan inculcarles mucha seguridad para que puedan asumir el ser distintos" (4). Llama la atención la repetición de la palabra "distinto". Además, en la categoría de inclusión social, el informe destaca el afecto de los participantes entre sí, con quienes pasan gran parte de su tiempo.

Lo que se desprende de estos informes y testimonios es una clara sensación de que La Red alienta el vínculo entre los estudiantes de música y los distingue o separa de otros jóvenes. Existen paralelismos con los estudios de los programas de ASPM en otros países. Wald (2009; 2011; 2017) descubrió que los jóvenes músicos de ASPM en Buenos Aires tenían una fuerte visión del mundo de "nosotros versus ellos": un claro sentido de diferencia y distancia con respecto a sus compañeros no músicos, a los que consideraban problemáticos y menos dignos. Sostiene que los programas no transformaban a los jóvenes más vulnerables, sino que proporcionaban una salida a los jóvenes de los barrios populares cuyas familias eran económicamente estables, ya compartían el sistema de valores de clase media de la ASPM y estaban comprometidos con la participación de sus hijos. De ahí que los programas exacerbaran la distancia imaginada entre ambos grupos. En su estudio sobre la Orquestra Geração de Portugal, Teixeira Lopes *et al.* (2017, 207) señalan que "este fuerte ambiente de unidad también acaba teniendo un lado negativo, dado que a veces la orquesta funciona un poco como un pequeño mundo aislado de todo lo demás, 'una esfera muy cerrada'".[8]

Sarrouy (2018) pinta un retrato detallado de un grupo de madres que pasan todas las tardes esperando a sus hijos fuera de una escuela de El Sistema en Venezuela. Observa un contraste entre los niños dentro de la escuela, que van elegantemente vestidos, y los que están afuera, en las calles del barrio, sin zapatos y sucios. Pregunta a las madres sobre este tema. Ellas responden que los que están afuera provienen de familias que se preocupan menos por sus hijos. Una de ellas dice: "Son sobre todo madres solas que sufren de alcoholismo y de vicio del juego; prefieren pasar las tardes viendo las novelas y no se preocupan por los hijos que pasan días en la calle y se convierten en malandros" (50). En este relato, El Sistema aparece no como un programa de inclusión social dirigido a los más excluidos, sino como un motor de separación social, trazando una línea entre los niños que reciben más apoyo familiar y los que reciben menos.

El marcar límites es un tema importante del estudio de Bull (2019) sobre la música clásica juvenil en el Reino Unido. Por lo tanto, su aparición en los programas de ASPM en América del Sur no parece ser una coincidencia, sino más bien una consecuencia de sus cimientos compartidos: la educación en música clásica. Bull abre su libro con un relato autocrítico de su propia experiencia como joven músico clásico, que tiene ecos inconfundibles de los informes del equipo social de La Red: describe "una sensación de estar de alguna manera aparte del resto del mundo: las preocupaciones cotidianas no nos tocaban a mis compañeros músicos ni a mí porque estábamos haciendo algo mucho

---

8   La recomendación de Teixeira Lopes y Mota (2017) de que el programa adopte un enfoque territorial, yendo más allá de los estudiantes y sus familias para comprometerse con grupos, asociaciones, instituciones y movimientos locales, tiene muchas resonancias con la política de La Red en 2018.

más importante que todos los demás" (xi). Junto con su argumento de que ser un músico clásico era un poderoso modelo de identidad social para los jóvenes de su grupo, esto nos lleva a un punto poco comprendido sobre la ASPM: la dinámica característica del colectivo en la ASPM no es el tan promocionado trabajo en equipo, del que una orquesta dirigida por un director es de hecho un ejemplo sorprendentemente pobre (véase Baker 2014), sino más bien el tribalismo.

En su primera fase, La Red tenía un lema, "Siempre juntos", y un himno del mismo nombre. El sentido de unión dentro del grupo es obvio en las propias palabras y fue subrayado por el hecho de que los miembros de la primera generación seguían utilizando este lema veinte años después. Algunos empleados hicieron eco de la caracterización que hizo Bull de los jóvenes músicos clásicos como si estuvieran "de alguna manera apartados del resto del mundo", describiendo a los estudiantes de La Red como "con la cabeza en las nubes" porque tocaban instrumentos clásicos, o como desconectados de otras culturas juveniles. La convivencia, el objetivo central de La Red, se imaginaba generalmente entre los estudiantes de música, más que entre los estudiantes de música y el resto de la sociedad. Este tribalismo es especialmente marcado en El Sistema. En su discurso publicitario se refuerza constantemente la noción de "una gran familia", pero la otra cara de esta moneda es una sorprendente insularidad y exclusividad. Mora-Brito (2011, 60) describe "un sistema cerrado e inhóspito para los de fuera", mientras que una experimentada administradora de orquesta bromeó: "Es una gran familia... como la mafia siciliana" (véase Baker 2014, 223).

El desarrollo de la amistad, de la vinculación y de la pertenencia entre personas con ideas afines es una característica reconocida de la educación musical y puede considerarse un proceso positivo (Hallam 2010). Shieh (2016) señala algunos aspectos positivos de la filosofía de "burbuja" de El Sistema, aunque también plantea varias críticas. Las actividades colectivas ofrecen potencialmente considerables beneficios a las sociedades fragmentadas por el neoliberalismo, la polarización política y las nuevas tecnologías. Un director de La Red declaró: "El tipo de amistad que se genera en las escuelas de música no es el mismo que se genera en los colegios". Afirmó que los estudiantes se convertían más en hermanos o almas gemelas, ya que estaban allí por elección e interés compartido, más que por obligación.

Sin embargo, lo que se desprende de los análisis de La Red y de otros programas es la otra cara de la moneda: la vinculación dentro del grupo a costa de la solidaridad o la empatía con los demás y, por tanto, la construcción y el mantenimiento de divisiones sociales. Como escribe Bowman (2009b, 122): "Las otras caras de la capacidad inspiradora de la música para forjar la unidad en medio de la diversidad, son la supresión de al menos ciertas dimensiones de la diferencia individual y la creación y refuerzo de las fronteras que separan y distinguen los de adentro de los de afuera". Del mismo modo, Daykin *et al.* (2020), en su estudio sobre el papel del capital social en las artes participativas para el bienestar, afirman: "Los datos sugieren algunos aspectos negativos del capital social. Por ejemplo, la vinculación puede crear identidades dentro del grupo y, por definición, puede reforzar la exclusión de los grupos externos". La ASPM parece fortalecer, en lugar de cuestionar, una dinámica evolutiva de solidaridad dentro del grupo y hostilidad fuera de él, lo que plantea dudas sobre su contribución a la convivencia y la armonía social. Además, el discurso de "una gran familia" ha servido para normalizar y encubrir dinámicas problemáticas en las instituciones de educación musical, incluidos los abusos sexuales, tanto en el Reino Unido (Newey 2020) como en Venezuela (Baker 2014).

En la filosofía de El Sistema es fundamental la noción de la orquesta sinfónica como campo de entrenamiento para la vida. Sin embargo, una orquesta convencional es una unidad delimitada que fomenta la insularidad y limita el intercambio con la sociedad en general de diversas maneras (como los requisitos de entrada y el diseño y uso del espacio). En un contexto educativo, forma a los estudiantes para que se relacionen con quienes tienen habilidades e intereses similares y los separa de los demás. En el caso de la ASPM ortodoxa, con su intenso compromiso de tiempo, los estudiantes suelen describir la reducción de sus conexiones sociales, ya que su vida gira cada vez más en torno a la escuela de música y a otros estudiantes de música. Un mundo en miniatura que limita el trato de sus habitantes con extraños con gustos e ideas diferentes no es "un modelo para una sociedad global ideal", como afirma Dudamel (Lee 2012).

Un tipo de tribalismo es la ASPM frente al resto. El conciso resumen de Nora —"tú, tan simplón, escuchando reggaetón y yo, tan sofisticado, escuchando Beethoven"—, indica cómo este tribalismo está mediado por el género musical, así como por la actividad. Aunque la ASPM puede analizarse positivamente como la adquisición de capital cultural por parte de los participantes, Daykin *et al.* (2020) señalan: "A veces se observa que el capital cultural refuerza las jerarquías a través de juicios y distinciones estéticas basadas en el gusto, el repertorio, las habilidades creativas, los logros y las experiencias." Wald (2017, 72) hace una observación similar con especial referencia a la ASPM: "La experiencia estética de la música académica colabora en la construcción identitaria de ese colectivo, de ese 'nosotros', los diferentes". La actitud despectiva de los músicos de la ASPM hacia el reggaetón es algo que yo también he observado repetidamente. El reggaetón es un estilo de música popular consumido en toda América Latina, y aunque tiene un atractivo interclasista, se asocia especialmente a las clases populares. Es claramente irónico que programas que supuestamente se centran en la armonía social y se dirigen a los barrios populares, de hecho fomenten el desprecio por la música más consumida allí. Los programas de ASPM podrían enfocar el tema de otra manera: por ejemplo, desafiando a los estudiantes que se quejan del empobrecimiento musical y lírico del género a escribir una buena canción de reggaetón; o enseñándoles todos los géneros musicales populares que se remontan al siglo XVI y que han sido inicialmente despreciados por las élites sociales y que luego se han convertido en símbolos nacionales consagrados en América Latina (como el tango, la samba y la rumba) o en elementos básicos de la música clásica (como la chacona y la zarabanda). En cambio, la ASPM a menudo fomenta una división entre los músicos clásicos supuestamente superiores y los aficionados al reggaetón, supuestamente inferiores.

Cheng (2019, 59–60) escribe: "Lo que en realidad escasea —lo que está en la raíz de tantos perjuicios e injusticias—, es la limitada capacidad o voluntad de las personas para comprender, tolerar y dignificar las diferentes cosas que *otras personas* encuentran bellas. Pensemos en todos los conflictos que estallan cuando los habitantes de la sociedad no logran empatizar o soportar los gustos e intereses de los demás". ¿No deberían los programas que dicen centrarse en la inclusión o la convivencia a través de la música aspirar a tender puentes entre los consumidores de distintos géneros en lugar de utilizar la música para dividirlos?

Otro tipo de tribalismo es una característica del mundo orquestal, que se encuentra de forma más evidente en la atribución de características distintas a los músicos de cuerda, viento-madera y metal, o en las burlas a la sección de viola. Su presencia en La Red puede verse en los informes internos comentados en el Capítulo 1, con sus referencias como "mucha rivalidad y envidia entre vientos y cuerdas y entre instrumentos", y "jerarquías reales o imaginarias que pueden estar funcionando y siendo reproducidas en las agrupaciones, generando malestar, discriminación y exclusión". Una de las profesoras de viola reaccionó airadamente después de que un colega hiciera una broma sobre la viola en una actividad de formación del personal a la que asistí. Se supone que aquí estamos intentando alejarnos de la dinámica de la orquesta sinfónica, se quejó; se supone que somos iguales. En las orquestas tengo que aguantar bromas sobre la viola todo el tiempo; no debería tener que aguantarlas aquí. Este breve incidente ilustró cómo el tribalismo de la música orquestal se infiltró incluso en un programa supuestamente social, y cómo sus burlas y estereotipos pueden fomentar la separación y la tensión en lugar del objetivo oficial de la convivencia. Las evidencias de La Red plantean dudas sobre la idoneidad de un colectivo musical tradicionalmente marcado por las divisiones internas y externas, las jerarquías y la competencia como modelo y motor de la armonía social.

Entendí el nuevo enfoque territorial de La Red en 2018 como, en parte, un intento de contrarrestar la construcción de dicotomías y distinciones sociales que contradecían el objetivo central del programa de promover la convivencia. En la década de los 90, las escuelas de música se fundaron como refugios de los problemas de la ciudad y como baluartes de la diferencia musical. Sin embargo, la evaluación de La Red realizada en 2005 reveló que el 88,2% de los estudiantes encuestados se sentían seguros en el barrio donde vivían. Es decir, en pocos años la idea de la escuela de música como refugio de la violencia había perdido relevancia para la gran mayoría de los estudiantes, pero seguía definiendo a La Red. Doce años después, el equipo social constató que "muchas veces la REMM [Red] se percibe como un refugio que protege o evita que se entre en contacto o se reflexione acerca de las problemáticas que afectan a la comunidad o entornos inmediatos de la escuela" ("Informe" 2017a, 199). Un miembro del equipo puso un ejemplo: la narrativa en una escuela es que hay un dispensario de drogas cerca, pero los estudiantes pasan por delante sin siquiera mirar porque son "buenos chicos". Hay una clara dicotomía en el imaginario de la escuela: los niños buenos aquí, la sociedad mala allí. Lo que había faltado en la historia de La Red, dijo, eran estrategias para tender un puente entre ambos. La noción de entornos protectores era fundamental en el pensamiento de La Red. Por lo tanto, llevaba la separación, tanto social como cultural, en sus genes.

Con el tiempo, La Red comenzó a preguntarse cómo sus estudiantes podrían actuar como agentes de cambio positivo en la ciudad y no solo dentro de las escuelas de música. A partir de 2017, la nueva visión fue que el programa abriera los ojos, los oídos y las puertas; "conocer los territorios y las comunidades, aportar sus estrategias para que los estudiantes conversen mucho más con sus entornos en aras de una transformación social que tenga impacto a nivel de ciudad y de país" ("Informe" 2017a, 106). La conexión y el intercambio, más que la huida, estaban ahora a la orden del día.

Esto implicaba una visión diferente de la ASPM, no basada en una narrativa de salvación individual, sino preguntando cuál es la responsabilidad de los estudiantes de música con el resto de la sociedad. Parra criticó un imaginario de La Red como un grupo de los que huyen de los problemas del barrio. Se preguntaba, ¿qué hacía el programa por los que se quedaban? Aquí encontramos una concepción política de la ASPM aliada a una espacial: una preocupación tanto por "los de afuera" así como por "los de adentro", por relaciones sociales más amplias así como por la transformación individual y la vinculación dentro del grupo, por la comunidad en general y no solo por los estudiantes y sus familias.

En una de las reuniones del equipo directivo, se debatió cómo podría contribuir La Red a la construcción del tejido social, en lugar de limitarse a dar conciertos. ¿Cómo podrían servir las escuelas de música para fomentar la comunidad y la solidaridad que faltaban en la ciudad neoliberal? El programa comenzó a preguntarse: si los espacios que rodean la escuela son peligrosos, ¿qué podría hacer la escuela para hacerlos más seguros? Si son feos, ¿cómo podría la escuela hacerlos más bonitos? Los ejercicios de cartografía del equipo social fueron un ejemplo concreto de este cambio, que pasó de concebir el contexto social más amplio como un problema que había que evitar a reconocer el mundo exterior, comprometerse con él e incluso repararlo. Laverde, el director de la escuela de San Javier, hablaba a menudo de la importancia de romper la idea de La Red como una isla exclusiva para unos pocos privilegiados y reconectarla con el barrio; el proyecto de la escuela estaba dedicado a este fin. Sus "improvisajes" se imaginaban como una forma de sanación del territorio.

Esta concepción de la ASPM trata a los jóvenes menos como delincuentes potenciales a los que hay que rescatar y transformar con el poder de la música, y más como sujetos políticos en formación y futuros agentes de cambio social. Rechazando las viejas ideas de distanciar y "salvar" a los niños de sus realidades sociales, pone más énfasis en su capacidad y responsabilidad para actuar sobre los problemas de la ciudad. Reconoce que los estudiantes de música suelen estar en condiciones de servir a otros más desfavorecidos o aislados. El equipo social concebía la música como una herramienta para nombrar y trabajar las realidades sociales, no para evitarlas, instando al programa a ir más allá de la construcción de entornos protectores *frente* a la violencia para fomentar la reflexión crítica *sobre* la misma "y de esta manera transformar la sociedad a través de la formación de sujetos analíticos con criterio propio" ("Informe" 2017a, 116). Se preguntó cómo se podrían crear entornos protectores no solo dentro de las escuelas de música sino también en el barrio. El equipo destacó la afirmación de Nussbaum de que la educación para la ciudadanía implica fomentar la capacidad de pensar en el bien común y no solo en un grupo local (198).

La concepción dominante de la ASPM ortodoxa ha sido que los estudiantes que *reciben* una educación musical equivalen a la acción social. Existe una vaga noción de que los valores se extienden desde los niños a sus familias y a la sociedad en general, aunque hay poca explicación o evidencia de este proceso, y los datos de Sarrouy (2018) sugieren lo contrario (véase el Capítulo 4). Lo que falta en gran medida, en este modelo osmótico, es la idea de que la acción social implica que los estudiantes *den* —en otras palabras, una concepción de la acción social construida sobre el servicio a los demás. El "impacto social" era normalmente la abreviatura de los beneficios para los estudiantes. Ahora La Red prestaba más atención a los beneficios potenciales para la sociedad en general, no solo para los cinco mil participantes del programa, sino también para los tres millones de habitantes de la ciudad.

Hess (2019) explora el potencial de la música en este sentido. Elabora una "pedagogía de la comunidad" que hace hincapié en la conexión en tres niveles:

> En primer lugar, los jóvenes se relacionan entre sí en la comunidad local del aula, fomentando un entorno de apoyo mutuo en el que aprenden

a valorar sus propias contribuciones y las de otros miembros de la comunidad. En segundo lugar, los jóvenes relacionan la música con su contexto sociopolítico y sociohistórico de manera que les permite comprender sus propias vidas y las de los Otros en una matriz más amplia de relaciones sociales. Por último, los jóvenes se encuentran con Otros desconocidos a través de examinar diferentes tradiciones musicales que proporcionan una ventana tanto a la comunidad local como a la comunidad global más amplia. (152)

De este modo, Hess amplía la filosofía de burbuja unidimensional de la ASPM ortodoxa a un modelo tridimensional que mira tanto hacia afuera como hacia adentro, tanto a través del tiempo y el espacio como a los presentes en el aquí y ahora. Como sostiene Sachs Olsen (2019), el reto del arte socialmente comprometido no es promover la solidaridad entre personas con ideas afines, sino entre grupos muy diferentes. Del mismo modo, la visión de Silverman y Elliott (2018) sobre la ciudadanía artística se ocupa de muchos "otros" y no solo de los participantes y su círculo inmediato:

> una 'ética de la atención' no debe limitarse a los emparejamientos uno a uno, a los grupos pequeños o a las circunstancias locales exclusivamente. Para ir más allá del 'yo', más allá de la relación individual que es habitual en los programas de música de la comunidad local, hay que 'buscar' intencionadamente las necesidades de una comunidad mucho más amplia. Por lo tanto, ¿qué es 'bueno para' muchos 'otros'? ¿Qué hace falta para comprender y atender las necesidades más amplias de aquellos con los que no necesariamente nos relacionamos a nivel local o diario? Parte de la respuesta radica en la naturaleza de la responsabilidad propia y ajena que está, o debería estar, en el corazón de la ciudadanía artística. (369)

El cuarto elemento del modelo de ciudadanía artística presentado anteriormente —la acción—, intenta captar este enfoque alternativo de la ASPM: tratar a los estudiantes como agentes de la acción social, como ciudadanos y no como meros beneficiarios. En el contexto de un programa social, la música debe ser considerada como una acción política y ética y un ejercicio de responsabilidad cívica (Elliott, Silverman y Bowman 2016), lo que implica un movimiento hacia afuera, hacia la sociedad, en lugar de un movimiento hacia adentro para disciplinar a unos pocos jóvenes. La ciudadanía artística gira en torno a poner la música al servicio de la mejora de los demás; conlleva una ética del cuidado dirigida a la sociedad y no solo al individuo. Este modelo rechaza el pensamiento deficitario que se encuentra en el corazón de El Sistema, articulado en su misión oficial como "rescata[r] al niño y al joven de una juventud vacía, desorientada y desviada", y la patologización de los individuos que tiene lugar cuando la educación musical en grandes ensambles se imagina como corrección o cura (Mantie 2012).[9] Spruce (2017, 725) resume el modelo deficitario en la educación musical: "Los jóvenes son caracterizados aquí en términos de [...] lo que no tienen, en lugar de en términos de lo que podrían traer a los lugares de la educación musical como seres musicales sensibles que a menudo encarnan ricos patrimonios musicales y culturales". La ciudadanía artística sigue este último camino; no se centra en lo que les falta a los jóvenes, sino en lo que podrían aportar a la cultura y a la sociedad. En palabras de Mantie, "se inclina más hacia la *educación* como proyecto ético que hacia el *entrenamiento* basado en la presunta carencia y la conformidad obligatoria" (120).

Eun Lee, clarinetista y fundadora de la orquesta activista The Dream Unfinished, utiliza la analogía de un automóvil para representar diferentes niveles de compromiso musical con la justicia social (Robin 2020). El nivel 1 es el adorno del capó: superficial, centrado principalmente en el posicionamiento y las exhibiciones. El nivel 2 es el motor: todo está en su sitio, todo está bien montado, pero el automóvil sigue parqueado. El nivel 3 es cuando el automóvil realmente se mueve. En el caso de The Dream Unfinished, su tema para 2020 era el compromiso cívico y el derecho al voto. El nivel 3 significaba, por ejemplo, realizar conciertos en comunidades que históricamente habían tenido una baja participación electoral y tener disponible el registro de votantes: "Para que no sea solo un concierto *sobre* algo, sino que se pueda *hacer* ese algo en el concierto". The Dream Unfinished ofrece un ejemplo sugerente para la ASPM: tratar la educación musical como una apertura de oportunidades para la acción social, más que como una forma de acción social en sí misma.

Al considerar a los jóvenes menos como un problema que hay que resolver y más como una solución potencial, La Red también se alejó de la ideología del déficit de Medellín de finales del siglo XX y se acercó al pensamiento progresista contemporáneo sobre la juventud, la cultura y la política. En el Medellín de los años 80 y 90, la juventud se percibía

---

9   El Sistema, "¿Qué es El Sistema?", https://elsistema.org.ve/que-es-el-sistema/

ampliamente como peligrosa o vulnerable y, por tanto, debía ser contenida o protegida. La Red se formó bajo la doble influencia de esta ideología y de El Sistema, de ahí su práctica de encerrar a los jóvenes durante largas horas tocando música y su discurso de "un niño que empuña un instrumento no empuñará un arma". Pero a principios de la década del 2000, los jóvenes se convirtieron cada vez más en protagonistas políticos de la ciudad, asumiendo puestos de responsabilidad (por ejemplo, en el gobierno de la ciudad). En 2007, había casi 300 colectivos de jóvenes en Medellín, muchos de los cuales tenían un enfoque cultural o artístico (Brough 2014).

Hubo un cambio hacia la percepción de los jóvenes como agentes políticos y productores de cultura. Este cambio está ampliamente documentado en un reciente volumen en el que los investigadores de la juventud en Medellín rechazaron rotundamente un modelo de déficit a favor del desarrollo positivo de los jóvenes. Su título lo dice todo: "Los jóvenes: un fuego vital" (*Jóvenes* 2015). Sin embargo, La Red se quedó atrás, a pesar de los esfuerzos a nivel de gestión. Seguía anclada en una visión de la juventud del siglo XX centrada en la carencia y el riesgo, en lugar de una visión del siglo XXI centrada en el potencial. Su enfoque de burbuja protegía a los jóvenes de los problemas sociales y les proporcionaba una alternativa segura, pero también fomentaba la desconexión con las nuevas dinámicas y movimientos juveniles positivos en la ciudad. Los cambios de La Red a partir de 2017 podrían verse como un intento renovado de ponerse al día con los recientes movimientos de la cultura y de la política juvenil urbana y con las organizaciones sociales y culturales que ahora se encuentran por toda la ciudad.

Comparar a La Red con este tipo de organizaciones sería un ejercicio revelador, si bien excede el alcance de este libro. Un miembro del equipo social me expresó su ambivalencia sobre La Red: por un lado, el programa tenía claras limitaciones y había mucho margen de mejora en el aspecto social; por otro, algunas escuelas funcionaban en circunstancias difíciles, y el mero hecho de hacer su trabajo básico de enseñar música ya era un logro. Tal vez fuera un error esperar que La Red hiciera algo más que mantener a los niños fuera de las calles y de los problemas, reflexionó. Luego, respondiendo a su propio argumento, continuó: pero había muchas otras organizaciones que trabajaban en circunstancias más difíciles, más arriba de las laderas, con menos recursos, y que sin

Fig. 22. Archivo de La Red de Escuelas de Música. CC BY.

embargo se las arreglaban para mantener los temas sociales y políticos en el centro de lo que hacían. Esto es algo que las famosas escuelas de hip-hop de la ciudad supieron hacer. Consiguieron mirar tanto hacia afuera como hacia adentro. ¿Por qué no La Red?

El "canal"

Durante los primeros años de La Red, había un "canal" musical que funcionaba bien. El programa se inició en una época en que la formación profesional y la escena orquestal de Medellín estaban muy menguadas. Por lo tanto, había una ruta relativamente clara para los estudiantes que tomaban la música más en serio, que iba desde La Red a los departamentos de música de las universidades (particularmente en la Universidad de Antioquia) hasta las dos orquestas profesionales de la ciudad, la Orquesta Filarmónica de Medellín y la Orquesta Sinfónica de EAFIT (una prestigiosa universidad privada). Me dijeron en repetidas ocasiones que una parte importante de estas orquestas en 2018 estaba conformada por egresados de La Red.

Sin embargo, con el paso del tiempo, esta vía se hizo más estrecha. A medida que La Red se expandía, la competencia por las plazas universitarias también crecía, y a medida que las orquestas de la ciudad se llenaban de jóvenes graduados de La Red, el número de oportunidades profesionales disminuía. Así surgieron dos cuellos de botella. Esta cuestión se planteó ya en 2005, cuando la evaluación de La Red señaló que, independientemente de sus objetivos sociales declarados, el programa estaba produciendo un número considerable de músicos con aspiraciones profesionales y la oferta había superado rápidamente la demanda de la ciudad.[10]

Al principio, entonces, el enfoque ortodoxo de la ASPM sirvió para fomentar una escena orquestal más vibrante en Medellín (como se pretendía hacer en Venezuela). Pero a medida que La Red crecía, la capacidad de la ciudad para absorber a tantos músicos no lo hacía. Medellín se acercó constantemente al punto de saturación. Sin embargo, la línea de producción de músicos continuó, planteando la pregunta cada vez con más insistencia: ¿a dónde iban a ir todos? ¿Qué iban a hacer para ganarse la vida? El surgimiento de Iberacademy y de la Sinfónica de Antioquia (otra orquesta juvenil) solo contribuyó al problema. En 2018, Medellín contaba con tres programas de formación orquestal y, sin embargo, solo dos orquestas profesionales, un desequilibrio entre la oferta y la demanda que exacerbaba la preocupación por las perspectivas futuras de los estudiantes. En la segunda década de La Red también se dio mayor prioridad al objetivo social del programa. Esto llevó a que se cuestionara cada vez más hasta qué punto La Red *debía* servir como un canal orquestal o si debía centrarse más en otro tipo de procesos y resultados.

Franco argumentó que en Medellín había un amplio abanico de caminos y carreras musicales, pero que La Red solo preparaba a los estudiantes para una de ellas, la profesión orquestal —a la que solo llegaría una mínima parte dada la competencia. Otro directivo estuvo de acuerdo. El mundo de la música está cambiando, dijo, así que La Red tiene que cambiar con él; nuestros estudiantes tienen que ser versátiles y tener amplias habilidades si quieren vivir de la música en el futuro. Estas opiniones no se limitaban a la dirección. Un director de escuela fue tajante: no tiene mucho sentido que La Red sea una línea de producción de músicos sinfónicos cuando hay tan poco trabajo para ellos. Otro habló

---

10   Howell (2017) revela una disyuntiva similar en el Instituto Nacional de Música de Afganistán entre la formación musical y las limitadas opciones posteriores disponibles para los formados.

de invitar a profesionales a dar charlas a los estudiantes sobre diferentes carreras, argumentando que era importante mostrarles que había otras posibles rutas profesionales. Un tercer director dijo al equipo social: "El Programa, al centrarse en la formación musical y no de ciudadanos, en 20 años ha sacado muchos músicos en la ciudad, y ésta no da abasto para ubicar laboralmente a los profesionales en la música" ("Informe" 2017a, 75–76).

Incluso uno de los profesores más conocidos del programa, uno de los de la primera generación, me dijo que la música clásica se había convertido en un campo profesional saturado en Medellín y que él generalmente alejaba a sus estudiantes de ella. Su consejo profesional era que siguieran tocando pero que estudiaran otra cosa en la universidad. Criticaba la educación musical superior que enseñaba a los estudiantes una gran cantidad de repertorio clásico que nunca tocarían en público fuera de los muros de la institución. Si se ganara algo de dinero con la música, decía, sería tocando salsa, no un concierto clásico.

Nora, del equipo social, declaró: "Deberíamos preguntarnos si en realidad los estamos perjudicando al poner la música como objetivo de vida, si este es un mercado que ya está sobre abastecido de músicos". La música popular era un campo más amplio y con más oportunidades, pero La Red solo ofrecía una preparación limitada en este ámbito. Argumentó que las cosas serían diferentes si La Red utilizara la música clásica como medio para proporcionar una educación humanística completa a los jóvenes de los barrios, porque entonces la saturación profesional sería menos preocupante. Pero "no les estamos dando herramientas para que puedan reflexionar sobre su contexto"; en su lugar, el programa ofrecía una formación estrecha y técnica, preparando a los estudiantes para una profesión pequeña y menguante, y dedicaba solo unos recursos mínimos al tipo de educación social que justificaba su financiación y que sería mucho más ampliamente aplicable.

El resultado fue un creciente choque de expectativas. A medida que aumentaba la competencia y se reducían las oportunidades, los estudiantes musicalmente ambiciosos empezaban a preocuparse más por la calidad de la preparación que ofrecía la Red. Como vimos en el Capítulo 2, a menudo consideraban que el carácter social de La Red rebajaba el nivel del programa y, por tanto, era contraproducente para sus aspiraciones profesionales. Mientras tanto, la presión de la dirección y del equipo social iba en la otra dirección: hacia la diversificación musical, ampliando la oferta educativa para preparar mejor a los estudiantes para otras oportunidades musicales; y/o proporcionando una educación social integral.

En teoría, estas últimas posturas se imponían, ya que contaban con el apoyo de la Secretaría de Cultura y de los más altos cargos del programa. En la práctica, sin embargo, no fueron favorecidos por los estudiantes avanzados ni por el personal musical, y La Red no disponía de suficientes empleados con una formación adecuada para desempeñarlas plenamente. La Red estaba en cierto modo encerrada en un patrón difícil de romper, precisamente porque era una parte de una cadena y un ecosistema educativo y profesional más amplio que seguía bastante apegado a las normas de los conservatorios, y tenía poco control sobre las otras partes. La Red era el primer eslabón de una cadena que incluía la enseñanza superior y la profesión, las cuales retroalimentaban el programa suministrando sus profesores y moldeando las aspiraciones de sus estudiantes. Así pues, La Red se encontraba atrapada entre tres bandos: ya no quería o no podía servir predominantemente como canal orquestal, y al mismo tiempo luchaba por orientarse decididamente hacia la diversificación musical o la acción social.

En 2018, Medellín ofrecía un ejemplo ambiguo. Por un lado, su Red de Prácticas Culturales y Artísticas era la envidia de otras ciudades; por otro, las oportunidades para sus egresados no eran abundantes y, en el caso de la música, se estaban reduciendo.[11] Una funcionaria de cultura de la ciudad reflexionó sobre esta ambigüedad. Admitió que le dolía ver a artistas de diversa índole (músicos, mimos, artistas de circo) que se paseaban por los semáforos de la ciudad por unas pocas monedas. Los programas sociales-artísticos públicos son muy complicados en un país como Colombia, dijo; si los que salen de ellos acaban ganándose la vida en los semáforos, es que algo no está funcionando.

Las dificultades actuales de El Sistema ilustran que estos dilemas y luchas forman parte de la ASPM en general. El Sistema fue diseñado para formar rápidamente a músicos profesionales de orquesta y, sobre todo después de su rápida expansión en la década del 2000 bajo el mandato de Chávez, produjo un gran y creciente número de jóvenes músicos

---

11   En 2020, La Red fue galardonada con el IV Premio Internacional CGLU (Ciudades y Gobiernos Locales Unidos)-Ciudad de México-Cultura 21.

que se propusieron hacer una carrera orquestal. Sin embargo, fuera de Venezuela, la profesión orquestal es extremadamente competitiva y, en la mayoría de los países, las oportunidades estaban estancadas o se reducían incluso antes del revuelo mundial de 2020. Hasta alrededor de 2014, esta tensión permaneció oculta, ya que los altos precios del petróleo y el poder político de Abreu crearon una economía burbuja de la música clásica en Venezuela. Abreu tenía suficiente influencia y recursos para tomar medidas drásticas, como profesionalizar todas las orquestas juveniles regionales y crear orquestas semiprofesionales en Caracas a su antojo. Pero esa burbuja estalló con la crisis nacional, y la colisión entre El Sistema y la realidad pudo observarse en los años siguientes, cuando se produjo un éxodo de los músicos del programa y se les pudo encontrar trabajando en los trenes y en las esquinas de toda Latinoamérica y España. Se crearon orquestas totalmente o mayoritariamente venezolanas en varias grandes ciudades fuera de Venezuela, no tanto como fuente de trabajo remunerado, sino más bien como un foco social para los músicos inmigrantes y, en algunos casos, como un intento de conseguir un primer taco de salida, aunque en gran medida simbólico, dentro de la industria cultural local (véase, por ejemplo, Fowks 2019). Estos panoramas generaron orgullo entre muchos venezolanos, aunque también señalaron de manera conmovedora la superfluidad de músicos que había producido El Sistema, una superproducción que se había mantenido durante muchos años y presentado como una brillante historia de éxito solo porque había sido apuntalada por las mayores reservas de petróleo del mundo y un genio político y económico experto en canalizarlas hacia la música. Pero ahora la realidad se había impuesto.

Hoy en día, la pregunta —no solo en Medellín, sino también en todo la ASPM ortodoxa—, es: ¿puede considerarse realmente "acción social" formar a un gran número de jóvenes de los barrios populares para una carrera tan desafiante y reducida? Si la formación orquestal proporcionara la mejor educación *social* disponible, esa pregunta estaría en gran medida resuelta. Pero el equipo social de La Red no estaba convencido, y no era el único.

La Orquesta

Franco bromeó una vez conmigo diciendo que el programa debería llamarse realmente Red de Interpretación Musical Sinfónica (en lugar de Red de Escuelas de Música). Esta fue una de las innumerables formas en que me expresó su crítica al enfoque orquestal de La Red. Consideraba que la centralidad de los grandes conjuntos limitaba las posibilidades de adquirir otras habilidades además de la interpretación de la música escrita. Imaginando un músico más independiente con un conjunto de herramientas más completo, instaba a hacer menos hincapié en la interpretación instrumental melódica en los grandes ensambles y más en el aprendizaje del ritmo, la armonía, la composición y la improvisación. Animaba a La Red a crear más espacio para ensambles más pequeños, de ocho a diez estudiantes, y abogaba por centrarse menos en la cantidad y más en la calidad de la dinámica y las relaciones sociales. En su opinión, La Red cultivaba la dependencia del ensamble y de su director. ¿Qué ocurre cuando los estudiantes salen al mundo y no están ni el director ni el ensamble? Aunque apreciaba la orquesta sinfónica desde un punto de vista estético, era más crítico con su dinámica organizativa. Habló del "síndrome de la silla de principal": cómo la jerarquización dentro de las orquestas puede generar arrogancia. En términos más generales, le preocupaba que La Red introdujera a los estudiantes en lo que consideraba una cultura poco saludable y les contagiara los malos hábitos de algunos músicos profesionales de orquesta cuando aún eran jóvenes. Con su apego excesivo a la orquesta, La Red imitaba la profesión orquestal, con todos sus lunares.

Resulta llamativo escuchar una opinión de este tipo por parte del coordinador pedagógico de un destacado programa de ASPM, y su perspectiva no era la única. Otros directivos hicieron comentarios sobre que La Red convertía a los estudiantes en "autómatas" o "robots", y también criticaron la figura del director y el ambiente de los ensayos orquestales. La dirección trató de alejarse del modelo convencional de la ASPM —del director como agitador de vara autoritario—, hacia una dinámica más horizontal y participativa, con más poder concedido a los estudiantes y sustituyendo el director por una mezcla de educador, gestor y comunicador. Durante mi año en Medellín, varios de los directores del programa con el perfil profesional más convencional fueron despedidos y reemplazados por individuos con una gama más amplia de habilidades musicales y una forma de trabajar menos vertical. El contraste con El Sistema, un programa creado por un agitador de vara autoritario y que operaba como una línea de producción de directores de orquesta convencionales (Govias 2020), fue llamativo.

El equipo social mantuvo una visión igualmente crítica de la cultura orquestal. Como se ha visto, su informe de 2017 está impregnado de una crítica al formato sinfónico, que se considera que impide el desarrollo de las capacidades ciudadanas ("Informe" 2017a). El equipo anterior elaboró los fundamentos conceptuales del programa desde la perspectiva de los derechos, a partir de las nociones de dignidad, autonomía y libertad ("Fundamentos" 2016). La autonomía se definió como la capacidad de decidir el propio rumbo y encontrar las propias soluciones, con la ayuda y el apoyo de los demás; la libertad como la posibilidad de tomar decisiones para realizar las propias ambiciones. No es difícil ver aquí una tensión con el funcionamiento de un gran ensamble convencional.

Fue aún más sorprendente escuchar las perspectivas críticas de algunos profesores que habían sido estudiantes en la primera fase de La Red. En medio de la narración de su vida, Pepe me confesó:

> Las orquestas me aburrían, las orquestas me estresaban, porque siempre era la misma historia, y como empecé en un sistema a los once años tocando en orquestas, a los veinticuatro estaba harto de estar en una orquesta, de la rigidez de una orquesta, de la monotonía de una orquesta, de que no pase nada en una orquesta… como ser humano, me aburría.

Daniel describió sus sentimientos encontrados sobre su educación en La Red:

> Sentí esa parte negativa —las experiencias que tuve en una orquesta fueron que la gente te miraba mal, o que estabas nervioso por lo que dirían los demás sobre cómo estabas tocando, o qué estabas tocando, o cómo te medías con los demás… el ambiente era muy pesado… incluso los directores, eran tiranos, llegaban y te gritaban, y yo pensaba, "oh, si esto es la música, no me gusta esta parte".

Ambos profesores dirigían ahora grandes ensambles, ilustrando cómo las reservas individuales sobre la ASPM pueden ser arrastradas por la necesidad en instituciones como La Red. Pepe, en particular, era una encarnación de las ambigüedades de la ASPM: expresaba una visión profundamente negativa de la orquesta como modo de organización musical, pero también era un apasionado entusiasta de la ASPM y perpetuaba con gusto ese mismo modo que le había dejado "aburrido" y "estresado" como estudiante. No eran los únicos directores ambivalentes de La Red. Un director de escuela cuestionó "la relación unidireccional, y el autoritarismo del director en la relación con la orquesta: haga, toque, pare" ("Informe" 2017a, 142). Otro director reflexionó sobre la jerarquía y la competencia que la orquesta inculcaba a los estudiantes, con su sistema de sillas principales y reglas sobre quién tiene derecho a hablar. Al haber cambiado recientemente de escuela, vio una mezcla de comportamientos sociales en su nueva orquesta, con algunos estudiantes reacios a ayudarse entre sí y resistentes a las nuevas ideas. Describió la dirección de los ensayos de la orquesta como "un castigo" y "lo más molesto de la escuela".

No se trata de hallazgos aislados. Los informes del equipo social a partir de 2008 se centraron en las dinámicas negativas generadas dentro y entre los grandes ensambles de La Red. Del mismo modo, muchas de las críticas articuladas por los músicos de El Sistema en la evaluación de Estrada de 1997 estaban relacionadas con el enfoque sinfónico del programa, que se consideraba que producía problemas sociales y limitaba las posibilidades educativas (véase Baker y Frega 2018). Estos hallazgos no deberían causar mucha sorpresa. Ya hay medio siglo de estudios académicos que exploran las complejidades y tensiones de las orquestas sinfónicas (véase Baker 2014). En los últimos años, el escrutinio crítico de la cultura orquestal se ha intensificado con el auge del #MeToo, el estallido de numerosos escándalos relacionados con directores y músicos de orquesta famosos, y una mayor apertura en los medios de comunicación principales y sociales sobre los lados más oscuros de la profesión (véase, por ejemplo, Johnston 2017; Miller 2017; Ferriday 2018). Por tanto, las actitudes están cambiando y, en este sentido, la dirección de La Red, con su perspectiva crítica sobre la orquesta, se estaba moviendo con los tiempos. Pero los grandes ensambles eran tan centrales en la historia y el imaginario de La Red, en las expectativas del personal y los estudiantes, y en las exigencias que la ciudad imponía al programa, que los espacios para el debate eran limitados y el progreso lento. Es indicativo que el mayor retroceso de la dirección de Giraldo fue el abandono forzado de su intento de reformar las agrupaciones integradas.

En resumen, la investigación y el periodismo presentan un profundo desafío a la noción fundacional de la ASPM de que la orquesta sirve como "modelo para una sociedad global ideal". Por el contrario, revelan que la orquesta está en el centro de las dinámicas negativas que se encuentran en algunos de los programas más conocidos de la ASPM: autoritarismo, jerarquías, grupos exclusivos, divisiones imaginarias, estrechez y rigidez pedagógica, y falta de representación de los estudiantes. La evidencia de Medellín apoya la de Venezuela al señalar a la orquesta como un problema más que como una solución. En Medellín, este modelo requirió la creación de un equipo social para contrarrestar las dinámicas problemáticas que generaba. Uno de los temas que preocupaba al equipo social también ha estado en el centro de las críticas recientes a la cultura orquestal en general: las relaciones de género.

Género

Los miembros del equipo social hicieron a veces comentarios sobre La Red como un sistema de "mamás y papás". Una exploración adecuada del tema del género requeriría un estudio aparte, así que mi intención aquí es simplemente señalarlo como algo que merece más atención. Aunque cuatro de los seis directores generales de La Red (hasta finales de 2020) han sido mujeres, el programa ha reproducido en gran medida la dinámica patriarcal tanto de la cultura paisa como de la música clásica. Durante mi trabajo de campo, las tres máximas figuras y la mayor parte del grupo directivo eran hombres; las excepciones eran la directora de comunicaciones y los tres miembros de base del equipo social. Todas las agrupaciones integradas (orquestas y bandas) estaban dirigidas por hombres; solo el coro tenía una directora. Las tres cuartas partes de los directores de escuela eran hombres. Sin embargo, los veintisiete asistentes administrativos de las escuelas eran todas mujeres.

Estas cifras apuntan no solo a un predominio de los hombres en los niveles superiores del programa, sino también a una diferenciación de género de los distintos tipos de trabajo. Cuando el equipo social murmuraba sobre "mamás y papás", en parte estaba haciendo una observación empírica. La figura de las asistentes administrativas había surgido, de hecho, de un sistema informal de apoyo ofrecido por familiares en los inicios del programa, y varias madres de estudiantes de La Red obtuvieron puestos de trabajo como asistentes administrativas cuando se formalizó la función. Todavía había algunas de estas madres ocupando este papel en 2018. Pero el equipo social también apuntaba a una división del trabajo según las normas de género convencionales. La mayoría de las escuelas estaban dirigidas por un dúo de director masculino y asistente administrativo femenina. El liderazgo musical era generalmente competencia de los hombres; las funciones más "sociales" —el equipo social, la administración y las comunicaciones—, solían recaer en las mujeres. (La división por sexos de la parte musical y la social arroja más luz sobre la prioridad que se daba a la primera en la práctica.)

Una vez más, La Red no es un ejemplo aislado. Tanto La Red como El Sistema pueden considerarse sistemas patriarcales creados por líderes masculinos carismáticos. A Abreu le gustaba rodearse de hombres, lo que llevó a la autora venezolana Gisela Kozak Rovero (2018) a describir El Sistema como "una suerte de hermandad masculina de caballeros templarios de la música clásica, siendo Abreu el núcleo del culto". Cuando Abreu finalmente abrazó la idea de la inclusión social, la interpretó únicamente en términos de clase, lo que significa que otras exclusiones sistémicas se han perpetuado en lugar de ser desafiadas. El resultado es un techo de cristal para las mujeres mucho más flagrante que el de La Red (véase Baker 2014; 2015) y que ridiculiza la retórica de inclusión o justicia social.

Programas como El Sistema y La Red abrazan discursos progresistas como la inclusión social y el cambio social, pero en la práctica suelen mostrar más signos de reproducir las dinámicas de género convencionales y conservadoras de las sociedades que los rodean y de perpetuar las históricas desigualdades de género de la cultura orquestal. La Red es la más ambigua de las dos, con sus cuatro líderes femeninas, y el equipo social, dominado por mujeres, hizo continuos esfuerzos por abordar las cuestiones de género a través de talleres y debates. Parra tenía un antiguo interés académico por el género y las masculinidades. Sin embargo, los efectos en los niveles superiores fueron limitados, y varias mujeres me hablaron en privado de su insatisfacción con la dinámica de género de La Red, señalando una resistencia histórica a las mujeres líderes y una tendencia del personal masculino a dar instrucciones a las colegas femeninas en lugar de tratarlas como iguales. Si nos fijamos en los resultados más que en las intenciones, la organización en su conjunto seguía inclinándose más por la reproducción del *statu quo*. Quizás esto no deba sorprender, dado que se trata de un patrón encontrado en el sector de la música clásica en otros lugares (véase, por ejemplo, Scharff 2017; Bull 2019).

Educación en Música y en Otras Artes

La Red de Música era el programa más grande y mejor financiado de los cuatro programas de educación artística de la ciudad, pero Parra me comentó varias veces que los demás eran interesantes y que merecía la pena observar en particular La Red de Artes Visuales. En consecuencia, pasé algún tiempo en ese programa, participando en su formación de los profesores, asistiendo a un taller de dos días, visitando una escuela, hablando largo y tendido con algunas de sus figuras principales y leyendo muchos materiales que había publicado. También hice varias visitas al programa de danza. Estas experiencias me permitieron hacerme una idea más clara de hasta qué punto los problemas de La Red tenían que ver con el contexto (Medellín, su gobierno, la educación artística, etc.) o con la música.

Cuando me senté en el despacho del director en mi primera visita al programa de Artes Visuales, vi que las paredes estaban forradas de libros críticos y teóricos sobre las artes y la arquitectura. En las sesiones de formación de formadores, los debates tenían una orientación mucho más social, política y conceptual que la que yo estaba acostumbrado a tener en las actividades de desarrollo profesional del personal en La Red (que ni siquiera tenía un programa de formación de formadores). Mientras que La Red estaba moldeada por la propia educación musical del personal y el objetivo de realizar conciertos para la ciudad, observé cómo la teoría y la pedagogía de Artes Visuales se construyó desde cero por los nuevos profesores, partiendo de la base de los objetivos sociales (como la paz y la ciudadanía). Entendí por qué los otros programas no tenían un equipo social: la parte social estaba entretejida en el trabajo de los profesores. La valorización del pensamiento crítico y la voluntad de hacer preguntas difíciles eran constantes. Este tipo de cuestionamiento no estaba ausente en La Red, como he detallado; sin embargo, siempre había una lucha por integrar este proceso de reflexión en la práctica. En Artes Visuales, sin embargo, la teoría crítica y la práctica iban de la mano. Por el contrario, escuché una mínima referencia a las preocupaciones clave de la educación formal, como la técnica o el currículo, que eran prominentes en La Red. En Artes Visuales, se consideraba que tenían poco que ver con el impacto social. De hecho, muy poco de lo que vi se relacionaba con las artes visuales en el sentido cotidiano del término (dibujo, pintura, etc.); la atención se centraba directamente en el arte conceptual. Por tanto, las clases eran más libres y creativas que en La Red, con su enfoque en la adquisición de la técnica para interpretar un repertorio existente.

Fig. 23. Construir la teoría y la pedagogía, Red de Artes Visuales. Foto del autor (2018). CC BY.

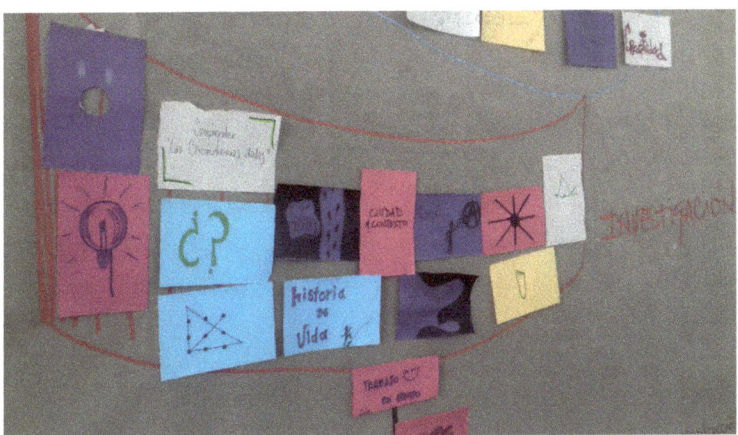

Fig. 24. Construir la teoría y la pedagogía, Red de Artes Visuales. Foto del autor (2018). CC BY.

Fig. 25. Construir la teoría y la pedagogía, Red de Artes Visuales. Foto del autor (2018). CC BY.

La Red de Artes Visuales describió el trabajo que había realizado durante 2016 en un libro cuyo título, "Un organismo vivo y mutando", subrayaba que el cambio organizativo era fundamental para su identidad (*Organismo vivo* 2016). Su director, Tony Evanko, escribió sobre un cambio de enfoque anterior de la formación técnica a "crea[r] ciudadanos con la consciencia, las capacidades y la confianza para generar cambios en sus vidas y en su entorno" (9). La Red de Artes Visuales se veía a sí misma como un laboratorio pedagógico y "una aventura en transformación" (23), centrada en la creación, el pensamiento crítico y cuestiones clave en la construcción de la sociedad, como los derechos humanos, la identidad, la ciudadanía y la paz. Los participantes formularon proyectos o actividades que surgieron de sus propios intereses, realidades y necesidades. El programa buscaba fortalecer una serie de competencias ciudadanas: el respeto y la confianza en uno mismo; el aprendizaje a través de la creación; la ganancia de una voz; el reconocimiento y el respeto de la diferencia; el desarrollo de una posición crítica y la capacidad de tomar decisiones basadas en la reflexión y los argumentos; la realización de acciones concretas dirigidas a la transformación; y la construcción colectiva y colaborativa. Los principios pedagógicos incluían el cuidado, el cuestionamiento, el permitir los errores, el priorizar el proceso sobre los resultados y el ver los problemas como oportunidades. Se subrayó la importancia de conectar la investigación y la práctica pedagógica. Y para que todo esto no suene totalmente teórico, gran parte del libro se dedicó a analizar el trabajo artístico realizado en los Laboratorios de Creación Comunitaria y a explicar cómo ejemplificaba los objetivos del programa.

El trabajo del año siguiente se centró en fomentar el pensamiento crítico, la creación, la autonomía, el agenciamiento, la empatía y la cooperación (*La ciudad* 2017). La Red de Artes Visuales se posicionó claramente como educación artística no formal, centrada no en el aprendizaje de técnicas o en la formación de artistas, sino en la generación de reflexión. Al organizar "laboratorios de desaprendizaje" para sacar al personal de su zona de confort y animarlo a deconstruir y reconstruir su yo profesional, y al valorizar los conocimientos existentes de los participantes, cuestionaron una relación vertical profesor-alumno en la que el primero es el que sabe y el segundo, el que no. En una autocrítica de su trabajo anterior, pasaron de centrarse en proyectos artísticos a hacerlo en intervenciones urbanas y sociales, en la transformación de la ciudad. Estas intervenciones incluían acciones sobre temas como los espacios públicos, los animales y los residuos, y actividades como escribir una canción, hacer un videoclip, pintar murales y cultivar un jardín. En estas intervenciones, también experimentaron con diferentes métodos de organización social y animaron a los participantes a ejercer la responsabilidad y compartir el liderazgo. El espíritu autocrítico es evidente al final: "Al cerrar este compilado regresamos a las preguntas: ¿qué tanto hemos cambiado nosotras?, ¿qué tanto estamos dispuestas a cambiar, en lo personal y en lo institucional para lograr esa sociedad que nos imaginamos"? (105).

Ahora entendía por qué Parra había tenido tanto interés en que viera Artes Visuales. En La Red de Música, esas ideas surgían a veces en reuniones o documentos internos como teorías o aspiraciones a futuro, pero en su red hermana estaban bien asentadas en la práctica: esos libros eran reflexiones sobre el trabajo ya realizado, y en mis visitas vi ese trabajo en marcha. La brecha entre los programas era evidente. Resultó que se había producido una revolución en las redes de educación artística del gobierno de la ciudad varios años antes, con la excepción de Música. En consecuencia, La Red de Música era ampliamente reconocida como la más conservadora de los programas. De hecho, fue revelador que entre 2017 y 2019, la administración de Giraldo estaba tratando de alinear La Red con el plan cultural de la ciudad para 2011–2020, incluso cuando ese plan estaba a punto de expirar.

Pérez, exfuncionaria de la Secretaría de Cultura Ciudadana, me explicó la evolución de las redes. La administración del alcalde Aníbal Gaviria (2012–2015) catalizó el proceso de transformación, buscando cambiar el enfoque de las bellas artes y de la adquisición de la técnica hacia movimientos artísticos más contemporáneos y un enfoque más vivencial de la educación. Los programas rompieron con los métodos tradicionales y cambiaron a una "pedagogía de laboratorio" más horizontal y experimental. Las artes visuales fueron las primeras en dar el giro, y la danza y el teatro les siguieron poco después, pero la música no, "porque estaba atrapada por la formación musical sinfónica tradicional". En los otros campos artísticos había pequeñas organizaciones ágiles y flexibles de la sociedad civil y, por tanto, dispuestas a asumir el reto de la transformación, pero Música estaba dirigida por una entidad enorme y lenta (la Universidad de Antioquia) y tenía un presupuesto muy grande. No había ninguna otra organización cultural en Medellín que estuviera dispuesta y fuera capaz de asumir un contrato de tal envergadura, y además quitarle La Red a la universidad habría supuesto un coste político considerable para el alcalde. Como resultado, Música se mantuvo y continuó como antes. No fue hasta 2018 cuando La Red comenzó a experimentar con laboratorios, varios años después que las otras redes y, además, solo como pequeños proyectos piloto junto a la oferta tradicional de orquestas y bandas. Irónicamente, la potencia de La Red era el origen de su debilidad. Su tamaño le dio mucho más protagonismo en la ciudad que a las otras redes, y su personal (a pesar de sus quejas) tenía mejores contratos que sus homólogos; sin embargo, su tamaño también fue un impedimento para la evolución, lo que la llevó a convertirse con el paso del tiempo en el menos innovador de los programas.

Este vacío se hizo evidente en los eventos de Mediadores de Cultura Ciudadana, en los que algunos programas adoptaron un enfoque experimental. Artes Visuales hicieron que los participantes planificaran, prepararan y cocinaran una comida comunitaria. Teatro sacó a los asistentes a la calle. Por el contrario, Música tuvo que debatir y replantearse mucho para ir más allá de enseñar a los participantes a tocar instrumentos. Si a Música le costó idear algo adecuado para Mediadores, los otros programas se adaptaron más fácilmente, ya que sus actividades habituales ya habían pasado por un proceso de rediseño para poner en primer plano los objetivos sociales. Como observó un funcionario municipal que supervisó el proceso, los otros programas ya habían asimilado el tema de la cultura y la ciudadanía, mientras que Música había seguido centrándose en tocar —y eso se notó en los preparativos de Mediadores.

Aunque es evidente que las consideraciones prácticas han desempeñado un papel importante en las diferentes trayectorias de las redes, también hay que tener en cuenta tendencias artísticas más amplias. Uno de los miembros del equipo social habló de cómo el teatro y las artes visuales habían experimentado importantes rupturas en América Latina, separándose de las tradiciones clásicas. Argumentó que dicho cambio había sido más limitado en el ámbito de la música académica, por lo que no le sorprendió que, entre las variedades de educación artística ofrecidas en Medellín, la música fuera la que más se asemejara a una forma de control social. El informe del equipo social subrayó el conservadurismo de la educación musical en comparación con otras enseñanzas artísticas, que habían sido revolucionadas por los movimientos de vanguardia ("Informe" 2017a).

La música aparece, así, como la más extraña en términos de educación artística pública en Medellín: simultáneamente la más favorecida en términos de presupuesto, instalaciones y exposición, y la más conservadora en su enfoque. Sin embargo, esto no parece ser simplemente un problema de Medellín. Una comparación entre la ASPM ortodoxa y el volumen *Art as Social Action* (El arte como acción social) (Sholette *et al*. 2018) apunta a una división similar y a entendimientos fundamentalmente distintos de las palabras "acción social" en la ASPM y en otros tipos de educación artística.

El enfoque de la acción social en la ASPM fue resumido por Rodrigo Guerrero, director de la Oficina de Relaciones Internacionales de El Sistema: "Los estudiantes están tan entusiasmados y dedicados a la diversión y creación musical, que hasta que dejan El Sistema no se dan cuenta de que en realidad es un programa de desarrollo social más que musical" (citado en Booth 2008, 11). En El Sistema, la acción social ocurría supuestamente de forma automática o por ósmosis, por lo que no había necesidad de *hacer* nada. Paradójicamente, la acción social era supuestamente tan sutil que los estudiantes no eran conscientes de ella, pero aun así tan dramática que el programa merecía cientos de millones de dólares en fondos sociales. Las pruebas disponibles sugieren que la ASPM se inventó como una estratagema discursiva a mediados de los años 90, y supuso simplemente describir lo que El Sistema siempre había hecho (la formación orquestal) como acción social; por tanto, no había necesidad de cambiar nada. En resumen, hay una sorprendente falta de *acción* social en la ASPM ortodoxa. De hecho, dado que un "enfoque de acción social" para el cambio social a través de las artes se asocia con la acción *política* y con figuras latinoamericanas radicales como Paulo Freire y Augusto Boal (Dunphy 2018), la ASPM podría verse simplemente como un nombre equivocado para el influyente enfoque de Abreu.

Art as Social Action presenta una concepción de la acción muy diferente a la de la ASPM ortodoxa. Presenta una variedad de proyectos artísticos con lo que podría llamarse en términos generales objetivos de justicia social. Si la ASPM se orienta en gran medida hacia el interior, actuando principalmente sobre los participantes, *Art as Social Action* se orienta hacia el exterior, actuando sobre la sociedad. En la ASPM, aprender a tocar música se considera en sí mismo una forma de acción social; en este sentido, no hay diferencia entre medios y fines. *Art as Social Action* sitúa el arte como un medio para el fin de actuar en y sobre la sociedad. La ASPM tiende a reforzar el orden social existente, mientras que *Art as Social Action* o el arte socialmente comprometido tiende a cuestionarlo. Podemos encontrar un ejemplo concreto en las actitudes hacia la ciudadanía en las redes de Música y Artes Visuales, como se ha comentado anteriormente. La concepción dominante de la ciudadanía en Música giraba en torno al orden social y se asemejaba al Ciudadano Personalmente Responsable de Westheimer y Kahne. En Artes Visuales, la atención se centraba en el cambio social y la aspiración se asemejaba más al Ciudadano Orientado a la Justicia.

Las discrepancias entre la ASPM y otros tipos de educación artística con orientación social son esclarecedoras. El éxito mundial de El Sistema ilustra que muchos músicos de formación clásica e instituciones de élite no ven nada especialmente extraño en perseguir el cambio social a través de prácticas artísticas convencionales, pero figuras clave de la Secretaría de Cultura Ciudadana y del sector cultural de Medellín se mostraron más escépticas, y las otras artes abandonaron este enfoque. La Red puede haber sido la más grande, más visible y más famosa de las redes de educación artística de la ciudad, pero al haber sido "atrapada por la formación musical sinfónica tradicional", era la menos innovadora, y fue expuesta ante los enfoques más diversos, flexibles, experimentales y emancipadores de sus programas hermanos. Como sugirió Parra, hay mucho que la ASPM podría aprender de otros enfoques de la educación artística.

Conclusión

Las cuestiones exploradas en este capítulo pueden haber sido "debates de segundo orden" en La Red, pero estaban relacionadas con objetivos y características fundamentales del programa. No es de extrañar que encontremos muchos paralelismos con El Sistema, y que los debates resuenen, por tanto, en el ámbito más amplio de la ASPM. El tema de la burbuja es bastante característico de la ASPM, ya que se relaciona con la ideología distintiva del campo de rescatar, distanciar y salvar. Las cuestiones relativas a la ciudadanía, la política y el género se encuentran de forma más generalizada en la educación musical y artística, pero pueden ser más insistentes en la ASPM, donde la prioridad declarada de los objetivos sociales hace que se pongan en evidencia. Los grandes ensambles y la educación musical como vía de acceso a la profesión no son, ni mucho menos, exclusivos de la ASPM, pero la idealización de la orquesta es una característica fundamental de este campo, y puede haber pocos lugares en el mundo en los que una proporción tan alta de músicos profesionales de orquesta proceda de un único programa de formación como ocurre en Venezuela y Medellín.

Aunque La Red había dado pasos importantes en relación con el tema de la burbuja, en otros frentes no había ido mucho más allá de la identificación del problema, por lo que se quedó atrás con respecto a otras formas de educación artística en Medellín. La comparación entre la ASPM y *Art as Social Action* sugiere que este rezago no era solo una característica local. Sin embargo, al aportar la comparación con otros programas de educación artística y vincular los debates de La Red con la investigación sobre temas como la ciudadanía artística, el estallido de la burbuja y la educación musical para el cambio social, también he resaltado los avances en campos adyacentes y, por lo tanto, he señalado algunos caminos a seguir para la ASPM. Es mucho lo que se puede aprender si se amplía el lente más allá de la ASPM de esta manera para incluir una gama más amplia de prácticas y estudios. Puede resultar aleccionador para algunos lectores saber que la música ha avanzado lentamente y ha acabado por debajo de la media de otras enseñanzas artísticas en estos contextos, pero esta información debería suponer un impulso adicional para la reforma.

Es evidente que sería un error que la ASPM se aislara de la investigación sobre la educación musical y otras artes, pero eso es lo que ha hecho históricamente, sobre todo en Venezuela. En su época de esplendor, El Sistema mostraba poco interés por las corrientes contemporáneas de investigación o de pedagogía; a pesar de contar con amplios recursos para ello, no realizaba congresos ni enviaba personal a eventos en el extranjero, como los Congresos Mundiales de la ISME, a pesar de que esta última contaba con un Grupo de Interés Especial de El Sistema. Prestaba poca atención a los enfoques alternativos, y mucho menos a las perspectivas críticas. Sus invitados especiales solían ser directores o intérpretes, más que pedagogos o investigadores. Esta creencia de que El Sistema ya tenía las respuestas a las preguntas de la educación musical frenó la evolución del programa y se contagió a algunas partes del campo de la ASPM, que han organizado eventos solo del Sistema y han buscado inspiración en Venezuela o en programas hermanos más que en los campos mucho más amplios y desarrollados de la educación artística y la investigación en educación musical. Muchos, en Medellín y a nivel internacional, han lidiado con el tipo de problemas planteados en este capítulo. Si los problemas no son únicos, tampoco lo son las soluciones; no hay necesidad de que la ASPM reinvente la rueda.

4. La Nueva Imagen de Medellín para el Mundo

En agosto de 2018, La Red recibió a una delegación de la Escuela de Gobierno John F. Kennedy de la Universidad de Harvard. La visita fue organizada por la Agencia de Cooperación e Inversión (ACI) de Medellín. La delegación estuvo en Medellín para conocer más sobre la transformación social y cultural de la ciudad —para ver el Milagro de Medellín de primera mano. Los representantes de La Red hicieron una presentación del programa y el ensamble de música colombiana de la escuela Pedregal continuó con una presentación musical. A juzgar por sus caras de alegría y sus comentarios de admiración, los visitantes quedaron impresionados.

Irónicamente, este evento para demostrar el éxito de la ciudad en la superación de su historia de violencia tuvo lugar en un día de grandes manifestaciones estudiantiles, que tenían su punto central en la universidad, justo enfrente. De hecho, la delegación de Harvard tuvo que entrar y salir a escondidas por la puerta trasera, porque en ese preciso momento había bloqueos, protestas y proyectiles en las calles de alrededor. En el interior del edificio, La Red y la ACI presentaron una visión armoniosa de Medellín a los visitantes extranjeros; afuera, continuaban las realidades discordantes de la vida urbana.

Desde sus inicios, La Red ha servido de imagen de la ciudad transformada. La UNESCO le concedió el título de "La nueva imagen de Medellín para el mundo", y este eslogan pasó a formar parte de su publicidad. Más recientemente, La Red se ha asociado con la ACI para vender una imagen atractiva de la renovación urbana para el consumo internacional. Pero el evento de Harvard puso de manifiesto varios temas importantes. ¿Cuáles son las implicaciones de que la educación musical sirva como forma de marketing urbano? Y mirando más allá de la imagen a la desordenada realidad exterior, ¿qué eficacia tiene la ASPM como programa social? ¿Ayudó realmente La Red a transformar la ciudad? La ASPM y el urbanismo social han sido descritos en términos idénticos ("el milagro musical venezolano", "el milagro de Medellín"). ¿Debemos creer en los milagros?

En este capítulo me alejo de los debates que observé en La Red y me centro en mis propias preguntas, unas que me han interesado desde que empecé a estudiar la ASPM en 2007 y, sobre todo, desde que visité Medellín por primera vez en 2012. La relación entre la ASPM y el urbanismo social es específica de Medellín, pero examinar la conexión entre la educación musical y la sociedad urbana tiene una resonancia mucho más amplia. Las preguntas sobre la eficacia y la filosofía de la ASPM —¿funciona? ¿Es un programa de *cambio* social?—, se relacionan de un modo u otro con todo el sector internacional.

¿Funciona la ASPM?

Cabría esperar que esta fuera una pregunta importante para el sector, pero no lo es. Más bien, se da por sentado que la ASPM funciona, y el esfuerzo se ha centrado en gran medida en la generación de pruebas y argumentos para apoyar esa creencia. Hubo muy poco escrutinio crítico a las afirmaciones de los programas más grandes de ASPM antes de mediados de la década de 2010, décadas después de la aparición de este campo. Como argumentan Belfiore y Bennett (2008), la ideología de que las artes son inherentemente beneficiosas para la sociedad se ha vuelto dominante desde la década de los 80, y en ningún lugar es más cierto que en la ASPM. Cuestionar esta ideología públicamente es despertar grandes sospechas, y sostener una opinión contraria, a pesar de sus dos milenios y medio de precedentes, es ser tratado como un hereje y quemado en la hoguera metafórica por destacados partidarios. Sin embargo, una función importante de la investigación académica es poner a prueba las ideas que supuestamente son de sentido común y ver si se mantienen, y cuanto más dominantes e influyentes sean las ideas, más importante es inspeccionarlas. Responder a una pregunta tan sencilla como "¿funciona la ASPM?" puede ser imposible (véase Ramalingam 2013), pero podemos aprender mucho si lo intentamos.

Evaluaciones

A primera vista, los estudios existentes sobre La Red presentan un panorama positivo. Una evaluación externa de 2005 concluyó que el programa tenía un impacto significativo en los valores de los participantes ("Medición" 2005). Un estudio económico más reciente también sacó conclusiones positivas, argumentando que el programa reducía la probabilidad de que los participantes se involucraran en conflictos y aportaba beneficios académicos y culturales (Gómez-Zapata *et al.* 2020). Sin embargo, un examen más detallado enturbia este panorama.

La falta de datos de referencia y de una asignación aleatoria a los grupos de tratamiento y control significa que el estudio de 2005 únicamente muestra una correlación, no una causalidad, y puesto que los aspirantes a participantes fueron sometidos a una audición y a una entrevista, y solo alrededor del 30% fueron aceptados, las diferencias preexistentes entre los estudiantes de música y los demás son una causa probable de los resultados. Además, los numerosos estudios internos analizados en los capítulos anteriores proporcionan amplias pruebas que contradicen la evaluación externa: los propios científicos sociales de La Red encontraron repetidamente problemas generalizados que los evaluadores habían pasado por alto o ignorado. Las categorías analizadas por los evaluadores fueron la confianza, la inclusión/exclusión, las habilidades para la resolución de conflictos, las actitudes hacia el cuerpo, la perseverancia y la disciplina. El equipo social de La Red encontró problemas en algunas de estas categorías (en particular la inclusión/exclusión), pero también se interesó principalmente por temas como la participación y el empoderamiento, que no se midieron. Esta diferencia de enfoque explica también la discrepancia entre el relato positivo de los evaluadores externos y los relatos críticos del equipo interno.

Le pregunté a Arango si la evaluación había influido en su propio estudio de diagnóstico al año siguiente. Respondió que un poco, pero que solo era una de las fuentes que utilizó. Su informe se basó principalmente en su propia lectura "etnográfica" de La Red, que fue el resultado de pasar mucho tiempo visitando las escuelas y hablando con todos los que pudo. El texto de su informe es aún más claro.

Arango citó la conclusión positiva de la evaluación externa, y continuó inmediatamente: "Sin embargo, en la cotidianidad del Programa se registra una cierta desviación de este logro y/o propósito social" (2006, 17), y pasó a soltar la bomba de la contradicción entre el objetivo de la convivencia y los comportamientos problemáticos de los estudiantes avanzados, como se detalla en el Capítulo 1. En su momento, pues, la directora general de La Red contrastó directamente la evaluación con sus propias conclusiones. Resulta llamativo ver cómo un programa de ASPM consigue una evaluación externa positiva para luego cuestionar su valor y repetir el proceso internamente. Que Arango confiara más en la etnografía que en la evaluación, además de la brecha entre el estudio de 2005 y la serie de informes internos posteriores, plantea interrogantes importantes no solo sobre este caso concreto, sino también sobre la confiabilidad de las evaluaciones de los programas de ASPM en general (véase Baker, Bull y Taylor 2018; Logan 2015b).

El estudio de 2020, por su parte, no menciona la ya extensa literatura crítica y los debates sobre la ASPM y solo cita dos evaluaciones cuestionables de El Sistema, lo que revela un conocimiento limitado de este tema y un enfoque unilateral. Aun así, cabría esperar que La Red estuviera encantada con el resultado, pero durante mi última visita a Medellín, altos cargos expresaron en privado sus dudas sobre el valor de la óptica económica y la solidez de la metodología, y no se tomaron muy en serio las conclusiones. El estudio no abordaba el tipo de cuestiones sociales, políticas y culturales que, para ellos, determinaban la calidad de un programa: por ejemplo, el grado de diversidad, de creatividad y de participación. En general, me encontré con que los directivos se mostraban algo escépticos con respecto a los investigadores que tenían poco conocimiento del funcionamiento cotidiano del programa, se relacionaban mínimamente con los científicos sociales de La Red y parecían decididos a sacar solo conclusiones positivas. Los directivos se pasaban el día lidiando con una serie de cuestiones complejas, y tenían poca paciencia con los investigadores que no podían o no querían comprender los retos de La Red.

El Sistema presenta un panorama aún más ambiguo. La evaluación de la eficacia de El Sistema se complica por la falta de claridad y coherencia de sus objetivos. El programa se presenta como un todo sin fisuras, pero si se comparan las fuentes de la década de 1970 con las de la década del 2000, se observa un cambio importante en los objetivos declarados.[1] Comenzó simplemente como un programa de formación de músicos de orquesta, pero desde el año 2000 se ha descrito ampliamente como un programa de inclusión social. La misión y visión oficiales actuales del programa hacen hincapié en la transformación personal desde el plano moral, espiritual y de comportamiento (véase Baker 2016c). Abreu también presentó El Sistema como un remedio a la pobreza: "Cuando [un niño] tiene tres años de educación musical, toca Mozart, Haydn, ve una ópera: ese niño ya no acepta su pobreza, aspira a salir de ella y termina venciéndola" (citado en Argimiro Gutiérrez 2010). Las multimillonarias aportaciones de la ONU a El Sistema se han hecho en nombre de "la inclusión social y la erradicación de la pobreza a través de la educación musical" ("FundaMusical" 2017). Sin embargo, el préstamo del BID en 2007 se justificó con la predicción de que sería eficaz para reducir la delincuencia, y Abreu declaró: "Las orquestas y los coros son instrumentos increíblemente eficaces contra la violencia" (Wakin 2012). Los objetivos de El Sistema son, entonces, cambiantes, muy ambiciosos y extraordinariamente difusos.

Aquí, las conclusiones de las evaluaciones son aún más cuestionables (Baker y Frega 2018; Baker, Bull y Taylor 2018). Las dos primeras evaluaciones, de 1996, fueron rotundamente contradichas por otras dos al año siguiente. Un informe del BID elaborado una década después se utilizó para justificar un préstamo de 150 millones de dólares, pero el banco se distanció después de este estudio. El punto central del informe era un cálculo especulativo según el cual cada dólar invertido tendría un rendimiento equivalente a 1,68 dólares. Sin embargo, El Sistema nunca llevó a cabo el elemento principal de la propuesta: la construcción de siete centros regionales de música. En realidad, el préstamo solo produjo una fracción del rendimiento esperado, y las especulaciones del informe sobre los efectos probables resultaron ser erróneas.

Durante muchos años después de que el BID comenzara a apoyar a El Sistema, formulaba hipótesis sobre los beneficios de la ASPM en lugar de demostrar su eficacia en la práctica. Finalmente decidió evaluar la teoría del cambio del programa mediante un estudio

---

[1] Véase la entrada de mi blog " Professionalization or rescuing the poor? The origins of El Sistema (in Abreu's own words)", https://geoffbakermusic.wordpress.com/el-sistema-older-posts/professionalization-or-rescuing-the-poor-the-origins-of-el-sistema-in-abreus-own-words/.

experimental de un millón de dólares (Alemán *et al.* 2017). Reflejando las afirmaciones expansivas de El Sistema, el estudio midió veintiséis variables de resultados primarios. Solo se encontraron dos resultados significativos, y dependían del uso de un umbral de significación estadística inusualmente bajo (90%). Mark Taylor, un experto en análisis cuantitativo, examinó los datos y métodos del BID y planteó cuatro interrogantes distintos sobre los dos resultados supuestamente positivos, concluyendo que era casi imposible tomarlos en serio (Baker, Bull y Taylor 2018). No hubo resultados significativos en veinticuatro áreas, incluso en el umbral bajo del 90%, y los investigadores "no encontraron ningún efecto de muestra completa en las habilidades cognitivas [...] ni en las habilidades o conexiones prosociales". En un giro adicional, la propuesta de evaluación original había declarado: "Los datos serán utilizados para evaluar rigurosamente los impactos del Sistema en abandono escolar, comportamientos de riesgo, incidencia de crimen y prevalencia de embarazos no deseados" ("Evaluación" 2011, 3). Sin embargo, el estudio publicado no menciona estos asuntos, ni da una razón para dejarlos de lado. Por lo tanto, no está claro si los investigadores intuyeron que no encontrarían pruebas de esos efectos sociales o los buscaron sin éxito.[2]

Si este informe hubiera descubierto pruebas sólidas de que El Sistema reducía la pobreza, la delincuencia y la violencia al efectuar una transformación personal en un plano moral, espiritual y de comportamiento, el programa habría merecido la etiqueta de "el milagro musical venezolano". Sin embargo, este estudio realizado por el propio financiador de El Sistema no encontró ningún impacto social realmente significativo, revelando que su teoría del cambio es más bien una historia de fantasía. Este estudio, que se produjo tras una oleada de estudios académicos independientes y críticos, habría quitado el brillo a la narrativa del milagro si no hubiera sido ignorado casi por completo por el campo de la ASPM, los medios de comunicación e incluso la mayoría de los investigadores.

Las hipótesis de la ASPM ortodoxa han sido socavadas tanto por los acontecimientos como por la investigación. Las pruebas del cambio social en Venezuela, sede del mayor y más largo experimento de la

---

2   Puede ser relevante aquí que un metanálisis de doce estudios de programas extracurriculares en Estados Unidos encontró que dichos programas tenían un efecto pequeño y no significativo sobre la delincuencia (Taheri y Welsh 2015).

ASPM, son escasas, casi inexistentes. La pianista venezolana Gabriela Montero escribe sobre "la amarga ironía de que la nación mineral y musicalmente más rica de América del Sur sea también la más corrupta, violenta, económicamente más amenazada y moralmente más desencarnada del continente".[3] Venezuela era el país más rico de América Latina cuando se fundó El Sistema; ahora es uno de los más pobres y uno de los lugares más peligrosos del mundo. Este cambio tiene causas complejas, y no demuestra la ineficacia de El Sistema; sin embargo, plantea más preguntas sobre las afirmaciones de los efectos sociales transformadores. El Sistema ha recaudado y gastado cantidades impresionantes de dinero, pero gran parte de ellas se han destinado no tanto a la acción social, como a edificios monumentales en el centro de Caracas y a instrumentos de alta gama, salarios y giras internacionales para sus orquestas de exhibición. Muchas escuelas de música comunes funcionan en malas condiciones, y no hay pruebas sólidas de que se haya reducido la pobreza y la delincuencia. El éxodo de los músicos de El Sistema desde que la crisis venezolana empezó a hacer mella a mediados de la década del 2010 pone aún más en duda la idea de la ASPM como remedio a los grandes problemas sociales.

La Teoría de la ASPM

El Sistema y los programas inspirados en él en América Latina tienden a presentar parecidas características generales: un enfoque en grandes ensambles; un énfasis en las partes medias y bajas del espectro socioeconómico (en La Red, los barrios populares de Medellín; en la declaración de la misión de El Sistema, "los grupos más vulnerables del país"); y un argumento de que la unión de estos dos proporciona beneficios para los individuos y para la sociedad. Estos beneficios se derivan supuestamente del cambio de actitudes y comportamientos de los participantes (en La Red, inculcando valores ciudadanos; en la misión de El Sistema, "rescata[r] al niño y al joven de una juventud vacía, desorientada y desviada"), y reduciendo así la incidencia de fenómenos negativos como la pobreza, la violencia y la delincuencia. Este cuadro, como teoría del desarrollo social, presenta múltiples problemas.

---

3   "PUTIN POWER: musicians sound their outrage (a statement of support)", Facebook, 11 de febrero de 2021.

En primer lugar, se basa en una ideología conservadora y ampliamente desacreditada que vincula los problemas sociales con los déficits individuales. En la visión de Abreu, la pobreza se basa en la falta de aspiraciones individuales y, por tanto, puede superarse aumentando las ambiciones. También afirmó que "la pobreza material de un niño se supera con la riqueza espiritual que proporciona la música" ("El Sistema" 2008). Sin embargo, la opinión de los expertos es mucho más proclive a atribuir los problemas sociales graves, como la pobreza y la violencia, a causas estructurales, y a tratar la privación material de forma menos simplista.[4] Por ejemplo, al esbozar el núcleo del trabajo social con fines de justicia social, Baines (2017) escribe: "La clave de esta práctica es la comprensión de que los problemas a los que se enfrenta un individuo están arraigados en las desigualdades y la opresión de la estructura sociopolítica de la sociedad, más que en las características personales o las elecciones individuales".[5] Maclean (2015) identifica la violencia urbana de Medellín como arraigada en la extrema desigualdad de la ciudad y, por tanto, como una perpetuación de las normas sociales y políticas, más que como una ruptura del tejido social. Por lo tanto, es poco probable que estos problemas disminuyan notablemente disciplinando el comportamiento individual o aumentando las aspiraciones individuales. Es probable que unos pocos individuos modifiquen su posición social (movilidad social), pero es improbable que un enfoque de este tipo cambie los problemas o las estructuras que están por debajo de ellos o el número de personas afectadas (cambio social).[6] La visión del déficit de Abreu —la piedra angular de la ASPM—, se contradice, por tanto, con una gran cantidad de ciencias sociales. Cheng (2019, 43) desprecia, con razón, las afirmaciones de que la pobreza es un "estado de ánimo" o una falta de "riqueza de espíritu", y su rastreo de tal visión hasta el ministro y acólito de Donald Trump, Ben Carson (entre otros), dice mucho sobre la política que hay detrás de la filosofía de Abreu.[7]

---

4 Véase Bates 2016 y Baker 2016b.
5 Cita extraída del resumen del libro en https://fernwoodpublishing.ca/book/haciendo-práctica-antiopresival.
6 Como señala Folkes (2021), hay una gran cantidad de pruebas que contradicen la posición de que la igualdad de oportunidades y la movilidad social tienen la capacidad de aliviar las desigualdades estructurales.
7 Del mismo modo, la atribución de la pobreza a las deficiencias personales (o a los rasgos de carácter o personalidad) en el Reino Unido en los últimos tiempos ha sido una característica de los gobiernos conservadores (Folkes 2021).

En segundo lugar, es cuestionable que la educación musical pueda tener una influencia significativa en los problemas sociales más graves. Las pruebas de que las artes y la cultura tienen un impacto significativo en la pobreza material, a diferencia de en los efectos de la pobreza, son escasas (Mamattah *et al.* 2020). Cabe recordar que incluso muchos de los miembros del personal de La Red tenían dudas sobre su capacidad para abordar problemas sociales graves y consideraban que el objetivo del programa era demasiado utópico. En el Capítulo 1, vimos que las investigaciones del equipo social descubrieron que los profesores estaban frustrados y abrumados porque se esperaba que respondieran a problemas sociales o familiares complejos, pero carecían de la formación o las habilidades adecuadas.

En tercer lugar, es muy discutible que los grupos más vulnerables o marginados de la sociedad sean una fuente importante de problemas sociales como la violencia y la delincuencia —una posición que está implícita en la caracterización de Abreu de orquestas y coros para niños pobres y vulnerables como "instrumentos increíblemente eficaces contra la violencia". Estos grupos son, por definición, relativamente impotentes. Si el objetivo fuera realmente el cambio social, un enfoque más racional de la ASPM sería dirigirse a las élites sociales—, el pequeño segmento de la población que tiene un control desproporcionado sobre las fuerzas estructurales que producen la violencia y la delincuencia (véase el Capítulo 5). Incluso el exalcalde de Medellín Alonso Salazar (2018) ha argumentado que las élites de la ciudad tienen la mayor responsabilidad por su "ruina moral".

Asimismo, dado que el fomento de la convivencia y de los valores ciudadanos es el objetivo principal de La Red, cabe preguntarse si los jóvenes de los barrios populares son realmente el objetivo adecuado. Como afirma Bates (2016, 3), "la evidencia muestra que los pobres ya poseen fuertes habilidades personales y sociales". Se basa en varios estudios para argumentar que, en comparación con los ricos, los pobres tienden a ser más éticos, compasivos y altruistas, no son más propensos a abusar del alcohol o las drogas, y son igual de trabajadores y comunicativos. La solidaridad es un rasgo característico de la clase trabajadora y de sus organizaciones, como los sindicatos, mientras que el individualismo es más marcado entre las clases sociales más altas. ¿Por qué, entonces, el supuesto remedio a la falta de convivencia en Medellín se dirige a las clases populares de los barrios de la ciudad y no a los ricos que viven en recintos cerrados en sus propios enclaves urbanos? ¿Por qué se supone que los pobres necesitan lecciones de colectividad, solidaridad y escucha, y no los ricos? Como señalan Holston (1999) y Caldeira (1999), la segregación de los ricos tiene un efecto nocivo en la sociabilidad y la vida pública, y al subrayar las desigualdades y la falta de elementos comunes, puede promover el conflicto en lugar de prevenirlo. "Las ciudades de muros no fortalecen la ciudadanía, sino que contribuyen a su corrosión" (136). Entonces, ¿quién necesita realmente lecciones de valores cívicos y de ciudadanía?

Datos Demográficos: ¿A Quién Atiende la ASPM?

Un último pero importante punto débil de la teoría de la ASPM es que los programas no suelen llegar a los grupos más vulnerables o marginados cuando se ofrecen como actividad voluntaria y extracurricular. La evaluación de 2005 de La Red descubrió que los estudiantes procedían de hogares más acomodados, estables y con mayor nivel educativo que un grupo de control; por ejemplo, pasaban más tiempo fuera de la escuela acompañados por sus padres. La investigación de Wald (2017) sobre programas similares en Buenos Aires reveló que los estudiantes que prosperaban provenían de familias más estables económicamente. Los programas generalmente incluían a los jóvenes más incluibles (Escribal 2017): aquellos que vivían en barrios populares pero que estaban más cerca de la clase media en términos tanto de empleo familiar como de valores. Picaud (2018) descubrió que los estudiantes del proyecto francés de ASPM Démos procedían en general de familias con niveles de educación y empleo superiores a la media; sus padres vivían en zonas más pobres, pero estaban relativamente acomodados en términos de capital cultural. Godwin (2020) presentó resultados análogos en su estudio de un programa australiano de ASPM: los niños con formas tradicionales de desventaja solo constituían alrededor del 15% del programa, y la mitad de ellos abandonaban el programa en un año. Muchos de los participantes tenían padres con aspiraciones de clase media que veían el programa como una fuente de clases de música gratuitas. La aparición de resultados similares en programas tan dispersos indica que la dificultad por llegar a los grupos más vulnerables o marginados es una característica del modelo ortodoxo de la ASPM.

Lo más llamativo de todo es que la evaluación de 2017 de El Sistema estimó que la tasa de pobreza entre los participantes que ingresaron era del 16,7%, mientras que la tasa de los estados en los que vivían era del 46,5%. En otras palabras, los niños que entraron en El Sistema en el estudio tenían tres veces menos probabilidades de ser pobres que todos los niños de seis a catorce años que residían en los mismos estados. En consecuencia, los investigadores concluyeron que su estudio "pone de manifiesto los retos de dirigir las intervenciones hacia grupos de niños vulnerables en el contexto de un programa social voluntario". El propio financiador de El Sistema reconoció este defecto del modelo. Aunque llama la atención la demolición del mito de El Sistema, este hallazgo no es una sorpresa desde la perspectiva de la investigación sobre la educación y la juventud, en la que se reconoce ampliamente que las familias menos privilegiadas son menos propensas a apoyar actividades extracurriculares para sus hijos, ya sea por razones de dinero, tiempo, logística o valores (p. ej. Lareau 2011).

Con el tiempo, la composición social de La Red se ha visto afectada por dos movimientos contrarios. Por un lado, la expansión de Medellín ha hecho que las zonas de mayor pobreza —los límites urbanos—, se hayan desplazado progresivamente hacia arriba en las laderas del valle y se hayan alejado del centro de la ciudad. Por otro lado, varias escuelas de la periferia de La Red (como Independencias, Villatina y 12 de Octubre) se han visto obligadas a desplazarse en dirección contraria, hacia la parte baja de las laderas, por razones de seguridad. Una de ellas, La Loma, simplemente tuvo que cerrar. Hay grandes impedimentos prácticos para que La Red trabaje en los barrios más pobres. El acceso seguro para el personal y los estudiantes es uno de ellos; otro es la falta de edificios adecuados. Algunas de las escuelas de La Red funcionan en locales alquilados, y las zonas más pobres simplemente no disponen de edificios de alquiler que puedan albergar todos los instrumentos, el ensayo de una orquesta o banda y varias clases simultáneas. Cualesquiera que sean los deseos de sus dirigentes y del personal, un proyecto de este tipo no está concebido de forma que sea fácilmente accesible para los más desfavorecidos de la sociedad en la década de 2020.

No obstante, una de las consecuencias de la vena salvacionista de la ASPM (y del enfoque de "pornografía de la pobreza" de algunos de los que informan sobre ella) es la tendencia a exagerar el nivel de desventaja y, por tanto, a estigmatizar a los participantes. Este es claramente el caso de El Sistema, donde hay un abismo entre los hallazgos demográficos del BID en 2017 (que hicieron eco a los de mi libro de 2014) y los relatos de los medios de comunicación y las percepciones públicas sobre habitantes de los barrios marginales rescatados de una vida de delincuencia. Los desafíos de los barrios de Medellín son innegables, pero como sostiene un volumen reciente de un conjunto de expertos locales en juventud, la mayoría de los jóvenes no están en riesgo significativo, ni son un riesgo para la sociedad (*Jóvenes* 2015). De los que sí lo son, pocos encuentran su camino hacia La Red.

En la primera reunión directiva a la que asistí, un miembro del equipo social declaró que los estudiantes de La Red no se veían a sí mismos como pobres, vulnerables o necesitados, y rechazaban este tipo de categorización. Del mismo modo, Wald (2011) sostiene que la narrativa pública en torno a la ASPM en Buenos Aires estereotipaba y estigmatizaba sus contextos sociales (como lugares de delincuencia, drogas, violencia y desempleo) con el fin de resaltar los efectos transformadores de la música. La mayoría de los participantes no solo no encajaban en esta categoría, sino que también discreparon de estas representaciones y eran explícitamente críticos con la narrativa melodramática de los medios de comunicación que se tejía en torno a ellos: "Hablan de nosotros como si fuéramos salvajes que en vez de un arco y una flecha tenemos un violín", dijo uno (2009, 60). Wald hace hincapié en la heterogeneidad de los barrios populares de Buenos Aires, un punto importante para entender la ASPM, ya que subraya que no todos los habitantes de esas zonas en América Latina (y mucho menos, todos los participantes en los programas de ASPM) son "niños en riesgo", como se suele afirmar en el Norte global.

Los directivos y directores dieron muchas pistas sobre su percepción de la composición social del programa. Uno de los directores generales me dijo que La Red se había "aburguesado" y se preguntó por qué el programa no estaba funcionando en los contextos más desfavorecidos de la ciudad. ¿La Red está transformando a Medellín?, preguntó. ¿O está subvencionando la educación musical de un determinado sector de la población de la ciudad?

Reflejando las conclusiones de los estudios realizados en otros lugares, parecía que este "determinado sector" representaba generalmente no tanto a los grupos más vulnerables o marginados como a una fracción de la clase popular con aspiraciones y comprometida con la educación. Aunque había excepciones, la mayoría de los estudiantes de La Red no encajaban en la narrativa habitual de la ASPM sobre el rescate social. Muchos pertenecían a los estratos socioeconómicos 1 a 3 (Medellín tiene seis estratos oficiales, siendo el 1 el más bajo), pero, como dijo un director de escuela, la mayoría de sus estudiantes procedían de un buen entorno familiar. Puede que no vivieran con ambos padres, pero había un cabeza de familia que se ocupaba de ellos, y la gran mayoría de los padres se preocupaban por sus hijos.

Algunos miembros del personal arrojaron luz sobre el carácter y el comportamiento de los estudiantes. Un director cambió de escuela durante mi trabajo de campo y comparó los dos contextos. En su nueva escuela había más dificultades, dijo, citando cuestiones como el consumo de drogas y el comportamiento irrespetuoso; estimó que había unos diez casos críticos, de una población de casi doscientos estudiantes. En su escuela anterior, no tuvo ni un solo caso difícil que entregar a su sucesor. Otro director describió a los niños de su escuela como agradables y educados, con pocos problemas personales o sociales. Un tercero describió a sus estudiantes como "humildes, no tienen mucho dinero", pero también "gente muy sana". Sus padres tenían dificultades económicas, pero se esforzaban por sacar adelante a sus hijos, lo que los convertía en estudiantes ejemplares. Para él, la labor social de la escuela no consistía en transformar a los niños, sino en fomentar y apoyar sus rasgos positivos y mostrarlos a la comunidad como ejemplo. Un miembro del equipo social expresó su exasperación ante el tema de que La Red estaba salvando a cinco mil niños de la guerra urbana de Medellín. Le pregunté cuántos creía que se habrían convertido en delincuentes sin el programa: "Dos o tres", respondió.

Otros empleados señalaron el perfil socioeconómico de los estudiantes. Un día, un directivo describió una visita a un programa cultural de barrio para niños que, según él, no tenían *nada* (como niños de la calle). En contraste con La Red, el programa se llevaba a cabo con poco dinero. Su respuesta inmediata fue: "Esto es lo que deberíamos hacer nosotros. ¡Tenemos tanto! ¿Por qué no trabajamos con esta gente? Esto es lo que se supone que debe hacer La Red". Un director de escuela argumentó que La Red estaba luchando por los mismos estudiantes que otros programas públicos de ocio, en lugar de esforzarse por llegar a las zonas desatendidas de la ciudad.

Otro director afirmó que La Red había comenzado con el objetivo de alejar a los jóvenes del alcance del conflicto urbano, pero que la situación había cambiado con el tiempo; los riesgos, aunque seguían siendo reales, se habían reducido mucho, y la escuela se había convertido simplemente en un destino para los niños que querían aprender música. Continuó diciendo que, por lo general, los niños de los estratos 3–4 son los que obtienen mejores resultados en La Red.[8] Suelen tener padres comprometidos con la educación de sus hijos. Los niños de los estratos 1–2 son más propensos a abandonar la escuela, dijo; su familia puede enviarlos a trabajar, o tienen problemas en casa o se mudan de barrio.

El retrato que hace Sarrouy (2018) del núcleo de Santa Rosa de Agua de El Sistema vuelve a ser esclarecedor. El grupo de madres que pasan las tardes esperando a sus hijos afuera son generalmente educadas (la mayoría tiene un título universitario), devotas y preocupadas por los valores y la moral. Su mera presencia fuera del núcleo dice mucho de su preocupación por la educación y el bienestar de sus hijos. Sarrouy los retrata como personas que desempeñan un papel vital: mantener a los niños fuera de la calle, hacerlos presentables y fomentar el estudio en casa. Las familias pueden ser pobres, pero también son organizadas y solidarias. Esta imagen coincide con la de La Red, pero se parece poco a la misión oficial de El Sistema de "rescatar a los grupos más vulnerables del país". Más bien, lo que vemos son niños de familias diligentes que desean que sus hijos cambien una serie de actividades de ocio que consideran malsanas (salir a la calle, jugar en el computador, ver televisión) por otra actividad que consideran más sana (tocar música).

Surge de inmediato una pregunta obvia: ¿qué ocurre con los niños que no tienen familias que los apoyen —que podrían describirse realmente como vulnerables o incluso que necesitan ser rescatados? En el relato de Sarrouy, parecen estar fuera, "jugando en las calles del barrio, descalzos y sucios" (49). Rara vez acuden a la escuela de música —o quizás forman parte del gran número de estudiantes que abandonan pronto—, porque sus familias no pueden o no quieren llevarlos todos los días, sentarse afuera toda la tarde a supervisar su

---

8   Los estratos 3–4 corresponden a una clase media-baja local, la misma que históricamente ha predominado en El Sistema.

estudio y animarles a practicar en casa. El contraste visual entre los estudiantes de El Sistema, bien vestidos, y sus compañeros no músicos, descalzos y sucios, no es una coincidencia ni una consecuencia de que los primeros hayan sido "salvados" por la música; es indicativo de las diferencias sociales preexistentes entre los niños de El Sistema y los que no lo son, descubiertas por la evaluación de 2017 del BID.

Las implicaciones de esto para entender la ASPM son profundas. El Sistema aparece aquí no como un medio de inclusión social, sino de diferenciación y estratificación social. Recordemos la "burbuja" del Capítulo 3 y la conclusión de Wald de que los estudiantes de la ASPM que prosperaran en Buenos Aires no solo procedían de familias más estables económicamente, sino que también desarrollaban una visión del mundo marcada de "nosotros versus ellos". Del mismo modo, la investigación sobre Sistema Escocia descubrió que su enfoque de aprendizaje inmersivo podría dificultar la participación en el programa de los estudiantes con necesidades adicionales o circunstancias familiares difíciles, y que los niños de una minoría étnica, con el inglés como segunda lengua o con necesidades de apoyo adicionales desertaban con más frecuencia —lo que apunta a la exclusión sistémica de los más desfavorecidos (véase Baker 2017a). Godwin (2020) pinta un cuadro de un programa de ASPM en el que los estudiantes más desfavorecidos o desafiantes a menudo desertaban o eran excluidos, ya que el programa estaba mal equipado para apoyarlos. Estos resultados sugieren que, en términos sistémicos, la ASPM tiende a separar a los niños relativamente favorecidos —aquellos que provienen de familias más estables, con aspiraciones y con un mayor nivel de compromiso educativo—, de los relativamente desfavorecidos, y a apoyar predominantemente a los primeros. En otras palabras, la ASPM aparece como un proceso de jerarquización social que exacerba una división de microclases dentro de los barrios populares.

Empleando los términos que utilizaron mis colaboradores en Medellín, que ya estaban entre grandes comillas, los estudiantes de estos programas *son*, en general, "niños buenos"; y también se *construyen* como "niños buenos" a través de su participación en los programas de ASPM. Se les imagina como diferentes y superiores a los "niños malos" que andan por las calles y se les proporciona un impulso educativo. A los ojos del equipo social, La Red no transformaba tanto a los "niños malos" sino que daba un empujón a los "buenos", exacerbando la distancia entre ambos.

Así pues, estos programas benefician principalmente a una fracción de la clase popular con aspiraciones y comprometida con la educación, y si bien amplían el alcance de la música clásica, su efecto en las sociedades desiguales y divididas es más cuestionable. No es solo que, en contraste con las afirmaciones sobre "rescatar los grupos más vulnerables del país", se incluya a pocos de los más vulnerables; es también que se traza una frontera, ampliando esta división social en lugar de reducirla y, por tanto, excluyendo a los marginados aún más en términos relativos. Este hallazgo debería preocupar mucho a los programas que persiguen objetivos como la inclusión social o la convivencia entre grupos dispares, ya que sugiere que la ASPM puede profundizar la desigualdad que está en la raíz de muchos de los problemas sociales más graves de América Latina. Pero no debería ser una sorpresa para los estudiosos de la educación musical: coincide con el conocido argumento de Bourdieu de que la educación reproduce la desigualdad al permitir que los beneficios se acumulen principalmente para los que ya los tienen, que ha sido influyente en la sociología de la educación musical (véase, por ejemplo, Wright 2010).

Valores Familiares

Los datos de Sarrouy plantean otra pregunta importante sobre el funcionamiento de El Sistema y, por extensión, de la ASPM en general. La narrativa oficial es que el programa "rescata" a los niños vulnerables inculcándoles valores como la disciplina y la responsabilidad. Además, la teoría es que estos valores se extienden a sus familias y a la sociedad en general. Como dijo Abreu en su discurso del premio TED, "el niño se convierte en un modelo para sus padres". Sin embargo, los datos de Sarrouy cuentan una historia diferente. Escribe: "Son las madres y abuelos que insisten para que los hijos y nietos sean dedicados, trabajadores y responsables" (50). Además, relata que el grupo de madres constituía un "sindicato" no oficial, una de cuyas funciones era

> hacer presión sobre los profesores que tengan la tendencia a faltar a las clases. Las mujeres se unen y hablan con el profesor, exigiendo justificaciones válidas. Hay profesores que faltan a las clases con

pretextos poco satisfactorios, pero la presión que se les hace obliga a la regularidad de su presencia, sino tendrán que hacer frente al grupo de madres, a la dirección y hasta a los alumnos porque también ellos se vuelven exigentes. (51)

En otras palabras, en lugar de que los valores se irradien desde El Sistema a los niños y luego a sus familias, la dinámica que describe Sarrouy es precisamente la contraria: las madres son el punto de origen de valores clave de la ASPM como la disciplina y la responsabilidad, y su influencia converge a través de sus hijos en El Sistema, culminando en la sorprendente imagen de madres y estudiantes vigilando a los profesores de música. Aquí, son los músicos adultos de El Sistema —no sus estudiantes—, los indisciplinados y las familias las que los disciplinan.

El apoyo a esta imagen proviene de muchas otras fuentes. En mi propia investigación en Venezuela y en Medellín, quedó claro que los estudiantes de música que tenían éxito solían ser socializados en el sistema de valores del programa por sus familias antes de entrar en él. Un profesor de La Red de la primera generación me contó una historia típica: "Mucho viene del hogar... en mi casa, por lo menos, andar en la esquina nunca fue una opción, nunca... siempre me inculcaron que tenía que ser alguien, que iba a estudiar". Su padre no había terminado la escuela, pero siempre decía: "No puedes ser como yo, tienes que conseguir un título universitario". Varios directores sugirieron que era más probable que La Red funcionara para un niño de una familia interesada, comprometida y responsable; en otras palabras, si había un buen grado de alineación previa con los valores del programa.

Wald (2009, 61) sacó conclusiones similares en Buenos Aires: los estudiantes rechazan el discurso oficial de los programas de ASPM y "aseguran que el marco de referencia que le da forma a sus valores y a la mayoría de sus prácticas proviene de otro lado: de las enseñanzas familiares y, en menor medida, de sus creencias religiosas". Los estudiantes examinados en profundidad en el retrato de Mota y Teixeira Lopes (2017) sobre la Orquestra Geração (OG) de Portugal eran pobres, pero contaban con el apoyo de una familia extensa. Solo dos de treinta y cinco identificaron disonancia entre los valores de la familia y del programa. Los investigadores encontraron "una tendencia al fortalecimiento de las disposiciones que se habían creado previamente en las familias de los jóvenes participantes", "flujos de consonancia e interdependencia entre la familia, el hogar y la OG" y "transmisión intergeneracional de los recursos educativos de la familia" (Teixeira Lopes *et al.* 2017, 224–25). Rimmer (2018; 2020) descubrió que el disfrute de los estudiantes de In Harmony Sistema England dependía en gran medida de una perspectiva aspiracional, del apoyo de los padres y del compromiso con la escolarización. El Sistema se ha vendido como un programa para niños desfavorecidos, pero Rimmer encontró que aquellos que provenían de familias menos solidarias e interesadas eran más propensos a encontrarlo aburrido u opresivo y/o a sentirse desanimados por el desafío de la educación musical guiada por ideales de disciplina y trabajo duro. Por lo tanto, se puede identificar una dinámica consistente en la ASPM en varios países, en la que la educación musical aparece regularmente como un conducto y un beneficiario de los valores familiares más que como una fuente.

Los estudiantes que tenían éxito solían recibir y depender de un considerable apoyo familiar durante sus estudios. La ASPM requiere mucho tiempo: en La Red, los estudiantes deben asistir de tres a cuatro veces por semana en su segundo año; en El Sistema, esto puede aumentar rápidamente a cinco o más. Un horario así supondría un gran reto para un niño sin una familia que le apoye, a menos que viva muy cerca de la escuela. "Sin el apoyo de las familias, no seríamos absolutamente nada", dijo el director de una escuela de Medellín. "Hay gente que se las arregla sin un padre o una madre, pero realmente los padres son la piedra angular". Otro director afirmó: "La colaboración de los padres es fundamental en la escuela [...] si los padres no se comprometen, no podemos funcionar". Aquí vemos claramente la dependencia del programa de los valores familiares existentes.

En la práctica, La Red parecía estar configurada para favorecer a quienes ya estaban socializados en sus normas, se adaptaban a sus requisitos y estaban respaldados por familias más estables y solidarias. La Red llevó a cabo un proceso de selección explícito en forma de entrevistas y reuniones para filtrar a los niños y padres que parecían no encajar en el programa. Como señala Mosse (2004, 652) en su investigación sobre la ayuda exterior: "Siempre hay un incentivo para que el personal seleccione a las personas que ya poseen las características que un proyecto pretende crear". El resultado, como descubrió Wald en

Buenos Aires, es que la dinámica principal de la ASPM es un refuerzo de los valores compartidos por las familias y los programas más que una transformación.

Exclusión

A pesar de todo lo que se dice sobre la inclusión, la ASPM puede tener aspectos excluyentes. Uno de ellos es la presión del tiempo que se ejerce sobre las familias. En Medellín, una madre dijo: "Hay un problema que veo, y es que, si él va a estudiar, tengo que traerlo [a la escuela de música] a estudiar, y no puedo porque tengo que cuidar a su hermanito y hacer mis tareas". Wald (2017) señala las intensas exigencias a las que se ven sometidos los estudiantes y sus familias: ensayos y actividades frecuentes, que a menudo entran en conflicto con las rutinas domésticas y requieren el apoyo de la familia. También puede haber presiones económicas asociadas. Una tesis de sociología de 2013 sobre Montalbán, el núcleo de exhibición de El Sistema en Caracas, incluyó información sobre un grupo focal de familias de estudiantes:

> *todas las madres coinciden en que una familia pobre no se puede mantener en El Sistema* [...] Todas coincidieron en que en El Sistema no hay gente pobre porque no podría mantener el ritmo de la rutina de gasto que eso genera, y que por el contrario quienes hacen vida ahí es porque tienen un mínimo de recursos económicos que les permite costear traslados, comidas, arreglos de instrumento, reparaciones, uniformes, etc. [...] [L]as madres coinciden en que muchos niños desertan en el camino porque sus familias no tienen los recursos para mantenerlo aquí. "Muchos niños no continúan aquí por eso, porque de verdad esto es un sacrificio, tienes que tener unos padres que te ayuden" (Pérez y Rojas 2013, 126–27; énfasis en el original)

Aquí vemos claramente el problema de construir la ASPM como un sistema (supuestamente) meritocrático, en el que los que más trabajan y tienen más capacidad en teoría llegan a la cima.[9] Es ampliamente reconocido por los académicos que los sistemas meritocráticos tienden a privilegiar a los que tienen más recursos. La sociedad no es un campo de juego uniforme: algunos niños disfrutan de mejores condiciones de

---

9   En la práctica real, El Sistema dista mucho de ser meritocrático, ya que las influencias y la "palanca" juegan un papel importante (Baker 2014).

apoyo para el trabajo duro que otros. Por el contrario, si sus familias carecen de recursos clave como el tiempo o el dinero, los niños pueden enfrentarse a barreras insuperables, independientemente de su dedicación o capacidad. Sin embargo, el sesgo de sobrevivencia de la mayoría de los escritos e investigaciones sobre la ASPM ha hecho que se preste poca atención a la exclusión.

Del mismo modo, la cuestión de la permanencia de los estudiantes rara vez se plantea en el discurso público, pero, como vimos en el Capítulo 1, el nivel de deserción era lo suficientemente elevado en La Red como para causar preocupación entre los dirigentes, y los datos de varios proyectos de ASPM sugieren que hasta la mitad de los nuevos estudiantes pueden desertar en el primer o segundo año. El comentario de un director de La Red de que los niños de los estratos sociales más bajos eran los más propensos a abandonar el programa es especialmente digna de mención, ya que apunta a un problema fundamental a nivel de inclusión social. El programa parece filtrar a los más desfavorecidos, que tal vez ni siquiera puedan acceder a él y tienen una probabilidad desproporcionada de abandonarlo si pueden hacerlo.

"La Red es un sistema cerrado", dijo un funcionario municipal en una reunión. Su política consistía en que los estudiantes debían estar en la escuela y obtener unas calificaciones decentes. Si los estudiantes abandonaban la escuela, podían ser expulsados de La Red. Pero se supone que este es un programa de inclusión social, exclamó el funcionario; ¿por qué excluye precisamente al tipo de jóvenes a los que debería ayudar? La Red debería centrarse en los niños con problemas, no en los niños más juiciosos.

Irónicamente, entonces, la ASPM puede ser menos accesible para aquellos a los que supuestamente está más dirigida. Es difícil que los niños se incorporen al programa y permanezcan en él durante algún tiempo sin un mínimo de estabilidad, apoyo y solvencia familiar. También hay limitaciones geográficas: los estudiantes de las zonas más altas del barrio viven más lejos de la escuela de música y tienen más probabilidades de quedar aislados por un deterioro de la situación de seguridad. Estos programas parecen relativamente exclusivos con respecto a los niños más vulnerables de las zonas más marginales.

La ASPM también puede ser difícil para todas las partes sin cierto grado de alineación previa en los valores. Un director describió las dificultades del trabajo de la ASPM cuando las familias no están en sintonía con la escuela:

> En el trabajo con niños y niñas encuentra dificultad en el acompañamiento de las familias. Hay falencia en la comprensión sobre la necesidad de un mínimo de estudio diario. Les comparte una guía de estudio, pero no hay acompañamiento. Se tiene una concepción de la escuela como guardería. No llevan los implementos necesarios para la clase [...]. Esto se ve en los ensayos, cómo lo individual afecta lo colectivo. Entonces, ante esta falta de corresponsabilidad de las familias, se ha llegado a enojar con ellos, mas no con el estudiantado, pues los estudiantes lloran y se desesperan por la falta de cumplimiento de sus compromisos al encontrarse en la agrupación. ("Informe" 2017d, 43)

Este director explicó además que los estudiantes de familias menos comprometidas tendían a retrasar a los demás, porque acababan estudiando en los ensayos en lugar de hacerlo previamente. Describió que tenía que obligar a los estudiantes más cumplidos a sentarse y esperar hasta quince minutos mientras él repasaba lo básico con los demás. No intentó ocultar su frustración. Como revela su relato, la formación sinfónica puede ser un reto sin la socialización previa de los niños en normas educativas como la disciplina, la obediencia y el compromiso.

El equipo social también señaló que en sus entrevistas con los directores se plantearon dudas sobre la capacidad del programa para atender a los estudiantes de entornos más conflictivos, a los que tienen problemas de drogas o "los que no logran anclarse en la dinámica de formación musical porque no son disciplinados o no tienen un nivel musical que caracteriza al Programa" ("Informe" 2017a, 117). Un miembro del equipo me dijo sin tapujos que La Red no era musicoterapia, y que era muy difícil que las escuelas pudieran atender a jóvenes con problemas graves. La ASPM está mal equipada para atender a quienes no encajan ya en el patrón de la ASPM de "niño bueno" y que podrían beneficiarse más de un programa social.

Estos resultados sugieren que la ASPM depende de la existencia previa de los valores clave que supuestamente produce para funcionar correctamente. La dinámica real parece estar en contraste directo con la oficial: los valores familiares son la fuerza principal que moldea al niño, y las escuelas de música dependen de que los niños lleguen con esos valores ya inculcados y de que las familias estén dispuestas a apoyar a los estudiantes a través del programa intensivo. Por tanto, estos programas dependen y refuerzan los valores, las disposiciones y los recursos de una fracción aspiracional y comprometida dentro de los barrios populares. Rescatar a los más vulnerables y transformar vidas puede ser el titular, pero es solo una pequeña parte del trabajo real. Puede que exista la creencia generalizada de que la educación musical sirve para poner a los niños en el camino correcto, pero la investigación sugiere que la aspiración y el compromiso a menudo ya están presentes en el hogar, en lugar de ser transmitidos por los dioses musicales. Contradiciendo la ideología del déficit que sustenta El Sistema, son los *recursos* sociales de la comunidad los que mantienen el engranaje de la ASPM en movimiento.

Mi argumento se refiere a los programas grandes, icónicos y de alto perfil en América Latina. Puede haber paralelos en otros lugares: por ejemplo, Howell (2017) explora la disyuntiva entre las narrativas de esperanza dentro y alrededor del internacionalmente celebrado Instituto Nacional de Música de Afganistán y la desesperación y la trayectoria descendente del país fuera de sus muros. Al igual que en el caso de El Sistema, los discursos de transformación social chocan con realidades ineludibles y con una probabilidad de cambio limitada, y muchos músicos se han marchado. Los líderes de estos programas se han convertido en celebridades internacionales gracias a sus historias inspiradoras, pero es muy cuestionable que sus aspiraciones se hayan convertido en resultados. Sin embargo, no estoy afirmando que la ASPM no pueda o no funcione en ningún sitio. Más bien, los datos de El Sistema y de algunas de sus mayores y más antiguas filiales en América Latina sugieren que sería mejor partir de una posición de ambivalencia o escepticismo en lugar de hacer suposiciones demasiado optimistas. No hay duda de que estos programas ofrecen a muchos participantes, oportunidades de socialización y disfrute, y particularmente cuando los objetivos se enmarcan en formas vagas, múltiples o cambiantes y el número de estudiantes es elevado, algunos objetivos se alcanzarán inevitablemente en algunos casos. Pero un recuento realista de la ASPM también debe tener en cuenta los numerosos agujeros en las narrativas oficiales y los muchos estudiantes para los que dichos programas no funcionan, y distinguir entre los objetivos oficiales, las dinámicas reales y los resultados demostrables.

Mi argumento también se refiere específicamente a El Sistema y a versiones similares de ASPM: voluntarias, extracurriculares y abiertas a todos. La evidencia sugiere que la ASPM diseñada de esta manera, aunque trae consigo los aspectos positivos de la educación musical convencional, es poco probable que conduzca a los tipos de resultados sociales impresionantes que se afirman ampliamente. Es posible que un programa de ASPM diseñado y dirigido de forma diferente pueda tener un mayor impacto.

En última instancia, cualquier intento de responder a la pregunta sobre la eficacia de la ASPM tendrá que lidiar con la vaguedad del término "social" y la escala y duración de los posibles efectos. Si la acción social se considera de forma bastante limitada en términos de efectos a corto plazo y a pequeña escala sobre los individuos que han tenido éxito (es decir, los sobrevivientes) y sus familias, entonces podría estar justificada una evaluación más positiva. Sin embargo, si se considera también a los excluidos y a los que abandonan el programa y se buscan efectos a más largo plazo en las comunidades y la sociedad —y son precisamente esos efectos los que las narrativas oficiales tienden a reclamar o a insinuar—, entonces el panorama se vuelve más confuso. Los relatos sobre la ASPM y programas similares tienden a centrarse en los efectos individualizados, especialmente en las historias personales de redención, porque son fáciles de captar y transmitir. Los documentales, en particular, suelen centrarse en los casos extremos porque son mejores para la televisión, y este enfoque también sirve a los programas, ya que facilita convencer a los políticos, a los financiadores, a los medios de comunicación y al público en general de su valor. Sin embargo, los impactos sociales son mucho más difíciles de medir, por lo que a menudo son objeto de afirmaciones vagas e hipotéticas. Olcese y Savage (2015, 724) logran un equilibrio sobre el potencial social del arte: consideran que "la estética potencia las subjetividades e identidades", permitiendo "las innovaciones y la perspectiva de cambio, donde el cambio no se ve en términos históricos como una condición externa de la vida social, sino como entrelazada en lo cotidiano y la rutina". Esta perspectiva sugiere una visión más modesta de la ASPM que la habitual: mantiene abierta la posibilidad de un cambio a pequeña escala en las vidas individuales, pero se aleja de los discursos grandiosos de transformación social.

A medida que aparecen más investigaciones, se hace más evidente la debilidad de algunas de las hipótesis más extravagantes, pero las lagunas de la lógica pueden ser evidentes incluso sin esas investigaciones. ¿Es realmente probable que unos cuantos miles de "niños buenos" que se retiran a una burbuja de música clásica vayan a reducir la pobreza, la delincuencia o la violencia en una ciudad de millones de habitantes? ¿Es realmente probable que una institución que no exige al personal ni siquiera formación pedagógica, y mucho menos social, vaya a ser abanderada de la educación y motor del cambio social? Una perspectiva del vaso medio vacío sería que, a nivel de política, estos programas, más que una solución, son realmente un parche para tapar los grandes problemas. Una visión del vaso medio lleno podría centrarse más en las historias de éxito, las buenas intenciones y los esfuerzos por hacer algo positivo para una ciudad o comunidad, pero seguiría teniendo dificultad para producir pruebas convincentes de que la ASPM funciona tanto para los más marginados como para la sociedad en general.

¿Funciona la Música?

Una pregunta secundaria es cuál puede ser el papel de la música en la ASPM. ¿Es un ingrediente especial que aporta beneficios o efectos que no tienen otras actividades? ¿O podría ser acción social por cualquier cosa? La literatura sobre el "poder de la música" ofrece muchas razones para creer lo primero; pero de la investigación etnográfica y sociológica puede surgir una imagen contradictoria. No se trata solo de dudas sobre la magnitud de los efectos de la ASPM, sino también sobre su origen.

Un aspecto llamativo de La Red fue que había más indicios de acción social *en torno* a la música que *a través* de ella. Fueron las figuras no musicales las que se señalaron ampliamente como las fuentes clave de la acción social: obviamente el equipo social, pero también los profesores de expresión corporal y los apoyos administrativos de las escuelas. Los profesores de expresión corporal procedían de entornos teatrales o de danza, y fueron identificados por el personal musical en el estudio interno de 2008 como responsables de impartir el componente social del programa. Varios entrevistados, músicos incluidos, describieron la expresión corporal como el lugar en el que se desarrollaba el trabajo más interesante de La Red, una observación bastante reveladora sobre un programa musical. Una profesora de expresión corporal informó:

Ves muchas cosas. El niño no esta con el instrumento sino con el cuerpo. A veces ves unas marcas que no son normales, que no son como que me caí y me raspé... y te cuentan: "¡ay profe! es que me pegó el papá." "¿Lo hace muy seguido?" "¡Si!" Y cuando estamos en esas clases con el cuerpo como el lienzo abierto salen todas estas cosas a flote.

También fue suavemente crítica con la educación musical de La Red en sí: "Siento que aprender música es como estar en un cubito... muy rígidos, muy tiesos". A medida que los estudiantes se hacen mayores, "van perdiendo esa capacidad de jugar y de crear. Pierden la capacidad de sorpresa. [...] No sé si el mismo proceso de la escuela [de música] los va apretando, eso los va encasillando un poco". La profesora describió la expresión corporal como una batalla perdida con la formación musical: "Los veo tocar y no veo expresión corporal". Lo achacó al miedo a ser juzgados y a cometer errores: "Todo me tiene que salir perfecto. Equivocarse no está bien visto". Preguntó: "Si esto es un programa social, ¿por qué es tan importante que la parte musical sea perfecta?"

Fig. 26. Archivo de La Red de Escuelas de Música. CC BY.

Los apoyos administrativos, por su parte, desempeñaban un papel fundamental en las escuelas. Eran el principal intermediario entre el programa y los estudiantes y sus familias, sobre todo en los niveles elementales. Solían estar situados cerca de la entrada de la escuela y entre sus funciones estaba la de ser recepcionistas, por lo que saludaban o se despedían de todos los que entraban y salían. A menudo mantenían largas conversaciones con las madres que esperaban a que salieran los estudiantes o que tenían algún problema, por lo que solían estar al tanto de todo lo que ocurría. Muchas de las interacciones sociales de las escuelas giraban en torno a estas figuras. Aunque había variaciones entre las escuelas y a lo largo del tiempo, los apoyos administrativos solían ser, tanto en sentido figurado como literal, más accesibles a las familias (normalmente representadas por mujeres) que los directores, que eran figuras de autoridad, normalmente hombres, y más propensos a estar encerrados en un despacho o en un ensayo. Un informe del equipo social resumía los principales intereses de los diferentes grupos de La Red, y describía solo los apoyos administrativos como centrados en el elemento social; la dirección, los directores, los profesores y las agrupaciones integradas se describían como preocupados sobre todo por cuestiones musicales y operativas ("Síntesis" 2014).

Un director de escuela describió al apoyo administrativo como una especie de terapeuta de los estudiantes. Era una persona con la que podían hablar de sus problemas personales. Un directivo describió a los directores de escuela como los líderes musicales de La Red y a los apoyos administrativos como "los intermediarios sociales del programa". Uno de los apoyos administrativos confirmó esta opinión: el director se encarga de la parte musical, dijo, y yo me encargo de la parte social. Esta evidencia plantea preguntas sobre la noción de una acción social que fluye a través de la música y de los músicos.

Cuando los profesores reflexionaban sobre su etapa como estudiantes en la primera fase de La Red, a menudo identificaban experiencias positivas con la socialización en los tiempos y espacios *alrededor* de la música, mientras que los comentarios más negativos se centraban generalmente en la música en sí misma (ensayos interminables, profesores prepotentes, aburrimiento o estrés en la orquesta, etc.). Por ejemplo, Juan, una de las figuras emblemáticas del programa, describió el aspecto social enteramente en términos de actividades no musicales: compartir la comida con los amigos, salir al parque después de ensayar, ir de gira, incluso actividades mundanas como la limpieza de la escuela. En su relato, lo social equivalía a socializar, compartir experiencias e historias, pasar el rato y reírse con sus amigos. Ni una sola vez mencionó la experiencia de tocar música juntos como algo socialmente formativo. La música aparecía como la excusa para socializar, más que como el canal a través del cual fluía la acción social.

En general, el personal musical tenía ideas claras sobre los valores y comportamientos que La Red debía inculcar, pero menos sobre cómo podían inculcarse a través de la propia música. Valores como la disciplina, el orden, la responsabilidad, la puntualidad y el respeto podrían emanar igualmente del entrenamiento en artes marciales, por ejemplo (que además sería más barato y sencillo de enseñar que la música clásica). Como señaló el equipo social, "cualquier disciplina, práctica y aprendizaje que implique la relación formador-estudiante y la socialización podría reclamar los mismos logros" ("Informe" 2017a, 187). No hay nada específicamente musical en aprender a pedir permiso, no interrumpir y decir hola, por favor y gracias. Algunos miembros del personal describieron La Red como un espacio alternativo al hogar y a la escuela y como un lugar que fomentaba las relaciones sociales con una calidad especial, pero sus relatos sugirieron que este ambiente especial se derivaba de tener un interés compartido y libremente elegido más que de la música en sí misma.

Esta evidencia de La Red complica la idea popular de que la acción social dentro la ASPM gira en torno al poder de la música. Deja dos preguntas en el aire: ¿es la música en realidad una parte trivial de la ASPM, que podría ser fácilmente sustituida por otra actividad? O bien, ¿podría reconfigurarse la actividad musical para que potenciara el aspecto social dentro la ASPM, de modo que la acción social fluyera *a través* de la música, además de *en torno* a ella? La música en sí misma parece hacer relativamente poco trabajo en la ASPM ortodoxa. ¿Cómo podría hacer más? Esta cuestión se abordará en la segunda parte del libro.

¿Cambio Social o Reproducción Social?

Hasta ahora, este capítulo ha planteado preguntas no sobre si la ASPM tiene efectos sociales, sino más bien sobre cuáles podrían ser esos efectos y a quiénes podrían afectar. Si bien estos programas tienen efectos positivos en las vidas individuales, hay muchas menos pruebas que respalden la retórica más grandiosa que a menudo los acompaña —en particular, los discursos de cambio o transformación social. Es cuestionable cuánto puede hacer realmente la educación musical frente a los grandes problemas sociales. Pero más allá de esto, vale la pena preguntarse si, debajo de la superficie discursiva, el cambio social es incluso el objetivo de la ASPM, y si en realidad la educación musical puede, en algunos casos, reforzar esos problemas en lugar de resolverlos.

Volvemos aquí a la ambigüedad de la música. Denning (2015) sostiene que la música puede servir como fuerza de ordenamiento o reordenamiento social. Para Hess (2019, 50), "aunque la música puede generar potencialmente un cambio que desafíe el *statu quo*, también puede reinscribirlo". La educación musical, también, puede apoyar la reproducción o la transformación social (Bates 2018), y en la música comunitaria, "dependiendo de la cantidad y el tipo de 'intervención', un profesor/profesional de música podría ser visto como un agente de cambio social o un agente de control social" (Ansdell *et al.* 2020, 144). Boeskov (2019) sostiene que la reproducción social puede ser tan evidente como la transformación social incluso en el trabajo musicosocial dirigido explícitamente al cambio. ¿En qué lado de estos binarios cae la ASPM?

Algunos entrevistados en La Red expresaron la idea de que el programa reproducía características y dinámicas destacadas de la ciudad. Medellín es conocida por sus Cs: comercio, catolicismo y conservadurismo. Se convirtió en el corazón industrial y comercial de Colombia a principios del siglo XX. Franz (2017) rastrea el surgimiento en esta época de una élite industrialista a partir de la oligarquía tradicional, que históricamente había abrazado una visión religiosa paternalista, un gobierno autoritario y jerárquico y una rigurosa ética del trabajo. El relato de Hylton (2007) sobre la cultura industrial de Medellín enfatiza la autoridad personalizada, los modos de dominación característicos de la servidumbre doméstica, las exigencias de lealtad y obediencia, los vínculos verticales con los patrones, las expectativas de ejecución rápida y eficiente de las órdenes y una ideología de las buenas obras (las obligaciones de las élites sociales hacia los percibidos como inferiores). Maclean (2015) identifica tradiciones de clientelismo y liderazgo de tipo caudillista, con una autoridad a menudo centrada en un único líder (frecuentemente militarista); "el patronazgo por el que la región es famosa afirma las relaciones verticales de poder" (36).

Los paralelismos con la ASPM ortodoxa no son difíciles de detectar. Tanto El Sistema como La Red tuvieron tintes religiosos en su época de esplendor, giraron en torno a un fundador carismático y patriarcal, e implementaron un sistema jerárquico centrado en figuras masculinas de autoridad y una cultura de trabajo implacable. Culturalmente, la música clásica podría marcarse como diferente en los barrios de Medellín, pero este modelo de educación musical reproducía la dinámica social tradicional de la ciudad —algo que no pasó desapercibido. Uno de los directivos de La Red describió el programa como "Medellín en chiquito", poniendo como ejemplo su conservadurismo, su resistencia al cambio y su tendencia a la formalización. Otro directivo afirmó que la omisión histórica de las poblaciones y culturas indígenas y africanas del departamento de Antioquia por parte de La Red era típica de la cultura paisa, a la que describió como blanca, católica y conservadora. María, miembro del equipo social, describió a Medellín como una ciudad con una superficie progresista (evidente en la política icónica del urbanismo social) pero regida por estructuras culturales conservadoras en un nivel más profundo. Para ella, La Red era lo mismo. Veía el programa como parte de la fachada progresista de Medellín, pero, en el fondo, un modelo arcaico para la ciudad moderna, sobre todo en relación con su dinámica de género. Daniel, uno de los directores de escuela más críticos, analizó las tensiones, las maniobras, los juegos de poder y las presiones e influencias políticas de La Red, y concluyó: "Es como una Colombia en miniatura".

Estas perspectivas desde el interior de La Red dificultan claramente un discurso de transformación social. En Medellín (como en El Sistema), podemos ver la educación musical no tanto transformando como mediando y reforzando valores existentes de la sociedad local. Al construir El Sistema como un culto a la personalidad en torno a un líder carismático pero autoritario, Abreu reflejó la dinámica de la cultura política venezolana en la que estaba inmerso y que ha causado tantos problemas al país en el siglo XXI. Él y su enfoque fueron representantes arquetípicos del "estado mágico" venezolano (Coronil 1997; Baker 2014). Esto no quiere decir que la ASPM no traiga beneficios y placeres, sino que van acompañados de elementos importantes de reproducción social, y los rasgos sociales que se refuerzan, como la jerarquía dominada por los hombres, a menudo entran en discordancia con la imagen progresista de semejantes programas.

Romper el ciclo de reproducción y perseguir el cambio social requeriría un esfuerzo claro y concertado para criticar y desaprender los valores sociales y culturales problemáticos y volver a aprender otros nuevos en su lugar. Como sostiene Matthews (2015), las buenas intenciones no son suficientes para evitar la complicidad con los problemas sistémicos; se requiere un examen autocrítico de las creencias y de los prejuicios. El desaprendizaje y el reaprendizaje tienen que comenzar en la cima, pero esto no es algo que la ASPM haya logrado de manera consistente. El padrino de la ASPM, Abreu, era famosamente inflexible, y no permitía que nadie cuestionara su visión o sus acciones. Como argumenta Bull (2019, xxiii), la ASPM ortodoxa se basa en "los aspectos más conservadores y autoritarios de la cultura musical clásica" en lugar de "el potencial de la música como forma de crítica radical". Uno de los lemas principales de El Sistema lo dice todo: "Enseña cómo te enseñaron". La Red, en cambio, se ha esforzado por abordar estas cuestiones. Sin embargo, la crítica ha tendido a centrarse en los comportamientos (intentando reducir los negativos, como los gritos, y promover los positivos, como la escucha y el respeto) más que en las dinámicas de poder y las estructuras sociales. Sin un proceso más profundo de autocrítica y cambio, sin un desaprendizaje y reaprendizaje más hondos, estos programas pueden estar destinados, a pesar de las buenas intenciones y los esfuerzos del personal, a ser limitados en sus efectos transformadores e incluso a perpetuar las injusticias.

Un enfoque de género es un buen ejemplo. Si no se plantea como un tema crítico en la educación musical, la opresión de género de la sociedad en general tiende a repetirse (Matthews 2015), y esto es lo que ha ocurrido en programas como La Red y El Sistema. Ninguna cantidad de proclamaciones de inclusión social interrumpirá la desigualdad de género si el patriarcado no se menciona y el género no se considera un tema relevante para la discusión. Para cambiar la sociedad es necesario desafiar sus reglas, ya sea de forma explícita o implícita, o ambas. En cambio, la ASPM ha evitado en gran medida el debate de muchas cuestiones importantes y se ha centrado en la técnica y la interpretación musical, un enfoque que funciona bien para producir músicos, pero que hace poco para alterar la dinámica de la sociedad. Sin embargo, el proyecto de la escuela Pedregal, mencionado en el Capítulo 1, ofrece un valioso contraejemplo. Los estudiantes y el personal de esta escuela reflexionaron sobre la forma en que la perpetuación de las desigualdades de género contrarrestaba los objetivos sociales de La Red, por lo que tomaron medidas para reequilibrarla. La semilla del desaprendizaje y del reaprendizaje estaba sembrada.

Es instructivo volver aquí al relato de Sarrouy (2018) sobre una escuela de El Sistema:

> Sobre los profesores hombres recae una cierta responsabilidad en representar la figura masculina. "Con mis alumnos intento ser autoritario y exigente, pero sólo después de establecer una relación de confianza", explica el profesor de contrabajo. Los profesores dicen sentir un cierto peso de la responsabilidad parental, como figura ejemplar. Intentan transmitir nociones de "compromiso", de "responsabilidad", estableciendo "objetivos a cumplir" a sus alumnos. (48)

Esta viñeta arroja más dudas sobre los intentos de vincular El Sistema con nociones progresistas como el cambio social y la justicia social. El progresismo se basa —para decirlo de forma muy sencilla—, en la idea de que la sociedad es defectuosa, y de ahí la necesidad de un cambio. Por ejemplo, los progresistas suelen considerar que las estructuras sociales de género y de raza son injustas y, por tanto, necesitan ser transformadas. Esto no es lo que vemos en la descripción de Sarrouy. No se cuestionan los roles parentales o de género ni las relaciones jerárquicas. La ideología subyacente no es que las normas sociales sean problemáticas, sino que están debilitadas y necesitan ser reforzadas. Es el clásico conservadurismo. Las madres del estudio de Sarrouy creen en valores como la disciplina y la responsabilidad, y llevan a sus hijos a la escuela de música para que les refuercen esos valores.

Previamente, hemos visto pruebas de que varios programas de ASPM que han sido sometidos a un escrutinio crítico atienden principalmente a niños cuyas familias ya comparten sus valores. La reproducción social es, entonces, la dinámica principal. El papel de la ASPM en este caso parece ser el de canalizar y poner en evidencia los valores existentes de un determinado sector social. Un punto similar se desprende del informe del equipo social sobre sus entrevistas con los directores de las escuelas. Observando que la formación sinfónica defiende valores como la disciplina, el compromiso y la obediencia, continúa: "Estos valores [...] cautivan a algunas familias como la posibilidad de garantizar que sus hijos se integren más fácilmente a la norma social" ("Informe" 2017a, 112). La educación musical aparece aquí como una fuerza normalizadora, que adapta a los jóvenes a la sociedad y no viceversa.

Irónicamente, para un programa que se ha convertido en un símbolo de la Revolución Bolivariana socialista, el conservadurismo recorre El Sistema, desde la política y la ideología de su fundador hasta su pedagogía poco original y su currículo limitado y repetitivo. Por tanto, tiene poco sentido considerar la ASPM ortodoxa como una forma de educación musical para el cambio social.

El papel de la música clásica vuelve a cuestionarse. La educación musical clásica convencional está diseñada para educar a los músicos clásicos, no para transformar la sociedad, y si no se controla, a menudo reproduce dinámicas sociales problemáticas en lugar de desafiarlas (Bull 2019). Es ingenuo pensar que los atractivos sonidos de la música clásica contrarrestan necesariamente las dinámicas sociales discordantes en el mundo exterior, y hay abundantes pruebas de lo contrario.

Otra forma en la que la cultura de la música clásica refleja los problemas estructurales de Medellín tiene que ver con la división y la violencia. Ya hemos visto amplias pruebas de la creación de divisiones sociales entre individuos y grupos, así como de vínculos dentro del grupo, en La Red y en otros programas de la ASPM. Detrás de discursos reconfortantes como la convivencia y "una gran familia", hemos visto la reproducción de divisiones y rivalidades convencionales entre grupos instrumentales dentro de las orquestas y de la burla hacia los blancos habituales. Así pues, también aquí podemos ver la mezcla de cambio y reproducción que destaca Boeskov. Por un lado, en su primera fase, La Red alejó a los jóvenes del peligro y los colocó en una burbuja protectora, y los recuerdos de los implicados en aquella época apuntan a un enfoque centrado en forjar fuertes conexiones afectivas. Por otro lado, también hay evidencia de que el programa fomentó una mentalidad de "nosotros y ellos" y protegió a los niños de las manifestaciones más extremas de la violencia, en lugar de cuestionar o transformar las dinámicas que había detrás.

La música no está intrínsecamente contrapuesta a la violencia. De hecho, Alex Ross (2016) ha examinado una variedad de formas en las que "la música es violencia". Quadros (2015, 502) señala: "El poder en un coro, al igual que en una orquesta, banda y otros conjuntos dirigidos, está constituido por una calidad de autoridad que casi no tiene rival en ningún otro aspecto de la vida cívica, asemejándose a la autoridad absoluta en las fuerzas armadas y otras áreas de la vida uniformada". Esta cuestión no es ciertamente ajena a la educación musical, como deja claro Quadros. Si la película *Whiplash* lo puso en conocimiento del público de forma dramatizada (y más bien excesivamente dramática), hay muchas indicaciones e investigaciones que sugieren que es un problema genuino. De hecho, ha sido durante mucho tiempo una especie de secreto a voces en la educación musical clásica, y en los últimos años se ha convertido en el centro de una atención más concertada. Fernández-Morante (2018) ha estudiado la violencia psicológica en los conservatorios de música, mientras que Pace (2015) ha escrito sobre el fenómeno cada vez más visible del acoso y el abuso sexual en la educación musical. La evaluación externa de Estrada (1997) identificó la dominación, la humillación y el acoso como características de la práctica pedagógica de El Sistema. En el informe de Scripp (2016b) sobre El Sistema, la palabra "miedo" aparece veintidós veces —seguramente un récord para un artículo de educación musical sobre cualquier tema que no sea el miedo escénico. Señala que uno de los varios apodos poco halagadores de Abreu era "el Führer", lo que no es un signo de un enfoque pacífico del liderazgo.

Recordemos también a los miembros de la primera generación de La Red del Capítulo 2. Estefanía bromeó a medias sobre "el sistema nazi-venezolano" importado a Medellín, mientras que Norberto afirmó que el personal a veces gritaba, insultaba y humillaba a los niños delante de sus compañeros, e incluso "prácticamente sacaba la correa". Daniel argumentó que, al entrenar a los estudiantes en la competencia, La Red los entrenaba indirectamente para el conflicto, aunque su objetivo oficial fuera la convivencia. La competencia y la violencia son un gran problema en la sociedad colombiana, dijo; no necesitamos más de ellas, necesitamos fomentar la cooperación y una sociedad pacífica. Rechazó la idea de la sana competencia en la música, argumentando que eso era cosa del deporte. En resumen, puede que haya habido alguna reflexión sobre la violencia a nivel macro (en el sentido de querer ofrecer una alternativa a las peligrosas calles de la ciudad), pero a nivel micro hubo indicios de continuidad entre una sociedad violenta y La Red.

La variedad y la dispersión geográfica y temporal de estos ejemplos implica que la violencia no es una aberración en la música y en la educación musical, sino que, de hecho, en algunos casos es un elemento constitutivo. Recordemos el argumento de Gaztambide-Fernández (2013, 214) de la Introducción: "La orquesta suena magnífica no a pesar de que, sino por los regímenes militaristas que dictan como muchos músicos son entrenados". Fernández-Morante (2018) identifica que la violencia está casi en los genes de los conservatorios, con sus jerarquías y desequilibrios de poder y la veneración que se otorga a los mejores profesores. Encuentra una delgada línea entre la búsqueda de la excelencia y la violencia, y una línea igualmente delgada existe entre la violencia y la disciplina que es tan central para dicha búsqueda. Nuevamente, hace falta algo más que buenas intenciones y esfuerzos individuales para producir una transformación; sería necesaria una crítica exhaustiva de la relación de la violencia con la música y una reflexión sobre su impregnación de los valores y de las prácticas de la educación musical convencional.

José habló de haber sufrido una crisis tras ocho años como director de escuela, cuando se dio cuenta de que era un arquetípico "director tirano". Esta crisis fue desencadenada por una queja de un estudiante, sesiones con un psicólogo y el nuevo énfasis de La Red en el aspecto socioafectivo de la educación musical. En otras palabras, fue necesaria la confluencia de tres acontecimientos, todos ellos provocadores de una reflexión crítica, para sacudirle de la reproducción de la violencia en lugar de su transformación. Difícilmente se puede culpar a José por su comportamiento anterior; el director de orquesta tiránico es una norma histórica en la cultura orquestal, que algunos siguen defendiendo (Hewett 2020).

La solución a la violencia no es simplemente huir al extremo opuesto. La armonía ha tenido a menudo una vena coercitiva a lo largo de la historia (Baker 2008; 2010; 2014). La violencia y el conflicto requieren resolución, no supresión o negación. El estudio de Cobo (2015) sobre la pedagogía musical en grupo subraya la importancia del conflicto cuidadosamente gestionado y la controversia constructiva para el desarrollo cognitivo. De hecho, sostiene que los profesores deben *promover* determinados tipos de conflicto para problematizar el conocimiento y fomentar la colaboración entre compañeros. Del mismo modo, el trabajo de Henley (2019) con el programa penitenciario Good Vibrations se basa en la opinión de que el conflicto desempeña un papel importante en la pedagogía; así, los facilitadores se esfuerzan por crear un entorno seguro, permitir que el conflicto se desarrolle y reflexionar sobre él después. Vicenç Villatoro, hablando en un acto público en Medellín, lo expresó de forma memorable: la cultura no es un instrumento para ganar una batalla ni un martillo para golpear un clavo; es un campo de batalla donde las ideas entran en contacto y en conflicto y se desarrollan. Paradójicamente, entonces, responder a la violencia social evitando el conflicto e imponiendo la armonía puede ser contraproducente, ya que no permite a los participantes reimaginar el conflicto como una fuerza productiva y aprender a lidiar con él de forma constructiva. Por tanto, es poco probable que el uso irreflexivo de la música bajo la bandera de la armonía social tenga un impacto significativo en la violencia, incluso cuando evita reproducirla.

La violencia no solo tiene forma física. El estudio de Fernández-Morante sobre los conservatorios abarca tanto la violencia psicológica y académica como la física y sexual. Matthews (2015, 240) argumenta: "Los educadores musicales están tan implicados en la violencia estructural como cualquier otra persona, ya que reside en sus prejuicios, en la forma en que ven el mundo y en las clasificaciones que imponen a sus estudiantes". Algunos investigadores de la educación musical decolonial ven la educación musical eurocéntrica en América Latina como una especie de violencia epistémica —una continuación de las formas históricas de opresión que se remontan a la Conquista española (p. ej. Rosabal-Coto 2019). Los enfoques convencionales de la educación musical han sido criticados a través del marco de la violencia simbólica (Powell, Smith y D'Amore 2017). Joabe Cavalcanti escribe sobre "la violencia cultural cometida contra las comunidades en nombre del desarrollo" (citado en Ramalingam 2013, 91). Los educadores musicales no necesitan ser directores tiranos o "prácticamente sacar la correa" para participar en la reproducción de la violencia.

Así pues, incluso en este ámbito en el que cabría esperar que el impacto de la ASPM fuera menos ambiguo, existen pruebas de la complejidad y los efectos contradictorios. La evaluación de 2005 descubrió que los estudiantes de La Red tenían más probabilidades de ser víctimas de delitos violentos que sus compañeros (la hipótesis de los autores giraba en torno a los traslados nocturnos de los músicos). La rápida expansión de El Sistema en la década del 2000 coincidió con el empeoramiento de la situación de seguridad en Venezuela. El programa venezolano ejemplifica cómo las dinámicas violentas pueden perpetuarse bajo discursos de paz y una visión utópica de la educación musical. Hay mucho que reflexionar aquí para los interesados en el empleo de la ASPM y de la educación musical en general en la lucha contra la violencia.

Una forma más sutil en la que la ASPM participa en la reproducción social es en la definición de los problemas. Al enmarcar los problemas que supuestamente debe resolver en términos de déficits individuales, la ASPM ayuda a distraer la atención de las causas estructurales como la desigualdad y, por lo tanto, sirve para perpetuarlas (véase Baker 2016b). La formulación de El Sistema de su problema central como una falta de disciplina o aspiración y "una juventud vacía, desorientada y desviada" es particularmente cruda, pero la descripción oficial de La Red, aunque más sutil, sigue apuntando a la conducta y a la corrección más que a las causas estructurales de los problemas sociales: su objetivo fundamental es "generar y fortalecer procesos de convivencia y cultura ciudadana mediante la formación de niños y jóvenes, a través del disfrute y el aprendizaje de la música".[10] Como escribe Boeskov (2019, 191), estos análisis "contribuyen a ocultar y naturalizar las relaciones de poder que sostienen el *statu quo*". Continúa: "Las prácticas musicales promueven u ocultan concepciones específicas de la realidad social y política, con consecuencias sobre cómo los agentes musicales pueden llegar a entenderse a sí mismos y a sus posibilidades de acción" (221). Cuando la ASPM afirma que la educación en valores es la solución, implica que los valores de los jóvenes, y no las estructuras sociales, son el problema, y por tanto limita la imaginación de un mundo diferente. Cuando la ASPM opta por la disciplina, limita las posibilidades de acción para desafiar y cambiar esas estructuras.

En resumen, la ASPM tiene el potencial de generar reproducción o cambio social o, como sostiene Boeskov, ambas cosas a la vez. Una mayor conciencia de esta ambigüedad solo puede servir a quienes miran la ASPM con la esperanza de una transformación social.

Creencias versus Evidencias

En su estudio sobre la Orquestra Geração (OG), Cruz, Mota y Costa (2017, 78) señalaron: "El equipo de investigación se encontró con afirmaciones

---

10   Este texto apareció en la página web de La Red el 6 de septiembre de 2017, http://www.redmusicamedellin.org/.

bastante asertivas en varias ocasiones por parte de los miembros de la OG (coordinadores de núcleo y profesores) sobre las mejoras conseguidas en los rendimientos académicos de los participantes en comparación con otros estudiantes". Así, los investigadores realizaron un estudio cuasiexperimental, cuyos resultados les llevaron a concluir: "No podemos considerar que los estudiantes de la OG obtengan mejores resultados académicos en comparación con otros estudiantes del mismo centro que no asisten a la orquesta" (84). Las creencias de los empleados sobre los efectos de la ASPM resultaron ser excesivamente optimistas.

Este estudio, situado junto a los temas planteados sobre el impacto social y el cambio social hasta ahora en este capítulo, señala otro problema en la investigación crítica sobre este tema. Por un lado, las pruebas de un impacto social significativo son limitadas y cuestionables, y hay bastante evidencia en contra. Por otro lado, muchos de los que trabajan en este campo creen que la ASPM es eficaz. (Este no es el caso universalmente, ni mucho menos; hemos visto muchos ejemplos de ambivalencia y escepticismo en los capítulos anteriores.) Los investigadores tienen el deber de tomar en serio estas opiniones, estemos o no de acuerdo con ellas. Sin embargo, ¿cómo podemos tomar en serio la investigación y las creencias al mismo tiempo cuando están en contradicción?

La manera de cuadrar este círculo es entender semejantes creencias como lógicas y de sentido común. El hecho de que la investigación cuestione estas creencias no las convierte en ilógicas o insensatas. Hay buenas razones para que los empleados de la ASPM las sostengan. En casos como el de La Red y El Sistema, muchos profesores fueron en su día estudiantes del mismo programa, por lo que pueden considerarse una prueba viviente de que la ASPM funciona. Sus creencias están alimentadas por la experiencia personal; pero la experiencia personal no siempre es una guía confiable de las verdades generales.

En Medellín y Venezuela, escuché repetidamente a los músicos afirmar que la ASPM era eficaz basándose en que muchos de sus amigos del barrio que no entraron en estos programas acabaron metiéndose en problemas, yendo a la cárcel o incluso muriendo. Esto puede ser cierto, pero no significa que esos músicos estuvieran destinados a esos rumbos antes de descubrir la música. La personalidad o la influencia familiar pueden haber determinado que estos individuos eligieran la música mientras sus amigos tomaban otros caminos. Por tanto, la música puede ser un efecto más que una causa de una trayectoria vital diferente. El problema de cualquier historia individual de redención es que no se tienen en cuenta las diferencias preexistentes y no hay control; estas historias se basan en lo que el individuo imagina que podría haber llegado a ser sin la música, y por lo tanto son susceptibles de ser sesgadas por ideologías de diversa índole —incluyendo la noción común de la ASPM como salvación. Cuando se introduce un grupo de control asignado aleatoriamente, como en el estudio del BID de 2017, las cosas parecen bastante diferentes—, y más aún si los datos son reanalizados por un investigador independiente (Baker, Bull y Taylor 2018).

La eficacia de la ASPM también está ante los ojos de los profesores, en el sentido de que ven a los estudiantes exitosos de forma regular. El problema aquí (como en el caso anterior) es el sesgo de sobrevivencia. En un programa voluntario con una alta tasa de deserción como La Red o El Sistema, los fracasos tienden a desaparecer rápidamente de la vista, mientras que los éxitos siguen siendo visibles y se hacen más prominentes con el tiempo. Es perfectamente comprensible que un estudiante que haya prosperado en el programa durante un periodo de quince años ocupe un lugar mucho más importante en la mente de un profesor o un investigador que un estudiante que haya tenido problemas durante unos meses y lo haya abandonado. Cuando considera la ASPM, es perfectamente lógico que un profesor piense principalmente en sí mismo y en sus compañeros que se convirtieron en músicos profesionales, en lugar de en aquellos (probablemente muchos más) que estuvieron menos apegados al programa y pasaron por él de manera más fugaz. El sesgo de sobrevivencia no es, entonces, un defecto personal, pero puede llevar fácilmente a los empleados a considerar la ASPM como más exitosa de lo que es.

El sesgo de sobrevivencia es también un problema importante en la investigación de la ASPM. Independientemente de lo que haga un programa voluntario de esta envergadura, por muy buenas o malas que sean sus prácticas, a algunos estudiantes les gustará y a otros no, y la mayoría de estos últimos se irán, eliminando la evidencia del fracaso. Hablar predominantemente o en su totalidad con los sobrevivientes, probablemente distorsione la impresión del investigador sobre el programa. Es muy difícil para los investigadores evitar centrarse en los que están presentes y no en los que no lo están, pero las estadísticas de deserción y los relatos de fracaso son tan importantes como las historias de éxito para entender la ASPM. Los altos índices de deserción en muchos de estos programas son elocuentes; pero esta información es ignorada incluso por muchos investigadores, por no decir en las narraciones oficiales.[11]

En las calles de Medellín, los extremos de violencia y la tasa de homicidios disminuyeron notablemente durante las dos décadas de existencia de La Red. Como resultado, muchos habitantes de Medellín afirmaban que La Red había transformado la ciudad. Sin embargo, la realidad de la renovación urbana es más compleja que esta historia (como veremos más adelante). Además, La Red floreció al mismo tiempo que una amplia gama de otras políticas urbanas dirigidas a objetivos similares (van der Borgh y Abello Colak 2018). Sin un estudio experimental, sería imposible aislar los efectos de La Red de los de todas las demás políticas, y atribuir a la educación musical cualquier cambio. La investigación sobre las artes y la renovación urbana en otros países da sobradas razones para ser cautelosos con las afirmaciones expansivas (p. ej. Belfiore 2002; Miller 2013; Lees y Melhuish 2015). Sin embargo, La Red nació con un discurso sobre la convivencia, y los barrios se han vuelto considerablemente menos violentos desde entonces; vincular estas dos realidades es, por tanto, un paso lógico.

El Sistema presenta un panorama mucho más contradictorio. El crecimiento explosivo del programa y su auge internacional fueron seguidos poco después por un deterioro de las condiciones sociales en Venezuela y luego por una crisis nacional en toda regla. En este caso, la persistencia de las creencias positivas sobre la ASPM frente a las crecientes pruebas en contra señala el papel central de la ideología.

La creencia en el poder de la música va mucho más allá de la ASPM. En América Latina, las opiniones idealistas sobre la música europea y la salvación se remontan a las campañas de evangelización durante los

---

11 Fairbanks (2019) es una excepción: señala que en el colegio que estudió, solo una fracción de los estudiantes tuvo la oportunidad de entrar en el programa Sistema, y una cohorte inicial de sesenta disminuyó con los años a diez o menos. En otras palabras, "hay más de 50 'fantasmas' —lo que, por cierto, equivale a cinco veces el número de músicos de orquesta 'exitosos' de la escuela secundaria—, que finalmente interrumpieron su participación en el programa de orquesta" (177). No obstante, como reconoce el autor, su estudio se centra en la minoría de sobrevivientes, no en la mayoría de "fantasmas".

primeros años de la Conquista española. Han sido retomadas en las últimas décadas por las instituciones culturales, la industria musical, los gobiernos y los medios de comunicación de todo el mundo, convirtiéndose en una ideología dominante de nuestra época. Las visiones optimistas del impacto social de las artes se encuentran hoy en día en todas partes, formando un pilar central de las justificaciones para la financiación y el marketing institucional. La tradición negativa ha sido tan completamente desplazada que pocos son conscientes de ella (Belfiore y Bennett 2008).

La investigación tampoco es inmune. Tanto en las ciencias exactas como en las sociales, el proceso de publicación está sesgado hacia los resultados positivos e infla los efectos (Lortie-Forgues e Inglis 2019; Clift 2020). El estudio de Alemán *et al.* (2017) sobre El Sistema es un ejemplo de ello, como ya se ha comentado. Además, algunos científicos que trabajan en música y cognición (p. ej. Schellenberg 2019; Sala y Gobet 2020) sugieren que su campo es presa del sesgo de confirmación.

A pesar de tal inflación, los propios estudios de investigación no suelen articular declaraciones grandiosas sobre milagros y transformaciones sociales; más bien, algunos señalan pequeñas diferencias y beneficios cognitivos o psicológicos, mientras que otros no lo hacen. Los dos mayores ensayos controlados aleatorios en este campo no encontraron ningún efecto de la formación musical en las habilidades cognitivas o académicas (Haywood *et al.* 2015; Alemán *et al.* 2017). Pero en el traslado al ámbito público se liman muchas advertencias y limitaciones, y los hallazgos nulos o negativos suelen pasarse por alto, ya que no hay organizaciones a las que les interese promoverlos. Como señalan Sala y Gobet (2020), los medios de comunicación e incluso otros investigadores han prestado poca atención a los dos ensayos principales mencionados, a pesar de que el ensayo aleatorio es la metodología de referencia. Los estudios más positivos tienen más probabilidades de ser recogidos por las organizaciones que abogan por la educación musical y de dar lugar a un reportaje en los medios de comunicación, en el que los hallazgos específicos y a pequeña escala a menudo se convierten en una historia expansiva y generalizada sobre el poder de la música (Mehr 2015; Odendaal *et al.* 2019). Muchos músicos se encuentran con titulares, resúmenes y animaciones de este tipo de reportajes en las redes sociales. Como resultado, existe una brecha significativa entre los hallazgos mixtos y la cautela de algunos investigadores con respecto a los efectos de transferencia de la educación musical, y la opinión más uniformemente optimista que prevalece entre los músicos y el público en general (Mehr 2014; D'Souza y Wiseheart 2018).

Prácticamente no hay ganas de cuestionar la narrativa dominante en la esfera pública, lo que significa que rara vez se escuchan los contraargumentos. La industria y la profesión de la música clásica se han alineado detrás de una historia que les beneficia y halaga, y muchos periodistas de música clásica han seguido su ejemplo. Pocos están dispuestos a arriesgarse a despertar la ira de los amantes de la música presentando conclusiones de investigación menos positivas a un público más amplio.[12] El panorama ambiguo que se presenta en estas páginas no será una sorpresa para muchos investigadores en campos como la sociología de la educación musical o los estudios de desarrollo, que están acostumbrados a enfrentarse a los efectos contrarios, las consecuencias imprevistas y las brechas entre los objetivos y los resultados. Sin embargo, en la esfera pública, la ambivalencia sobre el poder de la educación musical es una cosa rara.

En resumen, los relatos positivos —a menudo entusiastas—, de los efectos de la música son la norma y provienen de múltiples ángulos. Por lo tanto, es perfectamente lógico que muchos dentro del campo de la ASPM tengan opiniones optimistas. Sin embargo, cada vez hay más investigaciones que sugieren que estas opiniones, a pesar de que reflejan la narrativa dominante, pueden no ser acertadas como explicación del impacto social del campo.

El equipo social constituye un contraste interesante. Sus miembros trabajaban a tiempo completo dentro de La Red, en algunos casos durante años, por lo que conocían muy bien el programa. Pero no estaban influenciados por el sesgo de sobrevivencia ni por las ideologías dominantes de la música en la misma medida que los músicos y, como científicos sociales, estaban formados para pensar de forma crítica sobre estas cuestiones. Reflexionaban con frecuencia sobre lo que muchos de ellos percibían como creencias color de rosa y mal fundamentadas sobre la música y el impacto social, y a menudo expresaban su escepticismo

---

12 Sala y Gobet (2017) es una excepción —pero también véase los comentarios debajo de su artículo, que ilustran la resistencia a los hallazgos nulos o negativos sobre este tema.

sobre las afirmaciones expansivas de La Red. ¿Dónde están las pruebas?, preguntaban.

Medio Milagro

El evento para la delegación de Harvard con el que se inició este capítulo ilustró la asociación de La Red con la Agencia de Cooperación e Inversión (ACI) de Medellín para transmitir una imagen atractiva de renovación urbana para el consumo internacional. En cierto modo, esto podría parecer un intercambio lógico y poco problemático: a cambio de recibir considerables fondos de la ciudad, La Red apoya al gobierno municipal y sus políticas. Sin embargo, los directivos de La Red que estuvieron presentes en el acto de la ACI para Harvard me confiaron después que estaban incómodos por la forma en que se utilizaba La Red para "vender" Medellín y se exigía a los estudiantes que desempeñaran el papel de embajadores de la ciudad. Sus comentarios críticos me animaron a profundizar en este acuerdo.

La obligación de desempeñar un papel de marketing exigía que La Red transmitiera una imagen positiva. En consecuencia, la presentación en PowerPoint a la delegación visitante eludió los puntos de vista matizados y ambivalentes del personal presente y las complejas cuestiones que se discutían a diario, y pintó un panorama totalmente color de rosa. Es un ejemplo de la simplificación que se produce en la autopresentación de la ASPM ante el mundo exterior.

Los observadores no deberían tomarse demasiado en serio este tipo de autopublicidad institucional, ya que oscurece tanto como revela la dinámica real del proyecto y de la sociedad circundante. Pero con demasiada frecuencia, esto es precisamente lo que ha sucedido con la ASPM: los discursos de marketing han sido adoptados y repetidos por los medios de comunicación, los investigadores y otras instituciones como si representaran toda la verdad. La historia de El Sistema en los años cercanos a 2010 fue la de un flujo constante de delegaciones a Venezuela, a las que se les ofrecía un recorrido de alfombra roja, cuidadosamente escenificado (véase Baker 2014), y se iban convencidas de que el programa estaba transformando el país y representaba el futuro de la música clásica (ninguna de las cuales, como revelaron los acontecimientos posteriores, era cierta).

El evento de Harvard fue, entonces, un microcosmos de la producción y recepción de la historia de la ASPM en todo el mundo en los últimos años. Me permitió observar la reproducción internacional de una visión idealizada de la ASPM en tiempo real. Se transmitió una narrativa publicitaria a un público entusiasta que no tenía una manera fácil de evaluar su exactitud ni una razón o incentivo para dudar de ella; esta narrativa se convirtió en la verdad, que sin duda se repetiría en casa (como ocurrió tras visitas oficiales similares a El Sistema). Mientras tanto, en las calles, las protestas estudiantiles seguían, y en las escuelas, los ensambles y las salas de reuniones de La Red, continuaba la compleja y desordenada realidad.

No había nada malo en todo esto: no tendría sentido esperar otra cosa de un evento como éste. Nadie tuvo la culpa; todo el mundo simplemente hizo su trabajo o recibió con gratitud lo que se le ofreció. Yo habría hecho lo mismo en su lugar. La historia aquí no es sobre el fracaso; es sobre la idealización de la ASPM como parte de su sumisión a las agendas políticas y económicas. Conocía bastante bien a todos los representantes adultos de La Red en el evento, y por las largas conversaciones que mantenía con ellos sabía que tenían opiniones complejas y perspicaces sobre su propio trabajo. Sin embargo, la dinámica institucional y política del evento les obligó a idealizar la ASPM y, sin culpa alguna, a situar la educación musical en el papel de promover un pensamiento un tanto simplista y utópico en lugar de una reflexión matizada y crítica.

Hay ecos aquí de la caracterización de Logan (2016) de El Sistema como un velo cultural que cubre los hechos inconvenientes de la vida cotidiana. Para los educadores de música interesados en la creación musical reflexiva y crítica (Johnson 2009) o en la teoría crítica en general, puede ser algo desconcertante ver la educación musical jugando este papel ambiguo, ofuscando algunas realidades sociales incómodas a la vez que resaltando otras más agradables, y sirviendo como un adorno en la política urbana en lugar de una provocación para pensar y actuar. Dado que esto no se debió ni a fallos individuales ni colectivos, surge la pregunta de si la educación musical puede desempeñar al mismo tiempo funciones de marketing y de crítica, o si la ASPM en América Latina —debido a su tamaño y a su dependencia del patrocinio político—, está diseñada y destinada a promover el *statu quo* en lugar de cuestionarlo.

El tema de la instrumentalización surgió en mis conversaciones privadas con el personal después del evento. Esta palabra solía aparecer en el contexto de las críticas a la utilización de los estudiantes en la búsqueda de objetivos musicales, pero en este caso la cuestión era más bien el aprovechamiento de los jóvenes músicos con fines políticos y económicos. En el evento de Harvard, se les utilizó para promocionar el Milagro de Medellín a los visitantes extranjeros. Esta dinámica puede parecer relativamente poco problemática para aquellos que están de acuerdo con los fines —en este caso, presentar el gobierno, las políticas y el historial de transformación urbana de Medellín de forma positiva. Pero, como veremos más adelante, ha habido críticas fundamentadas a la narrativa del milagro y, lo que es más importante, hay un principio en juego sobre si los estudiantes de música deben ser tratados como medios o como fines.

Los peligros potenciales de esta instrumentalización se han hecho dolorosamente evidentes en Venezuela en los últimos años. Cuando la Orquesta Juvenil Simón Bolívar irrumpió en la escena internacional en 2007, su despliegue populista y nacionalista fue visto como un toque de poder blando relativamente inofensivo por parte de un gobierno que tenía un considerable apoyo internacional de la izquierda. Durante los años siguientes, las escuelas y ensambles de El Sistema se presentaron con regularidad para las delegaciones locales y extranjeras, en busca de financiación, de apoyo de políticos y celebridades, y de cobertura mediática positiva. Una década más tarde, esta estrategia parecía mucho más problemática, ya que se presionaba a los estudiantes para que reforzaran el dudoso historial de derechos humanos del gobierno venezolano, celebraran sus cuestionables alianzas políticas y adornaran sus campañas de propaganda. El Sistema había descendido claramente al peldaño más bajo de la escala de participación de Hart (analizada en el Capítulo 3): la manipulación. Hay cuestiones éticas en torno a tratar a los estudiantes de música como peones en un juego de adultos, incluso si los peones parecen divertirse. Venezuela ilustra que una actitud permisiva ante esta instrumentalización puede tener graves consecuencias.

En Medellín, el juego de adultos en cuestión era la renovación urbana. Al igual que muchos extranjeros, me había sentido atraído por los signos visibles y los relatos efusivos de su renacimiento urbano, y en particular por su emblemática política de urbanismo social. Pero poco después de mi llegada, asistí a un acto público titulado "Medellín pa' dónde vamos". Me llamó la atención la falta de autocomplacencia e incluso la preocupación de los ponentes y del público, que creían claramente que a Medellín le quedaba mucho trabajo por hacer. El discurso de apertura corrió a cargo de Francisco de Roux, sacerdote jesuita y figura destacada del proceso de paz en Colombia. El "modelo de Medellín" ha sido aclamado en todo el mundo, dijo, pero la desigualdad, el sexismo y el racismo han continuado, limitando las oportunidades de vida de un gran segmento de la población. Subrayó que la desigualdad es un problema clave en Medellín. La ciudad ha sido históricamente el centro de la industria, del comercio y del capitalismo en Colombia, pero también de lo paramilitar, de la guerrilla y del mundo del narcotráfico. Medellín no ha superado el trauma histórico que subyace en la ciudad, afirmó, prefiriendo mirar hacia otro lado y olvidar en lugar de afrontar el dolor generado por la violencia. El resultado ha sido una ausencia de reconciliación y de solidaridad y una sociedad dividida. Un mes después, Pablo Montoya, el célebre novelista y habitante de Medellín, publicó una apasionante crítica a la supuesta transformación milagrosa de la ciudad, también bajo el título de "Medellín, ¿para dónde vamos?" (2017). El autor retrató la narrativa del milagro como poco más que un hechizo ilusorio lanzado por líderes municipales arrogantes, que encubría una realidad en la que la corrupción, la criminalidad, la pobreza, la desigualdad, el racismo, la actividad paramilitar, la prostitución infantil y la degradación del medio ambiente eran alarmantemente frecuentes.

No eran puntos de vista excepcionales. El Milagro de Medellín ha perdido algo de brillo en los últimos años. En un artículo de *Foreign Policy* titulado "Half a Miracle" (Medio Milagro), Francis Fukuyama y Seth Colby (2011) ofrecieron una evaluación más sobria, reconociendo los logros recientes de la ciudad, pero también atribuyendo el descenso de la violencia al dominio de un único jefe criminal, conocido como Don Berna. Cuando Medellín ganó el premio a la Ciudad Innovadora del Año en 2013, el alcalde se vio obligado a admitir de inmediato que no todo era color de rosa, y el arzobispo emitió un comunicado de prensa que amortiguó aún más la autocomplacencia al denunciar un catálogo de graves problemas urbanos (Brand 2013). Como señala Hylton (2007, 89), "el cambio de imagen de Medellín descansa sobre las tumbas de decenas de miles de sus ciudadanos".

También los investigadores han echado agua fría a las historias milagrosas, argumentando que, aunque la tasa de homicidios ha disminuido drásticamente en los últimos veinte años, la causa no fue tanto el urbanismo social como el aumento del control paramilitar y el cambio de prioridades y alianzas por parte de las organizaciones criminales, que vieron beneficios económicos en una ciudad más pacificada (Hylton 2007; Maclean 2015). Los políticos y los jefes del crimen coincidieron en la necesidad de priorizar los requerimientos del capital extranjero y, por tanto, la seguridad. Ha habido una mutación y diversificación de la violencia y la criminalidad más que una disminución: menos homicidios, pero más extorsión y otras formas de actividad criminal, lo que significa que la disminución de la tasa de homicidios es algo engañosa (van der Borgh y Abello Colak 2018). Según Tubb (2013), el gobierno de la ciudad puede haber implementado una serie de programas sociales atractivos (como La Red), pero la mayoría ha tenido poco efecto sobre la violencia o la criminalidad. Él retrata a ambos como si simplemente coexistieran uno al lado del otro, como la pobreza descarnada y la inmensa riqueza de Medellín.

Mientras tanto, el urbanismo social ha sido criticado como una política al servicio de la élite empresarial local, y una forma atractiva de evitar el tema de la desigualdad y de la redistribución de los ingresos. Según Franz (2018), "el principal beneficiario de la fórmula de gobierno de [el alcalde] Fajardo fue el gran capital". Maclean (2015, 3) señala que, aunque ha habido éxitos, "muchas de las políticas asociadas al urbanismo social reafirman tanto como desafían el poder y el dominio de las élites".

El urbanismo social también ha sido retratado como una política para cambiar la imagen de la ciudad en lugar de atacar los problemas subyacentes, con el fin de atraer la inversión extranjera y el turismo. Esta política fue exitosa en algunos sentidos: trajo dividendos económicos (para algunos), y una encuesta reciente encontró que un tercio de los visitantes de Medellín vinieron a ver su transformación urbana (Zambrano Benavides 2019). Sin embargo, hizo poco por alterar los altísimos niveles de desigualdad en la ciudad. En 2013, poco después de los ocho años en los que el urbanismo social fue dominante (2004–2012), se reportó que Colombia tenía las ciudades más desiguales de América Latina, siendo Medellín la más perjudicada (Téllez Oliveros 2013). La desigualdad bajó un poco y luego volvió a subir en los años siguientes, y todavía fue calificada como "muy alta" en 2017 ("La desigualdad"

2020). Dado que la desigualdad se considera una causa importante de la violencia, los investigadores han culpado al urbanismo social y a sus políticas sucesoras de perpetuar muchos de los problemas de la ciudad.

Un estudio sobre las famosas escaleras eléctricas exteriores de la Comuna 13 concluyó que impulsaron el orgullo cívico y la imagen internacional de Medellín, pero también que abordaron un problema mal definido y tuvieron poco impacto en la movilidad o las desigualdades, por lo que fueron ineficaces como motor de desarrollo social (Reimerink 2018). Del mismo modo, Brand (2013) sostiene que el urbanismo social atrajo a los residentes de Medellín, pero en la práctica hizo poco para resolver los problemas de la ciudad. Los beneficios localizados no se tradujeron en toda la ciudad. El urbanismo social produjo una *sensación* generalizada de inclusión social, pero unas mejoras materiales muy escasas. Para Brand, el urbanismo social tenía que ver sobre todo con la imagen, el espectáculo y el marketing, y con los beneficios políticos que aportaban. Franz (2017, 143) coincide: "Las condiciones socioeconómicas de la ciudad están lejos de ser milagrosas".

En un estudio particularmente esclarecedor, Montoya Restrepo (2014) analiza lo "social" en el urbanismo social, y concluye que, en términos concretos, detrás de todo el bombo y platillo, las políticas simplemente promulgaron prácticas estándar y obligaciones básicas del estado. Sostiene que la palabra "social" era, por tanto, un prefijo justificatorio e ideológico, y una estrategia para reforzar el marketing urbano (dirigido a nivel internacional) y la normalización y el control (dirigido a la población local). Detrás de esta etiqueta, estaba lo mismo de siempre.

La Red formó parte del Plan Estratégico de Medellín de 1997 que sembró la semilla del urbanismo social, y fue asumida por el gobierno de la ciudad a principios de la administración de Fajardo, cuando el urbanismo social floreció. Algunas de las escuelas de La Red encontraron un hogar en los nuevos e icónicos parques biblioteca, uno de los rasgos distintivos de esta política, y sus ensambles se presentaban en las estaciones del metro, otro emblema de la Medellín renovada. No solo se produjo un cambio musical y arquitectónico al mismo tiempo, sino que La Red contribuyó a poblar y animar los nuevos edificios y espacios, formando parte de la transformación simbólica de la ciudad.

La Red podría verse, entonces, como un microcosmos del urbanismo social: un medio milagro dentro de otro medio milagro. Al igual que el urbanismo social, La Red es atractiva, una nueva imagen de Medellín para el mundo, y una fuente de orgullo local y aclamación internacional; pero al igual que en el urbanismo social, también hay interrogantes. Si Reimerink (2018, 201) sostiene que el urbanismo social creó "islas de excepción" dentro de la ciudad, hay claros ecos de las "burbujas" de La Red. Brand (2013, 14) podría estar describiendo a La Red cuando escribe: "Vastas áreas permanecen sin tocar y se necesitaría un enorme esfuerzo concertado y continuo para que el urbanismo social se extendiera efectivamente por toda la ciudad. Esto solo acentúa la importancia simbólica del urbanismo social, cuya estética es mucho más fuerte que sus impactos materiales". La opinión generalizada es que ambos programas han tenido un efecto beneficioso en la ciudad, aunque las investigaciones detalladas apuntan más a imágenes, creencias y sentimientos positivos que a un cambio social tangible para los habitantes más pobres de la ciudad. Si los alcaldes de Medellín han favorecido "intervenciones visibles y mediáticas que transmiten una imagen de modernidad" (Reimerink 2018, 192), La Red podría considerarse la contrapartida audible. Las narrativas tanto del Milagro de Medellín como de la ASPM han sido co-construidas e impulsadas significativamente por la amplia atención de los medios. El proceso de cambiar la imagen de la ciudad, al igual que la ASPM, depende de que los medios de comunicación estén dispuestos a calificarla como un éxito y volver a la historia repetidamente, implantando una imagen positiva en la mente del público.

En ambos casos, las apariencias milagrosas y los espectáculos atractivos pueden ser engañosos: tras los exteriores progresistas se esconden funcionamientos internos más ambiguos. Los efectos son contradictorios; los resultados positivos pueden no coincidir con los reivindicados en el discurso oficial; las causas son objeto de debate. La Red es un ejemplo de un fenómeno más amplio en Medellín: políticas sociales de bienestar que se hicieron mundialmente famosas a pesar de mostrar resultados modestos. Son simbólicamente importantes para la ciudad, pero es más difícil argumentar que han tenido un impacto material significativo. Como escribe Maclean (2015, 123) en relación con las políticas urbanas icónicas de Medellín, "no está claro que hayan representado un verdadero desafío a la forma que habría tomado la ciudad si simplemente hubiera obedecido a las necesidades del capital". Los efectos de La Red en el destino de la ciudad son igualmente poco claros.

¿El urbanismo social hizo de Medellín un lugar mejor para vivir? La mayoría estaría de acuerdo en que sí. Pero encontré pocos residentes inclinados a la autocomplacencia. Como señala Maclean, el cambio de imagen era más creíble para los extranjeros que para los locales. El amor por su ciudad no excluía las críticas generalizadas de sus habitantes; Medellín seguía siendo más complicada de lo que sugería la historia del milagro. Lo mismo podría decirse de La Red.

Representando el Milagro de Medellín

El evento para la delegación de Harvard ilustró cómo La Red sirve, entre otras muchas cosas, como herramienta de marketing urbano, dirigida tanto hacia dentro como hacia fuera. Con sus "conciertos de ciudad" frecuentes y sus presentaciones musicales en espacios urbanos como los parques y el metro, La Red forma parte del aparato ceremonial de Medellín: una presentación de una determinada imagen de la ciudad, para la ciudad, financiada por la ciudad. El desarrollo urbano inspirado en el modelo de Barcelona tiene un componente importante de espectáculo (Brand 2013), y se puede considerar que la música juega un papel en la representación de la renovación urbana de Medellín. ¿Qué mejor manera de presentar la ciudad renacida que mostrando un gran ensamble de jóvenes tocando en armonía? ¿Qué mejor espectáculo de desarrollo?

Como sugiere su eslogan "La nueva imagen de Medellín para el mundo", La Red también ha ocupado un lugar destacado en un programa más amplio de cambiar la imagen de la ciudad para el consumo externo. Juan Guillermo Bedoya, director de comunicaciones de la alcaldía entre 2008 y 2009, dijo: "Cualquier sociedad que se transforma necesita símbolos", y habló de que los que visitaban a Medellín deberían "llevarse la imagen de una ciudad renovada" ("Medellín" s.f., 210). Desde sus inicios, La Red ha sido utilizada como símbolo para apoyar esta imagen. No son solo vidas que el programa pretende transformar.

El tema de narrar la ciudad —de contar una nueva historia o construir un nuevo imaginario—, fue omnipresente durante mi estancia en Medellín, especialmente en los debates públicos y en eventos culturales. Fue un pilar central de la gira de La Red a Estados Unidos en 2018, con su retrato de la ciudad compuesto por los estudiantes. A nivel gubernamental, el principal objetivo de esta reimaginación ha sido impulsar la inversión extranjera y el turismo; por ello, es significativo que el organizador del evento de Harvard fuera la ACI —Agencia de Cooperación e Inversión. La conexión entre las artes y el turismo se puso de manifiesto en 2018 con la creación del programa municipal *Ciudad de artistas*, cuyo objetivo explícito era utilizar las artes para hacer la ciudad más atractiva para los visitantes extranjeros. Thompson (2009, 26) sugiere que los profesionales de las artes aplicadas deberían preguntarse siempre: "¿De qué espectáculo formamos parte?" Los músicos de La Red formaban parte del espectáculo del Milagro de Medellín.

Sin embargo, como se ha señalado anteriormente, las políticas urbanas de Medellín han sido objeto de continuas críticas por parte de los investigadores por perpetuar los problemas urbanos. Por lo tanto, "vender" la renovación urbana de Medellín a nivel internacional no es una actividad neutra o poco controvertida desde el punto de vista político o económico. Al desempeñar un papel de apoyo simbólico en relación con las políticas urbanas de efectos mixtos, puede considerarse que La Red ocupa una posición ambigua. Si la "nueva imagen" que Medellín ha proyectado al mundo en los últimos años es, al menos en parte, engañosa, ¿en qué situación queda La Red?

Luego está la espinosa cuestión de la relación de La Red con la promoción de la inversión. Franz (2017) ofrece un análisis esclarecedor de la ACI. Esta agencia promueve a Medellín no solo como destino para la inversión extranjera directa, sino también como un mercado laboral flexibilizado, ofreciendo a los inversores una ciudad en la que los trabajadores tienen salarios bajos, largas jornadas y pocos beneficios. Sin embargo, la flexibilización puede tener efectos negativos en la productividad laboral (por no hablar de la calidad de vida). La agenda que impulsa la ACI se centra en "las actividades económicas de los sectores de servicios que, o bien permanecen en el extremo de baja productividad de la cadena de valor, o bien son servicios comerciables intensivos en mano de obra cualificada que no pueden generar mucho empleo para la gran mayoría de la mano de obra no cualificada de Medellín" (139). Esta agenda sirve principalmente a los intereses de la clase capitalista de la ciudad, y tiene efectos contradictorios en el desarrollo económico. La economía general de la ciudad ha crecido, pero debido a que este crecimiento se concentra en las industrias de servicios, contrasta fuertemente con las altas tasas de desempleo y subempleo y el aumento de la precariedad de las condiciones de trabajo. El hecho de que un programa de educación musical se asocie con la ACI y apoye un programa de este tipo suscita evidentes preocupaciones, sobre todo si se trata de un programa con un objetivo social y dirigido principalmente a las clases populares, que suelen experimentar los efectos más negativos de este tipo de políticas.

Hay varias maneras de ver La Red en el contexto de una política urbana más amplia. Se puede considerar como una faceta de una política de reordenación urbana dirigida desde el exterior. También se puede considerar que La Red es solo una de las muchas políticas y programas públicos de Medellín, y observar que las políticas culturales a menudo contrastan con el programa económico y de seguridad más amplio del estado colombiano. Ochoa Gautier (2001, 379) describe "una exacerbación de los extremos: la implementación de procesos de democratización a través de la política cultural u otros procedimientos administrativos y legales, junto con la neoliberalización y la escalada del conflicto armado". Durante el año que pasé en Medellín, el gobierno del alcalde Federico Gutiérrez puso un mayor énfasis en la seguridad que sus predecesores, y el aumento de los niveles y de la percepción de la violencia sugerían que esta política no estaba funcionando bien. Había una especie de contradicción entre La Red, que buscaba la convivencia a través de la educación y la cultura, y el enfoque de seguridad más reactivo y duro del gobierno que la financiaba. ¿Cómo entender el papel de La Red en este panorama? ¿Se supone que debía ayudar a mitigar los efectos de las políticas urbanas más duras, devolviendo con la mano izquierda lo que la derecha había tomado? ¿O era una atractiva cortina de humo para esas políticas, un velo cultural, en términos de Logan? Si la situación de la seguridad en la ciudad estaba empeorando, ¿debía considerarse que La Red compensaba este deterioro, enmascaraba el problema o simplemente era ineficaz?

El papel de las artes en la renovación urbana es controvertido, y detrás de la retórica oficial positiva, muchos estudiosos han criticado su uso como cómplice del desarrollo capitalista neoliberal (p. ej. Berry, Slater e Iles 2009; Lees y Melhuish 2015; Mould 2015). La educación musical como marketing para la renovación urbana es, entonces, un fenómeno ética y políticamente complejo, tan ambiguo como las políticas que apoya. Sachs Olsen (2019, 175) ofrece una visión alternativa: la del arte socialmente comprometido que cuestiona y fomenta el debate en lugar de "decorar el espacio urbano como parte de una estrategia más amplia de promover la marca de la ciudad". La comparación con La Red es esclarecedora.

Los estudios críticos sobre el urbanismo social y sobre el papel de las artes en la renovación urbana ilustran la importancia de una actitud escéptica ante los supuestos milagros y, al alentar la cautela ante las afirmaciones grandiosas, proporcionan una valiosa indicación a los observadores e investigadores de la ASPM. Subraya que las políticas y los programas que suenan atractivos pueden no tener los efectos que se les atribuyen, y que incluso cuando se observan efectos positivos, sus causas pueden ser muy diferentes. Esta literatura señala las debilidades del argumento habitual de que la Red se creó, la tasa de homicidios bajó, *ergo* la educación musical es una solución social eficaz. Las causas de la pacificación identificadas por los estudiosos tienen poco que ver con áreas edificantes como la cultura y la educación, que ocupan un lugar destacado en las narrativas oficiales del urbanismo social, y más con oscuras negociaciones en los bajos fondos de la ciudad. La gran cantidad de estudios ambivalentes sobre el Milagro de Medellín apoya una visión similar de La Red.

El análisis de Montoya Restrepo sobre el urbanismo social, en particular, es muy pertinente para la ASPM. Ambos fenómenos han desarrollado discursos idealistas y han sido fuertemente impulsados por los medios de comunicación nacionales e internacionales, pero de cerca, la ASPM también parece más bien el cumplimiento de una obligación básica por parte del estado: en este caso, poner la educación artística a disposición de los jóvenes. En Venezuela, el discurso social surgió mucho después de la creación de El Sistema, también como un prefijo justificatorio e ideológico; y el argumento de Montoya Restrepo de que en el urbanismo social de Medellín ese discurso señalaba el marketing (dirigido a nivel internacional) y la normalización y el control (dirigido a la población local) es una descripción increíblemente precisa del programa musical venezolano. Detrás de la etiqueta social, El Sistema también era lo mismo de siempre: el programa continuó impartiendo la misma educación musical convencional que siempre había hecho, basada en modelos que se remontaban a siglos atrás; y Abreu aseguró un papel estelar para El Sistema en la industria internacional de la música clásica, comercializando vigorosamente la ASPM con la ayuda de agentes, promotores, festivales, salas de conciertos y un importante sello discográfico. Montoya Restrepo (2014, 218) critica la visión de que "la única manera en la que puede incluirse al tradicionalmente marginado, es aquella pensada desde afuera, visión que reproduce la manera de vivir la ciudad impuesta por modelos extranjeros". Lo mismo podría decirse de una visión de la inclusión social basada en la orquesta sinfónica europea.

La cálida y difusa palabra "social" sirvió, tanto en El Sistema como en el urbanismo social, como adorno del pensamiento neoliberal. En ambos casos, se hicieron afirmaciones grandiosas sobre la eficacia de las medidas antes de cualquier intento de evaluarlas. Cuando la investigación apareció finalmente, echó agua fría sobre muchas de las afirmaciones, pero hizo muy poco por aflojar el control de la historia milagrosa bien establecida sobre la imaginación del público.

Medellín: Ciudad Creativa

Una última ilustración de la ambigüedad de La Red se refiere al tema de la creatividad. Este fue un punto central de las nuevas propuestas bajo el liderazgo de Giraldo y fue defendido por el coordinador pedagógico, Franco. Si bien hemos visto los obstáculos prácticos dentro de La Red, la lógica de hacer que la educación musical (y la ASPM en particular) sea más creativa es fuerte, y hay una gran cantidad de investigaciones que apoyan tal movimiento. Tanto si se mira desde una perspectiva musical, social o cognitiva, los beneficios de la creatividad a nivel individual son convincentes.

La invitación a La Red para actuar en el evento de lanzamiento de "Medellín: Ciudad Creativa" en 2019 tenía, por lo tanto, todo el sentido del mundo. Sin embargo, este evento solo tenía una tenue relación con la creatividad en el sentido en que Franco la invocaba (composición e improvisación musical). Se trataba de un encuentro empresarial, organizado por la Cámara de Comercio y que lanzaba una estrategia de economía creativa para la ciudad. La atención se centraba directamente en la cultura como recurso económico. La música y otras artes escénicas se agruparon bajo el tiítulo de un "clúster de turismo de negocios".

El uso de La Red para adornar el lanzamiento de una política de ciudad creativa plantea cuestiones similares a las del evento Harvard-ACI. Existe una gran cantidad de estudios que critican los conceptos de ciudad creativa y economía creativa (p. ej. Berry Slater e Iles 2009; Pratt 2011; Mould 2015; Stevenson 2017), tanto por motivos ideológicos (como expresión del desarrollo urbano neoliberal) como prácticos (por producir efectos mixtos o francamente perniciosos en las ciudades). Así que hay buenas razones para pensar que esta estrategia podría no ser una solución mágica para Medellín. Por un lado, el concierto de La Red fue simplemente una presentación más en otro evento de la ciudad, una actividad básica para el programa; pero, por otro lado, La Red fue involucrada como un telonero a una ideología neoliberal muy cuestionada. Al adoptar la creatividad como discurso central, La Red se adentró inadvertidamente en aguas turbias.

Irónicamente, La Red tiene poco que ver en sus prácticas cotidianas con la economía creativa. De hecho, una de las críticas internas era precisamente que estaba demasiado desconectada de la industria musical local, y en realidad había pocos esfuerzos en el programa para promover el espíritu empresarial o las habilidades para el negocio de la música. Sin embargo, La Red fue fácilmente cooptada con fines de marketing y utilizada para dar una cara atractiva a una política compleja y cuestionable, dando un brillo auditivo al desarrollo urbano neoliberal.

La convergencia de la educación musical y la política urbana en la cuestión de la creatividad podría considerarse otro ejemplo, junto con la ciudadanía, de lo que Dagnino (2007) llama una "confluencia perversa". Además, ilustra que la ASPM no es un espectador neutral, ni opera en un ámbito separado y autónomo; está estrechamente ligado al orden social, económico y político dominante, sean cuales sean las creencias y las acciones localizadas de los individuos que lo componen. Pensar en la ASPM de esta manera ayuda a explicar por qué ha recibido tanto apoyo de los gobiernos de varios países latinoamericanos. Como siempre, esto es más claro en Venezuela, pero en Medellín, también, La Red ha apuntalado la narrativa urbana dominante: cooptada en el marketing internacional, promoviendo la política del gobierno, y apareciendo en una campaña publicitaria local para la alcaldía en 2018. Los efectos externos de La Red son, por tanto, tan ambiguos como su dinámica interna: ha sido utilizada para simbolizar y representar una concepción discutible de la ciudad (el Milagro de Medellín) y una política urbana discutible (la ciudad creativa).

La creatividad encierra tanto el potencial como los riesgos de la ASPM (y de la cultura en general) en la ciudad neoliberal. La creatividad puede ser admirable en un músico individual o en una agrupación, pero también más cuestionable cuando se sitúa en el centro de la política urbana. Lo que funciona bien a nivel micro puede ser más dudoso cuando se convierte en un principio estructurador a nivel macro. Además, como sostienen Kanellopoulos y Barahanou (2021, 150), el potencial radical de la educación artística creativa se neutraliza fácilmente cuando se instrumentaliza dentro de un marco ideológico y político que considera que la creatividad fomenta una actitud empresarial hacia el trabajo y la vida y que es una "estrategia de sobrevivencia en un mundo neoliberal incierto".[13]

La creatividad encierra la posibilidad de la libertad y lo nuevo; sin embargo, también es una ideología central del capitalismo contemporáneo, y se ha convertido en una cubierta para el trabajo mal pagado y cada vez más precario. La educación musical creativa podría formar ciudadanos críticos que imaginen alternativas al *statu quo*; pero también podría preparar a los jóvenes para una existencia incierta como trabajadores de la economía creativa. La creatividad podría convertirse en una herramienta de subversión sutil (Mould 2015); pero también en un telonero a la agenda urbana dominante. Lo que está claro es que la creatividad, como la ciudadanía, es un arma de doble filo.

Conclusión

La pregunta fundamental de si la ASPM funciona parece aún más difícil de responder ahora que nos hemos distanciado de los niveles microsocial y comunitario para considerar sus efectos a una escala mayor. Boeskov (2018) se basa en la teoría de Georgina Born de los cuatro planos de la socialidad para explicar cómo el trabajo musicosocial puede tener efectos múltiples y contradictorios simultáneamente: "La creación de música social que en un nivel permite una transgresión de algunos aspectos

---
13   Véase también Kanellopoulos 2015.

limitantes de la experiencia social de sus participantes puede al mismo tiempo también reforzar potencialmente otras partes de la formación social de maneras que pueden no servir al interés de las personas involucradas" (94). Bull (2019) identifica una contradicción similar dentro de la música clásica juvenil en el Reino Unido: las personas a las que estudió a menudo encontraban diversión, un sentido de identidad y una escena social, pero dentro de un contexto cultural e institucional que reproducía las estructuras de dominación de género y de clase. La regeneración urbana impulsada por las artes muestra una disyuntiva comparable: las artes pueden tener efectos locales positivos, pero "esos efectos pueden ser periféricos a los hechos estructurales subyacentes de la reestructuración económica y desplegarse simplemente para enmascarar las realidades del desplazamiento social" (Lees y Melhuish 2015, 252). Los críticos del "lavado de arte" señalan que los proyectos artísticos pueden generar placer y al mismo tiempo contribuir a la gentrificación. Aquí hay un patrón claro: las artes pueden producir efectos positivos en un plano mientras ocultan y refuerzan las estructuras de desigualdad en otro. Además, el propio placer que induce la participación puede permitir esa ocultación.

No cabe duda de que La Red tiene muchos aspectos positivos. Muchos niños disfrutan y se benefician de estudiar dentro del programa. Sin embargo, un análisis serio no puede detenerse aquí (y no solo por el problema del sesgo de sobrevivencia). La Red también está relacionada con la reestructuración urbana en busca de inversiones extranjeras y turismo y con una estrategia de ciudad creativa, y estas políticas producen resultados más cuestionables en un plano diferente al de la socialización y el disfrute de los estudiantes. El programa está implicado a nivel macro en la reproducción de los problemas que pretende resolver a nivel micro.

La adopción por parte de Boeskov del modelo de Born nos ayuda a comprender que la ASPM puede generar efectos positivos y negativos, tanto de cambio como de reproducción, al mismo tiempo. No es solo que haya pocas pruebas de que los beneficios a nivel micro se extiendan al nivel macro; es también que los niveles pueden estar realmente en contradicción. La ASPM puede producir beneficios localizados para algunos participantes y, al mismo tiempo, apoyar dinámicas y políticas que tienen impactos más dudosos a nivel urbano y social. La pregunta que se plantea es: ¿hasta qué punto los beneficios a nivel micro para los individuos compensan los aspectos negativos a nivel macro? ¿Cómo sopesar un grupo de estudiantes felices en un aula frente a las políticas urbanas que mantienen la desigualdad? ¿Cómo se comparan la socialización y el placer con la colonialidad, las normas de género conservadoras o las concepciones jerárquicas de la cultura y la sociedad? Puede ser tentador centrarse en los beneficios más obvios e inmediatos en lugar de en los aspectos negativos, que son estructurales, más difusos y a largo plazo. Pero los críticos más vehementes de El Sistema, como la pianista Gabriela Montero, han argumentado que ha contribuido a encubrir un gobierno que ha tenido un efecto desastroso en Venezuela. Desde este punto de vista, los beneficios que pueden haber obtenido algunos individuos dentro del programa se ven superados por su colaboración en la trayectoria descendente del país en general.[14] Una de las muchas cuestiones que complican la ASPM es que lo que sirve a una pequeña parte de la sociedad (los participantes y sus familias) puede no servir a la sociedad en general.

Considerar que la ASPM opera en múltiples niveles simultáneamente es algo que muchos observadores e investigadores no han hecho adecuadamente. Centrarse en las impresiones inmediatas e ignorar o restar importancia a los planos estructural y político ha dado lugar a una proliferación de evaluaciones excesivamente optimistas, aunque ahora también hay un conjunto de estudios más críticos que se centran en esos niveles y ofrecen un contrapeso. Aun así, los escritos sobre la ASPM van a la zaga de las investigaciones sobre la renovación urbana de Medellín, en las que ya se reconoce la brecha existente entre una narrativa social milagrosa y una realidad más compleja. En lo que respecta a la ASPM, muchos siguen fascinados por una parte de la historia. Para entenderla bien, la ASPM debe ser observada de cerca y estudiada desde un ángulo estructural o político. Esto no quiere decir que todos los análisis necesiten ambos; sin embargo, el campo necesita ambos para que los lectores interesados puedan obtener una imagen equilibrada de la ASPM, en toda su complejidad y ambigüedad. La comprensión del papel de la cultura en la renovación urbana requiere este tipo de enfoque de vertiente doble o de planos múltiples.

---

14 Las críticas de Kozak Rovero (2018) y Esté (2018) a Abreu como cómplice del declive de Venezuela son algo análogas.

Lo que diferencia a Medellín de otros lugares que han cooptado la cultura en la reimaginación urbana es que su narrativa oficial dominante no es simplemente que la cultura hace de la ciudad un lugar más vibrante o atractivo, sino que ha superado la violencia y ha renovado la ciudad. Las artes se presentan como un agente transformador. La música tiene un papel especialmente destacado en las historias de renovación urbana de Medellín. Junto a La Red, son innumerables los reportajes de los medios de comunicación que han tomado a los colectivos de hip-hop Kolacho y 4ESkuela como impulsores del Milagro de Medellín. Sin embargo, numerosos estudiosos sostienen que el urbanismo social fue fomentado por las élites de la ciudad principalmente por razones económicas y ha servido para perpetuar su dominio y distanciamiento de la mayoría de sus conciudadanos. La participación de los jóvenes músicos en esta narrativa de la cultura que supera la violencia no está, por tanto, exenta de ambigüedades. Los que más se benefician de la *imagen* de una ciudad armoniosa y culturalmente vibrante no son necesariamente los que participan en los programas artísticos comunitarios, sino los que están involucrados en el mundo de los negocios y el turismo. Si esta imagen ha contribuido a mantener los altos niveles de desigualdad, si promueve a Medellín como un mercado laboral flexibilizado y un destino para la inversión extranjera, en realidad puede restringir a las mismas comunidades cuyos jóvenes participan en su construcción. Sin embargo, es una narrativa que atrae a todas las partes. Mucha gente en Medellín cree que La Red ha hecho maravillas, y a muchos les conviene creerlo. Sin embargo, hay buenas razones para creer solo en medios milagros.

PARTE 2

Fig. 27. Archivo de La Red de Escuelas de Música. CC BY.

5. Cambio

> En cierto sentido, nuestra capacidad para abrir el futuro no dependerá de lo bien que aprendamos, sino de lo bien que logremos desaprender.
>
> Alan Kay

En su imaginario de utopías reales en la educación musical, Ruth Wright (2019, 217) se basa en la visión de Erik Olin Wright de la investigación orientada a la justicia social o la ciencia social emancipadora como centrada en tres tareas. Hasta ahora me he centrado en la primera: "Elaborar un diagnóstico y una crítica sistemática del mundo tal y como existe". Ahora giro mi atención hacia la segunda: "Imaginar alternativas viables". La Parte 2 se basa en la búsqueda de La Red y desarrolla su replanteamiento de la ASPM, añadiendo análisis complementarios y contrastados. Para empezar, en este capítulo considero cómo los cambios en la sociedad y en la educación musical plantean preguntas sobre la ASPM ortodoxa, cómo la búsqueda de alternativas ya ha comenzado, y a dónde podría llevar este camino.

Cambio en La Red

Los programas originales de la ASPM se crearon en épocas y lugares en los que la mayoría de los jóvenes tenían pocas o ninguna actividad alternativa, y los estudiantes más entusiastas estaban dispuestos y tenían la posibilidad de pasar la mayor parte de su tiempo extracurricular estudiando música. De hecho, la idea llegó a ser el ocupar todo su tiempo libre para mantenerlos alejados de las calles. La preocupación principal de Abreu era formar rápidamente músicos de orquesta, pero uno de sus muchos rasgos de reformista victoriano era una elevación casi religiosa del trabajo y un explícito aborrecimiento del ocio. Mantie

(2018, 546) escribe que "los autoproclamados guardianes morales trataban de imponer su visión del comportamiento adecuado a través de las actividades recomendadas para el tiempo libre. La preocupación por la conducta de los demás solía estar motivada por el temor a que la gente —es decir, las personas de las clases sociales más bajas—, no utilizara su tiempo de forma adecuada". Está describiendo a los defensores de la "recreación racional" del siglo XIX, pero podría referirse igualmente a Abreu proponiendo rescatar a los jóvenes desfavorecidos de "una juventud vacía, desorientada y desviada". Los programas originales de la ASPM eran esencialmente versiones *intensificadas* de la educación musical convencional, y su nivel era alto porque los estudiantes les dedicaban mucho tiempo. No había ningún milagro, ninguna pedagogía revolucionaria: los logros musicales dependían de una enorme inversión de tiempo y de un líder que persuadía a los jóvenes a través de una mezcla de carisma, incentivos y promesas. El Sistema y La Red tenían dos niveles de intensidad: alto y altísimo. Los fines de semana y las vacaciones se veían como una oportunidad para aumentar la carga de trabajo, no para descansar. Incluso el propio Abreu decía que no había ningún secreto: El Sistema se construía simplemente con "trabajo y estudio".[1]

Pero veinte años después, Medellín está llena de programas culturales y deportivos gratuitos, y las nuevas tecnologías ofrecen infinitas fuentes de distracción. El viejo modelo de intensidad y enfoque exclusivo ya no es tan atractivo para muchos estudiantes o sus familias. En el Norte global, los programas inspirados en El Sistema ni siquiera intentaron adoptar un nivel de intensidad similar, reconociendo —a veces a regañadientes (véase Mota y Teixeira Lopes 2017)—, que era imposible recrearlo en sus contextos sociales, pero sí optaron en general por una cantidad de instrucción superior a la habitual. Sin embargo, incluso este intento más modesto de intensidad puede ser una fuente de fricción. En su estudio de un programa norteamericano de ASPM, Hopkins, Provenzano y Spencer (2017, 254) descubrieron que "el aumento de la intensidad fue la fuente de la mayoría de los beneficios y desafíos informados por los participantes". El alto nivel de compromiso de tiempo requerido significaba que la asistencia era un problema, y

---

1 YOLA National at Home, "The Philosophy of El Sistema", https://www.youtube.com/watch?v=DMDTfTgFaOA.

algunos estudiantes (y los investigadores) plantearon preocupaciones sobre el enfoque de la excelencia que acompañaba a la intensidad. Lo más llamativo es que "en la entrevista con el grupo de estudiantes hubo una opinión casi unánime de reducir el número de días de encuentro por semana o la duración de los ensayos extracurriculares" (251). El principal reclamo de El Sistema era difícil de aplicar en la práctica e impopular entre los estudiantes.

También en La Red, la intensidad podría considerarse una fuente importante tanto de beneficios como de desafíos —otro ejemplo de la ambigüedad de la ASPM. La "época dorada" del programa se caracterizó por la intensidad no solo del tiempo sino también del ambiente. Compartía profesores, repertorio y métodos con El Sistema, así como un liderazgo carismático, charlas inspiradoras, un compromiso y una absorción totales, y un aspecto casi religioso o de culto. Para los que se quedaron en La Red, la intensidad tuvo sus ventajas, y el hecho de abandonar esta intensidad poco a poco desde 2005 provocó un sentimiento de pérdida y nostalgia en algunos miembros de la primera generación. Pero también suscitó reacciones más ambivalentes y negativas, y la mayoría del personal reconoció que este modelo, veinte años después, ya no era posible ni era lo más apropiado.

La Red empezó a reconocer y abordar los inconvenientes de la intensidad hace bastantes años, cuestionando el enfoque de El Sistema de tocar sin parar en busca de la perfección artística, y fomentando en su lugar una diversificación de actividades y un enfoque menos exigente. En 2014, el equipo social se preguntó: "¿Cómo minimizar la afectación frente a la educación formal, garantizar el espacio para la vida familiar [...]?" ("Síntesis" 2014, 5). Históricamente, La Red había absorbido tiempo que de otro modo se utilizaría para la recreación y las tareas domésticas, pero el equipo social reconocía esas actividades como importantes y no estaba de acuerdo en que la educación musical compitiera con ellas.

Durante mi trabajo de campo, varios formadores insistieron en que el tiempo de ocio era importante para los estudiantes y que los jóvenes no debían tener un horario demasiado apretado. En una reunión, un director argumentó que estaba científicamente demostrado que el tiempo de inactividad, el descanso y los momentos para no hacer nada eran importantes para los seres humanos. Esto estaba muy lejos de la demonización de Abreu del ocio como raíz de la delincuencia y de los problemas sociales, pero estaba en coherencia con los investigadores locales de la juventud: Rincón (2015, 132), por ejemplo, sostiene que la juventud "es un estado donde hay que perderse para encontrarse, uno donde vale la pena perder el tiempo, donde el ocio se gana para relajarse [...]. [L]o que hay que crear son las condiciones para perder el tiempo en proyectos inútiles y prácticas de juego colectivo y, así, ganar el espacio de ser jóvenes."[2]

José, un director de escuela, reflexionó extensamente sobre la cuestión del cambio y la diversificación desde los años 90:

> Antes solo había música, [pero] las ofertas cambian, ahora hay teatro, literatura, fotografía, pintura... Para mí es un concepto muy bacano que el muchacho me diga: "profe, no me puedo quedar hasta las 9 de la noche como un loco aquí tocando porque tengo clases de artes plásticas en otra parte". Entiendo que eso fue bueno en el momento, pero tampoco... Uno tiene que evolucionar.

Se mostró escéptico sobre la nostalgia de la primera generación de La Red, argumentando que la primera fase había sido menos color de rosa de lo que decían:

> La generación Siempre Juntos jamás leyó un libro, pintó, jugó, nada de familia, cine... todo era la orquesta. Que triste tener una vida donde uno no quiere estar en su casa, no se mejoró a nivel social en el sentido que se crearon mejores ciudadanos, sino que se creó una sociedad paralela donde ellos disfrutaban de estar con ellos juntos y ya. Tocar y tocar y nada más. [...] Aquí no había alternativas, el único libro que había en las casas era la Biblia. Ahora eso ha cambiado, están los parques biblioteca, Comfama, las actividades de la alcaldía. En la ciudad ha habido una transformación muy grande en los últimos años, ya los pelaos no quieren dedicarse solo a música y cerrar las puertas a las otras cosas. Es más importante ser un pelao integral que lee y que hace otras cosas y no nada más estar pegado a un instrumento. [...] Yo prefiero un pelao que lea, que podamos hablar de política, que maneje bien, que a un güevón que toca y toca.

---

2   También un número creciente de autores sobre el trabajo, la productividad y la creatividad defienden el valor de alternar períodos de intensidad y descanso para mejorar la calidad del trabajo y permitir la incubación de nuevas ideas. La intensidad incesante puede tener consecuencias físicas y mentales.

Incluso los nostálgicos de la primera generación reconocían que la sociedad y la cultura habían cambiado, y que los jóvenes tenían ahora muchas más opciones y distracciones, por lo que no se podía volver a la intensidad de los viejos tiempos. Uno de ellos, que ahora era director de escuela, me dijo: Medellín es un lugar diferente hoy en día, y La Red debe adaptarse al mundo en el que viven los estudiantes, en lugar de intentar adaptar a los estudiantes a las costumbres de los años 90. La intensidad —incluso el nivel más bajo en comparación con el pasado—, fue vista por muchos miembros del personal, estudiantes y padres como un impedimento y una fuente de deserción: a menudo comentaban que los estudiantes mayores abandonaban porque La Red les quitaba demasiado tiempo de las tareas escolares y los pasatiempos. En 2018, tanto la dirección como el personal señalaron la rápida escalada del compromiso de tiempo entre el primer y el segundo año como un factor importante en la alta tasa de deserción entre los estudiantes más jóvenes. Un estudiante de primera generación convertido en profesor señaló que el perfil de edad era mucho más bajo en 2018 que en los primeros años. La mayoría de sus estudiantes estaban ahora en el rango de edad de ocho a diez años. Su implicación era que La Red estaba perdiendo su dominio sobre los adolescentes. De hecho, en 2018, el 64% de los estudiantes tenían doce años o menos, una cifra reveladora si se tiene en cuenta que la franja de edad de La Red era de siete a veinticinco años y que los estudiantes podían empezar hasta los catorce. La demanda seguía siendo alta en el nivel de entrada, pero el interés disminuía drásticamente. La ASPM había sido muy atractiva cuando había pocas alternativas, pero tenía problemas de retención ahora que los jóvenes tenían más opciones.

En 2018, la intensidad parecía cernirse sobre La Red como un fantasma: muchos de los veteranos de La Red lamentaban su desaparición, pero en general reconocían que se había ido y que nunca podría volver. Había nostalgia por la primera etapa, pero nunca escuché el argumento de que La Red debía simplemente volver atrás. El pasado de La Red era un fantasma que algunos no podían dejar de lado, en lugar de ser uno que deseaban activamente revivir.

La práctica y la investigación en la educación musical en general han cambiado considerablemente desde que se creó El Sistema y se extendió por América Latina a lugares como Medellín. Un mayor énfasis en el aprendizaje centrado en el estudiante, en la creatividad y en la diversidad curricular plantea interrogantes importantes sobre un modelo estrecho, vertical y repetitivo. Se ha revelado que El Sistema está plagado de defectos operativos y educativos, pero también han surgido acusaciones de graves irregularidades en programas inspirados en El Sistema en México y Guatemala, lo que sugiere problemas con el propio modelo.[3] No solo está desajustado con el pensamiento educativo contemporáneo, sino que en algunos lugares ha reproducido, en lugar de desafiar, problemas sociales como el autoritarismo y la corrupción.

El Sistema se creó para formar músicos de orquesta, y aunque este enfoque puede haber tenido sentido en la "Venezuela saudí" del siglo XX, como se le apodó por su riqueza en petróleo, masificar este enfoque en todo el mundo es mucho más difícil de justificar hoy en día. Desde finales de la década de 1990, El Sistema ha afirmado que su propósito no es, de hecho, formar músicos; sin embargo, este discurso estratégico no solo es una negación de los orígenes del programa, sino que además muchos estudiantes a los que se les da esta formación preprofesional sí llegan a desarrollar ambiciones profesionales (Agrech 2018). En Medellín, se esperaba que el 20% de los estudiantes de La Red siguieran carreras de música en 2006 (Arango 2006). Sin embargo, se forman para una profesión que, incluso antes de la COVID-19, no solo era extremadamente competitiva, sino que estaba estancada o en retroceso en muchas partes del mundo. Los retos de intentar hacer carrera en la música clásica se han hecho cada vez más evidentes en el siglo XXI. Una cosa es proporcionar a los jóvenes una educación musical y otra una formación que los anime a aspirar a una carrera orquestal. Esta formación puede ser perfecta para los que quieren ser músicos de orquesta, pero es una opción ilógica para la educación musical de masas en la década de 2020. Tanto si se miran las perspectivas profesionales de los músicos como los objetivos sociales de la ASPM, la educación musical a esta escala debería ser más amplia.

En la feria de proyectos de 2019, el director del Ensamble de Músicas Populares de La Red pronunció un discurso sincero y algo angustiado en el que cuestionó que La Red estuviera preparando a los estudiantes para el futuro. Hoy en día, dijo, no es necesario tocar un instrumento

---

3 Véase, por ejemplo, la entrada de mi blog "'False philanthropy' in the Sistema-inspired sphere", https://geoffbakermusic.wordpress.com/el-sistema-the-system/el-sistema-blog/false-philanthropy-in-the-sistema-inspired-sphere/.

para hacer música ni escribir la notación para componer. Las figuras convencionales como el compositor y el intérprete instrumental están en declive. Los jóvenes tienen una concepción de la música diferente a la de los adultos. Se están produciendo grandes cambios tecnológicos y los adultos se están quedando atrás con respecto a los jóvenes y sus formas de trabajar. ¿Cómo refleja La Red esta nueva realidad? preguntó. ¿Cómo podría convencer a los jóvenes de que toquen instrumentos que no figuran en sus vidas como el oboe o la tuba? ¿Y por qué deberían hacerlo? ¿Sabemos realmente qué música escuchan y que música quieren hacer los pelaos? ¿Los estamos preparando para el mundo de la música en el que viven y el que está por venir, o estamos recreando el mundo del pasado del que venimos?

En resumen, el modelo original de la ASPM —largas horas, dedicación exclusiva, poca vida fuera de la música, preparación de los estudiantes para la profesión orquestal—, es poco apropiado para las realidades sociales y musicales del presente en contextos de abundancia digital, cultural y recreativa. En muchos lugares es imposible de reproducir este modelo hoy en día. Sus elementos constitutivos han sido muy criticados por los investigadores de la educación musical durante muchos años. El reto es, por tanto, crear nuevas formas de ASPM que estén en consonancia con los valores, las posibilidades y las realidades musicales y tecnológicas actuales, que permitan a los estudiantes participar también en otras actividades extracurriculares y que puedan llevarse a cabo de forma más humana y eficiente en términos de tiempo.

Giraldo habló a menudo de los cambios en la ciudad y en el mundo en general durante los veinte años transcurridos desde la fundación del programa, y presentó el cambio en La Red como una respuesta lógica y necesaria. *Leer la ciudad* era fundamental en el discurso de su equipo. Cuando la dirección y el personal mencionaban el viejo eslogan "un niño que empuña un instrumento nunca empuñará un arma", era a menudo para señalar su menor relevancia veinte años después de la creación del programa. Había un reconocimiento generalizado de que ya no bastaba con mantener a los niños fuera de las calles —sino que La Red tenía que imaginar un nuevo propósito y una nueva forma.

La ASPM en Movimiento

La Red no es la única; el cambio se respira también en otros lugares. En Sudamérica, el Programa Social Andrés Chazarreta de Argentina es un programa nacional de ASPM que se centra en la música tradicional y popular latinoamericana. Se fundó a partir de una crítica y como alternativa al modelo de Abreu.[4] Otros programas se han adaptado con el tiempo. Eduardo Torres, director musical del programa brasileño de ASPM NEOJIBA (Núcleos Estaduais de Orquestras Juvenis e Infantis da Bahia), escribió: "El equipo directivo de NEOJIBA leyó su libro en noviembre de 2014, y en diciembre presentamos, capítulo a capítulo, sus conclusiones y comentarios críticos a nuestro equipo pedagógico y a todos los miembros de la orquesta principal, para fomentar el debate. Algunas de las decisiones estratégicas que hemos tomado desde entonces han sido influenciadas por el libro y por estas discusiones internas".[5] Estas decisiones incluyeron la creación de un equipo de apoyo psicosocial; la elaboración de informes anuales sobre el perfil social de los beneficiarios; el aumento de la diversidad de la práctica musical; la posibilidad de que los estudiantes tomen decisiones sobre el repertorio y las actividades; y la creación de un plan de estudios más completo, pero también flexible. Batuta, un programa de ámbito nacional en Colombia, comenzó con estrechos vínculos con El Sistema, pero ha forjado un camino distinto en los últimos años. En la conferencia del SIMM celebrada en Bogotá en julio de 2019, una representante de alto cargo de Batuta presentó un modelo de cuatro partes: práctica musical colectiva, un modelo pedagógico constructivista, creación colectiva y acompañamiento psicosocial.[6] De estos elementos, solo el primero deriva de El Sistema (y no es para nada exclusivo de ese programa).

A mediados de 2018, La Red participó en una conferencia internacional de tres días en São Paulo organizada por el programa brasileño Guri y la ONG internacional Jeunesses Musicales. Con el título "Para todos: la juventud y las conexiones musicales", el evento exploró temas como la autonomía, la identidad, el desarrollo de los jóvenes, la composición

---

4   Comunicación personal del fundador del programa, Eduardo Tacconi.
5   Comunicación personal (citada con permiso).
6   Catherine Surace, "Batuta y su papel en la consolidación de un discurso sobre las artes y la transformación social", SIMM-posium 4, 26 de julio de 2019.

colectiva, la improvisación en grupo y la naturaleza cambiante de la profesión musical. De este modo, se abordaron algunos de los puntos débiles de la historia de la ASPM y, al no mencionarse a El Sistema en el programa de la conferencia, se puso de manifiesto la voluntad de descentralizar el modelo venezolano y explorar alternativas en algunos rincones de Sudamérica. Cuando Giraldo regresó de Brasil, habló de su deseo de alinear aún más a La Red con esta corriente progresista. Inspirado por esta imagen de la vida fuera de la caja de la ASPM ortodoxa, se dio cuenta de que La Red podría trabajar en problemas más grandes, en contextos más difíciles, con métodos más innovadores.

La etiqueta "inspirado en El Sistema" (IES), ahora extendida en el Norte global, refleja por tanto una realidad histórica pero también oscurece un escenario contemporáneo más matizado, en el que algunos programas se han distanciado del programa venezolano en la práctica y/o en la ideología. Hubo una clara ruptura en el caso de La Red, pero mis conversaciones privadas con el personal de algunos otros programas latinoamericanos han revelado actitudes hacia El Sistema y su modelo que son más mixtas de lo que comúnmente se supone. Argentina es un ejemplo de país en el que existe una variedad de programas orquestales con diferentes orígenes, objetivos, enfoques e inclinaciones políticas, incluido el Chazarreta, cuyo fundador fue mordaz con el eurocentrismo de Abreu. La realidad es, pues, más compleja que el movimiento reverencial "inspirado en El Sistema" que algunos quieren imaginar.

Pasando a Norteamérica, uno de los primeros programas IES que se crearon en Estados Unidos, Orchkids en Baltimore, ha hecho hincapié en el desarrollo de la composición colaborativa en los últimos años. En 2018-19, Sistema Toronto implementó un plan de estudios de desarrollo social, que parece un intento de priorizar la acción social en la práctica y no sólo en el discurso. Cada mes, los estudiantes exploraron un tema como el trabajo en equipo, la escucha o el respeto, y discutieron su significado y sus aplicaciones.[7] La Sister Cities Girlchoir, inspirada en El Sistema, es una "academia coral de empoderamiento femenino" — una inversión fascinante de la "hermandad masculina de los Caballeros Templarios de la música clásica" venezolana (Kozak Rovero 2018), con su techo de cristal para las mujeres y sus problemáticas relaciones de

---

7 Sistema Toronto, "Social development", https://www.sistema-toronto.ca/about-us/our-program/social-development.

género. El Simposio Nacional de YOLA (Youth Orchestra Los Ángeles) a mediados de 2019 se centró en temas como el poder, la voz y la creatividad, acercándose así mucho más a los estudios críticos sobre la ASPM. Puede que este tipo de investigación todavía se vea con recelo en algunos círculos norteamericanos del Sistema, pero la brecha de ideas se ha reducido considerablemente; lo que había sido controvertido o incluso innombrable unos años antes, ahora estaba en el centro de la discusión. La edición de 2020 del evento YOLA dio la impresión de un programa que se alejaba cada año más de El Sistema y se acercaba más a la educación musical progresista.

El trabajo de Brad Barrett en el Conservatory Lab Charter School (CLCS) hace una importante contribución al tema de la ciudadanía artística, y si la escuela se inspiró inicialmente en El Sistema, su trabajo más reciente está lejos de la práctica venezolana. Según Barrett (2018, 10):

> Los artistas residentes en el CLCS han desarrollado una comunidad de aprendizaje que equilibra el desarrollo técnico con la práctica creativa, fomenta los procesos de reflexión y da importancia a los ensambles dirigidos democráticamente, con la intención general de desarrollar la ciudadanía artística. [...] En el CLCS, hay un claro cambio, pasando de simplemente apoyar a los estudiantes para que ejecuten la música escrita que se les ha proporcionado, a guiar a los estudiantes que crean música, texto y arte con el propósito de examinar y expresar sus realidades sociales.

En un estudio de los programas ASPM en Canadá y Argentina, Brook y Frega (2020) sostienen que el campo se ha alejado tanto de su progenitor que debería dejar de usar El Sistema como punto de referencia.

Más allá de las etiquetas, se está produciendo un descentramiento del modelo venezolano, aunque en diferentes grados en diferentes lugares. Una corriente de la ASPM ha visto una explosión inicial de entusiasmo por El Sistema, seguida de un despertar de ciertas debilidades y un proceso sotto voce de distanciamiento. La Red comenzó siendo prácticamente un anexo de El Sistema, pero hoy en día no hay conexiones y el programa venezolano no se menciona en ningún material de cara al público. La ISME (Sociedad Internacional para la Educación Musical) adoptó una postura de apoyo cuando creó un Grupo de Interés Especial de El Sistema en 2012, pero cambió el nombre y eliminó la referencia a El Sistema en 2020, ya que el grupo se había vuelto más amplio y más crítico. Estos ejemplos pueden apuntar a un futuro en el que es más lo que separa a los programas de ASPM de El Sistema que aquello que los vincula, y el programa venezolano es gradualmente dejado de lado dentro del campo (excepto por fines publicitarios).

Así pues, el impulso del cambio se está produciendo, tanto en el ámbito de la práctica como en el de la investigación. Se abren nuevos caminos, pero aún queda mucho por hacer. La Red es un ejemplo perfecto de ambas cosas. Fue una fuerza para el bien en una ciudad complicada, proporcionando acceso a la educación musical a muchos que de otro modo se la habrían perdido y también un espacio de socialización que tuvo aspectos positivos. Sobre todo, en su primera fase, proporcionó a los jóvenes espacios seguros los cuales hacían mucha falta. Sí hubo algo milagroso en la aparición de este programa en la oscura década de los 90. Sin embargo, a medida que los tiempos cambiaban, crecía la necesidad de concebir la educación musical como algo más que un escape de los problemas de la calle. Una sucesión de líderes de La Red consideró que el programa debía ir más allá, que sus procesos sociales estaban incompletos, que los estudiantes merecían más agenciamiento y voz. Otros programas sociales —incluidos los basados en el arte—, surgieron alrededor de La Red y aplicaron programas más progresistas, tratando a los estudiantes como protagonistas, creadores y ciudadanos. Una perspectiva comparativa no halagaba a La Red. En 2017–2018, La Red estaba inmersa en un ambicioso proceso de transformación, pero seguía siendo el más conservador de los programas municipales de educación artística de Medellín, el único que había resistido la revolución varios años atrás. La Red había logrado mucho en sus primeros veinte años, pero, al igual que la ciudad de Medellín, el milagro solo se había completado a medias.

Sin embargo, existe una curiosa paradoja. Mi investigación sugería que la percepción pública de La Red era excesivamente optimista —que no era precisamente la historia de éxito que se imaginaba. Sin embargo, cuando se trataba de las perspectivas internas, tenía la sensación contraria: que a veces eran demasiado pesimistas. El trastorno que acompañó al cambio hizo que el vaso pareciera medio vacío para muchos empleados y estudiantes, e incluso roto para algunos. Pero como investigador que había pasado la década anterior examinando un programa defectuoso definido por la inmovilidad, vi los cambios —aunque fueran vacilantes y discutidos—, como una señal de que el vaso estaba medio lleno. Volviendo a la noción de dolores de crecimiento, muchos empleados sintieron los dolores con mayor claridad, mientras que lo que me llamó la atención fue el crecimiento. Recordemos a Bartleet y Higgins (2018, 8) sobre la música comunitaria: el malestar y las tensiones "son muy posiblemente un signo de salud y crecimiento".

El camino no ha sido sencillo y los avances han sido a veces accidentados, pero La Red ha dado pasos importantes. Ha reconocido la necesidad de cambio, ha identificado problemas importantes y ha hecho un verdadero esfuerzo por abordarlos. Sus dirigentes merecen un reconocimiento por intentar modificar un programa de gran envergadura, de larga duración y de gran prestigio, especialmente teniendo en cuenta el contexto hemisférico más amplio, en el que la inmovilidad ha sido generalmente la norma. Las consultoras externas contratadas por el BID en 1997 instaron a realizar reformas importantes en El Sistema, pero Abreu las ignoró, enterró los informes y continuó con su misión personal y su propia fórmula de lo mismo, pero más grande (Baker y Frega 2018). En cambio, me encontré con La Red —también después de unos veinte años—, intentando (una vez más) cambiar el rumbo, tomando en serio la necesidad de la reforma. Sirve como ejemplo de que la autocrítica y el cambio *son* posibles en estos programas, aunque no sean fáciles.

Si El Sistema es una supuesta historia de éxito que resultó estar plagada de fracasos, los cambios de dirección de La Red se consideraron a menudo internamente como fracasos parciales; sin embargo, algunos elementos tuvieron éxito y, desde una perspectiva educativa, constituyeron un valioso experimento. Como señalan Bell y Raffe (1991), un fracaso operativo puede seguir siendo un éxito científico si contribuye al conocimiento y señala caminos más productivos. El cambio de énfasis, de transformar vidas a transformar la ciudad, constituyó una evolución positiva del pensamiento deficitario a la ciudadanía artística, y el hecho de que en las reuniones se hablara mucho más de transformar La Red que de transformar a sus estudiantes subrayó el reconocimiento de que era necesario un cambio de paradigma.

En este sentido, puede que el resto del mundo tenga más que aprender de Medellín que de Venezuela. Con su gran tamaño, su político-líder y su apoyo petroestatal, El Sistema en su apogeo fue simultáneamente la piedra angular de la ASPM y completamente inimitable —una manifestación cultural del muy peculiar "estado mágico" de Venezuela (Coronil 1997). La combinación de superficie progresista y base neoliberal de Medellín está más cerca de muchos de los contextos en los que la ASPM ha echado raíces en el Norte global, y las posibilidades y limitaciones de la ASPM emergen con mayor claridad en este contexto menos barroco. Esto no quiere decir que las experiencias de La Red sean igualmente relevantes en todas partes, pero proporcionan un ejemplo concreto de la *adaptación* de El Sistema, una palabra que ha sido central en el campo IES desde 2007. Los éxitos, luchas y fracasos del programa en la adaptación de la ASPM pueden ser instructivos para muchos.

Una Necesidad de Nuevos Modelos

El discurso de la ASPM se creó para defender la cultura orquestal de Venezuela y la educación musical clásica; era, en esencia, una estrategia de financiación y marketing.[8] Este enfoque se ha reproducido ampliamente con la difusión internacional de El Sistema desde 2007, que ha visto la ASPM siendo adoptada por muchas organizaciones sinfónicas. No es una coincidencia que Los Ángeles haya surgido como el centro de la ASPM en Estados Unidos bajo el reinado de la ultra-estratega orquestal Deborah Borda en la Filarmónica de Los Ángeles (véase Fink 2016). Si la prioridad de estas instituciones es que la ASPM contribuya a su imagen y sostenibilidad —justificando y promocionando su trabajo ante financiadores, donantes, medios de comunicación y el público, y buscando nuevas audiencias—, entonces las percepciones pueden ser primordiales. Como señala Rimmer (2020, 3) en su estudio sobre el programa inglés IES In Harmony, una política puede ser ineficaz como programa, pero funcionar bien en términos de óptica y beneficios políticos; las políticas tienen, por tanto, dimensiones simbólicas y "las cuestiones de 'éxito'/'fracaso' están ligadas tanto a las formas en que se presentan y perciben como a su eficacia para lograr objetivos específicos". Sus datos sugieren que los logros sociales de In Harmony han sido modestos, pero el programa ha atraído una enorme atención gubernamental, institucional y mediática porque

---

8   De ahí que no sorprenda que la evaluación del BID de 2017 haya encontrado tan pocas pruebas de efectos sociales.

"parece haber proporcionado una plataforma retórica desde la cual se puede rejuvenecer la imagen de la música clásica en un momento de disminución de su relevancia cultural, su público y su financiación" (5). En estos términos, ha sido un gran éxito. Como soporte a la música clásica, la ASPM es una fórmula ganadora y no necesita ningún cambio.

Sin embargo, desde el punto de vista del desarrollo social, su eficacia es mucho más cuestionable y plantea innumerables interrogantes culturales, políticos, filosóficos y éticos. En la década de 1990, Abreu mezcló la formación orquestal con el discurso del desarrollo social y enturbió deliberadamente la cuestión de cuál era su verdadero objetivo. Esta confusión ha continuado a medida que los programas IES han florecido en todo el mundo. Pero los que se toman en serio la ASPM tienen que volver a aclarar esta cuestión y preguntarse: ¿cuál es el objetivo final? ¿Es el cambio social o el desarrollo musical? ¿Los estudiantes de música son el fin, o son el medio para alcanzar fines como la diversificación, la comercialización y la financiación de las organizaciones musicales? ¿Se trata en el fondo de abrir nuevos mercados para la música orquestal y renovar la marca, o es el objetivo social el que prima y, por tanto, el formato y el género se pueden negociar? ¿Es la inclusión orquestal una respuesta a la demanda de las comunidades o está impulsada por la oferta del sector de la música clásica?[9]

La respuesta a estas preguntas no puede ser "ambas cosas", porque la comercialización de la música clásica y la búsqueda del desarrollo social exigen enfoques diferentes. Si el cambio social es el objetivo primordial en la realidad y no solo un discurso estratégico, entonces se requieren nuevos modelos. Como dijo cáusticamente Govias (2020), no tiene mucho sentido esperar que "las pedagogías o los modelos anticuados, depreciados o conservadores [...] produzcan algún día resultados diferentes a los de los últimos 300 años de su aplicación". En otras palabras, tal y como han entendido las sucesivas direcciones de La Red, hay que pasar de *cambiar el mundo* a *cambiar la propia ASPM*.

---

9   Godwin (2020, 16), que trabajó para un programa australiano IES, considera estas preguntas, y su conclusión es clara: "El principal interés de las orquestas sinfónicas que llevan a cabo programas inspirados en El Sistema es apoyar la continuidad de la institución de la música clásica y la orquesta". Señala la ambigüedad moral de este enfoque: "El Sistema, cuando se lo apropian las organizaciones de música clásica en Australia, es una herramienta eficaz para atraer los corazones y las carteras de los donantes, los medios de comunicación y los seguidores. Esta apropiación, cuando se hace de forma acrítica, envuelve a todos los implicados en un engaño, sin saberlo o sabiéndolo, de manera consciente o inconsciente" (19).

Sencillamente, hay pocas posibilidades de lo primero sin emprender lo segundo. Al igual que los estudios sobre el desarrollo han centrado la atención en las organizaciones de desarrollo, la ASPM debe replantearse a sí misma antes de replantear la sociedad. En su crítica al compromiso del sector orquestal canadiense con los artistas indígenas y de color, Peerbaye y Attariwala (2019, 24) sostienen que la inclusión no es suficiente; más bien, se requiere un cambio fundamental por parte de las instituciones sinfónicas, "para desestabilizar sus propios sistemas y estructuras: no solo organizacionalmente, sino artística y creativamente". Este no es un llamado que la ASPM —que recluta estudiantes de grupos minoritarios a la cultura orquestal en todo el mundo—, pueda permitirse ignorar.

En las páginas anteriores hemos visto muchas pruebas de los cambios pasados y presentes. ¿Cuáles podrían ser los temas clave a los que prestar atención en el futuro? ¿Por dónde podría empezar a imaginarse nuevos modelos?

Fig. 28. Archivo de La Red de Escuelas de Música. CC BY.

Lo Social en la ASPM

El lugar más obvio para empezar es reconsiderar los elementos clave de la ecuación de la ASPM —lo social y lo musical—, y la relación entre ellos. La palabra "social" es fundamental en el campo de la ASPM, espolvoreada sobre sus actividades como polvo mágico, pero ¿qué significa? En Medellín era un término discutido. El fundador de La Red, Ocampo, lo veía como sinónimo de "humano" y criticaba la tendencia a utilizarlo como si significara "para los pobres". En 2018 hubo un movimiento para entenderlo en términos más políticos, espaciales y relacionales, cuyo objetivo era conceptualizar la sociedad como "los de ahí fuera" y no solo como un "nosotros aquí adentro", y concentrarse en cómo los estudiantes se relacionaban con los primeros (la comunidad, el territorio, la ciudad, incluyendo a los que no tienen contacto directo con el programa), así como con los segundos (los estudiantes de música, las familias o el público). En general en la ASPM, lo social suele ser interpretado por los estudiantes como socialización, por sus líderes como mejora moral y de comportamiento, y por sus defensores como impulso cognitivo y académico o como herramienta contra la pobreza y la violencia. Para Montoya Restrepo, detrás de la narrativa del milagro, lo "social" en el urbanismo social era una mezcla de marketing, control y obligaciones básicas del estado —una conclusión que es muy importante para un análisis de la ASPM, que nos lleva a pensar más allá de las narrativas emotivas (aunque problemáticas) sobre la salvación de los pobres y a considerar la etiqueta "social" en términos de poder, política, economía e imagen.

El principal efecto práctico de la palabra "social" ha sido abrir la puerta a la financiación, al prestigio y a la cobertura mediática. A finales del siglo XX se produjo un movimiento hacia una visión utilitaria de la cultura en todo el mundo; cada vez más, la principal forma de convencer a los líderes gubernamentales y empresariales de que apoyaran la actividad cultural era argumentar su impacto social y económico (Yúdice 2003). Por ejemplo, la retórica de la inclusión social entró en el mundo de las artes en el Reino Unido durante la década de 1990, como respuesta a la disminución de la financiación pública de la década anterior y al cuestionamiento del derecho automático de la cultura de élite a recibir subvenciones (Belfiore 2002). El discurso social ha sido fundamental en la transformación retórica de la música clásica, sobre todo en los ámbitos de la educación y el compromiso con la comunidad; ha desplazado cada vez más los argumentos culturales para justificar la formación de muchos jóvenes en una música que es un interés minoritario. "Social" es una palabra que, en la práctica, está estrechamente ligada a la estrategia y los recursos. Si algunos de mis interlocutores consideraban que esta palabra estaba cargada de significado humano, otros la veían como un término vacío que se adjuntaba cada vez más a muchas actividades culturales en una apuesta por los fondos públicos.

También es importante tener en cuenta las palabras a las que se vincula el término "social" —como acción, inclusión, movilidad, cambio, justicia e impacto—, y cómo cada una de ellas significa una ideología diferente y a veces contradictoria.[10] A menudo se producen desviaciones y confusiones, especialmente cuando las prácticas y los términos cruzan las fronteras internacionales. En América del Norte, El Sistema atrae etiquetas como "justicia social" y "cambio social" que rara vez, o nunca, se aplican al programa en Venezuela y que, de hecho, están en discordancia con el conservadurismo político de Abreu.[11] En el Capítulo 4, planteé preguntas sobre el encuadre de la ASPM ortodoxa en términos de cambio social, dada su propensión a la reproducción social. Del mismo modo, el término "justicia social" no debería estar conectado a un programa fundado en la ideología de que los problemas sociales son el resultado de los déficits individuales, ya que el trabajo social con fines de justicia social rechaza explícitamente esta postura (por ejemplo, Baines 2017; Nixon 2019). Tampoco debería estar unido a un programa cuyas injusticias sociales han sido documentadas repetidamente durante dos décadas y que ha reducido a los estudiantes de música a desempeñar un papel de propaganda para un gobierno autoritario acusado de graves violaciones de los derechos humanos. Como señala Spruce (2017, 723), en parte en relación con la ASPM, "aunque existe un fuerte compromiso con los ideales de justicia social dentro de la comunidad de la educación musical, estos ideales a menudo no están respaldados por los principios conceptuales y teóricos que podrían permitir argumentarlos y actuar en consecuencia". Es más, "la ausencia de fundamentos conceptuales y teóricos deja a la justicia social *como término* vulnerable a ser apropiado para promover y/o sostener enfoques y discursos de la educación musical que van en contra de estos ideales".

---

10 Por ejemplo, el Partido Laborista del Reino Unido abandonó la movilidad social como objetivo en 2019 en favor de la justicia social (Stewart 2019). Véase también la entrada de mi blog "Is Sistema a 'movement'?", https://geoffbakermusic. wordpress.com/el-sistema-older-posts/ is-sistema-a-movement/.

11 La Fundación Hilti, patrocinadora de El Sistema, combina el deslizamiento lingüístico con la revisión histórica, confundiendo la "inclusión social" de Abreu con el "cambio social" y proyectándolo hacia 1975, más de dos décadas antes de su aparición (https://www.hiltifoundation.org/music-for-social-change).

Lo "social" abarca así una vertiginosa variedad de significados y aspiraciones. Aportar claridad y rigor a esta proliferación y (a veces) confusión conceptual es un paso importante para afinar la comprensión del campo, fortalecer su base teórica y lograr una mayor alineación entre ideales, discursos y acciones.

Como los dirigentes de La Red han sostenido sistemáticamente desde 2005, si una institución de este tipo quiere presentarse como un programa social —afirmar que los resultados sociales son su propósito fundamental y no un subproducto accidental—, entonces tiene que tomarse lo social más en serio. Este paso tiene ángulos tanto conceptuales como prácticos: analizar el término "social" más a profundidad y especificar el objetivo, pero también diseñar actividades en torno a ese objetivo en lugar de metas musicales. La palabra que el equipo social de La Red utilizaba con frecuencia era *intencionar*. Esta palabra encapsulaba el sentido de adoptar un enfoque activo en lugar de pasivo de la acción social: crear y dirigir las actividades hacia objetivos específicos en lugar de permitir que los procesos se produzcan espontáneamente (o no). El equipo era consciente de que los efectos sociales positivos surgían a veces como consecuencia natural de la creación musical, pero instaba a La Red a modificar sus actividades para que se centraran en producir esos resultados de forma más constante.

La forma que podría adoptar esta dirección o modificación merece una mayor consideración. En La Red se produjo una contienda entre dos visiones de la ASPM (como se ha comentado en el Capítulo 2). La visión dominante (aunque no universal) entre el personal musical era que la acción social era una característica inherente a la educación musical. Sin embargo, la dirección y, en particular, el equipo social descubrieron procesos sociales negativos en La Red, así como también positivos, por lo que argumentaron que eran necesarias actividades sociales explícitas y compensatorias. También algunos músicos reconocieron que la educación musical a veces fomentaba rasgos sociales y personales indeseables y que su formación no les preparaba adecuadamente para lograr el objetivo social de La Red; en consecuencia, consideraban que la acción social era principalmente una tarea para profesionales no musicales. En términos muy simplistas, la primera década de La Red estuvo dominada por la visión implícita, la segunda por la explícita.

Ambas visiones tienen sus méritos. La acción social implícita es un fenómeno real, y había músicos dentro de La Red que reforzaban el argumento implícito: que ponían el lado humano en primer lugar, cuya práctica coincidía con su discurso, cuyos estudiantes parecían positivos y empoderados, y que llevaban a cabo la ASPM con éxito con una mezcla de habilidades musicales y personalidad radiante. El problema para un programa grande es que resulta difícil encontrar cientos de profesores con estas características. Los seres humanos son imperfectos, por lo que la ASPM basada en la filosofía implícita muestra toda la gama de defectos humanos. La evidencia de Medellín y Venezuela sugiere que la formación orquestal o de banda convencional no constituye necesariamente una educación social completa o totalmente positiva, que un enfoque implícito de lo social puede transmitir aspectos problemáticos de las culturas sociales y musicales, y que la educación musical podría tener efectos sociales positivos más significativos si se adaptara y reforzara. Un programa público de gran envergadura no puede funcionar de forma equitativa y eficaz solo con carisma; también son necesarios herramientas y métodos explícitos de acción social.[12]

Sin embargo, si la primera década de La Red puso de manifiesto los defectos del enfoque implícito, la segunda reveló los del explícito, en parte porque este último sufrió resistencia por parte del personal musical. Los intentos de añadir un elemento social en torno a la creación musical se encontraron con problemas debido a la falta de tiempo y a la presión sobre las actividades musicales que produjo. Lo social llegó a considerarse una distracción o una pérdida del valioso tiempo de ensayo. Como se señaló en el Capítulo 2, un director de escuela describió la labor del equipo social: "1. Como bálsamo, ataja las injusticias, las exigencias duras [... y...] lo rígido de los procesos musicales. 2. Intervenciones que no tienen sentido" ("Informe" 2017a, 148). El enfoque implícito provocó problemas (injusticias, exigencias duras, rigidez), pero el enfoque explícito calmó esos problemas solo para crear otros (intervenciones percibidas por los músicos como sin sentido). Añadir el lado social a lo musical —por ejemplo, conversaciones sociales en los espacios alrededor de la educación musical convencional—, condujo a resultados mixtos.

---

12 Rimmer (2020) muestra que confiar en el carisma de los profesores ocupaba un lugar importante en los planes de In Harmony Sistema England.

La solución es una combinación: implícita *y* explícita, con la acción social fluyendo *a través* de la música, así como *alrededor* de ella, en forma de actividades educativas musicales moldeadas por los objetivos sociales. Para que la ASPM funcione bien de forma implícita, las actividades musicales deben ser congruentes con los objetivos sociales. No tiene sentido que un programa afirme que está luchando por la paz, la convivencia o la solidaridad y que, sin embargo, se estructure de manera que produzca una competencia entre individuos, instrumentos y ensambles. No tiene sentido que un programa afirme que está fomentando el trabajo en equipo, pero que niegue a los estudiantes la oportunidad de negociar, colaborar, resolver problemas y tomar decisiones colectivas. Las investigaciones llevadas a cabo en Medellín, Venezuela y Buenos Aires han demostrado que, en general, los estudiantes veían la ASPM como un espacio de diversión y socialización más que como una oportunidad para desarrollar habilidades sociales (véase el Capítulo 4). El equipo social de La Red perseguía este último objetivo, pero todavía faltaban *formas de aprender la música* diseñadas para fomentar las habilidades sociales y explotar las características distintivas de este arte. La implicación es que, a pesar de toda la preocupación de La Red por su objetivo social a partir de 2005, lo que realmente necesitaba el programa era una revolución musical, no solo social.

La Red dio pasos hacia esa revolución durante mi trabajo de campo. El equipo social sostenía que "el modelo pedagógico debe plantear cuáles valores específicos se deben fomentar en los estudiantes y cómo se deben intencionar en cada acción y espacio formativo" ("Informe" 2017a, 188). Sin embargo, el cambio al ABP fue el mayor paso en esta dirección. Los mejores proyectos combinaban enfoques implícitos y explícitos, actividades musicales y no musicales. En el fondo eran proyectos musicales, pero a menudo empezaban identificando un tema o problema social, y su construcción colectiva era una forma de aprendizaje social. El ejemplo de San Javier del Capítulo 1 ilustra este avance.

Esta cuestión encuentra eco en la investigación sobre educación musical. En su estudio de un programa IES, Ilari, Fesjian y Habibi (2018, 8–9) señalaron que "los efectos de la educación musical en las habilidades sociales de los niños se han encontrado principalmente en programas que seguían planes de estudios especializados", y para que los programas de educación musical sean eficaces en el desarrollo de las habilidades sociales, quizás sea necesario diseñar planes de estudio que no solo rompan las jerarquías tradicionales que se encuentran en las experiencias musicales colectivas, sino que también ofrezcan a los niños amplias oportunidades para ejercitar habilidades sociales como la empatía, la teoría de la mente y la prosocialidad de forma más directa.

En otras palabras, sugieren que para que los programas de ASPM sean socialmente eficaces, deberían desarrollar planes de estudio centrados en lo social (como los de Sistema Toronto), en lugar de basarse en una lectura social de la interpretación musical convencional (como El Sistema). Laurence (2008) y Rabinowitch (2012) ofrecen dos ejemplos de educación musical diseñada específicamente para la promoción de la empatía, que se parece poco a la formación musical convencional.

Otros investigadores apuntan a la pedagogía como punto central de la reforma. El análisis de Cobo Dorado (2015) sobre la pedagogía de grupo muestra cómo formas más innovadoras de aprender música de manera colectiva pueden fomentar resultados sociales más positivos. La visión de Hess (2019) sobre la educación musical y el cambio social resuelve la tensión implícita/explícita: sus pedagogías sobre la comunidad, la expresión y la percepción tienen dimensiones explícitas, pero también funcionan a través de la creación musical, no solo alrededor de ella. Pero tanto si el enfoque es curricular como pedagógico, o incluso si es ambas cosas, estos estudios señalan la importancia de mirar más allá de la concepción ortodoxa de la ASPM —como educación musical convencional con un grupo social (teóricamente) ampliado—, hacia la creación de un método de ASPM distintivo, que haga visible el objetivo social en las propias actividades musicales.

En el ámbito más amplio de la educación musical, por lo tanto, hay una creciente conciencia crítica de la relación entre lo social y lo musical, y una comprensión cada vez mayor de que algunos tipos de actividades musicales pueden ser más prometedores desde una perspectiva social que otros. Los grandes ensambles dirigidos son una forma eficiente y atractiva de organizar a un gran número de jóvenes músicos, pero en realidad pueden ser la herramienta menos eficaz para fomentar las habilidades sociales de los estudiantes a través de la educación musical. Govias (2015a), siendo director de orquesta, ha llamado a la orquesta convencional "el modo más antisocial de expresión cultural".

La ASPM ortodoxa se basa en una idealización de los grandes ensambles y en la suposición de que tocar música junto a muchos otros genera una dinámica interpersonal positiva. Los defectos de este supuesto quedan al descubierto en los estudios de El Sistema y en los documentos internos de La Red. Muchos de los elementos que lo componen, como la supuesta generación de trabajo en equipo, resultan ser cuestionables. Las orquestas pueden crear varios tipos de identidad comunitaria, pero esto no es lo mismo que el trabajo en equipo; de hecho, pueden fomentar grupos y divisiones, tensiones y rivalidades. La competencia recorrió El Sistema y La Red durante su apogeo, al igual que en el mundo de la música clásica. Es importante examinar las actividades musicales colectivas de forma más precisa y realista. Si "colectivo" significa que todos hacen lo mismo al mismo tiempo con una comunicación mínima entre ellos, dirigidos por una única figura de autoridad, es probable que los beneficios sociales sean mínimos; los inconvenientes políticos son aún más evidentes, ya que se trata de un modelo de autocracia. Con tanta investigación disponible ahora sobre la ASPM en particular y las orquestas y la educación musical en general, no hay excusa para evitar examinar seria y críticamente la versión de la ASPM popularizada por estos programas.

El problema crucial es la calidad de la interacción entre los participantes. Tanto la investigación como la experiencia sugieren que las agrupaciones más pequeñas y las actividades distintas de la interpretación (como la composición, la improvisación o los arreglos) pueden ser más productivas en este sentido.[13] El impulso de Franco a favor de una mayor informalidad y de ensambles más pequeños en La Red estaba motivado principalmente por consideraciones musicales, pero también hay investigaciones que apoyan este cambio desde perspectivas sociales, políticas, psicológicas y cognitivas.

Hess (2021, 63), por ejemplo, sugiere que, si las relaciones sociales son la prioridad, "podríamos considerar los tipos de música que facilitan el compromiso relacional", lo que apunta a formatos como la música de cámara o los círculos de tambores en lugar de grandes ensambles dirigidos en los que los músicos se concentran principalmente en su música escrita y en el director. En el CLCS de Boston, la mayoría de los

---

13 Otra respuesta lógica es experimentar con o eliminar el papel del director de orquesta (el centro de los esfuerzos reformistas de Govias).

ensambles funcionan como grupos de música de cámara. Como señala Barrett (2018, 26), "muchos ensambles están construidos para promover una práctica más democrática que la instrucción orquestal tradicional. Los artistas residentes buscan socavar las tendencias autoritarias de la construcción orquestal para dar a los estudiantes más voz y control en su experiencia musical".

Shieh y Allsup (2016) proponen un enfoque que es sugerente para las escuelas de La Red y la ASPM en general: replantear el gran ensamble como un colectivo. Se trata de un paradigma flexible e híbrido en el que "existen múltiples proyectos de forma simultánea y están conectados en una comunidad de apoyo" (33). Los colectivos pueden unirse como grandes ensambles, pero también como pequeños grupos, trabajo individual, música online y offline, composición, realización de podcasts o programas de radio, o cualquier otra actividad relacionada con la música. Un colectivo no es grande o pequeño, sino *ambos*; con agrupaciones y actividades que cambian según las circunstancias, es un modelo prometedor para tiempos inciertos. Shieh y Allsup también insinúan que la división frecuente en ensambles más pequeños probablemente aumente la autonomía e independencia de los estudiantes.

Crooke y McFerran (2014) sostienen que los grupos de cuatro a diez estudiantes son los mejores para los programas centrados en el bienestar psicosocial, una afirmación respaldada por Bolger (2015). Después de que Ilari, Fesjian y Habibi (2018) descubrieran que tres años de formación musical en un programa inspirado en El Sistema no producía ningún efecto significativo en la prosocialidad, confirmando los resultados del estudio del BID sobre el programa venezolano, concluyeron que "probablemente es más difícil desarrollar y participar en la lectura de la mente y los comportamientos prosociales en ensambles grandes que en ensambles más pequeños" (8). Cobo Dorado (2015) sostiene que una dinámica de aprendizaje horizontal (que es más fácil en grupos pequeños) produce mayores beneficios cognitivos que una más vertical (característica de los ensambles grandes). Heinemeyer (2018) argumenta: "Para prosperar emocionalmente, los jóvenes necesitan su propio tiempo y espacio, que no esté explícitamente dirigido a resultados particulares". La buena salud mental se asocia con "la actividad exploratoria, informal y dirigida por el alumno". Estas no son características obvias de los grandes ensambles convencionales.

Si la prioridad es el bienestar psicosocial de los estudiantes, la ASPM bien podría mirar más allá de la formación orquestal o de banda y hacia campos como la musicoterapia y la música comunitaria (Crooke *et al.* 2016).

En cuanto a las actividades, una reciente colección de ensayos defiende firmemente la improvisación como una herramienta especialmente prometedora para la inclusión social.[14] También tiene plenamente en cuenta la complejidad y los riesgos del concepto de inclusión social — algo que ha sido poco frecuente en la ASPM. Otro estudio reciente encontró pruebas que sugieren que el aprendizaje de la improvisación puede tener un mayor efecto en la función cognitiva que la instrucción musical no improvisada (Norgaard, Stambaugh y McCranie 2019). Este complementa el estudio experimental de Koutsoupidou y Hargreaves (2009), que demostró que el aprendizaje de la improvisación promueve el desarrollo del pensamiento creativo en mayor medida que la enseñanza didáctica y, por lo tanto, puede ser particularmente prometedor para el desarrollo cognitivo y emocional de los niños.

Un replanteamiento fundamental del modelo de la ASPM también tiene sentido si tenemos en cuenta la historia del sector. El Sistema se centró en la orquesta porque Abreu era director de orquesta y quería dirigir su propio ensamble y formar a jóvenes músicos para esta profesión. El modelo de la ASPM está, entonces, impulsado por las ambiciones, las preferencias personales y la ideología de Abreu, y no por ventajas demostrables con respecto a los resultados sociales. Sus objetivos iniciales eran explícitamente musicales. Lo social solo entró en escena dos décadas después, como medio de justificar y ampliar lo que El Sistema ya hacía. Casi cincuenta años después de los inicios de El Sistema, y con una gran cantidad de investigaciones en las que basarse, no tiene mucho sentido seguir la ruta de Abreu como si hubiera sido diseñada con la acción social en mente.[15]

Un programa de ASPM que pusiera la acción social en primer lugar partiría lógicamente de un análisis de los problemas sociales locales y de ahí a las posibles soluciones musicales. La ASPM empezó al revés:

---

14 Edición especial de *Contemporary Music Review* (38:5, 2019).
15 Es posible que Abreu haya tropezado accidentalmente con una fórmula perfecta para la acción social mientras perseguía el objetivo original de El Sistema de formar músicos de orquesta, declarado en su constitución fundacional (véase Baker 2014), pero, como hemos visto, la evidencia sugiere lo contrario.

Abreu creó un programa de formación orquestal y, dos décadas después, presentó declaraciones (especulativas) sobre cómo era también una solución ideal para ciertos problemas sociales. La disciplina era su consigna, pero nunca quedó claro qué problema social debía resolver la disciplina. Ningún científico social serio consideraría la pobreza, la violencia o el crimen societales como una consecuencia de una falta de disciplina. Como sostenía Freire (1974; 2005), la transformación comienza con el cuestionamiento crítico de las normas. Enseñar a los jóvenes a ser más ordenados y disciplinados solo conducirá a que el orden existente funcione de forma más eficiente y agradable. La proliferación mundial de programas IES ha estado generalmente dirigida por la solución percibida (admiración por el modelo venezolano) en lugar de un mapeo y análisis de los contextos sociales, problemas y opiniones locales (véase, por ejemplo, Allan *et al.* 2010). Este enfoque sería un anatema en el campo del desarrollo hoy en día, y sin embargo sigue siendo bastante común en la música.

Uno de los aforismos favoritos de Abreu, muy citado por sus admiradores, era "la cultura para los pobres no puede ser una cultura pobre". Se utilizaba para justificar la centralidad de la música clásica en la ASPM y también el enorme gasto de fondos sociales en la sede de El Sistema y en instrumentos de alta gama para sus ensambles itinerantes. Una línea más productiva para la década de 2020 sería "la educación para los pobres no puede ser una educación pobre". En lugar de perpetuar prácticas muy cuestionadas, la ASPM debería esforzarse por ofrecer una educación musical centrada en lo social y fundamentada en la investigación.[16]

¿Recolonizar o Descolonizar el Oído?

Un acontecimiento importante que se relaciona tanto con el aspecto social de la ASPM como con el musical es el crecimiento del pensamiento

---

16 La organización benéfica Aesop (https://ae-sop.org/) ofrece un ejemplo. Su programa, Dance to Health, partió de la identificación de un problema social. Consultó a destacados investigadores sobre la mejor manera de abordar este problema y se comprometió seriamente con las críticas académicas a las afirmaciones habituales sobre el impacto de las actividades artísticas. Reconoció que la organización tenía que hacer las cosas de forma diferente para lograr los resultados deseados: tenía que desarrollar un plan de estudios especializado.

decolonial en la educación musical latinoamericana en los últimos años. La colonialidad y la decolonialidad son conceptos importantes desarrollados en Sudamérica que se han utilizado para reflexionar de forma crítica sobre el trasplante del conocimiento europeo al continente, por lo que son eminentemente adecuados para examinar un campo centrado en América Latina y fundado en la música clásica europea. De hecho, yo iría más allá y sugeriría que esta es una conversación que la ASPM necesita tener. La decolonialidad es una perspectiva y, por tanto, es perfectamente legítimo proponer contraargumentos; pero ignorar o descartar sumariamente los interrogantes que plantea sobre el modelo ortodoxo de la ASPM es menos justificable.

La decolonialidad nunca se articuló plenamente como un enfoque en La Red, pero influyó en el pensamiento de los líderes del programa y de otras figuras clave durante mi trabajo de campo. Una expresión más completa dentro de la ASPM puede encontrarse en el programa Chazarreta de Argentina. Fuera de este ámbito, el interés por los enfoques decoloniales de la educación musical ha florecido en los últimos años y es evidente tanto en la práctica como en la investigación. Guillermo Rosabal-Coto ha sido una figura importante, creando el Observatorio del Musicar en la Universidad de Costa Rica, La Red de Pedagogías Críticas y Decoloniales en la Música y las Artes, y editando números especiales de revistas en español e inglés.[17] El pensamiento decolonial también se ha establecido en la educación musical norteamericana, ejemplificado por la organización Decolonizing the Music Room, y ha subido en la agenda a raíz del resurgimiento del movimiento Black Lives Matter en 2020.[18]

Shifres y Gonnet (2015) rastrean la influencia de dos modelos europeos en la educación musical en América Latina, la misión y el conservatorio, e imaginan alternativas que están más alineadas con la cultura y los valores indígenas. El Sistema se ha presentado ampliamente como un paso adelante con respecto al modelo del conservatorio, pero visto a través del lente de este artículo, parece más bien un paso atrás hacia el modelo de misión (véase también Baker 2014). Si Denning (2015) resume la conexión entre las nuevas músicas populares vernáculas y

---

17 *Revista Internacional de Educación Musical* (5:1, 2017) y *Action, Theory, and Criticism for Music Education* (18:3, 2019).
18 https://decolonizingthemusicroom.com/.

el movimiento decolonial de principios y mediados del siglo XX como "descolonización del oído", los esfuerzos de Abreu —un miembro de la élite blanca de Venezuela—, por masificar la educación musical clásica podrían percibirse como una recolonización posterior. El trabajo de los estudiosos de la educación musical decolonial nos anima a imaginar y explorar cómo podría ser un auténtico paso hacia adelante: una segunda descolonización del oído, plenamente consciente de la historia y la riqueza cultural del continente.

Aunque los enfoques decoloniales pueden ser muy críticos con la música clásica, hay razones para centrarse en descentrar y refigurar la producción de conocimiento eurocéntrico en los programas de ASPM en contextos poscoloniales, en lugar de abandonar la educación musical clásica. Como sostienen Mignolo y Walsh (2018, 3), una perspectiva decolonial "no significa un rechazo o negación del pensamiento occidental"; más bien, su blanco es la "aceptación ciega" y la "rendición a las ficciones del Atlántico Norte". Mignolo no predica la evasión de la cultura europea, que ha estudiado en profundidad:

> La elección no es si leer obras de autores europeos, eurocéntricos o críticos con el eurocentrismo, sino cómo leerlas. La pregunta es de dónde se parte. Cuando leo obras de autores europeos de todo tipo, no parto de ellas. Llego hasta ellos. Parto de los pensadores y de los acontecimientos que fueron perturbados por las invasiones europeas. (229)

La clasicista Edith Hall (2019) argumenta: "La educación clásica no tiene por qué ser intrínsecamente elitista o reaccionaria; ha sido el currículo del imperio, pero puede ser el currículo de la liberación. El 'legado' de Grecia y Roma ha sido decisivo para las causas progresistas e ilustradas". Estas fuentes son un punto de partida útil para cambiar la conversación sobre la educación musical más allá de lo que a veces puede convertirse en debates bastante simplistas, estériles o polarizados sobre el género, más allá de una dicotomía de devoción y desprecio, y hacia la cuestión de replantear la música clásica y su pedagogía.

La posición de Mignolo es sugerente cuando se trata de reimaginar la música clásica en la ASPM y en la educación musical latinoamericana en general. ¿Qué pasaría si la pregunta no fuera *si* tocar música clásica europea, sino *cómo* tocarla (y escucharla, arreglarla, discutirla, etc.)? ¿Y si los jóvenes músicos no *partieran* de la música clásica, sino que *llegaran* a ella —si se acercaran a esta música después de haber adquirido una base en los géneros y estilos de interpretación locales y nacionales?

Cobo Dorado (2015), Henley (2018) y Arenas (2020) sostienen que es la pedagogía, más que el repertorio o los instrumentos, la clave del impacto social. Del mismo modo, un informe del Banco Mundial subrayó cómo las prácticas de los profesores (más que los contenidos) determinan si tienen un efecto positivo o negativo en el desarrollo socioemocional de los estudiantes (Villaseñor 2017). Las implicaciones de estas posturas para la ASPM son profundas. Si la pedagogía es el problema, entonces ni el cambio ni la mezcla de géneros es la solución en sí misma.

Nora, del equipo social de La Red, hizo una observación similar, como se mencionó en el Capítulo 3. El problema para ella no era que La Red se centrara en la música clásica; era que proporcionaba una formación clásica estrecha y técnica y contribuía a la saturación profesional en la ciudad, en lugar de utilizar la música clásica como medio para proporcionar una educación humanista completa a los jóvenes y como herramienta para reflexionar sobre su entorno y su papel en él. Su dicotomía no era clásica versus popular; era educación clásica integral versus entrenamiento clásico estrecho.

Una de sus colegas habló de la importancia de pasar al ABP. El aprendizaje basado en proyectos ayuda a los estudiantes a razonar, trabajar en equipo y resolver problemas, dijo —todas habilidades importantes para la vida social. Pero los proyectos no giraban en torno a un género específico. En su opinión, el factor crucial era el método de la ASPM, no el género.

Puede haber lecciones que aprender de otros contextos. Los debates críticos sobre la enseñanza de grandes ensambles en Norteamérica han dado lugar a experimentos para promover la democracia y la reflexión crítica (p. ej. Scruggs 2009; Davis 2011). En otras palabras, el enfoque crítico se ha centrado en el proceso, así como en la propia música. La reimaginación de Shieh y Allsup (2016) del gran ensamble como un colectivo flexible tiene implicaciones para el género, pero no excluye nada. El trabajo orquestal de Govias implica repensar los roles del director y de los músicos, no cambiar de género. La reciente investigación de Leech-Wilkinson sobre la interpretación sugiere que el impulso de la creatividad puede tener lugar dentro de la educación de la música clásica.¹⁹ Los movimientos en Canadá demuestran que es posible que las orquestas sinfónicas se tomen en serio el tema de la descolonización.²⁰ Con imaginación y los colaboradores adecuados, la orquesta puede convertirse en una herramienta crítica y educativa y no solo en un campo de entrenamiento para los intérpretes (Horowitz 2018). Aunque hay buenos argumentos para que la música clásica ceda su papel dominante, podría desempeñar un valioso papel en una ASPM replanteada.

La consideración de la reforma pedagógica plantea preguntas más amplias sobre la propia música clásica, que van más allá del alcance de este libro. Las principales características de la ASPM ortodoxa no fueron ideadas por Abreu, sino que reflejan las normas de la tradición de la música clásica en el siglo XX: por ejemplo, el alto estatus concedido a los directores y a las orquestas, un enfoque en el repertorio canónico europeo y un énfasis en la formación ardua para lograr un alto nivel de habilidad técnica. La pedagogía de la música clásica está ligada a las aspiraciones de excelencia musical de un tipo particular. Transformar la ASPM para dar más valor a los pequeños ensambles, a la creación musical y a la educación integral implica, por tanto, algo más que replantear la ruta; significa también reconsiderar el destino.

Un paso productivo podría ser ampliar la definición de "música clásica" más allá del repertorio clásico, romántico y posromántico que domina la programación de la ASPM e incluir campos como la música contemporánea y la música antigua, donde a veces se ha encontrado un *ethos* diferente. Por ejemplo, en Holanda, en torno a 1970, los músicos radicales criticaron las prácticas e ideologías encorsetadas de la esfera de la música clásica, lo que dio lugar a un "florecimiento de numerosos grupos pequeños en los campos de la música contemporánea, la música antigua, el jazz y la improvisación. En oposición consciente al autoritarismo percibido de la orquesta sinfónica, los nuevos ensambles […] aspiraban a un modelo más democrático de práctica musical" (Adlington 2007, 540). Born

---

19 Daniel Leech-Wilkinson, "Challenging Performance: Classical Music Performance Norms and How to Escape Them", https://challengingperformance.com/the-book/.
20 Orchestras/Orchestres Canada, "Trust, transparency and truth", https://oc.ca/en/trust-transparency-truth/.

(2010, 235) toma el ejemplo del "Movimiento para la Renovación de la Práctica Musical" holandés de la década de 1970 y su "idea de la práctica musical como un crisol en el que se podían incubar los desafíos —y un espacio de excepción—, a las estructuras de poder social más amplias". Algo parecido ocurría en Alemania, donde los músicos asociados a la Nueva Izquierda se rebelaron contra las convenciones de la cultura musical clásica, especialmente la orquesta, y comprendieron que el cambio social debía ir acompañado de desafíos a las estructuras y prácticas musicales autoritarias. Allí, "el espíritu de la Nueva Izquierda se manifestó con especial claridad en el nuevo entusiasmo por la improvisación y la creatividad musical. Ambas se consideraban instrumentos pedagógicos que servían para cambiar interpretativamente los modos de comportamiento social en el ámbito musical, y se creía que eran transferibles a las prácticas de la sociedad cotidiana de Alemania Occidental" (Kutschke 2010, 561). Tanto los músicos de vanguardia como los de la música antigua se replantearon las estructuras de los ensambles y las prácticas de interpretación para minimizar las relaciones jerárquicas. Lo que destaca de los estudios de este periodo es la variedad del campo "clásico", el potencial de la música clásica como cultura crítica, incluso como contracultura, y las conexiones establecidas entre el cambio musical y el social.

Cincuenta años después, el musicólogo e intérprete David Irving explora las conexiones entre la música antigua y la decolonialidad.[21] La música antigua tiene una larga historia de activismo social, con músicos involucrados en movimientos por la paz, el medio ambiente y la justicia social. Este *ethos* contracultural o activista en el pasado de este campo hace que la música antigua sea un lugar propicio para los movimientos descolonizadores, argumenta Irving. Desde esta perspectiva, la música antigua parece muy sugerente para la ASPM: ofrece un modelo prometedor para alinear la música "clásica" con el cambio social y para cuadrar el círculo —mantener un lugar para la música clásica dentro de la ASPM y, al mismo tiempo, cuestionar y contrarrestar la colonialidad.

El problema en la ASPM puede no ser la música clásica, entonces, sino la concepción limitada de esta música que adoptaron los programas más famosos, centrados en los formatos y el repertorio europeos de finales

---

21 David Irving, "Decolonising Historical Performance Practice", Royal Holloway University of London, 2 de febrero de 2021.

del siglo XVIII a principios del XX. Bull (2019) sugiere que la educación de la música clásica podría ser refigurada para centrarse en su potencial crítico más que en sus prácticas disciplinarias. Una respuesta podría ser no solo incluir otros géneros y pedagogías, sino también inspirarse en vertientes más contraculturales de la música clásica para reimaginar el género dentro de la ASPM. Este enfoque es prometedor como vía para ir más allá de las dicotomías tajantes y los debates polarizados de la música clásica versus la popular.

Se pueden encontrar paralelismos en un reciente número especial de una revista que defiende el valor de la educación musical clásica.[22] Por ejemplo, Varkøy y Rinholm (2020, 173) proponen la inclusión de la música clásica como una opción dentro de "una posición pluralista genuina, un enfoque abierto y tolerante", y llaman la atención sobre el valor de las cualidades de lentitud y resistencia en la música clásica "que son contraculturales para la sociedad moderna caracterizada por el consumismo". Basándose en las ideas de Adorno sobre la función crítica del arte, y en marcado contraste con los discursos de Abreu sobre el orden y la disciplina, reimaginan a los educadores e investigadores musicales como figuras de resistencia y argumentan que la lentitud en la experiencia musical clásica puede servir como "la piedra en el zapato, el guisante bajo el colchón, la ruptura del ritmo" de la sociedad de consumo (180).

Whale (2020, 200), por su parte, ofrece una advertencia para no reaccionar demasiado fuerte contra la música clásica:

> Con demasiada frecuencia, en la reforma educativa, lo que debería ser un proceso dialéctico de crecimiento se parece más a un péndulo. El péndulo de la opinión ilustrada oscila entre las viejas y anticuadas prácticas de enseñanza y aprendizaje, y las nuevas y progresistas. Luego vuelve a oscilar, aparentemente sin darse cuenta de que lo que ahora rechaza es lo que antes defendía y lo que ahora defiende lo había rechazado antes. El resultado es que las prácticas dogmáticas son sustituidas por reformas igualmente dogmáticas; las nuevas teorías repiten los fallos de las teorías originales hasta que también son contrarrestadas por un retorno de las originales.

Como sostiene Whale, la música clásica puede situarse en una relación crítica con los valores de la sociedad que la rodea, en lugar de limitarse

---

22 *Philosophy of Music Education Review* Vol. 28, No. 2, Fall 2020.

a reproducirlos, y cualquier música tiene el potencial de provocar una reflexión (auto)crítica, lo cual no es una característica de determinados géneros. Considera que "la música artística occidental, en su forma más profunda, permite a las personas cuestionar sus valores y supuestos, del mismo modo que un texto filosófico o sociológico, una novela, una película o un artículo periodístico pueden, en su mejor momento, desafiar a las personas a reflexionar sobre sus vidas y a crecer al ver el mundo bajo una nueva luz" (203). Al aprender a pensar de forma crítica sobre la música de Bach (en lugar de rechazarla), los estudiantes también pueden aprender "a elegir música que amplíe su capacidad de conocer y reconocer la injusticia y alimente su crecimiento y desarrollo continuos como seres humanos" (215).

Las palabras de Whale arrojan más luz sobre la ASPM. El problema, de nuevo, parece no ser la música clásica en sí misma, sino la cultura de la educación musical clásica dentro de la ASPM ortodoxa, que tiende a eludir este ángulo crítico y a sustituirlo por la obediencia y la reverencia. Si la (auto)criticidad, en lugar de la excelencia en la interpretación, se convirtiera en el objetivo central de la educación musical clásica dentro de la ASPM, las cosas serían muy diferentes.

Uno de los rasgos de ambos artículos es el énfasis en la escucha atenta —una práctica muy marginal en la ASPM ortodoxa. Para Whale, la escucha parece ser la clave para encontrar un lugar para Bach en una época de justicia social. Tener "la oportunidad de escuchar su música con empatía" puede permitir a los estudiantes "descubrir, por sí mismos, que esta practica la verdadera realidad de sus vidas, una realidad constituida en una autoevaluación continua y empática" (215). Varkøy y Rinholm (2020, 169), por su parte, sostienen que "la forma como escuchamos la música es tan crucial como lo que escuchamos". Estas palabras subrayan que una combinación de la adopción de una posición pluralista y de una ampliación de los objetos y métodos de la educación musical clásica puede ser una vía productiva para la ASPM.

Estos estudios proporcionan pistas para repensar la acción social por la música clásica, pero también sugieren que una ASPM de música clásica conceptualmente coherente y progresista sería muy diferente de la versión ortodoxa. El reto para los partidarios progresistas de la ASPM clásica es cerrar la brecha entre la visión de los defensores más elocuentes de la música clásica —que es una práctica crítica y potencialmente emancipadora—, y la realidad de muchas aulas de música, donde a menudo no lo es. Un modelo que cerrara esa brecha sería digno de la etiqueta ASPM.

En resumen, apunto a replantear y transformar el papel y el carácter de la enseñanza de la música clásica en la ASPM, no a desterrarla —al igual que los dirigentes de La Red buscaron una diversificación de los contenidos, una relación horizontal entre los géneros y un nuevo enfoque pedagógico, no la extirpación de la música clásica. Mi pregunta aquí no es si los jóvenes deberían tener la oportunidad de aprender música clásica, sino más bien si, tal y como está configurada actualmente, la formación clásica convencional debería ser el modelo principal de los programas de ASPM; si debería desempeñar un papel tan dominante en la educación musical en las antiguas colonias europeas, reproduciendo la jerarquía cultural del periodo colonial; y si es la mejor preparación para los jóvenes músicos en esos contextos, que pueden tener más oportunidades más adelante en la vida para tocar otros géneros. Mi preocupación no es Beethoven; es la adecuación de la cultura educativa e interpretativa de la música clásica a la búsqueda de la acción social; es cuando la ASPM se parece a una "visita del fantasma de las salas de orquesta de las escuelas públicas del pasado" (Fink 2016, 34); es el "totalitarismo epistémico" (Mignolo y Walsh 2018, 195) de asumir el valor superior de la cultura europea y devaluar otras formas de conocimiento. La pregunta más interesante para mí no es "¿música clásica o popular?", sino "¿cómo puede el aprendizaje de la música *de cualquier tipo* fomentar la reflexión, la creatividad, una voz y la libertad en lugar del control social?"

La inacción no es una opción justificable. Las convenciones pedagógicas de la música clásica están orientadas a la interpretación y no al intérprete, a la excelencia y no a la acción social. No tiene sentido pensar que pueden trasladarse al por mayor a un programa social en el que se supone que la experiencia de los músicos es primordial. La formación sinfónica convencional funciona bien para adquirir ciertas habilidades y hábitos, pero su "pedagogía de la corrección" (Bull 2019) no encaja bien con objetivos como el empoderamiento político, la formación de la ciudadanía o el cultivo de la autonomía y el pensamiento crítico.

El Capítulo 4 reveló claros ecos en la ASPM latinoamericana de dos temas destacados en el estudio de Bull sobre la música clásica juvenil en el Reino Unido: la crianza intensiva y el establecimiento de límites. Las clases implicadas son bastante diferentes —en América Latina, el protagonista es una fracción de la clase popular y no la clase media—, pero los procesos son notablemente similares. Los denominadores comunes son la música clásica juvenil, la exclusión y la jerarquización. Si no se replantea la oferta educativa, la ASPM corre el riesgo de agravar los mismos problemas que se supone que debe resolver.

Como Peerbaye y Attariwala (2019) dejan muy claro en su estudio sobre el sector canadiense, son las orquestas sinfónicas las que necesitan parecerse más al mundo que las rodea, y no la sociedad la que necesita parecerse más a una orquesta sinfónica (como los líderes de El Sistema han proclamado sin cesar), ya que "los aspectos de la creación musical orquestal están en disonancia con los valores sociales canadienses contemporáneos" (4). Argumentan:

> Los relatos de los líderes de las orquestas, los artistas indígenas y los artistas de color revelan, una y otra vez, las características coloniales de las orquestas que inhiben e incluso perjudican las relaciones — incluso en medio de iniciativas vitales. Las orquestas son jerárquicas y están rígidamente estructuradas en cuanto a los procesos de creación y producción y a los protocolos de toma de decisiones, y necesitan desarrollar flexibilidad para enfoques nuevos y más complejos. (*ibidem*)

En una crítica que llega al corazón de la ASPM ortodoxa, afirman: "'Acceso' e 'inclusión' son insuficientes como contexto de conversación o estrategia de acción para el sector". Lo que se necesita, más bien, es "el compromiso con cuestiones de equidad racial, soberanía indígena y el desmantelamiento del eurocentrismo" (5). Citan al director de orquesta Daniel Bartholomew-Poyser, quien sostiene que, a pesar de incluir a más personas indígenas y de color, la lógica subyacente de la inclusión es esencialmente una reliquia del siglo XIX. Incluir no es lo mismo que cambiar el equilibrio de poder. Asimismo, pensando más allá de la diversidad, los autores se preguntan: "¿Existe la voluntad de que la cultura orquestal se mueva y cambie gracias a estos encuentros?" (27).

El mensaje de este informe es claro: la sociedad está cambiando y las orquestas se están quedando atrás. Su demanda de cambio sectorial es igualmente relevante para la ASPM, que ha sido ampliamente proclamada por los defensores y los medios de comunicación como un movimiento de vanguardia, pero que en realidad va atrás de gran parte del activismo sociocultural. Muchos activistas han abandonado los discursos de inclusión y diversidad en favor de los de equidad, descolonización y soberanía.[23] Lo que se necesita no es añadir repertorios o caras a un modelo que sigue siendo el mismo por debajo, no la inclusión en un sistema establecido, sino la reforma de raíz del propio sistema. Hasta que llegue ese momento, la tan cacareada idea de que el campo es revolucionario seguirá pareciendo profundamente cuestionable.

A menos que se replantee sustancialmente la educación musical clásica, otras músicas ofrecerán mayores ventajas para la búsqueda de la acción social. Como sostiene Denning (2015), el cambio social de principios del siglo XX, sobre todo en América Latina, se articuló con la aparición de nuevas músicas populares vernáculas, y su estudio sirve para subrayar el conservadurismo musical y social de la ASPM ortodoxa. Si bien un mayor enfoque en el repertorio nacional y regional descuidado es un paso en la dirección correcta, un avance más significativo sería un plan de estudios y una pedagogía renovados que proporcionasen mayores beneficios sociales, habilidades musicales más amplias y un compromiso crítico con las cuestiones de colonización, descolonización y recolonización.

La Política de la ASPM

También es importante, aunque menos evidente, la necesidad de tomar más en serio el asunto de la política. La negación de esta cuestión por parte de Abreu y Dudamel ha impedido seriamente un análisis político de la ASPM; al proclamar que El Sistema es apolítico en todo momento, han despistado a mucha gente y han confundido el asunto. Sin embargo, este análisis es esencial para que el campo actúe como catalizador del cambio social. El cambio social es político: se basa en una crítica del orden social. Si el campo ha de hablar de cambio social, por no hablar de

---

23   En palabras de la Dra. Fleming, la diversidad y la inclusión son el equivalente a "pensamientos y oraciones" (@alwaystheself, tweet, 5 de junio de 2020, https://twitter.com/ alwaystheself/status/1268768893289533441), mientras que para Takeo Rivera, "un currículo diverso no es justicia, es una excusa" (como informó Gareth Dylan Smith de un panel sobre la descolonización del currículo en la Universidad de Boston en junio de 2020).

justicia social, perseguir la ASPM requiere pensar política y socialmente. Abstraer la política de la educación musicales más probable que conduzca a la reproducción y el control sociales que al cambio.

La Red, por el contrario, ha entendido que intentar influir en la sociedad a través de la música es un acto político. Desde 2005, sus principales figuras han defendido una concepción política del programa. Los dos jefes del equipo social desde entonces han colocado el empoderamiento y la subjetividad política en el centro de su visión del potencial de La Red, y los sucesivos directores generales se han comprometido con las dimensiones políticas de la ASPM de diversas maneras. Hay un mundo de diferencia entre el político Abreu, que negaba la política, y el líder del equipo social de La Red, Jiménez, para quien el potencial de la ASPM residía en los procesos sociopolíticos que podía catalizar. Detrás de estos ejemplos contrastados se esconde una dicotomía fundamental de corrección versus empoderamiento en la ASPM, que aún no se ha entendido bien.

Una tarea pendiente es pensar macropolíticamente. Por ejemplo, para entender mejor este fenómeno hay que preguntarse: ¿por qué la formación orquestal ha sido favorecida por los políticos en contextos como Venezuela, Colombia o México en comparación con otras artes e incluso otras músicas? ¿Cómo ha servido la ASPM a los políticos y con qué fines? ¿Qué agendas políticas apoya, explícita o implícitamente? Durante mi año en Medellín, La Red ocupó un lugar destacado en las campañas publicitarias del gobierno de la ciudad. El texto se centraba en el número de participantes (una ventaja que la ASPM tiene sobre otras formas de educación artística). Sin embargo, como reveló un empleado de comunicación, el gobierno también había decidido que las imágenes de La Red transmitían los mensajes que quería proyectar: evocaban la preocupación social, inspirando una conexión más emocional entre la ciudadanía y la alcaldía que las vallas publicitarias que anunciaban proyectos de infraestructura.

A pesar de toda la retórica utópica y las imágenes de los pobres y vulnerables, El Sistema es un modelo por y para los poderosos, creado por un miembro de la élite social y política de Venezuela, e inmediatamente legible y adoptado con entusiasmo por políticos, bancos, corporaciones, grandes instituciones culturales y fabricantes de instrumentos. La creación y la persistencia de la ilusoria historia del milagro de El Sistema frente a años de crecientes críticas y pruebas contrarias ilustra el poder del programa y sus influyentes aliados para controlar la narrativa pública. Tiene sus raíces en la cultura y la ideología de los actores dominantes de la sociedad, y trata de reproducirlas. Está muy lejos de un movimiento de base como la música comunitaria, y contrasta vivamente con los tipos de prácticas artísticas socialmente comprometidas o aplicadas estudiadas por Thompson (2009) y Sachs Olsen (2019), que intentan posicionarse en una relación crítica con las fuerzas dominantes. Las orquestas son particularmente adecuadas para servir como herramientas ceremoniales y de propaganda, utilizadas para adornar eventos políticos o para mejorar la imagen de los líderes. La ASPM promete resultados rápidos y espectaculares —justo lo que los políticos preocupados por la óptica y los presupuestos quieren oír; sus conciertos son una forma sencilla de mostrar la preocupación de estos últimos por temas sociales y culturales. Presenta una imagen amable de los problemas sociales como localizados entre los desfavorecidos y, por tanto, susceptibles a la caridad, y como causados por los errores de los pobres más que por factores estructurales. También presenta una visión de los jóvenes que atrae a los poderosos: disciplinados, obedientes y productivos. Como dijo un músico profesional y profesor universitario de Medellín, a los políticos les gusta la ASPM porque les permite transferir las obligaciones del estado a los músicos y quedar bien en el proceso. No podemos entender la ASPM sin ocuparnos de las formas y las razones por las que se ha articulado a las ideologías, los partidos y los programas políticos.

En cambio, hubo varias protestas orquestales como parte de los levantamientos sociales en Chile y Colombia a finales de 2019. Músicos y cantantes orquestales ofrecieron un concierto titulado "Réquiem por Chile", dedicado a las víctimas de la reciente represión estatal, y una interpretación masiva al aire libre de la canción de protesta "¡El pueblo unido, jamás será vencido!" ("Músicos" 2019). En Bogotá, más de trescientos músicos de orquesta se reunieron para tocar música clásica y popular en apoyo de las protestas callejeras ("Más de 300" 2019). En mayo de 2021 se produjeron "cacerolazos sinfónicos" en Medellín y Cali. El contraste con Venezuela fue sorprendente: allí, las protestas sociales llevaban años, pero sin ninguna participación de las orquestas. El Sistema había convertido a Venezuela en el centro del mundo orquestal latinoamericano, pero, irónicamente, a pesar de su lema de ASPM, el programa no tenía ninguna conexión con la política de base que impulsa el cambio social. Por el contrario, servía como herramienta de propaganda gubernamental. Mientras que los músicos sinfónicos de Chile y Colombia tomaban medidas desafiantes en las calles, los líderes de El Sistema se unían a las marchas oficiales y presionaban a los empleados para que votaran por el gobierno en las elecciones. Después de que cuatrocientos músicos rusos, liderados por el pianista Evgeny Kissin, protestaran públicamente contra el encarcelamiento de Alexei Navalny por parte del gobierno de Putin en febrero de 2021, Gabriela Montero lamentó que los músicos venezolanos no hubieran hecho nada similar durante las grandes manifestaciones de 2014 (o en cualquier momento desde entonces), y contrastó a Kissin con Dudamel.[24] Algunos músicos participaron en las protestas a título individual, pero el más célebre, Wuilly Arteaga, criticó públicamente a El Sistema por intentar obligar a los estudiantes a apoyar al régimen y a tocar en los actos oficiales.[25] Un músico de El Sistema que fue detenido durante las protestas de 2017, convirtiéndose en una especie de causa célebre, aclaró que en realidad no estaba participando, sino que simplemente se dirigía a un ensayo. "Soy músico, ¿vale?", gritó a la policía —como si eso debiera identificarlo inmediatamente como alguien que no tiene nada que ver con la política callejera (Baker 2017b).

Algunos estudiosos sostienen que la música o las artes por sí solas pueden tener, en general, una influencia limitada en la sociedad, y que es en su articulación con los movimientos sociales y políticos donde su efecto catalizador puede hacerse sentir más —comunicando, inspirando, construyendo solidaridad y ayudando a fomentar las disposiciones para el cambio social (por ejemplo, Henderson 1996; Mouffe 2013). Kuttner (2015, 85) escribe: "Las artes por sí solas no son suficientes"; son más eficaces "como una forma de trabajo cultural colectivo incrustado en procesos más amplios de cambio cultural y político". El proyecto de arte y educación cívica que estudia "no se ve a sí mismo como una organización solitaria con pleno control sobre un proceso de cambio social. Más bien,

---

24   "PUTIN POWER: musicians sound their outrage (a statement of support)", Facebook, 11 de febrero de 2021.
25   Véase la entrada de mi blog "Eric Booth and Wuilly Arteaga, the Sistema icon who isn't", https://geoffbakermusic.wordpress.com/el-sistema-the-system/el-sistema-blog/eric-booth-and-wuilly-arteaga-the-sistema-icon-who-isnt/.

se ve a sí misma como una organización que aporta una fuerza artística y cultural particular a un movimiento más amplio por la justicia social" (*ibidem*). En consecuencia, si la ASPM ha de desempeñar un papel en el cambio social en el futuro, en lugar de servir como un adorno atractivo, necesita una mayor conexión con los movimientos políticos: más calles de Colombia, menos salas de conciertos de Venezuela.

The Dream Unfinished (mencionado en el Capítulo 3) ofrece un ejemplo de mezcla de la práctica artística de un gran ensamble con el activismo político para forjar el "artivismo" orquestal (Diverlus 2016; Bradley 2018).[26] Señala un camino a seguir para los programas de la ASPM que buscan priorizar la ciudadanía democrática y el cambio social. Volviendo a la analogía de la fundadora Eun Lee, el artivismo orquestal significa pasar al nivel 3, cuando el auto se mueve de verdad: "Para que no sea solo un concierto *sobre* algo, sino que se pueda hacer realmente ese algo en el concierto".

Aunque la conexión de la ASPM con la política formal es un tema de análisis importante, también lo es su micropolítica. La educación musical es intrínsecamente política, como se ha comentado en el Capítulo 3. Kanellopoulos (2015) defiende la inseparabilidad de la política y la creatividad musical. Como subrayan los recientes debates sobre la descolonización de los planes de estudios musicales, situar la música clásica en el centro de la educación musical no es un acto políticamente neutral. Privilegiar la música de los hombres europeos en una sociedad multirracial y poscolonial no es apolítico, independientemente de lo que afirmen sus defensores. Mientras tanto, discursos como la inclusión social y la justicia social tienen historias políticas, lo reconozcan o no quienes los emplean. La ASPM plantea cuestiones políticas e ideológicas, y no desaparecen simplemente porque se ignoren o nieguen. Como señala Mouffe (2013, 91), "las prácticas artísticas desempeñan un papel en la constitución y el mantenimiento de un determinado orden simbólico, o en su impugnación, y por eso tienen *necesariamente* una dimensión política" (énfasis añadido). La pregunta no es, entonces, ser político o apolítico; es, ¿qué *tipo* de política encarna la ASPM?

No son solo los dirigentes de El Sistema los que han tratado de marginar el tema de la política en la ASPM; muchas investigaciones han contribuido al problema limitando su enfoque a cuestiones

---

26 http://thedreamunfinished.org/.

tecnocráticas o renunciando a la ideología (como si tal cosa fuera posible). Intentar evaluar el impacto de los programas de ASPM es un ejercicio potencialmente valioso, aunque esté más cargado de problemas de lo que se reconoce generalmente, pero no si se hace a expensas de las preguntas políticas (o culturales, éticas y filosóficas). Un asunto como la colonialidad no puede abordarse desde una perspectiva tecnocrática. La ASPM podría considerarse como algo parecido a la movilidad social o a la educación privada, en el sentido de que el hecho de que funcione o no para los individuos no resuelve la cuestión de su valor para la sociedad en general, que es en gran medida una cuestión política.

Durante mi trabajo de campo en Medellín, fue la política cultural —temas como la identidad, la diversidad, la participación, el agenciamiento y la ciudadanía—, la que impulsó la autocrítica y el cambio, subrayando la importancia de la investigación y el debate cualitativos. En el Norte global, la conversación pública sobre la ASPM ha estado dominada por las evaluaciones y la investigación cuantitativa, lo que significa que los debates políticos, culturales y filosóficos han quedado eclipsados por los cognitivos, psicológicos y de salud pública. Pero este tipo de investigación arroja poca luz sobre los debates clave en Medellín y puede pasar por alto fácilmente lo que es más importante para los profesionales del arte —algo que se pone de manifiesto en el jarrón de Grayson Perry titulado irónicamente "Esta maceta reducirá la delincuencia en un 29%".[27]

Reimaginar la ASPM como un espacio para el empoderamiento de los estudiantes y el desarrollo de su subjetividad política implica comprometerse con los debates político-culturales y repensar el modelo ortodoxo. Implica cambios en la dinámica organizativa y en la propia educación musical. Los estudiantes ya no son vistos como sujetos pasivos, esperando ser salvados por el poder de la música, sino como activos, como actores. La ASPM depende entonces de las decisiones pedagógicas y políticas de los dirigentes y el personal, no de que la música haga magia invisible. Los estudiantes y los profesores tienen la responsabilidad de la acción social; no es una carga que la música pueda soportar. Parafraseando a Gaztambide-Fernández (2013), la música no hace nada; la música es algo que hacen las personas. Del mismo modo, la acción social no es algo que les ocurra a los estudiantes de música, sino

---

27 https://www.flickr.com/photos/marcwathieu/2722935007.

algo que ellos hacen. Para ello es necesario crear espacios de reflexión y acción dentro de las clases y los ensayos, las escuelas y los ensambles, y la sociedad circundante.

El modelo de Hess (2019) para la educación musical y el cambio social parte del polo opuesto a El Sistema. Reconoce que la música es intrínsecamente política y ahí radica su potencial. Su modelo se basa en la experiencia de músicos activistas y en ejemplos de música de protesta. No ofrece eslóganes, pensamiento mágico y trucos de manos (Fink 2016), sino un programa totalmente articulado y explicado, basado en la práctica y la investigación. Construido en torno a preocupaciones y métodos contemporáneos, contrasta notablemente con las prácticas y la antipolítica de la ASPM ortodoxa y ofrece elementos de reflexión a aquellos que realizan reformas al campo.

La Ciudadanía

Estrechamente relacionada con la política está la cuestión de la ciudadanía, otro tema que está listo para ser explorado en la ASPM. La ciudadanía puede considerarse un objetivo más ambicioso que la acción social o la convivencia, pero también un campo de batalla clave: al conllevar tanto potencial como riesgos, ejemplifica la ambigüedad de la ASPM. Es una palabra que se invoca a menudo en el campo, pero es menos común la consideración profunda de sus implicaciones o la pregunta: ¿qué tipo de ciudadano?

En la ASPM ortodoxa, tal y como se ha comentado en el Capítulo 3, el ideal suele acercarse a la categoría de Ciudadano Personalmente Responsable de Westheimer y Kane (2004). Una vía más progresista sería centrarse en el Ciudadano Participativo y en el Ciudadano Orientado a la Justicia. Lo que está en juego aquí es el propósito mismo de la ASPM: si ha de ser una fuerza de normalización y reproducción social, o de participación política y cambio. Merece la pena dar el mismo paso conceptual que arriba y poner la ciudadanía en primer lugar: empezar con algunos principios y prácticas básicos de la educación para la ciudadanía y luego pensar en la mejor manera de realizarlos a través de la música, en lugar de tomar la educación musical convencional y enmarcarla en un discurso de ciudadanía. Es difícil imaginar que este enfoque conduzca al modelo ortodoxo.

La ASPM ortodoxa imita la tendencia a la normalización y al control de muchos programas de educación ciudadana verticales, patrocinados por el estado. Sin embargo, existen otros tipos de ciudadanía más heterodoxos —cultural, creativa, crítica, reflexiva, insurgente, subversiva—, y ¿dónde mejor que la educación artística para que florezcan estas visiones alternativas? Las artes son un espacio privilegiado para explorar cuestiones como la paradoja de que ser un buen ciudadano a veces requiere ser un mal ciudadano. Las artes ofrecen potencialmente mucho más a la ciudadanía que la mera corrección de comportamientos e inculcación de normas: por ejemplo, imaginar alternativas, proyectar voces en público, conectar la política y las emociones, y reforzar o transformar las identidades impregnándolas de poder afectivo. La ciudadanía, por su parte, ofrece un lente valioso a la educación artística para considerar su base ideológica y su impacto potencial en la sociedad.

La visión de la ciudadanía artística presentada en el Capítulo 3 podría proponerse como un enfoque de estos temas diversos. Se centra en cuatro áreas de debilidad de la ASPM ortodoxa, que se basaba en los principios de tocar en lugar de reflexionar, interpretar en lugar de crear, seguir instrucciones en lugar de participar en la toma de decisiones, y cambiar de manera inconsciente en lugar de actuar.[28] Estas cuatro categorías de actividad —reflexión, creación, participación y acción—, pueden parecer ordinarias para algunos lectores, pero están sorprendentemente ausentes de El Sistema y de la evaluación de 2005 de La Red.

Esta propuesta surgió en la interfaz del propio desarrollo de La Red y del trabajo de educadores e investigadores musicales de todo el mundo. Por lo tanto, parece tener al menos cierto potencial de generalización. También encaja perfectamente con otras propuestas educativas. Por ejemplo, existen paralelismos entre esta visión de la ciudadanía artística basada en la reflexión, la creación, la participación y la acción, y las "4C" (pensamiento crítico, pensamiento creativo, colaboración y comunicación) que se han propuesto como habilidades esenciales para los estudiantes del siglo XXI ("Preparing 21st Century Students" s.f.).

---

28 Existe una gran cantidad de literatura sobre la interpretación como práctica creativa, pero es cuestionable hasta qué punto se aplica a un sistema orquestal juvenil disciplinario.

De hecho, Kim (2017) conecta el desarrollo de las 4C, la transformación de la educación musical y el fomento de la ciudadanía. También hay claras similitudes con el modelo de Hess (2019), que propone una triple pedagogía de comunidad (es decir, participación), expresión (es decir, creación) y observación (es decir, reflexión), fundada en la experiencia de los músicos activistas (es decir, acción). Parece que está surgiendo una masa crítica de ideas similares.

Tomar en serio la ciudadanía artística es prometedor para la ASPM. Señala un camino más allá de la educación musical como control social. Va más allá de las desacreditadas ideas de déficit y corrección y entiende que los problemas de la sociedad tienen raíces predominantemente estructurales y no individuales. Supera potencialmente los problemas de fomentar el tribalismo y las divisiones sociales. Atemperar el enfoque en la disciplina y la formación técnica, y trabajar más en las capacidades ciudadanas y el potencial para actuar en la sociedad, sería propicio para desempeñar un papel más amplio en el cambio social. La ciudadanía, cuando se aborda como un concepto político y un catalizador de reflexión más que como un discurso publicitario, ofrece más claridad y enfoque que la acción social o la convivencia.

El lente de la ciudadanía también subraya la importancia del cambio pedagógico. Gran parte de la tensión entre lo musical y lo social en La Red se derivaba de la escasa adecuación entre la formación en grandes ensambles y las visiones progresistas de la ciudadanía. Los intentos de promover capacidades ciudadanas como la autonomía y el pensamiento crítico chocaban con respuestas como "no tenemos tiempo para eso ahora, tenemos un gran concierto pronto y tenemos que ensayar". La formación orquestal convencional no es un vehículo obvio para la formación ciudadana, si lo que se busca es una ciudadanía democrática y crítica. Sin cambios en las prácticas e ideologías sinfónicas, la ASPM seguirá pareciendo deficiente en comparación con proyectos que se centran en formas culturales que encajan más fácilmente con nociones progresistas de ciudadanía, como el hip-hop (Acosta Valencia y Garcés Montoya 2013; Ladson-Billings 2015; Kuttner 2015).

No obstante, los grandes ensambles siguen teniendo potencial en manos imaginativas. En el Día de la Conciencia Negra, en noviembre de 2018, asistí a un concierto centrado en referentes femeninos de raza negra, presentado por la escuela Liberdade de NEOJIBA, el programa de la ASPM en Salvador, Brasil. Fuera de la sala había carteles sobre una serie de mujeres de raza negra destacadas, tanto brasileñas como internacionales, con una foto y un breve texto sobre sus logros. Durante el concierto, se hicieron frecuentes referencias a estas figuras y mensajes positivos sobre las mujeres de raza negra, y se proyectaron imágenes y textos relevantes en las paredes. El repertorio era una mezcla de música afrobrasileña, africana y afroamericana, y los intérpretes (una orquesta, un coro, algunos percusionistas y una cantante afrobrasileña invitada) aparecían con ropa y peinados afrodiaspóricos.

Fig. 29. Concierto de la escuela Liberdade, NEOJIBA. Foto del autor (2018). CC BY.

Fig. 30. Proyección durante el concierto. Foto del autor (2018). CC BY.

Después del concierto, hablé con una profesora que se había involucrado mucho en el proyecto. Dijo que en Liberdade abundaba la baja autoestima por el tema de la raza, y que ella misma lo había experimentado: solo recientemente había empezado a llevar el pelo de forma más natural, en lugar de alisarlo. Por ello, estaba convencida de que la raza era un tema en el que había que trabajar en la escuela.

Sentado entre el público, me sorprendió el impacto emocional de la presentación. El público —muchas mujeres de raza negra—, lloraba con algunas canciones y respondía con entusiasmo a otras, cantando y contoneándose con los éxitos del carnaval local. También hubo una coherencia musical, visual y conceptual que hizo que el concierto fuera convincente a un nivel más intelectual. Los mensajes sobre el orgullo negro y el orgullo femenino estaban muy claros, pero el concierto parecía una celebración, no una conferencia, y su éxito en la conexión con el público era evidente.

Ya había elegido la ciudadanía artística como tema de mi charla invitada al programa más tarde ese mismo día, y como dije al público, ellos me habían proporcionado inesperadamente un ejemplo. El concierto ilustró la acción ética y política; conectó la educación musical con cuestiones sociales significativas; y dirigió un mensaje de esperanza y cambio social hacia la sociedad. Lo hizo de una manera agradable, conmovedora e informativa, creando una fuerte conexión entre los intérpretes, el público y el mensaje, y entre la política, las identidades y las emociones. Fue un ejemplo de la contribución de las artes a la ciudadanía.

Sin embargo, dado que la ciudadanía es un concepto con sus propias contradicciones, su aplicación a la educación musical requiere cautela, reflexión y un mayor desarrollo. La ambigüedad de muchos de los términos evocados en los debates sobre la ciudadanía artística hace que podamos encontrar una "confluencia perversa" (Dagnino 2007) al converger perspectivas políticas y educativas contrastadas en un lenguaje compartido. Las palabras pueden domesticarse fácilmente y perder su potencial para catalizar el cambio. Incluso la educación musical más irreflexiva y repetitiva se pone regularmente en el discurso público como ejemplo de creatividad; incluso las dinámicas más verticalistas se proclaman como fomento del trabajo en equipo; incluso los estudiantes más impotentes se celebran como ejemplo de participación y ciudadanía.

Es fácil apropiarse de estos términos y hablarlos de dientes para afuera; por lo tanto, es vital ir más allá de las palabras y comprometerse con lo que hay debajo de ellas.

La palabra "participativo" sirve de ejemplo. La "participación" puede aprovecharse tanto para reforzar como para desafiar las relaciones de poder existentes (Brough 2014). Como sugiere la escala de Hart, hay muchas formas de participación que implican desempeñar un papel, pero no tener voz. La "creación musical participativa" suena atractiva, pero puede ser totalmente autocrática. Hay que distinguir entre el sentido musical y el político del término "participativo" —entre interpretar música y tomar decisiones. Al igual que con la política y la ciudadanía, debemos preguntarnos: ¿qué *tipo* de participación?

Como se ha argumentado anteriormente, el discurso de la ciudadanía se ha movilizado en apoyo de agendas tanto conservadoras como progresistas. Importa considerablemente si la ciudadanía artística se aborda desde una perspectiva basada en los déficits o en los recursos. Si se considera a los niños y a los jóvenes como deficientes en relación con los diversos componentes de la ciudadanía artística —como ciudadanos defectuosos o incompletos que necesitan ser disciplinados y corregidos—, no representa un gran avance. Sin embargo, si se les considera *ya* como ciudadanos —como individuos reflexivos y creativos con recursos sociales y culturales, capaces y responsables de participar en la sociedad y actuar sobre ella—, la situación es muy diferente.

Tal como se expresa actualmente, esta propuesta de ciudadanía artística no tiene en cuenta el pensamiento decolonial. Puede haber tensiones entre ambos; pero también pueden combinarse bien. De nuevo, la cuestión de los déficits versus los recursos es crucial. Proporcionar una perspectiva decolonial a la ciudadanía artística podría aportar mayor claridad, apoyando los esfuerzos por educar a una ciudadanía más activa, comprometida y crítica. En su estudio sobre la música en las comunidades indígenas australianas, Bartleet y Carfoot (2016) actúan con cautela, mostrando una conciencia crítica de los posibles escollos de la ciudadanía artística en esos contextos, pero finalmente adoptan la noción.

Pensar seriamente en la ciudadanía artística es un primer paso importante, pero un segundo paso lógico sería preguntarse cómo podría ser una versión latinoamericana, influida o transformada por las concepciones indígenas y/o afrodiaspóricas de la cultura, la convivencia y la ciudadanía. Por ejemplo, en la década del 2000 ha resurgido el interés por el principio ancestral andino del *sumak kawsay* (en quechua) o Buen Vivir. La constitución de Ecuador de 2008 otorga un lugar destacado a este concepto. Su preámbulo dice: "Hemos decidido construir una nueva forma de *convivencia ciudadana*, en diversidad y armonía con la naturaleza para alcanzar el buen vivir, el sumak kawsay" (citado en Mignolo y Walsh 2018, 64; énfasis añadido). Mignolo y Walsh (*ibidem*) glosan el *sumak kawsay*/Buen Vivir como "la interrelación o correlación armoniosa de y entre todos los seres (humanos y no) y con su entorno. Se incluyen en esta relación el agua y la alimentación, la cultura y la ciencia, la educación, la vivienda y el hábitat, la salud, el trabajo, la comunidad, la naturaleza, el territorio y la tierra, la economía y los derechos individuales y colectivos, entre otros ámbitos de interrelación". Este principio encierra, entonces, una noción de *convivencia*, esa palabra clave en el léxico de La Red, pero muy distinta y mucho más amplia que su comprensión en los programas públicos de Medellín. En el pensamiento tradicional andino, sostienen estos autores, la convivencia se basa en una cosmología de dualidades complementarias (y/y) en lugar de contradictorias (o/o) —en el reconocimiento de que no puede haber A sin su opuesto B. La convivencia implica buscar la armonía y el equilibrio y tejer relaciones con los mundos natural y espiritual, además del humano. En otras palabras, la convivencia no es un concepto universal y transparente; tiene una connotación mucho más holística en el pensamiento indígena. ¿Cómo podría ser la búsqueda de la convivencia en un programa de ASPM si adoptara una concepción más amplia del término, más cercana a las tradicionales de América del Sur?

Hay buenas razones para dar ese paso. El antropólogo Xabier Abo traduce *suma qamaña*, el equivalente boliviano de *sumak kawsay*, como "convivir bien", lo que ilustra su pertinencia para la ASPM (citado en Houtart 2011). Además, podría argumentarse que la lógica colonial difícilmente proporcionará la solución a los problemas engendrados por la modernidad o la colonialidad. "La alienación que el conocimiento occidental creó al conceptualizar y celebrar la competencia y el individualismo (que destruye el tejido social), tiene que ser superada por visiones y concepciones de la praxis comunal de la vida que pone el amor y el cuidado como el destino final de la especie humana y de nuestras relaciones con el universo viviente (incluyendo el planeta tierra)", argumentan Mignolo y Walsh (2018, 228). Por lo tanto, la filosofía, los conceptos y las prácticas indígenas pueden tener mucho que ofrecer a la búsqueda de la convivencia y de la ciudadanía a través de la música.

Existe un potencial para que la ciudadanía artística entre en diálogo con los campos de los estudios de ciudadanía latinoamericanos y de la educación musical descolonizadora para imaginar una ciudadanía artística latinoamericana decolonial —por ejemplo, una que combine los conceptos de indigeneidad y ciudadanía (dando, en inglés, "indigenship") y que se base en los principios de igualdad y diferencia colonial (Rojas 2013), o una construida en torno a la dignidad, la "diversalidad" y la pluralidad epistemológica (Taylor 2013). El estudio profundo de las músicas y danzas tradicionales podría permitir que se hicieran evidentes determinados tipos de ciudadanía artística (por ejemplo, Montgomery 2016). La noción de *batidania* del programa brasileño AfroReggae, que combina *batida* (pulso) y *cidadania* (ciudadanía), ofrece un ejemplo de una concepción popular y afrodiaspórica de la ciudadanía artística (Moehn 2011); la exploración de Candusso (2008) de la capoeira afrobrasileña y la ciudadanía ofrece otra. Keil (s.f.) presenta una visión de la educación cultural y la ciudadanía activa basada en la música bailable afrolatina: "Paideia Con Salsa".

El trabajo de Galeano y Zapata (2006) sobre la ciudadanía en Colombia señala otro camino. Estos autores se oponen a una visión de la ciudadanía basada en nociones de déficits individuales e ideales occidentales, y proponen una basada en prácticas reales de activismo cívico en Colombia, como los movimientos sociales y las iniciativas comunitarias para resistir y reparar los daños causados por el largo conflicto armado del país. Desde este punto de vista, la educación para la ciudadanía debe estar conectada con los movimientos sociales y políticos si quiere ser algo más que un gesto simbólico o, peor aún, un desplazamiento de la acción real. Debe proporcionar un espacio para la generación de nuevos conocimientos de ciudadanía derivados de la localidad, en lugar de la imposición de teorías y valores existentes desde el exterior. En resumen, estos autores nos instan a dejar de pensar en los ideales de ciudadanía y a dejar de medir a los estudiantes en relación con ellos, y a empezar a centrarnos en los buenos ciudadanos de la vida real, en los movimientos en los que están integrados y en la forma en que han respondido a los problemas cívicos. Trasladado a la ASPM, esto significaría empezar y conectar con ciudadanos (artísticos) ejemplares, no con ideales de comportamiento abstractos como la disciplina o el respeto. Estos ejemplos podrían ser nacionales o internacionales — la escuela Santa Fé de La Red se centró en Nina Simone, mientras que la escuela Liberdade de NEOJIBA eligió a mujeres de raza negra ejemplares tanto de Brasil como del extranjero—, pero las mejores figuras para enseñar a los jóvenes colombianos sobre ciudadanía, según Galeano y Zapata, son los activistas cívicos colombianos, algunos de los cuales podrían estar viviendo a la vuelta de la esquina. La visión de Hess (2019) sobre la educación musical para el cambio social adopta este tipo de enfoque, comenzando no con nociones abstractas sino con músicos activistas específicos y construyendo un modelo educativo a partir de ahí.

Este segundo paso de localizar la ciudadanía artística y/o combinarla con la descolonización o la indigenización va más allá del alcance de este libro, pero es algo que espero que otros persigan. Estas ideas requieren y merecen un desarrollo mucho mayor. Aquí me limito a hacer un gesto en esta dirección.

Demografía y Enfoque

Una investigación sobre un programa de educación extracurricular en una barriada de Montevideo encontró una fuerte correlación entre el impacto del programa en los niños y el compromiso, la aspiración y el capital cultural de sus padres (Cid 2014; Bernatzky y Cid 2018). De este modo, se ilustraba y explicaba cómo un mismo programa educativo podía tener efectos diversos. Estos hallazgos apoyan el argumento del Capítulo 4 de que los programas extracurriculares pueden servir como un mecanismo de diferenciación social, aumentando la desigualdad en lugar de producir inclusión: como el programa de Montevideo fue efectivo solo para los niños con padres comprometidos, exacerbó la diferencia entre ellos y los estudiantes más desfavorecidos.

Este estudio ilustra la dificultad de dar una respuesta única a la cuestión de la eficacia de un programa educativo, ya que depende de las características sociales y culturales de las familias de los beneficiarios. Este es también un punto central de los estudios de Rimmer (2018; 2020) sobre In Harmony Sistema England. Habiendo llegado a la misma conclusión en relación con la ASPM en Francia, Picaud (2018) advierte contra los relatos simplistas sobre "el efecto" de Démos en los niños. La respuesta a "¿funciona la ASPM?" parece ser "para algunas personas", lo que significa que es imposible generalizar sobre sus efectos. Este tipo de investigación plantea interrogantes sobre la literatura del "poder de la música", ya que sugiere que los efectos de una intervención educativa pueden no ser explicables solo en términos psicológicos o neurocientíficos. Además, como sostiene Ramalingam (2013), atribuir resultados sociales a una sola intervención es muy problemático; es más probable que los impactos se logren mediante redes o coaliciones de actores que trabajan en conjunto. El efecto limitado en los estudiantes menos favorecidos sugiere que deberíamos hablar del impacto de la educación musical *en combinación con* el compromiso, la aspiración y el capital cultural de los padres. Subraya los problemas de las descripciones de la ASPM que homogeneizan a los beneficiarios (como "pobres", "en riesgo", "desfavorecidos", etc.), y la necesidad de realizar análisis mucho más detallados sobre qué segmento de una comunidad determinada participa en un programa de ASPM concreto y si los beneficios varían según los participantes.

Sin embargo, también es posible ver las explicaciones sociológicas y científicas en una relación más armoniosa. Al fin y al cabo, la pregunta clave que se plantea aquí no se refiere a *si* la música tiene la capacidad de producir beneficios en los individuos, sino *quién* recibe esos beneficios. La ASPM ortodoxa proporciona un canal para que los niños que inicialmente tienen una ventaja educativa marginal reciban un impulso educativo.[29] Incluso dejando de lado todas las cuestiones políticas y filosóficas, y tomando los efectos de la música como un hecho, la ASPM

---

29 Del mismo modo, Purves (2019), en un estudio del Reino Unido, sostiene que la educación musical extracurricular pública puede aportar potencialmente más ventajas a los niños que ya experimentan condiciones más favorables, ya que es más probable que estos niños aprovechen las oportunidades y persistan en su compromiso a lo largo del tiempo. Los estudios sobre la ASPM sugieren que este argumento es válido incluso cuando las diferencias económicas son pequeñas o inexistentes y las condiciones más favorables tienen una forma no material, lo que complica la sugerencia de Purves de que los programas del tipo Sistema son una solución al problema que él identifica.

puede seguir siendo ineficaz o incluso contraproducente a nivel social porque no beneficia a los más necesitados, sino que sirve para ampliar la brecha entre los que tienen y los que no tienen. En este sentido, las ventajas individuales que proporciona son en cierto modo irrelevantes: si la ASPM no funciona para los más vulnerables o marginados, entonces no es un modelo de inclusión social. Un modelo que no logra su objetivo principal y que atrae más a los niños que disfrutan de la escolarización y tienen familias que los apoyan es una mala elección para perseguir la equidad educativa.

En la actualidad, el impacto social de la ASPM se ve limitado por su diseño y monopolización por un grupo autoseleccionado con ventajas previas que ya está en gran medida en sintonía con los valores del programa. Este diseño tiene mucho sentido desde el punto de vista musical: es más probable que estos estudiantes lleguen con los valores del programa establecidos, se adapten a sus formas de trabajo y produzcan buenos resultados artísticos, por lo que el programa puede depender de ellos. Apelar a una fracción social con pocos recursos económicos, pero con más compromiso educativo, aspiraciones y capital cultural tiene mucho sentido si el objetivo es democratizar la música clásica y asegurar su futuro. Pero el cambio social requiere de un enfoque diferente, uno que se dirija de forma efectiva a estudiantes de otro tipo de familias (aquellas menos comprometidas con la educación, con menos aspiraciones o capital cultural) que tienden a caer entre las grietas del sistema. De hecho, dicho enfoque es, precisamente, lo que recomiendan algunos expertos (p. ej. Cid 2014; Bernatzky y Cid 2018; Purves 2019). El desafío, entonces, es crear una versión de la ASPM que sea más accesible y atractiva para aquellos con menos ventajas —los más excluidos en lugar de los más incluibles.

Semejantes cambios serían un gran paso hacia la justicia educativa y la verdadera inclusión, pero el objetivo de la transformación social también implica dirigirse a un grupo muy diferente: aquellos que tienen más probabilidades de crecer para tener las palancas del poder. Nixon (2019) ofrece un ejemplo sugerente al examinar la salud pública a través de un lente antiopresivo. Sostiene que los debates sobre las desigualdades en materia de salud y los intentos de abordarlas se ven empañados por un enfoque casi exclusivo en los efectos y en quienes los sufren (grupos desfavorecidos, vulnerables, marginados o en riesgo). En gran medida, la mitad de la imagen —los aventajados o privilegiados—, está ausente, ya que solo figuran como supuestos expertos en cuestiones sociales y salvadores del primer grupo. Sin embargo, ignorar la mitad de la imagen limita las posibilidades de una acción decisiva para alterar los patrones perdurables: "Si la inequidad se enmarca exclusivamente como un problema de las personas marginadas, las respuestas solo intentarán atender las necesidades de estos grupos, sin corregir las estructuras sociales causantes de esta desventaja". De hecho, una presunta equivalencia entre el privilegio y la experiencia puede en realidad fortalecer el *statu quo*, reforzando una relación desigual entre "salvadores" y "salvados" y fomentando un flujo de recursos materiales hacia las personas privilegiadas para diseñar y ejecutar programas para las poblaciones desfavorecidas.

Nixon propone replantear este panorama de manera que las experiencias del grupo desfavorecido se entiendan como una consecuencia de las elecciones del privilegiado; por lo tanto, este último debe considerarse cómplice de la producción y del mantenimiento de las desigualdades estructurales, de las que se beneficia. Si se quiere abordar seriamente las *causas* de las desigualdades, y no solo suavizar los *efectos*, hay que prestar más atención al grupo privilegiado y cambiar su autopercepción de salvadores a aliados críticos. Esto implica que los actores privilegiados desaprendan viejos supuestos y abandonen el afán (por muy altruista que sea) de arreglar a los demás para trabajar en solidaridad con los grupos desfavorecidos y actuar sobre los sistemas de desigualdad. También implica reconocer su complicidad con dichos sistemas y reconocer que el grupo desfavorecido probablemente sepa más que ellos sobre las desigualdades y tenga más experiencia y conocimientos para abordarlas. El objetivo final no es trasladar a las personas de un lugar a otro dentro de una estructura injusta (movilidad social), sino contrarrestar los sistemas que causan esas desigualdades (cambio social).

Las implicaciones de esta crítica para la ASPM son profundas. Arroja una luz áspera, aunque indirecta, sobre el modelo y la filosofía ortodoxos del campo. Nixon desmonta la idea de que la mejor manera de abordar las desigualdades es que las élites sociales utilicen su "experiencia" para ayudar a los grupos marginados con sus problemas, y que dichos problemas son causados por comportamientos individuales o grupales.

Cuestiona la respuesta de los actores privilegiados "que van a las comunidades (locales y extranjeras) para aportar sus conocimientos y soluciones a los individuos necesitados". Su mensaje es inequívoco: "Dejen de intentar salvar o arreglar a las personas que están en la parte inferior de la moneda" (su metáfora de la jerarquía social). Propone que los actores privilegiados reorienten su motivación de "deseo ayudar a los menos afortunados" o "utilizo mi experiencia para reducir las desigualdades de las poblaciones marginadas" a los siguientes compromisos:

> Intento comprender mi propio papel en el mantenimiento de los sistemas de opresión que crean desigualdades.
>
> Aprendo de la experiencia de los grupos históricamente marginados y trabajo en solidaridad con ellos para que me ayuden a entender los sistemas de desigualdad y a tomar medidas al respecto.
>
> Esto incluye trabajar para construir el conocimiento entre otros en posiciones de privilegio, y *movilizarse en la acción colectiva* bajo el liderazgo de la gente en la parte inferior de la moneda. [énfasis en el original]

Proporcionar educación musical gratuita a los niños pobres y desfavorecidos es un objetivo noble —pero puede no encajar fácilmente con el objetivo de cambio social, al menos si ese cambio ha de ser significativo y duradero. Como señala Spruce (2017, 724), el paradigma de la justicia social distributiva (ampliar el acceso a los recursos culturales) "se reconoce ahora dentro de la literatura de la justicia social como insuficiente, en la comprensión de la justicia social que ofrece, y como marco para identificar y abordar los problemas de la injusticia social". Un enfoque basado en el acceso "aborda únicamente las consecuencias de las estructuras sociales y de poder que producen desigualdades e injusticias, dejando esas estructuras sin tocar ni cuestionar". Abordar las causas requiere un enfoque diferente: por ejemplo, uno que fomente la alianza crítica entre los ricos y los pobres, los poderosos y los sin poder. Ampliar el acceso a la educación musical resulta más atractivo —y puede parecer y sentirse mejor—, pero es probable que sea menos eficaz como motor del cambio social.

De forma aún más disruptiva para la ASPM, un enfoque antiopresivo implica también un cambio de ver la cultura dominante y sus portadores como una solución a los problemas sociales a verlos como parte del problema: ya no tratarlos como los que saben y han venido a salvar o rescatar a los que no saben, sino como los que necesitan escuchar y aprender de la experiencia de los grupos históricamente marginados. Son estos últimos grupos los que, basándose en siglos de uso de la música para resistir la opresión y buscar la sanación y la cohesión social, son los verdaderos expertos en acción social por la música; son sus músicas, sobre todo, las que encarnan ese concepto. Como sostiene Nixon, el cambio real requiere que los actores privilegiados se descentren: "Demostrar humildad respecto a la supuesta corrección de ciertas formas de hacer, comunicar y pensar, y dar un paso atrás para dejar espacio a las alternativas". Esta imagen no podría estar más lejos de la veneración de El Sistema por el director de orquesta omnisciente y su autoimagen como organización de misioneros musicales que llevan la música clásica a los desiertos culturales para rescatar a los jóvenes desorientados (véase Baker 2014). Adoptar el cambio social como objetivo principal y un enfoque antiopresivo para lograrlo implica darle la vuelta a la ASPM.

Hess (2018; 2021) proporciona una pista, examinando la educación musical a través de un lente antiopresivo. Ella pone el ejemplo de profesores de estudiantes blancos y predominantemente acomodados en Canadá, que no solo ofrecen instrucción en músicas afrodiaspóricas, sino que también promueven conversaciones críticas sobre cuestiones estructurales como el privilegio y la opresión, iluminando las relaciones entre la música y la esclavitud, el colonialismo y la resistencia. "Facilitar esta comprensión quizá abra una conversación más amplia sobre la necesidad de una reparación sistémica. La música proporciona entonces la base para una conversación que historiza la desigualdad actual y señala las implicaciones sistémicas" (2021, 66). Aquí podemos ver las semillas de una inversión de la ASPM, en busca del objetivo del cambio social: en lugar de dirigir la música clásica europea a los estudiantes pobres de grupos minoritarios, ofrecer la música afrodiaspórica a los blancos ricos.

En resumen, la ASPM produciría lógicamente los mayores beneficios para la sociedad si se centrara en la parte superior e inferior del espectro socioeconómico: los que determinan el *statu quo* y los más desfavorecidos por él. En la actualidad, sin embargo, la mayoría de sus beneficiarios parecen estar en algún lugar en el medio. Un programa para ampliar el acceso a la música clásica es perfectamente legítimo —pero debería reconocerse por lo que es, en lugar de etiquetarlo como música para el cambio social. No hay nada de malo en atraer predominantemente a una fracción aspiracional y comprometida de la clase popular interesada en clases de música gratuitas —pero de nuevo, debería reconocerse por lo que es, que no es un programa social para los jóvenes más vulnerables o excluidos. Si estos últimos objetivos son reales y primordiales, entonces la ASPM debe replantearse su enfoque, prestando más atención a otros grupos y a la cuestión de cómo llegar a ellos.

6. Desafíos

El tercer paso de la investigación orientada a la justicia social es "comprender los obstáculos, las posibilidades y los dilemas de la transformación" (citado en Wright 2019, 217). Un tema central de este libro es la complejidad y, de hecho, el camino del cambio no es sencillo. Si el capítulo anterior se centró en las áreas potenciales de crecimiento, aquí presto atención a algunos obstáculos para la transformación. También hay dilemas más conceptuales o filosóficos que complican una visión optimista de la reforma de la ASPM.

Obstáculos para el Cambio

En 2006 se estrenó el influyente documental sobre El Sistema, *Tocar y Luchar*, y se produjo la primera ola de reportajes favorables sobre el programa venezolano en la prensa británica (p. ej. Higgins 2006). En 2007, la Orquesta Juvenil Simón Bolívar irrumpió en la escena internacional con su debut en los Proms de Londres, y en 2008, CBS News emitió el histórico reportaje del programa 60 Minutes, "El Sistema: cambiando vidas a través de la música". Este fue el periodo decisivo en el que la ASPM se convirtió en un fenómeno mundial.

Sin embargo, en esos mismos años, La Red elaboró informes internos que revelaban problemas significativos con este modelo. Durante la década siguiente, mientras influyentes partidarios proclamaban que El Sistema era un milagro y la ASPM se extendía por todo el mundo, La Red se enfrentó al reto de corregir esos problemas. La Red generó así una contranarrativa que podría haber frenado la euforia que recorría el Norte global, pero nunca se hizo pública. Mientras yo investigaba sobre El Sistema en 2010–2011 y descubría el abismo entre la imagen y la realidad, no tenía ni idea de que esos problemas se conocían desde hacía cinco años al otro lado de la frontera, en Colombia, y que ya se estaban haciendo esfuerzos para solucionarlos. Del mismo modo, no tenía ni idea de que Estrada y Frega habían producido informes críticos sobre El Sistema en 1997, ya que esas investigaciones también habían permanecido inéditas (véase Baker y Frega 2018). Cuando comencé mi trabajo de campo en Medellín en 2017, no sabía que mi investigación había sido precedida por una década de informes internos sobre las fallas de la ASPM. Mi comprensión —como la de tantos otros en todo el mundo—, se veía obstaculizada porque información significativa que ya existía no circulaba en absoluto. Este libro es, en gran parte, un intento de sacar a la luz esta historia de (auto)crítica y cambio para que no tengamos que seguir reinventando la rueda.

El Debate Público y la Circulación del Conocimiento

El poder de Abreu sobre el sector de la música, su nula tolerancia a las críticas y su carácter vengativo hicieron que la discusión pública franca de los problemas de El Sistema se viera severamente limitada en Venezuela (Baker 2014), y su actitud —"no tenemos problemas"—, marcó el tono de la cara pública de la ASPM. Además, el predominio de las narrativas positivas sobre el impacto social de las artes hoy en día significa que la presión externa para el cambio es débil. Hay pocas voces influyentes impulsando una reevaluación crítica del sector. Incluso cuando hay cambios en marcha, apenas se mencionan los problemas. Se habla mucho de nuevos enfoques, pero mucho menos de lo que estaba mal en los antiguos. Cada vez hay más signos de distanciamiento del modelo de El Sistema, como se ha señalado en el capítulo anterior; pero el valor de la marca para el campo, el poder del programa venezolano a nivel internacional y un sentido de lealtad y deuda histórica son tales que hay una verdadera reticencia a discutir este proceso públicamente.

Prometer lealtad a la marca El Sistema mientras se cambia a enfoques más progresistas puede ser una decisión estratégica y educativa sensata, pero tiene el inconveniente de enviar un mensaje público de continuidad en lugar de cambio. El hecho de enmarcar este trabajo como "inspirado en El Sistema" y la evasión pública de las cuestiones críticas perpetúan el dominio y la reproducción del viejo modelo, incluso cuando se está reformando o sustituyendo en algunos lugares. La mayoría de los sitios web de los programas IES presentan una imagen excesivamente optimista de El Sistema y algunos también difunden información inexacta sobre el programa venezolano, sirviendo en efecto para promover un modelo problemático en lugar de fomentar la reflexión crítica sobre el mismo.

En consecuencia, los que se encuentran a mayor distancia y no están ya a bordo de la autocrítica y del cambio pueden tener poca idea de que se trata de un proceso importante y necesario. Independientemente de los cambios que se hayan producido en el pensamiento y la práctica en algunos lugares, la falta de una crítica clara y explícita de la ASPM ortodoxa significa que muchos otros continúan en líneas que han cambiado poco durante décadas, incluso siglos. El discurso público sigue siendo en gran medida el mismo, y la publicidad institucional, los informes de prensa y los comentarios en los medios sociales sobre la ASPM continúan como antes. Los cambios no han sido ampliamente comprendidos, y mucho menos lo que se ha dejado atrás o el por qué. Esta falta de claridad sobre la continuidad y el cambio limita el desarrollo del campo.

El grado de concienciación sobre la reevaluación crítica y el cambio es escaso en muchos lugares. En Colombia, me encontré con pocas personas que conocieran en detalle lo que estaba ocurriendo en otros programas de la ASPM dentro del mismo país, y mucho menos en Buenos Aires, Los Ángeles o Toronto. El Sistema sigue siendo influyente en toda América Latina en parte porque su marca y su narrativa siguen circulando mucho más que las críticas o las transformaciones. Para algunos investigadores, criticar El Sistema en 2021 puede parecer innecesario, pero el programa conserva una influencia considerable en muchas partes del mundo, particularmente en las esferas del gobierno, de las instituciones, de la industria y de los medios de comunicación.

En el centro del tema está el contraste entre el debate privado y el público. He conocido a dirigentes y empleados de la ASPM en varios países que están dispuestos a entablar conversaciones críticas en privado, pero, ya sea por la presión institucional para seguir la línea o por las ventajas de adoptar la retórica idealista de la ASPM, esas críticas rara vez llegan al ámbito público. El ecosistema de la ASPM incentiva la lealtad pública a la ortodoxia del campo en lugar de un cuestionamiento abierto, y esto sirve de obstáculo para el cambio. Por lo tanto, es vital un mayor debate público sobre cuestiones críticas. Si los reformistas hacen más ruido sobre su trabajo y fomentan una mayor conciencia pública de los cambios que se están produciendo, el ritmo del cambio en la ASPM se acelerará inevitablemente.

El intercambio abierto entre la ASPM y la investigación en educación musical progresista también ha sido la excepción más que la norma. En los últimos años, los representantes de los programas de la ASPM han sido escasos en foros como el Grupo de Interés Especial de El Sistema de la Sociedad Internacional de Educación Musical (ISME) o las conferencias de Impacto Social de la Música (SIMM), y los investigadores críticos son aún más raros de ver en los eventos de promoción de El Sistema. La principal publicación del campo IES, *The Ensemble*, se centra en la educación musical y la acción social, pero ha ignorado la mayor parte de las investigaciones sobre la ASPM y ha pasado por alto gran parte de los trabajos relevantes sobre la música comunitaria, la justicia social en la educación musical y la sociología y filosofía de la educación musical. El cambio se vería considerablemente favorecido por un mayor conocimiento y comunicación con estos campos, en los que las ideas y las prácticas que son fundamentales para la ASPM han sido objeto de debate durante muchos años. André Gomes Felipe, director de la escuela Liberdade y director del concierto de NEOJIBA descrito en el Capítulo 5, es también un investigador que ha presentado sus trabajos en los congresos de la ISME y de SIMM; no es casualidad que un músico que se mantiene al corriente de la investigación en estos campos esté realizando un trabajo interesante dentro de la ASPM.

Sin embargo, también se encuentran problemas similares dentro de la esfera de la investigación, donde un número preocupante de estudios sobre la ASPM no tienen en cuenta en gran medida (si es que lo hacen) los estudios críticos revisados por pares. Algunos investigadores cualitativos han mirado con atención los estudios cuantitativos de El Sistema (p. ej. Logan 2015b; Scruggs 2015; Baker 2017a; Baker, Bull y Taylor 2018), pero no ha ocurrido lo contrario. Otros estudiosos cualitativos, mientras tanto, parecen apenas conocer el campo de la investigación en educación musical. Esta tendencia a ignorar o descartar en lugar de comprometerse críticamente con los estudios existentes ha estropeado el subcampo de la investigación de la ASPM. También en este caso es necesario un debate más abierto: los investigadores tienen el deber profesional de responder a las evidencias y a los argumentos de sus pares y no pasarlos por alto.

No es solo que la información no circule; en algunos casos, se impide activamente su circulación. Las investigaciones con resultados ambiguos o conclusiones críticas se ignoran sistemáticamente. Govias (2015b) ha escrito incluso sobre la censura en el sector IES.[1] En varios países, las principales partes interesadas —instituciones, gobiernos, figuras prominentes de la música clásica, periodistas e incluso algunos investigadores—, han combinado sus fuerzas para seleccionar resultados, repetir afirmaciones infundadas y pasar por alto pruebas contrarias (Baker 2018). De este modo, se han confabulado para promover una narrativa engañosa del éxito. Rimmer (2020) describe In Harmony Sistema England como "demasiado grande para fracasar", y señala que la prensa nacional presentó repetidamente el programa como un éxito sobre la base de argumentos muy endebles, pero luego ignoró un informe de evaluación independiente de tres años que no encontró efectos positivos en el rendimiento, la asistencia o el bienestar general de los niños participantes. Rimmer sugiere que la vehemente defensa de In Harmony, especialmente por parte de los medios de comunicación, marginó la reflexión razonada sobre sus resultados mixtos.

En resumen, el cambio y el conocimiento del cambio se han visto limitados por la falta de compromiso con la circulación de ideas por parte del sector de la ASPM y sus partidarios. Recordemos un punto del Capítulo 4: la cultura es un campo de batalla en el que las ideas entran en contacto y en conflicto y se desarrollan. Si la ASPM sigue evitando este proceso, su desarrollo seguirá viéndose obstaculizado. La supresión de la crítica y del debate puede haber proporcionado ganancias a corto plazo en términos de imagen pública, pero a largo plazo es un juego peligroso para cualquier organización o campo, y mucho más para uno que proclama principios rectores como la inclusión, la equidad y el espíritu de investigación.

La Educación Musical Superior

Junto a este impedimento para la transformación se encuentra el problema de la formación profesional de los músicos, que fue un tema central en Medellín. ¿Cómo se iban a poner en práctica las nuevas

---

[1] Véase también la entrada de mi blog "Censorship and self-censorship in the Sistema sphere", https://geoffbakermusic.wordpress.com/el-sistema-older-posts/censorship-and-self-censorship-in-the-sistema-sphere/.

pedagogías si la formación de los profesores en las universidades seguía siendo prácticamente la misma? ¿Cómo iban a impartir los profesores habilidades creativas cuando muchos habían pasado por una educación de estilo conservatorio que Peerbaye y Attariwala (2019, 44) llaman "formación para *eliminar* la creatividad"? (véase también Waldron *et al.* 2018). ¿Cómo iban a promover los profesores la justicia social y evitar perpetuar las injusticias si no habían sido formados para reflexionar sobre los aspectos sociales y políticos del aprendizaje y de la enseñanza de la música? (Rusinek y Aróstegui 2015). ¿Cómo iban a dar pasos descolonizadores si venían de una educación superior profundamente estructurada por la colonialidad? (Silva Souza 2019). Este fue un gran desafío para La Red. Identificar direcciones productivas era una cosa; resolver cómo perseguirlas, y quién las promulgaría, era otra. No era solo que el programa tuviera ahora una historia acumulada, un impulso y una trayectoria musical; también estaba el reto de encontrar profesores con una formación más pertinente, capaces de aplicar nuevas pedagogías. La Red ofrecía actividades de desarrollo profesional, pero era una vía lenta para la reforma.

El cambio en la ASPM no puede avanzar mucho como un proceso independiente; necesita ir de la mano de las reformas en la educación musical superior. Como sostienen Peerbaye y Attariwala (2019, 42) en relación con la cultura orquestal: "Las facultades de música y los conservatorios tienen la llave del cambio". Cada vez se reconoce más la importancia de un cambio en la educación musical superior (p. ej. Gaunt y Westerlund 2013), pero el movimiento real ha sido más lento. En América Latina, la educación musical superior ha sido profundamente moldeada por el modelo de conservatorio europeo, y en muchos lugares sigue siendo así; a menos que haya un mayor cambio de énfasis, alejándose de la preparación para las carreras de interpretación clásica y acercándose a la formación de profesores para el trabajo musicosocial, los esfuerzos para remodelar la ASPM se verán obstaculizados. En Medellín, si las carreras de música estuvieran más conectadas con las realidades musicales de la ciudad, y si las universidades locales introdujeran una rama de la ASPM (un paso totalmente lógico, dado que muchos de sus graduados pasan a trabajar en La Red), entonces los graduados de música estarían mejor situados para preparar a la siguiente generación para la vida social y el trabajo musical.

Países como el Reino Unido, Canadá y Finlandia ofrecen titulaciones de grado en música comunitaria, pero no hay ningún equivalente para la ASPM. Sin embargo, estos programas universitarios pueden apuntar a cómo podría ser la formación de profesores enfocada en la ASPM. También es sugerente el estudio de Zamorano Valenzuela (2020) sobre la formación de profesores de música orientados al activismo en una universidad pública chilena. Describe la formación de sujetos críticos y reflexivos, con una visión de transformación social y no solo de formación técnica. Las clases incluyen educación para la ciudadanía, prácticas de convivencia democrática y resolución de conflictos. Se anima a los estudiantes de magisterio a conectarse con los movimientos y movilizaciones sociales, que son vistos como espacios de aprendizaje. En resumen, el papel del profesor de música se entiende como un papel político, y se anima a los profesores en formación a cuestionar y, si es necesario, invertir las normas de su propia educación musical anterior. Los graduados de un programa de este tipo estarían bien preparados para el trabajo de la ASPM.

Resistencia

La resistencia al cambio era otro freno importante en Medellín. Estaba ligada al doble espectro del pasado y de la excelencia musical. El Sistema y La Red en su fase venezolana pusieron el listón muy alto en términos musicales: la Orquesta Simón Bolívar se convirtió en el estándar de oro para los programas de la ASPM, y la excelencia se equiparó con las interpretaciones de alta calidad del repertorio orquestal canónico. El Sistema también propagó la noción de un "milagro", el equivalente musical de "tenerlo todo": que la búsqueda decidida de la excelencia musical también producía resultados sociales asombrosos. La investigación ha revelado que este milagro es un mito, pero sigue ejerciendo una influencia importante en el campo. Muchos profesores se educaron en esta ideología, que les queda bien a los estudiantes más entusiastas y con más talento, los que tienen más probabilidades de permanecer a largo plazo. En consecuencia, estos grandes "programas sociales" latinoamericanos son juzgados principalmente según los estándares de excelencia musical convencionalmente definidos, y ninguna forma alternativa de evaluación —basada en criterios como la inclusividad, la creatividad o la voz de los estudiantes—, ha ganado una amplia aceptación.

Sin embargo, esa excelencia dependía de un nivel extraordinario de compromiso de tiempo, una visión limitada de la acción social como ampliación del acceso y un régimen disciplinario militarista que a veces se caracterizaba por rozar lo abusivo, y por lo tanto, sentaba un precedente problemático. Suavizar esos aspectos es un paso obvio para un programa que desea tomarse más en serio la vertiente social, pero, como La Red ha descubierto a lo largo de los años, tiene repercusiones musicales. Cambiar el equilibrio entre lo musical y lo social significa pasar de unos resultados llamativos a otros menos obvios, que no necesariamente pueden presentarse como un concierto casi profesional en el escenario. El cambio puede significar mejoras en diversas áreas (como que los estudiantes disfruten de un mejor trato y de una vida más equilibrada), pero con la disminución de la intensidad va el descenso del nivel de rendimiento de la orquesta de exhibición. Una ASPM en transformación no puede competir con El Sistema en el terreno de las medidas convencionales de excelencia. Aunque ha habido algunas innovaciones interesantes, no hay nada que pueda compararse con la Bolívar en términos de nivel de rendimiento, y teniendo en cuenta la peculiaridad de esa orquesta —su director-político, sus enormes recursos, su inigualable ritmo de trabajo—, quizá nunca lo habrá.

Por lo tanto, según las normas convencionales del sector, el cambio lleva a la decadencia. Numerosos músicos de La Red, sobre todo los de la vieja guardia, creían que una mayor acción social significaba un menor nivel musical, tal y como se ha comentado en el Capítulo 2. No es de extrañar que un cambio hacia una ASPM más centrada en lo social pueda ser resistida o, al menos, no abrazada por los músicos si se presenta de esta manera. Mientras la Bolívar y otras orquestas similares sean consideradas como el estándar de oro para la ASPM, es difícil ver que el campo se mueva tan rápidamente o tan ampliamente como podría. Mientras las deslumbrantes interpretaciones de grandes obras orquestales sigan considerándose un ejemplo de acción social y la principal medida del éxito, los intentos de generar una educación musical más inclusiva, diversa, creativa y participativa pueden ser considerados por muchos como un fracaso o, como mínimo, menos atractivos.

En Medellín, encontré a varios miembros de la primera generación atrapados en un limbo entre la nostalgia por los logros anteriores de La Red y el reconocimiento de que habían desaparecido. Sabían que las condiciones que sustentaban la primera fase ya no existían, pero seguían lamentando el declive de la pasión, de la dedicación y del sentido de pertenencia. El Sistema era el modelo del pasado para La Red y casi todos lo sabían, estuvieran o no contentos con ello; pero la romantización de ese pasado por parte de algunos empleados hacía que siguiera actuando como freno para el cambio. La noción de una "era dorada" en el pasado, de una esencia histórica ligada a una concepción convencional de la excelencia musical, era un obstáculo para imaginar un futuro diferente.

El deseo de continuidad con la ortodoxia de la ASPM, o la resistencia a los nuevos enfoques, puede encontrarse en todos los niveles de los programas, incluidos los estudiantes, el personal y la dirección. Pero también hay que tener en cuenta las fuerzas sistémicas y externas. Las instituciones tienen la costumbre de crear su propio impulso o inercia, que va más allá de los intereses o deseos de los individuos que las componen. En los programas grandes y de larga duración, los obstáculos prácticos y burocráticos para el cambio pueden ser significativos, y si se *percibe* que un programa ha funcionado —como es el caso de muchos de los grandes programas de la ASPM mencionados en este libro—, entonces la presión y la motivación para innovar pueden ser limitadas, incluso cuando los individuos entienden que hay problemas que deben ser abordados.

También es importante tener en cuenta el nivel por encima de la dirección: los financiadores, los políticos, las instituciones matrices, etc. La trayectoria de La Red está estrechamente relacionada con su financiación por parte del gobierno municipal. Si el programa abrazó la reflexión crítica y el cambio a partir de 2005, fue porque el gobierno hizo lo mismo. Durante mi trabajo de campo, la Secretaría de Cultura Ciudadana financió la investigación crítica y cualitativa en todas las redes de formación artística de la ciudad. Además, La Red no está adscrita a una organización como una orquesta sinfónica o una sala de conciertos, y no tiene una función publicitaria o estratégica directa para el sector musical profesional. Más bien, es una faceta de la política cultural de Medellín, y el plan cultural de la ciudad para 2011–2020 se centró en la ciudadanía cultural democrática, haciendo hincapié en la participación, la inclusión, la diversidad, la creatividad y la reflexión crítica. No había nada por parte del financiador sobre la defensa de la música clásica o de la orquesta sinfónica; de hecho, la política apuntaba a un enfoque de la educación musical muy diferente al modelo que La Red había heredado de El Sistema. Por lo tanto, el cambio tenía sentido en Medellín; estaba respaldado por el contexto político e institucional. Pero si la prioridad principal del financiador es una "historia de éxito" atractiva —si el programa pretende apoyar a una orquesta sinfónica profesional o pulir la imagen de una figura poderosa—, el espacio para reflexionar críticamente y perseguir el cambio puede reducirse considerablemente.

Por lo tanto, la resistencia a la reforma de la ASPM puede adoptar varias formas y operar en varios niveles: individual, institucional, ideológico y sistémico. La escasa circulación de la información es sin duda un factor que contribuye, pero el estancamiento y la falta de reflexión crítica pública no son simplemente una cuestión de elección individual; también son características estructurales del campo. Lo que hace que las ruedas de muchas organizaciones y de todo el sector sigan girando es una narrativa idealista sobre el poder de la música y, más concretamente, un relato mítico de su programa fundacional, El Sistema. La reputación y la financiación están ligadas a estas historias. ¿Qué margen de maniobra tienen realmente los individuos o incluso las organizaciones, a menos que quienes manejan los hilos del dinero, como la Secretaría de Cultura Ciudadana de Medellín, comprenda la necesidad del cambio?

El Sistema

Otro obstáculo para la reforma es el propio El Sistema, que siempre ha adoptado un enfoque expansionista, pero que también ha sido constantemente buscado por otros programas de más reciente creación. Puede que haya perdido su influencia directa sobre La Red, pero ha desempeñado un papel importante en el desarrollo del programa competidor de La Red, Iberacademy. Muchos programas de la ASPM en América Latina mantienen estrechos vínculos con el progenitor venezolano, y dado que El Sistema es un programa caracterizado por la continuidad, estos vínculos apenas favorecen la autocrítica y el cambio.

6. Desafíos

Algunos programas de la ASPM han comprendido la importancia de adaptarse a los tiempos, pero están atados a una nave nodriza de lento movimiento que apenas ha cambiado su pensamiento desde la década de 1970. Así, el campo de la ASPM se ha visto atrapado entre las corrientes cambiantes de la educación musical y la inmovilidad de su inspiración original y de su representante más influyente, lo que significa que su movimiento ha sido lento y desigual.

El programa YOLA de Dudamel en Los Ángeles es un ejemplo de ello. En sus últimos simposios, los invitados han debatido sobre temas progresistas como el poder, la voz propia, la justicia social y la raza. En la edición de 2020, YOLA invitó a algunos ponentes ajenos a la ASPM para que abordaran temas contemporáneos como la equidad, la programación culturalmente responsable y el desarrollo de los jóvenes. Lecolion Washington, del Centro Musical Comunitario de Boston, habló de amplificar la voz de los jóvenes, criticó el enfoque de enseñar como se ha enseñado y cuestionó la noción de que se puede cambiar el sistema sin cambiar la propia mentalidad.[2] Haciéndose eco de un tema central de este libro, afirmó: "No se puede cambiar solo la táctica, hay que cambiar la forma de pensar". También abogó por repensar el eurocentrismo, utilizando términos como "suicidio cultural" (lo que "los jóvenes BIPOC [minoritarios] suelen sentir al entrar en espacios de aprendizaje musical que han estado dominados durante mucho tiempo por la cultura blanca") y un "marco salvador blanco". Nombró la exclusión sistémica dentro de la educación musical, y sugirió que cambiar solo las tácticas puede llevar a mantener un espacio exclusivo, solo que con más mujeres y personas de color en él. Otras dos invitadas, Eryn Johnson (Community Art Center) y Laurie Jo Wallace (Health Resources in Action), se centraron en el Desarrollo Creativo de la Juventud e hicieron hincapié en las capacidades y fortalezas de los jóvenes y en la importancia de la creatividad y de la criticidad en el aprendizaje.[3] Presentaron una diapositiva sobre los niveles de participación de los jóvenes que era muy similar a la escalera de participación de Hart, analizada en el Capítulo 3.

Lo notable aquí no fue tanto los argumentos de los presentadores (que fueron excelentes, pero también bastante estándar para la educación artística progresiva) como lo fue el elefante en la sala: El

---

2 "Creating Culturally Responsive Programming", 14 de julio de 2020.
3 "Engaging Youth: Youth Development and Music Education", 20 de julio de 2020.

Sistema —el programa que está detrás de YOLA—, encarna todos los problemas que los ponentes señalaron y ninguna de las soluciones. El Desarrollo Juvenil Creativo no es simplemente una adición interesante a la caja de herramientas de la ASPM; es el polo opuesto a la visión de El Sistema de "rescatar a los niños y jóvenes de una juventud vacía, desorientada y desviada". El enfoque de Washington en la equidad contrasta fuertemente con un programa que es eurocéntrico, no habla de temas raciales y da un lugar privilegiado a los hombres.[4] Sin embargo, no solo no se mencionaron estas tensiones, ya que se trataba de un evento inspirado en El Sistema, sino que el propio programa venezolano fue invitado a presentar su filosofía, una oportunidad que aprovechó para reproducir clips de viejos documentales y de la charla de Abreu en el premio TED de 2009.[5] Por lo tanto, junto con las sesiones progresistas que abordaron temas contemporáneos, YOLA también proporcionó una plataforma para que El Sistema siguiera promoviendo la visión conservadora de Abreu a través de viejas y muy repetidas imágenes. Mientras que algunos ponentes instaron a un cambio de mentalidad, esta sesión central se dedicó por completo a reverenciar el viejo modelo. El resultado fue la imagen de YOLA como un programa con un pie apuntando hacia el futuro y el otro atascado en un pasado problemático.

Esta lealtad dividida y estos mensajes contradictorios condujeron a una falta de cohesión, coherencia y rigor. YOLA siguió poniendo a El Sistema como ejemplo, pero también invitó a ponentes que contradecían rotundamente la filosofía de El Sistema. Las evidentes disyuntivas entre las viejas y las nuevas visiones pedían ser discutidas, pero nunca fueron mencionadas. Los ponentes hablaron del cambio, pero no hubo ningún análisis crítico de los aspectos de El Sistema que debían cambiarse. Se habló del pensamiento crítico como una característica importante de la educación musical, pero no se aplicó a la propia ASPM. El dominio continuo de El Sistema dio lugar a mensajes contradictorios sobre la reverencia y la crítica, la continuidad y el cambio.

---

4 Además de las pruebas presentadas en Baker (2014), el sitio web de El Sistema a finales de 2020 incluía una sección titulada "Pioneros", en la que figuraban trece hombres y tres mujeres —dos de estas últimas siendo miembros de la familia de Abreu (https://elsistema.org.ve/historia/).

5 "The philosophy of El Sistema", 30 de julio de 2020.

La influencia de alto nivel de El Sistema se ha visto complementada en los últimos años por el éxodo masivo de los músicos de El Sistema de Venezuela a medida que la crisis del país se agudizaba. Muchos están ahora instalados como intérpretes y educadores en todo el mundo, incluso en los programas de ASPM. Haría falta una investigación exhaustiva para determinar la influencia de estos músicos venezolanos en el desarrollo de la ASPM en otros países, y no debería darse por sentado que reforzarían la ortodoxia en lugar de apoyar los esfuerzos de cambio. Uno de los graduados más exitosos de El Sistema que se trasladó a los EE.UU., el violinista Luigi Mazzocchi, ha defendido firmemente la necesidad de una reforma (Scripp 2016a, 2016b). En mi investigación en Venezuela, me encontré con críticas similares a los métodos de El Sistema por parte de sus propios estudiantes, graduados y profesores, por lo que no hay que suponer que estén a favor de reproducir esos métodos en otros lugares. Años antes, Estrada (1997) hizo hallazgos comparables: varios de sus entrevistados, todos miembros actuales o antiguos de El Sistema, se definieron en contra del programa en lugar de identificarse con él. Uno de ellos declaró: "Ahora que doy clases, trato de no cometer los mismos errores que han cometido con nosotros" (25). Otro dijo: "Cada día repito menos el estilo con el que me enseñaron, [he] logrado un contacto con mis alumnos en el que la comunicación es un intercambio real de sentimientos, emociones, conocimientos, inquietudes y no un arma de poder para humillarlos y dominarlos" (17). Un tercero afirmó que El Sistema "me sirvió de modelo de lo que no se debe hacer pedagógicamente" (34).[6]

Dicho esto, la proliferación de orquestas de antiguos músicos de El Sistema en todo el continente americano, y el caché que el programa sigue teniendo en el mundo de la música clásica y de la educación musical, sugieren que la afiliación abierta al programa venezolano aporta muchas más ventajas a los músicos inmigrantes que una distancia crítica. Sigue siendo una potente tarjeta de presentación. Además, la escasa formación de los profesores y los espacios limitados para la reflexión crítica que ofrece El Sistema significan que las oportunidades de desarrollar alternativas a la filosofía del programa de "enseñar como te enseñaron" son igualmente restringidas. En artículos periodísticos y cortometrajes

---

6   Véase Baker y Frega (2016; 2018).

sobre este tema, músicos venezolanos inmigrantes en varios países han hablado de El Sistema como una historia de éxito que quieren compartir con el mundo. En Chile, incluso han creado una fundación inspirada en El Sistema, Música para la Integración, y con su orquesta titular que lleva el nombre de Abreu y el apoyo de las organizaciones de defensa de El Sistema, parece que mantiene la receta venezolana.[7] Programas en los cuales todos —o la mayoría—, son venezolanos, son menos propensos a alejarse del enfoque de El Sistema que aquellos en los que un venezolano se incorpora a una plantilla local. Después de todo, a diferencia del éxodo mucho más lento y limitado de años anteriores ejemplificado por Mazzocchi, la mayoría de estos músicos se fueron por necesidad y no por insatisfacción con la institución o por la búsqueda de una educación mejor. En definitiva, es razonable suponer que el reciente y rápido éxodo de El Sistema habrá reforzado la convención más que la innovación en el ámbito internacional de la ASPM, aunque solo sea reforzando la marca El Sistema. No obstante, es evidente que habrá excepciones, y esta hipótesis debería ponerse a prueba en futuras investigaciones.

Apoyo Internacional

Pensando de nuevo en el nivel que está por encima de los programas, una serie de organizaciones internacionales y multinacionales se han alineado detrás de El Sistema y de las versiones ortodoxas de la ASPM y, por tanto, han actuado como una fuerza de continuidad más que de cambio, aunque hay excepciones, como Jeunesses Musicales, mencionada en el Capítulo 5. La Fundación Hilti, por ejemplo, apoya a El Sistema y a varios programas IES. En América Latina, su financiación se canaliza hacia programas orquestales más conservadores —en Medellín, hacia Iberacademy en lugar de La Red. Las Naciones Unidas y el Banco Interamericano de Desarrollo también son apoyos destacados de El Sistema, y han prestado poca atención a los interrogantes que surgen de la investigación—, incluso la suya propia. En 2018, participaron en un evento en la Universidad de Música y Artes Escénicas de Viena anunciado como "El Sistema: Un modelo de inclusión social para el

---

7   https://musicaparalaintegracion.org/.

mundo" (véase Baker 2018). Sin embargo, la evaluación del propio BID había sugerido que El Sistema tenía un bajo nivel de participación de los pobres y que, de hecho, ilustraba "los desafíos de dirigir las intervenciones hacia grupos de niños vulnerables en el contexto de un programa social voluntario". Como concluye Clift (2020) sobre el estudio del BID: "Como los niños más pobres estaban subrepresentados, lejos de abordar las desigualdades sociales, el trabajo de los centros [de música] sirvió para reforzarlas, algo totalmente contrario a la idea de una intervención diseñada para reducir las desigualdades sociales y de salud". La exclusión de las mujeres de los puestos de autoridad también hace muy evidente el fracaso de El Sistema como modelo de inclusión social. Sin embargo, estos patrocinadores no solo miraron para otro lado, sino que incluso afirmaron lo contrario.

Estas grandes organizaciones han desembolsado cientos de millones de dólares para El Sistema y programas de ASPM similares. Han desempeñado un papel importante en el desarrollo de la ASPM en todo el mundo, confiriendo prestigio además de fondos. Hasta la fecha, la mayor parte de su apoyo se ha destinado a reforzar el *statu quo*, incluso si eso significa repetir afirmaciones dudosas y no probadas e ignorar estudios relevantes. Sin duda, el cambio en la ASPM se vería impulsado de forma significativa si los principales financiadores tuvieran debidamente en cuenta los problemas del modelo ortodoxo revelados por la investigación académica publicada y apoyaran más la innovación.

El evento de El Sistema en Austria tuvo lugar casi simultáneamente con la conferencia de Guri/Jeunesses Musicales en Brasil. En el evento europeo, El Sistema se presentó como un modelo para el mundo; en el latinoamericano, ni siquiera se mencionó el programa venezolano, sino que se centró en las nuevas tendencias de la ASPM. Esta dicotomía resume lo que percibo como una lucha por el alma de la ASPM. Esta lucha se centra en América Latina, aunque se desarrolla en países de todo el mundo. América Latina es donde se encuentran los programas de ASPM más antiguos y más grandes, donde el modelo ortodoxo es más persistente, y donde la influencia directa de El Sistema es más notable. En una esquina se encuentra el programa venezolano y otros que siguen o admiran su modelo. En la otra se encuentran los reformistas: La Red, Chazarreta, Guri, etc. Programas contrarios se encuentran en los mismos países e incluso en las mismas ciudades, como Medellín

(La Red e Iberacademy). Las líneas de batalla se dibujan en torno a las ideologías educativas y culturales, y también, en gran medida, a los géneros musicales. La mayoría de los programas del primer bando están alineados con organizaciones de música clásica, como las orquestas sinfónicas, o dirigidos por destacados músicos clásicos, y pueden considerarse extensiones o soportes al mundo orquestal profesional, el propósito original de El Sistema. Los programas del segundo bando pueden haber comenzado de esa manera, pero han cambiado su énfasis, como La Red, o han sido fundados en líneas opuestas, como Chazarreta.

Como cualquier relato a grandes rasgos, se trata sin duda de una simplificación. La realidad es más un continuo que una polaridad, y las dos dinámicas pueden incluso encontrarse simultáneamente en diferentes niveles del mismo programa. La Red es un buen ejemplo, al igual que NEOJIBA; en ambos casos, las escuelas y los ensambles de exhibición se encuentran en diferentes puntos del continuo. André Gomes Felipe describe la escuela Liberdade como una iniciativa de música comunitaria dentro de un programa IES.[8] Sin embargo, la noción de una lucha por el alma refleja bastante bien mi experiencia de un año de inmersión en La Red, y las comunicaciones privadas de los reformadores de otros programas también apuntan a tensiones, conflictos y rupturas más que a desacuerdos y diferencias de opinión amables. No se trata simplemente de dos enfoques diferentes; uno es una reforma —y por tanto una crítica—, del otro. En Argentina, Chazarreta se opuso directamente al eurocentrismo de El Sistema. La Red se fue distanciando poco a poco del tipo de formación orquestal de élite que representaba Iberacademy, pero los dos programas seguían compitiendo por los estudiantes avanzados y las relaciones eran tensas. El contraste entre los eventos de Viena y São Paulo fue muy marcado; uno exaltaba el viejo modelo, el otro no tenía cabida para este. El anuncio de un programa nacional IES en México en 2019 fue recibido con respuestas críticas por muchos especialistas en educación musical (p. ej. Estrada Rodríguez *et al.* 2019).[9] Sea como sea que uno etiquete este

---

8 "The Core Freedom: A Community Music Perspective in a 'El Sistema' Inspired Program", 23 de junio de 2020, https://www.isme-commissions.org/cma-programme.html.
9 Este también fue un tema importante de preocupación para una conferencia de educación musical a la que asistí en Xalapa (Veracruz, México) en enero de 2020.

escenario, las corrientes de continuidad y cambio dentro de la ASPM en América Latina están en competencia, y las fuerzas dominantes están en gran medida detrás de la ortodoxia, lo que la hace una lucha desigual. Por lo tanto, el cambio está lejos de estar asegurado.

Dilemas de la Transformación

Hasta ahora, el debate ha girado en torno a los esfuerzos de reforma y las fuerzas que los limitan. Llegados a este punto, también es necesario considerar los retos y dilemas de tipo más conceptual o filosófico que implican la necesidad de un enfoque más revolucionario. Haciéndonos eco del llamamiento de Ramalingam al sector de la ayuda exterior y de las palabras de Lecolion Washington a YOLA, es posible que se necesiten nuevas formas de pensar, en lugar de retocar las prácticas convencionales. Algunos retos son tan profundos que cuestionan la propia existencia de la ASPM.

Existen esencialmente dos categorías de crítica a la ASPM: la práctica y la ideológica. La primera se centra en las diferencias entre la teoría y la práctica, la segunda en la propia teoría. Para los críticos ideológicos de la ASPM y proyectos similares, hacer que los programas funcionen mejor no resuelve el problema, porque el problema es el pensamiento que hay detrás de ellos. Desde este punto de vista, reformar las prácticas no es la solución. Pero las críticas prácticas también pueden plantear cuestionamientos profundos.

¿Es la Educación Musical Realmente la Respuesta?

Una crítica práctica es muy sencilla: El Sistema ha existido durante más de cuatro décadas en América Latina, pero ¿dónde está el cambio social? Incluso después de cuarenta y cinco años de funcionamiento a una escala cada vez más masiva, es imposible señalar pruebas de que El Sistema produzca el tipo de transformación social que afirman los líderes del programa. Venezuela, Colombia, México y Brasil, que tienen grandes proyectos de ASPM, están plagados de violencia, y el problema ha empeorado en Venezuela a lo largo de la historia de la ASPM. En 2018, estos cuatro países representaron una cuarta parte de todos los asesinatos en el mundo (Erickson 2018). Estos altos niveles de violencia no demuestran que la ASPM no funcione, por supuesto, pero sí sugieren que se necesitan pruebas sólidas si se quieren tomar en serio afirmaciones como que "las orquestas y los coros son instrumentos increíblemente eficaces contra la violencia". Sin esas pruebas, hay que dudar de la justificación de la educación musical desde esta perspectiva.

John Sloboda (2015) plantea una serie de preguntas de gran relevancia para la ASPM. Si los objetivos sociales son realmente primordiales, pregunta Sloboda, ¿se puede afirmar con seguridad que la educación musical es la mejor manera de alcanzarlos? ¿Es posible que, al menos en algunos casos, un cambio social significativo requiera una actividad totalmente diferente y que la acción más responsable sea dejar de lado la música y perseguir esos objetivos por otros medios? ¿Poner la música en primer lugar, convirtiéndola en una parte no negociable de la acción, pone límites a lo que se puede conseguir socialmente?

En la actualidad, no existe ninguna investigación que demuestre de forma convincente que la educación musical es la herramienta *más eficaz y eficiente* para los tipos de acción social que buscan los programas de ASPM (como la reducción de la pobreza y la delincuencia o la promoción de la convivencia) y, por tanto, la que más merece recibir fondos. Esto sería menos importante si la acción social fuera un efecto secundario deseable de la enseñanza de la música, pero en la ASPM, como indica la etiqueta, es el objetivo principal, por lo que, como sugiere Sloboda, hay que argumentar "¿por qué la música?" De hecho, como hemos visto anteriormente, hay estudios importantes que han concluido que El Sistema no tiene un efecto significativo en la prosocialidad (Alemán *et al.* 2017; Ilari, Fesjian y Habibi 2018). La evidencia para apoyar tanto la teoría del cambio del BID como las afirmaciones de los efectos sociales transformadores de la formación orquestal es decididamente débil, sin embargo, la enorme inversión continúa: el costo de la nueva sede de El Sistema se estimó originalmente en 437,5 millones de dólares (CAF 2010). Si la acción social es realmente el objetivo *principal*, como suele afirmar el programa, ¿es realmente la construcción de un enorme centro de música clásica de lujo la mejor manera de conseguirlo? ¿No se podrían haber invertido mejor esos cientos de millones de dólares de préstamos de los bancos de desarrollo en un país que ha sufrido una grave escasez de alimentos, medicinas y equipos médicos básicos y que ha visto un éxodo de refugiados que rivaliza con el de Siria?

El argumento de Sloboda señala un importante signo de interrogación sobre la justificación del gasto público en grandes y costosos programas de ASPM. Una inversión importante en una estrategia no probada exige un examen serio a través del lente del costo de oportunidad. Puede ser tentador pensar que cualquier argumento que convenza a los financiadores para apoyar la educación musical merece la pena, pero considerar el trabajo social que no se realiza como resultado puede sugerir lo contrario.

La pregunta de en qué debe gastarse el dinero ejercita a algunos investigadores y artistas socialmente comprometidos. Por ejemplo, Godwin (2020) se pregunta si los presupuestos de la ASPM no podrían gastarse mejor en organizaciones con experiencia en acción social. Sachs Olsen (2019, 186) escribe:

> ¿No sería mejor abordar el cambio utilizando nuestras habilidades y esfuerzos artísticos en campañas, manifestaciones y acciones contra las políticas y los planes de desarrollo que se basan en la propiedad privada y el valor de cambio? ¿No sería más eficaz crear un huerto comunitario o un grupo de actividades vecinales si queremos mejorar la participación y las relaciones sociales entre los habitantes de las ciudades?

Los estudiosos de la economía ayudan a enfocar esta cuestión. En su artículo "La ayuda social funciona: La redistribución es el camino para crear sociedades menos violentas y menos desiguales", Justino (2020) sostiene que la desigualdad económica es el principal problema de la sociedad latinoamericana y la principal fuente de violencia, y que se requieren medidas gubernamentales redistributivas para resolverlo. Del mismo modo, Veltmeyer y Petras (2011, 1–2) se basan en un informe de 2010 de la Comisión Económica para América Latina y el Caribe de la ONU (CEPAL) para argumentar que cuando se trata de la pobreza en la región,

> la "exclusión" no es el problema [...] Ni la inclusión es la solución. El problema es más bien un sistema que está diseñado para beneficiar a unos pocos que tienen el poder de promover sus propios intereses a expensas de los muchos, que han sufrido y siguen sufriendo precisamente por su inclusión y participación en este sistema, en condiciones de lo que la CEPAL [...] denomina "la estructura de la desigualdad."

Si la desigualdad económica estructural es la raíz del problema, ¿los programas de educación artística en nombre de la inclusión social o la convivencia son realmente una solución eficaz?

Hay muchos escépticos. Theodor Adorno fue contundente: "Es imposible resolver los problemas causados por la situación económica de la sociedad mediante el poder estético de la música" (citado en Kertz-Welzel 2011, 12). Rincón (2015) emite una crítica mordaz a las élites de Medellín por centrarse en la caridad cultural y educativa, que considera ineficaz e interesada. Ineficaz porque surge desde el centro del poder, donde los jóvenes son mal comprendidos, y no desde los márgenes y las necesidades y deseos de los jóvenes; y porque "el problema es la inequidad y la inclusión: y eso no se resuelve con una cultura de la caridad" (133). Maclean (2015, 68) arroja luz sobre la parte interesada de la ecuación: sugiere que el arte ha sido una parte importante de la política urbana en la ciudad porque "[p]ara que las políticas en Medellín fueran aceptables y apoyadas por las élites, tenían que apelar a las sensibilidades de las élites".

Hanauer (2019) expone un argumento similar en un contexto diferente (Estados Unidos). Considera que el "educacionismo" —la creencia en el poder de la educación para solucionar la desigualdad—, es profundamente erróneo, pues confunde un síntoma con una causa. La educación puede ayudar a algunos individuos, pero no hace nada para cambiar el problema fundamental. La identifica como una narrativa interesada de los ricos y poderosos, "porque nos dice lo que queremos oír: que podemos ayudar a restaurar la prosperidad compartida sin compartir nuestra riqueza o poder". También distrae de las verdaderas causas de la desigualdad económica y defiende un *statu quo* indefendible. Hanauer presenta así el educacionismo como un soporte a la desigualdad y no como una solución.

El arte público ha sido objeto de un escrutinio crítico similar. No son pocos los artistas e investigadores que han criticado el arte público por correr un velo sobre las verdaderas causas de la injusticia y decorar las políticas de desarrollo de la ciudad neoliberal. Como sostiene Vujanović (2016, 116): "El arte socialmente útil en apoyo del avance de agendas cívicas más amplias [...] a menudo sirve para curar los antagonismos sociales o dar la impresión de que están curados, mientras que nunca aborda seriamente las bases materiales de los antagonismos ni perturba el sistema capitalista de producción y distribución de la plusvalía." Para Merli (2002, 113),

> la preocupación por abordar la cohesión y la inclusión social mediante un enfoque "blando", como el uso de proyectos culturales, podría considerarse un medio conveniente para desviar la atención de las verdaderas causas de los problemas sociales actuales y de las duras soluciones que podrían ser necesarias para resolverlos. Según esta línea de razonamiento, todo el discurso de la inclusión social es mucho más atractivo para la élite política que la anticuada retórica de la pobreza y la petición de redistribución económica.

Sachs Olsen (2019, 29) describe el arte participativo "como una forma de proporcionar soluciones homeopáticas a los problemas que son sistémicos", mientras que Anthony Schrag sostiene que los artistas deben preocuparse por hacer "preguntas profundas e inquisitivas" en lugar de servir como "la alternativa más barata del estado a un trabajo social adecuado y apropiado" (citado en Deane 2018, 329).

Para estos artistas y escritores, el arte público no solo no es una solución eficaz a los grandes problemas sociales, sino que a menudo forma parte del problema. Las críticas prácticas e ideológicas se fusionan así. Por ejemplo, Berry Slater e Iles (2009) analizan el arte público en el Reino Unido como una cortina de humo y un dispositivo de marketing, que es financiado en lugar de la infraestructura y la ayuda social: "Una solución cosmética para los problemas producidos por las infraestructuras fallidas, en el fondo por otras áreas de la política gubernamental" (Malcolm Miles, citado en *ibidem*). "Se mata a la comunidad solo para ser 'regenerada' en forma de zombi, un estado muerto viviente de (no) reproducción social, y espectáculos falsos de estar unidos oficialmente orquestados". Los artistas públicos son "policías suaves trabajando en el frente de la inclusión social"; "se emplean para fabricar símbolos totémicos de comunidades integradas". La regeneración impulsada por la cultura "se ha convertido en un modo de gobernanza, de control suave y coerción cada vez más sutil".

Mirando a través del lente de los estudiosos de la economía y el arte público, la formación orquestal bajo la bandera de la inclusión social parece un candidato poco probable para combatir la desigualdad y la pobreza, por muy atractivo que pueda parecer y sonar. La ASPM identifica erróneamente la raíz de los problemas; por lo tanto, no es de extrañar que no haya proporcionado soluciones demostrables. Una perspectiva realista podría ser que promover la música como una forma de abordar los principales problemas sociales es bailar al son de (y proporcionar una excusa atractiva para) los gobiernos que no están dispuestos a dedicar suficientes recursos a soluciones efectivas, sobre todo a la redistribución. Una formulación más crítica aún sería que los programas musicales y los músicos contribuyen y colaboran con una narrativa falsa sobre los problemas sociales con el fin de obtener financiación para su trabajo musical, distrayendo de la falta de acción sustantiva para abordar esos problemas y, como se analiza en el Capítulo 4, exacerbando las divisiones sociales. El análisis de Berry Slater e Iles sobre el arte público es un guante que encaja con la ASPM ortodoxa: la formación orquestal también amplía los modelos de gobernanza, y el ensamble sirve como el símbolo o espectáculo de comunidad definitivo, un simulacro que transmite un mensaje positivo tanto si la propia comunidad goza de buena salud, como si experimenta pocos cambios materiales (como en Medellín) o se desintegra poco a poco (como en Venezuela). De hecho, éste puede ser precisamente el atractivo de las orquestas juveniles para los gobiernos: una representación idealizada de las comunidades que pueden estar descuidadas o hasta atacadas por otras políticas.

Por lo tanto, la ASPM puede servir, como sugiere Logan (2016), como un "velo de cultura", que oculta el funcionamiento real del estado, incluidas las reducciones de los servicios sociales, y por lo tanto ayuda con una mano mientras que perjudica con la otra. También puede encubrir las reducciones en la oferta de educación musical para la mayoría de la población, como ha ocurrido en el Reino Unido. Para Logan, programas como El Sistema sirven de soporte a la desigualdad educativa. Se muestra escéptico ante los programas artísticos que promueven ideas simplistas sobre el cambio social a expensas de debates en profundidad sobre la educación y la sociedad, y que distraen de la urgencia de transformar todo el sistema educativo, centrándose en cambio en la movilidad social de unos pocos afortunados.

Hay buenas razones, por tanto, para argumentar que el cambio social requiere una acción política y económica para reducir la inequidad y la desigualdad, y que la ASPM constituye una distracción atractiva pero ineficaz: una representación del cambio social que es mucho más atractiva para las élites sociales que la realidad (mayores impuestos y redistribución). Es un ejemplo de un fenómeno más amplio: los artistas se presentan como una solución a los problemas sociales, pero a menudo sirven en cambio para respaldar el sistema existente, proporcionando un "velo de cultura" que deja los gobiernos libres de culpa. Las artes son frecuentemente cooptadas para proporcionar una ilusión de acción social y una excusa para los actores dominantes, disminuyendo la presión para proporcionar soluciones sustantivas a nivel estructural.

Como contraste esclarecedor, Bregman (2018) sostiene que dar dinero a la gente es una solución eficaz para la pobreza (véase también Orkin 2020). Las entregas de dinero benefician especialmente a los niños y también son más baratas que las alternativas. El argumento de Bregman de que "la pobreza no es una falta de carácter. Es una falta de dinero" (69) plantea cuestionamientos interesantes para la ASPM, ya que contradice rotundamente las afirmaciones fundacionales de Abreu sobre la pobreza como un déficit de aspiraciones, identidad o recursos espirituales (véase Baker 2016b). Otra cita también da en el clavo: "En cualquier lugar en el que se encuentre gente pobre, también se encuentra gente no pobre teorizando su inferioridad cultural y su disfunción" (citado en Bregman 2018, 92); hay claros ecos de El Sistema imaginando a la juventud como "vacía, desorientada y desviada". Bregman pregunta: "¿Por qué enviar a gente blanca y costosa en camionetas cuando podemos simplemente entregar sus salarios a los pobres?" (31). También podríamos preguntar ¿por qué enviar a músicos, si el objetivo es combatir la pobreza?

Sobre la ASPM se ciernen cuestionamientos de ética y eficacia. ¿Deben los músicos servir de "policías suaves" para el estado? ¿Deben seguir la historia fantástica de que una orquesta puede hacer el trabajo de la asistencia social? ¿Deben cumplir con una ideología que pone en el punto de mira los valores y el comportamiento de los jóvenes desfavorecidos, en lugar del sistema sumamente injusto y de las élites que lo perpetúan? ¿Apoyar esta dudosa narrativa es un precio que merece la pena pagar para financiar la educación musical? Si la ASPM se preocupa principalmente por combatir la violencia y promover la paz, ¿qué significa que proponga actividades que no hacen referencia a la causa principal de la violencia (la desigualdad económica) ni a la mejor solución (la redistribución)? ¿Qué significa abogar por el gasto público en un programa que no ha demostrado reducir la desigualdad (ASPM) en lugar de uno que sí lo ha hecho (la asistencia social)?

Justino es economista del desarrollo, pero las dos fotos de su artículo muestran escenas sonoras. No se trata de orquestas juveniles, sino del "cacerolazo": el característico golpeteo de ollas y sartenes que suele acompañar las protestas políticas en América Latina. En este caso, el sonido está vinculado a la acción política directa sobre la desigualdad. Se moviliza contra la causa real de la violencia y no en apoyo de los mitos conservadores que culpan a males de la sociedad en una juventud "vacía y desviada" con demasiado tiempo libre. Las imágenes de cacerolazos discordantes plantean la pregunta de si la interpretación de música armoniosa es realmente la mejor manera de abordar los mayores problemas sociales de nuestro tiempo, y si la ASPM podría algún día desempeñar un papel en la lucha contra las causas de la pobreza y de la violencia, en lugar de ocultarlas.

¿Una Concepción Colonialista de la Educación Musical?

Si Sloboda nos anima a pensar más en la naturaleza de los problemas sociales y en la adecuación de la música como respuesta, Guillermo Rosabal-Coto (2019) se centra en la conceptualización del sujeto individual. Plantea la preocupación de que la educación musical eurocéntrica en América Latina está ineludiblemente contaminada por su fundamento en una concepción colonialista del sujeto como deficiente o defectuoso y necesitado de corrección y redención. Rosabal-Coto sostiene que esa educación musical

> ha operado bajo la lógica de convertir a los individuos en artistas o ciudadanos euroamericanos y blancos. Para que la educación tenga éxito en este objetivo, es necesario que el estudiante de música sea negado en sus formas de estar y comprometerse con la música, y construido por la familia, los profesores, los compañeros y ellos mismos como subalternos inferiores. Sus rasgos, recuerdos, sensaciones, historias y composición cognitiva son insuficientes o necesitan ser acomodados o modificados para cumplir con los estándares de un individuo ideal. (15)

Para Rosabal-Coto, la base ideológica de la educación musical eurocéntrica es profundamente cuestionable en el contexto latinoamericano, ya que reproduce el modo en que, tras la Conquista española, "se inculcó a los indígenas de lo que se convirtió en América Latina un autoconcepto de subalterno inferior mediante la conversión al catolicismo y la encomienda" (*ibidem*). La educación musical perpetúa dinámicas colonialistas como la suposición de la superioridad de la cultura europea y de quienes la portan, y los intentos de las élites sociales de reformar a los otros en lugar de comprenderlos y aprender de ellos. Si la construcción de la población nativa como inferior fue fundamental para la colonización, entonces que las élites latinoamericanas tomen los mismos ideales y repitan el proceso es una forma de recolonización desde adentro.

El Sistema, con su visión salvacionista y sus claros ecos de las campañas misioneras coloniales para "civilizar" a la población indígena de América Latina a través de la instrucción musical (Baker 2014), es el paradigma del enfoque que critica Rosabal-Coto. También se basa en una noción colonialista de los jóvenes y sus familias como social y culturalmente deficientes, y el camino que prescribe (la mejora a través de la absorción de las normas musicales europeas) es colonialista. Como le dijo a Shieh (2015, 573) un director de uno de los núcleos (escuelas de música) más grandes de El Sistema, "no le corresponde a su núcleo abordar cuestiones sociales más amplias. El Sistema, dice, trata de 'reformar a los individuos'". La Red se presenta en un lenguaje más progresista, pero sus objetivos de inculcar valores y transformar las vidas individuales están construidos sobre los mismos fundamentos ideológicos. Sin embargo, ¿en qué se basa la descripción de los jóvenes en general como necesitados de una reforma? Y, como pregunta Rosabal-Coto, ¿qué apoyaría la noción relacionada de que poseer habilidades musicales da a algunos individuos la autoridad moral y social para colocarse en un pedestal e intentar reformar a otros? En su crítica a los discursos del salvacionismo en la educación musical, Spruce (2017, 725) señala la frecuente ausencia de "reflexión por parte de aquellos que ocupan 'posiciones hegemónicas' sobre su derecho a juzgar vidas y comunidades particulares como necesitadas de transformación" y un fracaso a la hora de preguntar "por qué deberían ser los agentes de semejantes transformaciones".

Las críticas decoloniales de educadores-investigadores latinoamericanos como Rosabal-Coto plantean la educación musical eurocéntrica del continente como un problema social más que como una solución. Por lo tanto, ponen en duda la validez de la ASPM como concepto.[10] Tomando prestados los términos de los teóricos decoloniales Mignolo y Walsh, están tan preocupados por los principios, el marco de referencia y la lógica de la colonialidad de la educación musical eurocéntrica en América Latina como por sus prácticas. Como argumentan estos autores: "No basta con cambiar el contenido de la conversación (los dominios, lo enunciado); por el contrario, es de la esencia cambiar los términos (regulaciones, supuestos, principios manejados a nivel de la enunciación) de la conversación" (2018, 149). En efecto, Rosabal-Coto y otros estudiosos de la música decolonial profundizan más allá del nivel superficial de la diversificación de contenidos y cuestionan los propios términos y objetivos de la educación musical eurocéntrica. (Hay un claro paralelismo aquí con la discusión sobre la reforma de la pedagogía en el capítulo anterior.) Sus críticas apuntan más allá de los instrumentos y del repertorio hacia las concepciones de qué es la música, qué hace y para qué sirve.

La raíz del problema es una concepción eurocéntrica de la música y de la educación musical como control u ordenamiento social (Gouk 2013). La institución emblemática de la educación musical europea, el conservatorio, tiene sus orígenes en los orfanatos (o *conservatorios*) de la Italia renacentista. En Venecia, por ejemplo, las jóvenes huérfanas recibían formación musical en los *ospedali grandi*, cuyo objetivo principal era regular el entorno social de la ciudad (Tonelli 2013). Las oportunidades musicales que se ofrecían a las niñas empobrecidas iban acompañadas de un estricto control sobre su vida cotidiana. Las jóvenes músicos debían someterse a una inflexible rutina monástica: silencio, mucho trabajo y poco tiempo de ocio. La formación musical era una extensión de la imposición de control social de los orfanatos. Esta noción de la música y de la educación musical se trasplantó a las Américas en el siglo XVI, y continúa hasta hoy, con la ASPM como su manifestación más clara.

Si la ASPM está ligada a nociones problemáticas de control, déficit y desarrollo, entonces lo que se requiere es una revolución filosófica —un abandono de una "ética de la corrección", de un impulso de "salvar" a los demás, de una presunción de que carecen de cultura—, en lugar de

---

[10] Rosabal-Coto (2016) aborda la ASPM de forma más directa.

simples modificaciones prácticas. Pese a lo que dice El Sistema, no son los individuos los que hay que reformar, sino la base ideológica de la ASPM.

¿Es la ASPM Políticamente Peligrosa?

Un tercer desafío existencial proviene de la lectura de Alexandra Kertz-Welzel (2005; 2011) de los escritos de Theodor Adorno sobre la educación musical. Adorno sostenía que la educación musical idealista con objetivos utilitarios y sin pensamiento crítico era intrínsecamente peligrosa, ya que era susceptible de apropiación por parte de los regímenes autoritarios, por lo que debía evitarse. Kertz-Welzel (2011, 12) se centra en la crítica de Adorno a

> experiencias musicales intensas en la interpretación musical colectiva, donde formar parte de la comunidad fomenta una sensación de bienestar y de evasión de los problemas de la vida real. El énfasis excesivo en la comunidad alimenta "la liquidación del individuo (que) es la verdadera firma de la nueva situación musical". El individuo desaparece y solo existe como parte de un grupo. Formar parte de una comunidad, ya sea en la música o en la sociedad, puede ser peligroso si los individuos pierden por completo su capacidad de reflexión crítica y su libre albedrío.

Adorno puso en evidencia la asimilación de la educación musical en el Tercer Reich. En ese momento, el viejo sueño de transformar el mundo a través de la educación musical acabó siendo un respaldo a Hitler.

Este argumento es demasiado relevante para la ASPM, ya que El Sistema en el siglo XXI ejemplificaba perfectamente el punto de Adorno. La creación de un arquetípico "caudillo cultural" (Silva-Ferrer 2014), El Sistema giraba en torno al liderazgo autocrático, la sumisión incuestionable a la autoridad y el enfoque en la comunidad, y evitaba la reflexión crítica y la autodeterminación. Articulaba el tipo de visión pseudoreligiosa de la educación musical —como misión, como curación y redención—, que también se escuchaba en el Tercer Reich y que provocó tanta sospecha por parte de Adorno. En Venezuela, la retórica idealista sobre la transformación de los individuos y la construcción de la comunidad, y la falta de criticidad que la acompañaba, hizo que los jóvenes músicos se vieran fácilmente reducidos a la inercia política colectiva y arrastrados a apoyar de facto al gobierno, lo que ilustra el punto central de Kertz-Welzel (2011, 16): "La música tiene el poder de transformar a los seres humanos, pero también tiene el poder de manipular a la gente". Señala que muchos educadores musicales alemanes les siguieron el juego porque se les concedió un papel más importante en la sociedad: "La educación musical como medio para transformar a los seres humanos y a la sociedad es una idea convincente y seductora para los educadores musicales" (Kertz-Welzel 2005, 4–5). En Venezuela, también, muchos músicos abrazaron su nueva prominencia y prestigio e hicieron oídos sordos a las implicaciones políticas.

La retórica idealista también atrajo los oídos del gobierno, y el programa se convirtió en una flagrante herramienta de propaganda, proporcionando la banda sonora de la autopresentación del gobierno venezolano en el país y en el extranjero. La educación musical y la política autoritaria se fusionaron cuando las orquestas de El Sistema actuaron en las ceremonias del gobierno, acompañaron a los políticos de alto cargo en las misiones en el extranjero y desempeñaron un papel estelar en un video de propaganda del gobierno.[11] Como escribe Gabriela Montero, "los músicos venezolanos han cooperado en un esfuerzo financiado por el estado para lavar los graves fracasos de Venezuela con el singular detergente de la música. [...] Los músicos venezolanos se permitieron convertirse en la encarnación del aparato estatal de Venezuela".[12] Los políticos venezolanos han hecho un amplio uso del poder emocional de una orquesta juvenil. Cuando Michelle Bachelet visitó Venezuela para preparar su informe de Derechos Humanos de la ONU en 2019, fue recibida por la Orquesta Juvenil Simón Bolívar "como muestra de hermandad y de la diplomacia Bolivariana de paz" ("Canciller" 2019).[13] Dado también el enfoque central de El Sistema en la disciplina y la obediencia, Venezuela ilustra el doble peligro que preocupaba a Adorno: la educación musical como propaganda de un régimen autoritario

---

11 Se pueden encontrar ejemplos en mi blog: https://geoffbakermusic.wordpress.com/el-sistema-the-system/el-sistema-blog/.
12 "PUTIN POWER: musicians sound their outrage (a statement of support)", Facebook, 11 de febrero de 2021.
13 Este intento de lavado musical no tuvo éxito, ya que el informe de Bachelet fue muy crítico, subrayando "graves violaciones de los derechos económicos, sociales, civiles, políticos y culturales" (https://www.ohchr.org/EN/NewsEvents/Pages/DisplayNews.aspx?NewsID=24788&LangID=E).

específico, y la educación musical como productora del tipo de sujetos deseados por los regímenes autoritarios.

En un análisis similar de la sombra del fascismo que se cierne sobre la educación musical idealista y colectiva, Bradley (2009, 66) señala: "Los sentimientos que surgen al ser incluidos en un 'nosotros' colectivo son tan poderosos [...], se sienten tan bien y son tan incondicionales, que buscamos replicar esas experiencias sin pensar en sus posibles resultados". Continúa: "La comunidad imaginada que se forma en esos momentos crea una sensación de unidad poderosamente seductora que puede ser fácilmente manipulada con consecuencias desastrosas" (70). El Sistema se esforzó por generar esta "sensación de unidad poderosamente seductora" con su discurso de "una gran familia" y su monopolización del tiempo de los estudiantes, y las consecuencias pueden verse en la poca resistencia que ha habido a la intensificación de la politización del programa desde 2007 hasta la actualidad. La combinación de un poderoso *ethos* de colectividad, una fuerte disciplina, el destierro del pensamiento crítico y la interpretación de música mágica hizo que muchos músicos hicieran la vista gorda ante los aspectos más oscuros del programa y desempeñaran en público un papel de propaganda en nombre de un gobierno que muchos de ellos despreciaban en privado.

La ASPM fue, por tanto, un sirviente complaciente y a menudo dispuesto en la transición al autoritarismo en Venezuela (Esté 2018; Kozak Rovero 2018). Las preocupaciones de Adorno sobre la educación musical "socialmente transformadora" fueron ampliamente confirmadas. El programa venezolano tampoco es único. Una investigación periodística sobre Bruno Campo, director de un programa IES financiado por el gobierno municipal de Ciudad de Guatemala, denunció que él y sus patrocinadores explotaron su orquesta con fines políticos:

> A cambio del poder absoluto en la Escuela Municipal de Música y el Sistema de Orquestas, Bruno Campo le devolvía a la Municipalidad unionista conciertos de niños y jóvenes. De calidad. Y con algo de explotación. En las elecciones de 2007 y 2011, hacían hasta tres conciertos "de barrio" semanales durante todos los meses de campaña. Sin compensación. 75 niños y jóvenes de las áreas empobrecidas de la Ciudad de Guatemala tocando en chumpas blancas y verdes de la Municipalidad cada dos o tres días. La chelista Rossana Paz, entonces

una adolescente, recuerda que los conciertos se hacían con las pancartas del Partido Unionista y luces pirotécnicas al final. (Flores 2019)

El periodista concluyó: "Hacia fuera, la Municipalidad y el unionismo brillaban con el proyecto social de música para jóvenes". Curiosamente, el Partido Unionista es conservador, en el extremo opuesto del espectro político del gobierno socialista de Venezuela. La apropiación de la ASPM y de los estudiantes de música parece no conocer fronteras políticas o ideológicas. Puede que El Sistema se haya convertido en un emblema de la Revolución Bolivariana, pero también ha promovido y ha sido promovido por bancos, corporaciones y otras organizaciones centradas en el dinero (Fink 2016). Su mayor réplica en América Latina, el programa mexicano Esperanza Azteca, utilizó fondos públicos para impulsar la imagen y el imperio empresarial de Ricardo Salinas Pliego, el tercer hombre más rico del país (García Bermejo 2018). Los políticos no son los únicos personajes poderosos que encuentran en la ASPM un cómplice atractivo. De hecho, podríamos ampliar la crítica de Adorno y sugerir que la ASPM muestra la educación musical idealista como susceptible de apropiación por parte de los intereses comerciales, así como de los políticos, y por lo tanto como doblemente ambigua o arriesgada. El Sistema, en su apogeo, logró la impresionante hazaña de servir tanto de herramienta de poder blando para el gobierno venezolano como de gallina de los huevos de oro para la industria de la música clásica, empleando la idea de la ASPM para las agendas políticas y económicas tanto del socialismo como del capitalismo.

Sin embargo, se podría argumentar, en cambio, que más que ser apropiado por el gobierno venezolano, la ASPM fue en realidad diseñado para él. Esté (2018) identifica las pretensiones de Abreu de superar la pobreza a través de la formación musical como una forma de populismo musical que fue cuidadosamente elaborada para los "oídos populistas de los presidentes venezolanos" con el fin de persuadirlos para que financiaran su proyecto. Esta es una distinción crucial. Sugiere que la ASPM no se *politizó* en Venezuela, sino que *fue diseñada como una estrategia política* por el mismo Abreu, un político y economista de alto nivel que sabía exactamente cómo funcionaban las palancas del poder. En 2011, una antigua figura de alto nivel de El Sistema afirmó que la idea de la ASPM surgió a mediados de la década de 1990, cuando el populismo estaba en alza en Venezuela y Abreu comprendió que "no hay nada que le guste más a un político populista que la palabra 'social'", (Baker 2014, 165). Los intentos de retratar la historia de El Sistema en el siglo XXI en términos de una toma de poder por parte de la Revolución Bolivariana ignoran las diversas formas en que, "cuando Chávez llegó al poder, [Abreu] le entregó El Sistema en bandeja de plata", en palabras de Eduardo Casanova.[14] En otras palabras, la ideología política no es algo que se añadió a la ASPM en un acto de apropiación; es fundacional e inherente a un concepto que se creó para atraer apoyo político.

Adorno, Kertz-Welzel y los estudios de caso de Alemania y Venezuela plantean así un tercer cuestionamiento existencial para la ASPM. Más que debatir si funciona o no, o cómo podría mejorarse, arrojan dudas sobre la propia idea. La ASPM nació en la Venezuela de los años 90 como una estrategia de financiación, y ahí es donde ha tenido un éxito indiscutible y espectacular: en persuadir a los gobiernos y a los financiadores para que apoyen la educación musical mediante el argumento de que es realmente un programa social. Sin embargo, el secreto del éxito de la ASPM es también su defecto fatal. El marco social atrae más a los políticos que uno artístico, pero este atractivo puede llevar no solo a la financiación sino también a la colaboración o apropiación política. El Sistema resolvió el problema de la financiación, pero al mismo tiempo creó uno ideológico. La pregunta que se plantea es la siguiente: si este estilo de educación musical es intrínsecamente peligroso, como sugiere Adorno, ¿puede llegar a ser seguro? Si el origen de la ASPM es una maniobra política, ¿podrá estar al resguardo de la colaboración o apropiación política? ¿Es posible reformar la ASPM, o una verdadera reforma significaría el desmantelamiento de la idea misma de la ASPM?

¿Reforma o Revolución?

El trabajo de estos académicos nos lleva a una conclusión incierta y ambigua. Todos, desde diferentes perspectivas, plantean cuestionamientos existenciales sobre la ASPM. De cara al futuro, las

---

14 "La juvenil", Facebook, 24 de enero de 2021. Casanova es un destacado autor venezolano y exfuncionario cultural que trabajó estrechamente con Abreu. Véase también mi blog "Writing El Sistema's history", https://geoffbakermusic.wordpress.com/el-sistema-the-system/el-sistema-blog/writing-el-sistemas-history/.

principales opciones parecen ser: un inmovilismo insatisfactorio e indefendible, ignorando todos los problemas y dilemas; una reforma, del tipo de la que ha emprendido La Red, que a veces puede ser dolorosa; o una revolución en los fundamentos mismos del campo.

Creo que el pensamiento revolucionario es absolutamente necesario: los cuestionamientos planteados por estos académicos no podrían ser más importantes, y en última instancia será necesario un cambio de paradigma, en lugar de ajustes y arreglos, si el campo ha de generar un cambio social. Si observamos cómo han cambiado los campos más antiguos y amplios del desarrollo y de la ayuda exterior en las últimas décadas, es difícil imaginar que el modelo de ASPM ortodoxa de los años 70, construida sobre el desarrollismo modernista de mediados del siglo XX, perdure en el futuro, al menos con algún grado de validez. Las disyuntivas son evidentes incluso hoy en día. Un líder de La Red reflexionaba en privado sobre las dificultades de reformar un programa sinfónico de larga duración —un proceso que comparaba con retorcer brazos—, y el atractivo de romperlo y empezar de nuevo. ¿Por qué pasar por el doloroso proceso de desaprender y reaprender con la plantilla actual? ¿Por qué no empezar de nuevo con músicos que ya entienden el tema y tienen las herramientas? Puede que se tratara de un experimento mental más que de una propuesta, pero podría ser una forma de actuar adecuada en algunos contextos, sobre todo cuando el modelo ortodoxo aún no está bien establecido. Este tipo de revolución se ha llevado a cabo en las otras tres redes de formación artística de Medellín, por lo que no es una idea vacía.

El ejemplo de La Red plantea la pregunta de qué tan reformable puede ser la ASPM. La música fue la única de las cuatro redes municipales que resistió una revolución durante el mandato del alcalde Gaviria (2012–2015); el progreso fue tortuoso incluso cuando el financiador del programa estaba detrás de la reforma. El gobierno de la ciudad propuso entonces crear una institución paralela, más progresista, al lado de La Red, llamada Medellín Vive la Música (MVLM), dando a los jóvenes la posibilidad de elegir entre las dos. Pero la financiación se retiró con el cambio de gobierno en 2016. Una interpretación de la siguiente fase de La Red fue que el nuevo gobierno intentó fusionar los dos proyectos trayendo a Giraldo y Franco de MVLM para dirigir La Red, lo que llevó a las luchas entre el pensamiento progresista y las prácticas convencionales descritas en estas páginas. Sin embargo, también se podría argumentar que los últimos quince años (dos tercios de la historia de La Red) se han pasado en varios estados de alteración, tratando de arreglar un problema solo para crear otro. Una posible conclusión es que podría ser mejor crear una alternativa a la ASPM —una nueva institución con una filosofía y un profesorado diferentes, en la línea de MVLM—, en lugar de intentar transformar un programa existente con una larga historia, una imagen, una filosofía y un personal establecidos, y un complejo conjunto de tradiciones, rutinas y expectativas.

Sin embargo, hay muchas barreras a la revolución que la hacen improbable a escala masiva en la actualidad. El colapso de MVLM pone de manifiesto el obstáculo económico. Un camino más probable para la ASPM a corto plazo es intentar la reforma, alineando el campo con los objetivos sociales progresistas y el pensamiento crítico en la educación musical.

Sin embargo, no se puede negar que el intento de cerrar esta brecha ha causado dolor en Medellín. Introducir el pensamiento educativo progresista en un modelo convencional no es fácil, y un reto para la reforma de la ASPM es que esta brecha pueda ser tan grande. Pero dados los defectos de la versión original de la ASPM y la necesidad de crecimiento, el dolor es posiblemente una buena señal. Su ausencia es más preocupante: el utopismo complaciente es el mayor obstáculo para la evolución de la ASPM.

El camino de la reforma no es sencillo. El informe del BID de 2017 sobre El Sistema reveló un abismo entre las grandiosas afirmaciones y los efectos apenas perceptibles, lo que implica que, o bien las afirmaciones debían atenuarse, o bien el trabajo necesitaba una revisión seria. (No ocurrió ninguna de las dos cosas.) Desde un punto de vista educativo e intelectual, menos grandiosidad retórica y más ambición pedagógica serían un gran paso adelante. Sloboda (2019) insta a la modestia con respecto a los impactos a largo plazo, que son difíciles o imposibles de medir. Pero desde una perspectiva pragmática, es la grandiosidad retórica, más que la innovación pedagógica, lo que atrae la financiación. Adorno instó a los educadores musicales a abandonar la ideología social y a limitarse a enseñar música de forma que se fomente el pensamiento crítico y la autodeterminación. En consecuencia, Kertz-Welzel (2011, 16) rechaza el idealismo a favor del realismo: "Una filosofía de la enseñanza no debe basarse en ideales pseudoreligiosos como curar el mundo o transformar a los seres humanos a través de la música, sino ser más realista y centrarse en las necesidades reales de los estudiantes. Abonarse a ideales abstractos puede significar negarse a reconocer la realidad y seguir utilizando la educación como un tranquilizador para los estudiantes". En palabras que resuenan en la ASPM, argumenta: "Los flautistas de Hamelín siguen tocando sus melodías en muchos lugares e intentando encantar a la gente a través del poder transformador de la música. Quizá el consejo más poderoso de Adorno sea: Resistir el mito del poder seductor de la música es hacer del mundo un lugar mejor" (2005, 10).

Sin embargo, ¿qué sería de la ASPM sin esta historia seductora? ¿Podría un modelo tan costoso sostenerse sin su idealismo?

Esto parece un acto de equilibrio difícil. Los mitos grandiosos contribuyen a que la educación musical prospere o al menos sobreviva, por lo que pueden considerarse un medio necesario para un fin que se encuentra bajo presión de financiación en muchas partes del mundo. Es comprensible el deseo de aprovechar y amplificar cualquier dato positivo y de ignorar o descartar los negativos. Este puede ser el precio a pagar para mantener la educación musical en el radar de los políticos. Pero este enfoque también tiene sus costos: incluso si escapa a la apropiación política, puede ir en contra de la reflexión crítica y del progreso educativo, y puede conducir a decisiones políticas cuestionables, a la construcción sobre bases poco sólidas y a una cultura organizativa perniciosa.[15] Belfiore (2009, 345) sostiene que una "posición consecuencialista" —el argumento de que cualquier retórica se justifica por un resultado positivo de la financiación—, es una forma de desprecio por la verdad que socava la "ética de la precisión y la meticulosidad en la que prospera una esfera pública saludable". Una década después, en una era de "posverdad" y "hechos alternativos", esto no es un detalle menor.

Detrás del sencillo y atractivo relato público, la ASPM puede estar destinada a ser un arreglo complicado. Boeskov (2019) sugiere que la ambigüedad es inevitable en el trabajo musicosocial: no es algo que deba superarse, sino entenderse. Las imágenes de Abreu y Dudamel

---

15 Véase Spruce (2017) sobre los inconvenientes de la defensa de la educación musical.

codeándose con Chávez y Maduro, o de Ocampo en plena conversación con Álvaro Uribe, ilustran el tipo de tratos fáusticos en los que puede basarse la ASPM. Uno de los miembros de la primera generación de La Red reflexionó sobre la posibilidad de que, para los líderes de la ASPM, "vender su alma al diablo" podría ser una consecuencia inevitable de dirigir programas tan costosos. Tal vez sea probable que un programa de ASPM financiado con fondos públicos como La Red se apoye en este tipo de pacto: una financiación generosa (en comparación con otros programas), a cambio de servir como herramienta de publicidad política y control social. Parece que la instrumentalización de los estudiantes —su uso para fines adultos—, puede ser parte del trato. Estos programas pueden estar destinados a promover una visión de la acción social que resulte atractiva para los actores poderosos —más de reproducción social que de transformación—, y a permanecer suspendidos incómodamente entre la retórica progresista y las ideologías conservadoras.

Turino (2008) sostiene que los beneficios sociales de la música residen principalmente en sus manifestaciones participativas. Sin embargo, tanto en Medellín como en Venezuela, la exigencia de servir de imagen atractiva (de la ciudad, de la Revolución Bolivariana), junto con la estrecha alineación con las convenciones de la interpretación de la música clásica, ha empujado a los programas de la ASPM por un camino de la presentación. Están atrapados entre el discurso participativo y las expectativas de presentación, entre la búsqueda de objetivos sociales y la necesidad de demostrar los resultados a través de presentaciones musicales pulidas. En los programas de música con orientación social, el desarrollo de los estudiantes y el proceso educativo pueden verse comprometidos por el énfasis en las presentaciones externas y en poner una buena cara en todo momento (Howell 2017).

La presentación para la delegación de Harvard descrita en el Capítulo 4 es un buen ejemplo. El ensamble de Pedregal llegó con tiempo y estaba preparado para empezar a la hora prevista, pero en el último momento se anunció que la delegación llegaría tarde debido a los disturbios en los alrededores. Sin ningún tipo de dirección ni planificación, los estudiantes empezaron a trastearse con sus instrumentos, y pronto el trasteo se convirtió en una improvisación en toda regla, caótica pero efervescente, con los músicos tocando, cantando y rapeando. Fue una erupción sonora totalmente espontánea y alegre, y los líderes de La

Red observaron desde atrás con amplias sonrisas en sus rostros. Franco se dirigió a mí y me dijo: los niños pueden aprender mucha música muy rápidamente de esta manera. (Era un buen ejemplo del tipo de espontaneidad y creatividad en los espacios entre actividades formales que él buscaba.) Cuando llegó la delegación, hubo un repentino toque de atención para que los músicos se callaran y volvieran a sus lugares. "¿Por qué se detienen?", murmuró Giraldo en voz baja. "Esa es la mejor parte". Pero ser "la nueva imagen de Medellín para el mundo" supuso recortar esta actividad participativa, creativa y pedagógicamente rica, y dar prioridad a una actividad de presentación.

Este tipo de arreglo es un tema central de la exploración de Thompson (2009) sobre los "afectos de la actuación" en el teatro aplicado. Reconoce que "las idas y venidas del teatro aplicado siempre estarán integradas en procesos discursivos, políticos y culturales más amplios" (24), que las políticas culturales pueden ser emblemáticas y estar diseñadas principalmente para generar capital político, y que los artistas aplicados siempre son, en última instancia, parte del espectáculo de otros. En uno de sus estudios de caso, explora cómo las artes se pusieron al servicio de una reescritura problemática de la historia de Ruanda tras el genocidio del país, poniendo en escena visiones de la nación que coincidían con la política oficial. Su preocupación es que las artes puedan utilizarse para ordenar o limpiar la realidad social para el consumo público. Su respuesta es preguntar: "¿Hay algún potencial para que las artes abran la historia como un problema a explorar en lugar de un cuento a aceptar?" (86), y se propone buscar "formas de desvincular las prácticas escénicas de las estrategias de los poderosos" y mantener "la dificultad del pasado en el presente" (79). Para ello, se centra en el *afecto* más que en el *efecto*.

Los argumentos de Thompson son relevantes para la ASPM, y la presentación de Harvard ejemplifica algunos de sus puntos. La Red presentó una visión ordenada de la ciudad para consumo público mientras los estudiantes universitarios se dedicaban a desordenarla afuera. Thompson desconfía de las narrativas simplistas y estratégicas de los efectos, moldeadas por los deseos de los responsables políticos, y prefiere valorar los momentos espontáneos de movimiento afectivo que escapan a semejantes narrativas: "Estaba fuera de la estructura formal del taller, estaba fuera del formato narrativo del teatro desarrollado hasta ese momento y, en cambio, fue apreciado como una actuación alegre y a pequeña escala" (110). Podría haber estado describiendo la improvisación previa a la presentación de La Red. Al igual que Giraldo, Thompson piensa que esta espontaneidad —más que las narrativas idealistas de transformación—, es la mejor parte. Rechazando las lecturas simplistas y utilitarias, valida "el canto de la redención como un momento vital y afectivo, sobre el que los significados se mantienen deliberadamente turbios" (111). Su anécdota final se refiere a los jóvenes que hicieron cosas "equivocadas" en un taller de teatro: comer la comida equivocada en los lugares equivocados, reírse en los momentos equivocados, utilizar el escenario de forma equivocada. Sin embargo, su argumento es que hay algo tremendamente correcto en esta "incorrección". Si aquí hay claros ecos de la presentación para Harvard, también hay un marcado contraste con la cara oficial de la ASPM, centrada en la disciplina, el orden y tocar correctamente. Los argumentos de Thompson también encajan bien con los de Kertz-Welzel: los dos apuntan a un distanciamiento de las narrativas grandiosas e idealistas para encontrar valor en lo estético, lo afectivo y lo reflexivo. Implican que el valor real de la ASPM puede encontrarse no en el orden ilusorio de las buenas intenciones y de la retórica inspiradora que domina las narrativas oficiales, sino más bien en el desorden que Abreu, obsesionado por la disciplina, aborrecía.

Cambiar el lente del efecto al afecto puede ser productivo para la ASPM. Hay dudas sobre si la ASPM es *efectiva*, pero muchas menos sobre si es *afectiva*. Esos afectos no son necesariamente positivos, como hemos visto; la ASPM puede producir también respuestas negativas, lágrimas amargas además de alegres, y mucha ambivalencia. Pero hay un trabajo afectivo real, y la dimensión afectiva de la ASPM está más presente que sus ambiguos y a menudo imperceptibles efectos sociales. El liderazgo de Abreu y Ocampo se apoyó en su carisma y oratoria, en su poder afectivo. Este poder se vio amplificado por la intensidad de su enfoque de la educación musical. Construyeron procesos integrales que envolvieron a los participantes. Podríamos aprender más sobre la ASPM si prestáramos menos atención a sus discursos estratégicos de efectos y más a los ambiguos mundos afectivos que creaban.

Adoptar la utilidad social y el lenguaje del impacto y del efecto ha llevado a un aumento de la financiación, pero también "a una cierta atrofia de la práctica" (117), palabras que resuenan en la ASPM. Thompson también señala que la concentración en la utilidad ha tenido un efecto de drenaje en la investigación. El afecto tiende a estar en el centro del trabajo artístico y, sin embargo, en la periferia de la investigación, tal vez porque el afecto es complejo: es difícil predecir o controlar lo que va a suceder; no es necesariamente reproducible; no recorre una ruta lineal. Medir ciertos tipos de impacto es más fácil, pero puede llevar a restar importancia a la complejidad de ese trabajo. Thompson aboga por un giro afectivo en la investigación, que encajaría bien con los estudios que se ocupan de la complejidad en el arte y el desarrollo, citados a lo largo de este libro. Tal vez el futuro de la investigación de la ASPM debería ser pasar de centrarse en lo que funciona o no funciona —una investigación impulsada por afirmaciones oficiales y estratégicas—, hacia la exploración de la dimensión afectiva, que está mucho más cerca de las experiencias de los participantes.

Me quedan muchas preguntas. ¿Existe una versión de la ASPM que sea progresista en sus objetivos y métodos, que esté a salvo de la apropiación política y que sea atractiva para los financiadores? ¿Existe una versión de la ASPM que atraiga por igual a estudiantes, profesores, trabajadores sociales, investigadores e instituciones? Las dificultades de La Red en 2017–2019 se debieron, en parte, a las demandas contrapuestas de los diferentes grupos de interés. ¿Es posible que un programa satisfaga a todos? ¿Un camino intermedio es un arreglo aceptable, aunque complicado, o lo peor de ambos mundos?

Desde la perspectiva de la educación musical para el cambio social, es difícil no inspirarse en la visión de Vujanović (2016, 115) del "arte como bien público malo": "Un arte políticamente comprometido que critica la sociedad actual y promueve inteligiblemente órdenes sociales particulares, nuevos y mejores"; uno que "implica experimentos caóticos, fracasos, propuestas irracionales, líos ajenos, máscaras extrañas y gabinetes heterotópicos de maravillas donde no hay ninguna pregunta ilegítima y nadie está seguro de las respuestas correctas. Las respuestas aquí solo residen en experiencias de situaciones artísticas que abren temporalmente nuevos mundos posibles". Sin embargo, como señala Vujanović: "El concepto de 'arte como bien público malo' implica que el arte tiene el potencial de ser 'malo para' y 'malo desde' la perspectiva de los estados capitalistas neoliberales y su moral pública" (118). El artivismo, por su parte, "confronta, interroga o incluso se encoge de hombros ante el *statu quo*" y "amenaza la sabiduría convencional" (red de Artivismo, citado en Diverlus 2016, 191-92). ¿Son posibles estas visiones radicales en un campo tan costoso que depende en gran medida del apoyo político y del patrocinio de poderosos representantes de la sabiduría convencional y del *statu quo*?

Como señalan Lees y Melhuish (2015, 251), en el contexto de la regeneración impulsada por las artes, existe "una expectativa tácita de que las artes y la cultura sean acríticas o de 'mínimo riesgo' y, desde luego, de que no cuestionen o socaven las motivaciones de los financiadores y los responsables de las políticas sociales". Para Yúdice (2003, 16), el auge de la "conveniencia de la cultura" —de la que la ASPM es un ejemplo destacado—, ha reducido en gran medida el espacio para los enfoques críticos o lúdicos:

> las instituciones culturales y los financiadores recurren cada vez más a la medición de la utilidad porque no existe ninguna otra legitimación aceptada para la inversión social. En este contexto, la idea de que la experiencia del goce, la revelación de la verdad o la crítica deconstructiva puedan ser criterios admisibles para la inversión en la cultura resulta una idea tal vez digna de un sketch kafkiano.

La ASPM ejemplifica cómo las artes se han asegurado su lugar en la mesa al convertirse en una técnica de gobierno y, por tanto, en un vehículo para visiones limitadas de la acción social. La implicación es preocupante: que puede haber un espacio limitado para la ciudadanía artística o el cambio social cuando la cultura se aprovecha para fines utilitarios y objetivos gubernamentales como la inclusión social, la coexistencia pacífica o la renovación urbana.

Sin embargo, el programa de artes visuales de Medellín ofrece un rayo de esperanza, ilustrando que la educación artística institucionalizada puede permitir la superación de los límites. En la ASPM, también lo hacen figuras como Andrés Felipe Laverde (La Red) y André Gomes Felipe (NEOJIBA). Los individuos progresistas pueden forjar espacios como las escuelas San Javier y Liberdade dentro de instituciones más convencionales. Pueden surgir cuadros más optimistas si nos alejamos del panorama institucional para observar los detalles. Cómo se comparan las dos partes —limitaciones a nivel macro frente a posibilidades a nivel micro—, es una pregunta compleja y probablemente irresoluble.

Así pues, no solo los músicos pueden quedarse con ambigüedades y arreglos complicados. Soy muy consciente de que tengo más preguntas que respuestas, y de que he defendido conceptos o posiciones que pueden no encajar cómodamente (como la ciudadanía artística y la educación musical descolonizadora) o parecer algo contradictorios (como la educación musical para el cambio social y la crítica de Adorno/Kertz-Welzel). No me disculpo por ello. Estoy de acuerdo con Boeskov en que la ambigüedad es una característica de este campo, algo con lo que hay que lidiar y entender mejor, no superar y resolver. Espero estimular una mayor reflexión sobre estas cuestiones, no llevarlas a una conclusión nítida.

7. Posibilidades de Transformación

Tú ya sabes lo suficiente. Yo también. No es conocimiento lo que nos falta. Lo que nos falta es la valentía para comprender lo que sabemos y sacar conclusiones.

Sven Lindqvist, *Exterminate all the Brutes*

Son los críticos los que impulsan la mejora. Los críticos son los verdaderos optimistas.

Jaron Lanier, en *The Social Dilemma*

Fig. 31. Archivo de La Red de Escuelas de Música. CC BY.

© 2022 Geoffrey Baker, CC BY-NC 4.0   https://doi.org/10.11647/OBP.0263.07

Al director de orquesta Zubin Mehta le preguntaron sobre la música y la construcción de la paz. Él respondió:

> Mire, hace seis años fui con la Orquesta Estatal de Baviera a Cachemira, donde hindúes y musulmanes se sentaron juntos por primera vez a escuchar música. Y sonrieron escuchando a Beethoven y Tchaikovsky. Imagínense, ese era mi sueño cumplido. Pero está claro que no sirvió para resolver el conflicto. No, mi sueño de paz a través de la música no se ha cumplido. (Chavarría 2019)

Daniel Barenboim tenía una visión realista de los éxitos y de las limitaciones de su proyecto de la West-Eastern Divan Orchestra. Estaba orgulloso de sus logros, pero también negaba que fuera una "utopía" o "una orquesta para la paz", afirmando sin tapujos: "No podemos hacer eso" ("20 Jahre" 2019).

Ese equilibrio entre aspiración y realismo es menos evidente en el ámbito de la ASPM. El tono lo marca el director titular de El Sistema, Gustavo Dudamel, que proclamó en 2017: "Con estos instrumentos y esta música, podemos cambiar el mundo, y lo estamos haciendo" (Swed 2017). En las entrevistas, también, evita la cautela que muestran sus colegas directores, defendiendo en cambio una visión utópica de El Sistema y de la música en general.

Sin embargo, la brecha entre la retórica y la realidad es flagrante. El telón de fondo de la declaración de Dudamel es su "país al borde del colapso económico, un gobierno cada vez más autoritario que genera una posible crisis constitucional y manifestaciones perpetuas que podrían llevar a una revolución a gran escala" (*ibidem*). El Sistema es el experimento de ASPM más grande y de más larga duración, sin embargo, lejos de cambiar el mundo, ha visto cómo su país de origen se desmorona a su alrededor. En 2019, Dudamel dio una conferencia en la Universidad de Princeton sobre "la música como libertad";[1] mientras tanto, en Venezuela, los músicos de El Sistema se vieron obligados a actuar en la disputada toma de posesión del corrupto y autoritario presidente Maduro, la última de una larga lista de sometimientos y humillaciones políticas. ¿Dónde estaba su libertad?

El músico comunitario Dave Camlin escribe:

---

1 "La Música Como Libertad: Gustavo Dudamel en Princeton", 8 de enero de 2019, https://plas.princeton.edu/Dudamel.

> Llevamos mucho tiempo debatiendo sobre la música como fuerza para introducir cambios sociales o todas estas cosas y, sin embargo, no se ha traducido necesariamente en esos cambios. Creo que es importante que todos los que trabajamos en el sector cultural seamos capaces de analizar de forma realmente crítica nuestras prácticas para decir, ¿estamos marcando realmente la diferencia que creemos? (Camlin *et al.* 2020, 166).

Observando Venezuela, el corazón del campo, ¿está la ASPM marcando realmente la diferencia que cree?

De la Grandiosidad a la Ambivalencia: Reencuadrando la ASPM

La persistencia de una narrativa utópica frente a una evidencia tan contradictoria apunta a la ilusión y al exceso retórico como rasgos característicos de El Sistema (Fink 2016). Las declaraciones públicas de Dudamel ejemplifican una grandiosidad que se originó con el político-orador-fundador de El Sistema, Abreu, y se extendió por todo el campo (p. ej. Dobson 2016; Rimmer 2020). Aquí, los contrapesos como el realismo de Mehta o Barenboim escasean. La mayoría de los programas muestran los altibajos habituales de la educación musical y de las grandes instituciones, sin embargo, al mundo se ha presentado con afirmaciones exageradas sobre revelaciones y resurrecciones. Niños procedentes de familias estables, con aspiraciones y comprometidas con la educación han sido descritos como jóvenes en riesgo rescatados de una vida de delincuencia, drogas o prostitución; tocar en una orquesta juvenil se ha convertido en "tocar por su vida" y "cambiar el mundo". Como en el caso del urbanismo social de Medellín, un fenómeno interesante, atractivo, pero complejo y con resultados contradictorios, se ha sobrevenido como un milagro. Las aspiraciones se han confundido con los logros, y una mezcla de propaganda institucional, promoción, periodismo e incluso algunas investigaciones unilaterales han producido una narrativa dominante hiperbólica que está significativamente divorciada de la realidad.

El exceso retórico no se limita a la ASPM. Como señala Waisman (2004), la romantización y exageración del poder de la música europea en América Latina se remonta a los relatos de los misioneros españoles del siglo XVI, que escribían sobre sus propios esfuerzos supuestamente gloriosos para pacificar y convertir a la población indígena. Waisman sostiene que muchas personas se han tomado esas narraciones demasiado literalmente, en lugar de entenderlas como lo que eran: publicidad para los autores y sus órdenes religiosas. Los paralelismos con la ASPM no son difíciles de detectar.

Volviendo al presente, Kertz-Welzel (2016) analiza el idealismo y la romantización en el campo de la música comunitaria. La reciente evaluación de Mantie y Risk (2020) sobre los campamentos de música folclórica para jóvenes llamados Ethno-World reconoció que la gran mayoría de los participantes disfrutaban de su experiencia, pero también subrayó que muchas de las afirmaciones sobre el programa eran significativamente exageradas y demostraban una falta de conocimiento del campo más amplio de la práctica y la investigación de la educación musical. Los investigadores consideraron que el enfoque característico de Ethno-World era "más una consigna conveniente o un eslogan que un enfoque informado de los problemas de la enseñanza y el aprendizaje" (10); y sus afirmaciones de innovación pedagógica apuntan a "una ingenuidad potencialmente inquietante sobre todo lo que se sabe actualmente sobre la enseñanza, el aprendizaje y la facilitación de la música" (11). Existen estrechos paralelismos con la ASPM, en el que los eslóganes de Abreu han ocupado un lugar destacado, se han presentado como novedosas prácticas antiguas (de hecho, ampliamente criticadas) y se han pasado por alto muchos conocimientos actuales sobre la educación musical. Está claro que el aprendizaje de la música puede ser muy agradable para el grupo autoseleccionado que decide seguirlo en esos programas con carácter voluntario; el problema son las afirmaciones grandilocuentes que la acompañan, que a menudo no resisten el escrutinio.

El exceso retórico parece ser una característica del campo más amplio de la educación musical, pero es particularmente pronunciado en la ASPM, y no es solo una característica ornamental de este sector; es parte integral del modelo, el combustible con el que funciona. Ocampo motivó a los estudiantes inculcándoles la sensación de que tenían la misión de transformar el mundo a través de la música. Las percepciones de Abreu sobre la música superando la pobreza y la violencia podían estar basadas en ilusiones, pero inspiraron movimientos nacionales e internacionales. El lenguaje extraordinario, los grandes sueños y las promesas extravagantes mantuvieron estos programas en movimiento, generando el compromiso de continuar, la financiación y nuevos participantes para expandirse, y la atención de los medios de comunicación para generar energía. Los principales programas de ASPM suelen tener un responsable o equipo de comunicación. El Sistema tiene una oficina de prensa muy activa. Gran parte de la información que circula públicamente sobre la ASPM comienza como material de marketing producido por profesionales de la comunicación. Su trabajo consiste en generar una historia sencilla y atractiva y difundirla a través de los medios de comunicación convencionales y sociales. Este proceso contribuye a la tendencia general a exagerar los aspectos positivos y minimizar los negativos en el discurso sobre la ASPM. Los comunicados públicos suelen describir las intenciones como logros y se pasan de la raya de una manera que puede no reflejar las opiniones del personal más reflexivo. Cuando se presentó en una reunión de gestión un artículo de prensa sobre la gira de 2018 de La Red, los dirigentes se quejaron de que se hablara de que el programa "rescataba" a los niños, un discurso que no podían soportar. Los comunicados pueden incluso no reflejar las opiniones de la persona que los escribió. Un responsable de comunicación de Medellín me dijo: A menudo me pregunto si soy una mentirosa. Reconoció que su trabajo consistía en promover una visión idealizada de La Red que pasaba por alto las verdades menos convenientes.

No todos los escritos sobre la ASPM son tan románticos. Como hemos visto, los informes críticos sobre La Red se remontan a 2006; en el caso de El Sistema, a 1997 (Baker y Frega 2018). En los primeros, el propio personal musical de La Red describió el objetivo del programa como excesivamente utópico y más como un cliché que como una meta realista. En el segundo, la mayoría de los entrevistados de El Sistema estaban desilusionados por las contradicciones entre los valores declarados y las prácticas reales. No solo cuestionaron que el programa intentara siquiera perseguir sus objetivos sociales, sino que lo acusaron de fomentar comportamientos y actitudes contrarios a esos objetivos. Así pues, las diferencias entre la teoría y la práctica de la ASPM han sido conocidas por los participantes y los investigadores durante muchos años, y se han puesto por escrito. Sin embargo, todos estos informes eran internos, por lo que el número de personas ajenas a las organizaciones que lo sabían era mínimo. Lo que faltaba durante estos años no era el análisis crítico, sino su difusión. Quienes produjeron las críticas eran expertos en educación musical en América Latina y científicos sociales insertados en La Red, es decir, personas altamente calificadas y que conocían bien las realidades. Pero no tenían una plataforma pública. Por el contrario, la propaganda institucional, la defensa y los comentarios idealistas de los medios de comunicación tenían vía libre en la esfera pública, propagados por los líderes de los programas, los músicos famosos, los periodistas y otros grandes actores del sector de la música clásica, la mayoría de los cuales estaban más alejados de las realidades, pero tenían una historia que querían contar y un púlpito desde donde hacerlo.

Hoy existe una amplia cantidad de investigación crítica en circulación pública; hay un estudio extenso cuantitativo sobre El Sistema que revela claramente la endeblez de su teoría del cambio; incluso se cuenta con investigaciones que analizan directamente el exceso retórico (p. ej. Pedroza 2015; Fink 2016; Dobson 2016). Sin embargo, la narrativa dominante apenas ha cambiado. Solo unos pocos periodistas musicales se han apartado de la historia oficial, y son menos los que han profundizado en la investigación. La mayoría de las representaciones institucionales no han cambiado ni un poco. No se trata de una cuestión de falta de pruebas, sino de un rechazo colectivo a enfrentarse a ellas. Cuando empezó a publicarse la investigación crítica —no para descubrir problemas desconocidos, sino para redescubrir los conocidos—, ya era demasiado tarde. Para entonces se había construido un edificio global de ASPM, y el exceso retórico era el pegamento que lo mantenía unido. Como sugiere Rimmer (2020), había demasiados grupos poderosos que se beneficiaban de la historia de éxito como para que un relato más realista ganara algo más que un punto de apoyo: El Sistema se había convertido en algo "demasiado grande para fracasar".

El exceso retórico ha servido no solo como barrera para el debate público y la comprensión, sino también como freno al progreso. El Sistema es un ejemplo de ello: atascado en el tiempo de los años 70, paralizado por su propia mitologización y cegado por la arrogancia gracias a la adulación de los extranjeros. El idealismo también ha conducido a la perpetuación y propagación de los problemas a medida que el campo ha ido creciendo. Gracias a El Sistema, ha habido un resurgimiento de narrativas de salvación a través de la música que se remontan quinientos años pero que han sido problematizadas por estudiosos de la educación musical (p. ej. Gould 2007; Vaugeois 2007; Spruce 2017). La propagación de una historia inflada sobre sus logros solo hace más difícil que Venezuela y otros contextos poscoloniales dejen atrás esas concepciones colonialistas de la educación musical.

Así entonces, el exceso retórico no puede ser considerado simplemente como un poco de fanfarronería inocua. Como señala Easterly (2006, 18), "la nueva afición a la utopía no es solo una retórica inspiradora inofensiva", sino que tiene efectos perniciosos para el desarrollo. Tomar al pie de la letra la palabrería de la ASPM ha llevado a muchos a reproducir prácticas problemáticas, a evitar el pensamiento crítico, a mantener expectativas poco realistas y a resistirse al cambio. Las afirmaciones exageradas del campo también están dando forma a las políticas sobre música y acción social en todo el mundo. En 2018, la ONU y el BID promovieron a El Sistema como "un modelo de inclusión social para el mundo", sobre las bases más endebles. En 2019, México anunció la creación de un programa nacional IES, a pesar del estudio del BID de 2017 que revelaba que El Sistema no llegaba a los pobres y tenía efectos sociales insignificantes, y a pesar de una investigación periodística muy crítica del predecesor del programa mexicano IES, Esperanza Azteca (García Bermejo 2018). La fanfarronería derrotó a la investigación y se convirtió en la base de un programa nacional. Cuando el exceso retórico se consagra como política nacional o internacional, hay razones para preocuparse.

Muchos programas de ASPM operan ahora en contextos de financiación difíciles en los que hay perdedores y ganadores. Esperanza Azteca, por ejemplo, ha restado fondos a otros programas musicales ya existentes. El programa de orquestas juveniles de Salinas recibió grandes sumas de dinero público mientras los presupuestos estatales de cultura se reducían. La investigación mexicana informó: "El florecimiento de las orquestas y coros infantiles Esperanza Azteca […] ha ido de la mano de la cancelación de los festivales de teatro, música, danza y cine, la desaparición de las orquestas sinfónicas y la lucha por la supervivencia de los programas culturales comunitarios". Como decía su titular de forma concisa: "La cultura se asfixia; las Orquestas Aztecas florecen". El In Harmony Sistema England recibió una inversión considerable en un momento en el que la financiación de la educación musical en general estaba siendo recortada en casi un tercio en Inglaterra (Bull 2016), y lo hizo por motivos cuestionables (Rimmer 2020); Sistema Scotland ha florecido en un contexto igualmente preocupante (Baker 2017). El discurso excesivamente optimista de la ASPM puede, por lo tanto, tener implicaciones para el campo más amplio de la educación musical, desviando potencialmente los recursos y/o la atención de otros programas, incluyendo aquellos que pueden ser más efectivos, eficientes, equitativos o culturalmente relevantes. En México, al igual que en Venezuela (Baker 2014), impactó negativamente en otras artes también al acaparar recursos. Como argumenta Spruce (2017, 723) en un artículo dedicado en parte a los programas Sistema del Reino Unido, "la apropiación de la justicia social para sostener agendas políticas o discursos normativos dentro y fuera de la educación musical ha tenido el efecto de velar o silenciar paradigmas más radicales y potencialmente disruptivos de la educación musical y la justicia social".

En resumen, el exceso retórico de la ASPM tiene graves consecuencias prácticas. También plantea cuestiones éticas. ¿Es ético afirmar que un programa fundado para proporcionar formación profesional y ampliar el acceso a la música clásica es de hecho un programa social? ¿Lo es abogar por la inversión de fondos sociales en la formación orquestal con el argumento de que es socialmente transformadora sin contar con buenas pruebas? ¿Lo es ignorar pruebas importantes en contra? ¿Lo es consumir fondos que podrían destinarse a otros programas sociales de eficacia comprobada o a otros programas musicales con buena trayectoria? ¿Es el triunfo de la ASPM a expensas de los programas de educación musical y culturales existentes, como en México, algo realmente a celebrar?

Los expertos en desarrollo reconocen que los principales problemas sociales suelen ser "problemas intrincados" (o complejos) (Ramalingam 2013, 265). Además, es "moralmente censurable que el planificador trate un problema intrincado como si fuera un problema sencillo, [...] o que se niegue a reconocer la complejidad inherente a los problemas sociales" (Rittel y Weber, citados en *ibidem*, 269). Sin embargo, muchas de las frases favoritas de la ASPM —"desde el momento en que se enseña a un niño a tocar un instrumento, deja de ser pobre"; "un niño que empuña un instrumento nunca empuñará un arma"; "las orquestas y los coros son instrumentos increíblemente eficaces contra la violencia"—, son el paradigma del tratamiento de los problemas intrincados como si fueran sencillos. Una fórmula simple y universal como la creación de una orquesta no solo es poco probable que sea una solución, sino que puede impedir esfuerzos más realistas de cambio social; incluso podría, como sugieren algunas investigaciones sobre el desarrollo y la ASPM, empeorar los problemas. El pensamiento utópico puede "contribuir a ocultar y naturalizar las relaciones de poder que mantienen el *statu quo*. El hecho de ignorar cómo la música implica características tanto restrictivas como transgresoras puede reforzar, en lugar de transformar, las estructuras marginadoras que la creación musical supuestamente puede combatir" (Boeskov 2019, 191). La idea de aplicar un único enfoque en diferentes lugares y culturas es ampliamente criticada en los estudios sobre cultura y desarrollo (p. ej. Thompson 2009). Afirmar que las orquestas resolverán milagrosamente problemas sociales complejos como la pobreza y la violencia es una parodia del trabajo musicosocial, y enturbia la comprensión de la educación musical para el cambio social. El exceso retórico no es algo que deba descartarse como una peculiaridad inofensiva.

Tanto si miramos a Cachemira como a Oriente Medio o a Venezuela, la justificación de una visión muy optimista del poder social de las orquestas es escasa, como admitieron incluso directores famosos como Mehta y Barenboim. Las luchas en los dos primeros contextos no están más cerca de resolverse, mientras que Venezuela se ha deteriorado precipitadamente. La investigación crítica sobre la ASPM aumenta cada año, y algunos de los principios fundamentales del campo parecen claramente problemáticos a la luz de los estudios recientes sobre educación musical, justicia social y desarrollo. En Medellín, los otros programas municipales de educación artística les habían restado importancia a la formación técnica y al pensamiento mágico hacía años.

Por lo tanto, hay muchas razones para adoptar un enfoque más ambivalente de la ASPM. Puede que la crítica sistemática sea difícil de vender al mundo de la música en general, al que le gusta mucho más la narrativa del "poder de la música", pero es un paso necesario. El Sistema ha sido una de las iniciativas de educación musical más difundidas, promocionadas e imitadas del siglo XXI, y es la piedra angular de un campo de ASPM que ahora incorpora a cientos de miles de estudiantes en docenas de países de todo el mundo. Por lo tanto, profundizar en este campo es una tarea importante por derecho propio. Sin embargo, como sugieren Erik Olin Wright y Ruth Wright, la importancia del diagnóstico crítico va más allá de la búsqueda del conocimiento por sí mismo: es el primer paso en la investigación emancipadora o de justicia social, que pretende interrumpir un *statu quo* problemático y abrir la puerta a mejores alternativas (Wright 2019). La investigación crítica es un cimiento para las posibilidades de transformación.

Si las consecuencias de la grandiosidad pueden ser bastante perjudiciales, adoptar una postura más ambivalente puede ser una fuente de cambios positivos. Solo si se afrontan los defectos se pueden abordar seriamente. Criticar la disyuntiva entre mitos y realidades tiene un potencial liberador: puede catalizar la exploración y la experimentación, en lugar de la reproducción de ideas y métodos defectuosos. Puede fomentar la búsqueda de nuevos enfoques de la ASPM que se ajusten más a la investigación en este campo. En la actualidad, los estudios sobre la ASPM y otros campos afines aportan pruebas más que suficientes para sugerir que existe un margen considerable de mejora tanto en lo que respecta a la educación musical como a la acción social. El camino más rápido hacia esa mejora es el cuestionamiento crítico y el debate público, no la retórica grandiosa e idealista.

La ambivalencia no significa desvinculación o destrucción; no es un credo de negatividad. Puede respaldar la acción constructiva; el investigador ambivalente puede convertirse en "un facilitador o un catalizador del cambio" (Ander-Egg 1990, 36). Como señala Sloboda (2019), "el verdadero aprendizaje a menudo solo se produce tras el fracaso, y la comprensión del porqué". La ambivalencia nos anima a tomarnos más en serio cuestiones como el trabajo en equipo y la voz de los estudiantes, en lugar de asumir que se ocuparán de sí mismos. Abrazar la ambigüedad no es negar el potencial positivo de la música: se trata de cumplir con ese potencial.[2]

La historia de La Red ilustra este punto. Durante los primeros ocho años, el programa adoptó un enfoque similar al de El Sistema, que

---

2 Gelb (2004) afirma que abrazar la ambigüedad era una característica esencial del genio de Leonardo da Vinci y que hoy, en una era de sobrecarga de información y cambios rápidos, "la capacidad de prosperar con la ambigüedad debe formar parte de nuestra vida cotidiana" (150).

prefería la acción a la reflexión. Sin embargo, los informes de 2006 y 2008 revelaron que se habían acumulado muchos problemas como consecuencia de ello. Sus conclusiones subrayan que la actividad musical debe ir acompañada de investigación y reflexión críticas si la ASPM quiere alcanzar sus objetivos sociales. Además, esta documentación y análisis de los problemas constituyó la piedra angular de los esfuerzos por transformar el programa.

La investigación crítica —una etnomusicología o sociología de la educación musical ambivalente—, tiene, por tanto, un papel vital que desempeñar en el replanteamiento y la reconstrucción de la ASPM. Con demasiada frecuencia en el ámbito de la ASPM, a los investigadores se les ha pedido o han estado felices de desempeñar el papel de apoyo, borrando la línea que separa la investigación de la defensa. El reverso de esta moneda es que los investigadores críticos han sido pintados como el enemigo, que debe ser ignorado o descartado. Algunas ramas del campo de la ASPM tienen una visión maniquea de los estudios y de la crítica: "Con nosotros o contra nosotros". Sin embargo, La Red demuestra que hay otro camino. Desde 2006, el programa ha contratado a profesionales sociales para que hagan preguntas difíciles, no para que den palmaditas en la espalda a los líderes y al personal del programa y les digan lo que quieren oír. El equipo social ha sido visto a veces como una piedra en el zapato, tanto por el personal como por los estudiantes o incluso por los propios líderes y, sin embargo, quince años después sigue ahí. Cuando llegué al programa, me trataron como un colega y un aliado potencial en un proceso de autocrítica y cambio que el programa ya había iniciado. No tuve que jurar lealtad, ni adherirme a ninguna misión, ni adular a ningún líder. Con una apertura totalmente apropiada para una institución pública, La Red me abrió sus puertas, y desde entonces trabajamos juntos. Fue agradable descubrir que la práctica y la investigación crítica podían ir de la mano.

A la luz de esta experiencia, y también de breves intercambios con representantes de otros programas, creo que es eminentemente posible que la ASPM y los investigadores críticos trabajen juntos de forma productiva. Esto no significa que el investigador tenga que frenar sus facultades críticas. Por el contrario, propongo que un papel importante para los académicos debería ser el de adoptar lo que Belfiore denomina "un *ethos* de investigación anti-pendejadas", y comprometerse con la complejidad en la ASPM de una manera similar a la que Belfiore y Ramalingam han hecho con respecto al impacto social de las artes y la ayuda exterior. Este enfoque tiene un profundo fundamento histórico: el impacto social de las artes ha sido un tema de interrogación crítica durante más de dos milenios (Belfiore y Bennett 2008). Los académicos se encuentran en una posición privilegiada para explorar estas cuestiones, ya que las instituciones de educación superior aún pueden apoyar el trabajo que persigue una comprensión más profunda y no solo objetivos utilitarios.

Los estudiosos de la música a veces abogan por un tema en particular, quizás sugiriendo que la importancia de un compositor, obra, escena, género o artista no ha sido suficientemente apreciada. En el caso de la ASPM, sin embargo, con el apoyo abundante de los financiadores, la industria musical y los medios de comunicación, y las creencias generales a menudo excesivamente optimistas, los académicos tienen un papel que desempeñar para inyectar una nota de cautela y realismo. No es un camino hacia la popularidad, pero es un papel importante para los investigadores de la música en una época de posverdad. De hecho, cuanto mayor sean las afirmaciones, más necesario será este papel. Como sostiene Reimerink (2018, 194): "El urbanismo social de Medellín es considerado internacionalmente como una 'historia de éxito' en la transformación urbana, lo que hace que la investigación crítica sobre sus logros sea aún más urgente". Los investigadores urbanos han escudriñado críticamente el Milagro de Medellín desde muchos ángulos; han desterrado las patrañas promocionales y las han sustituido por críticas sofisticadas. La investigación sobre historias de milagros musicales no debería ser diferente. Este "*ethos* de investigación anti-pendejadas" también debería tener un elemento público: después de todo, la gente esperaría que se le informara de los inconvenientes y efectos secundarios de un programa de salud pública o de ayuda humanitaria, así que ¿por qué no de un trabajo musicosocial? ¿Por qué la música debería estar exenta de un examen serio, divorciado de los motivos de defensa? Es de interés general debatir las ventajas y desventajas de los modelos existentes y las posibilidades de mejora, sobre todo en los contextos en los que los programas de ASPM se financian con fondos públicos.

Tomar en serio los objetivos de la ASPM e investigar formas de lograrlos con mayor eficacia es un paso constructivo. Que se vea como tal depende de los programas y de sus representantes. Si están firmemente aferrados a una práctica, ideología o marca de educación musical concreta, entonces un investigador crítico puede aparecer como un antagonista. Pero si están comprometidos con la reflexión crítica y el cambio, como lo estaba La Red, entonces el mismo investigador puede aparecer como un aliado que podría contribuir a los procesos internos, y en ese punto comienzan a florecer las posibilidades de colaboración entre la práctica y la investigación. Si su pregunta central es "¿cómo podría funcionar mejor?", entonces pasar de una historia milagrosa a una evaluación más realista puede ser visto no como un desprecio sino como una contribución. Si la educación artística es tratada como un medio de control y reproducción social, entonces la investigación crítica no tiene lugar en la mesa; sin embargo, si es tratada como "un vehículo para la transformación, la reflexión y la crítica", como dijo Giraldo (Vallejo Ramírez 2017), entonces los profesionales de la ASPM y los académicos críticos pueden cenar felizmente juntos.

Mis opiniones habían provocado mi excomunión por El Sistema y sus aliados varios años antes, pero aquí, en un programa emblemático de la ASPM, no llamaron la atención. El equipo social de La Red tenía poco tiempo para "tonterías musicales". En las reuniones y en las conversaciones privadas, yo solía coincidir con los altos cargos de La Red. Me trataban como un analista de los problemas de la ASPM y partidario de soluciones progresistas, más que como un enemigo. Incluso me ofrecieron un puesto de trabajo. A su vez, envié un borrador avanzado de este libro a tres altos cargos (del pasado y del presente) y les invité a aportar sus comentarios críticos antes de finalizar el texto. Algunos otros programas de la ASPM me han tendido la mano, como NEOJIBA, Orquestra nas Escolas (Brasil) y Symphony for Life (Australia). En 2019, me invitaron a formar parte del comité científico de Démos (Francia). El diálogo y la colaboración son posibles si los responsables de los programas lo desean.

Mi experiencia en La Red puso en tela de juicio los binarios habituales en la ASPM, como el de "interno" versus el "externo", la "práctica" versus la "investigación", y la "defensa" versus la "crítica". Muchos otros individuos también cruzaban estas fronteras imaginarias.

En el equipo social había investigadores críticos que trabajaban dentro de La Red; y había educadores musicales que se interesaban por la investigación. Franco, el coordinador pedagógico, insistía a menudo en que la investigación debía ser una parte integral de la educación musical: una curiosidad o *ethos* exploratorio que iba de la mano del aprendizaje musical. La Red de Artes Visuales de Medellín es un ejemplo cercano de cómo el pensamiento crítico y la práctica pueden funcionar bien juntos; de hecho, de cómo la práctica puede derivarse de la investigación crítica.

Lo más importante es que la reevaluación crítica de La Red a partir de 2005 fue dirigida por sus propios empleados, y dos de los artífices de este proceso entre 2017 y 2019 fueron músicos. Un *ethos* crítico se convirtió en *parte de* La Red, no en algo ajeno u opuesto a ella, y el debate tuvo lugar no entre los de adentro y los de afuera, los defensores y los críticos, sino entre los partidarios de enfoques contrastados dentro del programa. El punto central de este libro ha sido que, si La Red resultó ser más compleja en realidad de lo que la percepción pública de la ASPM permitía, se trataba de un diagnóstico *interno*. La dirección del programa era a la vez defensora *y* crítica de La Red, y mostraba poco interés por las opiniones optimistas de observadores con escaso conocimiento de los retos de la misma. Espero que desvelar estas dinámicas contribuya de alguna manera a derribar algunas de las barreras y dicotomías imaginadas que limitaron la circulación del conocimiento en la ASPM durante la década de 2010.

Los principales problemas de El Sistema fueron descubiertos por primera vez por investigadores latinoamericanos en 1997. Un conjunto creciente de investigaciones sobre programas afines revela que algunos de estos problemas se han encontrado en otros lugares del ámbito de la ASPM. Ahora podemos ver que La Red muestra un panorama comparable. ¿Cuántas pruebas más se necesitan? ¿Cuántas veces necesitan los investigadores encontrar problemas similares en diferentes partes del campo antes de que se tomen en serio? Siguiendo el ejemplo de La Red, es hora de ir más allá de las historias milagrosas y de las narrativas de salvación que han dominado la comprensión del público y buscar debates más críticos y visiones más matizadas e innovadoras de la educación musical con orientación social. Hay tantos músicos como investigadores que ya están involucrados en este proceso, pero muy a menudo separados. Cuando los programas reconocen los problemas y abrazan la reflexión crítica y el cambio, los investigadores pueden contribuir ayudando a deconstruir el mito dominante de la ASPM y a reconstruir algo mejor en su lugar.

Del Acceso a la Acción: Replanteando la ASPM

El último elemento en la ecuación de la investigación emancipadora son las posibilidades de transformación. Este capítulo se ha centrado hasta ahora en las posibilidades de transformación del discurso de la ASPM y en la renovación de la relación entre la práctica y la investigación crítica. Pasemos ahora a las posibles transformaciones de la propia ASPM y a reimaginarla desde un lugar de ambivalencia y crítica.

El objetivo principal de este libro ha sido descriptivo más que prescriptivo —presentar y analizar los procesos internos de crítica, debate y cambio que se han producido durante muchos años dentro de La Red, y compararlos con la piedra angular del campo, El Sistema. Como etnógrafo de la educación musical, considero que mi papel es observar y diagnosticar más que prescribir: intentar hacer las preguntas correctas más que dar las respuestas correctas, como sugiere Ramalingam. Ya existe una amplia literatura sobre cómo se ve o podría verse una educación musical de alta calidad socialmente comprometida. Además, hago caso a las advertencias de Ramalingam sobre los peligros de los planes de acción. Las respuestas pueden ser diferentes en cada contexto, por lo que deben buscarlas sobre el terreno los educadores musicales, los trabajadores sociales, los responsables políticos y otros profesionales. Según mi experiencia, quienes *quieren* trasladar el pensamiento crítico a la práctica son perfectamente capaces de hacerlo sin que los investigadores les den instrucciones. Donde hay voluntad, hay un camino.

Intentaré conciliar estos dos objetivos un tanto contradictorios — imaginar posibilidades de transformación, pero sin prescribir soluciones—, ofreciendo una serie de preguntas o indicaciones. Se trata de una invitación a la reflexión más que de una receta; preguntas para la consideración del lector más que pasos a seguir. Apuntan a algo más profundo que las soluciones rápidas o las respuestas inmediatas: una nueva mentalidad, que esté en sintonía con un mundo en evolución en lugar de permanecer atado a las prescripciones del siglo XX. Como decía Lecolion Washington en el capítulo anterior: "No se puede cambiar solo la táctica, hay que cambiar la forma de pensar".

Estas preguntas animan al lector a imaginar una ASPM latinoamericana, socialmente impulsada, emancipadora, realista y sostenible. No se trata de un sueño en vano: todos sus elementos están siendo explorados hoy por educadores musicales, artistas, investigadores y pensadores en América Latina y en todo el mundo. Lo que se necesita es una ampliación y profundización de estos esfuerzos dentro de la ASPM, el apoyo de los financiadores nacionales e internacionales y de los organismos de coordinación y, sobre todo, la voluntad de poner las preguntas críticas en la parte superior de la agenda y de reimaginar la ASPM para la década de 2020 y más adelante.

¿Cómo Podría Ser una ASPM Latinoamericana?

La versión de la ASPM del siglo XX nació en 1975, pero se remonta a 1875 e incluso a 1575. Es un ejemplo destacado de lo que Boaventura de Souza Santos (2018, 1) llama "el Sur imperial": "Las pequeñas Europas epistemológicas que se encuentran y son a menudo dominantes en América Latina, el Caribe, África, Asia y Oceanía".

Su objetivo era ampliar el acceso a la música clásica, y se construyó y giró en gran medida en torno al repertorio, los métodos y las ideologías europeas. Las giras y visitas a Europa eran lo más destacado. A pesar de los esfuerzos esporádicos por la diversidad, tenía poco espacio para la cultura de las poblaciones indígenas o afrodescendientes y, por lo tanto, se hizo eco de la "conquista musical" de las Américas por parte de Europa en el siglo XVI (Turrent 1993). Sin embargo, la mayoría de los géneros musicales emblemáticos de América Latina, como el tango, la samba, la cumbia y el son, surgieron de los sectores más pobres y marginados de la sociedad, donde se concentraban dichas poblaciones. Ya es hora de abandonar la visión ortodoxa de la ASPM de dichos sectores como desiertos culturales necesitados de una transferencia de arte europeo por parte de sus superiores sociales, y abrazar plenamente la realidad de que han sido históricamente la fuente más poderosa de riqueza e innovación cultural en las Américas. Ya se están llevando a cabo algunos replanteamientos y reformas decoloniales, pero podrían desarrollarse de forma mucho más profunda y amplia en el ámbito de la ASPM. Hay espacio para debatir mucho más sobre las limitaciones, así como las contribuciones, de un enfoque europeo a la educación musical en América Latina y los horizontes abiertos por un cambio epistemológico del tipo previsto por Shifres y Gonnet (2015).

¿Podemos imaginar una ASPM basada no en los modelos jesuíticos o de conservatorio europeos, sino en las aportaciones propias de la región? ¿Una que no se basara en una concepción de la educación musical como ordenamiento y control social, sino en las tradiciones latinoamericanas de la celebración comunitaria, la música familiar o la inseparabilidad de la música y la danza? ¿Una que mirara a Salvador o Santiago en lugar de Salzburgo? Fung (2018) propone una filosofía de la educación musical basada en el antiguo pensamiento chino; ¿podemos imaginar un equivalente latinoamericano?

La "Paideia Con Salsa" de Keil y la *batidania* de AfroReggae ofrecen ejemplos de enfoques afrodiaspóricos de la educación cultural y la ciudadanía artística (véase el Capítulo 5). Hay muchas otras formas culturales latinoamericanas con un potencial similar, como la capoeira (Candusso 2008) o la *samba de roda*. Su gran ventaja es que el aspecto social es una parte integral y vital de la cultura musical. Muchas de estas formas evolucionaron como maneras de fortalecer el tejido social dentro de las comunidades marginadas. El elemento social no es una capa discursiva ni una distracción de la música. Desde este punto de vista, parece más que irónico que la orquesta —una organización musical europea en la que la experiencia social de los participantes era históricamente una preocupación mínima—, se haya convertido en el modelo paradigmático de la ASPM en América Latina. La paradoja solo aumenta si consideramos la autoconstrucción histórica de la música clásica como autónoma de lo social (Born 2010; Bull 2019). ¿Cuál es la lógica de elegir este género como vehículo de acción social, en lugar de uno en el que lo musical y lo social siempre han estado estrechamente entrelazados?

El contraste entre la ASPM y el teatro en América Latina es muy revelador. En los años 70 se creó El Sistema, obra de un economista conservador venezolano, y se consolidó el Teatro del Oprimido, que Augusto Boal basó en las ideas del educador radical brasileño Paulo Freire. El programa de Boal, basado en el análisis crítico de la sociedad, revolucionó la enseñanza del teatro en todo el mundo. El de Abreu, fundado en el disciplinamiento de los participantes, también ha sido influyente a nivel internacional, pero ha sido más bien una contrarrevolución en la educación musical (Baker 2016b), y su falta de método deja interrogantes importantes sobre lo que precisamente se transfiere a otros contextos más allá del nombre (Frega y Limongi 2019).

Más recientemente, el teatro ha sido testigo de una autocrítica y experimentación considerable con respecto a la figura del director.[3] La ASPM, en cambio, sigue centrada en el director de orquesta, y El Sistema ha servido tanto de línea de producción de maestros como de bastión del pensamiento convencional sobre la dirección musical. Se podrían haber esperado experimentos radicales de un programa juvenil en medio de una revolución política, pero ha ocurrido lo contrario. Es revelador que las ideas modestamente progresistas sobre la educación musical exploradas por La Red en 2017–2019, que resultarán familiares para muchos lectores expertos en este campo, fueran polémicas dentro del programa y una desviación de la norma en la ASPM latinoamericana. Quitando la retórica, la ASPM ortodoxa presenta una ideología vieja y familiar: un músico es alguien que toca un instrumento orquestal; tocar en un ensamble grande es el objetivo principal de la educación musical; la presentación de un repertorio conocido en un concierto público es tanto el objetivo como la medida del proceso. La ASPM ha visto la retransmisión de una ideología europea muy antigua en todo el mundo, ligeramente filtrada a través de un lente latinoamericano. Esta es una de las razones por las que El Sistema ha sido adoptado tan fácil, rápida y ampliamente por las instituciones dominantes: es instantáneamente reconocible y comprensible para los que están impregnados de esa ideología.

Pero, ¿cómo podría ser una Música del Oprimido? ¿Qué tipo de contribución podría hacer a la educación musical en todo el mundo? ¿Podría, al igual que el método de Boal, poner patas arriba las tradiciones en lugar de mantenerlas? ¿Podría catalizar nuevas ideas y prácticas en lugar de revivir o consolidar las antiguas?

América Latina es el foco de este libro y mi principal área de interés, pero los lectores de otras partes del mundo, especialmente fuera de Europa, podrían trasladar esta pregunta a su contexto. ¿Es el modelo

---

3   Véase, por ejemplo, "Re-directing: Directing in the Twenty-first Century", Conferencia internacional, Departamento de Patrimonio Cultural, Universidad de Salento, Lecce, Italia, 2 al 4 de octubre de 2019; Duška Radosavljević, "The Heterarchical Director", https://podcasts.ox.ac.uk/heterarchical-director-model-authorship-twenty-first-century.

eurocéntrico la mejor opción para la ASPM? ¿Qué alternativas puede haber? ¿Podrían imaginarse otras formas de ASPM basadas en filosofías nacionales o regionales?[4]

¿Cómo Podría Ser una ASPM que Dé Prioridad a lo Social?

¿Podemos imaginar una ASPM que no parta de una práctica musical establecida y tome lo social como medio para justificarla, financiarla, reproducirla, comercializarla y difundirla, sino que parta de los objetivos sociales y busque la forma de hacer música (del tipo que sea) más adecuada para alcanzarlos? ¿Una que ponga la música al servicio de lo social y no lo social al servicio de lo musical?

Hess (2019) ofrece un buen ejemplo de este tipo de inversión. Su modelo pedagógico se deriva de escuchar y reflexionar sobre músicos activistas. Se preguntó qué hacían esos músicos y cómo era la música para el cambio social, y luego consideró qué tipo de educación musical podría conducir a ese objetivo. La propuesta resultante es un nuevo tipo de educación musical basado en la música para el cambio social, y no una antigua forma de educación musical enmarcada en un discurso social. Partir del objetivo social deseado, más que de la formación de músicos profesionales, podría revolucionar la ASPM.

Impartir la educación musical de forma más "social" puede ser un paso positivo (si la educación es adecuada y de calidad), pero es posible dar pasos más radicales. Por ejemplo, un programa de música que haga hincapié en un estrecho abanico de géneros podría promover la convivencia, si se hiciera bien, pero en su mayoría entre personas con ideas afines. Un enfoque más ambicioso consistiría en buscar la cohesión cultural catalizando los intercambios musicales, culturales y sociales

---

4   No estoy abogando simplemente por un enfoque nacionalista de la ASPM, aunque podría estar justificado en un contexto en el que la cultura nacional se ve eclipsada por la global y la supervivencia o el renacimiento cultural es una prioridad. Un enfoque nacional y/o regional puede tener sentido en un país poscolonial como Colombia. Sin embargo, en una antigua potencia colonial sumida en el nacionalismo de derechas como el Reino Unido, podría ser preferible un enfoque opuesto: por ejemplo, centrarse en las músicas y las historias de las regiones colonizadas por los británicos y en la variedad de culturas que conforman el país en la actualidad como resultado. Por lo tanto, no apunto a un enfoque único de la ASPM, sino a una mayor flexibilidad y experimentación y, sobre todo, a una mayor consideración de las cuestiones político-culturales y a la interrogación de la educación artística que perpetúa las relaciones desiguales de origen colonial.

entre personas con diferentes intereses y antecedentes musicales. Hess señala: "Al considerar lo que podría significar enseñar para la conexión, introduciendo músicas que permitan a los estudiantes encontrarse con personas más allá de aquellas con las que normalmente interactúan, creamos un mecanismo para humanizar de forma tangible a diferentes grupos" (78). Esto es precisamente lo que hizo el proyecto de la escuela San Javier de Medellín. Durante mi trabajo de campo hubo otros experimentos de poner lo social en primer lugar, como los Mediadores de Cultura Ciudadana, la jornada para el personal administrativo de La Red y el laboratorio afro, y se vieron muy diferentes a la ASPM ortodoxa.

La ASPM no se originó como una práctica o método; fue una etiqueta publicitaria para ampliar el acceso a la formación musical clásica convencional. Como dijo un miembro del equipo social en 2018, La Red llevaba dos décadas exhibiendo a sus alumnos en conciertos, festivales y giras, pero no tenía un modelo educativo distintivo. Tras casi medio siglo de funcionamiento, El Sistema no ha producido métodos o recursos únicos y compartibles. Los orígenes de la ASPM son como una forma acelerada e intensificada de formación orquestal. Las recientes adaptaciones en algunos lugares han atenuado la intensidad y los extremos, pero entonces la pregunta es en qué se diferencia la ASPM de la educación musical convencional, y la respuesta parece ser que no en mucho. Aunque ha habido una serie de esfuerzos para concebir El Sistema como un método o enfoque pedagógico distintivo, la investigación en Venezuela (Baker 2014; Frega y Limongi 2019), los Estados Unidos (Hopkins, Provenzano y Spencer 2017; Fairbanks 2019) y el Reino Unido (Dobson 2016; Baker 2017) sugiere que la práctica es a menudo bastante convencional. El reto actual, por tanto, no es simplemente frenar los excesos de la ASPM, sino también construir un nuevo modelo. Un número cada vez mayor de educadores musicales progresistas entiende que la cuestión de la inclusión debe girar no en torno a la ampliación del acceso a los espacios y prácticas existentes y exclusivos, sino a la creación de otros nuevos e inclusivos.

Entonces, ¿cómo podría ser un *método* de ASPM latinoamericano — uno distintivo, no uno familiar en un entorno desconocido, y uno que pudiera ser explicado y compartido con otros? ¿No solo clases grupales, sino una pedagogía grupal, cuidadosamente pensada y sustentada en la investigación, impulsada por las posibilidades distintivas que ofrece el aprendizaje grupal y no solo por un afán de masificación (Cobo Dorado 2015)? ¿Una que no se limitara a imitar las pedagogías coloniales o europeas y a restringir la diversidad a la incorporación de repertorios locales, sino que constituyera una pedagogía musical latinoamericana y mestiza (Serrati 2017)? ¿Una pedagogía basada en un cambio epistemológico y que abra un "encuentro de saberes" (Carvalho et al. 2016)?

Si el objetivo social es realmente primordial, los procesos y resultados de la ASPM deberían reflejarlo. En lugar de tomar como modelo a la orquesta sinfónica profesional, la ASPM podría mirar a campos como la música comunitaria y la musicoterapia, que ofrecen muchos ejemplos de poner lo social en primer lugar, o a las tradiciones musicales altamente participativas en las que, como argumenta Turino (2016, 303), "el éxito de un evento se juzga por el grado de participación alcanzado; se presta más atención a la etiqueta y la calidad de la socialidad que a la calidad del sonido y el movimiento producidos". La primera especialidad de Turino fue la música de Perú; su visión ofrece otro indicio para la ASPM en América Latina. En la música comunitaria también se ha reflexionado mucho sobre cómo la calidad artística podría imaginarse de manera diferente en las artes participativas en comparación con las artes performativas (p. ej. Bartleet y Higgins 2018). Kajikawa (2019, 169) detalla varios músicos y proyectos musicales que "valoran la comunidad tanto o más de lo que aspiran a la perfección estética. [...] El trabajo de estos y otros individuos y organizaciones sugiere que hay otras formas de apreciar la belleza de la música que van más allá de las dimensiones técnicas del sonido". Hay muchos ejemplos existentes en los que la ASPM podría fijarse para replantearse y dar prioridad a lo social.

Otra inversión interesante es la que proponen Henley y Higgins (2020), que sugieren redefinir los términos "excelencia" e "inclusión". En lugar de considerar la excelencia como un producto y la inclusión como un proceso, invierten el guion. Este enfoque tiene mucho sentido para la ASPM: implica examinar el proceso educativo y el grado de inclusión (en lugar de las presentaciones públicas) para determinar la calidad del programa. Señala un camino más allá de los interminables debates sobre la excelencia en los antiguos programas de ASPM, como La Red, respondiendo con la pregunta "¿excelencia en *qué*?"

Mediadores de Cultura Ciudadana incluyó el programa "Impro para la Vida", que exploró sistemáticamente (y con humor) las lecciones del teatro improvisado para la vida cotidiana. ¿Cómo podría ser una "Música para la vida"? ¿Música para *buen vivir* o *eudaimonia* en lugar de para tocar bien?[5]

¿Cómo Podría Ser una ASPM Emancipadora?

Desde el siglo XVI, la educación musical al estilo europeo ha sido conceptualizada como desempeñando un papel de pacificación y ordenamiento de la sociedad latinoamericana (Baker 2008; 2010). Para los colonos españoles, era una herramienta de control social, y en manos de Abreu, que llevó el modelo de las misiones a una reaparición en la década de 1970, se mantuvo como tal hasta el final de su vida. Es hora de imaginar una ASPM que busque liberar en lugar de disciplinar; que vea a la juventud en términos de potencial y creatividad en lugar de vacío, desviación y desorientación; que imagine un futuro diferente. Uno que trate la educación musical no como una herramienta para doblegar a los jóvenes ante las normas sociales, sino para reflexionar sobre y, si es necesario, cuestionar el *statu quo*. Uno que siga el ejemplo de los investigadores de la juventud de Medellín (*Jóvenes* 2015), o que se inspire en la política agonista de Mouffe (2013), en el arte socialmente comprometido de Sachs Olsen (2019) o en la subversión urbana de Mould (2019). Una que reimagine la ASPM no como una técnica armonizadora de "la ciudad postpolítica", sino como "espacios libres": "Nodos para la experimentación de nuevas posibilidades urbanas [...] donde se experimentan formas alternativas de vivir, trabajar y expresarse, donde se escenifican nuevas formas de acción social y política, donde se reelaboran las economías afectivas, [...] donde surge una verdadera política democrática urbana" (Swyngedouw 2007). Una que considera la movilidad social como un esfuerzo colectivo y no individual, que busca mejorar comunidades enteras y no principalmente las vidas de los estudiantes de música exitosos (Folkes 2021). Una que no encarna una misión colonialista para salvar a otros, sino una búsqueda decolonial o antiopresiva para liberar a todos de las desigualdades sistémicas que aumentan la infelicidad y los problemas en todos los niveles de la sociedad (Wilkinson y Pickett 2010).

---

5   Salazar 2015; Mignolo y Walsh 2018; Smith y Silverman 2020.

El equipo social de La Red soñaba con ese cambio. Su informe de 2017 se abría con una cita de Alfredo Ghiso que concluye: "Se necesita entonces, una educación que libere, no que adapte, domestique o sojuzgue" ("Informe" 2017a, 3). Más adelante citan a Fernando Savater: "La educación es la única posibilidad de una revolución sin sangre, no violenta y en profundidad de nuestra cultura y nuestros valores" (184). Citaron a estos autores para animar al programa a hacer más.

Hess (2019, 103) ofrece una alternativa concreta a la orientación al déficit individual de la ASPM ortodoxa: una educación musical activista que "crea un espacio para que los jóvenes conecten sus experiencias con las de otros, desafíen las narrativas dominantes y desarrollen una comprensión sistémica de las fuerzas que dan forma a sus vidas". A diferencia de la ASPM ortodoxa, concede todo el valor a las propias experiencias vividas por los estudiantes, trata de conectarlos no solo con personas afines sino también con otras más alejadas de sus realidades, y anima a los participantes a desafiar las ideologías opresivas en lugar de disciplinarse a sí mismos. Una ASPM replanteada podría adoptar un enfoque de educación no formal o popular, en lugar de uno colonialista o de capital humano (Maclean 2015): esto permitiría una conexión más estrecha con las tradiciones latinoamericanas de aprendizaje musical y educación radical, más espacio para la ciudadanía artística y mejores resultados psicosociales. Como señalan Ilari, Fesjian y Habibi (2018, 8), "los efectos de las intervenciones musicales en las habilidades sociales de los niños pueden ser [...] más robustos en las formas participativas de hacer música [...] que, en los programas de aprendizaje formal, en particular los que tienden a ser de naturaleza jerárquica". La ASPM podría tratar de trascender la ideología de la interpretación musical de grandes ensambles como expresión de la armonía, y considerar el potencial de la música para explorar y expresar la disonancia.

¿Cómo Podría Ser una ASPM Realista?

La versión ortodoxa de la ASPM se construyó sobre una versión del siglo XX del idealismo romántico, compartida por sus creadores y por muchos de los que la han observado, filmado, escrito y defendido (Pedroza 2014; Fink 2016). En este libro he presentado y defendido la investigación realista. Pero, ¿y si el realismo no se detuviera ahí, sino que se extendiera a los propios programas? ¿Qué pasaría si la ASPM se tomara en serio la crítica de Adorno al idealismo en la educación musical y, en su lugar, adoptara una dimensión crítica que "consiste en hacer visible lo que el consenso dominante tiende a oscurecer y borrar"? (Mouffe 2013, 93). Para Adorno, argumenta Kertz-Welzel (2005, 7), "el arte tiene que ser verdadero y la música debe ser un espejo de las condiciones reales de la sociedad. [...] La música como agente social tiene que despertar a la gente, tiene que elevar la conciencia respecto a la alienación de los seres humanos. El arte tiene que desafiar a la sociedad y a los seres humanos para romper el poder de la supresión, la alienación y el endiosamiento". En consecuencia, Kertz-Welzel (2011, 16) rechaza el idealismo en favor del realismo, tal y como se expone en el Capítulo 6: "Una filosofía de la enseñanza no debe basarse en ideales pseudoreligiosos". Estas visiones no son tan diferentes de la del equipo social de La Red en 2017–2019, que insistió en que el arte debe ser una herramienta para nombrar y comprometerse con los problemas de la sociedad, no para escapar de ellos.

La investigación en los estudios de desarrollo suele desconfiar de las panaceas, las fórmulas mágicas y los diseños grandiosos y utópicos (p. ej. Scott 1998; Easterly 2006). Ramalingam (2013, 351) propone:

> Al intentar provocar el cambio, los agentes de desarrollo deben centrarse menos en la atribución de impactos ("¡lo hemos conseguido!"), sino en los objetivos más modestos y realistas de la contribución a los resultados ("así es como hemos ayudado a cambiar los conocimientos, las actitudes, las relaciones y los comportamientos"), cuyos impactos están determinados en gran medida por los agentes y los factores que escapan al control de cualquier organismo.

Una ASPM realista podría evitar los ideales de cambiar el mundo o vencer la pobreza o la violencia y centrarse (como la Red de Artes Visuales de Medellín) en intervenciones urbanas y sociales concretas y realistas. Mouffe (2013, 102) cita el ejemplo de un museo de Barcelona basado en una pedagogía crítica que conectaba a los artistas y las prácticas artísticas con los movimientos sociales y las luchas políticas locales: "Se organizaron varios talleres en torno a temas como la precariedad laboral, las fronteras y las migraciones, la gentrificación, los nuevos medios de comunicación y las políticas emancipadoras". Hay ecos del trabajo de Barrett (2018) en el CLCS. Una ASPM realista podría comprometerse con la noción de Stephen Duncombe de un "espectáculo ético", en el que la música no es un escape o una puesta en escena, sino que "miembros de los movimientos sociales participan democráticamente en la creación del espectáculo" (Silverman y Elliott 2018, 380). Podría distanciarse de los espectáculos poco éticos y autoritarios de orden y disciplina que reproducen las jerarquías culturales y sociales y ponen a los jóvenes en exhibición sin darles voz.

Una ASPM realista podría evitar los modelos lineales simplistas y basarse en cambio en la investigación sobre la complejidad realizada por personas como Ramalingam: "El pensamiento de la complejidad puede ayudar a describir y explicar mucho mejor nuestro mundo, nuestra relación con él y con los demás —*con mucho más realismo y fidelidad*—, que las herramientas que nos ha transmitido la física del siglo XIX" (2013, 362; énfasis añadido). Ramalingam sostiene que el pensamiento jerárquico, vertical y proyectista es inadecuado e incluso contraproducente en un mundo de sistemas adaptativos complejos. Defiende el valor de los sistemas ascendentes y autoorganizados, que permiten la plena interacción entre los actores: "Desde la perspectiva de los agentes adaptativos, el borde del caos se plantea como la posición óptima para el aprendizaje […]. El verdadero aprendizaje se produce cuando las organizaciones se acoplan en el borde, donde las nuevas ideas llegan a un entorno que es flexible y adaptable" (186). Su consejo es "dejarse llevar y dejar que los individuos con desviaciones positivas se autoorganicen en formas que les permitan encontrar sus propias soluciones. Esto es especialmente difícil para los actores […] que están impregnados de una poderosa autoimagen de ser los que arreglan y dan soluciones" (278). Aboga por una "educación mínimamente invasiva" (328): dar a los niños las tecnologías y dejar que se dediquen a aprender y a compartir ideas, con poca intervención de un profesor, en lo que llama un "Entorno de Aprendizaje Autoorganizado" (330).

Esta visión sofisticada pero también realista del aprendizaje al borde del caos difícilmente podría estar más lejos de la ASPM ortodoxa, con su obsesión por la disciplina, el orden, los directores y las orquestas, que Abreu comparó con admiración con un reloj suizo (véase Baker 2016a). Recordemos a Peerbaye y Attariwala (2019, 4), que caracterizaron a las orquestas como "jerárquicas y rígidamente estructuradas en cuanto a los procesos de creación y producción y a los protocolos de toma de decisiones", y como necesitadas de "desarrollar flexibilidad para enfoques nuevos y más complejos". De hecho, Ramalingam sostiene la improvisación del jazz (y rechaza la música clásica) como respuesta a su pregunta: "¿Cómo aprendemos a dejar de lado nuestros conocimientos, nuestra formación y nuestra experiencia para aprender a ser más adaptables?" (190). Cierra su libro con una visión: "En el futuro, la ayuda exterior no sería una industria exportadora, esclerótica y rígida, moldeada por la política de suministro y los modelos mentales del fordismo temprano. La ayuda se parecería al mundo del que forma parte: fluido, dinámico, emergente" (363). Sustituir "ayuda exterior" por "ASPM" encapsula el pasado del campo y apunta a un posible futuro.

Aunque sus reformas solo se lograron parcialmente en la práctica, lo que Giraldo y Franco soñaban en La Red era algo bastante parecido al Entorno de Aprendizaje Autoorganizado de Ramalingam. También ellos imaginaron espacios más flexibles, en los que los adultos tenían un papel más reducido y los alumnos compartían y buscaban soluciones entre ellos. Intentaron introducir en La Red un espíritu más parecido al de la improvisación del jazz. El momento en que los vi más contentos con la actividad musical de La Red fue durante la improvisación en el evento de Harvard: no planificada, autoorganizada, más que un poco caótica, pero vibrante y cautivadora. La visión educativa de Ramalingam se ha hecho realidad en la educación musical no formal; ¿podría hacerse realidad en la ASPM?

Desde un punto de vista más personal, las músicas latinoamericanas que más me gustan —por ejemplo, la salsa, o la timba, la rumba y el hip-hop cubanos—, tienen un realismo y una ambigüedad que se pierden en el idealismo y la utopía de la ASPM. A menudo hablan de la vida en la calle; tienen un toque de picardía —una especie de pavoneo que los cubanos llaman "guapería"—, y raíces en las músicas latinoamericanas de resistencia que se remontan a la época colonial. Estos géneros construyen comunidad, pero sus músicos principales son a menudo figuras complejas; muchos no son, ni pretenden ser, dechados de virtudes. Esta ambigüedad da a las músicas una fuerza vital particular. La voluntad de normalización en la ASPM —el enfoque en la disciplina, el orden, el respeto, la responsabilidad—, deja de lado mucho de lo que hace que las músicas latinoamericanas sean especiales para mí. También minimiza la corporalización, que es un aspecto fundamental de estas músicas.

¿Es realmente la capacidad de inculcar disciplina lo que los músicos aman de la música? ¿Cómo podría la ASPM ser más que esto? ¿Cómo podría ser una ASPM estéticamente realista, que reflejara la ambigüedad de las músicas latinoamericanas, que se comprometiera con la complejidad de la vida real en lugar de negarla, encerrando a los niños en una burbuja de idealismo y sueños de otro lugar? ¿Cómo podría sonar una ASPM realista? ¿Cómo podría *sentirse*?

¿Hay entonces lugar para el idealismo o el utopismo? Los estudiosos de la cultura y el desarrollo han revelado sus peligros. El supuesto utopismo de Abreu era en realidad un ejemplo de lo que Foucault (1991, 169) llamó "un sueño militar de la sociedad". Sin embargo, una ASPM despojada de todo utopismo podría ser un asunto bastante árido. Ruth Wright ofrece una salida a este enigma. Señala las "utopías reales" arraigadas en la "pedagogía utópica": no tanto la búsqueda de un ideal social futuro como "un *ethos* de experimentación orientado a tallar espacios de resistencia y reconstrucción aquí y ahora" (Coté, Day y dePeuter, citados en Wright 2019, 222). Wright ofrece un utopismo que se basa en las realidades y los objetivos alcanzables de las aulas de música, en la práctica y la investigación de vanguardia en la educación musical, en lugar de en afirmaciones grandiosas sobre cambiar el mundo, o en la imaginación de una sociedad perfectamente ordenada y armoniosa que funciona como un reloj suizo. Describe las pedagogías activistas, colaborativas y creativas en la búsqueda de "nuevas utopías sociales, no en el sentido de futuros perfectos inalcanzables, sino en términos de fomentar espacios de experimentación y resistencia social, fomentar lo colectivo, volver a comprometer a las comunidades con lo político" (225). Esta es una forma de idealismo pedagógico o educativo, centrado en proporcionar a los estudiantes de música precisamente el tipo de habilidades que neutralizan los peligros del utopismo. No se trata de la utopía de Abreu de jóvenes disciplinados, obedientes y apolíticos que tocan al unísono y siguen el *tempo* del maestro; es una utopía de músicos autónomos pero colaborativos, creativos, críticamente reflexivos y políticamente comprometidos, cada uno con su propia voz, que persiguen una armonía dialéctica que abraza la disonancia, así como la consonancia (Fink 2016).

¿Cómo Podría Ser una ASPM Sostenible?

Algunos afirman que si hay un ámbito en el que se necesita sobre todo la acción social hoy en día, es en la lucha contra la crisis climática. Un sistema económico orientado a la producción y el consumo excesivos está llevando al planeta al borde del abismo. Características de este sistema como la contaminación, el exceso de trabajo, el estrés y la falta de tiempo libre también traen consecuencias para la salud física y mental de los seres humanos y su calidad de vida. Cada vez son más los pensadores y activistas sociales que se oponen y buscan formas de vida más sostenibles que alivien la presión sobre el planeta y aporten beneficios y placeres adicionales a otros ámbitos de la vida humana.

Basándose en el cuestionamiento de la ideología del crecimiento por parte de los economistas radicales (p. ej. Raworth 2017), el manifiesto de Soper (2020) para una "vida poscrecimiento" propone que lo que es bueno para el planeta también es bueno para nosotros. Una existencia menos centrada en el trabajo y "un modo de vida menos acosado y adquisitivo" abren las posibilidades de "aliviar el estrés tanto de la naturaleza como de nosotros mismos. Si la circulación de personas, bienes e información se ralentiza, se puede reducir el ritmo de desgaste de los recursos y las emisiones de carbono, y liberar tiempo para las artes de vivir y las relaciones personales" (53). Si una sociedad con escasez de tiempo y dominada por el trabajo es mala para la salud física y mental de los trabajadores, el juego ofrece un enfoque alternativo: "Hay un placer especial en la concentración del juego y en la incertidumbre de su resultado, y al 'perder' más tiempo en las actividades 'inútiles' del juego, en lugar de 'invertirlo' en la actividad laboral instrumental, esta gratificación va en contra de la lógica mercantilista de nuestro tiempo" (86).

Ha surgido una constelación de movimientos "lentos" como formas de crítica y resistencia a la intensidad de la vida moderna (Craig y Parkins 2006), y el culto al trabajo se enfrenta a un escrutinio cada vez mayor (p. ej. Campagna 2013; Frayne 2015; Suzman 2020). Algunos autores se centran en el ángulo medioambiental, otros en el político. Frayne, por ejemplo, considera que el ajetreo es un enemigo de la democracia, ya que las personas necesitan tiempo para ser ciudadanos políticamente activos. Es uno de los pensadores que articulan una política del tiempo (libre). Estos movimientos no se limitan al Norte global: el *sumak kawsay*/Buen Vivir es un ejemplo importante de pensamiento y acción sobre el decrecimiento, la sostenibilidad y la calidad de vida desde el Sur global (Salazar 2015; Mignolo y Walsh 2018), y las poblaciones indígenas de muchas partes de América del Sur y Central articulan principios similares (Houtart 2011).

Si esta coyuntura histórica está generando nuevas filosofías de acción social, también reclama nuevos tipos de acción social por la música, mejor alineados con los esfuerzos para afrontar los mayores problemas y desafíos de nuestro tiempo. La ASPM ortodoxa, sin embargo, señala el camino hacia atrás. El Sistema "producía músicos como salchichas", en palabras de uno de sus miembros (Baker y Frega 2018), lo que refleja la base ideológica de Abreu en el capitalismo industrial de mediados del siglo XX (Baker 2014). En palabras del propio fundador, El Sistema se reducía al trabajo duro. Su visión era sencilla: "Crecemos, crecemos, crecemos". Aborrecía el ocio y no tenía ningún interés en la participación o el activismo de base. El Sistema se centraba en una cosa: acelerar e intensificar el proceso de formación orquestal. Sus afirmaciones musicales siempre han sido sobre más: más grande, más fuerte, más rápido. Reunió a más de 10.000 músicos para un concierto en memoria de Abreu.

El Sistema surgió gracias a una bonanza petrolera. El programa se desarrolló sin ninguna concepción de los límites ecológicos, haciendo volar a grupos de hasta trescientos músicos y acompañantes por todo el mundo y estimulando el consumo masivo de maderas duras tropicales para los instrumentos (Lafontant Di Niscia 2019). Después de 2007, la imagen dominante de la ASPM era la de la Orquesta Juvenil Simón Bolívar, en gira continua por las grandes salas de concierto del mundo. En 2019, cuando empecé a escribir este libro, Greta Thunberg lideraba a los jóvenes en las protestas por el clima en todo el mundo, pero las orquestas juveniles latinoamericanas seguían volando por los continentes sin otra razón que la de dar conciertos. Estos supuestos programas sociales para la juventud parecían casi ajenos al mayor problema social de su tiempo para los jóvenes.

Shevock (2021) insta a la educación musical para el cambio social a prestar mayor atención a las cuestiones ecológicas. La ASPM debería reconocer que el mundo actual no necesita un *ethos* de disciplina y normalización, sino una nueva mentalidad; no son los individuos los que necesitan corregir su rumbo, sino las ideologías económicas y políticas. El planeta no necesita "crecer, crecer, crecer"; por el contrario, los humanos necesitamos replantearnos nuestra obsesión por el crecimiento. Como sostiene Raworth (2017), tenemos que volver a centrarnos en prosperar. Acelerar e intensificar es precisamente el enfoque equivocado para nuestra época.

Un sistema de educación musical que reproduce el *ethos* del sistema económico y social que nos metió en este lío, difícilmente señala el camino para salir de él. Por el contrario, "las mismas virtudes que definieron el progreso humano —nuestra productividad, ambición, energía y trabajo duro—, podrían llevarnos a la perdición" (Suzman 2020, 303). Si "somos el calentamiento global" (Simms 2011), entonces el entrenamiento musical sofocante es el modelo equivocado para la educación musical de masas en la década de 2020, especialmente para la educación musical con objetivos sociales.

La ASPM necesita nuevos representantes —personas arraigadas en las realidades de la década de 2020, que puedan inspirar nuevos tipos de acción y activismo sociales. O, para ir más lejos, tal vez debería abandonar por completo los representantes, a la luz de la historia mixta del campo de líderes carismáticos pero autoritarios, cultos a la personalidad y gestión vertical. Tal vez lo que se necesita son principios, conceptos o símbolos que puedan ser apropiados y adaptados por cada comunidad o programa, incluso por cada individuo, y que se desarrollen a través de procesos horizontales de construcción colectiva.

Un funcionario de la Secretaría de Cultura Ciudadana de Medellín criticó a La Red por ser un sistema de producción musical rápida y argumentó que había que frenar: "Paremos, hagamos una pausa, respiremos y repensemos". Este podría ser un lema para la ASPM en la década de 2020. ¿Cómo podría ser una ASPM que apoyara la búsqueda de nuevas formas de imaginar la vida social? ¿Una que estuviera conectada con los movimientos sociales de nuestro tiempo que están respondiendo al cambio climático y repensando los sistemas sociales, políticos y económicos que han contribuido a él? Recordemos la descripción de Mignolo y Walsh (2018, 64) del *sumak kawsay*/Buen Vivir como "la interrelación o correlación armoniosa de y entre todos los seres (humanos y no) y con su entorno". Este es precisamente el tipo de convivencia que deberíamos buscar en la década de 2020: una que abarque la armonía entre la humanidad y el mundo natural, así como entre las personas.

¿Cómo podría ser un modelo de poscrecimiento para la ASPM? Varkøy y Rinholm (2020) dan una pista, proponiendo la adopción de la lentitud y la resistencia en la educación musical como forma de oponerse al consumismo, a la acción constante y al crecimiento económico, y contribuir así al desarrollo de una sociedad más sostenible. Otra señal la proporciona Todes (2020), que aplica el modelo de la Economía del Donut de Raworth al sector de la música clásica. Merece la pena trasladar este ejercicio de reflexión a la ASPM y desarrollarlo. Ofrece un ejemplo —aunque solo sea un breve esbozo—, de cómo repensar el modelo convencional de funcionamiento del sector musical a la luz del pensamiento radical contemporáneo sobre las cuestiones sociales más urgentes.

El ámbito de la música clásica está empezando a comprender la importancia del localismo, y parece cada vez más probable que con el tiempo dedique más atención al trabajo comunitario local y menos a las giras internacionales (Brown et al. 2020). Lebrecht (2021), imaginando un sector revolucionado que resurge de las cenizas de la COVID-19, proclama: "Lo local es lo nuevo global". La ASPM debería liderar este movimiento, en lugar de inspirarse en un programa con un modelo centrípeto y basado en la exportación. Que los estudiantes de música lleven a cabo proyectos ecológicos es un paso positivo, pero repensar la ASPM a través del lente de la ecología y de la sostenibilidad requiere otro más: reflexionar sobre las formas en que la industria, la velocidad y el crecimiento se entretejen en la ortodoxia del campo al nivel más profundo, impregnando su ideología y sus prácticas, y replantearlo en términos de educación sostenible (Rustin 2020).

Sea cual sea el camino que finalmente se tome, la década de 2020 exige un espíritu muy diferente en la ASPM: uno consciente de los problemas sistémicos y en sintonía con los esfuerzos para abordarlos; conectado con los movimientos progresistas que defienden el valor de la sostenibilidad, de la calidad de vida y del tiempo libre; comprometido con el juego y la creación y no solo con el trabajo y la presentación musical; y con la mirada puesta más allá de las necesidades de la profesión y de la industria musical.

Conclusión

El Sistema reedita la misma ideología y dinámica de la educación musical que ha prevalecido en América Latina desde el siglo XVI. Los paralelismos entre los coros de músicos indígenas que interpretaban música europea como símbolo de civilización y las orquestas de jóvenes de barrio que interpretan música europea como símbolo de transformación social son difíciles de pasar por alto. Sobre este sustrato se asienta una visión de la ASPM configurada por el capitalismo industrial y el desarrollismo de mediados del siglo XX. Es hora de pensar en la ASPM de una manera completamente diferente: sin jerarquías de cultura y valor; sin construir al estudiante de música como inferior y necesitado de corrección; sin basarse en principios de intensidad, velocidad, magnitud y crecimiento.

Las respuestas a las preguntas planteadas en este capítulo pueden provenir no solo de las voces más progresistas de la ASPM, sino también de proyectos de base más pequeños. La ASPM ha recibido una atención y una financiación desproporcionadas porque su narrativa atrae a los políticos y a los medios de comunicación, y en algunos casos ha desplazado otras visiones, pero tiene mucho que aprender de los programas más pequeños, que a veces tienen un espíritu más contemporáneo y una agenda más radical.[6] En Colombia hay muchos proyectos de este tipo, que trabajan en circunstancias más difíciles, con poblaciones más desfavorecidas o de forma más innovadora u holística que la ASPM ortodoxa, a menudo con más de una forma de arte a la vez. Puede que la ASPM sea más antigua, más grande y más famosa, y era novedosa en algunos aspectos cuando se creó, pero se ha desarrollado lentamente desde entonces y ha sido superada a medida que han avanzado otras formas de educación artística con orientación social, a menudo más en sintonía con el pensamiento y las prácticas de los movimientos sociales. También hay organizaciones progresistas que vinculan la práctica y la investigación en América Latina, como el FLADEM y el Observatorio del Musicar, que reciben mucha menos publicidad que la ASPM pero que sirven de incubadoras de ideas y prácticas innovadoras. Más allá de la región, la música comunitaria

---

6   En la conferencia SIMM en Bogotá en 2019, algunas de las prácticas e ideas más dinámicas fueron presentadas por pequeños proyectos en zonas periféricas con poca presencia de los medios de comunicación.

ha seguido en general un camino diferente al modelo de los grandes ensambles, y ha perseguido el trabajo creativo, participativo, no jerárquico y en pequeños grupos durante décadas, poniendo en práctica muchas de las ideas propuestas en la Parte II (y otras). El hecho de que estos enfoques sigan siendo algo novedoso en la ASPM es un testimonio de la influencia conservadora de Abreu y El Sistema en este campo. Una mayor atención a las alternativas prometedoras fuera del ámbito de la ASPM —programas musicales más pequeños, flexibles y ágiles, u otros proyectos de educación artística como las redes de Danza, Teatro y Artes Visuales de Medellín—, podría acelerar el progreso dentro del mismo.

Las respuestas también tendrán que venir de otra fuente: las universidades y los conservatorios. La reforma o revolución en la ASPM se verá obstaculizada a menos que se refleje en la formación de los músicos en la educación superior. No se puede esperar que los profesores de música apliquen eficazmente métodos e ideas que no han formado parte de su propia formación. La investigación de Zamorano Valenzuela (2020) sobre la formación de profesores de música activistas en una universidad pública chilena señala un camino.

En muchos sentidos, esta invitación a reimaginar la ASPM podría extenderse a muchas partes del mundo. En muchos lugares se plantea la cuestión de crear un plan de estudios y una pedagogía más acordes con el contexto local y los objetivos sociales. Se trata de un área en la que los programas más imaginativos están avanzando y es un camino que atrae a otros. Seguir esta línea no responderá a todas las preguntas planteadas en este libro, pero será un gran paso adelante. Adoptar un enfoque emancipador y realista, centrado en los recursos más que en los déficits y en la reflexión crítica más que en la disciplina, puede que no ate todos los cabos sueltos, pero también representaría un avance significativo. Una mayor atención a la sostenibilidad, mientras tanto, sería un paso positivo en cualquier lugar del mundo.

Como he argumentado en repetidas ocasiones, los problemas de Medellín y Venezuela no son exclusivos de esos contextos. En el transcurso de congresos, visitas y conversaciones con educadores e investigadores de la ASPM en otros países, he visto que detrás del discurso público idealista, existen retos, complejidades y limitaciones similares, y hay personal dispuesto a dar cuenta de ello de forma realista (en privado). Hay otros programas que sufren de falta de profesores adecuadamente formados, o que tienen dificultades para llegar a los más desfavorecidos, o que ofrecen una pedagogía y un currículo conservadores, o que generan deseos profesionales en contextos donde hay pocas oportunidades laborales relevantes. Mi investigación puede centrarse en Colombia y Venezuela, pero no se detiene ahí.

Pese a las declaraciones de Abreu y Dudamel, la música de orquesta no va a cambiar el mundo. La educación musical en grandes ensambles existe desde hace siglos; no va a acabar de repente con la pobreza, la violencia o la delincuencia. Los directores más reflexivos, como Mehta y Barenboim, no consideran que la música sea una solución mágica a "problemas intrincados". El arte puede, por supuesto, tener efectos sociales, pero rara vez son directos o lineales, de ahí que Clarke (2018) prefiera la noción más contingente de posibilidades sociales en lugar de impacto. La música puede ser una fuente de catarsis, consuelo, inspiración o revelación, pero la idea de que enseñar a los niños a tocar el violín disolverá los "problemas intrincados" es una ficción, una perniciosa si resta importancia a los esfuerzos más serios para abordar esos desafíos y comprender los efectos sociales de la música.

¿Qué puede hacer la ASPM? ¿Puede hacer algo más que mantener a los niños ocupados y fuera de las calles? Si busca el desarrollo de habilidades sociales de una manera más enfocada, aborda temas como la ciudadanía y el empoderamiento, concibe la educación musical como una acción política y ética, y aprende de los modelos más prometedores de educación musical y cambio social, ofrecerá más a los participantes y se comprometerá más directamente con la sociedad fuera de sus muros. Y si en los próximos años surge una ASPM latinoamericana, socialmente impulsada, emancipadora, realista y sostenible, entonces la promesa del campo podrá hacerse realidad.

Epílogo

> Somos una especie testaruda: una especie que se resiste profundamente a realizar cambios profundos en nuestro comportamiento y nuestros hábitos, incluso cuando está claro que necesitamos hacerlo. Pero [...] cuando se nos obliga a cambiar, somos asombrosamente versátiles.
>
> James Suzman, *Work*

Cuando puse la pluma en el papel en 2019, planeé escribir un libro sobre el cambio en la ASPM. Sentí que este tema merecía más atención. Con el proceso de reforma en Medellín que se inició en 2005 y el auge de la investigación crítica sobre la ASPM desde 2014, el argumento para el cambio se estaba formando. Entonces, en 2020, golpeó la COVID-19. Unos meses después, George Floyd fue asesinado, catalizando el resurgimiento del movimiento Black Lives Matter. Los temas que se abordan en este libro pasaron de ser corrientes subterráneas en algunas partes del campo de la ASPM a ser preocupaciones importantes en muchas. Mientras escribo estas últimas palabras a finales de 2020, el cambio ya no es un interés personal o minoritario: son pocos los que no se han visto obligados a afrontarlo en los últimos meses. En consecuencia, este parece el momento adecuado para centrarse en el cambio en la ASPM y prestar atención a un programa que ha estado lidiando con él durante los últimos quince años.

Los tumultuosos acontecimientos de 2020 no plantean nuevas preguntas para la ASPM, sino que intensifican las existentes, que se han ido acumulando poco a poco en este campo durante años. Ya se habían detectado problemas en el modelo; el cambio ya era necesario; pero ahora la necesidad es más clara y apremiante. Por tanto, las crisis de 2020–2021 pueden considerarse un catalizador para un cambio necesario y positivo. Si cuando empecé a escribir había buenos argumentos para replantear la ASPM, esos argumentos no han hecho más que reforzarse a medida que voy terminando.

COVID-19, Black Lives Matter y la Educación Musical

La COVID-19 puso de manifiesto dos asuntos tratados en capítulos anteriores: el enfoque en grandes ensambles y la ASPM como "canal" a la profesión musical. De repente, el problema de los grandes ensambles estaba presente en todas partes, porque la COVID-19 los convirtió en un riesgo y un lastre. Hacer música colectivamente se convirtió en un foco de preocupación, ya que los medios de comunicación diseminaron historias de ensayos de coros como eventos de "alta propagación". Los grandes ensambles quedaron inservibles a corto plazo y se plantearon interrogantes sobre su futuro a largo plazo. La ASPM se vio obligada, por tanto, a repensar su principal instrumento y reclamo.

El virus también puso en tensión la profesión de la música clásica, haciéndola parecer más difícil que nunca. Además, suscitó más dudas sobre el deseo de Abreu de formar a un gran número de jóvenes procedentes de circunstancias económicas modestas para esta carrera. La idea de la formación orquestal como vía para salir de la pobreza siempre ha parecido algo dudosa fuera de una economía de burbuja de la música clásica como la de Venezuela, pero en 2020, con la desesperación en aumento incluso entre los músicos de bastante éxito y los rumores de un éxodo de la profesión en algunos países a medida que se evaporaban las oportunidades de trabajo, parecía especialmente descabellada. Por lo tanto, parecía muy cuestionable que los programas de la ASPM siguieran centrándose en la producción masiva de músicos de orquesta.

Black Lives Matter (BLM), por su parte, dio mucha más importancia y urgencia a los problemas existentes de raza, eurocentrismo y descolonización que habían estado girando suavemente alrededor de la educación musical, los estudios musicales y el sector de la música clásica durante algunos años. La ISME incluyó la descolonización como área prioritaria en su nuevo plan estratégico de seis años (2020–2026). Su boletín del 30 de junio de 2020 se comprometió a realizar un ejercicio de autocrítica y cambio, refiriéndose a "confrontar y desafiar las prácticas colonizadoras que han influido en la educación en el pasado y que todavía están presentes en la actualidad y a menudo se perpetúan a través de los planes de estudio, las relaciones de poder y las estructuras y sistemas institucionales", y aspirando a "fomentar la reflexión crítica y las acciones dentro de la Sociedad". También se puso en marcha el Grupo de Interés Especial en Educación Musical Descolonizadora e Indigenizadora de la ISME, y el Grupo de Interés Especial El Sistema pasó a llamarse Educación Musical para el Cambio Social —un relevo simbólico.

Como ilustra la declaración del ISME, el asesinato de George Floyd provocó una oleada de respuestas y, en algunos casos, un examen de conciencia por parte del sector de la educación musical, sobre todo en Norteamérica. Por ejemplo, el MayDay Group, al igual que muchas organizaciones, hizo una declaración que no solo "denuncia la violencia contra las personas y comunidades negras y se solidariza con quienes buscan la justicia a través de la acción política en todo el mundo", sino que también se centra en un *mea culpa*:

> El asesinato de George Floyd, patrocinado por el estado, representa una tragedia más en una historia de siglos de violencia supremacista blanca que impregna todos los sectores de la sociedad, incluidos todos los aspectos de la profesión de la educación musical (p. ej. publicaciones, conferencias, medios de comunicación social, planes de estudio, pedagogía, prácticas de contratación). A menos que, y hasta que, los educadores musicales blancos estén dispuestos a reconocer sus privilegios, a asumir la responsabilidad de su pasado y el impacto que tiene en el presente, y a comprometerse a crear un futuro impregnado de justicia, la lista de nombres a los que se ha añadido George Floyd nunca terminará. Durante demasiado tiempo, los negros —junto con los indígenas y las personas de color—, han sido llamados a trabajar contra la corriente de los sistemas impregnados de privilegios blancos. Nos comprometemos a unirnos a este trabajo, a tratar de examinar cuidadosamente el papel del privilegio blanco en nuestra historia como organización, y a desmantelar las estructuras que perpetúan este privilegio a medida que el MayDay Group avanza.[1]

El Sistema USA no fue una excepción y publicó una declaración en su página web, que comenzaba así: "Estamos de luto con las muchas familias de todo Estados Unidos que han sufrido pérdidas increíbles debido al abuso policial, a los perfilamientos raciales y a la opresión sistémica".[2] Terminaba diciendo:

---
1 "Statement of Solidarity and Commitment to Antiracism", 15 de junio de 2020, http://www.maydaygroup.org/2020/06/mayday-group-actions-for-change/.
2 "Statement of Response to the El Sistema-Inspired Community", junio de 2020, https://elsistemausa.org/statement-of-response-to-the-el-sistema-inspired-community/.

Nos inspira de nuevo el llamamiento a la acción del maestro José Antonio Abreu en su discurso del Premio TED 2009:

(El Sistema) "Ya no pone la sociedad al servicio del arte, y mucho menos al servicio de los monopolios de la élite, sino el arte al servicio de la sociedad, al servicio de los más débiles, al servicio de los niños, al servicio de los enfermos, al servicio de los vulnerables, y *al servicio de todos aquellos que claman por la reivindicación a través del espíritu de su condición humana y la elevación de su dignidad."* (énfasis en el original).

Ambas organizaciones respondieron a los acontecimientos actuales expresando empatía y solidaridad con los afectados, pero hay una diferencia notable entre sus declaraciones. La de MayDay ofreció una autocrítica organizativa y un compromiso de cambio; la de El Sistema USA no ofreció nada de eso. El Sistema USA no mencionó lo que realmente preocupaba a MayDay: las formas en que la propia educación musical ha participado históricamente en el racismo estructural y, por lo tanto, ha sido parte del problema en el corazón de BLM. Mientras muchas instituciones de educación musical aceptaban su responsabilidad y se comprometían con la acción reparadora, El Sistema USA ofreció una visión de continuidad y reafirmó su fidelidad a la filosofía de Abreu. Su declaración sobre la raza terminó con las palabras de un eurófilo blanco, que no mencionó la raza.

En este sentido, Abreu era una figura inapropiada para invocar en el apogeo del BLM. Es más, él y su filosofía son ejemplos arquetípicos del problema que MayDay identificó. Miembro de la élite blanca venezolana, Abreu privilegió la interpretación de música clásica de compositores blancos europeos y de ascendencia europea. En su boca, la palabra "música" era sinónimo de música clásica, sobre todo europea (Baker 2014). Abreu le dijo a Lubow (2007): "Como músico, tenía la ambición de ver a un niño pobre tocar Mozart". En una entrevista televisiva, afirmó: "El Sistema rompe el círculo vicioso [de la pobreza] porque un niño con un violín empieza a enriquecerse espiritualmente: [...] cuando tiene tres años de educación musical, toca Mozart, Haydn, ve una ópera: ese niño ya no acepta su pobreza, aspira a salir de ella y termina venciéndola" (citado en Argimiro Gutiérrez 2010). Como ilustran las palabras de Abreu, El Sistema es una institución que no "ve" ni habla de la raza; sin embargo, no ver la raza es muy diferente de un compromiso con la justicia racial (Cheng 2019), y el eurocentrismo de su enfoque dista mucho de ser imparcial (Crenshaw 2019). Abreu y El Sistema argumentaron que la música clásica podría salvar a los niños de todo el mundo (muchos de ellos negros, indígenas o de color) "de una juventud vacía, desorientada y desviada". En un mundo pos-George Floyd, esto parece no solo una organización que trabaja dentro de un "marco racial blanco" (Joe Feagin, citado en Ewell 2020) sino también un ejemplo paradigmático de la supremacía blanca y del pensamiento colonialista en la educación musical (Kajikawa 2019).

Iconoclasia

Edward Colston fue un político y filántropo británico de los siglos XVII y XVIII que fundó casas de beneficencia, escuelas y hospitales en Bristol. Por sus buenas acciones, fue conmemorado en los nombres de lugares, calles y escuelas locales, y en 1895 se erigió una estatua en su memoria. El 7 de junio de 2020, la estatua fue derribada y arrastrada al puerto por manifestantes del BLM, en retribución simbólica por las actividades de Colston como comerciante de esclavos. Años de críticas y campañas no habían surtido efecto, y finalmente los manifestantes se tomaron la justicia por su mano. El choque entre los valores de Colston y los de la sociedad contemporánea de Bristol se había vuelto excesivo.

No tendremos que esperar siglos para ver el choque entre los valores de Abreu y los de los educadores musicales progresistas. Ya antes de su muerte no estaban en sintonía. El autoritarismo de la vieja escuela y la dominación de los estudiantes; las prácticas de trabajo extremas; la dinámica patriarcal y la exclusión sistémica de las mujeres de las funciones más prestigiosas; la teoría de la pobreza basada en el déficit; la retórica de la salvación; la clara jerarquización de las músicas: todo ello son reliquias desagradables de una época anterior. La misión de transformar las vidas de los jóvenes de grupos minoritarios en las sociedades pos-coloniales a través de la música orquestal europea; convertir a los estudiantes de música en herramientas de propaganda política para un régimen autocrático; sobornar a los periodistas y perseguir a los críticos: no necesitamos esperar hasta 2120 para ver lo que está mal aquí, sobre todo si la justicia social es una aspiración. "¿Problemas? Crecemos, crecemos, crecemos", dijo Abreu. En un mundo pos-George Floyd, este tipo de encubrimiento político de los problemas graves ya no es aceptable para muchos educadores y activistas que persiguen el cambio social.

En 2005, cuando La Red fue reorientada, las imágenes de Ocampo fueron retiradas de las escuelas del programa. Pero El Sistema y sus afiliados siguen colocando estatuas a su ídolo, rindiendo homenaje a Abreu en todo momento. En 2020, cuando el asesinato de Floyd y el movimiento BLM provocaron un examen de conciencia y el derribo figurado de los iconos de la educación musical, El Sistema creó una Cátedra del Pensamiento del Maestro José Antonio Abreu, alimentando el culto a la personalidad en torno a su difunto fundador y consolidando su visión conservadora ("Cátedra" 2020). Los programas IES de todo el mundo siguieron proclamando que buscaban la justicia o el cambio social y que también se "inspiraban" en la visión de Abreu, ignorando u obviando la contradicción entre ambos. Este sector perdió una oportunidad de oro para la autorreflexión, para ver por fin la raza *dentro* de la ASPM, y a partir de ahí emprender una reevaluación más amplia de su pasado y de su futuro.

En su día, Colston fue considerado lo suficientemente inspirador como para ser colocado en un pedestal. Era una figura admirable según los valores de otra época. Ya no lo es. Con el tiempo llegó un ajuste de cuentas. Las autoridades municipales de Bristol ignoraron el asunto durante años. Podrían haber tomado la decisión de trasladar la estatua de Colston a un museo: no para borrar la historia, sino para ponerla en su sitio. Pero no actuaron y la estatua acabó en el puerto.

La ASPM no debería esperar a que otros derriben a Abreu y lo arrojen al puerto. Debería actuar por sí misma, y ahora, bajando a Abreu de su pedestal y colocando al hombre y su filosofía en un museo metafórico donde se puedan examinar y comprender sus logros y fracasos. No se trata de renegar de la historia ni de reescribirla, sino de poner punto final al pasado y trazar un rumbo diferente para el futuro.

Reconocer la historia y aprender de ella es la marca de una organización madura y responsable. Como escribió recientemente el director ejecutivo de Oxfam GB:

> Todos podemos aprender lecciones del pasado. Una parte fundamental de la trayectoria de Oxfam a lo largo de sus casi 80 años de historia ha sido la creciente comprensión de cómo nuestras actitudes y acciones están arraigadas no solo en nuestro deseo de un mundo mejor, sino

también en nuestras suposiciones al respecto —suposiciones que, dadas nuestras raíces británicas, están inevitablemente teñidas de colonialismo. No siempre hemos acertado —ni mucho menos,— pero como resultado somos más conscientes que nunca de la necesidad de asegurarnos de desafiar, en lugar de reforzar, los desequilibrios de poder existentes. (Sriskandarajah 2020)

Después de los acontecimientos de 2020-2021, ha llegado el momento de ese autoexamen abierto en la ASPM. ¿Cuáles son las lecciones que este campo ha aprendido del pasado?

COVID-19, BLM y la Música Clásica

A finales de julio de 2020, Marshall Marcus, director general de la Orquesta Joven de la Unión Europea, invitó a otra conocida figura de la escena musical clásica, el periodista Norman Lebrecht, a debatir el futuro de las orquestas a la luz de la pandemia de coronavirus.[3] Ambos ponentes no dudaban de que la COVID y el movimiento BLM suponían un cambio para el mundo de las orquestas y que la innovación —probablemente radical—, era necesaria. Lebrecht articuló una serie de críticas a la cultura orquestal, centrándose en las giras, la hiperespecialización y los aspectos rutinarios del trabajo. Hablando de la música orquestal como carrera, afirmó: "lo que hemos creado es una vida aburrida y bidimensional y tenemos que liberarnos de ella". Señaló a la educación musical y a las orquestas profesionales por frenar la creatividad de los músicos:

> El sistema está preparado para cortarles las piernas antes de empezar. Todo lo que hacen a lo largo del sistema educativo está diseñado para que se adapten al sistema de trabajo, en lugar de rediseñar el sistema de trabajo para que sea como ellos piensan que debería ser; [...] están entrenados para complacer en lugar de desafiar.

"Tenemos que cambiar todo el sistema de educación de los músicos", declaró Lebrecht. "¡Sí!", respondió Marcus.

Uno de sus mensajes compartidos era que los músicos debían diversificar sus habilidades, en lugar de adoptar un enfoque unitario.

---

3 " The Future of Orchestras I: Norman Lebrecht ", https://www.youtube.com/watch?v=TAi73WVxt0k.

Marcus respondió a Lebrecht: "Me parece que una de las cosas que estás diciendo es que el futuro [de los músicos más jóvenes] puede no estar tanto en estas enormes orquestas sinfónicas". Reimaginó la orquesta como "un ensamble de posibilidades: así que no eres solo un músico, eres un profesor, eres un compositor, haces que las cosas sucedan, eres un emprendedor". Luego abordó directamente el tema del cambio:

> Me da la sensación de que todas estas cosas que estás diciendo, las has estado diciendo durante mucho tiempo, y lo que ha pasado con el Coronavirus es como si estuviéramos en un *stretto*, de repente todo está sucediendo, ya sabes, veinte años de cambios están sucediendo en unos pocos meses, y supongo que eso nos lleva a la necesidad de cambiar aún más rápido, así que ¡arranquemos!

Esta conversación puso de manifiesto la obsolescencia del modelo ortodoxo de la ASPM en 2020. El Sistema se construyó sobre la base de que los estudiantes aprendieran una única habilidad: tocar partituras orquestales. La disciplina era su consigna. Esta estrecha formación unitaria permitió al programa irrumpir en los escenarios de conciertos del mundo durante una década, desde 2007. Dado que El Sistema se encargaba de los músicos y ocupaba todo su tiempo, el desarrollo de habilidades complementarias o aprender a ser emprendedores ocupaban un lugar secundario en la agenda. Como dijo un director de orquesta de El Sistema a Shieh (2015, 572): "El sistema compra todo y apoya todo". Tocar las partituras de orquesta de forma excelente era el camino más seguro hacia el éxito. Sin embargo, esto es exactamente lo contrario de la formación que Lebrecht y Marcus propusieron para la década de 2020: amplia, diversificada, creativa, con espacio para desafiar y no solo para complacer. Como señalaron estos ponentes, las transformaciones en el mundo de la orquesta significan que la formación tendrá que cambiar —y eso significa una gran sacudida para la ASPM tras cuarenta y cinco años de dominio del modelo de El Sistema. En el futuro, las largas horas en las filas de una orquesta sinfónica no prepararán adecuadamente a los jóvenes ni siquiera para la profesión musical, y mucho menos para el mundo en general. El pensamiento sinfónico del siglo XX de Abreu se ha quedado atrás en el tiempo.

Tal y como ilustró la conversación de Marcus y Lebrecht, los vientos de cambio soplaron en el sector de la música clásica en 2020. La raza fue un foco de atención especial en Estados Unidos y el Reino

Unido. Apareció una oleada de artículos en los principales medios de comunicación (p. ej. Harrison 2020; Poore 2020; Kelly 2020). El *New York Times* publicó tres artículos sobre el racismo en la música clásica en un solo día (16 de julio de 2020).

En un artículo ampliamente compartido en *The New Yorker*, Alex Ross (2020) argumentó que "el campo debe reconocer una historia de racismo sistémico". Señaló: "Los estadounidenses blancos y adinerados que financiaban las orquestas de élite del país tendían a ver sus instituciones como vehículos de elevación que permitían a las clases bajas mejorar a través de la exposición a los aires sublimes de los maestros", y pasó a explorar las contradicciones de ese paternalismo. Su párrafo final se hace eco de un tema que ha sustentado este libro:

> El último error es considerar la música —o cualquier forma de arte—, como una zona de mejora moral, un refugio de dulzura y luz. [...] Dado que todo arte es el producto de nuestra especie grandiosa y depredadora, revela lo peor de nuestra naturaleza, así como lo mejor. Como toda cosa bella que hemos creado, la música puede convertirse en un arma de división y destrucción.

Ross no es un incendiario, sino la voz liberal de la música clásica en Estados Unidos. Sin embargo, el contraste con Abreu no podría ser más claro. Ross criticó directamente las ideologías de la música que Abreu y sus seguidores defendían. Su crítica de ver a las orquestas como "vehículos de elevación que permitían a las clases bajas superarse" fue dolorosamente relevante. Contradiciendo el idealismo neorromántico de Abreu, Ross reconoció la complicidad de la música clásica con los problemas sistémicos. El artículo de Ross fue solo uno de los muchos que, en 2020, mostraron el discurso de Abreu claramente caducado.

Al igual que en el caso de la educación musical, las críticas no solo vinieron desde afuera. La Liga de Orquestas Estadounidenses emitió una declaración en la que expresaba que estaba "enfrentándose a su historia de racismo, reflexionando sobre el impacto del racismo dentro de la Liga y de la comunidad más amplia de orquestas, y comprometiéndose a una acción continua".[4] Su presidente argumentó que había llegado el momento de un cambio estructural permanente, imaginando "un

---

4 "A New Statement on Racial Discrimination", agosto de 2020, https://americanorchestras.org/a-new-statement-on-racial-discrimination-august-2020/.

futuro que es más rico y mucho más acogedor que de donde venimos" (Woods 2020). Criticó el uso del repertorio canónico europeo del pasado como "un recurso reciclable, sacado sin piedad de la estantería para su comercialización y su impacto emocional inmediato". La crisis climática exigía que el sector "iniciara por fin un debate honesto sobre los aspectos más intensivos en carbono de nuestro trabajo, como las giras, [o] el mercado global de artistas invitados y atracciones". En una autocrítica sonora, esperaba que las orquestas se redefinieran y pasaran de ser una "forma de arte heredada" a "un sector en permanente evolución, que responde y participa en las poderosas mareas del cambio social". El presidente de la Liga no se hizo ilusiones: el sector orquestal tenía que ponerse al día.

Por lo tanto, cada vez se reconoce más, tanto desde adentro como desde afuera del sector, que las orquestas tienen un problema —o incluso que *son* un problema. En medio de los crecientes llamamientos a las orquestas para que se transformen, para que sean más diversas e inclusivas, la afirmación de Dudamel de que son "un modelo para una sociedad global ideal" (Lee 2012) parece no solo dudosa, sino una completa inversión de la realidad. Como se pregunta Pentreath (2020), ¿en qué otro ámbito que no sea el mundo orquestal sería aceptable, a finales de 2020, ofrecer una defensa a ultranza del líder masculino tiránico, con pleno conocimiento del daño que semejantes figuras han causado? La idea fundacional de la ASPM —que la orquesta proporciona un modelo a *seguir* por la sociedad—, es imposible de sostener hoy en día.

En un momento en el que las grandes convulsiones apuntan a la necesidad de una innovación radical, el conservador Abreu no es una figura a la que acudir para la música clásica, como tampoco lo es para la educación musical. Después de cuarenta y cinco años, la orquesta como organización tiene en Venezuela un aspecto casi idéntico al que tenía antes de El Sistema. La composición y la cantidad de orquestas ha cambiado, aunque mucho menos de lo que Abreu afirmaba; sin embargo, detrás de la glosa discursiva sobre los objetivos sociales, el *ethos* y el funcionamiento de los ensambles es idéntico, porque el objetivo fundacional de Abreu era formar rápidamente a los jóvenes músicos para la profesión. Incluso cuando adoptó un discurso social, su pretensión era cambiar a quiénes podían jugar el juego, no cambiar las reglas.

Cuando la orquesta Simón Bolívar realizó una gira por Europa con motivo del cuadragésimo aniversario de El Sistema en 2015, interpretó a Mahler, Beethoven y Wagner, con los músicos vestidos con trajes sobrios. Parecía que se proponía igualar a los ensambles profesionales de Europa en cuanto a repertorio, nivel y apariencia. El crítico musical Richard Morrison (2015) se lamentó: "La Bolívar sacudió el mundo por ser irresistiblemente juvenil, iconoclasta y venezolana. En el proceso de 'crecer' se ha convertido en algo parecido a todas las demás". El producto final de cuatro décadas de esfuerzo e inversión en Venezuela fue un ensamble que no se distinguía de la norma europea. El camino hacia un replanteamiento radical de la orquesta no pasa por ahí.

En resumen, cuando llegaron los trastornos de 2020, quedaron al descubierto las limitaciones de la filosofía de Abreu. No ofrecía respuestas a las cuestiones urgentes sobre los grandes ensambles, el eurocentrismo, un sector en contracción o la renovación profesional. Un modelo que fue conservador en su época de esplendor y que ya había empezado a decaer no era el lugar adecuado para buscar respuestas innovadoras a la crisis. Difícilmente podría haber un ejemplo menos apropiado para el futuro que la orquesta Simón Bolívar: un ensamble enorme, costoso y trotamundos, asentado sobre una vasta fábrica de músicos orquestales de formación estrecha.

El Sistema se apoya en una idealización de la música clásica y la amplifica, por lo que fue aprovechado por el sector internacional de la música clásica y sus medios de comunicación afines en 2007 y se convirtió en una de sus historias favoritas durante la década siguiente. Pero en los últimos años, esta idealización se ha vuelto cada vez más difícil de sostener, ya que, por un lado, Venezuela se hunde cada vez más en la crisis y, por otro, las críticas a la cultura de la música clásica (especialmente en torno a cuestiones de raza, género y acoso sexual) se hacen más públicas e insistentes. Luego, el 2020 vio las prácticas características de la ASPM siendo cuestionadas por la COVID-19 y el movimiento BLM. A finales de 2020, los fundamentos ideológicos del modelo ortodoxo del campo parecían más débiles que nunca, y aún más clara la necesidad de un replanteamiento.

La Red en 2020

La Red se vio muy afectada por la COVID-19; no solo tuvo que cerrar, sino que, al estar sus instrumentos alojados en las escuelas, muchos estudiantes se quedaron sin ellos. Sin embargo, al haber emprendido un camino de reforma pedagógica durante algún tiempo, también estaba bien preparada para responder. El cambio previo hacia el aprendizaje basado en proyectos (ABP) resultó ser un movimiento acertado. Los proyectos de La Red siempre se imaginaron como algo que iba más allá de la interpretación colectiva convencional. Esto significaba que se podían llevar a cabo muchos proyectos interesantes durante los cierres y otras restricciones en 2020: los estudiantes fabricaban instrumentos, bailaban, pintaban, investigaban, hacían programas de radio, etc. Algunos investigaron la historia musical de su barrio. La escuela Benjamín Herrera, por ejemplo, produjo una serie de documentales sobre importantes familias de músicos alrededor del Barrio Antioquia.

En algunos aspectos, La Red parecía no solo sobrellevar la situación, sino prosperar. Por ejemplo, la escuela de Villa Laura hizo un programa en línea sobre su proyecto de 2020, "Familia, literatura y música", presentado por la directora de la escuela, una profesora y dos estudiantes. El tema del proyecto surgió de una encuesta realizada a las familias de los estudiantes, y los enfoques del proyecto (en el cuidado de la familia y de uno mismo, y en la recopilación de historias y recuerdos de la comunidad) fueron sugeridos por los participantes. La directora describió a los estudiantes de La Red como sujetos reflexivos, críticos y políticos que contribuían a la construcción del territorio. Estas palabras se confirmaron en la exposición: las estudiantes hablaron con elocuencia sobre sus puntos de vista y su papel en la configuración del proyecto. Lo más interesante de todo era que una de ellas agradeció las nuevas oportunidades para narrar sus realidades cotidianas a través de la música. Como confirmó la profesora, la crisis había abierto posibilidades que la formación instrumental presencial convencional tendía a limitar. El hecho de centrarse menos en la enseñanza permitía más oportunidades para escuchar las voces de los estudiantes y de sus familias, y para realizar actividades que normalmente se dejaban de lado por falta de tiempo. La crisis parecía haber ayudado a Villa Laura a conseguir lo que la dirección de La Red había buscado cuando introdujo el ABP en 2018:

un proyecto reflexivo en el que los estudiantes participaran pensando, hablando y escuchando, y no solo tocando o cantando.

El movimiento BLM tuvo mucho menos impacto en Colombia que en países como Estados Unidos y el Reino Unido. Además, al igual que con las reformas pedagógicas, La Red había empezado a comprometerse con este tema varios años atrás. Giraldo y Franco habían puesto la diversidad y la identidad en el centro de sus reformas desde 2017, y su compromiso no era simbólico: defendían e interpretaban músicas e instrumentos colombianos (muchos de ellos de origen africano y/o indígena). El programa nunca había abordado plenamente la cuestión de la raza, pero su dirección era sensible al tema y había sentado algunas bases.

Sin embargo, La Red se vio obligada a hacer frente a otro problema que en los últimos años ha cobrado protagonismo en la ASPM y en la educación musical en general: el acoso y el abuso sexual. En junio de 2020 se publicó una investigación periodística en Medellín titulada "Acoso sexual en la orquesta" (Ángel 2020). El informe identificó a los departamentos de música de las universidades de la ciudad —incluida el de la Universidad de Antioquia, al que estaba adscrita La Red—, como focos de abuso sexual y afirmaba que al menos ocho casos habían salido a la luz en la propia Red.[5] Según una presunta víctima, "La Red es un nido de abusos, los profesores ven completamente normal coquetear con sus alumnas a partir de los 13 años". Durante mi investigación, me habían dado un testimonio detallado en una entrevista, pero decidí no escribir sobre este tema, ya que parecía no estar generalizado en La Red. Sin embargo, el nuevo artículo daba a entender lo contrario, al menos en el pasado.

Este no es un problema nuevo para la ASPM. Lo vengo planteando desde 2014. En 2016, el exviolinista de El Sistema, Luigi Mazzocchi, confirmó mis preocupaciones, alegando públicamente que los profesores que mantenían relaciones sexuales con las alumnas "era la norma. ... Algunos de los chicos, algunos de los profesores, hasta lo decían en voz alta: 'Hago esto [tener relaciones sexuales] con mis estudiantes porque creo que en realidad les estamos ayudando a ser mejores músicos,

---

5   Irónicamente, menos de un mes antes las redes de educación artística de la ciudad habían sido exaltadas en los medios de comunicación tras ganar un premio internacional (Valero 2020).

mejores violinistas'" (Scripp 2016b, 42). También alegó que al menos un depredador conocido (posiblemente más) seguía trabajando en El Sistema y que los abusos sexuales se encubrían con un código de silencio: "La gente sabía que ocurrían cosas […] todo el mundo hablaba de ello, pero nadie lo denunciaba" (*ibidem*).

En abril de 2021, justo después de la publicación de la versión en inglés de este libro, el movimiento #MeToo estremeció tardíamente la esfera cultural de Venezuela, bajo el hashtag #YoTeCreoVzla. Poco después, surgieron múltiples acusaciones de mujeres jóvenes que afirmaron haber sido víctimas de acoso y abuso sexual dentro de El Sistema (Baker y Cheng 2021). Estas acusaciones fueron recibidas con un coro de confirmación por parte de otros (ex)estudiantes, que afirmaron que el acoso y el abuso eran comunes, normalizados y un secreto a voces en el programa. Mientras el escándalo crecía, El Sistema finalmente hizo una declaración oficial y reconoció el problema, y varios programas IES de otros países hicieron lo mismo (Baker 2021). La escala y la gravedad del problema eran ahora más claras que nunca.

Este asunto exige una acción concertada por parte del campo de la ASPM. "Lo contrario de racista no es 'no racista', es antirracista", dice Ibram X. Kendi.[6] Lo mismo podría decirse del sexismo y del acoso y abuso sexuales. No basta con que las instituciones no apoyen el racismo, el sexismo o los abusos; deberían oponerse activamente a esas actitudes y acciones. Esto significa reconocer su presencia y comprometerse a combatirlas. Significa ir más allá de la creación de comités y salvaguardias para reevaluar críticamente el pasado y el presente, las prácticas y las ideologías de las instituciones dominantes del campo. Significa analizar seriamente las cuestiones de poder, jerarquía y opresión. Significa preguntarse si, al tomar como modelo la música clásica profesional, la ASPM ha reproducido los vicios de ese sector y, por lo tanto, si ha llegado el momento de buscar otros modelos, como la música comunitaria o la musicoterapia.

Un aspecto llamativo del escándalo que salpicó a La Red en 2020 fue que, según una figura de alto nivel en el programa, al menos dos de los presuntos autores eran "hijos de La Red": antiguos estudiantes que habían llegado a ser profesores. ¿Qué dice de la educación social

---

6   Ibram X. Kendi, "How to Be an Antiracist", https://www.chicagohumanities.org/events/ibram-x-kendi-how-be-antiracist/.

de la ASPM que estudiantes que han pasado por sus filas por años puedan llegar a convertirse en presuntos depredadores sexuales? ¿Qué aprendieron dentro del programa? ¿Qué tipo de cultura se impregnó en ellos? El sector debe profundizar, preguntarse por qué se produce el problema y atajarlo en su origen. La ASPM debería tomar medidas preventivas, en lugar de esperar y responder solo cuando los casos salen a la luz y el daño está hecho. Esto implica, una vez más, un profundo replanteamiento de las prácticas y de la dinámica del campo, teniendo plenamente en cuenta las formas en que ciertos tipos de educación musical pueden dejar a los estudiantes expuestos al abuso (Pace 2015).

Cambio de Director, Profundización de la Reforma

La Red lleva realizando una reevaluación crítica desde 2005. Sin embargo, como hemos visto, este proceso no ha sido acogido universalmente dentro del programa. Las tensiones sobre el cambio llegaron al punto de ebullición en 2019, y un signo de interrogación se cernió sobre La Red a finales de ese año. Se daba por hecho que cuando el nuevo alcalde de Medellín tomara posesión, traería su propio equipo de cultura y nombraría un nuevo director de La Red. Se discutió mucho sobre quién podría ser el elegido y en qué dirección podría apuntar el programa. Ya en 2018, algunos de los empleados más descontentos apenas habían disimulado que estaban esperando el resto del mandato de Giraldo con la esperanza de que se instalara alguien más afín a las tradiciones de La Red. ¿Continuaría el programa por el camino de la autocrítica y el cambio o se replegaría hacia un enfoque más convencional y menos controvertido?

A principios de 2020, se produjo la tan esperada transición. Giraldo y Franco se fueron, y llegó Vania Abello. Abello es flautista clásica con experiencia en gestión cultural, incluyendo la Filarmónica Joven de Colombia y la Orquesta Filarmónica de Bogotá. Apenas comenzó a trabajar en La Red, la COVID-19 se desató y la agitación resultante dificultó la percepción de la trayectoria del programa. Pero en septiembre de 2020, el simposio anual de pedagogía, un evento importante en el calendario del programa que se celebró en línea y estuvo abierto al público, reveló que la nueva dirección no solo continuaba, sino que redoblaba el cambio.

La Red invitó a varios ponentes de Colombia y del extranjero a realizar largas y profundas conferencias. Hubo varias características llamativas. La interdisciplinariedad fue prominente: varios de los invitados procedían no solo de fuera de la ASPM, sino también de otras artes. Se hizo hincapié en la renovación pedagógica: La Red trató de aprender de otros programas y formas de educación artística con un pensamiento y unas prácticas pedagógicas diferentes. Hubo una superposición e intercambio considerables entre la investigación y la práctica: varios de los ponentes invitados tenían un pie en ambas, y el nivel intelectual era alto. Y, por último, la criticidad de sus reflexiones fue pronunciada. El evento de cinco días me dejó varias impresiones: un tema de *búsqueda*; un compromiso con la experimentación, la creación y el cambio; una voluntad de escuchar y aprender de perspectivas alternativas; una apertura a la crítica y a la autocrítica; y un sentido de humildad —una sensación de que La Red tenía todavía mucho que aprender—, que sustentaba todo lo demás.

La última sesión de la mesa redonda corrió a cargo de la funcionaria de la Secretaría de Cultura Ciudadana responsable de las cuatro redes de educación artística de la ciudad, Mabel Herrera. Subrayó que era importante que estos proyectos reflexionaran profundamente y tuvieran un componente de investigación. (De hecho, el ministerio financió actividades de investigación cualitativa en las cuatro redes durante mi trabajo de campo.) Esto significaba que las redes de Medellín eran un organismo cambiante. En alusión al título del simposio, Territorios sonoros, Herrera se sinceró sobre el fracaso de La Red en el pasado a la hora de conectar adecuadamente sus escuelas con sus comunidades, algo que ahora estaban rectificando. En un reproche a una tendencia salvacionista en el campo, declaró: "Nuestro trabajo no es salvar a nadie".

Abello, la nueva directora de La Red, no solo describió el programa como comprometido con la búsqueda de mejorar y de aprender de los demás, sino que también criticó la formación musical clásica que ella misma había recibido y que históricamente había sido el pilar central del programa. "Los músicos [clásicos] somos bastante rígidos en nuestro pensamiento y en nuestra forma de enfocar la creación", dijo, reconociendo que el proceso de cambio era difícil para muchos con esa formación. Sin embargo, en cuanto al tema del coronavirus, su tono fue optimista. Sugirió que ofrecía a La Red una oportunidad de avanzar en la reforma pedagógica. En lugar de aferrarse a la idea de volver a la antigua normalidad lo antes posible, describió la interrupción como un estímulo para replantear y transformar. El personal no podía centrarse en la enseñanza instrumental, por lo que tenía que idear alternativas. Esto hizo que se centrara más en los estudiantes y en sus interrogantes y deseos. Abello llegó a hablar de "un proceso lindo". Al reconocer públicamente algunos de los problemas de los antiguos métodos de la ASPM y destacar el valor de los nuevos enfoques, Abello parecía estar llevando los esfuerzos de reforma a otro nivel.

Aunque parece injusto destacar a un solo ponente cuando tantos fueron excelentes, las aportaciones de Eliécer Arenas, músico, psicólogo y antropólogo con tres décadas de experiencia en la práctica, la investigación y la elaboración de políticas en Colombia, fueron especialmente llamativas.[7] Arenas señaló inmediatamente la ambigüedad de la música, la brecha entre los discursos utópicos y las realidades, y los complejos problemas éticos de utilizar la música como herramienta de transformación social. Así, propuso una lectura más crítica y realista del potencial de la música para la acción social. Lo que los programas de ASPM generaban sobre todo eran preguntas, dijo, pero el contexto institucional rara vez permitía un análisis profundo, sereno y crítico: "Los proyectos de transformación social atrapan con su discurso la capacidad crítica, y el proyecto comienza a ser hablado casi exclusivamente desde el lenguaje institucional y se comienza a entender lo que pasa desde su lógica. Eso es importante tenerlo en cuenta, porque cuando empezamos a pensar que estamos en la obligación de defender la institución, al precio de imposibilitar decir lo qué está pasando en la realidad, se produce un recorte en la mirada, una reducción de la capacidad crítica". Expresó su simpatía por los empleados de la ASPM: a menudo son víctimas de la dinámica institucional, obligados a inflar los resultados en lugar de indagar más profundamente y deshumanizados por la exigencia de proteger los discursos oficiales. La crítica honesta debe ser incorporada por las instituciones como una virtud.

Arenas subrayó la importancia de dialogar con los recursos culturales de la comunidad —los "territorios sonoros" del título del simposio—, y valorarlos. Muchos proyectos musicales, señaló, niegan el contexto local, tratándolo como algo vacío o incluso peligroso. En consecuencia,

---

7 Algunas de estas ideas se presentan de forma más condensada en Arenas (2020).

el "progreso" o el "final feliz" se asocia más con que los estudiantes dejen atrás la comunidad —promoviendo su carrera en la capital o en el extranjero—, que con que le devuelan algo. Los programas deben trabajar para convencer a los estudiantes de que se comprometan con su territorio. Criticó el modelo de exportación que consiste en gastar grandes sumas de dinero para producir un puñado de músicos que vayan al extranjero. ¿Por qué centrarse en los casos excepcionales? Tenemos que pensar más en la gran mayoría y en su vida cotidiana en la comunidad.

Es importante que los proyectos integren a los participantes en su territorio. Concentrarse en experiencias musicales ajenas puede llevar a los estudiantes a descartar las existentes, lo que conduce a un proceso de desarraigo. También hay implicaciones para la sociabilidad. Si una institución y su personal transmiten el mensaje de que la cultura popular de la familia y de la comunidad tiene poco valor, algunos vínculos sociales y culturales pueden deteriorarse. Si el objetivo es mejorar las relaciones humanas, este es un resultado problemático.

Arenas criticó el hecho de que muchos músicos latinoamericanos acaben trasladándose a Europa o a Norteamérica para estudiar la música latinoamericana a un nivel superior; mientras tanto, América Latina sigue obsesionada con interpretar el repertorio centroeuropeo del pasado. Imaginó un "sistema" latinoamericano, basado en las músicas latinoamericanas. Deberíamos aspirar a traer gente a nuestra región para que estudie nuestras músicas, dijo, en lugar de enviar a nuestros músicos a estudiar al extranjero, creando una diáspora. Actualmente hay un auge de las músicas afrolatinas, que han tenido una gran influencia en todo el mundo. ¿Qué estamos haciendo con este tesoro patrimonial? Hay que darle un estatus de igualdad en América Latina, no solo añadiendo algunas piezas latinoamericanas al repertorio, "no una bonita melodía al final [del concierto], como un gesto populista".

La pedagogía era fundamental para su visión de la transformación social a través de la música. La formación técnica era insuficiente para construir sujetos críticos y creativos. Tampoco bastaba con añadir psicólogos o trabajadores sociales a la educación musical estándar. La ASPM debía reforzar los elementos de la propia música que tenían potencial para el desarrollo social. Era urgente diversificar las pedagogías y no solo los repertorios. La música tradicional tiene mucho que ofrecer en este sentido, argumentó. Las pedagogías tradicionales latinoamericanas nombran y se relacionan con el mundo a través de la música de diferentes maneras, por ejemplo, invocando las relaciones entre la música y la naturaleza. Sin embargo, la suya no era una simple postura tradicionalista: más bien, la ASPM necesitaba forjar nuevas "pedagogías mestizas" para un mundo heterogéneo. "Necesitamos armar un mecanismo más complejo y más parecido a nosotros: requerimos [una] pedagogía que se parezca más a nosotros, porque solo así los muchachos y muchachas, y los niños y las niñas que formamos, van a sentir que los invitamos a hacer música para construir un recurso para darle más vida a la vida y no para quedarnos dándole vueltas a un pasado idealizado".

El problema no es la música clásica en sí, dijo, sino el enfoque. Las pedagogías actuales de la ASPM tienen poco que ver con las realidades sociales latinoamericanas. "Las músicas 'clásicas' son demasiado bellas e importantes y [...] no se merecen las pedagogías que tienen", argumentó. "Yo creo que necesitamos ser capaces de tener una visión contracultural de las pedagogías".

El mundo está cambiando, afirmó Arenas; si no partimos de esta premisa básica, seguiremos utilizando las pedagogías del pasado en lugar de pedagogías para el futuro. En términos de mentalidad, repertorio y formas de trabajo, estamos formando músicos para un mundo que está desapareciendo. La sostenibilidad del mundo sinfónico es cada vez más incierta, por lo que producir jóvenes con un perfil tan limitado tiene poco sentido. Las pedagogías tienen que dejar de lado la hiperespecialización y hacer hincapié en la creatividad. También es necesario que vayan más despacio: el rápido ritmo de aprendizaje y la obsesión por preparar el repertorio para la interpretación se parecen más al adoctrinamiento que a la educación, y dejan poco tiempo para pensar o encarnar. Deberíamos educar a los estudiantes para que imaginen e inventen la música y la sociedad del futuro, una que sus profesores no conocen; el sistema actual de escuelas de música y conservatorios está muy lejos de esa imagen. Lo que ofrecen, según él, es la normalización, una "pedagogía del miedo" y una línea de producción de músicos. Sí, esto "funciona" como modelo, produce resultados, pero ¿a qué precio? ¿Es este el tipo de mundo que queremos crear? Argumentó que la ASPM debería centrarse mucho más en la formación de aficionados que de profesionales, en la "musicalización de la ciudadanía" más que en la preparación de unos pocos participantes para el conservatorio y la industria.

¿Qué forma de desarrollo social se persigue en la práctica, no solo en el discurso?, preguntó. ¿Para que unos pocos se conviertan en músicos profesionales y den prestigio al programa? Arenas criticó la espectacularización en la ASPM —utilizar ensambles musicales enormes para "demostrar" el cambio social—, y se preguntó si el campo estaba más centrado en buscar el aplauso que en lograr sus objetivos sociales. ¿Y la inclusión social? ¿Llega el programa realmente a quienes más lo necesitan? ¿Y qué tipo de inclusión representa la reproducción de un sistema único y cerrado de entender el mundo? Son preguntas incómodas, reconoció, pero necesarias para profundizar en el trabajo. Insinuando que había llegado el momento del cambio, argumentó: "Creo que la pandemia nos ha traído una voluntad de sincerarnos. Considero que necesitamos una política que sea menos grandilocuente pero más efectiva, que sea menos unilateral, que contenga más el caos de la diversidad, el bendito caos de la diversidad".

El contenido de las contribuciones de Arenas fue esclarecedor, pero lo que fue aún más notable fue que esta visión de la crítica y de la renovación no vino en un artículo o congreso académico, sino más bien de un conferencista central en un evento prominente y público de ASPM, y que lejos de sentirse incómodo, se alineó con los temas centrales del simposio y con las perspectivas de otros presentadores invitados. El pensamiento crítico sobre la ASPM tenía ahora algo más que un pie en un programa importante: estaba ubicado en la mesa principal. Del mismo modo, las intervenciones autocríticas de Herrera y Abello, las dos figuras de mayor rango en La Red, fueron notables no por su contenido —yo había escuchado esas opiniones innumerables veces antes en reuniones y conversaciones privadas—, sino porque se hicieron en un evento de alto perfil, frente al personal, los estudiantes, las otras redes, los representantes del gobierno de la ciudad y cientos de oyentes en línea. Referirse públicamente a los errores del pasado, a los retos del presente y a un futuro diferente me pareció un gran paso.

Arenas no fue el único orador inspirador. Anthony Trecek-King aportó una visión desde Estados Unidos, describiendo su trabajo con el Coro de Niños de Boston. Muchos de sus puntos plantearon interrogantes implícitos para la ASPM: la cuestión de la raza; una crítica a la estructura piramidal en los programas; la inversión del modelo de liderazgo; la inclusión de niños con discapacidades en los ensambles principales en lugar de crear otros separados; el programa como lugar de escape para los sobrevivientes de abusos sexuales; la incorporación de perspectivas de la investigación crítica; la puesta en primer plano de la democracia, la participación y la política; y la defensa de valores como el perdón, la vulnerabilidad y la empatía como elementos centrales del trabajo.

Su crítica a un enfoque de la diversidad y de la inclusión centrado en el acceso llegó al corazón de la ASPM ortodoxa:

> Tienes que asegurarte de que en todos los entornos y en todo lo que haces intentas crear un ambiente lo más diverso posible. En otras palabras, tienes que salir y buscar activamente el tipo de estudiante que te gustaría tener en tu grupo, porque no va a bastar con abrir las puertas y decir "ven conmigo".

Enmarcó la diversidad y la inclusión en términos de repertorio, pero también de pedagogía: "¿Estamos enseñando con un estilo específico que conecta con un tipo específico de estudiante, o tenemos diferentes métodos de enseñanza?" Hizo mucho hincapié en aprender y practicar cómo escuchar y hablar: animar a los estudiantes a expresarse y hablar de sus experiencias, guiarles en las conversaciones, abrir sus oídos a las historias de otras personas. Dedicaba tiempo a esas conversaciones, a menudo pasando la mitad de un ensayo de dos horas hablando y la otra mitad cantando. Se aseguraba de que las conversaciones incluyeran temas difíciles como la raza, el género y las desigualdades del sistema político. Describió una iniciativa liderada por estudiantes en la que los participantes recaudaron dinero para comprar computadores para una escuela que no podía comprarlos, ejemplificando el ideal de la acción en beneficio de los demás en la ciudadanía artística.

Como siempre, el contraste con la ortodoxia de la ASPM fue fascinante. Mientras que en 2020 El Sistema se volcaba hacia adentro y hacia atrás, hacia el fallecido Abreu y su filosofía conservadora de "trabajo y estudio", La Red trató la crisis como una oportunidad para la reflexión autocrítica y extendió su búsqueda hacia afuera, hacia otras artes, pedagogos innovadores e investigadores críticos, para trazar un nuevo camino hacia adelante. La Red no centró su atención en los directores o intérpretes de música clásica, que suelen ser la base de este tipo de eventos en la ASPM ortodoxa. Aquí no se trataba de hacer carrera en la música; el foco estaba puesto en los territorios sonoros y en la transformación social. La valoración de Arenas del "bendito caos de la diversidad" y del "desorden de la pluralidad" —la posibilidad de que cada comunidad quiera tomar su propio camino—, contrastó con la obsesión de Abreu por el orden y su receta de la orquesta como solución a todos los problemas. Trecek-King destacó la importancia de hablar y escuchar, actividades que en la ASPM ortodoxa se consideran una pérdida de tiempo. El llamado de Arenas al realismo fue un desafío al idealismo de Abreu el cual era política y económicamente conveniente.

El simposio parecía ser un punto de inflexión. Al final me sentí inspirado. Sin embargo, no se han despejado todas las dudas, y no veo que el futuro de La Red esté asegurado. Este ha sido un programa con muchos altibajos a lo largo de su historia. No era la primera vez que escuchaba excelentes ideas en La Red. ¿Conseguiría el programa llevarlas a la práctica? ¿Había suficiente personal a bordo esta vez para promulgar las reformas? Luego estaba la cuestión de la COVID. La Red intentaba valientemente verlo como una oportunidad, pero muchos en los sectores de la cultura y la educación musical en Colombia estaban en aprietos o sufriendo, por lo que el panorama más amplio de la educación musical con orientación social estaba lejos de ser alentador. Sin duda, esos aprietos también estaban representados en las filas de La Red. Además, un programa como La Red nunca puede estar aislado de los acontecimientos políticos. Un futuro alcalde podría decidir la reducción del presupuesto del programa o estar menos interesado en la reflexión y la adaptación de los procesos que en la rápida dosis de buena publicidad que proporciona la versión antigua y espectacular de la ASPM.

En cuanto al ámbito internacional, hay lugares en los que se está produciendo un cambio, pero los principales actores de la ASPM —Venezuela y México—, siguen estancados en el viejo modelo. La ASPM es un campo enorme y cualquier impresión es necesariamente subjetiva, pero mi sensación es que perseguir una revisión seria, como está haciendo La Red, es todavía un interés minoritario. También hay que tener en cuenta el papel del Norte global. El Sistema fue ampliamente acogido como una esperanza para la resurrección de la música clásica, como dijo Simon Rattle, y de la educación musical clásica. ¿Están los numerosos seguidores del programa en el Norte global dispuestos a reconocer las deficiencias del modelo de El Sistema, soltarlo y animar a la ASPM a seguir adelante?

Así pues, la ambigüedad no es algo que pueda desterrarse de este tipo de trabajo, como sostiene Boeskov. También se cernió sobre una reunión pública celebrada poco después, a la que asistieron representantes de varios programas latinoamericanos de la ASPM.[8] Abello fue invitada a presentar La Red a los demás participantes y al público en línea. Comenzó con una descripción del programa, y me sorprendió lo convencional que sonaba, incluso después de quince años de intentos de reforma. El programa seguía organizado en gran medida según sus líneas originales, con veintiséis escuelas cuyo carácter se definía por las necesidades de las orquestas y bandas del programa, más que por los deseos o tradiciones de las comunidades circundantes. Solo una escuela se dedicaba a la música colombiana.

Luego, Abello empezó a hablar de la *búsqueda* de La Red, y palabras como la evolución y la transformación empezaron a aparecer. La Red se creó como respuesta a las circunstancias particulares de finales de los 90, dijo, y como la ciudad ha cambiado desde entonces, La Red debe evolucionar también. También debe adaptarse a los deseos de la comunidad, por lo que se ha abierto más a otras músicas, alejándose de la "formación eurocéntrica". Nuestro imaginario no puede basarse solo en la orquesta sinfónica, dijo; necesitamos también otras músicas que permitan a los participantes reconocerse y contar las historias de sus propias vidas y comunidades. Ya no basta con hacer música solo por hacerla. La música es el medio; el fin es formar ciudadanos reflexivos, críticos, pero empáticos, que aprendan a través de la música a tomar decisiones en sus vidas. Detrás de la búsqueda se encuentra la renovación pedagógica. La COVID-19 ha traído oportunidades en este sentido: sobre todo, una mayor implicación de las familias en los proyectos, en lugar de limitarse a llevar a su hijo a la escuela de música y sentarse afuera a esperarlo. La presentación de Abello puso de manifiesto lo mucho que queda por hacer en La Red, pero también lo mucho que se ha avanzado. Su determinación de seguir adelante era clara.

---

8 "Educación Musical en América Latina: Arte para la igualdad y los derechos", organizado por Constelación Sonora Argentina, 9 de octubre de 2020.

Un punto que me llamó la atención tanto en el simposio como en la reunión posterior fue la ausencia de El Sistema, más allá de un par de menciones a que La Red y otros programas similares se inspiraron inicialmente en el programa venezolano. Por un lado, no hubo adulación; por otro, no se mencionó que La Red había roto con el El Sistema en 2005 y que había pasado los últimos quince años buscando un nuevo modelo. En el Norte global, nos hemos acostumbrado a ver la ASPM como un universo que gira en torno a El Sistema, y el debate público se ha reducido a menudo a discusiones entre defensores y críticos del programa venezolano. Pero en estos espacios latinoamericanos, El Sistema se redujo a una nota histórica de pie de página, una señal, quizás, de su decreciente relevancia en el extremo progresista del campo.

Sin embargo, las últimas palabras del encuentro las ofreció Claudio Espector, padrino de la ASPM en Argentina. Hubo breves menciones a El Sistema, dijo, pero quiso subrayar un punto crítico: "Si mucho se inspiró en el modelo venezolano, no perdamos de vista que el modelo venezolano, en la cúspide de su desarrollo, tomó como momento trascendental no que las orquestas venezolanas estuvieran presentes en nuestros barrios latinoamericanos, sino que tocaran en el Festival de Salzburgo". Su argumento se hacía eco de la crítica territorial de La Red y del interrogatorio de Arenas al modelo de exportación de la ASPM; también provenía de una de las figuras más veteranas de la ASPM latinoamericana. De manera inusual para una conversación pública entre programas de ASPM, el evento terminó con una nota ambigua.

El simposio y la reunión posterior tuvieron lugar cuando este libro estaba a punto de concluirse, y me fascinó ver cómo se consolidaban las perspectivas críticas y los procesos de cambio de los que había sido testigo y sobre los que había escrito. Muchos puntos de los capítulos anteriores fueron articulados por múltiples voces dentro y fuera de La Red, de Colombia y del extranjero. Tras años de cambios lentos y graduales, tuve la sensación de que la marea estaba cambiando. La COVID-19 parecía haber servido de catalizador: reduciendo el ritmo frenético del programa, haciendo imposible que todo siguiera igual, y creando así tanto el momento como la necesidad de una transformación más profunda. El propio simposio fue otro de los catalizadores, ya que llevó la conversación crítica a un nuevo nivel, uno que dejaba muy atrás las doctrinas anticuadas y conservadoras de El Sistema. Durante el simposio hubo una energía especial de replanteamiento y renovación que superó todo lo que había visto dentro de la ASPM durante una década de investigación. Al escuchar las voces de diferentes programas, artes y países, sentí que un movimiento de autocrítica y cambio estaba cobrando fuerza.

Esperanza

Así pues, a pesar de todos los retos de 2020, terminé el año con una mayor sensación de optimismo y esperanza con respecto a La Red. Después de no considerar que el programa era simplemente un ejemplo a seguir ni uno a evitar durante la mayor parte de mi investigación, encontré que mis sentimientos ambivalentes cambiaban a medida que mi escrito llegaba a su fin. Cada vez estaba más convencido de que La Red constituía un valioso estudio de caso de la ASPM, que merecía una mayor atención.

Lo distintivo de La Red no es la calidad de sus presentaciones musicales; es el replanteamiento pedagógico, la larga reflexión crítica sobre el objetivo social y, sobre todo, la centralidad de un *ethos* de búsqueda. Arenas argumentó que los programas de ASPM generaban muchas preguntas, pero las instituciones y los discursos del campo tendían a cooptar la capacidad de crítica de los empleados. Aquí es donde La Red se diferencia de la norma. La Red ha tenido líderes que han apoyado la autocrítica y el cambio. Mis reuniones con los directores generales de La Red giraban en torno a preguntas críticas que ellos mismos planteaban; no entendían el mundo a través de la lógica de la retórica institucional, como decía Arenas —de hecho, cuestionaban activamente esa lógica. Las respuestas de los líderes a las evaluaciones de La Red eran indicativas: en lugar de apropiarse y pregonar cualquier informe positivo, por muy endeble que fuera, tendían a conceder un valor limitado a esos estudios. Había un compromiso para lidiar con las complejas cuestiones que plantea la ASPM y tratar de hacer mejor el trabajo, en lugar de decir al mundo que estaban haciendo un gran trabajo. Ha habido una humildad a nivel de liderazgo que contrasta con la autocomplacencia de algunos de los programas más famosos de la ASPM.

En 2020, escribí a Abello para presentarme y decirle que estaba escribiendo un libro crítico sobre La Red. Su respuesta fue que daba la bienvenida a las voces críticas, ya que ayudarían a que el programa creciera. La Red estaba explorando muchos cambios fundamentales, me contestó, y mi lectura alimentaría esa búsqueda. Estas palabras fueron como un soplo de aire fresco; la apertura de Abello al escrutinio crítico fue un cambio bienvenido respecto a la defensiva extrema a la que me había enfrentado tras mi libro anterior.

En consecuencia, me inclino a poner a La Red como ejemplo después de todo: no de "práctica adecuada", sino de esfuerzo por alcanzarla; no de retórica inspiradora, sino de apertura a la reflexión crítica y al diálogo; no de un programa modelo, sino de uno que muestra que el cambio es posible en el ámbito de la ASPM. No es el logro de la perfección o de un ideal lo que me llevo de La Red, sino la búsqueda de la mejora: la misión de aprender más y hacerlo mejor. Esto es algo que hay que celebrar.

Varkøy y Rinholm (2020, 180) proponen la esperanza como alternativa a los extremos de la arrogancia y de la resignación en relación con la educación musical:

> Esta esperanza no es un optimismo ingenuo ni algo parecido a la fe religiosa. En nuestro contexto, la esperanza no es la convicción de que algo acabará bien, sino una intuición del sentido. La esperanza permite debates y acciones (o no acciones) más matizados que la actitud de las creencias. Las creencias pueden llevar a un exceso de confianza en los efectos de la música que, en nuestra opinión, no beneficia a la educación musical ni a la filosofía de la educación musical a largo plazo. La magia de la música no necesita la ayuda de predicadores que nos digan lo que la música puede hacer. Por el contrario, necesita una actitud más humilde caracterizada por la esperanza más que por la creencia, dando cabida al asombro en lugar de a la confianza excesiva en los supuestos efectos de la música sobre los seres humanos.

Dejar Atrás la Normalidad

El 2020 fue un año de cambios precipitados, forzados y a menudo no deseados. Algunos suspiraban por una vuelta a la normalidad, pero otros veían la interrupción como una oportunidad para pulsar un botón de reinicio y alejarse de un *statu quo* insatisfactorio. No faltaron los gritos de "no queremos volver a la normalidad", reconociendo que la antigua normalidad estaba roto. En Estados Unidos, esta conversación se intensificó con la elección de Joe Biden y la derrota de Donald Trump.

Robert Reich (2020) argumentó que volver a la normalidad sería desastroso para Estados Unidos:

Lo normal llevó a Trump. Lo normal llevó al coronavirus.

Lo normal son cuatro décadas de estancamiento de los salarios y de aumento de la desigualdad, en las que casi todos los beneficios económicos han ido a parar a la cima. Lo normal son 40 años de redes de seguridad destrozadas y el sistema de salud más caro y menos adecuado del mundo moderno.

También es normal la creciente corrupción de la política por parte del gran capital: un sistema económico amañado por y para los ricos.

Lo normal es que empeore la brutalidad policial.

Lo normal es que el cambio climático roce ya la catástrofe.

Del mismo modo, el reverendo William J. Barber II argumentó que Estados Unidos no podía permitirse volver a la normalidad (Harris 2020), y recordó que el título del discurso "Tengo un sueño" de Martin Luther King era, de hecho, "Normalidad —Nunca más".

Poco después, un informe importante sobre el medio ambiente para la Tesorería del Reino Unido afirmaba que era urgente realizar cambios radicales en la producción, el consumo y la educación en todo el mundo (Elliott y Carrington 2021). Volver a la normalidad simplemente no es una opción si queremos evitar un colapso catastrófico.

El 2020 fue un año de replanteamiento en todo el mundo. La atención crítica se ha dirigido a la desigualdad y la redistribución, el trabajo, la asistencia médica, la educación y otros ámbitos de la vida humana. La ASPM podría volver al modelo ortodoxo tan pronto como la COVID-19 lo permita; o podría utilizar este momento de crisis como catalizador para comprometerse con interrogantes de larga duración.

Yo diría que este es el momento adecuado no solo para esto último, sino también para una acción más radical en la ASPM. Cada una de las convulsiones de 2020 en La Red y/o en la ASPM (COVID-19, BLM y acoso sexual) habría sido por sí sola causa suficiente para un replanteamiento, porque cada una de ellas está relacionada con las prácticas e ideologías fundamentales del campo. En conjunto, sugieren la necesidad de algo más: no solo de replantear, sino también de transformar la ASPM para la nueva década y más adelante.

En el ámbito educativo, es necesario afrontar los cambios tecnológicos y sus consecuencias. A medida que nos adentramos en la era de la automatización y de la inteligencia artificial, la amplitud de perspectiva, la capacidad de establecer conexiones entre las distintas áreas de conocimiento y las habilidades claramente humanas, como la creatividad y la empatía, serán cada vez más importantes. El trabajo rutinario y altamente especializado será asumido cada vez más por las máquinas. De cara al futuro, el enfoque estrecho, repetitivo e hiperespecializado de El Sistema —aprender partituras de orquesta y restar importancia a la mayoría de las demás facetas de la educación musical, por no hablar de las artes y las humanidades en sentido más amplio—, es una mala elección educativa si el objetivo final no es servir de "canal" a la profesión orquestal.

En el ámbito social, el auge y posterior resurgimiento del movimiento BLM ha supuesto una oleada de críticas radicales a causas progresistas como la diversidad y la inclusión. Un número cada vez mayor de escritores sostienen que estas nociones no son suficientemente autocríticas y que el cambio genuino requiere de algo más (p. ej. Stewart 2017; Albayrak 2018; Gopal 2020; Wolff 2020). Brigitte Fielder (2020) sostiene:

> Solo se evitará una mayor desgracia racista con un cambio cultural. Ese cambio debe ser *estructural, metodológico, pedagógico y generacional*. Estas organizaciones deben ser replanteadas y reconstruidas. Son necesarios nuevos métodos y estructuras organizativas porque los existentes han seguido (y seguirán) fallando. Las organizaciones tendrán que pensar más allá de la "inclusión" y llegar a reconocer y comprender las relaciones de poder tan reales que tienen efectos culturales y materiales en nuestros campos. No pueden limitarse a "diversificarse" para depender desproporcionadamente del trabajo de sus miembros de grupos minoritarios. No pueden limitarse a invitar a más colegas de grupos minoritarios a un entorno insosteniblemente racista.

Es hora de que la ASPM reevalúe la idea de su corazón: una noción conservadora y desacreditada de la acción social como movilidad social individual a través de la corrección de los déficits personales. Es hora de alejar la ASPM de una narrativa de salvación colonialista y de la estigmatización de los jóvenes y los pobres como "vacíos, desorientados y desviados". Es hora de descentrar un modelo que ni siquiera fue diseñado con la acción social en mente y forjar uno nuevo conectado con las necesidades de nuestro tiempo. Las ideas y prácticas fundacionales de la ASPM ya no son adecuadas para el propósito de la acción social, si es que alguna vez lo fueron. Deberían retirarse, y el campo debería refundarse sobre las mejores investigaciones y prácticas en materia de acción social y educación artística.

Los problemas a los que se enfrentan los beneficiarios son principalmente estructurales o sistémicos, no deficiencias personales. Así que, en lugar de buscar soluciones individualizadas (salvación, movilidad social), ¿por qué no considerar cómo podría articularse la educación musical con organizaciones o movimientos que persiguen un cambio sistémico, como The Democracy Collective o Smart CSOs Lab?[9] ¿Cómo podría la ASPM mostrar "una disposición a participar en acciones contra manifestaciones particulares o locales de problemas sistémicos mayores" (Soper 2020, 155)? El calentamiento global es el mayor problema social del siglo y, sin embargo, apenas figura en el radar de los programas más importantes de la ASPM. La ASPM no va a resolverlo, pero ¿podría al menos desempeñar un papel? Si se supone que la ASPM ofrece un modelo para la sociedad, ¿no podría esforzarse por modelar una sociedad *sostenible*, centrada en la calidad de vida y no en la cantidad de músicos u orquestas?

La transformación no tiene por qué empezar de cero. Existe una enorme cantidad de prácticas e investigaciones interesantes en el ámbito de la música y otras artes que vinculan la cultura y el desarrollo de forma innovadora y productiva, y he señalado algunos ejemplos en estas páginas. En Medellín, La Red dio un importante paso adelante simplemente mirando a sus redes vecinas de Artes Visuales, Teatro y Danza. El volumen *Jóvenes: un fuego vital* (2015) ilustra que los programas impulsados por visiones progresistas de la juventud y del desarrollo rodeaban La Red en Medellín; todo lo que se necesitaba era que el programa levantara la cabeza de las normas de la ASPM ortodoxa. Existe una creciente literatura sobre la educación musical, la ecología y el medio ambiente en la que los reformadores podrían basarse para crear una ASPM sostenible.[10] Las músicas y pedagogías tradicionales latinoamericanas suelen invocar conexiones entre la música y la naturaleza, como señaló Arenas, por lo que ofrecen un

---

9   https://democracycollaborative.org/; https://smart-csos.org/.
10 Véase, por ejemplo, "Literature Review for Eco-Literate Music Pedagogy", http://www.eco-literate.com/relevant-music-education-articles.html.

recurso inestimable que permite utilizar la música para repensar la convivencia y nuestra relación con el mundo.

Los retos son grandes y numerosos, y se sienten especialmente agudos al final del tumultuoso 2021. No obstante, estamos en una coyuntura histórica que exige acción. Además, La Red ilustra que dicha acción es posible dentro de la ASPM. Lebrecht (2021) sostuvo que, para el sector clásico, "2021 presenta la mejor oportunidad de cambio que se recuerda". Citando de nuevo a Marcus, "es como si estuviéramos en un *stretto*, [...] veinte años de cambios están sucediendo en unos pocos meses, [...] así que ¡arranquemos!". Si alguna vez hubiera un momento para replantear y transformar la ASPM, sería ahora.

Bibliografía

Fuentes primarias

Arango, Marta Eugenia. 2006. "Presente y Futuro de la Red: Bases para el Redireccionamiento." Medellín: Universidad de Antioquia.

"Documento de Orientaciones Generales." 2016. Medellín: Red de Escuelas de Música.

Estrada, Eva. 1997. "Diagnóstico y Caracterización de la Situación del Modelo Enseñanza/Aprendizaje del Sistema de Orquestas Juveniles e Infantiles de Venezuela."

"Fundamentos Conceptuales, Metodológicos y Técnicas de Intervención." 2016. Medellín: Red de Escuelas de Música.

"Informe de Actividades: Equipo de Gestión Social (Noviembre-Diciembre)." 2017a. Medellín: Alcaldía de Medellín / Universidad de Antioquia.

"Informe de Actividades: Equipo de Gestión Social (Julio-Octubre)." 2017b. Medellín: Alcaldía de Medellín / Universidad de Antioquia.

"Informe de Actividades: Equipo de Gestión Social. Anexos." 2017c. Medellín: Alcaldía de Medellín / Universidad de Antioquia.

"Informe de Actividades: Equipo de Gestión Social. Seguimiento y Acompañamiento." 2017d. Medellín: Alcaldía de Medellín / Universidad de Antioquia.

"Informe Fase Diagnóstica: Sistematización e Interpretación de Resultados." 2008. Medellín: Red de Escuelas de Música.

"Informe Final 2012. Red de Escuelas de Música de Medellín. Area Psicosocial." 2012. Medellín: Red de Escuelas de Música.

"Intervención Psicosocial. Fase de Proyección y Fortalecimiento. Agrupaciones Integradas. Recuento Histórico. 2009–2013." 2013. Medellín: Red de Escuelas de Música.

"Jornada de Reflexión Diagnóstica: Orquesta Sinfónica Juvenil." 2014. Medellín: Alcaldía de Medellín / Universidad de Antioquia.

"Propuesta de Asesoría y Acompañamiento Psicosocial." 2008. Medellín: Red de Escuelas de Música.

"Propuesta Técnica para la Operación del Programa." 2018.

"Síntesis Talleres con Direcciones, Equipo Coordinador y Secretarias." 2014. Medellín: Alcaldía de Medellín / Universidad de Antioquia.

Fuentes secundarias

"20 Jahre West-Eastern Divan Orchestra—Daniel Barenboim: 'Keine Utopie.'" 2019. *Nmz—Neue Musikzeitung*, 23 de octubre. https://www.nmz.de/kiz/nachrichten/20-jahre-west-eastern-divan-orchestra-daniel-barenboim-keine-utopie

Acosta Valencia, Gladys Lucía, y Angela Piedad Garcés Montoya. 2013. *Colectivos de Comunicación y Apropiación de Medios*. Medellín: Universidad de Medellín.

Adlington, Robert. 2007. "Organizing Labor: Composers, Performers, and 'the Renewal of Musical Practice' in the Netherlands, 1969–72." *The Musical Quarterly* 90 (3–4): 539–77. https://doi.org/10.1093/musqtl/gdn015

Agrech, Vincent. 2018. *Un orchestre pour sauver le monde*. Stock.

Albayrak, Nihan. 2018. "Diversity Helps but Decolonisation Is the Key to Equality in Higher Education." *Contemporary Issues in Teaching and Learning* (blog), 16 de abril. https://lsepgcertcitl.wordpress.com/2018/04/16/diversity-helps-but-decolonisation-is-the-key-to-equality-in-higher-education/

Alemán, Xiomara, Suzanne Duryea, Nancy G. Guerra, Patrick J. McEwan, Rodrigo Muñoz, Marco Stampini, y Ariel A. Williamson. 2017. "The Effects of Musical Training on Child Development: A Randomized Trial of El Sistema in Venezuela." *Prevention Science* 18 (7): 865–78. https://doi.org/10.1007/s11121-016-0727-3

Allan, Julie, Nikki Moran, Celia Duffy, y Gica Loening. 2010. "Knowledge Exchange with Sistema Scotland." *Journal of Education Policy* 25 (3): 335–47. https://doi.org/10.1080/02680931003646196

Allsup, Randall Everett. 2016. "Mutual Learning and Democratic Action in Instrumental Music Education." *Journal of Research in Music Education*, agosto. https://doi.org/10.2307/3345646

Álvarez, Víctor Andrés. 2016. "Los Afro Son Una Población Que Se Hace Sentir en Medellín." *El Colombiano*, 27 de enero. https://www.elcolombiano.com/antioquia/los-afro-poblacion-que-se-hace-sentir-en-medellin-LI3497490

Ander-Egg, Ezequiel. 1990. *Repensando la Investigación Acción-Participativa*. Buenos Aires: Lumen Humanitas.

Anderson, Sally. 2011. "Civil Sociality and Childhood Education." En *A Companion to the Anthropology of Education*, editado por Bradley A. Levinson y Mica Pollock, 316–32. Chichester: Wiley Blackwell.

Ang, Ien. 2011. "Navigating Complexity: From Cultural Critique to Cultural Intelligence." *Continuum* 25 (6): 779–94. https://doi.org/10.1080/10304312.2011.617873

Ángel, Santiago. 2020. "Acoso sexual en la orquesta: decenas de mujeres denuncian a universidades de Antioquia." *La FM*, 24 de junio. https://www.lafm.com.co/colombia/acoso-sexual-en-la-orquesta-decenas-de-mujeres-denuncian-universidades-de-antioquia

Ansdell, Gary. 2014. *How Music Helps in Music Therapy and Everyday Life*. Abingdon: Routledge.

Ansdell, Gary, Brit Ågot Brøske, Pauline Black, y Sara Lee. 2020. "Showing the Way, or Getting in the Way? Discussing Power, Influence and Intervention in Contemporary Musical-Social Practices." *International Journal of Community Music* 13 (2): 135–55. https://doi.org/10.1386/ijcm_00016_1

Araujo, Elizabeth. 2017. "Pianista Gabriela Montero: El silencio no es una opción." Actualy.es, 14 de marzo. https://actualy.es/pianista-gabriela-montero-silencio-no-una-opcion/

Arenas, Eliécer. 2020. "La experiencia de la afectividad como dispositivo disruptivo en la pedagogía instrumental." XVI Congreso IASPM-LA, Medellín, 1 de noviembre. https://www.youtube.com/watch?v=3rJXTegOrF8&feature=youtu.be

Argimiro Gutiérrez, Freddy. 2010. "San José Antonio Abreu: Maestro de la Codicia, Enemigo de la Diversidad y Patrono del Absolutismo Musical." *Aporrea* (blog), 10 de febrero. https://www.aporrea.org/poderpopular/a94940.html

"ArtsPay 2018." 2019. Arts Professional. https://www.artsprofessional.co.uk/sites/artsprofessional.co.uk/files/artspay_2018_report.pdf

Baines, Donna. 2017. *Doing Anti-oppressive Practice: Social Justice Social Work*, 3rd Edition. Black Point, Nova Scotia: Fernwood Publishing.

Baker, Geoffrey. 2008. *Imposing Harmony: Music and Society in Colonial Cuzco*. Durham, NC: Duke University Press.

———. 2010. "The Resounding City." En *Music and Urban Society in Colonial Latin America*, editado por Geoffrey Baker y Tess Knighton, 1–20. Cambridge: Cambridge University Press.

———. 2011. *Buena Vista in the Club: Rap, Reggaetón, and Revolution in Havana*. Durham, NC: Duke University Press.

———. 2014. *El Sistema: Orchestrating Venezuela's Youth*. Oxford; New York: Oxford University Press.

———. 2015a. "El Sistema: The Future of Classical Music?" En *Déchiffrer Les Publics de la Musique Classique / Unraveling Classical Music Audiences*, editado por Stéphane Dorin. Paris: Éditions des Archives Contemporaines.

———. 2015b. "The Simón Bolívar Orchestra—Why We Should Look Beyond the Music." *The Guardian*, 13 de enero. http://www.theguardian.com/music/2015/jan/13/the-simon-bolivar-orchestra-why-we-should-look-beyond-the-music-geoff-baker

———. 2016a. "Citizens or Subjects? El Sistema in Critical Perspective." En *Artistic Citizenship: Artistry, Social Responsibility, and Ethical Praxis*, editado por David Elliott, Marissa Silverman, y Wayne D. Bowman, 313–38. New York: Oxford University Press.

———. 2016b. "Editorial Introduction: El Sistema in Critical Perspective." *Action, Criticism, and Theory for Music Education* 15 (1): 10–32. https://act.maydaygroup.org/articles/Baker15_1.pdf

———. 2016c. "Antes de pasar página: conectando los mundos paralelos de El Sistema y la investigación crítica." *Revista Internacional de Educación Musical* 4: 51–60. http://www.revistaeducacionmusical.org/index.php/rem1/article/view/92

———. 2017a. "Big Noise in Raploch?" *Scottish Review*, 21 de junio. http://www.scottishreview.net/GeoffBaker285a.html

———. 2017b. "No, Venezuela's much-hyped El Sistema music programme is not a hotbed of political resistance." *The Conversation*, 7 de julio. https://theconversation.com/no-venezuelas-much-hyped-el-sistema-music-programme-is-not-a-hotbed-of-political-resistance-80500

———. 2018. "El Sistema, 'The Venezuelan Musical Miracle': The Construction of a Global Myth." *Latin American Music Review* 39 (2): 160–93. https://muse.jhu.edu/article/717148

———. 2021. "The Disturbing Noise Coming Out of El Sistema." *Caracas Chronicles*, 24 de junio. https://www.caracaschronicles.com/2021/06/24/the-disturbing-noise-coming-out-of-el-sistema/

Baker, Geoffrey, Anna Bull, y Mark Taylor. 2018. "Who Watches the Watchmen? Evaluating Evaluations of El Sistema." *British Journal of Music Education* 35 (3): 255–69. https://doi.org/10.1017/S0265051718000086

Baker, Geoffrey, y Ana Lucía Frega. 2016. "Los reportes del BID sobre El Sistema: Nuevas perspectivas sobre la historia y la historiografía del Sistema Nacional de Orquestas Juveniles e Infantiles de Venezuela." *Epistemus. Revista de Estudios en Música, Cognición y Cultura* 4 (2): 54–83. https://doi.org/10.21932/epistemus.4.2751.2

———. 2018. "'Producing Musicians like Sausages': New Perspectives on the History and Historiography of Venezuela's El Sistema." *Music Education Research* 20 (4): 502–16. https://doi.org/10.1080/14613808.2018.1433151

Baker, Geoffrey, y William Cheng. 2021. "El abuso sexual en el sistema de orquestas juveniles de Venezuela, un 'secreto a voces', por fin quedó al descubierto." *Washington Post*, 30 de mayo. https://www.washingtonpost.com/es/post-opinion/2021/05/30/venezuela-yotecreovzla-abuso-sexual-el-sistema-orquestas-juveniles-metoo/

Barnes, Marian, y David Prior, eds. 2009. *Subversive Citizens: Power, Agency and Resistance in Public Services*. Bristol; Portland, OR: Policy Press.

Barrett, Brad. 2018. "Cultivating Artistic Citizenship in Urban Schools: Creativity, Critique, and Community at the Conservatory Lab Charter School." DMA, New England Conservatory.

Bartleet, Brydie-Leigh, y Gavin Carfoot. 2016. "Arts-Based Service Learning with Indigenous Communities: Engendering Artistic Citizenship." En *Artistic Citizenship: Artistry, Social Responsibility, and Ethical Praxis*, editado por David Elliott, Marissa Silverman, y Wayne D. Bowman, 339–58. New York: Oxford University Press.

Bartleet, Brydie-Leigh, y Lee Higgins. 2018a. "Introduction: An Overview of Community Music in the Twenty-First Century." En *The Oxford Handbook of Community Music*, editado por Brydie-Leigh Bartleet y Lee Higgins, 1–20. New York: Oxford University Press.

———, eds. 2018b. *The Oxford Handbook of Community Music*. New York: Oxford University Press.

Bates, Vincent C. 2016. "Foreword: How Can Music Educators Address Poverty and Inequality?" *Action, Criticism, and Theory for Music Education* 15 (1): 1–9. https://act.maydaygroup.org/articles/Bates15_1.pdf

Bates, Vincent C. 2018. "Faith, Hope, and Music Education." *Action, Criticism, and Theory for Music Education* 17 (2): 1–21. https://doi.org/10.22176/act17.2.1

Beck, Charlotte Joko. 1995. *Nothing Special: Living Zen*. London: Bravo.

Belfiore, Eleonora. 2002. "Art as a Means of Alleviating Social Exclusion: Does It Really Work? A Critique of Instrumental Cultural Policies and Social Impact Studies in the UK." *International Journal of Cultural Policy* 8 (1): 91–106. https://doi.org/10.1080/102866302900324658

———. 2009. "On Bullshit in Cultural Policy Practice and Research: Notes from the British Case." *International Journal of Cultural Policy* 15 (3): 343–59. https://doi.org/10.1080/10286630902806080

———. 2012. "'Defensive instrumentalism' and the legacy of New Labour's cultural policies." *Cultural Trends* 21 (2): 103–11. https://doi.org/10.1080/09548963.2012.674750

———. 2021. "Who cares? At what price? The hidden costs of socially engaged arts labour and the moral failure of cultural policy." *European Journal of Cultural Studies*. https://doi.org/10.1177/1367549420982863

Belfiore, Eleonora, y Oliver Bennett. 2008. *The Social Impact of the Arts: An Intellectual History*. Basingstoke: Palgrave Macmillan.

———. 2010. "Beyond the 'Toolkit Approach': Arts Impact Evaluation Research and the Realities of Cultural Policy-Making." *Journal for Cultural Research* 14 (2): 121–42. https://doi.org/10.1080/14797580903481280

Bell, Colin, y David Raffe. 1991. "Working Together? Research, Policy and Practice: The Experience of the Scottish Evaluation of TVEI." En *Doing Educational Research*, editado por Geoffrey Walford. London: Routledge.

Benedict, Cathy, Patrick Schmidt, Gary Spruce, y Paul Woodford, eds. 2015. *The Oxford Handbook of Social Justice in Music Education*. New York: Oxford University Press.

Bernatzky, Marianne, y Alejandro Cid. 2018. "Parents' Aspirations and Commitment with Education. Lessons from a Randomized Control Trial in a Shantytown." *Studies in Educational Evaluation* 56 (marzo): 85–93. https://doi.org/10.1016/j.stueduc.2017.11.004

Berry Slater, Josephine, y Anthony Iles. 2009. "No Room to Move: Radical Art and the Regenerate City." *Mute*, 24 de noviembre. https://www.metamute.org/editorial/articles/no-room-to-move-radical-art-and-regenerate-city#

Boeskov, Kim. 2018. "Moving Beyond Orthodoxy: Reconsidering Notions of Music and Social Transformation." *Action, Criticism, and Theory for Music Education* 17 (2): 92–117. https://doi.org/10.22176/act17.1.92

———. 2019. "Music and Social Transformation: Exploring Ambiguous Musical Practice in a Palestinian Refugee Camp." PhD, Oslo: Norwegian Academy of Music.

Boia, Pedro S., y Graça Boal-Palheiros. 2017. "Empowering or Boring? Discipline and Authority in a Portuguese Sistema-Inspired Orchestra Rehearsal." *Action, Criticism, and Theory for Music Education* 16 (2): 144–72. https://doi:10.22176/act16.1.144

Bolger, Lucy. 2015. "Understanding Collaboration in Participatory Music Projects with Communities Supporting Marginalised Young People." *Qualitative Inquiries in Music Therapy* 10 (3): 77–116.

Booth, Eric. 2008. "Thoughts on Seeing El Sistema." http://www.americanorchestras.org/images/stories/lld_pdf/elsistema_Booth.pdf

Borgh, Chris van der, y Alexandra Abello Colak. 2018. "Everyday (In)Security in Contexts of Hybrid Governance: Lessons from Medellin and San Salvador." LSE Latin America and Caribbean Centre / Utrecht University.

Born, Georgina. 2010. "For a Relational Musicology: Music and Interdisciplinarity, Beyond the Practice Turn." *Journal of the Royal Musical Association* 135 (2): 205–43. https://doi.org/10.1080/02690403.2010.506265

Borzacchini, Chefi. 2010. *Venezuela en el Cielo de los Escenarios*. Caracas: Fundación Bancaribe.

Bowman, Wayne D. 2009a. "No One True Way: Music Education Without Redemptive Truth." En *Music Education for Changing Times: Guiding Visions for Practice*, 3–15. Dordrecht: Springer.

———. 2009b. "The Community in Music." *International Journal of Community Music* 2 (2–3): 109–28. https://doi.org/info:doi/10.1386/ijcm.2.2-3.109_1

———. 2016. "Artistry, Ethics, and Citizenship." En *Artistic Citizenship: Artistry, Social Responsibility, and Ethical Praxis*, editado por David Elliott, Marissa Silverman, y Wayne D. Bowman, 59–80. New York: Oxford University Press.

Bradley, Deborah. 2009. "Oh, That Magic Feeling! Multicultural Human Subjectivity, Community, and Fascism's Footprints." *Philosophy of Music Education Review* 17 (1): 56–74. https://www.jstor.org/stable/40327310

———. 2018. "Artistic Citizenship: Escaping the Violence of the Normative (?)." *Action, Criticism, and Theory for Music Education* 17 (2): 71–91. https://doi.org/10.22176/act17.1.71

Brand, Peter. 2013. "Governing Inequality in the South through the Barcelona Model: 'Social Urbanism' in Medellín, Colombia." https://www.dmu.ac.uk/documents/business-and-law-documents/research/lgru/peterbrand.pdf

Bregman, Rutger. 2018. *Utopia for Realists: And How We Can Get There*. London: Bloomsbury Paperbacks.

Brook, Julia, y Ana Lucía Frega. 2020. "Comparing the Concepts of Sistema in Canada and Argentina to El Sistema Nacional in Venezuela." International Society for Music Education (Research Commission).

Brough, Melissa. 2014. "Participatory Public Culture and Youth Citizenship in the Digital Age: The Medellín Model." PhD, University of Southern California.

Brown, Jeffrey Arlo, Timmy Fisher, y Hartmut Welscher. 2020. "19 COVID Theses." *VAN Magazine*, 2 April. https://van-us.atavist.com/19-covid-theses

Bull, Anna. 2016. "El Sistema as a Bourgeois Social Project: Class, Gender, and Victorian Values." *Action, Criticism, and Theory for Music Education* 15 (1): 120–53. https://act.maydaygroup.org/articles/Bull15_1.pdf

———. 2019. *Class, Control, and Classical Music*. New York: Oxford University Press.

Caldeira, Teresa P. R. 1999. "Fortified Enclaves: The New Urban Segregation." En *Cities and Citizenship*, editado por James Holston, 114–38. Durham, NC: Duke University Press.

Camlin, Dave, Laura Caulfield, y Rosie Perkins. 2020. "Capturing the Magic: A Three-Way Dialogue on the Impact of Music on People and Society." *International Journal of Community Music* 13 (2): 157–72. https://doi.org/10.1386/ijcm_00017_1

"Canciller de Venezuela analiza con Bachelet impacto del bloqueo de EE.UU." 2019. *Venezolana de Televisión* (blog), 19 de junio. https://www.vtv.gob.ve/canciller-jorge-arreaza-michelle-bachelet-2/

Candusso, Flávia. 2008. "The 'João and Maria, Capoeira Angola, and Citizenship' Project: The Role of Community Music and Civilizing Afro-Brazilian Values in Promoting the Well-Being of Children." En *CMA XI: Projects, Perspectives & Conversations*, 16–24. Roma.

Carabetta, Silvia. 2018. "Reflexiones para la construcción de una educación musical intercultural: Cuando lo pedagógico y lo epistemológico se desencuentran." *Revista Internacional de Educación Musical* 5: 119–27. http://www.revistaeducacionmusical.org/index.php/rem1/article/view/118

Carvalho, José Jorge de, Liliam Barros Cohen, Antenor Ferreira Corrêa, Sonia Chada, y Paula Nakayama. 2016. "The Meeting of Knowledges as a Contribution to Ethnomusicology and Music Education." *The World of Music* 5 (1): 111–33. https://www.jstor.org/stable/44652698

"Cátedra de estudio afianza pensamiento del Maestro Abreu dentro de El Sistema." 2020. El Sistema, Prensa Fundamusical, 20 de febrero. https://elsistema.org.ve/noticias/catedra-de-estudio-afianza-pensamiento-del-maestro-abreu-dentro-de-el-sistema/

Chavarría, Maricel. 2019. "Zubin Mehta: 'Mi sueño de que la música lleve a la paz no se ha hecho realidad.'" *La Vanguardia*, 11 de septiembre. https://www.lavanguardia.com/cultura/20190912/47305493265/entrevista-zubin-mehta-director-orquesta-filarmonica-israel-gira-despedida-bcn-classics.html

Cheng, William. 2019. *Loving Music Till It Hurts*. New York: Oxford University Press.

Cid, Alejandro. 2014. "Giving a Second Chance: An After-School Programme in a Shanty Town Interacted with Parent Type: Lessons from a Randomized Trial." *Educational Research and Evaluation* 20 (5): 348–65. https://doi.org/10.1080/13803611.2014.968589

Clarke, Eric. 2018. "Between Scylla and Charybdis: Frameworks for Understanding the Social Affordances of Music." 3rd SIMM-posium on the Social Impact of Making Music, Porto.

Clift, Stephen. 2020. "Fancourt, D. and Finn, S. (2019). What Is the Evidence on the Role of the Arts in Improving Health and Well-Being? A Scoping Review." *Nordic Journal of Arts, Culture and Health* 2 (1). https://www.idunn.no/nordic_journal_of_arts_culture_and_health/2020/01/fancourt_d_and_finn_s_2019_what_is_the_evidence_on_t

Cobo Dorado, Karina. 2015. *La pédagogie de groupe dans les cours d'instruments de musique*. Paris: L'Harmattan.

Cornwall, Andrea, y Deborah Eade, eds. 2010. *Deconstructing Development Discourse: Buzzwords and Fuzzwords*. Rugby: Practical Action Publishing.

Coronil, Fernando. 1997. *The Magical State: Nature, Money, and Modernity in Venezuela*. Chicago, IL: University of Chicago Press.

Creech, Andrea, Patricia González-Moreno, Lisa Lorenzino, Grace Waitman, Elaine Sandoval, y Stephen Fairbanks. 2016. "El Sistema and Sistema-Inspired Programmes: A Literature Review of Research, Evaluation, and Critical Debates." Sistema Global.

Crenshaw, Kimberlé Williams, ed. 2019. *Seeing Race Again: Countering Colorblindness across the Disciplines*. Berkeley, CA: University of California Press.

Crooke, Alexander Hew Dale, y Katrina Skewes McFerran. 2014. "Recommendations for the Investigation and Delivery of Music Programs Aimed at Achieving Psychosocial Well-Being Benefits in Mainstream Schools." *Australian Journal of Music Education* 1: 15–37.

Crooke, Alexander Hew Dale, Paul Smyth, y Katrina Skewes McFerran. 2016. "The Psychosocial Benefits of School Music: Reviewing Policy Claims." *Journal of Music Research Online* 7. http://www.jmro.org.au/index.php/mca2/article/view/157

Crux, Ana Isabel, Graça Mota, y Jorge Alexandre Costa. 2017. "Sociological Portraits: Orchestral Socialization, Paths and Experiences." En *Growing While Playing in Orquestra Geração: Contributions towards Understanding the Relationship between Music and Social Inclusion*, editado por Graça Mota y Teixeira João Lopes, 61–99. Porto: Edições Politema.

Dagnino, Evelina. 2007. "Citizenship: A Perverse Confluence." *Development in Practice* 17 (4/5): 549–56.

Davis, Sharon G. 2011. "Fostering a 'Musical Say': Identity, Expression, and Decision Making in a US School Ensemble." En *Learning, Teaching, and Musical Identity: Voices across Cultures*, editado por Lucy Green, 267–80. Bloomington, IN: Indiana University Press.

Daykin, Norma, Louise Mansfield, Catherine Meads, Karen Gray, Alex Golding, Alan Tomlinson, y Christina Victor. 2020. "The Role of Social Capital in Participatory Arts for Wellbeing: Findings from a Qualitative Systematic Review." *Arts & Health*. https://doi.org/10.1080/17533015.2020.1802605

Deane, Kathryn. 2018. "Community Music in the United Kingdom: Politics or Policies?" En *The Oxford Handbook of Community Music*, editado por Brydie-Leigh Bartleet y Lee Higgins, 177–94. New York: Oxford University Press.

Denning, Michael. 2015. *Noise Uprising: The Audiopolitics of a World Musical Revolution*. London; Brooklyn: Verso Books.

"Denuncian hostigamiento político en Sistema Nacional de Orquestas." 2015. *El Nacional*, 5 de diciembre.

Dickenson, James. 2019. "Lives of Orchestral Musicians Hit a Low Note." *Morning Star*, 30 de enero. https://morningstaronline.co.uk/article/c/impassioned-appeals-support-orchestral-musicians

Diverlus, Rodney. 2016. "Re/Imagining Artivism." En *Artistic Citizenship: Artistry, Social Responsibility, and Ethical Praxis*, editado por David Elliott, Marissa Silverman, y Wayne D. Bowman, 189–209. New York: Oxford University Press.

Dobson, Nicolas. 2016. "Hatching Plans: Pedagogy and Discourse within an El Sistema-Inspired Music Program." *Action, Criticism, and Theory for Music Education* 15 (1): 89–119. https://act.maydaygroup.org/articles/Dobson15_1.pdf

Drezner, Daniel. 2017. *The Ideas Industry: How Pessimists, Partisans, and Plutocrats Are Transforming the Marketplace of Ideas*. New York: Oxford University Press.

D'Souza, Annalise A., y Melody Wiseheart. 2018. "Cognitive Effects of Music and Dance Training in Children." *Archives of Scientific Psychology* 6 (1): 178–92. http://dx.doi.org/10.1037/arc0000048

Dunphy, Kim. 2018. "Theorizing Arts Participation as a Social Change Mechanism." En *The Oxford Handbook of Community Music*, editado por Brydie-Leigh Bartleet y Lee Higgins, 301–21. New York: Oxford University Press.

Eagleton, Terry. 2004. "The Last Jewish Intellectual." *New Statesman*, 29 de marzo.

Easterly, William. 2006. *The White Man's Burden: Why the West's Efforts to Aid the Rest Have Done So Much Ill and So Little Good*. London: Penguin.

"El BID Revisa Contrato de Bandas Musicales." 2003. *El Tiempo*, 16 de julio. https://www.eltiempo.com/archivo/documento/MAM-979096

El Libro de la Red: Veinte años de música viva. 2015. Medellín: Alcaldía de Medellín.

Elliott, Larry, y Damian Carrington. 2021. "Economics' failure over destruction of nature presents 'extreme risks.'" *The Guardian*, 2 de febrero. https://www.theguardian.com/environment/2021/feb/02/economics-failure-over-destruction-of-nature-presents-extreme-risks

"El Sistema: Changing Lives Through Music." 2008. 11 de abril. https://www.cbsnews.com/news/el-sistema-changing-lives-through-music/

Elliott, David, Marissa Silverman, y Wayne D. Bowman, eds. 2016. *Artistic Citizenship: Artistry, Social Responsibility, and Ethical Praxis*. New York: Oxford University Press.

Erickson, Amanda. 2018. "Latin America Is the World's Most Violent Region. A New Report Investigates Why." *Washington Post*, 25 de abril. https://www.washingtonpost.com/news/worldviews/wp/2018/04/25/latin-america-is-the-worlds-most-violent-region-a-new-report-investigates-why/

Escribal, Federico Luis. 2017. "Orquestas Infanto-Juveniles suramericanas en perspectiva de Derechos Culturales." *Revista foro de educación musical, artes y pedagogía* 2 (2): 107–27. http://www.revistaforo.com.ar/ojs/index.php/rf/article/view/31

"Escuelas de Música: Más Civilidad y Cultura." 1997. *Cambio de Clase*, marzo.

Esté, Aquiles. 2018. "José Antonio Abreu y los límites del populismo musical." *New York Times*, 6 de abril. https://www.nytimes.com/es/2018/04/06/espanol/opinion/opinion-abreu-venezuela-sistema.html

Estrada Rodríguez, Luis Alfonso, Cynthia Fragoso Guerrero, Laura Elizabeth Gutiérrez Gallardo, y Federico Sastré Barragan. 2019. "Por una educación musical verdaderamente inclusiva en México." *Este País* (blog), 4 de noviembre. https://estepais.com/impreso/por-una-educacion-musical-verdaderamente-inclusiva-en-mexico/

"Evaluación de Impactos." 2011. Sistema Nacional de Orquestas Juveniles e Infantiles. http://idbdocs.iadb.org/wsdocs/getdocument.aspx?docnum=36583351

Ewell, Philip A. 2020. "Music Theory and the White Racial Frame." *Music Theory Online* 26 (2). https://doi.org/10.30535/mto.26.2.4

Fairbanks, Stephen. 2019. "Schooling Habitus: An auto/ethnographic study of music education's entanglements with cultural hegemony." PhD, University of Cambridge.

Fernández-Morante, Basilio. 2018. "Psychological Violence in Current Musical Education at Conservatoires." *Revista Internacional de Educación Musical* 6 (1): 13–24. https://doi.org/10.12967/RIEM-2018-6-p013-024

Ferriday, Zack. 2018. "The Maestro Will See You Now." *VAN Magazine*, 22 de marzo. https://van-us.atavist.com/the-maestro-will-see-you-now

Fielder, Brigitte. 2020. "Your Predominantly White Academic Organization (Yes, Even Yours) Is Exactly One Live-Tweeted Racist Event Away from Public Disgrace." *Avidly* (blog), 22 de julio. http://avidly.lareviewofbooks.org/2020/07/22/your-predominantly-white-academic-organization-yes-even-yours-is-exactly-one-live-tweeted-racist-event-away-from-public-disgrace/

Fink, Robert. 2016. "Resurrection Symphony: El Sistema as Ideology in Venezuela and Los Angeles." *Action, Criticism, and Theory for Music Education* 15 (1): 33–57. http://act.maydaygroup.org/articles/Fink15_1.pdf

Flores, Pia. 2019. "Muni: Cuatro mujeres narran la historia de abusos sexuales del director protegido." *Nómada, Guatemala* (blog), 6 de junio. https://nomada.gt/nosotras/somos-todas/muni-cuatro-mujeres-narran-la-historia-de-abusos-sexuales-del-director-protegido/

Folkes, Louise. 2021. "Re-Imagining Social Mobility: The Role of Relationality, Social Class and Place in Qualitative Constructions of Mobility." *Sociological Research Online*. https://doi.org/10.1177/1360780420985127

Fotopoulos, Takis. 2005. "From (Mis)Education to Paideia." *The International Journal of Inclusive Democracy* 2 (1). http://www.inclusivedemocracy.org/journal/vol2/vol2_no1_miseducation_paideia_takis.htm

Foucault, Michel. 1991. *Discipline and Punish: The Birth of the Prison*. London: Penguin.

Fowks, Jacqueline. 2019. "De la filarmónica en Venezuela, a los autobuses de Lima." *El País*, 19 de noviembre. https://elpais.com/cultura/2019/11/18/actualidad/1574096922_739738.html

Franz, Tobias. 2017. "Urban Governance and Economic Development in Medellín: An 'Urban Miracle'?" En *Urban Latin America: Inequalities and Neoliberal Reforms*, editado por Tom Angotti, 129-45. Lanham, MD: Rowman & Littlefield.

———. 2018. "Colombia Elections 2018: The Perils of Polarisation for a Precarious Peace." *LSE Latin America and Caribbean Blog*, 9 de marzo. https://blogs.lse.ac.uk/latamcaribbean/2018/03/09/colombia-elections-2018-the-perils-of-polarisation-for-a-precarious-peace/

Frega, Ana Lucía, y Jorge Ramiro Limongi. 2019. "Facts and Counterfacts: A Semantic and Historical Overview of El Sistema for the Sake of Clarification." *International Journal of Music Education* 37 (4): 561–75. https://doi.org/10.1177/0255761419855821

Frei, Marco. 2011. "Wie Viel System Steckt Im System? Venezuela Und Das Soziale Musikprojekt 'El Sistema.'" *Neue Zürcher Zeitung*, 21 de noviembre. http://www.nzz.ch/aktuell/feuilleton/uebersicht/wie-viel-system-steckt-im-system-1.13372944

Freire, Paulo. 1974. *Education for Critical Consciousness*. London: Sheed and Ward.

———. 2005. *Pedagogy of the Oppressed*. Traducido por Myra Bergman Ramos. New York: Continuum.

Fukuyama, Francis, y Seth Colby. 2011. "Half a Miracle." *Foreign Policy* (blog), 25 de abril. https://foreignpolicy.com/2011/04/25/half-a-miracle/

"FundaMusical Simón Bolívar—El Sistema y el PNUD en Venezuela suscriben proyecto para la inclusión social." 2017. El PNUD en Venezuela, 5 de diciembre. https://www.ve.undp.org/content/venezuela/es/home/presscenter/articles/2017/12/05/fundamusical-sim-n-bol-var-el-sistema-y-el-pnud-en-venezuela-suscriben-proyecto-para-la-inclusi-n-social.html

Fung, C. Victor. 2018. *A Way of Music Education: Classic Chinese Wisdoms*. New York: Oxford University Press.

Galeano, Deicy Patricia Hurtado, y Didier Álvarez Zapata. 2006. "La formación de ciudadanías en contextos conflictivos." *Estudios Políticos* 29 (diciembre): 81–96. https://revistas.udea.edu.co/index.php/estudiospoliticos/article/view/1297

García Bermejo, Carmen. 2018. "La Falsa Filantropía de Salinas Pliego." Quinto Elemento. Laboratorio de Investigación. https://www.quintoelab.org/falsafilantropia/

———. 2020. "El Gobierno de AMLO Rescata las Orquestas de Salinas Pliego." Quinto Elemento. Laboratorio de Investigación, 22 de enero. https://quintoelab.org/project/amlo-al-rescate-de-orquesta-de-salinas-pliego

Gaunt, Helena, y Heidi Westerlund, eds. 2013. *Collaborative Learning in Higher Music Education*. Farnham; Burlington, VT: Routledge.

Gaztambide-Fernández, Rubén. 2013. "Why the Arts Don't Do Anything: Toward a New Vision for Cultural Production in Education." *Harvard Educational Review* 83: 211–37.

Gaztambide-Fernández, Rubén, y Leslie Stewart Rose. 2015. "Social Justice and Urban Music Education." En *The Oxford Handbook of Social Justice in Music Education*, editado por Cathy Benedict, Patrick Schmidt, Gary Spruce, y Paul Woodford, 456–72. New York: Oxford University Press.

Gioia, Ted. 2018. "Bach at the Burger King." *LA Review of Books*, 17 de mayo. https://lareviewofbooks.org/article/bach-at-the-burger-king/

Godwin, Louise. 2020. "El Sistema in Australia: Risk, Aspiration and Promise." https://www.researchgate.net/publication/343002117_El_Sistema_in_Australia_Risk_aspiration_and_promise

Gómez-Zapata, Jonathan Daniel, Luis César Herrero-Prieto, y Beatriz Rodríguez-Prado. 2020. "Does Music Soothe the Soul? Evaluating the Impact of a Music Education Programme in Medellin, Colombia." *Journal of Cultural Economics*, abril. https://doi.org/10.1007/s10824-020-09387-z

Gopal, Priyamvada. 2020. "We Can't Talk about Racism without Understanding Whiteness." *The Guardian*, 4 de julio. http://www.theguardian.com/commentisfree/2020/jul/04/talk-about-racism-whiteness-racial-hierarchy

Gottfredson, Denise, Amanda Brown Cross, Denise Wilson, Melissa Rorie, y Nadine Connell. 2010. "Effects of Participation in After-School Programs for Middle School Students: A Randomized Trial." *Journal of Research on Educational Effectiveness* 3 (3): 282–313. https://doi.org/10.1080/19345741003686659

Gouk, Penelope. 2013. "Music as a Means of Social Control: Some Examples of Practice and Theory in Early Modern Europe." En *The Emotional Power of Music: Multidisciplinary Perspectives on Musical Arousal, Expression, and Social Control*, editado por Tom Cochrane, Bernardino Fantini, y Klaus R. Scherer, 307–13. New York: Oxford University Press.

Gould, Elizabeth. 2007. "Social Justice in Music Education: The Problematic of Democracy." *Music Education Research* 9 (2): 229–40. https://doi.org/10.1080/14613800701384359

Govias, Jonathan. 2015a. "This Is Where We Flew." 5 de abril. https://jonathangovias.com/2015/04/05/this-is-where-we-flew/

———. 2015b. "Bonfire of the Inanities—International Censorship in Sistema." 9 de mayo. https://jonathangovias.com/2015/05/09/bonfire-of-the-inanities-international-censorship-in-sistema/

———. 2020. "Reflections on 10 Years in Sistema." 10 de febrero. https://jonathangovias.com/2020/02/10/reflections-on-10-years-in-sistema/

Griffiths, Morwenna. 1998. *Educational Research for Social Justice: Getting off the Fence*. Buckingham: Open University Press.

Hall, Edith. 2019. "Why Working-Class Britons Loved Reading and Debating the Classics." *Aeon*, 13 de noviembre. https://aeon.co/essays/why-working-class-britons-loved-reading-and-debating-the-classics

Hallam, Susan. 2010. "The Power of Music: Its Impact on the Intellectual, Social and Personal Development of Children and Young People." *International Journal of Music Education* 28 (3): 269–89. https://doi.org/10.1177/0255761410370658

Hanauer, Nick. 2019. "Better Schools Won't Fix America." *The Atlantic*, 10 de junio. https://www.theatlantic.com/magazine/archive/2019/07/education-isnt-enough/590611/

Harris, Adam. 2020. "Is American Healing Even Possible?" *The Atlantic*, 29 de noviembre. https://www.theatlantic.com/politics/archive/2020/11/william-barber-biden-trump/617235/

Harrison, Phil. 2020. "Black Classical Music: The Forgotten History Review—Challenging Orchestrated Racism." *The Guardian*, 27 de septiembre. http://www.theguardian.com/tv-and-radio/2020/sep/27/black-classical-music-the-forgotten-history-review-challenging-orchestrated-racism

Hart, Roger. 1992. "Children's Participation: From Tokenism to Citizenship." UNICEF. https://www.unicef-irc.org/publications/100-childrens-participation-from-tokenism-to-citizenship.html

Hayes, Eileen M. 2020. "In Conversation with President Eileen M. Hayes." College Music Society. https://www.music.org/index.php?option=com_content&view=article&id=1951:in-conversation-with-president-eileen-hayes&catid=139&Itemid=2585

Haywood, Sarah, Julia Griggs, Cheryl Lloyd, Stephen Morris, Zsolt Kiss, y Amy Skipp. 2015. "Creative Futures: Act, Sing, Play. Evaluation Report and Executive Summary." NatCen Social Research. https://e-space.mmu.ac.uk/618917/1/Act__Sing__Play.pdf

Heile, Björn. 2020. "Writing on Living Composers and the Problem of Advocacy: Failure and the Experimental Work of Mauricio Kagel." En *Remixing Music Studies: Essays in Honour of Nicholas Cook*, editado por Ananay Aguilar, Ross Cole, Matthew Pritchard, y Eric Clarke, 164–79. London: Routledge.

Heinemeyer, Catherine. 2018. "Mental Health Crisis in Teens Is Being Magnified by Demise of Creative Subjects in School." *The Conversation*, 3 de septiembre. http://theconversation.com/mental-health-crisis-in-teens-is-being-magnified-by-demise-of-creative-subjects-in-school-102383

Henderson, Errol A. 1996. "Black Nationalism and Rap Music." *Journal of Black Studies*. https://doi.org/10.1177/002193479602600305

Henley, Jennie. 2018. "A Challenge to Assumptions of the Transformative Power of Music." 3rd SIMM-posium on the Social Impact of Making Music, Porto.

———. 2019. "Pedagogy & Inclusion: A Critique of Outcomes-Based Research and Evaluation." Seminario de investigación, Guildhall School of Music and Drama.

Henley, Jennie, y Lee Higgins. 2020. "Redefining Excellence and Inclusion." *International Journal of Community Music* 13 (2): 207–16. https://doi.org/10.1386/ijcm_00020_1

Hensbroek, Pieter Boele van. 2010. "Cultural Citizenship as a Normative Notion for Activist Practices." *Citizenship Studies* 14 (3): 317–30. https://doi.org/10.1080/13621021003731880

Hesmondhalgh, David. 2013. *Why Music Matters*. Chichester: Wiley Blackwell.

Hess, Juliet. 2018. "Troubling Whiteness: Music education and the 'messiness' of equity work." *International Journal of Music Education* 36 (2): 128–44. https://doi.org/10.1177/0255761417703781

———. 2019. *Music Education for Social Change: Constructing an Activist Music Education*. London: Routledge.

———. 2021. "Resisting the 'Us' versus 'Them' Dichotomy through Music Education: The Imperative of Living in the 'Anti-.'" En *Difference and Division in Music Education*, editado por Alexis Anja Kallio, 56–75. London: Routledge.

Hewett, Ivan. 2020. "In Defence of the Tyrannical Male Maestro." *The Spectator*, 14 de noviembre. https://www.spectator.co.uk/article/in-defence-of-the-tyrannical-male-maestro

Higgins, Charlotte. 2006. "Land of Hope and Glory." *The Guardian*, 24 de noviembre. http://www.theguardian.com/music/2006/nov/24/classicalmusicandopera

"HMUK Releases Final CMMYS Report." 2017. Help Musicians, 16 de octubre. https://www.helpmusicians.org.uk/news/latest-news/hmuk-releases-final-cmmys-report

Holston, James. 1999. "Spaces of Insurgent Citizenship." En *Cities and Citizenship*, editado por James Holston, 155–73. Durham, NC: Duke University Press.

Hopkins, Michael, Anthony M. Provenzano, y Michael S. Spencer. 2017. "Benefits, Challenges, Characteristics and Instructional Approaches in an El Sistema Inspired After-School String Program Developed as a University–School Partnership in the United States." *International Journal of Music Education* 35 (2): 239–58. https://doi.org/10.1177/0255761416659509

Horowitz, Joseph. 2018. "Going High (Culture)." *Washington Examiner*, 5 de diciembre. https://www.washingtonexaminer.com/weekly-standard/going-high-culture

Houtart, François. 2011. "El concepto de sumak kawsai (buen vivir) y su correspondencia con el bien común de la humanidad." *América Latina en Movimiento*, 1 de junio. https://www.alainet.org/es/active/47004

Howell, Gillian. 2017. "A World Away from War: Music Interventions in War-Affected Settings." PhD, Brisbane: Griffith University.

Hylton, Forrest. 2007. "Medellín's Makeover." *New Left Review* 44, marzo–abril.

Ilari, Beatriz, Cara Fesjian, y Assal Habibi. 2018. "Entrainment, Theory of Mind, and Prosociality in Child Musicians." *Music & Science*, febrero. https://doi.org/10.1177/2059204317753153

Irving, David. 2021. "Decolonising Historical Performance Practice." Seminario de investigación, Royal Holloway University of London.

Johnson, Roger. 2009. "Critically Reflective Musicianship." En *Music Education for Changing Times: Guiding Visions for Practice*, editado por Thomas A. Regelski y J. Terry Gates, 17–26. Dordrecht: Springer.

Johnston, Jennifer. 2017. "Yes, Classical Music Has a Harassment Problem—and Now's the Time for Change." *The Guardian*, 8 de diciembre. https://www.theguardian.com/music/2017/dec/08/jennifer-johnston-comment-classical-music-cult-of-the-maestro

Jorgensen, Estelle R. 2001. "What Are the Roles of Philosophy in Music Education?" *Research Studies in Music Education* 17: 19–31.

Jóvenes: Un Fuego Vital. Reflexiones y Conocimiento En Juventud. 2015. Medellín: Alcaldía de Medellín.

Justino, Patricia. 2020. "Welfare Works: Redistribution Is the Way to Create Less Violent, Less Unequal Societies." *The Conversation*, 12 de marzo. http://theconversation.com/welfare-works-redistribution-is-the-way-to-create-less-violent-less-unequal-societies-128807

Kajikawa, Loren. 2019. "The Possessive Investment in Classical Music: Confronting Legacies of White Supremacy in U.S. Schools and Departments of Music." En *Seeing Race Again: Countering Colorblindness across the Disciplines*, editado por Kimberlé Williams Crenshaw, 155–74. Berkeley, CA: University of California Press.

Kanellopoulos, Panagiotis A. 2015. "Musical Creativity and 'the Police': Troubling Core Music Education Certainties." En *The Oxford Handbook of Social Justice in Music Education*, editado por Cathy Benedict, Patrick Schmidt, Gary Spruce, y Paul Woodford, 318–39. New York: Oxford University Press.

Kanellopoulos, Panagiotis A., y Niki Barahanou. 2021. "The Neoliberal Colonisation of Creative Music Education in Cultural Institutions: A Hatred of Democracy?" En *Difference and Division in Music Education*, editado por Alexis Anja Kallio, 144–62. London: Routledge.

Keil, Charlie. n.d. "Paideia Con Salsa: Ancient Greek Education for Active Citizenship and the Role of Afro-Latin Dance-Music in Our Schools." MUSE. http://www.musekids.org/consalsa.html

Kelly, Justin. 2020. "Cultural Gumbo." *VAN Magazine*, 14 de octubre. https://van-us.atavist.com/cultural-gumbo

Kelly-McHale, Jacqueline, y Carlos R. Abril. 2015. "The Space Between Worlds: Music Education and Latino Children." En *The Oxford Handbook of Social Justice in Music Education*, editado por Cathy Benedict, Patrick Schmidt, Gary Spruce, y Paul Woodford, 156–72. New York: Oxford University Press.

Kertz-Welzel, Alexandra. 2005. "The Pied Piper of Hamelin: Adorno on Music Education." *Research Studies in Music Education* 25: 1–11.

———. 2011. "Paradise Lost? A Critical Examination of Idealistic Philosophies of Teaching through the Lens of Theodor W. Adorno." *Visions of Research in Music Education* 19: 1–21. https://pdfs.semanticscholar.org/de80/d67bec8d08368b3047631cce61906f95fb47.pdf

———. 2016. "Daring to Question: A Philosophical Critique of Community Music." *Philosophy of Music Education Review* 24 (2): 113–30. https://doi.org/10.2979/philmusieducrevi.24.2.01

Kim, Jinyoung. 2017. "Transforming Music Education for the Next Generation: Planting 'Four Cs' Through Children's Songs." *International Journal of Early Childhood* 49 (2): 181–93. https://doi.org/10.1007/s13158-017-0187-3

Korum, Solveig, y Gillian Howell. 2020. "Competing economies of worth in a multiagency music and reconciliation partnership: The Sri Lanka Norway Music Cooperation (2009–2018)." *International Journal of Cultural Policy*. https://doi.org/10.1080/10286632.2020.1838491

Koutsoupidou, T., y D. J. Hargreaves. 2009. "An Experimental Study of the Effects of Improvisation on the Development of Children's Creative Thinking in Music." *Psychology of Music* 37 (3): 251–78. https://doi.org/10.1177/0305735608097246

Kozak Rovero, Gisela. 2018. "Alabado y Cuestionado: José Antonio Abreu y El Sistema de Orquestas de Venezuela." *Literal Magazine*, 8 de abril.

Krafeld, Merle. 2017. "Belaestigung-musikhochschulen." *VAN Magazine*, 8 de noviembre. https://van.atavist.com/belaestigung-musikhochschulen

Kratus, John. 2015. "The Role of Subversion in Changing Music Education." En *Music Education: Navigating the Future*, editado por Clint Randles, 340–46. New York: Routledge.

Krönig, Franz Kasper. 2019. "Community Music and the Risks of Affirmative Thinking: A Critical Insight into the Semantics of Community Music." *Philosophy of Music Education Review* 27 (1): 21–36. https://10.2979/philmusieducrevi.27.1.03

Kutschke, B. 2011. "The Celebration of Beethoven's Bicentennial in 1970: The Antiauthoritarian Movement and Its Impact on Radical Avant-Garde and Postmodern Music in West Germany." *The Musical Quarterly* 93 (3–4): 560–615. https://doi.org/10.1093/musqtl/gdq021

Kuttner, Paul J. 2015. "Educating for Cultural Citizenship: Reframing the Goals of Arts Education." *Curriculum Inquiry* 45 (1): 69–92. https://doi.org/10.1080/03626784.2014.980940

Kuuse, Anna-Karin, Monica Lindgren, y Eva Skåreus. 2016. "'The Feelings Have Come Home to Me.' Examining Advertising Films on the Swedish Website of El Sistema." *Action, Criticism, and Theory for Music Education* 15 (1): 187–215. http://act.maydaygroup.org/articles/KuuseLindrenSkareus15_1.pdf

La Ciudad: El Laboratorio de Todas. 2017. Medellín: Alcaldía de Medellín.

"La desigualdad en Medellín sigue siendo muy alta." 2020. Medellín Cómo Vamos, 18 de febrero. https://www.medellincomovamos.org/la-desigualdad-en-medellin-sigue-siendo-muy-alta

Ladson-Billings, Gloria. 2015. "You Gotta Fight the Power: The Place of Music in Social Justice Education." En *The Oxford Handbook of Social Justice in Music Education*, editado por Cathy Benedict, Patrick Schmidt, Gary Spruce, y Paul Woodford, 406–19. New York: Oxford University Press.

Lafontant Di Niscia, Attilio. 2019. "Unveiling the Dark Side of Tonewoods: A Case Study about the Musical Instrument Demand for the Venezuelan Youth Orchestra El Sistema." *Action, Criticism, and Theory for Music Education* 18 (3): 259–88. https://doi.org/10.22176/act18.3.259

Lareau, A. 2011. *Unequal Childhoods: Class, Race, and Family Life*. Berkeley, CA: University of California Press.

Laurence, Felicity. 2008. "Music and Empathy." En *Music and Conflict Transformation: Harmonies and Dissonances in Geopolitics*, editado por Olivier Urbain, 13–25. London: I.B Tauris.

Lebrecht, Norman. 2017. "New Research: One in Three Musicians Suffers an Eating Disorder." *Slipped Disc* (blog), 16 de julio. https://slippedisc.com/2017/07/new-research-one-in-three-musicians-suffers-an-eating-disorder/

———. 2018. "Sex, lies and conductors." *Spectator*, 20 de enero. https://www.spectator.co.uk/article/sex-lies-and-conductors

———. 2021. "From disaster to opportunity." *The Critic*, enero-febrero. https://thecritic.co.uk/issues/january-february-2021/from-disaster-to-opportunity/

Lee, Chris. 2012. "Bravo, Gustavo! How Maestro Dudamel Is Saving Classical Music." *Newsweek*, 6 de febrero. http://www.thedailybeast.com/newsweek/2012/02/05/bravo-gustavo-how-maestro-dudamel-is-saving-classical-music.html

Lees, Loretta, y Clare Melhuish. 2015. "Arts-Led Regeneration in the UK: The Rhetoric and the Evidence on Urban Social Inclusion." *European Urban and Regional Studies* 22 (3): 242–60. https://doi.org/10.1177/0969776412467474

Levinson, Bradley A. 2011. "Toward an Anthropology of (Democratic) Citizenship Education." En *A Companion to the Anthropology of Education*, editado por Bradley A. Levinson y Mica Pollock, 279–98. Chichester: Wiley Blackwell.

Loar, Josh. 2019. "Overworked Staff and Performing Arts: Let's Not Pretend We're Okay." *TheatreArtLife* (blog), 11 de abril. https://www.theatreartlife.com/technical/performing-arts-overworked-staff/

Logan, Owen. 2015a. "Doing Well in the Eyes of Capital: Cultural Transformation from Venezuela to Scotland." En *Contested Powers: The Politics of Energy and Development*, editado por John–Andrew McNeish, Axel Borchgrevink, y Owen Logan, 216–53. London: Zed Books.

———. 2015b. "Hand in Glove: El Sistema and Neoliberal Research." https://www.researchgate.net/publication/287202150

———. 2016. "Lifting the Veil: A Realist Critique of Sistema's Upwardly Mobile Path." *Action, Criticism, and Theory for Music Education* 15 (1): 58–88. http://act.maydaygroup.org/articles/Logan15_1.pdf

Lonie, Douglas, y Ben Sandbrook. 2011. "Ingredients for Encouraging the Talent and Potential of Young Musicians." Dartington Hall, Devon: South West Music School. http://www.foundations-for-excellence.org/digi/

Lord, Pippa, Caroline Sharp, Jennie Harland, Palak Mehta, Richard White, y National Foundation for Educational Research in England and Wales. 2016. "Evaluation of In Harmony: Final Report." Slough: National Foundation for Educational Research. https://www.nfer.ac.uk/media/1565/acii04.pdf

Lortie-Forgues, Hugues, y Matthew Inglis. 2019. "Rigorous Large-Scale Educational RCTs Are Often Uninformative: Should We Be Concerned?" *Educational Researcher* 48 (3): 158–66. https://doi.org/10.3102/0013189X19832850

"Los músicos salen a la calle para reivindicar sus derechos: muchas de sus lesiones no son reconocidas como enfermedades laborales." 2019. *LaSexta*, 7 de abril. https://www.lasexta.com/noticias/sociedad/los-musicos-salen-a-la-calle-para-reivindicar-sus-derechos-muchas-de-sus-lesiones-no-son-reconocidas-como-enfermedades-laborales-video_201904075caa09e60cf2cabe94f17028.html

Lubow, Arthur. 2007. "Conductor of the People." *The New York Times*, 28 de octubre. http://www.nytimes.com/2007/10/28/magazine/28dudamel-t.html?pagewanted=all

Maclean, Kate. 2015. *Social Urbanism and the Politics of Violence: The Medellín Miracle*. Basingstoke: Palgrave Macmillan.

Mamattah, Sophie, Tamsin Cox, David McGillivray, y Gayle McPherson. 2020. "The Role of Arts and Culture in Lifting Communities Out of Poverty: A Review of Evidence." University of the West of Scotland. https://issuu.com/ccse_uws/docs/job_4732_ukri_literature_2020_web

Mantie, Roger. 2012. "Striking Up the Band: Music Education Through a Foucaultian Lens." *Action, Criticism, and Theory for Music Education* 11 (1): 99–123. http://act.maydaygroup.org/articles/Mantie11_1.pdf

———. 2018. "Community Music and Rational Recreation." En *The Oxford Handbook of Community Music*, editado por Brydie-Leigh Bartleet y Lee Higgins, 543–54, New York: Oxford University Press.

Mantie, Roger, y Laura Risk. 2020. "Framing Ethno-World: Intercultural Music Exchange, Tradition, and Globalization (Condensed Report)." University of Toronto, Scarborough.

Martin, Peter J. 1995. *Sounds and Society: Themes in the Sociology of Music*. Manchester: Manchester University Press.

"Más de 300 músicos protagonizan el plantón sinfónico en Bogotá." 2019. *El Espectador*, 27 de noviembre. https://www.elespectador.com/noticias/bogota/mas-de-300-musicos-protagonizan-el-planton-sinfonico-en-bogota/

Matthews, Richard. 2015. "Beyond Toleration—Facing the Others." En *The Oxford Handbook of Social Justice in Music Education*, editado por Cathy Benedict, Patrick Schmidt, Gary Spruce, y Paul Woodford, 238–49. New York: Oxford University Press.

McCarthy, Marie. 2015. "Understanding Social Justice from the Perspective of Music Education History." En *The Oxford Handbook of Social Justice in Music Education*, editado por Cathy Benedict, Patrick Schmidt, Gary Spruce, y Paul Woodford, 29–46. New York: Oxford University Press.

"Medellín: Transformación de Una Ciudad." n.d. Medellín: Alcaldía de Medellín / Banco Interamericano de Desarrollo. https://acimedellin.org/wp-content/uploads/publicaciones/libro-transformacion-de-ciudad.pdf

"Medición de Impactos del Programa de Escuelas y Bandas de Música de Carácter Sinfónico de La Alcaldía de Medellín: Resumen Ejecutivo." 2005. Bogotá: Econometría Consultores.

Mehr, Samuel A. 2014. "Music in the Home: New Evidence for an Intergenerational Link." *Journal of Research in Music Education* 62 (1): 78–88. https://doi.org/10.1177/0022429413520008

———. 2015. "Miscommunication of Science: Music Cognition Research in the Popular Press." *Frontiers in Psychology* 6: 988. https://doi.org/10.3389/fpsyg.2015.00988

Merli, Paola. 2002. "Evaluating the Social Impact of Participation in Arts Activities: A Critical Review of François Matarasso's Use or Ornament?" *International Journal of Cultural Policy* 8 (1): 107–18.

Mignolo, Walter D. y Catherine E. Walsh. 2018. *On Decoloniality: Concepts, Analytics, Praxis*. Durham, NC: Duke University Press.

Miller, Ben. 2017. "Silence, Breaking." *VAN Magazine*, 7 de diciembre. https://van-us.atavist.com/silence-breaking

Miller, Toby. 2013. "Culture to Creativity to Environment—and Back Again." En *The Ashgate Research Companion to Planning and Culture*, editado por Greg Young y Deborah Stevenson, 53–67. Aldershot: Ashgate.

Moehn, Frederick A. 2011. "'We Live Daily in Two Countries': Audiotopias of Postdictatorship Brazil." En *Brazilian Popular Music and Citizenship*, editado por Idelber Avelar y Christopher Dunn, 109–30. Durham, NC: Duke University Press.

Montgomery, David T. 2016. "Applied Theater and Citizenship in the Puerto Rican Community: Artistic Citizenship in Practice." En *Artistic Citizenship: Artistry, Social Responsibility, and Ethical Praxis*, editado por David Elliott, Marissa Silverman, y Wayne D. Bowman, 447–68. New York: Oxford University Press.

Montoya, Pablo. 2017. "Medellín: ¿Para Dónde Vamos?" *Arcadia*, 14 de noviembre. https://www.revistaarcadia.com/agenda/articulo/pablo-montoya-sobre-medellin-y-el-futuro-de-la-ciudad/66681

Montoya Restrepo, Nataly. 2014. "Urbanismo Social en Medellín: Una Aproximación Desde la Utilización Estratégica de Los Derechos." *Estudios Políticos* 45: 205–22.

Mora-Brito, Daniel. 2011. "Between Social Harmony and Political Dissonance: The Institutional and Policy-Based Intricacies of the Venezuelan System of Children and Youth Orchestras." MA, The University of Texas at Austin.

Morrison, Richard. 2015. "Simón Bolívar Orchestra/Dudamel at Festival Hall." *The Times*, 12 de enero. https://www.thetimes.co.uk/article/simon-bolivar-orchestradudamel-at-festival-hall-bgl3xnzf67c

Mosse, David. 2004. "Is Good Policy Unimplementable? Reflections on the Ethnography of Aid Policy and Practice." *Development and Change* 35 (4): 639–71.

Mota, Graça, and Teixeira Lopes, João, eds. 2017. *Growing While Playing in Orquestra Geração: Contributions towards Understanding the Relationship between Music and Social Inclusion*. Porto: Edições Politema.

Mouffe, Chantal. 2013. "Agonistic Politics and Artistic Practices." En *Agonistics: Thinking the World Politically*, editado por Chantal Mouffe, 85–105. London: Verso.

Mould, Oli. 2015. *Urban Subversion and the Creative City*. London: Routledge.

Mullin, Diane. 2016. "Working All the Time: Artistic Citizenship in the 21st Century." En *Artistic Citizenship: Artistry, Social Responsibility, and Ethical Praxis*, editado por David Elliott, Marissa Silverman, y Wayne D. Bowman, 521–48. New York: Oxford University Press.

"Músicos homenajearon a Gustavo Gatica con Réquiem." 2019. *Cooperativa.cl*, 5 diciembre. https://www.cooperativa.cl/noticias/pais/dd-hh/musicos-homenajearon-a-gustavo-gatica-con-requiem/2019-12-05/080601.html

Ndaliko, Chérie Rivers. 2016. *Necessary Noise: Music, Film, and Charitable Imperialism in the East of Congo*. New York: Oxford University Press.

Newey, Laura. 2020. "At Chetham's School of Music." *London Review of Books*, 20 de enero. https://www.lrb.co.uk/blog/2020/january/at-chetham-s-school-of-music

Nixon, Stephanie A. 2019. "The Coin Model of Privilege and Critical Allyship: Implications for Health." *BMC Public Health* 19. https://doi.org/10.1186/s12889-019-7884-9

Norgaard, Martin, Laura A. Stambaugh, y Heston McCranie. 2019. "The Effect of Jazz Improvisation Instruction on Measures of Executive Function in Middle School Band Students." *Journal of Research in Music Education* 67 (3): 339–54. https://doi.org/10.1177/0022429419863038

Nuijten, Monique. 2013. "The Perversity of the 'Citizenship Game': Slum-Upgrading in the Urban Periphery of Recife, Brazil." *Critique of Anthropology*, febrero. https://doi.org/10.1177/0308275X12466683

Ochoa Gautier, Ana María. 2001. "Listening to the State: Culture, Power, and Cultural Policy in Colombia." En *A Companion to Cultural Studies*, editado por Toby Miller, 375–90. Oxford: Blackwell.

Odendaal, Albi, Sari Levänen, y Heidi Westerlund. 2019. "Lost in Translation? Neuroscientific Research, Advocacy, and the Claimed Transfer Benefits of Musical Practice." *Music Education Research* 21 (1): 4–19. https://doi.org/10.1080/14613808.2018.1484438

Olcese, Cristiana y Mike Savage. 2015. "Notes towards a 'Social Aesthetic': Guest Editors' Introduction to the Special Section." *The British Journal of Sociology* 66 (4): 720–37. https://doi.org/10.1111/1468-4446.12159

Organismo Vivo y Mutando. 2016. Medellín: Alcaldía de Medellín. https://issuu.com/casatrespatios/docs/libro-rav2016

Orkin, Kate. 2020. "The Evidence behind Putting Money Directly in the Pockets of the Poor." University of Oxford. https://www.research.ox.ac.uk/Article/2020-05-12-the-evidence-behind-putting-money-directly-in-the-pockets-of-the-poor

Pace, Ian. 2015. "Does Elite Music Teaching Leave Pupils Open to Abuse?" *The Telegraph*, 20 de febrero. https://www.telegraph.co.uk/news/uknews/crime/11425241/Philip-Pickett-Does-elite-music-teaching-leave-pupils-open-to-abuse.html

Pedroza, Ludim. 2014. "Music as Life-Saving Project: Venezuela's El Sistema in American Neo-Idealistic Imagination." *College Music Symposium* 54. https://symposium.music.org/index.php/54/item/10545-music-as-life-saving-project-venezuela-s-el-sistema-in-american-neo-idealistic-imagination

———. 2015. "Of Orchestras, Mythos, and the Idealization of Symphonic Practice: The Orquesta Sinfónica de Venezuela in the (Collateral) History of El Sistema." *Latin American Music Review / Revista de Música Latinoamericana* 36 (1): 68–93. https://doi.org/10.7560/LAMR36103

Peerbaye, Soraya, y Parmela Attariwala. 2019. "Re-Sounding the Orchestra: Relationships between Canadian Orchestras, Indigenous Peoples, and People of Colour." https://oc.ca/wp-content/uploads/2019/06/Re-sounding-the-Orchestra-EN-June-5.pdf

Pentreath, Rosie. 2020. "Prominent Critic Has Stood up for the Fragile 'Tyrannical Male Maestro'—Here's Why He's Missing the Point." *Classic FM*, 12 de noviembre. https://www.classicfm.com/discover-music/instruments/conductor/prominent-critic-stands-up-for-tyrannical-maestro-figure/

Pérez, Emma, y Yurian Rojas. 2013. "¿Por qué quiero que mi hijo sea músico? Expectativas de las madres, cuyos hijos están en la OSIC." Caracas: Universidad Católica Andrés Bello. http://biblioteca2.ucab.edu.ve/anexos/biblioteca/marc/texto/AAS7348.pdf

Picaud, M. 2018. "Des familles dans l'orchestre: approche sociologique du Projet Démos." Paris: Cité de la Musique Philharmonie de Paris.

"Plan de Desarrollo Cultural de Medellín 2011–2020." 2011. Medellín: Alcaldía de Medellín.

Poore, Benjamin. 2020. "Lived Experience." *VAN Magazine*, 8 de octubre. https://van-us.atavist.com/lived-experience

Powell, Bryan, Gareth Dylan Smith, y Abigail D'Amore. 2017. "Challenging Symbolic Violence and Hegemony in Music Education through Contemporary Pedagogical Approaches." *Education 3–13* 45 (6): 734–43. https://doi.org/10.1080/03004279.2017.1347129

Pratt, Andy C. 2011. "The Cultural Contradictions of the Creative City." *City, Culture and Society* 2 (3): 123–30. https://doi.org/10.1016/j.ccs.2011.08.002

"Preparing 21st Century Students for a Global Society." s.f. National Education Association. https://www.academia.edu/36311252/Preparing_21st_Century_Students_for_a_Global_Society_An_Educators_Guide_to_the_Four_Cs_Great_Public_Schools_for_Every_Student

"Preso En E.U. Apostól de Niños Músicos Paisas." 2005. *El Tiempo*, 21 de enero. https://www.eltiempo.com/archivo/documento/MAM-1628473

Price, David. 2018. "Foreword." En *The Oxford Handbook of Community Music*, editado por Brydie-Leigh Bartleet y Lee Higgins, ix–xii. New York: Oxford University Press.

Purves, Ross M. 2019. "Local Authority Instrumental Music Tuition as a Form of Neo-liberal Parental Investment: Findings from a Deviant, Idiographic Case Study." *Power and Education* 11 (3): 268–90. https://doi.org/10.1177/1757743819845068

Quadros, André de. 2015. "Rescuing Choral Music from the Realm of the Elite: Models for Twenty-First-Century Music Making—Two Case Illustrations." En *The Oxford Handbook of Social Justice in Music Education*, editado por Cathy Benedict, Patrick Schmidt, Gary Spruce, y Paul Woodford, 501–12. New York: Oxford University Press.

Rabinowitch, Tal-Chen. 2012. "Musical Games and Empathy." *Education and Health* 30 (3): 80–84.

Rahim, Zamira. 2019. "Lecturer Who Called Violinists 'gypos' Awarded £180,000 after Tribunal Finds She Was Wrongly Sacked." *The Independent*, 8 de marzo. https://www.independent.co.uk/news/uk/home-news/francesca-carpos-young-tribunal-royal-academy-music-violin-a8814351.html

Ramalingam, Ben. 2013. *Aid on the Edge of Chaos*. Oxford: Oxford University Press.

Raworth, Kate. 2017. *Doughnut Economics: Seven Ways to Think Like a 21st-Century Economist*. London: Cornerstone Digital.

Reich, Robert. 2020. "Beware going 'back to normal' thoughts—normal gave us Trump." *The Guardian*, 29 de noviembre. https://www.theguardian.com/commentisfree/2020/nov/29/beware-going-back-to-normal-thoughts-normal-gave-us-trump

Reimerink, Letty. 2018. "Planners and the Pride Factor: The Case of the Electric Escalator in Medellín." *Bulletin of Latin American Research* 37 (2): 191–205. https://doi.org/10.1111/blar.12665

Rimmer, Mark. 2018. "Harmony or Discord? Understanding Children's Valuations of a Sistema-Inspired Initiative." *British Journal of Music Education* 35 (1): 43–55. https://doi.org/10.1017/S0265051717000146

———. 2020. "Too Big to Fail? The Framing and Interpretation of 'Success'/'Failure' in Cultural Participation Policy: A Case Study." *Conjunctions: Transdisciplinary Journal of Cultural Participation* 7 (1). https://www.conjunctions-tjcp.com//article/view/119747/169504

Rincón, Omar. 2015. "¿Para Qué Se Usan los Jóvenes?" En *Jóvenes: Un Fuego Vital. Reflexiones y Conocimiento En Juventud*, 124–37. Medellín: Alcaldía de Medellín.

Robin, Will. 2020. "How Can Artists Respond to Injustice? Thoughts from Seven Musicians." *NewMusicBox*, 5 de junio. https://nmbx.newmusicusa.org/how-can-artists-respond-to-injustice/

Rojas, Cristina. 2013. "Acts of Indigenship: Historical Struggles for Equality and Colonial Difference in Bolivia." *Citizenship Studies* 17 (5): 581–95. https://doi.org/10.1080/13621025.2013.818373

Rosabal-Coto, Guillermo. 2016. "Costa Rica's SINEM: A Perspective from Postcolonial Institutional Ethnography." *Action, Criticism, and Theory for Music Education* 15 (1): 154–87. http://act.maydaygroup.org/articles/Rosabal-Coto15_1.pdf

———. 2019. "The Day after Music Education." *Action, Criticism, and Theory for Music Education* 18 (3): 1–24. https://doi.org/10.22176/act18.3.1

Ross, Alex. 2016. "When Music Is Violence." *The New Yorker*, 4 de julio. https://www.newyorker.com/magazine/2016/07/04/when-music-is-violence

———. 2020. "Black Scholars Confront White Supremacy in Classical Music." *The New Yorker*, 14 de septiembre. https://www.newyorker.com/magazine/2020/09/21/black-scholars-confront-white-supremacy-in-classical-music

Rusinek, Gabriel, y José Luis Aróstegui. 2015. "Educational Policy Reforms and the Politics of Music Teacher Education." En *The Oxford Handbook of Social Justice in Music Education*, editado por Cathy Benedict, Patrick Schmidt, Gary Spruce, y Paul Woodford, 78–90. New York: Oxford University Press.

Rustin, Susanna. 2020. "Why We Need to Value Our Low-Carbon Pastimes More." *The Guardian*, 10 de febrero. http://www.theguardian.com/commentisfree/2020/feb/10/everyday-arts-low-carbon-creativity-climate-crisis

Sachs Olsen, Cecilie. 2019. *Socially Engaged Art and the Neoliberal City*. London: Routledge.

Sala, Giovanni, y Fernand Gobet. 2017. "No proof music lessons make children any smarter." *The Conversation*, 9 de enero. https://theconversation.com/no-proof-music-lessons-make-children-any-smarter-70766

———. 2020. "Cognitive and Academic Benefits of Music Training with Children: A Multilevel Meta-Analysis." *Memory & Cognition* 48 (8): 1429–41. https://doi.org/10.3758/s13421-020-01060-2

Salazar, Alonso. 2018. "Ruinas de Medellín." *Universo Centro*, septiembre. https://www.universocentro.com/NUMERO100/Ruinas-de-Medellin.aspx

Salazar, Juan Francisco. 2015. "Buen Vivir: South America's Rethinking of the Future We Want." *The Conversation*, 24 de julio. http://theconversation.com/buen-vivir-south-americas-rethinking-of-the-future-we-want-44507

Santos, Boaventura de Sousa. 2018. *The End of the Cognitive Empire: The Coming of Age of Epistemologies of the South*. Durham, NC: Duke University Press.

Sarazin, Marc. 2017. "Can Student Interdependence Be Experienced Negatively in Collective Music Education Programmes? A Contextual Approach." *London Review of Education* 15 (3): 488–504. https://doi.org/10.18546/LRE.15.3.11

Sarrouy, Alix Didier. 2018. "Actores de La Continuidad Educativa En Barrios de Venezuela: Madres Del Núcleo Santa Rosa de Agua." *Comparative Cultural Studies—European and Latin American Perspectives* 3 (5): 43–54. https://doi.org/10.13128/ccselap-24323

Scharff, Christina. 2017. *Gender, Subjectivity, and Cultural Work: The Classical Music Profession.* London: Routledge.

Schellenberg, E. Glenn. 2019. "Correlation = Causation? Music Training, Psychology, and Neuroscience." *Psychology of Aesthetics, Creativity, and the Arts.* https://doi.org/10.1037/aca0000263

Schippers, Huib. 2018. "Community Music Contexts, Dynamics, and Sustainability." En *The Oxford Handbook of Community Music*, editado por Brydie-Leigh Bartleet y Lee Higgins, 23–41. New York: Oxford University Press.

Scott, James C. 1998. *Seeing Like a State: How Certain Schemes to Improve the Human Condition Have Failed.* New Haven, CT: Yale University Press.

———. 2012. *Two Cheers for Anarchism: Six Easy Pieces on Autonomy, Dignity, and Meaningful Work and Play.* Princeton, NJ: Princeton University Press.

Scripp, Lawrence. 2016a. "The Need to Testify: A Venezuelan Musician's Critique of El Sistema and His Call for Reform." https://www.researchgate.net/publication/285598399_The_Need_to_Testify_A_Venezuelan_Musician%27s_Critique_of_El_Sistema_and_his_Call_for_Reform_Update

———. 2016b. "All That Matters Is How Good It Sounds." *VAN Magazine*, 21 de enero. https://van-us.atavist.com/all-that-matters

Scruggs, Bernadette. 2009. "Constructivist Practices to Increase Student Engagement in the Orchestra Classroom." *Music Educators Journal* 95 (4): 53–59. https://doi.org/10.1177/0027432109335468

Scruggs, T.M. 2015. "'The Sistema,' the Euroclassical Tradition, and Education as a Transformative Agent to Supercede Class Status." Society for Ethnomusicology, Austin, TX.

Serrati, Pablo Santiago. 2018. "Cuestionar la colonialidad en la educación musical." *Revista Internacional de Educación Musical* 5: 93–101. http://www.revistaeducacionmusical.org/index.php/rem1/article/view/123

Sharp, Joanne, Venda Pollock, y Ronan Paddison. 2005. "Just Art for a Just City: Public Art and Social Inclusion in Urban Regeneration." *Urban Studies* 42 (5–6): 1001–23. https://doi.org/10.1080/00420980500106963

Shevock, Daniel J. 2021. "Music Education for Social Change: Constructing an Activist Music Education." *Music Education Research*. https://doi.org/10.1080/14613808.2021.1885883

Shieh, Eric. 2015. "Relationship, Rescue, and Culture: How El Sistema Might Work." En *The Oxford Handbook of Social Justice in Music Education*, editado por Cathy Benedict, Patrick Schmidt, Gary Spruce, y Paul Woodford, 567–81. New York: Oxford University Press.

Shieh, Eric, y Randall Everett Allsup. 2016. "Fostering Musical Independence." *Music Educators Journal* 102 (4): 30–35. https://doi.org/10.1177/0027432116645841

Shifres, Favio Demian, y Daniel Gonnet. 2015. "Problematizando la Herencia Colonial en la Educación Musical." *Epistemus. Revista de Estudios En Música, Cognición y Cultura* 3 (2): 51–67. https://doi.org/10.21932/epistemus.3.2971.2

Shifres, Favio, y Guillermo Rosabal-Coto. 2018. "Hacia una educación musical decolonial en y desde Latinoamérica." *Revista Internacional de Educación Musical* 5: 85–91. http://www.revistaeducacionmusical.org/index.php/rem1/article/view/153

Sholette, Gregory, Chloë Bass, y Social Practice Queens, eds. 2018. *Art as Social Action: An Introduction to the Principles and Practices of Teaching Social Practice Art*. New York: Allworth Press.

Silva Souza, Euridiana. 2019. "Higher Music (Educ)ACTION in Southeastern Brazil: Curriculum as a Practice and Possibilities for Action in (de)Colonial Thought." *Action, Criticism, and Theory for Music Education* 18 (3): 85–114. https://doi.org/10.22176/act18.3.85

Silverman, Marissa, y David J. Elliott. 2016. "Arts Education as/for Artistic Citizenship." En *Artistic Citizenship: Artistry, Social Responsibility, and Ethical Praxis*, editado por David J. Elliott, Marissa Silverman, y Wayne D. Bowman, 81–103. New York: Oxford University Press.

Simms, Andrew. 2011. "71 Months and Counting..." *The Guardian*, 1 de enero. http://www.theguardian.com/commentisfree/cif-green/2011/jan/01/71-months-counting-climate-change

Sloboda, John. 2015. "Can Music Teaching Be a Powerful Tool for Social Justice?" En *The Oxford Handbook of Social Justice in Music Education*, editado por Cathy Benedict, Patrick Schmidt, Gary Spruce, y Paul Woodford, 539–47. New York: Oxford University Press.

———. 2019. "Research into Social Impact of Making Music: Issues and Dilemmas." SIMM Conferencia central, seminario, Antwerp, 28 de noviembre 2019. https://www.youtube.com/watch?v=d82LYl-ICq4

Smith, Gareth Dylan, y Marissa Silverman, eds. 2020. *Eudaimonia: Perspectives for Music Learning*. London: Routledge.

Soper, Kate. 2020. *Post-Growth Living For an Alternative Hedonism*. London: Verso.

Spruce, Gary. 2017. "The Power of Discourse: Reclaiming Social Justice from and for Music Education." *Education 3–13* 45 (6): 720–33. https://doi.org/10.1080/03004279.2017.1347127

Sriskandarajah, Dhananjayan. 2020. "Boris Johnson's Words Show He Still Thinks Aid Is about Africans Wanting Handouts." *The Guardian*, 20 de junio. http://www.theguardian.com/commentisfree/2020/jun/20/boris-johnson-aid-africans-department-for-international-development

Stauffer, Sandra L. 2009. "Placing Curriculum in Music." En *Music Education for Changing Times: Guiding Visions for Practice*, editado por Thomas A. Regelski y J. Terry Gates, 175–86. Dordrecht: Springer.

Stevenson, Deborah. 2017. *Cities of Culture: A Global Perspective*. London: Routledge.

Stewart, Dafina-Lazarus. 2017. "Language of Appeasement." *Inside Higher Ed*, 30 de marzo. https://www.insidehighered.com/views/2017/03/30/colleges-need-language-shift-not-one-you-think-essay

Stewart, Heather. 2019. "Corbyn to Drop Social Mobility as Labour Goal in Favour of Opportunity for All." *The Guardian*, 8 de junio. https://www.theguardian.com/politics/2019/jun/08/jeremy-corbyn-to-drop-social-mobility-as-labour-goal

Suzman, James. 2020. *Work: A History of How We Spend Our Time*. London: Bloomsbury Publishing.

Swed, Mark. 2017. "The Pitfalls and Joys of Taking a Stand with Music and with Youngsters." *Los Angeles Times*, 24 de julio. https://www.latimes.com/entertainment/arts/la-et-cm-laphil-take-a-stand-notebook-20170724-story.html

Swyngedouw, Erik. 2007. "The Post-Political City." En *Urban Politics Now: Re-Imagining Democracy in the Neo-Liberal City*, editado por BAVO, 58–76. Rotterdam: NAI-Publishers.

Taheri, Sema A., y Brandon C. Welsh. 2015. "After-School Programs for Delinquency Prevention: A Systematic Review and Meta-Analysis." *Youth Violence and Juvenile Justice*, enero. https://doi.org/10.1177/1541204014567542

Taylor, Lucy. 2013. "Decolonizing Citizenship: Reflections on the Coloniality of Power in Argentina." *Citizenship Studies* 17 (5): 596–610. https://doi.org/10.1080/13621025.2013.818375

Teixeira Lopes, João, Pedro S. Boia, Ana Luísa Veloso, y Matilde Caldas. 2017. "Sociological Portraits: Orchestral Socialization, Paths and Experiences." En *Growing While Playing in Orquestra Geração: Contributions towards Understanding the Relationship between Music and Social Inclusion*, editado por Graça Mota y João Teixeira Lopes, 159–232. Porto: Edições Politema.

Teixeira Lopes, João, y Graça Mota. 2017. "New Points of Departure: The Past, the Present and Possible Future(s) of the Orquestra Geração." En *Growing*

While Playing in Orquestra Geração: Contributions towards Understanding the Relationship between Music and Social Inclusion, editado por Graça Mota y João Teixeira Lopes, 235–41. Porto: Edições Politema.

Téllez Oliveros, Verónica. 2013. "Ciudades colombianas: más desiguales." *El Espectador*, 9 de octubre. https://www.elespectador.com/noticias/nacional/ciudades-colombianas-mas-desiguales/

Terauds, John. 2018. "Classical music has always enabled bad behaviour. It's time for that to change." *Toronto Star*, 2 de marzo. https://www.thestar.com/entertainment/music/2018/03/02/classical-music-has-always-enabled-bad-behaviour-its-time-for-that-to-change.html

Thompson, James. 2009. *Performance Affects: Applied Theatre and the End of Effect*. Basingstoke: Palgrave Macmillan.

Todes, Ariane. 2020. "Doughnuts are good for you." *Elbow Music* (blog), 4 de diciembre. https://www.elbowmusic.org/post/doughnuts-are-good-for-you

Tonelli, Vanessa M. 2013. "Women and Music in the Venetian Ospedali." Master, Michigan State University.

Tubb, Daniel. 2013. "Narratives of Citizenship in Medellín, Colombia." *Citizenship Studies* 17 (5): 627–40. https://doi.org/10.1080/13621025.2013.818380

Turino, Thomas. 2008. *Music as Social Life: The Politics of Participation*. Chicago, IL: Chicago University Press.

——. 2016. "Music, Social Change, and Alternative Forms of Citizenship." En *Artistic Citizenship: Artistry, Social Responsibility, and Ethical Praxis*, editado por David Elliott, Marissa Silverman, y Wayne D. Bowman, 297–312. New York: Oxford University Press.

Turrent, Lourdes. 1993. *La Conquista Musical de Mexico*. México: Fondo de Cultura Economica USA.

Valero, Erika. 2020. "Medellín Recibe Reconocimiento Mundial por la Red de Prácticas Artísticas y Culturales." Alcaldía de Medellín, 31 de mayo. https://www.medellin.gov.co/irj/portal/medellin?NavigationTarget=navurl://c16eedc9d81902988c16e401084f5e03

Vallejo Ramírez, Sebastián. 2017. "La Red de Escuelas de Música se renueva en 2018." *Medellín Cuenta*, 15 de diciembre [esta página web ya no está disponible].

Varkøy, Øivind, y Hanne Rinholm. 2020. "Focusing on Slowness and Resistance: A Contribution to Sustainable Development in Music Education." *Philosophy of Music Education Review* 28 (2): 168–85. https://doi.org/10.2979/philmusieducrevi.28.2.04

Vaugeois, Lise. 2007. "Social Justice and Music Education: Claiming the Space of Music Education as a Site of Postcolonial Contestation." *Action, Criticism, and Theory for Music Education* 6 (4): 163–200. http://act.maydaygroup.org/articles/Vaugeois6_4.pdf

Veloso, Ana Luísa. 2016. "Más allá de la Orquestra Geração: El retrato de Manuela, una joven que soñaba con ser clarinetista profesional." *Revista Internacional de Educación Musical* 4: 95–103. https://doi.org/10.12967/RIEM-2016-4-p095-103

Veltmeyer, Henry, y James Petras. 2011. "Beyond Pragmatic Neoliberalism: From Social Inclusion and Poverty Reduction to Equality and Social Change." Mexican Ministry of Foreign Affairs, Mexico City. https://www.unesco.org/new/fileadmin/MULTIMEDIA/HQ/SHS/pdf/Mexico_Veltmeyer_Notes.pdf

Villaseñor, Paula. 2017. "How Can Teachers Cultivate (or Hinder) Students' Socio-Emotional Skills?" *Let's Talk Development* (blog), 13 de junio. https://blogs.worldbank.org/developmenttalk/how-can-teachers-cultivate-or-hinder-students-socio-emotional-skills

Vujanović, Ana. 2016. "Art as a Bad Public Good." En *Artistic Citizenship: Artistry, Social Responsibility, and Ethical Praxis*, editado por David Elliott, Marissa Silverman, y Wayne D. Bowman, 104–22. New York: Oxford University Press.

Waisman, Leonardo J. 2004. "La América Española: Proyecto y Resistencia." En *Políticas y prácticas musicales en el mundo de Felipe II*, editado por John Griffiths y Javier Suárez-Pajares, 503–50. Madrid: Ediciones del ICCMU.

Wakin, Daniel J. 2012. "Venerated High Priest and Humble Servant of Music Education." *The New York Times*, 1 de marzo. http://www.nytimes.com/2012/03/04/arts/music/jose-antonio-abreu-leads-el-sistema-in-venezuela.html

Wald, Gabriela. 2009. "Los Dilemas de la Inclusión a Través del Arte: Tensiones y Ambigüedades Puestas en Escena." *Oficios Terrestres* 24. http://sedici.unlp.edu.ar/handle/10915/44998

———. 2011. "Los Usos de los Programas Sociales y Culturales: El Caso de dos Orquestas Juveniles de la Ciudad de Buenos Aires." *Questión: Revista Especializada En Periodismo y Comunicación* 1 (29): 1–13.

———. 2017. "Orquestas juveniles con fines de inclusión social. De identidades, subjetividades y transformación social." *Revista foro de educación musical, artes y pedagogía* 2 (2): 59–81. http://www.revistaforo.com.ar/ojs/index.php/rf/article/view/27

Waldron, Janice, Roger Mantie, Heidi Partti, y Evan S. Tobias. 2018. "A Brave New World: Theory to Practice in Participatory Culture and Music Learning and Teaching." *Music Education Research* 20 (3): 289–304. https://doi.org/10.1080/14613808.2017.1339027

Westheimer, Joel, y Joseph Kahne. 2004. "What Kind of Citizen? The Politics of Educating for Democracy." *American Educational Research Journal*. https://doi.org/10.3102/00028312041002237

Whale, Mark. 2020. "Talking Bach in an Age of Social Justice." *Philosophy of Music Education Review* 28 (2): 199–219. https://doi.org/10.2979/philmusieducrevi.28.2.06

Wiles, David. 2016. "Art and Citizenship: The History of a Divorce." En *Artistic Citizenship: Artistry, Social Responsibility, and Ethical Praxis*, editado por David Elliott, Marissa Silverman, y Wayne D. Bowman, 22–40. New York: Oxford University Press.

Wilkinson, Richard, y Kate Pickett. 2010. *The Spirit Level: Why Equality Is Better for Everyone*. London: Penguin.

Wolff, Jonathan. 2020. "Rhodes' Statue Is Going. Now Universities Must Ask: What about John Locke, Elizabeth I and Others?" *The Guardian*, 7 de julio. https://www.theguardian.com/education/2020/jul/07/rhodes-statue-is-going-now-universities-must-ask-what-about-john-locke-elizabeth-i-and-others

Woods, Simon. 2020. "A World More Embracing." 17 de noviembre. https://medium.com/@simonwoods_34957/a-world-more-embracing-d14f585c16ba

Wright, Ruth. 2019. "Envisioning Real Utopias in Music Education: Prospects, Possibilities and Impediments." *Music Education Research* 21 (3): 217–27. https://doi.org/10.1080/14613808.2018.1484439

Yúdice, George. 2003. *The Expediency of Culture: Uses of Culture in the Global Era*. Durham, NC: Duke University Press.

Zambrano Benavides, Diego. 2019. "Así son los turistas que visitan Medellín." *El Colombiano*, 28 de abril. https://www.elcolombiano.com/antioquia/asi-son-los-turistas-que-visitan-medellin-IH10605481

Zamorano Valenzuela, Felipe Javier. 2020. "Moviéndose en los Márgenes: Un Estudio de Caso sobre la Identidad Activista en la Formación del Profesorado de Música en Chile." *Revista Electrónica de LEEME* 46. https://doi.org/10.7203/LEEME.46.16278

Lista de figuras

Fig. 1.	Archivo de La Red de Escuelas de Música. CC BY.	xvii
Fig. 2.	Cronología y afiliaciones institucionales de La Red. Diagrama del autor. CC BY. Para una versión ampliada de este diagrama, visite https://geoffbakermusic.co.uk/timeline-of-the-red/	5
Fig. 3.	Expresión corporal. Foto del autor (2018). CC BY.	7
Fig. 4.	Archivo de La Red de Escuelas de Música. CC BY.	33
Fig. 5.	Creando la música para la gira por Estados Unidos. Foto del autor (2018). CC BY.	34
Fig. 6.	Creando la música para la gira por Estados Unidos. Foto del autor (2018). CC BY.	34
Fig. 7.	Letras compuestas por estudiantes para la gira por Estados Unidos. Foto del autor (2018). CC BY.	35
Fig. 8.	Visita al café de tango Salón Málaga. Foto del autor (2018). CC BY.	35
Fig. 9.	Visita al estudio de grabación de salsa y emisora radial Latina Stereo. Foto del autor (2018). CC BY.	36
Fig. 10.	Proyecto GC13, Armonía territorial, San Javier (2018). CC BY.	42
Fig. 11.	GC13 Proyecto, Armonía territorial, San Javier (2018). Archivo de La Red de Escuelas de Música. CC BY.	43
Fig. 12.	Proyecto Talentodos, San Javier (2018). CC BY.	44
Fig. 13.	Ejercicio de cartografía social. Foto del autor (2018). CC BY.	47
Fig. 14.	Proyecto Escuela Alfonso López, ensayo al aire libre. Foto del autor (2018). CC BY.	50
Fig. 15.	Proyecto Escuela Alfonso López, ensayo al aire libre. Foto del autor (2018). CC BY.	50
Fig. 16.	Proyecto Escuela Alfonso López, "Familia es..." Foto del autor (2018). CC BY.	51
Fig. 17.	Proyecto Escuela Alfonso López, "Familia, pilar de mis sueños." Foto del autor (2018). CC BY.	52

Fig. 18.	Proyecto Escuela Santa Fé, "El Rock, un canto de libertad." Foto del autor (2018). CC BY.	53
Fig. 19.	Virtudes de un ciudadano, Mediadores de Cultura Ciudadana. Foto del autor (2018). CC BY.	68
Fig. 20.	Archivo de La Red de Escuelas de Música. CC BY.	105
Fig. 21.	Archivo de La Red de Escuelas de Música. CC BY.	112
Fig. 22.	Archivo de La Red de Escuelas de Música. CC BY.	165
Fig. 23.	Construir la teoría y la pedagogía, Red de Artes Visuales. Foto del autor (2018). CC BY.	176
Fig. 24.	Construir la teoría y la pedagogía, Red de Artes Visuales. Foto del autor (2018). CC BY.	177
Fig. 25.	Construir la teoría y la pedagogía, Red de Artes Visuales. Foto del autor (2018). CC BY.	177
Fig. 26.	Archivo de La Red de Escuelas de Música. CC BY.	209
Fig. 27.	Archivo de La Red de Escuelas de Música. CC BY.	244
Fig. 28.	Archivo de La Red de Escuelas de Música. CC BY.	259
Fig. 29.	Concierto de la escuela Liberdade, NEOJIBA. Foto del autor (2018). CC BY.	288
Fig. 30.	Proyección durante el concierto. Foto del autor (2018). CC BY.	288
Fig. 31.	Archivo de La Red de Escuelas de Música. CC BY.	341

Índice

4ESkuela 242
12 de Octubre, Escuela 18, 48, 195
#MeToo 172, 388
Abbado, Claudio xxxv
Abello, Vania xv, 389–391, 394, 397, 399–400
Abreu Fellows, Programa xxxv
Abreu, José Antonio xxvi, xxxv, xl, xli, 9, 15, 56–57, 59–60, 63, 88, 103, 133–134, 148–149, 169, 174, 181, 189, 192–193, 200, 213–214, 217, 237, 241, 245–246, 248, 252–253, 256, 258, 261, 268–269, 271, 273, 275, 279–280, 302, 312, 314, 323, 330–331, 334, 337, 343–344, 357, 362, 365, 367, 369, 373–374, 376, 378–380, 382–385, 395–396
abuso sexual, acoso sexual xxxii, 17, 49, 63, 83, 96, 217, 385, 387–388, 401
activismo xxxvii, 99, 145, 274, 279, 283, 292, 307, 369–370
Adorno, Theodor W. 275, 320, 327–331, 333–334, 340, 364
afecto 154, 336–338
África 356
afrobrasileña 288, 292
afrocolombiano 55
afrodiaspóricas 55, 291, 298
afrolatina 292
AfroReggae 292, 357
Agencia de Cooperación e Inversión (ACI) 185, 226, 234–235, 238
agenciamiento 131, 137, 146, 149, 178, 255, 284
Alemania 8, 274, 331
Alfonso López, Escuela 50–52
Amadeus, Fundación 7–10

ambivalencia xxvii, xxvii–xxxiii, xxviii, xxix, xxx, xxxiii, xxxix, xli, xlviii, li, 44, 73, 110, 123, 164, 206, 221, 225, 337, 350, 355
América Central 369
América del Sur 155, 191, 291, 369
América Latina xvii, 65, 88, 144, 150, 158, 180, 191, 196, 200, 206, 219, 223, 227, 230, 249, 270, 278–279, 303, 306, 310, 314–315, 317, 319, 324–326, 330, 343, 346, 356–358, 361, 372, 392, 397
ampliar el acceso 60, 297–298, 348, 356, 360
andina 33
antiopresivo 295, 297–298
Antioquia 8–11, 23, 48, 69, 87, 125, 165–166, 180, 213, 386–387
Antioquia, Orquesta Sinfónica de 8–9, 166
Antioquia, Universidad de 11, 23, 69, 87, 165, 180, 387
aprendizaje basado en proyectos (ABP) 37–38, 41, 46, 48, 54, 106–107, 110, 112–113, 118, 147, 264, 272, 386
Arango, Marta Eugenia xv, 11–16, 18, 23–24, 28, 57, 62, 71–72, 75, 89, 99, 101, 107, 113, 115, 128, 146, 187–188, 250
Arenas, Eliécer 272, 391–394, 396, 398–399, 403
Argentina 150, 252–254, 270, 316, 397–398
armonía xxxv, 29, 32, 58, 70, 116, 124, 157–159, 170, 218–219, 233, 291, 363, 367, 371
Arteaga, Wuilly 282
arte como acción social 181

Artes Visuales, Red de 88, 138, 175–178, 354, 364
Artistic Citizenship (libro) 65, 133, 138, 145
Asia 356
Australia xvi, 258, 353
Austria 315
autocracia 266
autocrítica xl, xli, xliv, liv, 4, 59, 62, 64, 66, 140, 178, 214, 256, 284, 303, 310, 351, 358, 376, 378, 384, 389–390, 395, 399
autonomía 135, 144, 171, 178, 252, 267, 277, 287
autoridad xxii, 17, 37, 132, 134, 149, 210, 212–213, 216, 266, 315, 325, 327
autoritarismo 172–173, 250, 273, 329, 379

Bach, Johann Sebastian 276
Baltimore 253
Banco Interamericano de Desarrollo (BID) xxiii, xxiv, 10–11, 16, 62, 189–190, 196, 199, 222, 256–257, 267, 314–315, 318, 333, 347
Banco Mundial 272
bandas sinfónicas 6, 93–94, 128
Barcelona 233, 364
Barenboim, Daniel 342–343, 349, 374
Barrio Antioquia 48, 386
Bartholomew-Poyser, Daniel 278
Batuta xvi, 252
Beethoven, Ludwig van 152, 157, 277, 342, 385
Benjamín Herrera, Escuela 48, 386
Black Lives Matter (BLM) xliv, 270, 375–376, 378–381, 385, 387, 401–402
Boal, Augusto 181, 357, 358. *Ver también* Teatro del Oprimido
Bogotá xxxviii, 252, 281, 372, 389
Bolivia 45
Borda, Deborah 257
Boston 138, 266, 279, 311, 394
Botero, Fernando 10
Bourdieu, Pierre 200
Brasil 253, 288, 293, 315, 317, 353
Buenos Aires 94, 150, 154, 194, 196, 199, 201, 203, 264, 303
Buen Vivir 291, 362, 369, 370. *Ver también* sumak kawsay

Bull, Anna xvi, xxi, xxvii, xxviii, xxxiii, xxxvi, xl, 61, 93, 129, 155–156, 175, 188–190, 214, 216, 222, 240, 275, 277–278, 304, 348, 357
burbuja 152–153, 156, 162, 164, 169, 183, 199, 208, 216, 367, 376

cacerolazo 281, 324
Cachemira 342, 349
cambio social xxiv, xxxv, xxxix, xli, xlii, lvii, 65, 94, 99, 124, 138–139, 143, 150–151, 161, 174, 181–183, 186, 190, 192–193, 208, 212–213, 215–216, 221, 232, 258, 261, 265, 274, 279, 282–283, 285, 287, 289, 293, 295–299, 317–318, 322, 332, 338–340, 349, 359, 369, 374, 380, 384, 394
Campo, Bruno 329
Canadá 254, 273, 298, 307
canal 165–166, 168, 210, 294
Caracas xxiii, 88, 169, 191, 203
Caribe 319, 356
carisma 10, 56, 72, 75, 246, 263, 337
carismático 15, 71, 174, 212–213, 247, 370
cartografía 36, 47, 49, 63, 160
Casanova, Eduardo 331
catolicismo 212, 325
Chávez, Hugo 59, 148, 168, 331, 335
Chile 281–282, 314
Chocó, región costera del 55
ciudadanía xv, 11, 24, 27, 38, 81, 84, 125–126, 128–146, 161–163, 175, 178, 180, 182–183, 194, 238–239, 254, 256, 277, 280, 283–287, 289–293, 307, 310, 339–340, 357, 363, 374, 393, 395
ciudadanía artística 126, 137, 139–140, 143–146, 162–163, 183, 254, 256, 286–287, 289–290, 292–293, 339–340, 357, 363, 395
ciudadanía, educación para la 130, 133–136, 138, 140, 142, 144, 146, 161, 285, 292, 307
Ciudadano Orientado a la Justicia 135, 182, 285
Ciudadano Orientado a lo Local 137
Ciudadano Participativo 135, 285
Ciudadano Personalmente Responsable 135–136, 182, 285

ciudad creativa 238–240
colonialidad 65, 144, 241, 270, 274, 284, 291, 306, 326
Colston, Edward 379–380
complejidad xxviii, xxix, xxx, xxxi, xxxii, xxxiii, xxxv, xxxvii, xxxix, xlviii, li, 38, 81, 140, 219, 241, 268, 301, 338, 352, 365, 367
composición 47, 52, 111, 114, 170, 195–196, 237, 252, 266–267, 324, 384
Comuna 13 xx, 41–42, 231
Comuna 13, Gira (GC13) 41–43, 46
comunicaciones lv, 14, 41, 173–174, 233, 316
conflicto xix, xlv, 14, 19, 21, 110, 116, 120, 131, 152–153, 158, 187, 194, 198, 203, 217–219, 235, 292, 305, 307, 316, 342
Congresos Mundiales de la ISME 183
Conquista española xxiv, 104, 219, 224, 324
conservadurismo 28, 60, 149, 181, 212–213, 215–216, 261, 279
Conservatorio de Nueva Inglaterra xxxv
Conservatory Lab Charter School (CLCS) 138, 254, 266, 364
control social 141, 181, 212, 277, 280, 287, 326, 335, 357, 362
convivencia xv, xx, 12–14, 16, 18, 21, 24, 27, 49, 57–58, 76, 85, 94–95, 118, 129, 140, 151, 156–159, 188, 193, 200, 216–217, 220, 223, 235, 264, 285, 287, 291–292, 307, 318, 320, 359, 371, 404
coros 6, 9, 103, 189, 193, 318, 347–348, 372, 376
Costa Rica, Universidad de 270
Cova, Rubén 9, 15
COVID-19 xliv, 250, 371, 375–376, 381, 385–386, 389, 397–398, 401
creatividad xxix, xxxix, 30–33, 38, 44, 46, 64–65, 91, 93, 101, 108, 113–114, 117, 120, 129, 131, 144, 188, 237–239, 248–249, 254, 272, 274, 277, 283, 289, 306, 308, 310–311, 336, 362, 381, 393, 402
cubano 366
culto a la personalidad 59, 213, 380

Cultura Ciudadana xv, xxii, 23–27, 38, 68, 84, 87, 104, 109, 118, 128, 140, 148–149, 179–180, 182, 309–310, 360, 362, 370, 390
Cultura Metro 141
cumbia 105, 356
currículo 6, 12–13, 27, 63, 71, 82, 107, 111, 113, 120, 130, 176, 216, 271, 279, 374

danza 6, 26, 43, 55–56, 84, 87, 175, 179, 208, 292, 347, 357
Danza, La Red de 55
decolonialidad 147, 270, 274
decoloniality 432
Decolonizing the Music Room 270
déficit 163–164, 192, 206, 287, 323, 326, 363, 379
demografía 293–299
Démos 194, 294, 353
desarrollo de los jóvenes 65, 252, 311
desarrollo social xxi, xxii, lii, 71, 101, 125, 181, 191, 231, 258, 392, 394
deserción xxxix, li, 20–21, 40, 61–62, 222–223, 249
deserción, tasa de 40, 222, 249
desigualdad 65, 192, 200, 214, 220, 229–231, 240–242, 293, 296–298, 319–324, 401
De Vuyst, Frank 15
directores xv, xxi, xxxii, xxxiii, xlv, liii, liv, 3–4, 9, 11–12, 16–18, 20–22, 27–28, 30–31, 37, 42, 44, 46, 48–49, 53–55, 59, 61–62, 69–70, 73–74, 78–79, 81–83, 85, 88–91, 93–94, 99–101, 103–106, 108–112, 114–115, 117–120, 123, 125, 127, 129, 132–133, 139, 146, 148–149, 152, 156, 160, 166–167, 170–175, 178, 181, 184, 196–198, 201–202, 204–205, 210, 213, 215, 218–219, 233, 247–250, 252, 263, 265–266, 268, 272–273, 278, 280, 298, 304, 308, 325, 329, 342, 349, 358, 365, 374, 380–382, 389, 395, 399
Domingo, Plácido xxxv
Dream Unfinished, The 163, 283
Dudamel, Gustavo xxxv, 99, 139, 148, 157, 279, 282, 311, 334, 342–343, 374, 384

EAFIT, Orquesta Sinfónica de 165
ecología 106, 371, 403
Ecuador 9, 291
educación artística 84, 90, 128, 130, 137, 142–143, 146, 175, 178–179, 181–184, 236, 239, 255, 280, 286, 311, 320, 339, 349, 353, 359, 372–373, 387, 390, 403
educación en valores 24, 76, 130–131, 136, 142, 220
educación musical superior 167, 306
El AKA 45
El Poblado 18, 30
El Sistema xvi, xxi, xxii, xxiii, xxiv, xxv, xxvi, xxviii, xxix, xxxii, xxxiii, xxxiv, xxxv, xxxviii, xxxix, xl, xli, xlii, xliii, xliv, li, lii, liii, liv, 9, 11, 14–15, 38, 56–65, 70, 72–74, 76, 81, 88, 96–98, 103, 121–124, 126, 133–134, 138–139, 142, 144, 148–151, 155–157, 163–164, 168–169, 171–172, 174, 181–184, 188–192, 195–196, 198–203, 206–207, 212–217, 219–224, 226–228, 236–237, 241, 246–247, 249–250, 252–258, 261, 265–270, 278–283, 285–286, 298, 301–304, 307–318, 322–323, 325, 327–331, 333, 342–343, 345–347, 349–350, 353–355, 357–358, 360, 369, 372–373, 377–380, 382, 384–385, 387–388, 395–398, 402
El Sistema, Grupo de Interés Especial 184, 254, 304, 377
El Sistema, Inspirado en (IES) xxxiv, xliv, xlv, lv, 253, 257–258, 264, 269, 302, 304–305, 314, 316, 329, 347, 380, 388
El Sistema: Music to Change Life (película, 2009) xxxv
El Sistema USA 377–378
emancipador xxxvii, xlvii, lvi, 245, 277, 350, 355–356, 374
empoderamiento 12, 17, 64, 142, 149–150, 187, 253, 277, 280, 284, 374
equipo social lii, liii, liv, lv, 3–4, 15, 18–19, 21–22, 31, 33, 36–38, 58–59, 67, 69, 71, 73, 76–78, 80–86, 90–91, 94–96, 100, 104–105, 107, 110, 115–118, 124–128, 130–133, 135–141, 143, 146, 149, 152–155, 159–161, 164, 167–169, 171–175, 180–181, 187, 193, 196–197, 199, 205, 208, 210–211, 213, 215, 225, 247, 262–264, 272, 280, 351, 353–354, 360, 363–364
escalera de participación 134, 311
Escobar, Pablo xix, xxx
Escocia 199
España 169
Espector, Claudio 398
Esperanza Azteca 330, 347
Estados Unidos de América 33–35, 54, 135, 190, 234, 253, 257, 320, 360, 377, 382–383, 387, 394, 400–401
Ethno-World 344
etnografía xlvi, l, li, lii, 188
eurocentrismo 55, 65, 253, 271, 278, 311, 316, 376, 378, 385
Europa xxiii, 45, 356, 358, 385, 392
evaluación xxxvii, xlvi, 23, 61–63, 123, 127, 129, 151, 154, 159, 166, 172, 187–188, 190, 194–195, 199, 207, 217, 219, 229, 257, 286, 305, 307, 315, 344, 353
Evanko, Tony 178
exceso retórico 343–344, 346–349
exclusión 13, 18, 22, 57, 60, 96, 143, 157, 159, 187, 199, 204, 278, 311, 315, 319, 379

FailSpace xxxvii, xxxviii
Fajardo, Sergio xx, 230–231
Felipe, André Gomes 43, 304, 316, 339
feminismo 48
Filarmónica Joven de Colombia 94, 389
financiación xxiii, xxxiii, xxxiv, xxxvi, xxxvii, xl, 8, 100, 127, 167, 224, 228, 257–258, 260, 309–310, 314, 322, 331–335, 337, 345, 347–348, 372
Finlandia 307
FLADEM 31, 372
Floyd, George 375, 377, 379–380
formación de los profesores, formación del personal 87–93, 159, 175, 306, 313
Francia 353

Franco, Luis Fernando xv, 30–33, 38–39, 107, 111, 114, 146, 166, 170, 237, 266, 332, 336, 354, 366, 387, 389
Frega, Ana Lucía xxi, 58, 62–63, 88, 116, 150, 172, 189, 254, 256, 302, 313, 345, 358, 360, 369
Freire, Paulo 89–90, 181, 269, 357

Gaviria, Aníbal 23, 95, 179, 332
género 8, 13, 15–16, 22, 32–33, 45–46, 48, 56, 60, 104, 158, 173–175, 183, 213–215, 240–241, 254, 258, 271–272, 275–277, 316, 352, 356–357, 359, 366, 385, 395
gestión 11–12, 16, 24, 59, 85, 115, 150, 164, 345, 370, 389
Giraldo, Juan Fernando xv, 30–32, 34, 36–39, 55–56, 60, 71, 94, 101, 111–112, 115, 120, 128, 146–147, 151, 172, 179, 237, 251, 253, 332, 336–337, 353, 366, 387, 389
giras 10, 28, 33, 75, 83, 93, 97–98, 117, 191, 356, 360, 371, 381, 384
gobierno 10–11, 17, 23–26, 31, 33, 84, 89, 100, 108, 126, 134, 139, 141, 143, 148–149, 151, 164, 175, 179, 192, 212, 226, 228, 230–231, 235, 238, 241, 261, 280, 282, 303, 309, 328–330, 332, 339, 342, 394
gobierno municipal 11, 226, 309, 329
Govias, Jonathan 171, 258, 265–266, 272, 305
grandiosidad 333, 343, 350
Grecia 271
Guatemala 250, 329
Guerrero, Rodrigo 181
Gutiérrez, Federico 129, 189, 235, 378

Harvard, Universidad de 185, 226–228, 233–234, 238, 335–337, 366
Haydn, Joseph 189, 378
Herrera, Mabel xv, 48, 390, 394
Hilti, Fundación 97, 261, 314
hip-hop 36, 48, 142, 165, 242, 287, 366
horizontalidad 135, 146–147, 150
huayno 45

Iberacademy 94, 97–98, 101, 166, 310, 314, 316
identidad 29, 31, 38, 46, 48, 55, 65, 78, 101, 104–105, 108, 117, 146–147, 156, 178, 240, 252, 266, 284, 323, 387
improvisación 32, 47, 52, 94, 104, 111–115, 170, 237, 253, 266, 268, 273–274, 335, 337, 366
improvisaje 42, 160
inclusión 20, 38, 45, 54, 60–61, 63, 93, 129, 140, 147–148, 154–155, 158, 174, 187, 189, 199–200, 203–204, 214, 231, 237, 258–261, 268, 275, 278–279, 283, 293, 295, 305, 310, 314–315, 319–321, 339, 347, 360–361, 394–395, 402
Independencias, Escuela 48, 195
indígenas 144, 213, 259, 270, 278, 290–292, 325, 356, 369, 372, 377, 379
Inglaterra 348
In Harmony Sistema England 202, 263, 294, 305, 347
iniciación musical 30, 32, 39–40, 85, 87, 107
Instituto Nacional de Música de Afganistán 166, 206
intensidad 40, 134, 154, 246–249, 308, 337, 360, 368, 372
interculturalidad 45, 54–55, 61, 117, 147, 150
Italia 326, 358

jazz 32, 111–112, 115, 273, 366
jerarquía 93, 172, 213, 277, 297, 388
jesuita 229
Jeunesses Musicales 252, 314–315
Jiménez, Rocío 16–18, 24, 71, 76–77, 127, 146, 149, 280
justicia 136, 139, 150, 163, 174, 182, 192, 215, 245, 261, 274, 276, 279–280, 283, 295, 297, 301, 304, 306, 311, 348–350, 377–380
justicia social 136, 139, 150, 163, 174, 182, 192, 215, 245, 261, 274, 276, 280, 283, 297, 301, 304, 306, 311, 348–350, 379
justicia social en la educación musical 150, 304

Kissin, Evgeny 282
Kolacho 242

Laboratorio Afro 55
Laboratorio de Creación Intercultural 54
Laboratorio de Primera Infancia 54
laboratorios 27, 32, 34, 39, 54–55, 85, 96, 119, 178–180, 360
Laboratorios de Creación Comunitaria 178
La Loma, Escuela 195
La Milagrosa, Escuela 49
Lanz, Igor 61
Latinoamérica 43, 169
Laverde, Andrés Felipe 42–46, 160, 339
Lebrecht, Norman 371, 381–382, 404
lentitud 87, 91, 275, 371
Liberdade, Escuela (NEOJIBA) 287–289, 293, 304, 316, 339
liderazgo 3–4, 24, 26, 49, 54, 71–72, 94, 112–113, 120, 174, 179, 212, 217, 237, 247, 297, 327, 337, 395, 399
Liga de Orquestas Estadounidenses 383
Logan, Owen 188, 227, 235, 304, 322
Londres 58, 301
Los Ángeles 254, 257, 303, 311
Los Ángeles, Filarmónica de 257

Madrid 9
Maduro, Nicolás 148, 335, 342
Mahler, Gustav 385
Manual de Convivencia 17
Marcus, Marshall 381–382, 404
MayDay, Grupo 377–378
Mazzocchi, Luigi xvi, 149, 313–314, 387
Medellín: Ciudad Creativa 237, 237–240
Mediadores de Cultura Ciudadana 68, 84, 180, 360, 362
Mehta, Zubin 342–343, 349, 374
México 168, 250, 280, 316–317, 347–348, 396
Miami 10
Montalbán 203
Montero, Gabriela xvi, 191, 241, 282, 328
Montevideo 293
Montoya, Pablo 229
Moravia, Escuela 18, 30, 55

movilidad social 99, 192, 261, 284, 296, 322, 362, 402–403
Mozart, Wolfgang Amadeus 189, 378
música antigua 273–274
música clásica 7–8, 15, 17, 29, 31, 48, 56, 62, 64, 72, 88, 91, 93, 96–99, 101–107, 110, 113, 120, 127, 130, 141, 147, 155, 158, 167, 169, 173–175, 200, 208, 211, 213, 216, 225–226, 237, 240, 250, 253, 258, 260, 266, 269–278, 281, 283, 295, 298–299, 305, 310, 313, 316, 318, 330, 335, 346, 348, 356–357, 366, 371, 376, 378–379, 382–385, 388, 393, 395–396
música comunitaria 65, 212, 256, 268, 281, 304, 307, 316, 344, 361, 372, 388
música popular 15, 18, 31, 44, 56, 102–104, 106, 113, 115, 158, 167
músicas populares, Ensamble de 6, 15, 53, 115, 250

Naciones Unidas (ONU) 189, 314, 319, 328, 347
Navalny, Alexei 282
nazi 74, 217
NEOJIBA (Núcleos Estaduais de Orquestras Juvenis e Infantis da Bahia) 252, 287–288, 293, 304, 316, 339, 353
neoliberalismo 143, 156
no formal 30, 107, 112–113, 178, 363, 366
Norteamérica 253, 272, 377, 392
nostalgia 4, 74, 78, 247–249, 309

Observatorio del Musicar 270, 372
Ocampo, Juan Guillermo 7–11, 14–15, 56–57, 71–72, 74–75, 78, 102–103, 113, 118, 260, 335, 337, 344, 380
Orchkids (Baltimore, EEUU) 253
Oriente Medio 349
orquesta 6, 8–9, 16–17, 21–22, 28–29, 31, 33, 40, 44–45, 55, 58, 61–63, 74, 77, 84, 88, 92–93, 95, 98–104, 109, 115, 128, 132, 134, 138, 149–150, 155–157, 159, 163, 165–166, 168–173, 180, 183, 189, 191, 193, 195, 210, 216–218, 221, 223, 237, 245, 248, 250, 252, 258, 265–266, 268, 273–274, 277–278, 281, 288, 298, 308–310, 313–314, 316, 318, 322–324, 328–329, 342–343, 347–349, 357–358,

361, 365, 369, 372, 374, 376, 381–385, 387, 396–398, 402–403
Orquesta Juvenil Nacional (Reino Unido) 93
Orquesta Juvenil Simón Bolívar 228, 301, 307–308, 328, 369, 385
orquesta sinfónica 9, 31, 58, 98, 102, 104, 157, 159, 170, 237, 273, 278, 309–310, 361, 382, 397
Orquestra Geração (OG) 61, 121–122, 155, 201–202, 220–221

padres 11–13, 19, 28, 96, 99, 105, 133, 194, 197–198, 200, 202–203, 249, 293–294
paideia 416
paideia 292, 357
Papa, el 10, 75, 144
parques biblioteca 7, 231, 248
Parra, Aníbal xv, 68, 76, 82, 97, 101, 111, 127, 130, 146, 148–149, 151–153, 160, 174–175, 179, 182
participación 12–14, 30, 37–38, 46–47, 55–56, 61–62, 64–65, 81, 86, 96, 113, 118–119, 127, 129, 131–137, 143–145, 151, 155, 163, 187–188, 199, 223, 228, 240, 242, 281, 284–287, 289–290, 310–311, 315, 319, 361, 369, 395
pedagogía 14, 19, 21, 29, 32, 48, 63, 88–92, 106, 113, 117, 121, 128–129, 152–153, 161, 175–177, 179, 183, 216, 218, 246, 265, 271–273, 277, 279, 287, 326, 360–361, 364, 367, 373–374, 377, 389, 392–393, 395
pedagogía, seminario/simposio de 14, 89
pedagogía utópica 367
Pedregal, Escuela 6, 48, 147, 185, 214, 335
Perry, Grayson 284
Perú 361
Plan de Desarrollo Cultural 23, 31, 38, 129–130, 141
pobreza 10, 12, 60, 189–193, 195, 208, 229–230, 260, 269, 318–319, 321, 323–324, 330, 344, 349, 364, 374, 376, 378–379
política 17, 23, 26, 30–31, 56, 118, 121, 129–130, 133, 139, 141–142, 145–152, 155–156, 160, 162–164, 175, 181, 183,
192, 204, 208, 213, 216, 220, 227–228, 230–231, 235, 238–239, 248, 257, 260, 279–280, 282–286, 289–290, 309–310, 320–322, 324, 327–328, 330–331, 334–336, 338, 347, 358, 362, 366, 368, 374, 377, 379, 394–396, 401
política cultural 23, 31, 118, 121, 130, 146–147, 152, 235, 309
"Pórtate bien" 129–130, 142
Portugal 155, 201
poscrecimiento 368
profesional, profesionalismo xv, 8–9, 13, 21, 24–27, 29, 31, 41, 58, 73, 76, 80–83, 87–89, 94, 97–98, 102, 107, 109, 117, 119, 121–122, 124, 165–168, 170, 175, 178, 183, 212, 222, 234, 250, 262, 272, 281, 284, 304–306, 308–310, 316, 345, 348, 351, 353, 355, 359, 361, 374, 381, 385, 388, 393–394
Programa Social Andrés Chazarreta 252
Proyecto Guri 31, 252, 315
psicología 19, 95
psicosocial 13, 16, 22, 24–25, 27, 71–72, 76–77, 80, 82, 95, 252, 267–268, 363
Putin, Vladimir 282

quechua 291

racismo 229, 378, 383, 388
Rattle, Simon 396
raza 60, 215, 287–289, 293, 311, 376, 378, 380, 382, 385, 387, 394–395
realismo 123, 333, 342–343, 352, 363–366, 396
Red de Pedagogías Críticas y Decoloniales en la Música y las Artes 270
Red de Prácticas Artísticas y Culturales 84
redistribución 230, 319, 321–323, 401
reflexión 3–4, 11–12, 14, 31–32, 37–38, 48, 50, 53, 62, 64–65, 75, 81–82, 94–95, 117, 129–132, 136–137, 139–140, 144–145, 161, 176, 178, 217–218, 227, 254, 272, 276–277, 285–287, 289, 303, 305, 309–310, 313, 325, 327, 334, 340, 351, 353–355, 371, 373, 377, 395–396, 399–400

reggaetón 152, 157–158
Reino Unido 39, 93, 155, 157, 192, 240, 260–261, 278, 294, 307, 321–322, 348, 359–360, 382, 387, 401
REMM, Ensamble 54, 96, 153, 159
renovación urbana 185, 223, 226, 228, 233–236, 241–242, 339
repertorio 9, 28, 32–33, 44–45, 48–49, 52, 57, 63, 74, 78, 81, 88, 93–94, 96, 98, 100, 102–105, 158, 167, 176, 247, 252, 272–274, 279, 288, 307, 326, 356, 358, 384–385, 392–393, 395
reproducción social 143, 212–213, 215, 220, 261, 285, 321, 335, 353
resistencia 28, 56, 68–69, 77, 79, 81, 83, 87, 93–94, 99, 106, 111, 114–115, 117, 153, 175, 213, 225, 263, 275, 298, 307, 309–310, 329, 366–368, 371
Restrepo, Ana Cecilia xv, xvi, 26, 28, 71
Revolución Bolivariana 216, 330–331, 335
rivalidad 16, 18, 21–22, 58, 83, 122, 159, 216, 266
rock 29, 36, 43, 48, 52
Rosabal-Coto, Guillermo 144, 219, 270, 324–326
Rovero, Gisela Kozak 148, 174, 241, 253, 329
rumba 158, 366

Salazar, Alonso 129, 193, 362, 369
salsa 29, 34, 36, 167, 366
salvación 28, 104, 151, 160, 222–223, 260, 347, 354, 379, 402–403
salvacionismo 65, 325
Salvador 288, 357
Salzburgo 357, 398
samba 158, 356–357
San Javier, Escuela 41–44, 46, 160, 264, 339, 360
Santa Fé, Escuela 52–53, 293
São Paulo 252, 316
Secretaría de Cultura Ciudadana xv, 23–27, 38, 87, 104, 109, 118, 128, 140, 149, 179, 182, 309–310, 370, 390
sesgo de sobrevivencia 204, 222, 225, 240

Simone, Nina 52, 293
Siria 318
Sistema Aotearoa 61
Sistema de Alertas Tempranas de Medellín (SATMED) 49
Sistema Escocia 199
Sistema Toronto 253, 265
Sister Cities Girlchoir 253
Social Impact of Making Music (SIMM) xvi, 252, 304, 372
socialismo 330
Sociedad Internacional de Educación Musical (ISME) xvi, 183, 254, 304, 376–377
socioafectivo 27, 71, 77, 80, 218
sostenibilidad 257, 369, 371, 373, 393
Subsecretaría de Arte y Cultura 140
Sudáfrica 139
Sudamérica 96, 252–253, 270
sumak kawsay 291, 369, 370. *Ver también* Buen Vivir
Suzuki 89
Symphony for Life 353

tango 6, 15, 34–36, 104, 158, 356
Teatro del Oprimido 357. *Ver también* Boal, Augusto
TED, Premio 378
TED (Tecnología, Entretenimiento, Diseño) 200, 312, 378
territorio 36–38, 42, 46–47, 49, 54, 65, 136, 160, 260, 291, 386, 392
Tocar y Luchar (película, 2006) 301
Toronto 253, 265, 303
Torres, Eduardo 252
Trecek-King, Anthony 394, 396
tribalismo 156–159, 287

UNESCO 185
urbanismo social 3, 186, 213, 228, 230–233, 236–237, 242, 260, 343, 352
utopía 245, 342, 347, 366–367

valores familiares 200, 202, 205
Vaticano, el 10
Venecia 326

Venezuela 9, 57, 60, 99, 103, 116, 122, 139, 148, 155, 157, 166, 169, 173, 183–184, 190–191, 201, 219, 221, 223, 226, 228, 236, 238, 241, 250, 256–257, 261, 263–264, 271, 280–281, 283, 302, 313, 317, 322, 327–331, 335, 342–343, 347–349, 360, 373–374, 376, 384–385, 388, 396
Viena 314, 316
Viena, Universidad de Música y Artes Escénicas 314
Villa Laura, Escuela 386
Villatina, Escuela 195
violence 411

violencia 6, 18, 36, 42, 131, 136, 142, 153, 159, 161, 185, 189–193, 196, 208, 216–220, 223, 229–231, 235, 242, 260, 269, 317–319, 323–324, 344, 349, 364, 374, 377
voz de los estudiantes 64–65, 93, 308, 350

Washington, Lecolion 311–312, 317, 355
West-Eastern Divan Orchestra 342

YOLA, Simposio Nacional de 254
YOLA (Youth Orchestra Los Angeles) 246, 254, 311–312, 317
Yoo, Scott 12, 25

Zuluaga, Shirley 23–26, 149

Sobre el equipo

Alessandra Tosi fue la editora gerente de este libro.

Claudia García tradujo este libro del inglés al español.

Luz Marina Monroy y Almudena Jiménez realizaron la corrección de estilo y la corrección de prueba.

Anna Gatti diseñó la portada. La portada se produjo en InDesign utilizando la fuente Fontin.

Luca Baffa compuso el libro en InDesign y produjo las editiones en tapa blanda y tapa dura. La fuente del texto es Tex Gyre Pagella; la fuente del título es Californian FB. Luca produjo las ediciones EPUB, MOBI, PDF, HTML y XML; la conversión se ha realizado usando un software de código abierto disponible gratuitamente en nuestra página de GitHub (https://github.com/OpenBookPublishers).

Este libro no tiene que acabar aquí...

Comparte

Todos nuestros libros son de acceso gratuito y se encuentran *online* para que estudiantes, investigadores y otros lectores que no puedan pagar una edición impresa puedan acceder a las mismas ideas. Así, cientos de personas en todo el mundo podrán leer este título cada mes. ¿Por qué no compartir este enlace? ¡Quizá alguien en tu círculo esté interesado en él!

Este libro y otros contenidos se encuentran disponibles en:

https://doi.org/10.11647/OBP.0263

Personaliza

Personaliza una copia de esta obra o diseña nuevos títulos utilizando el material disponible en OBP. Escoge capítulos o libros enteros de nuestro catálogo y haz tu propia edición especial, crea una nueva antología o genera material didáctico para tu clase. Cada edición personalizada será producida en formato de bolsillo y como PDF descargable.

Para más información, véase:

https://www.openbookpublishers.com/section/59/1

Like Open Book Publishers

Follow @OpenBookPublish

Read more at the Open Book Publishers BLOG

También podría interesarte:

Rethinking Social Action through Music
The Search for Coexistence and Citizenship in Medellín's Music Schools
Geoffrey Baker

https://doi.org/10.11647/OBP.0243

Classical Music
Contemporary Perspectives and Challenges
Michael Beckerman and Paul Boghossian (eds)

https://doi.org/10.11647/OBP.0242

Annunciations
Sacred Music for the Twenty-First Century
George Corbett (ed.)

https://doi.org/10.11647/OBP.0172

www.ingramcontent.com/pod-product-compliance
Lightning Source LLC
Chambersburg PA
CBHW040319300426
44111CB00023B/2953

NOTES

NOTES

NOTES

NOTES

NOTES

NOTES

NOTES

NOTES